Kriege und Schlachten

R.G. GRANT

Kriege und Schlachten

5000 Jahre Militärgeschichte

Weltbild

LEKTORAT David John
REDAKTION Philip Parker, Sam Atkinson, Andrew Campbell, Andrew Szudek
BILDREDAKTION Mabel Chan
GESTALTUNG Maxine Lea, Victoria Clark, Francis Wong, Paul Drislane, Steve Woosnam-Savage, Colin Brown
KORREKTUR Alan Heal
REGISTER John Noble
DTP-DESIGN John Goldsmid
BILDRECHERCHE Anne-Marie Ehrlich und Alison Walker von The Picture Desk
DK-BILDARCHIV Claire Bowers
ZUSÄTZLICHE FOTOGRAFIEN Gary Ombler
KARTOGRAFIE Advanced Illustration Ltd.
HERSTELLUNG Melanie Dowland
CHEFBILDLEKTORAT Philip Ormerod
GRAFIK Bryn Walls
CHEFLEKTORAT Debra Wolter
PROJEKTKOORDINATION Liz Wheeler
PROGRAMMLEITUNG Jonathan Metcalf
ZUSÄTZLICHE TEXTBEITRÄGE
Jake Field (Seiten 88–89, 120–121, 154–155)
Phillip Williams (Seiten 136–137, 242–243, 150–163)
Neil Grant (Seiten 184–195, 234–245, 260–263)
Rob Colson (Seiten 216–223, 246–253)
Simon Adams (Seiten 332–333, 338–339, 344–345, 350–353)
REDAKTIONELLE BERATUNG
Dr. Hugh Bowden, Dr. Guy Halsall, Dr. David Parrott, Prof. Alan Forrest, Matthew Parker
FÜR DIE DEUTSCHE AUSGABE:
PROGRAMMLEITUNG Monika Schlitzer
PROJEKTBETREUUNG Silke Körber
HERSTELLUNGSLEITUNG Dorothee Whittaker

Titel der englischen Originalausgabe: Battle

Genehmigte Lizenzausgabe für Verlagsgruppe Weltbild GmbH, Steinerne Furt, 86167 Augsburg

ÜBERSETZUNG: Hainer Kober
REDAKTION: Claus Keller, Stuttgart
UMSCHLAGGESTALTUNG: coverdesign uhlig, augsburg, www.coverdesign.net
UMSCHLAGMOTIVE: Hauptmotiv (vorn): www.shutterstock.com, alle anderen Motive sowie Pergament-Fond: www.dreamstime.com
GESAMTHERSTELLUNG: Firmengruppe APPL, aprinta druck, Wemding

Printed in the EU
978-3-8289-4508-1

2014 2013 2012 2011
Die letzte Jahreszahl gibt die aktuelle Lizenzausgabe an.

Einkaufen im Internet:
www.weltbild.de

INHALT

— VORWORT —

Nach den leidvollen Erfahrungen des 20. Jahrhunderts haben die meisten Menschen das Interesse an der Kriegsgeschichte verloren. Die Parole »Nie wieder Krieg« wurde zum Leitgedanken einer Generation, die aus den Schrecken dieser Zeit lernen wollte. Die europäische Zivilisation verbannte daher den Krieg aus ihrem Denken. Schlachten schienen Relikte einer fehlgeleiteten Geschichte zu sein, blutige Gemetzel Ausdruck von Größenwahn, Irrtum und Scheitern.

Doch kommen in der entwickelten Welt nur wenige von uns mit den Schrecken des Krieges in unmittelbare Berührung. Wir sehen im Krieg eine Verirrung, eine Gefahr, die unsere politischen Führer hätten meiden sollen. Was dieses Buch so lebendig und deutlich beweist, ist Folgendes: Im Verlauf der Geschichte war Krieg der Normalfall. Friedenszeiten sind in der Tat die Ausnahme; sie sind stets gefährdet und währen selten länger als eine Generation. Kommen Gruppen von Menschen miteinander in Berührung, entstehen Konflikte. Diese lassen sich friedlich oder gewaltsam lösen. Sagte doch Mao Tsetung: »Politik ist Krieg ohne Blutvergießen, während Krieg Politik mit Blutvergießen bedeutet.«

Dieser Blick übersieht jedoch die Bedeutung von Schlachten als Wendepunkte kriegerischer Konflikte, die den Weg der Menschheit von ihrer Entstehung an begleitet haben. Das Leben des Einzelnen ist ebenso vom Kampf in vielfältigen Formen geprägt wie das Gedeihen von Sippen und Horden, von Stämmen und Nationen, von Staaten und Imperien. Oft genug war das Überleben der Gemeinschaft von der Verteidigung gegen Eindringlinge abhängig, die Verteidigung ist ein notwendiger Urinstinkt der Menschheit, der Fortschritt und Wohlstand ermöglicht. Ungleiche Lebensverhältnisse und aggressive Ideologien, die Machtgier Einzelner und räuberischer sozialer Gruppen bergen ein Gewaltpotenzial, das sich in Kriegszügen, Überfällen und blinder Zerstörung entlädt. So können Schlachten gleichsam Katalysatoren für Spannungen der gesellschaftlichen Entwicklung sein: Schlachten, so Winston Churchill, seien »die Satzzeichen« der Geschichte.

Auch die deutsche Geschichte kennt viele solcher Wegkreuzungen. Der Sieg des Cheruskerfürsten Arminius über die Legionen des Varus im Jahre 9 n.Chr. verhinderte eine weitere Ausbreitung der antiken Kultur nach Mittel- und Osteuropa. Erst 1500 Jahre später erreichte die Hochkultur des Mittelmeerraumes und des Nahen Ostens das Gebiet zwischen Elbe und Oder. Die Schlacht bei Liegnitz in Schlesien 1241 erwies sich zwar als Niederlage eines hochgerüsteten Ritterheeres gegen die taktisch überlegen geführten, leichten Reiter der Mongolen. Doch im Ergebnis konnte sich das christlich geprägte Europa gegen die asiatische Steppenkultur letztlich ebenso behaupten wie in den Schlachten gegen die damals kulturell überlegenen arabischen Invasoren. Zuletzt entschied die Schlacht am Kahlen Berge bei Wien 1683 über den eigenständigen europäischen Weg gegenüber dem osmanischen Imperium.

Die Anfänge der organisierten Kriegführung liegen wohl mehr als 5000 Jahre zurück im Nahen Osten, in Zentralasien und in China. Mobilisierung, Ausrüstung, Ausbildung und Einsatz von Armeen

setzten einen zivilisatorischen Fortschritt voraus, der zuvor in Schlachten erprobt wurde. Schon im Altertum zeigte sich immer wieder die Erkenntnis, dass nicht die schiere Masse an Soldaten den Sieg garantierte. Technik, Taktik, Tapferkeit sowie die Kühnheit eines Feldherrn vom Schlage Alexander des Großen konnten eine zahlenmäßig unterlegene Armee in einer ganzen Serie erfolgreicher Schlachten zu einem fast unbesiegbaren Instrument machen, zum Fundament des größten Weltreiches der damaligen Zeit. Die schwer bewaffnete Infanterie behauptete fast 1000 Jahre das Feld und bestimmte mit ihrem Marschtritt das Tempo der Schlacht. Sie setzte sich gegen primitivere Formen des Kampfes und Ausrüstungen von Stammeskriegern meist ebenso durch wie gegen die schnellen Bewegungen von Streitwagen und Reiterschwadronen. Wie hier gezeigt wird, nahm in außereuropäischen Kulturen die kriegerische Entwicklung nicht selten eine andere Richtung.

Die Geschichte von Kriegen und Schlachten ist widersprüchlich und vielfältig. Neue Technologien und Waffen haben keineswegs schlagartig und umfassend die Kriegführung verändert. Nach der Ära der Infanterie begann ein Jahrtausend der Kavallerie. In einem längeren Prozess veränderte sich das europäische Schlachtfeld. Schließlich prallten nicht mehr Massen aufeinander, sondern kleine Gruppen von adligen Berufskriegern, schwer gepanzerte Reiter, die ihre ritualisierten Einzelgefechte austrugen. Doch schon bald verloren sie wieder ihre kriegerische und soziale Vorherrschaft. Das Bürgertum ergriff zur Verteidigung von Freiheit und Wohlstand die Waffen – neuartige Feuerwaffen, die seit dem 16. Jahrhundert das Bild des Schlachtfeldes dramatisch veränderten. Der Aufbruch der europäischen Seefahrernationen seit dem 16. Jahrhundert führte zur Eroberung der Welt, eine dramatische Geschichte von Kriegszügen und Schlachten, von Aufstieg und Niedergang neuer und alter Imperien. In Europa selbst entstand aus dem Chaos des Dreißigjährigen Krieges eine Kunstfertigkeit der Kriegführung, bei der in Kabinettskriegen Schlachten, wenn nicht vermeidbar, zu einem kurzen, klärenden Schlagabtausch von hochspezialisierten Armeen wurden. Erst mit der Französischen Revolution entstand die Idee von »Volkskriegen«, die nicht mehr mit einer einzigen Schlacht zum Sieg führten. Industrialisierung, wissenschaftliche Revolution, Massengesellschaft und Nationalismus veränderten den Krieg hin zu einem totalen Krieg, zur völligen Enthemmung der Gewalt, zu Völkermord und Weltenbrand. Der letzte deutsche Krieg 1939–1945 bildete den Höhepunkt der konventionellen Kriegführung, wo in einer Vielzahl von blutigen Schlachten zu Lande, zur See und in der Luft die Entscheidung gegen die Barbarei des Nationalsozialismus erzwungen werden musste.

Der Leser wird auf den folgenden Seiten einen faszinierenden Überblick über 5000 Jahre Kriegführung gewinnen. Er wird die wichtigsten Faktoren erkennen, die in Schlachten über das Schicksal der Menschheit entschieden haben. Der Zufall ist nicht der geringste von ihnen. Neue Formen des Krieges und der asymmetrischen Kriegführung machen dieses letzte Mittel von Staaten und Völkergemeinschaften, den Griff zur Waffe und den Aufmarsch zur Schlacht, noch immer zu einem schicksalhaften Schritt, wie auch Aristoteles formulierte: »Wir führen Krieg, um in Frieden leben zu können.«

Prof. Dr. Rolf-Dieter Müller

DAS KRIEGSWESEN IM ALTERTUM

3000 v.Chr. – 476 n.Chr.

DIE URSPRÜNGE DES KRIEGSWESENS

Das Kriegswesen spielt eine zentrale Rolle für die Entwicklung der Zivilisation. Seit frühester Zeit hing der Aufstieg und Fall zivilisierter Staaten von ihrer Leistung auf dem Schlachtfeld ab. Die Geschichte beginnt mit den Auseinandersetzungen verschiedener Gruppen innerhalb eng begrenzter Gebiete einer sesshaften Zivilisation und zwischen diesen sesshaften Zivilisationen und deren »barbarischen« Nachbarn, nomadischen oder sesshaften Stämmen.

FAUSTKEIL AUS DER ALTSTEINZEIT
Dieser 250 000 Jahre alte Faustkeil könnte ein Werkzeug oder eine Waffe gewesen sein.

Charakter und Ausmaß des primitiven Kriegswesens – mit anderen Worten, des Kriegswesens in Gesellschaften vor deren staatlicher Organisation – wirft eine grundsätzliche Frage bezüglich der Natur des Menschen auf: Waren die Menschen einst friedfertig und lebten einträchtig miteinander, oder ist der Krieg mit all seinen schrecklichen Begleiterscheinungen »natürlich«? Wissenschaftler, die eine optimistische Auffassung von der unverbildeten menschlichen Natur hegen, vertreten die Ansicht, dass selbst dann, wenn Jäger und Sammler oder einfache, Ackerbau treibende Gesellschaften untereinander in Konflikte gerieten, diese auf ritualisierte Art ausgetragen wurden, um Verluste zu minimieren. Einzelne übernahmen es, gegenüber dem Feind rituelle Angriffslust zum Ausdruck zu bringen. Dann kam es zum Handgemenge zweier Krieger, vielleicht auch zu einem gegenseitigen Beschuss mit Pfeilen, Speeren oder Steinen aus einer gewissen Entfernung. Danach zogen, so die Vertreter dieser Theorie, beide Seiten von dannen, ohne einander ernsthaft geschadet zu haben. Pessimistischere Historiker und Anthropologen bestreiten zwar nicht, dass es zu solchen ritualisierten Aufeinandertreffen gekommen ist, zeichnen aber ein weitaus düstereres Bild. Sie verweisen auf Belege dafür, dass »primitive« Gesellschaften fortwährend damit beschäftigt waren, über ihre Nachbarn herzufallen – sich also andauernd im Kriegszustand befanden. Und schlimmer noch: Diese Raubzüge konnten damit enden, dass die unterlegene Seite praktisch ausgerottet wurde; die Tötung oder Versklavung der Besiegten war eher die Regel als die Ausnahme.

»ZIVILISIERTES« KRIEGSWESEN

Die Geschichte der »zivilisierten« Kriegführung, wenn man es so nennen will, beginnt mit der Entstehung komplexer Gesellschaften, die möglich wurden, weil man – meist durch künstliche Bewässerung der Anbauflächen – landwirtschaftliche Überschüsse erzeugen konnte. Solche Gesellschaften traten im Laufe der Zeit in Mesopotamien, im Niltal, im östlichen Mittelmeerraum, im Industal, in China und in Teilen Amerikas in Erscheinung. Aufgrund reicher Ressourcen und organisatorischer Fähigkeiten waren diese Staaten im Stande,

3100 v.Chr.

um 2686 v.Chr.: Beginn des Alten Reiches in Ägypten (bis 2181 v.Chr.)

um 2300 v.Chr.: Sargon von Agade vereint die Stadtstaaten des südlichen Mesopotamien.

um 2023 v.Chr.: Wiedervereinigung Ägyptens unter den Pharaonen des Mittleren Reichs

um 1760 v.Chr.: Das Babylonien Hammurabis erlangt Vorherrschaft im nördlichen Mesopotamien.

um 1650 v.Chr.: Königreich der Hethiter mit Hauptstadt Hattusa (heute: Bogazkale) entsteht.

1550 v.Chr.: Aufstieg des Neuen Reiches in Ägypten

um 1550 v.Chr.: Herrschaftsbeginn der Shang-Dynastie in China

1500 v.Chr.

um 1500 v.Chr.: Ankunft der Indoarier im indischen Pandschab

um 1275 v.Chr.: Schlacht von Kadesch

1200 v.Chr.: Zusammenbruch des Hethiterreiches

1150 v.Chr.: Zusammenbruch des mykenischen Griechenland

1069 v.Chr.: Ende des Neuen Reiches in Ägypten

1000 v.Chr.

um 950 v.Chr.: Aufstieg des Assyrerreiches

771 v.Chr.: Ende der westlichen Zhou-Dynastie in China

612 v.Chr.: Ninive fällt; Zusammenbruch des Assyrerreiches

586 v.Chr.: Babylonier zerstören Jerusalem und versklaven den Stamm Juda.

um 550 v.Chr.: Kyros der Große gründet persisches Großreich.

508 v.Chr.: Athen führt Demokratie ein.

500 v.Chr.

480 v.Chr.: Schlacht von Salamis

476 v.Chr.: Beginn der Zeit der »Streitenden Reiche« (bis 221 v.Chr.)

431 v.Chr.: Peloponnesischer Krieg zwischen Athen und Sparta (bis 404 v.Chr.)

334 v.Chr.: Alexander der Große beginnt Eroberung des Perserreiches.

333 v.Chr.: Schlacht bei Issos

SUMERISCHES HEER, um 2500 v.Chr.

ÄGYPTISCHER KÖNIG NARMER, um 3000 v.Chr.

GRIECHISCHE KRIEGER, 5. Jh. v.Chr.

große Heere zu unterhalten, die es den Königen und Kaisern gestatteten, ihr Herrschaftsgebiet auszudehnen und andere Reiche zu bekämpfen.

DIE TECHNOLOGIE DES KRIEGSWESENS

Die Technologie entwickelte sich parallel zum Anwachsen der Heere. Die Einführung der Bronze im 3. Jt. v.Chr., gefolgt von der des Eisens um etwa 1200 v.Chr., bewirkte die Entwicklung wirksamerer Waffen, da sie Stein und Knochen als Material für Pfeil- und Speerspitzen sowie Äxte verdrängte und die Herstellung von Rüstungen aus Metall ermöglichte. Um Siedlungen zu verteidigen und Ausgangsbasen von Militäraktionen zu schaffen, begannen die Heere Festungsbauwerke anzulegen und zugleich Methoden zu entwickeln, befestigte Orte zu belagern und anzugreifen. Die spektakulärste frühe Technologie auf dem Schlachtfeld war der Kriegswagen, der um 1700 v.Chr. eingeführt und durch die Domestizierung des Pferdes ermöglicht wurde. Der Einsatz des Pferdes als Reittier der Kavallerie – vermutlich durch die Nomadenvölker der zentralasiatischen Steppe eingeleitet – spielte in den Heeren erst später eine Rolle, etwa ab dem 8. Jh. v.Chr. in Mesopotamien. Das Kriegswesen breitete sich mit der Entwicklung geruderter Kampfschiffe auch auf See aus. Das erste echte Kriegsschiff entstand etwa 1000 v.Chr., als die Griechen begannen, Galeeren mit hölzernem Rammsporn am Bug zu bauen, die Feindschiffe versenken konnten.

ORGANISATION DER HEERE

Zu Beginn des 1. Jt. v.Chr. waren bereits alle Hauptelemente der Kriegführung vorhanden, die bis zum Aufkommen der Feuerwaffen verwendet wurden. Es gab Hieb- und Stichwaffen für Fußsoldaten und Distanzwaffen wie Bogen, Speer und Schleuder sowie eine Reiterei. Und man verfügte über Belagerungsmaschinen, darunter riesige Katapulte, die erstmals von den Griechen im 4. Jh. v.Chr. auf Sizilien verwendet wurden. Die entscheidende Frage lautete: Wie organisiert und motiviert man ein Heer zum Gebrauch solcher Technologien? Die Assyrer waren die Ersten, die eine Truppe regelmäßig besoldeter Kämpfer schufen und sie durch ein systematisch organisiertes Versorgungssystem unterstützten. Doch dieses Modell einer Berufsarmee, das mit beeindruckendem Erfolg vom Römischen Reich seit dem 1. Jh. v.Chr. kopiert wurde, besaß nicht das Erfolgsmonopol. Beispielsweise bewiesen die griechischen Stadtstaaten, dass auch Teilzeit-Bürgersoldaten Furcht erregende Kämpfer sein konnten. In diesem frühen Stadium der Geschichte des Kriegswesens ist nur eine konstante Größe erkennbar: Disziplin und Führungskunst sind jeder Kampfkraft überlegen.

REITERKAMPF
Dieses Marmorrelief aus dem 4. Jh. v.Chr. zeigt Alexander den Großen in der Schlacht gegen die Perser. Alexanders Reiterei war ausschlaggebend für viele seiner Siege.

325 v.Chr.

280 v.Chr.: Pyrrhus, König von Epirus, fällt nach Italien ein (bis 275 v.Chr.).

270 v.Chr.: Aschoka usurpiert den Maurya-Thron in Indien.

264 v.Chr.: Erster Punischer Krieg (bis 241 v.Chr.)

221 v.Chr.: Einigung Chinas unter der Qin-Dynastie

218 v.Chr.: Zweiter Punischer Krieg (bis 201 v.Chr.)

216 v.Chr.: Schlacht bei Cannae

200 v.Chr.

146 v.Chr.: Dritter Punischer Krieg endet mit Zerstörung Karthagos.

58 v.Chr.: Julius Caesar beginnt mit Eroberung Galliens.

44 v.Chr.: Ermordung Julius Caesars

31 v.Chr.: Schlacht bei Aktium

27 v.Chr.: Augustus wird erster römischer Kaiser.

4 v.Chr.: Jesus Christus geboren

1 n.Chr.

43: Römer fallen nach Britannien ein.

70: Römer plündern Jerusalem.

117: Beim Tode Trajans hat Römisches Reich größte Ausdehnung erreicht.

um 220: Untergang der Han-Dynastie in China

224: In Persien gelangt Dynastie der Sassaniden an die Macht.

250 n.Chr.

um 250: In Mittelamerika Beginn der klassischen Mayazeit

284: Neugliederung des Römischen Reiches unter Diokletian

320: Ausweitung des Guptareiches in Nordindien

451: Attilas Hunnen werden von Germanen (Goten, Burgundern, Franken u.a.) unter weströmischem Befehl in der Schlacht auf den Katalaunischen Feldern geschlagen.

476: Letzter weströmischer Kaiser entthront

RÖMISCHE RÜSTUNG, 1. JH. N.CHR.

RÖMISCHER KAISER KONSTANTIN, UM 280–317

CHINESISCHE TERRAKOTTAKRIEGER, 3. JH. V.CHR.

HISTORIE UND LEGENDE

Zwischen 3000 und 1000 v. Chr. verlässt die Geschichte des Kriegswesens in Mesopotamien und im östlichen Mittelmeerraum das Reich der Legenden. Während die Archäologie mancherlei über Waffen und Eroberungszüge in Erfahrung brachte, liefern das Gilgamesch-Epos, die Ilias und die Odyssee Informationen über den früheren Teil dieser Zeitspanne.

DIE FRÜHESTEN HEERE

Die ersten Heere, von denen wir Kenntnis besitzen, gab es ab etwa 2500 v. Chr. in den sumerischen Stadtstaaten im südlichen Mesopotamien. An den meisten Gefechten zwischen diesen Städten waren Fußsoldaten beteiligt, die Speere, Äxte oder Dolche als Waffen führten. Es gab auch Kampfwagen bzw. primitive Karren – Gefährte mit vier massiven Holzrädern, die von Eseln gezogen wurden. Jeder Wagen hatte zwei Mann Besatzung: den Wagenlenker und einen Elitesoldaten, der wahrscheinlich mit einem Speer bewaffnet war. Zu den tödlichsten Waffen, die in den frühen Heeren Verwendung fanden, gehörte der Kompositbogen. Er bestand aus Holzleisten, Knochen und Sehnen und war weitaus leistungsfähiger als ein aus einem einzigen Stück Holz gefertigter einfacher Bogen. Doch die beschränkten technischen Möglichkeiten und kleinen Heere der frühen Stadtstaaten täuschen über die Möglichkeiten einer solchen Waffe hinweg: Dominierenden Städten wie Akkad und Babylon gelang es in ganz Mesopotamien zu operieren und weit entfernte Städte zu erobern.

FRÜHE KRIEGER
Diese sumerische Intarsie aus dem 3. Jt. v. Chr., die so genannte Standarte von Ur, zeigt eselbespannte Kampfwagen und mit Speeren bewaffnete Fußsoldaten.

AUFSTIEG DES STREITWAGENS

Irgendwann im 2. Jt. v. Chr. wurde das Pferd ins Kriegsgeschehen einbezogen und führte zur Entwicklung einer wichtigen technischen Neuerung: des leichten, zweirädrigen, von Pferden gezogenen Streitwagens. Zumeist als mobiler Gefechtsstand eines Bogenschützen eingesetzt, beherrschten pferdebespannte Streitwagen das Kriegswesen etwa tausend Jahre lang. Ägypter, Hethiter und Assyrer vermochten Tausende von Kampfwagen ins Feld zu schicken. Das ägyptische Neue Reich (1550–1069 v. Chr.) beweist, wie viel Macht ein Staat mit den zeitgenössischen militärischen Mitteln ausüben konnte: Seine ausgedehnten Feldzüge reichten im Süden bis nach Nubien, dem heutigen Sudan, und im Norden bis nach Syrien.

DER KÖNIG ALS BOGENSCHÜTZE
Diese altägyptische Schatztruhe zeigt den Pharao Tutanchamun im zweirädrigen Streitwagen.

DIE ENTSTEHUNG DES HEERES

DIE ERSTEN ÜBERLIEFERTEN BERICHTE über Kriege – sie betreffen die Stadtstaaten Mesopotamiens im 3. Jt. v. Chr. – schildern relativ kleine Konflikte, die von Heeren ausgetragen wurden, die nur wenige Tausend Mann umfassten. Als Fahrzeuge wurden dabei ausschließlich eselbespannte Kampfwagen eingesetzt. Im 2. und 1. Jt. bildeten sich größere Reiche, woraufhin es zwangsläufig zu umfangreicheren Heeren und aufwendigeren Schlachten kam. Als sich in der zweiten Hälfte des 2. Jt. v. Chr. Ägypter und Hethiter um die Herrschaft im östlichen Mittelmeer stritten, wurden auf beiden Seiten etwa 20000 Mann starke Truppen eingesetzt. Diese mächtigen Reiche brachten Tausende von pferdebespannten zweirädrigen Streitwagen zum Einsatz.

SUMERISCHE STADTSTAATEN

Lagasch besiegt Umma

DATUM
um 2450 v. Chr.

STREITKRÄFTE
Lagaschs Heer: unbekannt; Ummas Heer: unbekannt

VERLUSTE
nicht verbürgt

ORT
Sumererreich, südliches Mesopotamien

Die beste erhalten gebliebene Information über Kriegführung im frühen Sumer stammt von einer beschrifteten Säule, der so genannten Geier-Stele, die der Stadtstaat Lagasch zum Gedenken des Sieges über den Nachbarn Umma errichtete. Als zwischen beiden Staaten ein Grenzstreit ausgebrochen war, führte Eanatum, Lagaschs Herrscher, auf Geheiß des Stadtgottes Ningirsu ein Heer zum Angriff gegen Umma. Die Stele zeigt ihn beim Angriff auf einem Streitwagen, dem seine Fußsoldaten folgen. Beim Aufeinandertreffen beider Seiten steigt Eanatum vom Wagen, um seine Krieger zu Fuß anzuführen. Diese stürmen, über die Leichen ihrer gefallenen Feinde hinweg, mit gefällten Speeren in eng geschlossener Phalanx vor. Obwohl ihn ein Pfeil ins Auge traf, überlebte Eanatum. Weitere Berichte lassen erkennen, dass er seine Heere weit nach Osten führte, bis Elam (dem heutigen westlichen Iran).

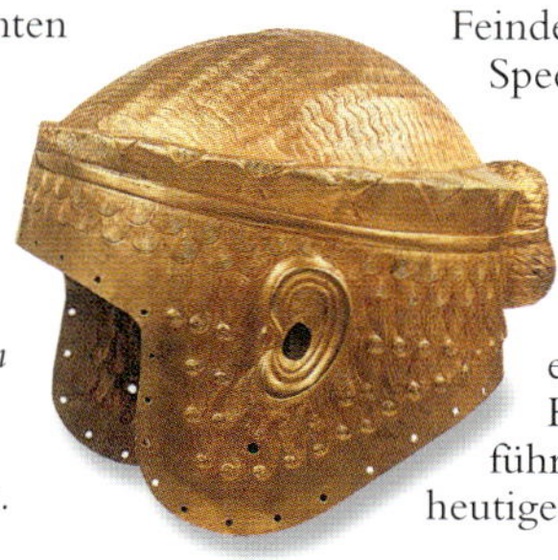

KRIEGSHELM
Dieser sumerische Kriegshelm aus einer Gold-Silber-Legierung wurde wahrscheinlich von einem Herrscher getragen.

LAGASCHS FUSSSOLDATEN
Die Geier-Stele zeigt das Heer Lagaschs, wie es in die Schlacht gegen Umma zieht. Die Fußsoldaten tragen Speere und Leder- oder Kupferhelme.

SARGONS EROBERUNGEN

Eroberungen Sargons von Akkad

DATUM
um 2340–2284 v. Chr.

STREITKRÄFTE
Sargon: ein stehendes Heer von 5400 Mann

VERLUSTE
nicht verbürgt

ORT
Mesopotamien (heute Irak und Ost-Syrien)

Sargon von Akkad war der erste militärische Abenteurer, der aus seinen Eroberungen ein Reich schmiedete. Der Legende nach war Sargon von niederer Herkunft und als Säugling von einem Gärtner in einem Korb entdeckt worden. Er gründete in Akkad eine eigene Stadt, deren genaue Lage jedoch ungewiss bleibt. Von dort aus besiegte er die mächtige Stadt Uruk sowie alle anderen Stadtstaaten Mesopotamiens, angefangen bei Ur im Sumerischen bis hin zu Ebla in Syrien. So schuf er ein Reich, das ungefähr die Fläche des heutigen Irak abdeckt. Sargons Feldzüge führten wahrscheinlich noch weiter, vielleicht bis ans Mittelmeer oder nach Anatolien hinein. Eine Inschrift teilt uns mit, er habe 34 Schlachten gewonnen; eine andere lässt erkennen, dass er ein stehendes Heer besaß, und meldet, dass »5400 Soldaten täglich vor ihm ihr Brot aßen«. Sargons Infanterie führte wahrscheinlich Bronzewaffen und Kompositbogen, auch dürfte er vierrädrige eselbespannte Kampfwagen besessen haben. Offenbar konnte dieses Heer auch einen Belagerungskrieg führen, denn es heißt in Berichten, dass Sargon die Mauern eingenommener Städte schleifte. Sargon starb etwa 2284 v. Chr.

SIEGESDENKMAL
Ein Fragment der Siegessäule des Sargon von Akkad. Welche Ruf er als Eroberer besaß, kommt darin zum Ausdruck, dass der assyrische König den Namen Sargon II. (gest. 705 v. Chr.) erhielt.

BABYLONS AUFSTIEG

Feldzüge Hammurabis

DATUM
um 1763–1758 v. Chr.

STREITKRÄFTE
Hammurabis Heer: unbekannt

VERLUSTE
nicht verbürgt

ORT
nördliches und südliches Mesopotamien

Zu Beginn des 18. Jh. v. Chr. gelangte Hammurabi auf den Thron des kleinen Stadtstaats Babylon. Er gehörte anfänglich einer Allianz an, die von dem relativ mächtigen Königreich Assyrien geführt wurde. Erhalten gebliebene Korrespondenz zeigt, dass Babylon und Assyrien sich verständigt hatten, einander notfalls Truppenhilfe zu leisten. Etwa 1763 jedoch nahm Hammurabi Abstand von diesem Bündnis. Er führte verbündete Truppen aus Babylon und den Städten Eschnunna und Mari an, um den König Rim-Sin von Larsam zu bezwingen, ebenfalls einer seiner früheren Verbündeten, der die wichtigsten Städte im südlichen Mesopotamien kontrollierte, darunter Uruk und Ur. Archäologische Belege lassen erkennen, dass Hammurabi einen wichtigen Wasserlauf, der Larsam versorgte, aufstaute und den Sieg errang, weil er entweder dem Wasser urplötzlich freien Lauf ließ und die Stadt überschwemmte oder aber, weil er den verzweifelten Einwohnern das Wasser vorenthielt. Dann wandte er sich gegen seine neueren Verbündeten, besiegte Eschnunna im Jahre 1761 und eroberte im Jahr darauf Mari. Diese Stadt erhob sich 1758 gegen den Eroberer, doch Hammurabi schlug den Aufstand nieder und befahl die Schleifung der Stadtmauern. Nach diesen Siegen kontrollierte Hammurabi ein Gebiet, das sich von der Syrischen Wüste bis an den Persischen Golf erstreckte.

HAMMURABI
Diese Dioritskulptur Hammurabis, des selbst ernannten »Beherrschers der vier Welten«, wurde im südwestlichen Iran im Dorfe Schusch gefunden.

NEUES KÖNIGREICH ÄGYPTEN

Megiddo

DATUM
um 1468 v. Chr.

STREITKRÄFTE
Ägypter: 10 000–20 000 Mann; Palästiner: unbekannt

ORT
Nähe Haifas im nördlichen Israel

VERLUSTE
Palästiner: 83 Gefallene, 340 Gefangene

Pharao Tutmosis III. (Regierungszeit 1479–1425 v. Chr.) führte ein Heer aus Ägypten heraus, um eine Allianz der Fürsten von Megiddo und Kadesch in Palästina zu zerschlagen. Das Heer benötigte zehn Tage für den Marsch nach Gaza; dann setzte Tutmosis alles auf eine Karte. Statt das nördlich vor ihm liegende Gebirge zu umgehen, marschierte er mit seinen Männern über den engen Arunapass und setzte sie damit jedem Angreifer aus, falls sie entdeckt wurden. Doch der Einsatz lohnte sich: Der schnelle Vormarsch der Ägypter überraschte den König von Kadesch, der angenommen hatte, Tutmosis würde den längeren Marsch zur Umgehung des Gebirges antreten. Tutmosis, an der Spitze seiner Truppen in einem Streitwagen aus Elektrum (natürlich vorkommende Gold-Silber-Legierung) machte solchen Eindruck auf Kadeschs Truppen, dass sie sich in die Sicherheit der Festung Megiddo flüchteten. Die Ägypter suchten auf dem Schlachtfeld die Beute zusammen und machten sich dann an die Belagerung der Festung. Die Garnison kapitulierte nach sieben Monaten.

TAPFERKEITSMEDAILLEN
Als Anerkennung wurden den ägyptischen Soldaten Goldmedaillen in Form einer Stechfliege verliehen.

NEUES KÖNIGREICH ÄGYPTEN

Kadesh

DATUM
um 1275 v. Chr.

STREITKRÄFTE
Ägypter: 20 000 Mann, 2000 Streitwagen; Hethiter: 15 000 Mann, 3500 Streitwagen

ORT
Entlang des Flusses Orontes, West-Syrien

VERLUSTE
nicht verbürgt

»Seine Majestät [Ramses II.] trieb sein Pferd zum Galopp an und stürzte sich auf die feindlichen Truppen der Hethiter ... und sah sich von 2500 Streitwagen angegriffen ...«

Ägyptische Inschrift in Theben, 13. Jh. v. Chr.

Die Schlacht von Kadesch ist das berühmteste Ereignis in der Ära der Streitwagen; jede Seite setzte dabei Tausende dieser zweirädrigen Wagen ein. Kriegsgrund war der Umstand, dass sowohl die Ägypter wie die Hethiter nach der Kontrolle des zwischen beiden Reichen gelegenen Libanon strebten. Im ersten Kriegsjahr unternahm Pharao Ramses II. einen erfolgreichen Feldzug entlang der Ostküste des Mittelmeers und überraschte die Hethiter offenbar. Doch als er im Jahr darauf zurückkehrte, hatte der Hethiter-König Muwatalli aus allen Teilen seines Reiches ein Heer zusammengezogen, um sich den Ägyptern entgegenzustellen. Ramses' Truppen waren in vier Brigaden gegliedert, deren Kern jeweils die Streitwagen bildeten. Die mit zwei Pferden bespannten Streitwagen waren leicht und schnell (bis zu 38 km/h), wobei die große Spurweite ihnen äußerst scharfe Manöver gestattete. Zu jedem Fahrzeug gehörten zwei Mann Besatzung, der Wagenlenker und der Kämpfer. Hauptwaffe des aufgesessenen Kriegers war der Kompositbogen. Die Hethiter setzten ebenfalls Streitwagen ein, wenngleich diese bei drei Mann Besatzung schwerer und langsamer waren. Der dritte Mann dürfte als Schildträger fungiert oder abgesessen auf dem Gefechtsfeld unterstützend als Fußsoldat gekämpft haben – eine Rolle, die im ägyptischen Heer von speziell ausgebildeten, neben dem Streitwagen herlaufenden Soldaten übernommen wurde. Am Kampftage rückten Ramses' Abteilungen auf Kadesch, eine Stadt am Orontes, vor. Ramses und seine Spitzenabteilung schlugen ihr Feldlager in der Nähe von Kadesch auf, da sie die Hethiter weiter nördlich bei Aleppo wähnten. Mutawalli indes hatte ihnen eine Falle gestellt: Seine Männer hielten sich jenseits des Orontes verborgen; von dort brachen 2500 hethitische Streitwagen auf und griffen die ägyptischen Abteilungen an, die sich noch immer auf dem Vormarsch gegen Kadesch befanden. Die Hethiter schlugen eine Abteilung in die Flucht, schwenkten dann herum, um das Feldlager des Pharao zu stürmen. Gleichzeitig ließ Mutawalli tausend weitere Streitwagen über den Orontes setzen. Nach der ägyptischen Darstellung der Ereignisse sprang Ramses auf seinen Streitwagen, machte eigenhändig Tausende seiner Feinde nieder und zwang die übrigen zur Flucht in die Fluten des Orontes. Nach diesem Treffen zog Ramses seine Truppen zurück. In einem weltweit ersten Friedensvertrag kamen beide Seiten schließlich überein, dass Kadesch in hethitischem Besitz verblieb. Damit hatten die Hethiter die Erneuerung der ägyptischen Macht in Syrien vereitelt.

RAMSES' STREITWAGEN
Ramses II. in der Schlacht bei Kadesch. In Wirklichkeit dürfte er auch einen Wagenlenker gehabt haben.

um 1304–1212 v. Chr.

RAMSES II.

Der berühmteste Herrscher des ägyptischen Neuen Reiches, Ramses II., erbte den Thron 1279 v. Chr. und hatte ihn 67 Jahre inne. Er war bemüht, von sich selbst das Bild eines erfolgreichen Heerführers zu zeichnen: In seinen vielen Monumenten und Tempeln ließ er sich oft als Streitwagenkämpfer abbilden, der auf seine Feinde mit Füßen tritt. Kriege führte Ramses nicht nur gegen die Hethiter, sondern auch gegen die antiken Königreiche von Moab, Edom, Negeb und Libyen.

STEINPLASTIK RAMSES' II. IN ABU SIMBEL, ÄGYPTEN

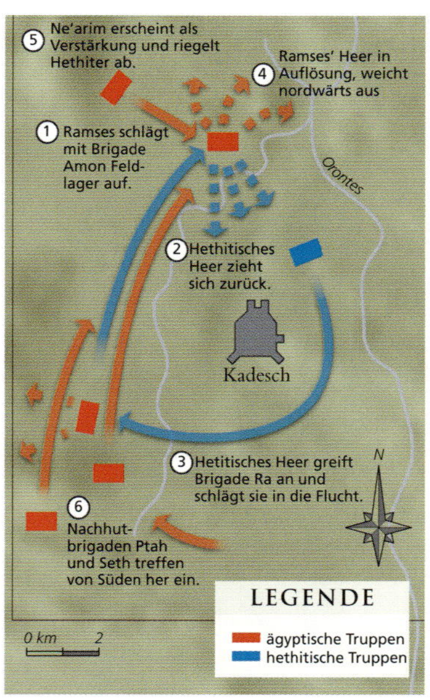

ÄGYPTERWAFFEN

Eine der wirksamsten Waffen der Heere des Alten Ägypten war der Kompositbogen. Er hatte einen hölzernen Kern, auf den Büffelhornstreifen und Tiersehnen geleimt waren, und trug einen Pfeil etwa 175 m weit. Zur Zeit des Neuen Reiches (1550–1009 v. Chr.) waren die Pfeilspitzen meist aus Bronze, obgleich auch Eisen oder Knochen weiterhin gebräuchlich waren. Die Soldaten führten zudem verschiedene meist bronzene Äxte, Beile und Schwerter. Epsilonförmige Axtklingen waren für das vorangegangene Mittlere Reich (2023–1720 v. Chr.) charakteristisch und wurden damals vielfach verwendet.

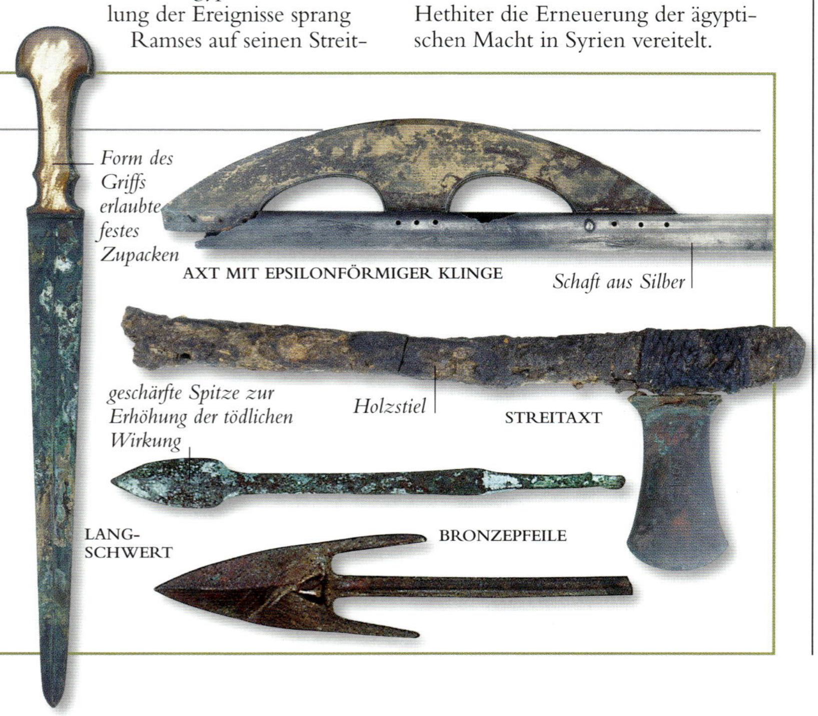

TROJANISCHE KRIEGE

Troja

DATUM
um 1250 v. Chr.

STREITKRÄFTE
Griechen: 102 000 Mann

VERLUSTE
nicht verbürgt

ORT
Hisarlik, nordwestliche Türkei

Von der Belagerung Trojas erzählt die Ilias. Das Epos berichtet von einem Konflikt zwischen Trojanern und Griechen, der damit begann, dass Paris, ein trojanischer Prinz, die Frau des spartanischen Königs Menelaos entführte. Agamemnon, Menelaos Bruder und König von Mykene, führt auf »tausend Schiffen« ein Heer zur Belagerung Trojas heran. Diese zieht sich über zehn Jahre hin, dann kann die Stadt von den Griechen mit einer List eingenommen werden. Sie geben vor, die Belagerung abzubrechen, und lassen ein hölzernes Pferd zurück, in dem sich eine »Kommandotruppe« verbirgt. Auch ein einzelner Grieche, Sinon, bleibt zurück, und der erzählt den Trojanern, das Pferd sei eine Gabe für die Göttin Athene. Er überredet sie, das Pferd in die Stadt zu schleppen; die darin verborgenen Männer kommen nachts aus dem Versteck und öffnen den anderen Griechen die Stadttore. Die Griechen hatten keinen Zweifel, dass sich hinter dieser Geschichte ein historisches Ereignis verbarg. Alexander der Große (356–323 v. Chr.) pilgerte zu der Stätte, die als Troja überliefert ist – Hisarlik in der heutigen Türkei –, bevor er sich zur Eroberung des Perserreiches einschiffte. Archäologen haben an dieser Stelle bronzezeitliche Siedlungen nachgewiesen, von denen eine im 13. Jh. v. Chr. zerstört wurde. Es gibt Mutmaßungen, dass es sich bei der Ilias um die Darstellung eines im Gedächtnis des Volkes fortlebenden realen Ereignisses handelt – einen Krieg zwischen den Mykenern und einem Feind, den man unter Vorbehalt als Hethiter identifiziert. Mykene war zweifellos eine blühende, kriegerische Macht im Griechenland des 13. Jh. v. Chr. Es wurde, getragen von einer adligen Kriegerkaste, von einem König regiert, der über Streitwagen verfügte und bronzene Waffen und Rüstungen benutzte. Mykene besaß ein großes Einflussgebiet und pflegte Handelsbeziehungen mit der Stadt, die wir als Troja bezeichnen wollen. Für den mykenischen Raubzug nach Troja gibt es plausible Gründe, doch bleibt der Trojanische Krieg eine Legende, wenn auch nicht ohne einen gewissen historischen Hintergrund.

TROJANISCHES PFERD
Griechische Krieger entsteigen dem Pferd, die die Trojaner in ihre Stadtmauern geschleppt hatten. Amphore aus dem 7. Jh. v. Chr.

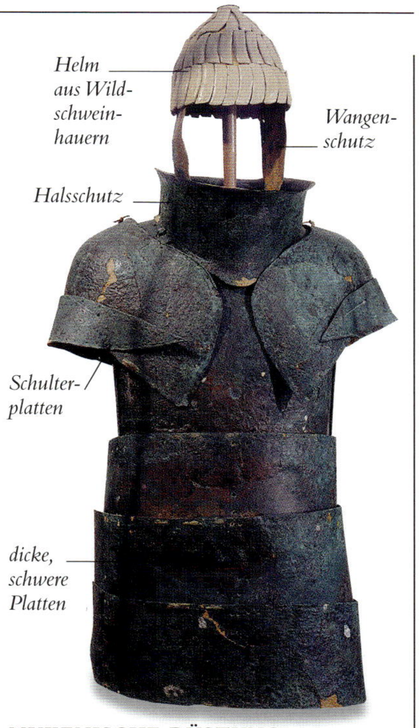

MYKENISCHE RÜSTUNG
Dieser bronzene Harnisch aus der Zeit um 1450 v. Chr. war für einen Wagenkämpfer geeigneter als für einen Fußsoldaten.

ÄGYTEN, NEUES REICH

Kriegszüge der Seevölker

DATUM
1176 v. Chr.

STREITKRÄFTE
Seevölker: unbekannt; Ägypter: unbekannt

VERLUSTE
nicht verbürgt

ORT
Nildelta, nördliches Ägypten

Während der Regierungszeit von Ramses III. (1184–1150 v. Chr) geriet Ägypten unter den Druck räuberischer seefahrender Nationen, die als Seevölker bezeichnet werden. Über deren Herkunft gibt es kaum gesichertes Wissen, wenngleich sie wohl überwiegend aus der Ägäis stammten. Sie kämpften zu Lande und zu Wasser und besetzten Teile Syriens und Palästinas (die Philister zählten zu den Seevölkern), doch waren es ihre Schiffe, die den Ägyptern am meisten zu schaffen machten. Die seegestützten Raubzüge entlang der ägyptischen Mittelmeerküste veranlassten Ramses, eine eigene Flotte zusammenzuziehen und einen Gegenschlag zu führen. Die Folge war die erste Seeschlacht der überlieferten Geschichte. Da die Schiffe der Ägypter nur für den Einsatz auf dem Nil konstruiert waren, stellten sie die Räuber im Nildelta. Die Schiffe beider Seiten trugen Segel, doch höchstwahrscheinlich wurden sie wegen der besseren Manövrierbarkeit gerudert, als sie zum Gefecht anliefen. Die Ägypter beabsichtigten, nahe zum Feind aufzuschließen und dann Wurfgeschosse einzusetzen. Da die Flotte der Seevölker in die engen Wasserläufe des Deltas gelockt wurde, konnten ägyptische Bogenschützen sie auch von Land her beschießen. Die Seevölker erlitten eine schwere Niederlage. Wie eine ägyptische Inschrift besagt, wurden die Feinde »erschlagen und auf ihren Galeeren vom Vor- bis zum Achterschiff zu Haufen geschichtet«.

SEESCHLACHT
Dieses ägyptische Relief zeigt die Schlacht gegen die Seevölker im Nildelta. Es kämpften gegnerische Soldaten an Bord der Schiffe gegeneinander.

AUFSTIEG ISRAELS

Berg Gilboa

DATUM
um 1000 v. Chr.

STREITKRÄFTE
Israeliten: unbekannt; Philister: unbekannt

VERLUSTE
nicht verbürgt

ORT
Ebene von Esdraelon, nördliches Israel

Der Bibel nach zog Saul, König der Israeliten, gegen die Philister zu Felde, die sein Königreich angegriffen hatten. Angesichts eines zahlenmäßig überlegenen und kampferprobten Feindes griff Saul zur Guerillataktik, musste sich schließlich jedoch einem Heer der Philister stellen. Im Wissen um die sichere Niederlage im Flachland, wo die Philister ihre Streitwagen einsetzen konnten, zogen die Israeliten sich auf den steilen, felsigen Rücken des Bergs Gilboa zurück. Die Philister stürmten den Bergrücken und brachten den Israeliten starke Verluste bei. Als seine Heerschar tot zu Boden sank, nahm Saul sich das Leben, um nicht in Feindeshand zu fallen.

DIE MACHT MESOPOTAMIENS

Zwischen dem 9. und 5. Jh. v. Chr. lösten sich die Staaten des Nahen Ostens in der Vorherrschaft meist ab: erst war es Assyrien, dann Babylonien, schließlich Persien. Diese Reiche bedienten sich großer Heere, um ihre Macht auszuweiten und zu festigen. Die Waffen wurden nun aus Eisen gefertigt, während Kavallerie und Belagerungsmaschinen das Arsenal vervollständigten.

AUFSTIEG UND NIEDERGANG
Seit dem 10. Jh. v. Chr. schufen die Assyrer ein Riesenreich, das unangefochten bis ins 7. Jh. fortbestand.

ASSYRISCHER STREITWAGEN
Ein assyrisches Relief aus dem 8. Jh. v. Chr. zeigt einen zweispännigen Streitwagen.

DIE ASSYRER

Zwischen dem 9. und der Mitte des 7. Jh. v. Chr. verhalf Assyrien dem Kriegswesen zu noch größerer Durchschlagskraft. Das assyrische Heer war ein Instrument des Terrors; mit Folter, Massakern und Massendeportation wurde an jedem Volk Rache geübt, das sich der assyrischen Herrschaft widersetzte. Auf dem Höhepunkt seiner Macht unter König Tiglatpileser III. (Regierungszeit 745–727 v. Chr.) besaß Assyrien ein großes Heer, das hierarchisch in Verbände gegliedert war. Tiglatpilesers Heer war ethnisch nicht homogen; ausländische Söldner und eingereihte Kriegsgefangene stellten einen Großteil der Truppe. Diese Krieger wurden regelmäßig besoldet und aus zentralen Zeughäusern mit allem versorgt.

DIE PERSER

Auch die Achaimeniden, die ihren Namen vom Gründerkönig des persischen Reiches herleiteten, machten die Kavallerie zu einem zentralen Element ihrer Heere. Wie die Assyrer zogen sie Rekrutierte und Söldner aus allen Teilen ihres Reiches zu einer multiethnischen Truppe zusammen. Verschiedene Völkerschaften brachten verschiedene Spezialkenntnisse mit – griechische Söldner dienten als Infanterie, Phönizier als Seeleute, Meder und Skythen als Kavalleristen. Scharfer Drill schweißte diese Truppen zu einem disziplinierten Heer zusammen, das nötigenfalls bewegt werden konnte, um das Reich zu verteidigen oder auszudehnen.

PERSISCHER KÖNIG
Die Eroberungen Dareios des Großen (548–486 v. Chr.) sicherten die Grenzen des Perserreichs der Achaimeniden.

REITER

Die Assyrer benutzten zwar noch Kampfwagen, führten aber eine schwerere, mit vier Soldaten bemannte Variante ein, doch gegen Ende des 8. Jh. übertraf die Reiterei die Streitwagen an Bedeutung. Aus der Steppe stammende Reiter wie etwa die Skythen hatten gezeigt, wie wirksam leicht bewaffnete, berittene Bogenschützen waren, die einen weitaus langsameren Gegner mit einem Hagel Pfeilen eindecken konnten, die sie von ihren Kompositbogen abschossen. In den späten Jahren des assyrischen Reiches waren berittene Bogenschützen ein unentbehrlicher Bestandteil des Heeres.

SKYTHISCHES GOLD
Dieser 2400 Jahre alte goldene skythische Kamm zeigt einen Reiter im Gefecht – passend für eines der ersten Völker, das die Kampfkraft der Reiterei unter Beweis stellte.

ASSYRISCHE EROBERUNGEN

Qarqar

DATUM 853 v. Chr.

STREITKRÄFTE Assyrer: bis zu 100 000; syrisch geführtes Bündnis: um 70 000

VERLUSTE nach assyrischen Angaben 14 000 Feinde

ORT nördlich von Hama im Westen Syriens

Assyrien, das mit seiner Militärmacht ein Großreich beherrschte und erweiterte, war im 9. Jh. v. Chr. der mächtigste Staat im westlichen Asien. Doch im Jahr 853 verbündeten sich zwölf Staaten der östlichen Mittelmeerregion – darunter auch Israel unter König Ahab – unter der Führung des Ben-Hadad von Damaskus, um sich weiteren assyrischen Eroberungen zu widersetzen. Der assyrische König Salmanassar III. zog mit einem Riesenheer gegen die Verbündeten; es entbrannte die größte Schlacht, über die bislang berichtet wurde. Er überquerte, jeden Widerstand brechend, Euphrat und Tigris und drang nach Syrien ein. Nachdem er die Stadt Qarqar eingenommen und geplündert hatte, stieß er in der Nähe des Orontes auf die Truppen der von Syrien angeführten Allianz. Im assyrischen Heer waren Streitwagen, Reiterei und Infanterie vereint. Assyrische Reliefs geben zu erkennen, dass die Reiterei paarweise Seite an Seite kämpfte; ein Reiter hielt die Zügel beider Pferde, während der andere mit seinem Kompositbogen schoss. Bei der Infanterie, dem bei weitem zahlenstärksten Truppenteil, handelte es sich hauptsächlich um Bogenschützen und Speerträger. Auch sie fochten wahrscheinlich paarweise, wobei der Speerträger den Bogenschützen mit Schild und Speer sicherte. Wie die Assyrer, so setzten auch die Verbündeten etliche Tausend Streitwagen ein, die zu einem großen Teil von König Ahab beigesteuert waren, doch verfügten sie über weitaus weniger Reiter. Seltsamerweise gehörten auch etliche Kamele, für die der König von Arabien gesorgt hatte, dieser Streitmacht an, wenngleich nicht bekannt ist, wie sie eingesetzt wurden. Über den Verlauf der Schlacht ist nichts überliefert. Salmanassar gab sich als Sieger und brüstete sich, 14 000 Mann Verluste verursacht und zahllose Streitwagen und Pferde erbeutet zu haben.

FLEXIBLE RÜSTUNG
Diese kleinen, mit Zwirn verknüpften Bronzeplatten waren wahrscheinlich Teil eines assyrischen Panzerhemdes.

ASSYRISCHE EROBERUNGEN

Belagerung von Lachisch

DATUM 701 v. Chr.

STREITKRÄFTE Assyrer: unbekannt; Judäer: unbekannt

VERLUSTE nicht verbürgt

ORT heutiges Tel Lachisch, südliches Israel

Im Jahre 701 v. Chr. führte der assyrische König Sanherib ein Heer auf einer Strafexpedition gegen zwei unterworfene Völker, die sich – vermutlich von Ägypten dazu ermuntert – gegen die assyrische Herrschaft aufgelehnt hatten. Eines dieser rebellischen Völker waren die Judäer. Sanheribs Truppen belagerten die judäische Hauptstadt Jerusalem sowie das unmauerte Lachisch. Wir wissen über die Belagerung von Lachisch recht gut Bescheid, da sie auf den Reliefs abgebildet ist, mit denen Sanherib seinen Palast in Ninive nach und nach dekorierte. Bei ihrer Ankunft forderten die Assyrer die Stadt zur Übergabe auf und versprachen Schonung, falls ihnen die Tore geöffnet würden. Die Judäer jedoch entschlossen sich zum Widerstand, und so begann die Belagerung. Die assyrischen Truppen umfassten die Stadt, doch statt die Wirkung der Blockade abzuwarten, bereiteten sie die Eroberung der Stadt vor. Zunächst schickten sie Bogenschützen zu Fuß vor, die von je einem Schildträger begleitet wurden. Vor den Pfeilen des Feindes durch große gewölbte Schilde geschützt, beschossen die Bogenschützen die Verteidiger hinter der Brustwehr mit ihren mächtigen Kompositbogen. Im Schutz dieses Pfeilhagels gingen die technischen Truppen an den Fuß der Mauern vor. Die Reliefs vermitteln den Eindruck, dass die Pioniere dem Mauerwerk mit Hacken zu Leibe rückten und den Fuß zu unterhöhlen trachteten. Hauptaufgabe der technischen Truppen aber war der Bau einer Rampe. Dazu wurde Erdreich angeschüttet, sodass ein steiler Hang entstand, der in halber Höhe an die Mauer stieß. War dies getan, pflasterten die Pioniere die Rampe mit Steinplatten, um sie oberflächlich zu glätten. Dahinter verbarg sich die Idee der Assyrer, eine Belagerungsmaschine den Hang hinaufzuwälzen und damit die Mauerkrone anzugreifen. Bei dieser Belagerungsmaschine handelte es sich um einen auf vier Räder gesetzten hölzernen Turm, auf dem ganz oben Bogenschützen postiert waren, während unter ihnen ein oder zwei Stößel herausragten, die ihn zum Rammbock machten. Die ganze Konstruktion war mit befeuchtetem Leder überzogen, um sie vor Brandpfeilen zu schützen – Brandsätze dieser Art wurden offensichtlich von beiden Seiten verschossen. Soldaten schoben die Belagerungsmaschine die Rampe hinauf, sodass der Rammbock auf die Mauer einhämmern konnte, während die Bogenschützen in die befestigte Stadt schossen. Gleichzeitig rückte die assyrische Infanterie an anderer Stelle mit Sturmleitern gegen die Mauer vor, gedeckt durch weitere Bogenschützen und Steinschleuderer. Wir wissen nicht, wie lange der Sturm auf Lachisch dauerte oder welche Verluste diese oder jene Seite erlitt, doch wurde wahrscheinlich erbittert gekämpft. Sobald die Assyrer in die Stadt eingebrochen waren, begann ein wüstes Gemetzel. Reliefs in Ninive zeigen einige gepfählte Judäer und andere, die um ihr Leben betteln.

RAMMBOCK
Dieses Relief in Sanheribs Palast zeigt die assyrische Belagerungsmaschine. Sie wird die Rampe hinaufgeschoben, um mit ihrem Rammbock eine Bresche in die Mauer zu brechen.

> »... 46 seiner befestigten Städte ... durch Niedertreten ... und durch ... Belagerungsmaschinen, durch Kampf der Fußtruppen, durch ... Breschen und Mauerbrecher, belagerte und eroberte ich sie ...«
>
> *Sanherib* in seinen Annalen

BELAGERUNGSKRIEG

Die furchterregendste Eigenschaft des assyrischen Heeres war seine Belagerungsfähigkeit. Statt lange Blockaden auszusitzen, nahmen die Assyrer eine Stadt lieber im Sturm. Pioniertruppen verstanden es, Mauern zu unterhöhlen und Rampen anzulegen, auf denen sie Belagerungsmaschinen hinaufschoben, die mit einem Rammbalken versehen und mit Bogenschützen bemannt waren.

SOLDATEN AUF DEN MAUERN EINER BELAGERTEN FESTUNG

ASSYRISCHE EROBERUNGEN

Nahr Dejala

DATUM um 693 v. Chr.

STREITKRÄFTE Assyrer: unbekannt; Elamiter: unbekannt

VERLUSTE nicht verbürgt

ORT Tigriszufluss Nahr Dejala im Zentrum Mesopotamiens

Um den Elamitern am Südrand seines Reiches seine Herrschaft aufzuzwingen, drang der assyrische König Sanherib nach Elam ein und plünderte dessen Städte. Die Elamiter unternahmen mit ihren Verbündeten aus Chaldäa im südlichen Babylonien im Jahr darauf einen Gegenangriff. Beide Seiten stießen am Nahr Dejala aufeinander. Sanheribs Hofchronist hielt fest, dass der König »[den Elamitern] wie Schafen die Kehlen durchschnitt … und mit den Leichen ihrer Krieger die Ebene wie mit Gras [überschüttete]«. Elamitische Berichte über die Schlacht sind nicht erhalten, doch dürften auch die Assyrer schwere Verluste erlitten haben, da sie im folgenden Jahr keinen Feldzug unternahmen.

ASSYRISCHE EROBERUNGEN

Fall von Ninive

DATUM 612 v. Chr.

STREITKRÄFTE Assyrer: unbekannt; Meder: unbekannt

VERLUSTE nicht verbürgt

ORT nahe dem heutigen Mossul/Irak

626 v. Chr. bestieg Nabopolassar, ein Mann unbekannter Herkunft, den Thron von Babylon, das damals vom assyrischen Reich abhängig war. Als er 616 die assyrischen Garnisonen der Region in seine Hand gebracht hatte, nahm er erste, sondierende Angriffe auf assyrisches Territorium am Rande des Euphrat vor und plünderte die dort gelegenen Städte. Die halbherzige Reaktion der Assyrer ermunterte Nabopolassar, weiter nach Norden vorzustoßen, und im Jahre 615 drangen seine Truppen ins assyrische Kernland bis nach Assur vor. Dort musste er indes eine schwere Niederlage einstecken und in der Zitadelle von Tikrit Zuflucht suchen. Doch die Assyrer konnten ihren Erfolg nicht nutzen, da sie nun von einem weiteren Feind, den Medern, bedrängt wurden. Unter Führung ihres Königs Kyaxares hatten die Meder mit den Babyloniern ein Bündnis geschlossen, das Assyriens Schicksal besiegelte. Im Jahre 612 vereinigten sich Kyaxares' und Nabopolassars Heere in Babylonien und marschierten nordwärts zur assyrischen Hauptstadt Ninive, die nach dreimonatiger Belagerung fiel. Der assyrische König Sinscharrischkun wurde wahrscheinlich getötet, ganz gewiss aber wurde die Stadt geplündert.

PFERDESTÄRKE
Terrakottastatuette eines mit einem Schild bewehrten assyrischen Kriegers.

SPEER, PFEIL UND STREITWAGEN
Das Speichenrad auf diesem assyrischen Relief ist eine Fortentwicklung des massiven Rades, im 1. Jt. v. Chr. gewann jedoch die Reiterei gegenüber den Streitwagen die Oberhand.

BABYLONISCH-ÄGYPTISCHE KRIEGE

Jerusalem fällt

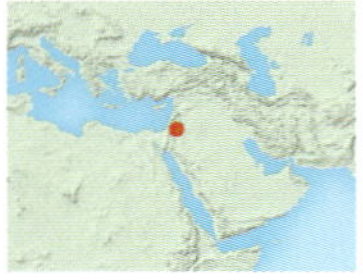

DATUM 586 v. Chr.

STREITKRÄFTE Babylonier: unbekannt; Zedekias Heer: unbekannt

VERLUSTE nicht verbürgt

ORT Jerusalem

Die Staaten Palästinas wurden zu Anfang des 6. Jh. v. Chr. in eine Auseinandersetzung zwischen Babylon und Ägypten verwickelt. Zedekia, der König Judäas, stand an der Seite Ägyptens, sodass der babylonische Herrscher Nebukadnezar im Jahre 597 Judäas Hauptstadt Jerusalem belagerte und eroberte. Zehn Jahre später, als der Pharao Hophra in Palästina einfiel und die Babylonier aus ihren Garnisonen vertrieb, verbündete Zedekia sich erneut mit Ägypten. Nebukadnezar reagierte mit der Entsendung eines mächtigen Heeres nach Palästina; die Ägypter traten den Rückzug an und überließen die Judäer der Rache der Babylonier. Jerusalem wurde 18 Monate lang belagert, bis, laut Bibel, »das Volk des Landes nichts zu essen hatte« (2. Könige 25,3). Anscheinend hat Zedekia mit seinem Heer die Stadt den Belagerern überlassen, sich aber in der Ebene von Jericho den babylonischen Verfolgern gestellt. Dort musste Zedekia zunächst mit ansehen, wie seine Söhne umgebracht wurden. Er selbst wurde dann geblendet und zusammen mit einem großen Teil der judäischen Bevölkerung nach Babylon verschleppt.

AUS CHRISTLICHER SICHT
Dieser Gobelin aus der frühen Neuzeit zeigt den Fall Jerusalems; die Kämpfer werden mit Kleidung und Bewaffnung der osmanischen Türken dargestellt.

ÄGYPTEN GEGEN ISRAEL

Megiddo

DATUM 605 v. Chr.

STREITKRÄFTE Die ägyptischen Truppen waren vermutlich den judäischen zahlenmäßig weit überlegen.

ORT in der Nähe von Haifa im Norden von Israel

VERLUSTE nicht verbürgt

605 v. Chr. marschierte Pharao Necho II. durch Palästina, um den assyrischen Truppen, die sich im westlichen Assyrien dem babylonischen Führer Nabopolassar noch immer widersetzten, zu Hilfe zu kommen (s. Fall Ninives). König Josia von Juda, an der Seite Babylons, führte ein Heer an, um Necho auf dem Marsch nordwärts den Weg zu versperren. In der Bibel heißt es, Necho habe Josia gedrängt, ihn ziehen zu lassen. Josia aber »endete sein Angesicht nicht von ihm, ... und kam, mit ihm zu streiten auf der Ebene bei Megiddo« (2. Chronik 35,22). Einzelheiten der Schlacht sind nicht bekannt, wenngleich beiderseits wohl zahlreiche Streitwagen eingesetzt wurden. Die Ägypter siegten, als Josia durch einen Pfeilschuss fiel. Der Triumph indes brachte Necho langfristig keinerlei Vorteil. Er brach nach Syrien ein, vereinigte sich mit den Resten des einstmals großen assyrischen Heeres, wurde dann aber bei Karkemisch auf dem Westufer des Euphrat von Truppen angegriffen, die Nabopolassars Sohn Nebukadnezar befehligte. Die Ägypter und Assyrer verloren in einer verbissen ausgetragene Schlacht, und Necho floh zurück nach Ägypten, womit sein Ruf dann vollends ruiniert war.

STRATEGISCHE LAGE

Lage der antiken Stadt Megiddo, 1468 und 609 v. Chr. sowie 1918 n. Chr. Schauplatz schwerer Kämpfe

STREITWAGEN

Ein ägyptischer Streitwagen war ein leichtes, speziell für hohe Geschwindigkeit und Manövrierbarkeit konstruiertes Gefährt. In der Hauptsache war er eine rollende Plattform, von der aus ein Krieger – ausgebildet mithilfe eines Schaukelstuhls – seine Pfeile abschoss oder Speere warf. Der Wagen diente auch dazu, Waffen und Gerät auf dem Schlachtfeld zu befördern oder Verwundete zu bergen.

DATEN			
Zeit 1550–1300 v. Chr.		**Besatzung** zwei Mann	
Bespannung zwei Pferde		**Geschw.** bis zu 40 km/h	
Verwendung Krieg, Jagd, als Karren			

ÄGYPTISCHES RELIEF EINES STREITWAGENS, 14. JH. V. CHR.

PERSISCHE EROBERUNGEN

Sardes

DATUM 546 v. Chr.

STREITKRÄFTE Perser: um 50000 Mann; Lydisches Bündnis: unbekannt, jedoch zahlenmäßig überlegen

ORT Ebene von Thymbra vor Sardes/Anatolien

VERLUSTE nicht verbürgt

Im Jahre 550 v. Chr. schuf sich der persische Herrscher Kyros eine Machtbasis, die sich, als er das Königreich Medien im alten Iran unter seine Kontrolle gebracht hatte, zu einem Imperium ausweitete. Das führte zu einem Konflikt mit dem benachbarten Lydien. Kyros drang in Lydien ein und rückte gegen die Hauptstadt Sardes vor. Der lydische Herrscher Kroisos stellte den Persern ein großes Heer entgegen, das er mit Verbündeten aufgeboten hatte. Als zahlenmäßig Unterlegener gruppierte Kyros seine Truppen zu einem geschlossenen Karree um, die Lastkamele in der Front und die Bogenschützen im Mittelteil. Der Geruch der Kamele verwirrte die lydischen Pferde und nahm der Attacke ihre Stoßkraft, während die persischen Bogenschützen aus der Mitte des Karrees heraus die Lydier und ihre Verbündeten in ungeordnetes Wanken brachten. Im Gegenstoß schlugen die Perser die Verbündeten in wilde Flucht und kurz darauf fiel Sardes.

KRIEGER DES KÖNIGS

Einer der »Unsterblichen«, einer persischen Elitegarde. Fiel einer von ihnen, trat sofort ein anderer an dessen Stelle – daher der Name.

PERSISCHE EROBERUNGEN

Fall Babylons

DATUM 539 v. Chr.

STREITKRÄFTE Perser: unbekannt; Babylonier: unbekannt

ORT Babylon, südliches Mesopotamien (heutiger Irak)

VERLUSTE nicht verbürgt

Nachdem Lydien 546 erobert war, wandte sich Kyros gegen den babylonischen König Nabonid. Im Jahr 539 marschierte er in Babylonien ein, und zwar, wie einem antiken Text zu entnehmen ist, »mit einem Riesenheer, unermesslich wie die Wasser eines Flusses«. Bei der Stadt Opis östlich des Tigris schlug Kyros ein babylonisches Heer, bemächtigte sich des Reichtums der Stadt und massakrierte anschließend ihre Bewohner. Doch dies ist nur die eine Version der Ereignisse, wie sie in einer babylonischen Chronik zu finden ist. Glaubt man einer zum Ruhme von Kyros abgefassten Schrift, vollzog sich der Vormarsch des Perserherrschers friedlich und widerstandslos. Sein Heer »marschierte mit gegürteten Waffen« und zog in Babylon ein »ohne Kampf [noch] Schlacht«. In Wahrheit scheint Kyros seinen General Gobryas zur Belagerung Babylons vorausgeschickt zu haben. Als die Belagerung Früchte trug, Gobryas die Stadt eingenommen und Nabonid gefangen gesetzt hatte, hielt Kyros einen friedlich-triumphalen Einzug in Babylon und präsentierte sich den Einwohnern der Stadt als Befreier.

um 590/580–529 v. Chr.

KYROS DER GROSSE

Kyros II., der Gründer des persischen Achaimenidenreiches, begann seine bemerkenswerte Erobererkarriere mit der Übernahme des Königreichs der Meder. Im Jahr 546, als er Krösus von Lydien besiegt hatte, kontrollierte Kyros den westlichen Iran, Nordmesopotamien und den größten Teil Anatoliens. Seine Eroberung Babylons und die folgenden Feldzüge dehnten die persische Herrschaft über ein ungeheures Gebiet vom Mittelmeer bis an die indische Grenze aus. Kyros' militärischer Erfolg war seiner unübertroffenen Fähigkeit zu verdanken, aus allen Teilen des Reiches zusammengezogene Riesenheere zu organisieren und zu versorgen.

GRIECHISCHE TRIUMPHE

VERGLICHEN MIT DEN MÄCHTIGEN Reichen der Assyrer und Perser waren die in Griechenland etwa seit dem 7. Jh. v. Chr. blühenden Stadtstaaten kleine und anscheinend schwache Gebilde. Doch deren Bürgerheere, in denen lanzenbewehrte Fußsoldaten Seite an Seite kämpften, waren den persischen Soldaten mehr als nur ebenbürtig. Im 4. Jh. schufen die makedonischen Griechen ein Reich, das sich vom Mittelmeer bis nach Indien erstreckte.

BEFESTIGTE HÖHEN
Die Akropolis der Athener war wie die anderer griechischer Städte eine ummauerte Festung, die man verteidigte, wenn der Feind die Stadt belagerte.

SPARTA UND ATHEN

Die beiden mächtigsten Stadtstaaten waren Sparta und Athen. Sparta schuf das kampfstärkste Heer im alten Griechenland, indem es die Bürger bereits im Alter von sieben Jahren zu Elitesoldaten heranzubilden begann. Die Spartaner schätzten Härte und körperliche Tüchtigkeit mehr als alles andere und tagtäglich wurde gruppenweise trainiert. Erwachsene Männer mussten gemeinsam essen und jeder gehörte einem starken Zug von Fußsoldaten (40 Mann) an und musste seinem Führer Gehorsam schwören. Diese Züge waren die elementaren Einheiten des spartanischen Heeres, das als einziges unter denen der Stadtstaaten eine klare hierarchische Gliederung besaß. Im Gegensatz dazu bestand das Militär Athens aus Bürgern, die keine besondere Ausbildung hatten, aber den Glauben teilten, Kampf sei die erste Bürgerpflicht. War Sparta zu Lande die dominierende Macht, so galt dies für Athen zur See.

KRIEGSWESEN DER STADTSTAATEN

Die Stadtstaaten im Griechenland der Antike gründeten ihre Heere auf die Verpflichtung freier Bürger, notfalls zu kämpfen, und zwar zumeist als Hopliten (schwer bewaffnete Fußsoldaten). Da die Stadtstaaten wiederholt gegeneinander antraten, waren die Bürger häufig gezwungen, dieser Verpflichtung nachzukommen. Die Bürgerheere waren nicht groß und konnten nicht lange im Felde stehen – die meisten Hopliten waren Bauern, die zu festen Jahreszeiten zu Hause sein mussten –, doch sie lieferten im Nahkampf mit gefällter Lanze erbitterte und blutige Schlachten.

GRIECHISCHE RÜSTUNG

Bronzehelm mit Wangenschutz

Im 8. Jh. v. Chr. führten die Griechen bronzene Rüstungen ein. Zur kompletten Feldausrüstung gehörten ein Helm, ein Brust- und Rückenpanzer sowie Schienen für Knie und Schienbeine. Zusammen mit Lanze, Schwert und – vor allem – Schild galt diese Ausrüstung als das Kennzeichen des Hopliten. Doch nicht alle Soldaten der Stadtstaaten waren so gerüstet. Da der Hoplit für seine Ausstattung selbst aufkommen musste, konnten sich viele nur einen Helm oder vielleicht dazu noch Beinschienen leisten. Eine komplette bronzene Feldausrüstung war daher ein Statussymbol und bot Gelegenheit zur auffälligen Zurschaustellung des Reichtums.

Bronzepanzer aus zwei seitlich mit Leder verschnürten Halbschalen

Formgebung zur Idealisierung der Muskulatur des Kriegers

BRONZEPANZER
Der Panzer eines griechischen Hopliten sollte ebenso sehr schützen wie beeindrucken. Blank poliert gleißte und blitzte er.

LEGENDE

- von Persien annektiert
- persische Feldzüge gegen Griechenland 490–479 v.Chr.
- griechischer Sieg
- persischer Sieg
- unentschieden
- persischer Königsweg

GRIECHENLAND GEGEN PERSIEN
Anfang des 5. Jh. v. Chr. schlossen sich die griechischen Stadtstaaten zusammen, um die Perser zurückzuschlagen.

MAKEDONIENS AUFSTIEG ZUR MACHT

Das in geschlossener Schlachtreihe (Phalanx) kämpfende Bürgerheer der Hopliten galt im alten Griechenland als ideale Art der Kriegführung. In Wirklichkeit waren die Heere jedoch zusammengewürfelt: Bürger, Männer ohne Bürgerrecht, Söldner. Die Ärmeren fochten gemeinhin als Plänkler, während die Peltasten besonders ausgebildete Speerwerfer waren, die sogar den spartanischen Hopliten eine Niederlage zufügen konnten. Am Ende verloren die Griechen ihre Unabhängigkeit zugunsten ihrer nördlichen Nachbarn, der Makedonier, die eine eigene Art der Kriegführung vervollkommnet hatten: eine gemischte Truppe aus professionellen Fußsoldaten, die in der Phalanx kämpften, Plänkler zu Fuß und zu Pferd, dazu eine Elitekavallerie, die sich um den Heerführer scharte.

DEM FEIND ENTGEGEN
Ein griechischer Hoplit (rechts) stellt sich einem wahrscheinlich mit Persern bemannten Streitwagen entgegen; antike Vasenmalerei.

MAKEDONISCHE EROBERUNGEN

Unter Philip von Makedonien und Alexander dem Großen wurde die griechische Phalanx neu erfunden, und die mit Lanzen bewaffnete Reiterei wurde zum entscheidenden Faktor auf dem Gefechtsfeld. Die Hopliten wurden zu einer dichteren Formation von größerer Tiefe als zuvor zusammengefasst und jeder von ihnen führte einen etwa 6 m langen Spieß, *Sarissa* genannt. Unter Alexanders intelligenter Führung wurden Reiterei, Fußsoldaten und leichte Plänkler zu höchster Effizienz zusammengefasst; mit der Einverleibung des persischen Reichs und Asiens bis tief nach Nordindien hinein gelangen ihnen Eroberungen in einem bis dahin ungekannten Ausmaß. Die Bedeutung dieser Konfrontation mit Asien wurde bereits vor Alexanders Tod erkennbar, hatten die Perser in den makedonischen Streitkräften doch eine wichtige Stellung inne.

PHALANX

Die Fußtruppen im alten Griechenland fochten in einer gewöhnlich acht Glieder tief gestaffelten Schlachtreihe, der »Phalanx«. Jeder Hoplit trug links einen Schild (»hoplon«), in der Rechten einen etwa 2 m langen Wurfspieß. Trafen feindliche Phalangen aufeinander, rückten sie vor, bis Schild gegen Schild stieß; sodann wurde mit ganzem Körpergewicht gedrückt und geschoben, während die Männer in den vorderen Gliedern, den Spieß in der erhobenen Faust, auf den Feind einstachen.

PHALANGEN IM GEFECHT

PERSISCHE REITEREI
Lebendige Darstellung eines persischen Reiters, der, ohne Sattel und Bügel reitend, Makedonier niedermacht.

DIE GRIECHISCH-PERSISCHEN KRIEGE

Zu Beginn des 5. Jh. v. Chr. erhoben sich die Griechen in Kleinasien gegen das expandierende Perserreich. Dareios der Große schlug den Aufstand nieder, obgleich die Insurgenten von Athen und Eretria unterstützt wurden. Anschließend wollte er die griechischen Städte für die Unterstützung der Aufständischen zur Rechenschaft ziehen. Der erste persische Einfall wurde 490 v. Chr. bei Marathon zurückgeschlagen, doch Dareios Nachfolger Xerxes unternahm zehn Jahre später einen energischeren Eroberungsversuch. Die Griechen stellten sich erneut zum Kampf; bei den Thermopylen konnten sie die Perser aufhalten und bei Salamis und Platäa gar besiegen. Ein Bündnis unter Führung Athens setzte den Kampf gegen die Perser im Mittelmeer bis 448 fort.

GRIECHISCH-PERSISCHE KRIEGE

Marathon

DATUM
490 v. Chr.

STREITKRÄFTE
Perser: 20000–25000 Mann;
Griechen: 10000 Mann

ORT
42 km nordöstlich von Athen

VERLUSTE
Perser: 6400 Gefallene;
Griechen: 192 Gefallene

Die von Dareios 490 nach Griechenland entsandte Expeditionstruppe wurde von Datis, einem medischen General, befehligt. Eine Flotte von 600 Trieren (s. S. 31) landete die Truppe bei Marathon an, ganz in der Nähe des Hauptziels Athen. Zwischenzeitlich hatten die Athener ihre Hopliten antreten und, lediglich von einer kleinen Truppe aus Platäa begleitet, nordwärts marschieren lassen. Bei der Ankunft in Marathon stritten die athenischen Heerführer erbittert, ob die Perser sofort anzugreifen seien oder ob man zunächst auf die verbündeten Spartaner zu warten habe. Miltiades, der Angriffslustigste der Athener, setzte sich durch. Die Griechen zogen unverzüglich dem persischen Feind entgegen. Die Hopliten bildeten zwischen zwei Wasserläufen eine breite Schlachtreihe. Um nicht von den Persern umfasst zu werden, musste Miltiades seine Front strecken und das Zentrum daher ausdünnen. Einer anderen Quelle zufolge schützte er seine Flanken mit aufgeschichteten gefällten Bäumen. Zur Verwunderung der Perser begannen die von der Zahl her unterlegenen griechischen Fußtruppen in geschlossener Formation einen stürmischen Frontalangriff. Unter dem Ansturm gaben die Flanken der Perser nach, doch im Zentrum der Front war es die griechische Phalanx, die unter Pfeilhagel und Axthieben der persischen Hilfstruppen zusammenbrach. Die Hopliten an den Flanken ließen daraufhin von der wilden Verfolgung ihrer Gegner ab und umfassten das persische Zentrum von beiden Seiten her. Als die Perser versuchten, wieder an Bord ihrer Trieren zu gelangen, entartete die Schlacht zu einem wüsten Handgemenge am Strand, aber etwa zwei Drittel des Heeres entkamen.

»Als die Perser ... die Griechen heraneilen sahen, machten sie sich bereit, obgleich ihnen erscheinen wollte, dass die Griechen von Sinnen und auf ihren Untergang bedacht seien, sahen sie doch nur eine Hand voll Männer heranrennen ohne ... Reiter oder Bogenschützen.«

ZEUGE DES KRIEGES

HERODOT

Der griechische Geschichtsschreiber (um 485–425 v. Chr.) Herodot ist unsere Hauptinformationsquelle über die griechisch-persischen Kriege. Obwohl er die von ihm geschilderten Ereignisse nicht selbst sah, finden sich in seinen Berichten viele lebhafte Einzelheiten, die ihm wahrscheinlich von Augenzeugen mitgeteilt wurden.

SCHATZKAMMER DES TRIUMPHS
Im Schatzhaus der Athener zu Delphi wurde der triumphale Sieg von Marathon gefeiert. Sie füllten es mit ihrer Kriegsbeute und machten sie Apollo zum Geschenk.

DAS KRIEGSWESEN IM ALTERTUM

GRIECHISCH-PERSISCHE KRIEGE

Thermopylae

DATUM
August 480 v. Chr.

STREITKRÄFTE
Griechen: 7000 Mann; Perser: 200 000 Mann

VERLUSTE
Griechen: 2500 Gefallene; Perser: 20 000 Gefallene

ORT
Thessalien, Nordgriechenland

Der persische Herrscher Xerxes folgte seinem Vater Dareios im Jahre 486 v. Chr. auf den Thron. Entschlossen, sein Reich zu vergrößern und die Niederlage von Marathon zu rächen, begann er die Eroberung Griechenlands sorgsam vorzubereiten. Angesichts dieser neuen Bedrohung entschieden sich die meisten griechischen Städte zur Nachgiebigkeit und Hinnahme persischer Souveränität. Doch Athen und die Städte auf dem Peloponnes, darunter Sparta, leisteten Widerstand. Xerxes hatte 480 seine Vorbereitungen abgeschlossen. Er überquerte mit seinem Heer den Hellespont (heute: Dardanellen) und führte es, begleitet von seiner unter Land segelnden Flotte, durch das nördliche Griechenland. Der athenische Führer Themistokles überredete seine peloponnesischen Bundesgenossen, den Persern ein gutes Stück nördlich von Athen zu Lande und zur See entgegenzutreten. Eine Abteilung Hopliten und Plänkler unter Führung des spartanischen Königs Leonidas bezog Stellung bei den Thermopylen – einem Engpass zwischen dem Berg Kallidromon und dem Meer, während eine überwiegend athenische Trierenflotte vor der Insel Euboea postiert wurde. Die persischen Schiffe wurden auf der Fahrt entlang der Küste von Stürmen übel zugerichtet, sodass sich die stark geschwächte Flotte bei Artemisium nur auf ein ergebnisloses, zurückhaltendes Gefecht mit den Griechen einließ. Zu Lande jedoch bekamen es die Griechen mit der vollen Schlagkraft des persischen Heeres zu tun. Drei Tage lang konnte Leonidas den Pass halten, denn die Enge des Gefechtsfeldes behinderte die Perser. Im Kampf Mann gegen Mann waren die Griechen selbst für Xerxes' Elitegarde, die Unsterblichen, fürchterliche Gegner. Am Ende jedoch wurden die Griechen von einem Verräter ins Verderben gestürzt, der Xerxes einen Bergpfad zur Umgehung der Thermopylen zeigte. Leonidas und seine 300 spartanischen Hopliten, dazu wenigstens 1000 weitere griechische Soldaten, ließen ihr Leben.

BEHELMTER HELD
Eine Statue des Leonidas, der Held der Thermopylen, mit Helmbusch aus Pferdehaar und einem mit einem Gorgonenhaupt verzierten Schild

SCHLACHTFELD
480 v. Chr. waren die Thermopylen nur ein schmaler Pass zwischen Gebirge und Meer; heute ist dort eine breitere Küstenebene.

GRIECHISCH-PERSISCHE KRIEGE

Salamis

DATUM
September 480 v. Chr.

STREITKRÄFTE
Griechen: 300–500 Schiffe; Perser: 500–700 Schiffe

VERLUSTE Griechen: 40 Schiffe; Perser: 200–300 Schiffe

ORT
vor der griechischen Insel Salamis

Nach der Schlacht bei den Thermopylen zogen die peloponnesischen Städte ihre Streitkräfte südwärts über den Isthmus von Korinth zurück, sodass Athen schutzlos blieb. Der athenische Führer Themistokles nahm so viele Athener wie nur möglich an Bord der griechischen Flotte, die südwärts nach Piräus gesegelt war, und setzte sie in die relative Sicherheit der Insel Salamis über. Das persische Heer brachte die Akropolis nach kurzer Belagerung in seine Hand und brannte alles nieder, was nicht zu plündern war. Trotz dieser Katastrophe blieb Themistokles überzeugt, dass ein Sieg zur See das Blatt zulasten der Eindringlinge wenden könnte. Die griechische Flotte lag geschützt im Kanal zwischen Insel und Festland. In der Hoffnung, die persische Flotte in diese engen Gewässer locken zu können, schickte Themistokles die Botschaft an Xerxes, die Athener seien zu einem Seitenwechsel bereit, die übrigen Griechen aber würden die Flucht ergreifen. Die Botschaft war durchaus plausibel, denn viele Griechen waren bereits zu den persischen Truppen übergelaufen. Am folgenden Tage verfolgte Xerxes von einer Hügelkuppe aus, wie das Gros seiner Flotte in die östliche Mündung des Salamiskanals hineinruderte. Als der Kanal sich verengte, drängten sich die Trieren zusammen, was Verwirrung und eingeschränkte Bewegungsmöglichkeit hervorrief. Just in diesem Augenblick lief die griechische Flotte zum Angriff an; die Männer an den Riemen ruderten aus Leibeskräften, um die feindlichen Kriegsschiffe zu rammen. Es dauerte sieben Stunden, bis die persische Flotte endgültig in die Flucht geschlagen war. Da der Winter nahte und Versorgung über See nicht mehr möglich war, zog sich Xerxes mit seinem Heer nordwärts zurück.

KORINTHISCHER HELM
Helme dieser Art boten maximalen Gesichtsschutz und waren im 5. Jh. v. Chr. allgemein gebräuchlich.

SEEKRIEG MIT GERUDERTEN SCHIFFEN
Bei allen Seeschlachten dieser Epoche war man bestrebt, die Feindschiffe durch Rammen zu versenken.

GRIECHISCH-PERSISCHE KRIEGE

Schlacht von Platäa

DATUM
Juli 479 v. Chr.

STREITKRÄFTE
Perser: 100 000 Mann; Griechen: 80 000 Mann

VERLUSTE
Perser: 50 000; Griechen: 80 000 Mann

ORT südlich von Theben auf dem griechischen Festland

Im Jahre 479 v. Chr. marschierten die Perser unter dem Befehl von Mardonios erneut in Griechenland ein. Sparta, Athen und deren Verbündete zogen ein beträchtliches Heer zusammen und stellten es den Persern gegenüber vor Theben auf. Nach ereignislosen acht Tagen beschlossen die Griechen die Zurücknahme der Front bis Platäa. Dieses Manöver schlug fehl. Bei Tagesanbruch war das Zentrum zwar erfolgreich zurückgenommen, doch die Spartaner am linken und die Athener am rechten Flügel standen immer noch in der Nähe des Feindes. Mardonios sah die Chance und setzte seine Fußtruppen gegen sie an. Doch die Spartaner, denen im Nahkampf niemand gleichkam, dezimierten die persische Infanterie. Da kehrte die zurückgenommene griechische Mitte rechtzeitig zurück, um die Einkreisung der Athener durch die persische Reiterei zu verhindern. Mardonios fiel im Gefecht mit den Spartanern. Ein weiterer griechischer Sieg bei Mykale im Monat darauf setzte der persischen Invasion ein Ende.

GRIECHEN GEGEN GRIECHEN

DER PELOPONNESISCHE KRIEG (431–404 v.Chr.) begann mit Spartas Versuch, die Macht Athens zu beschneiden. Athen war gezwungen, die spartanische Überlegenheit zu Lande infrage zu stellen. Sparta seinerseits musste Athen die Seeherrschaft streitig machen. Als die spartanischen Seekräfte bei Aigospotamoi den Sieg davontrugen, hatte Athen den Krieg verloren. Dennoch hatten die Athener in der ersten Hälfte des 4. Jh. bei den kriegerischen Verwicklungen, bei denen der Stadtstaat Theben den spartanischen Hopliten mehr als nur Paroli bot, noch ihre Hand im Spiel.

GRIECHISCHE BRUDERKRIEGE
Ende des 5. Jh. v.Chr. verstrickte ein System von Bündnissen einen Teil Griechenlands und Kleinasiens in den Peloponnesischen Krieg.

PELOPONNESISCHER KRIEG

Belagerung von Syrakus

DATUM 415–413 v.Chr.

STREITKRÄFTE Athener: 30000; Spartaner: 3000; Syrakuser: unbekannt

ORT Syrakus an der Ostküste Siziliens

VERLUSTE Gesamte athenische Streitmacht gefallen oder gefangen genommen

415 sandten die Athener ein Expeditionskorps unter Nikias nach Sizilien, um die Stadt Syrakus, Verbündete der Spartaner, in seine Hand zu bringen. Die Streitmacht wurde mit 100 Trieren zur Insel gebracht und begann nach der Landung mit der Belagerung. Zu dieser Zeit besaßen die griechischen Heere keinerlei Belagerungsgerät. Daher machten sich die Athener daran, landseitig eine Mauer um die Stadt zu ziehen, um die Verteidiger auszuhungern. 414 jedoch wurden die langwierigen Arbeiten durch die Ankunft eines 3000 Mann starken spartanischen Expeditionsheeres unter Gylippos unterbrochen. Er hinderte die Athener an der Vollendung ihres Werks, indem er ihnen seinerseits eine Mauer in den Weg stellte. Die Ankunft weiterer Verstärkungen aus Athen unter Demosthenes brachte nur noch mehr Männer in eine zunehmend aussichtslose Lage. Im Feldlager der Athener brach eine Epidemie aus, und die Syrakuser blockierten die athenischen Schiffe im Hafen. Nachdem ein Ausfallversuch der Flotte gescheitert war, versuchten die Athener sich landeinwärts der Falle zu entziehen, saßen in dem bergigen Gelände jedoch bald fest und wurden von leichten Truppen des Gegners mit Bogen, Speeren und Steinschleudern ständig in Atem gehalten, sodass die verbliebenen 7000 Athener schließlich kapitulierten.

SCHILD UND SPEER
Der gelegentlich bronzeplattierte Schild eines Hopliten wog etwa 7 kg. Sein Speer hatte gewöhnlich eine eiserne Spitze; für Ausgewogenheit sorgte ein Bronzedorn am anderen Ende des Schafts.

PELOPONNESISCHER KRIEG

Pylos

DATUM 425 v.Chr.

STREITKRÄFTE Athener: 800 Hopliten, 2000 sonstige Krieger; Spartaner: 420 Hopliten

ORT Westküste des Peloponnes

VERLUSTE Spartaner: 128 Gefallene, Rest Gefangene

Nachdem zwischen Athen und Sparta im Jahre 431 der Krieg ausgebrochen war, konnten die Athener die Spartaner nicht daran hindern, bis an die Mauern Athens vorzudringen. Im Gegenzug landeten sie eine Streitmacht unter Demosthenes an der peloponnesischen Küste bei Pylos. Ein Versuch der Spartaner, Pylos im Jahre 425 zurückzuerobern, schlug fehl. Erschwerend kam hinzu, dass die auf der benachbarten Insel Sphakteria abgesetzten Hopliten durch die Ankunft einer athenischen Flotte isoliert waren. Demosthenes und 800 Hopliten und viele Plänkler landeten nun selbst auf der Insel. Von den Geschossen dieser Truppen zurückgedrängt, konnten die Spartaner nicht in die Schlacht eingreifen. Wer von den Athenern nicht umgebracht wurde, ging in Gefangenschaft.

PELOPONNESISCHER KRIEG

Deleion

DATUM November 424 v.Chr.

STREITKRÄFTE Athener: 7000 Hopliten; Böotier: 7000 Hopliten, 1000 Reiter, 10000 Leichtbewaffnete

ORT Böotien/Attika, östliches Zentralgriechenland

VERLUSTE Athener: fast 1000 Hopliten

Eine Truppe unter dem Feldherrn Hippokrates, die von einem Beutezug in das nordwestlich von Athen gelegene Böotien heimkehrte, wurde von einem Heer aus dieser Region gestellt. Als der böotische Feldherr Pagondas über einen Hügel hinweg angriff, mussten die Athener rasch reagieren. Sie stürmten bergan dem Feind entgegen, und die gegnerischen Phalangen, so der Geschichtsschreiber Thukydides, »rannten in vollem Lauf ineinander« und standen dann »mit ihren Schilden einander stoßend und schiebend, in schonungslosem Kampf«. Der rechte Flügel der thebanischen Schlachtreihe war 25 Glieder tief gestaffelt und drückte gegen die acht Mann tiefen athenischen Reihen. Doch auf dem linken Flügel gewannen die Athener die Oberhand und machten viele Feinde nieder. Pagondas ließ seine Kavallerie zur Unterstützung seines schwächeren Flügels einen Angriff reiten. Als die Reiterei auftauchte, glaubten die Athener, dass ein neues Heer in den Kampf eingreife. Panik breitete sich aus, die athenische Truppe machte kehrt und rannte, die Böotier im Nacken, zur Stadt Deleios zurück. Etwa 1000 Athener fielen, darunter auch Hippokrates.

PELOPONNESISCHER KRIEG

Aigospotamoi

DATUM 405 v. Chr.

STREITKRÄFTE Athener: 200 Kriegsschiffe; Spartaner: unbekannt

VERLUSTE Athener: mehr als 190 Schiffe gekapert oder zerstört

ORT am Hellespont (Dardanellen) vor der thrakischen Küste

Nach seiner Niederlage bei Syrakus war Athen ernstlich geschwächt. Die Spartaner hielten die Stadt von der Landseite her beinahe ständig belagert; zu einem umfassenden Sieg fehlte ihnen nur noch die Beseitigung der athenischen Vorherrschaft zur See. Die Athener hielten aus, weil sie Getreide per Schiff vom Schwarzen Meer importierten, ihnen war indes klar, dass der Untergang bevorstand, wenn die Spartaner diese Lebensader durchtrennten. Unter dem Befehlshaber Lysander war die neue Flotte der Spartaner im Jahre 406 v. Chr. kampfbereit. Lysander siegte bei Ephesus, nur um dann seines Postens enthoben zu werden, weil das spartanische Recht die Ausübung der Kommandogewalt auf ein Jahr beschränkte. Dann brachten die Athener den Spartanern unter Kallikratidas bei den Arginusen-Inseln eine schwere Niederlage bei. Als Gegenleistung für die Finanzierung einer umfangreichen Aufrüstung der Flotte nach dieser Niederlage bestand der persische Fürst Kyros auf Lysanders Rückkehr. Im Jahre 405 setzte sich die athenische Flotte bei Aigospotamoi am Hellespont fest. Lysander, der die Flottenbewegungen verfolgte, einem Gefecht indes auswich, bezog seinen Stützpunkt an der gegenüberliegenden Küste. Er schickte ein einzelnes Schiff aus, um den athenischen Stützpunkt zu überwachen. Als die Athener an Land gegangen waren, griff die spartanische Flotte den Feind an, bemächtigte sich der verlassenen Trieren und setzte Soldaten ab, um die Athener zu besiegen. Im folgenden Jahr kapitulierte Athen, da es dem Verhungern nahe war.

ZUM ANGRIFF

Die Ramme der griechischen Triere war so konstruiert, dass sie sich in den feindlichen Schiffsrumpf bohrte.

> »Die Peloponneser fielen über die übrigen Schiffe her, von denen ihnen einige leer in die Hände fielen, andere machten sie unbrauchbar, während deren Besatzungen noch an Bord gingen. Und die Männer, die heraufkamen, unbewaffnet und nur halb angezogen, gingen auf ihren Schiffen unter; oder falls sie sich an Land geflüchtet hatten, wurden sie von ihren Feinden erschlagen. Lysander machte 3000 Gefangene ... [und] segelte heimwärts zum Klange von Pfeifen und Siegeshymnen.«

ZEUGE DES KRIEGES

PLUTARCH

Der griechische Historiker Plutarch (46–um 119 n. Chr.) berichtete über Aigospotamoi in seiner Biografie des spartanischen Heerführers Lysander. Plutarch schrieb etwa fünf Jahrhunderte nach dem Peloponnesischen Krieg, doch beruht die Beschreibung auf zeitgenössischen Quellen.

> »Die Athener, aufgrund des unverhofften Schachzugs von Panik erfasst, hielten einen Augenblick stand und wichen dann zurück, und urplötzlich – die einen ließen ihre Schiffe, andere ihr Feldlager im Stich – stoben sie in alle Himmelsrichtungen dorthin davon, wo jedermann Sicherheit zu finden hoffte.«
>
> *Diodoros*, Griechische Weltgeschichte, 1. Jh. v. Chr.

THEBANISCHE KRIEGE

Leuktra

DATUM Juli 371 v. Chr.

STREITKRÄFTE Spartaner: 11 000; Thebaner: 6000

VERLUSTE Spartaner: 2000 Gefallene; Thebaner: nicht nennenswert

ORT Böotien, Zentralgriechenland

379 v. Chr. erhob sich der böotische Stadtstaat Theben gegen die Spartaner, die 371 in Böotien einfielen. Auf der Ebene von Leuktra entwickelten sie ihre Hopliten gleichmäßig auf dem Gefechtsfeld, der Befehlshaber und die besten Fußsoldaten auf dem rechten Flügel. Spartas kampferprobte Streitmacht hatte allen Grund, mit der Vernichtung der Thebaner zu rechnen. Doch der thebanische Truppenführer Epaminondas wählte die noch nie da gewesene »schiefe Schlachtordnung«. Er konzentrierte seine Hopliten in einer 48 Glieder tiefen Kolonne auf dem linken Flügel seiner Front, wohin er auch seine Elitefußsoldaten beorderte. Damit verblieb im Zentrum und auf dem rechten Flügel nur eine dünne Linie Hopliten, die von Plänklern zu Fuß und zu Pferd beschirmt wurde. Die Plänkler hielten die Spartaner auf Distanz, während Epaminondas' Kolonne dem Feind in den rechten Flügel stieß und ihn in Auflösung versetzte. Anschließend attackierte Epaminondas die entblößte Flanke der Spartaner und schlug deren überlegene Truppen in die Flucht.

THEBANISCHE KRIEGE

Mantineia

DATUM 362 v. Chr.

STREITKRÄFTE je 25 000

VERLUSTE Allianz Athen/Sparta: 1000 Gefallene, 2000 Gefangene; Thebaner: ähnliche Verluste

ORT auf dem Peloponnes nördlich Spartas

Der Sieg bei Leuktra leitete eine Periode thebanischer Vorherrschaft in Griechenland ein, für die das militärische Genie des Epaminondas die Gewähr bot. Sparta und Athen verbündeten sich, um Theben die Stirn zu bieten, doch erst 362 hatten sich hinreichend viele Staaten dem Bündnis angeschlossen, dass es zur ernsthaften Bedrohung wurde. Epaminondas reagierte, indem er sein Heer tief in den Peloponnes vordringen ließ. Als das spartanische Heer einen Direktangriff Spartas verhinderte, machten sich die Thebaner daran, die Stadt Mantineia, eine Verbündete der Spartaner, zu bedrohen. Das Eintreffen einer athenischen Streitmacht verzögerte das Manöver der Thebaner, sodass Athener, Spartaner und Mantineier Verbindung und Hilfe herstellen konnten. Wie gewöhnlich stellte Epaminondas seine Eliteinfanterie auf den linken Flügel, während die thebanische Reiterei auf beiden Flügeln Aufstellung nahm. Epaminondas führte mit seinen Fußtruppen einen vernichtenden Schlag gegen die Mantineier, die den rechten Flügel der feindlichen Front hielten, während die thebanische Reiterei die athenische Kavallerie vom Gefechtsfeld trieb. Die Mantineier traten die Flucht an, doch im Augenblick des Sieges fiel Epaminondas. Die Thebaner unterließen eine Verfolgung und ohne den bewährten Truppenführer zerfiel die Vorherrschaft Thebens rasch.

SCHLACHTFELD

Mantineia war Schauplatz dreier Schlachten. Die erste, Athen gegen Sparta, fand im Jahre 418 v. Chr. während des Peloponnesischen Krieges statt. Die zweite trug Theben im Jahre 362 den Sieg ein. Die dritte führte 207 zur Niederlage Spartas.

um 490–429 v. Chr.

PERIKLES

Der athenische Staatsmann Perikles führte die Stadt in ein goldenes Zeitalter. Da er die Interessen seiner Stadt in der Entwicklung des Handels im Mittelmeerraum sah, ermutigte er die Athener, ihre Bindungen an Griechenland zu lösen. Er umgab Athen und dessen Seehafen Piräus mit langen Mauern und zwang die Stadt so zum Seehandel. Als unmittelbare Folge erblühte die Wirtschaft der Stadt, doch Perikles' Politik gelang es nicht, einen Krieg mit Sparta zu vermeiden (431). Nachdem er in Ungnade gefallen war, starb er 429 v. Chr. an der Pest.

DIE FELDZÜGE ALEXANDERS

Den Triumph über die mächtigen Perser in der Zeit zwischen 334 und 323 v.Chr. und die Gründung eines Reiches, das sich von Griechenland bis nach Indien erstreckte, verdankte Alexander von Makedonien seiner beispiellosen Kühnheit. Ihm gelang diese Glanzleistung mit dem als Erbe seines Vaters Philipp übernommenen Heer, das aus einer unbezwingbaren Reiterei, kampferprobter Infanterie und leichten Hilfstruppen bestand. Die Zusammensetzung dieser Streitmacht spiegelte Alexanders erklärtes Verlangen wider, im Interesse aller Griechen Krieg zu führen: Diesem Heer gehörten Makedonier, Thessalier und Thraker ebenso an wie Kreter und Balkanvölker. Er selbst war ein unbezähmbarer Führer, der bei jeder Gelegenheit die Initiative ergriff und im Kampf unnachgiebig die Vernichtung seiner Feinde anstrebte.

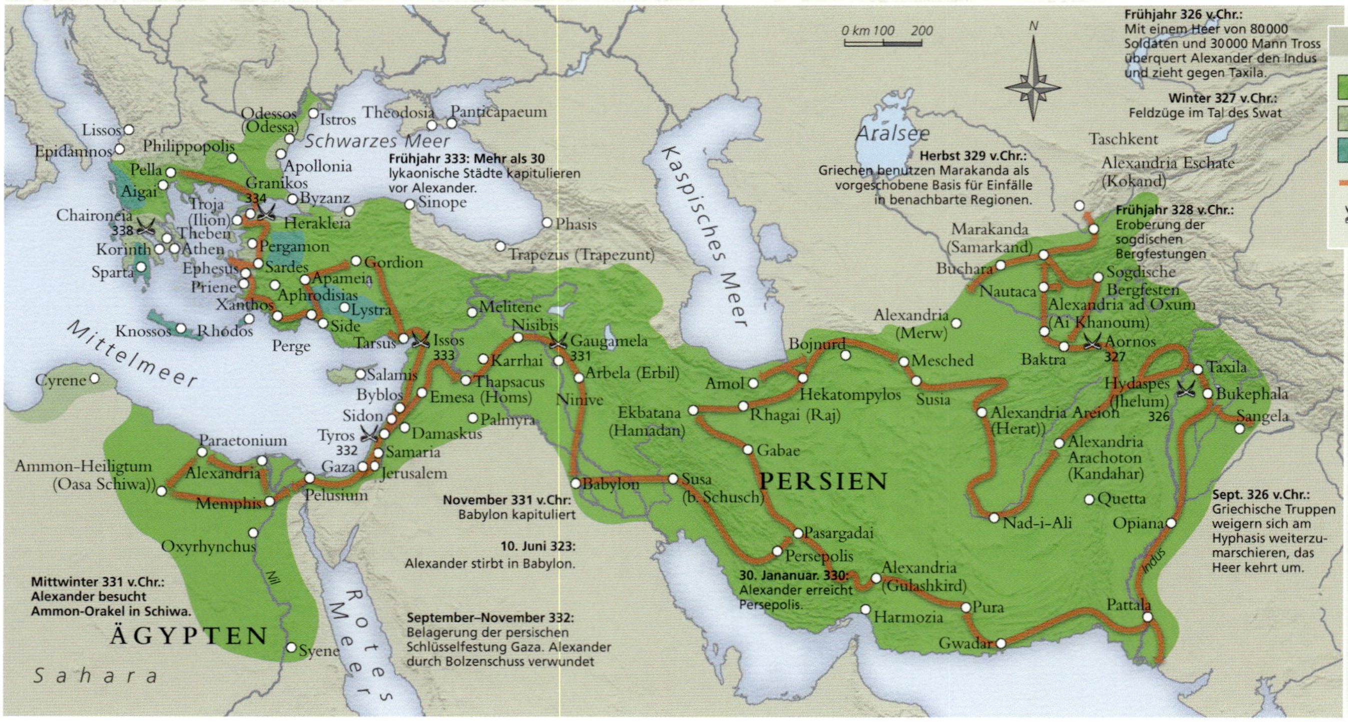

ALEXANDERS FORTSCHRITT
In gerade einmal zehn Jahren eroberte Alexander ein ungeheuer großes Gebiet, das einen Großteil Asiens ebenso einschloss wie Teile Nordindiens, Nordafrikas und Europas.

KRIEGE PHILIPPS II. VON MAKEDONIEN

Schlacht von Chaironeia

DATUM 338 v.Chr.

STREITKRÄFTE Athener und Thebaner: 50000; Makedonier: 32000

ORT 50 km nördlich von Theben in Böotien

VERLUSTE Athener und Thebaner: 20000; Makedonier: nicht verbürgt

Im Frühling des Jahres 338 v.Chr. stieß ein von Athen und Theben aufgestelltes Heer vor der böotischen Stadt Chaironeia auf Philipps Makedonier. Das athenisch-thebanische Heer war stärker, aber viel einfacher strukturiert, bestand es doch hauptsächlich aus Hopliten. Im Gegensatz dazu hatte Philipp, von Epaminondas (s. S. 25) beeinflusst, ein Heer geschaffen, in dem die Schlachtreihe der Fußtruppen nur eine Komponente darstellte. Daneben gab es noch 2000 Reiter, Speerwerfer und die so genannten Hypaspisten (eine Elitefußtruppe, die flexibler agierte als die Phalanx). Im Verlauf der Schlacht kam es zu zwei entscheidenden Momenten. Der eine trat ein, als Philipp einen Rückzug vortäuschte, damit den festen Verband der athenischen Hopliten aufbrach und sogleich kehrtmachte, um sie anzugreifen. Der andere kam, als die makedonische Reiterei unter Alexander eine Attacke ritt, die die thebanischen Streitkräfte zerschlug.

382–336 v.Chr.

PHILIPP II. VON MAKEDONIEN

Als Philipp sich 359 v.Chr. den Thron sicherte, war Makedonien ein rückständiger Staat am Rande Griechenlands. Unter seiner energischen Herrschaft wurde Makedonien durch Diplomatie und militärische Neuerungen zur Großmacht. Philipp war der geborene Kriegsmann, der in dem von ihm geschaffenen großen Heer auf Zähigkeit und Disziplin bestand. Mit der Schlacht von Chaironeia gewann er die Vorherrschaft in Griechenland, das er als Ausgangsbasis eines ehrgeizigen Feldzugs gegen die Perser zu nutzen gedachte. Seine Ermordung im Jahre 336 ließ dies seinem Sohn Alexander zufallen.

ALEXANDERS EROBERUNGEN

Granikos

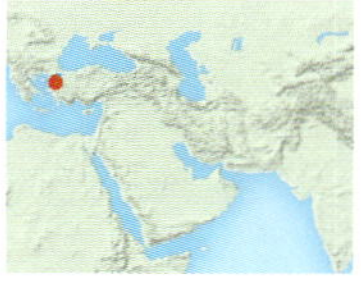

DATUM Mai 334 v.Chr.

STREITKRÄFTE Makedonier: 40000; Perser: 35000 (darunter 8000 griechische Söldner)

ORT der Granikos im westlichen Kleinasien

VERLUSTE Perser: mehr als 15000

Alexander, der seit 336 v.Chr. Nachfolger seines ermordeten Vaters war, konsolidierte zunächst seinen griechischen Herrschaftsbereich. Im Jahr 334 fühlte er sich sicher genug, um den Feldzug gegen Persien zu beginnen. Alexanders Heer setzte über den Hellespont nach Kleinasien über, was an sich schon ein kompliziertes Unterfangen war, da Tausende von Männern und Belagerungsgerät zu verladen waren. Dann marschierte es ostwärts in persisches Herrschaftsgebiet ein. Vor dem Gros des Heeres operierten berittene Späher, und sie waren es, die die Gegenwart eines persischen Heeres meldeten, das sich jenseits des Granikos aufgestellt hatte. In dem Heer, das im Osten Persiens ansässige Machthaber zusammengezogen hatten, standen auch zahlreiche griechische Söldner. Es war Alexanders Truppen zahlenmäßig unterlegen, hatte aber eine starke Verteidigungsstellung bezogen. Das Wasser des Flusses schoss zwischen Steilufern dahin, ein Übersetzen unter Beschuss wäre ein gefährliches Wagnis. Sobald Alexander am späten Nachmittag den Fluss erreicht hatte, führte er einen Angriff seiner Reiterei über ihn hinweg. Die Schlacht entbrannte, als die persische Reiterei versuchte, buchstäblich Pferd gegen Pferd drückend, die Makedonier in den Fluss zurückzudrängen. Im Getümmel der Schlacht verlor Alexander seine Lanze und beinahe auch das Leben. Doch die persische Reiterei wankte bald unter dem wilden Ansturm der Makedonier; Alexanders Fußvolk gelang es, den Fluss zu durchwaten und in die Schlacht einzugreifen. Schnell waren die persischen Truppen umzingelt und etwa 15000 niedergemacht.

MITTELALTERLICHE SICHT
Unter einem Hagel von Wurfspießen überquert Alexanders Reiterei den Granikos; französische Illustration aus dem 15. Jh.

ALEXANDERS EROBERUNGEN

Gaugamela (Arbela)

DATUM Oktober 331 v. Chr.

STREITKRÄFTE Makedonier: 40 000 Fußvolk, 7000 Reiter; Perser: 200 000

VERLUSTE Makedonier: 500 Gefallene, 3000 Verwundete; Perser: 50 000 Gefallene

ORT westlich von Arbela (heute: Irbil/nördlicher Irak)

Nach seinem Sieg bei Issos (s. S. 28/29) benötigte Alexander ein Jahr, um die Städte Syriens und Palästinas zu unterwerfen und Ägypten zu besetzen, wo er Alexandria gründete. Als er im Frühjahr 331 hörte, dass der persische König Dareios III. in Mesopotamien ein gewaltiges Heer zusammenzog, befahl Alexander dem eigenen Heer, seinerseits ostwärts nach Persien zu marschieren. Dareios, entschlossen, Alexander diesmal zu schlagen, erwartete ihn auf der Ebene von Gaugamela. Das persische Heer hatte sich seit Issos stark verändert. Der Abzug der griechischen Söldner hatte die Fußtruppen geschwächt, doch andere Kräfte aus Dareios' asiatischem Reich waren aufgeboten worden, darunter Elefanten aus Indien, zur Verstärkung der Reiterei, sehr viele skythische und afghanische Reiter. Dareios verfügte auch über 200 Wagen mit sichelbestückten Rädern. Als er Ende September in Sichtweite des persischen Heeres angelangt war, schlug Alexander sein Lager auf und überlegte, wie er es mit einem Gegner aufnehmen könnte, der seine eigenen Kräfte im Verhältnis vier zu eins übertraf. Einen Nachtangriff lehnte er ab, stattdessen gedachte er seine gewohnte Taktik etwas zu variieren. Da es unmöglich war, im offenen Gelände einer Umfassung zu entgehen, bestimmte er Reiterei und leichte Infanterie zum Flankenschutz und legte einen Teil seiner Fußtruppen als Eingreifreserve hinter die Front.

MAKEDONISCHER PANZER *Diese Brustplatte wurde aus dem Grabmal Philipps von Makedonien in Vergina geborgen.*

Die Makedonier rückten gegen die Perser vor, Alexander und die Hetairoi-Reiter (makedonische Adlige, »Kampfgefährten«, als Elitetruppe der Reiterei) vorn am rechten Flügel, die Phalanx und weitere Reiterei gestaffelt dahinter. Dareios' Streitwagenkämpfer griffen die makedonische Phalanx an, waren jedoch deren leichten Plänklern hilflos ausgeliefert und wurden von ihnen in großer Zahl mit dem Speer niedergemacht. Auf der Linken kämpfte Alexanders Flankenschutz verbissen, um die skythischen Reiter an einer Umfassung zu hindern, doch auf der rechten Seite gelang es der makedonischen Reiterei und den Hyaspisten (Elitefußsoldaten), durchzubrechen und einen Korridor ins persische Zentrum zu treiben. Wieder einmal war der persische Herrscher gezwungen, fluchtartig das Feld zu räumen. Alexander ließ von der Verfolgung ab, als er entdeckte, dass es der persischen Infanterie und Kavallerie gelungen war, sich in den Rücken der Makedonier durchzuschlagen. Mit dem Eintreffen der Reiterei Alexanders war das Getümmel um die Trossfahrzeuge rasch beendet. Die Perser waren erneut in die Flucht geschlagen worden. Ein Jahr nach der Schlacht wurde Dareios von einem seiner Satrapen ermordet, während Alexander weitermarschiert war, um die persische Königsstadt Persepolis einzunehmen.

SPÄTE RACHE *Persepolis war das zeremonielle Zentrum des persischen Reiches. Alexander plünderte 330 v. Chr. die Stadt und brannte den Palast des Xerxes nieder, vermutlich als Rache für die Einäscherung Athens im Jahre 480.*

ALEXANDERS EROBERUNGEN

Hydaspes

DATUM Mai 326 v. Chr.

STREITKRÄFTE Alexander: 6000 Infanterie, 5000 Reiter; König Pyrrhos: 30 000

VERLUSTE Alexander: 310 Gefallene; König Pyrrhos: (angeblich) 23 000 Gefallene

ORT der Hydaspes (heute: Jhelum) in Nordwestindien

326 v. Chr., als das Perserreich erobert war, unternahm Alexander einen Feldzug ins nördliche Indien. Dort kam es zum Zusammenstoß mit Parvataka, dem bedeutendsten Radscha des Pandschab (gewöhnlich als König Pyrrhos oder lateinisch Pyrrhus bezeichnet). Beide Seiten standen sich an dem nicht zu durchfurtenden Hydaspes (heute: Jhelum) gegenüber. Alexander teilte seine Truppen; ein Teil blieb Pyrrhos gegenüber in Stellung, während der Rest flussaufwärts marschierte und den Fluss im Schutz der Dunkelheit auf Booten überquerte. Als Pyrrhos zu seinem Erstaunen Alexander auf seiner Seite des Flusses entdeckte, stellte er sein Heer so auf, dass der linke Flügel ans Ufer stieß. Vor seinen Truppen waren mehr als 100 Kriegselefanten verteilt, sodass sie eine Art bewegliche Festung bildeten. Alexander befahl einem Teil seiner Reiterei, einen weiten Bogen um Pyrrhos' rechten Flügel zu schlagen und ihn hinterrücks anzugreifen. Gleichzeitig wurden Speerwerfer nach vorn geschickt, um die Elefanten zu reizen, die in Panik gerieten und das Fußvolk hinter ihnen niedertrampelten. Als Pyrrhos' Heer ins Wanken geraten war, führte Alexander längs des Ufers einen Angriff seiner Hetairoi-Reiter, während die Phalanx mit verschränkten Schilden ebenfalls vorrückte. Es kam zu erbitterten Kämpfen, doch letztlich ergriffen Pyrrhos' Soldaten die Flucht.

ELEFANTEN ALS KRIEGSWAFFE

Als Alexander es bei Gaugamela und am Hydaspes mit Kriegselefanten zu tun bekam, wurden sie in indischen Heeren bereits seit 700 Jahren eingesetzt. Abgesehen davon, dass sie Angst und Schrecken verbreiteten, waren Elefanten beim Angriff schnell und nur schwer aufzuhalten; auf ihrem Rücken konnten sie Bogenschützen oder Speerwerfer tragen. Leider neigten verwundete Elefanten zur Panik und trampelten Freund und Feind gleichermaßen nieder. Es wurde behauptet, Elefanten hätten Angst vor Schweinen, und angeblich sollen diese mit Erfolg gegen Elefanten eingesetzt worden sein. Wie dem auch sei, in den Jahrhunderten nach Alexander gehörten Kriegselefanten in der Mittelmeerregion zum gewohnten Bild eines Heeres.

ALEXANDERS EROBERUNGEN

Issos

ORT Ebene in Kilikien am Golf von Iskenderun/Türkei

DATUM
November 333 v. Chr.

STREITKRÄFTE
Makedonier: 35 000; Perser: 110 000

VERLUSTE
Makedonier: 450; Perser: (angeblich) 50 000

Im Herbst des Jahres 333 v. Chr. hatte Alexander die Mittelmeerküste Kleinasiens erobert. Der persische König Dareios III. machte sich auf, der makedonischen Invasion seines Reiches zu begegnen, und wollte Alexanders Heer im nördlichen Syrien stellen. Alexander, der seiner Strategie getreu die Schlacht suchte, statt sie zu meiden, hielt seinerseits nach den Persern Ausschau. Als die Makedonier nach Syrien einmarschierten, bemerkten sie, dass Dareios' Heer sich nordostwärts hinter ihnen befand. Alexander schwenkte seine Truppen herum und zog den Persern entgegen. Dareios musste gezwungenermaßen auf einer schmalen Ebene zwischen den Bergen und der See kämpfen, sodass seine zahlenmäßige Überlegenheit nur bedingt zum Tragen kam. Obwohl Alexanders Front stark ausgedünnt war, die Phalanx im Zentrum war von der makedonischen Norm – 16 Glieder – weit entfernt, konnte er vom Fuß der Berge bis an den Strand einen Riegel bilden. Wie am Granikos, so bezogen die Perser auch hier jenseits des Flusses Stellungen, die sie befestigten. Das ermutigte Alexander und seine Hetairoi, sahen sie darin doch Anzeichen, dass den Persern der Mut zum Gefecht fehlte. Die Schlacht begann damit, dass Dareios einige Truppen ins Vorgebirge schickte, um die Makedonier zu umfassen. Dieses Vorhaben wurde jedoch von Alexanders Bogenschützen vereitelt. Daraufhin befahl Alexander einen Generalangriff. Die Phalanx schritt in geschlossener Formation

GOLDENER STREITWAGEN
Dieses Modell eines persischen Streitwagens ähnelt einer Rollsiegeldarstellung vom Wagen des Perserkönigs Dareios.

356–323 v. Chr.

ALEXANDER DER GROSSE

Der größte Feldherr der Antike, Alexander der Große, war der Sohn Philipps II. von Makedonien. Gerüchte, er habe 336 v. Chr. bei der Ermordung seines Vaters die Hand im Spiel gehabt, sind wahrscheinlich unbegründet, doch ganz gewiss griff er begeistert nach der Macht, obgleich er kaum das Mannesalter erreicht hatte. Alexander hielt sich für einen gottähnlichen Helden, der von Achill abstammte und zu großen Taten bestimmt war. Äußerst gnadenlos und impulsiv führte er seine Truppen von der Spitze aus. Nachdem er im Jahr 330 Persien erobert hatte, übernahm er einige persische Sitten und gliederte Perser in sein Heer ein. Diese »Orientalisierung« der griechischen Kultur befremdete viele seiner makedonischen Landsleute, von denen er einen 328 bei einem Bankett im Rausch erstach. 326, nach seinem Sieg am Hydaspes in Indien, machte Alexander einen seiner größten Fehler, indem er sich dazu entschloss, den Rückmarsch nach Persien durch die Wüste anzutreten: für viele seiner Männer ein Marsch in den Tod. Alexander starb im Jahr 323 in Babylon, vielleicht an Gift, wahrscheinlicher jedoch am Fieber.

voran, die vordersten Glieder mit gefällten Sarissen, um den Feind aufzuspießen, die übrigen mit aufgerichteter Stoßwaffe, um Geschosse abzuwehren. Alexander, der sich mit seinen Hetairoi am rechten Flügel aufgestellt hatte, ritt über den Fluss hinweg einen Angriff gegen die schwer bewaffnete persische Reiterei und leichtes Fußvolk. Links neben ihm am Strand ritt seine thessalische Truppe gegen die persische Kavallerie an. Die makedonische Infanterie sah sich bald in Schwierigkeiten. Beim Durchfurten des Flusses löste sich die Formation auf und in der Wand aus Sarissen zeigten sich erste Lücken, die es Dareios' griechischen Söldnern ermöglichten, sich zwischen ihre Gegner zu drängen. Doch auf der Rechten war die Stoßkraft der makedonischen Reiterei unwiderstehlich. Dieser Erfolg ermöglichte es Alexander und den Hetairoi, einen Schwenk zu vollziehen und die Perser in der Flanke zu fassen. Die griechischen Söldner, die im Zentrum vorwärts drängten, sahen sich umfasst. Dareios selbst geriet in bedrohliche Lage, daher flüchtete er vom Schlachtfeld, während sich die makedonische Reiterei noch kämpfend auf ihn zubewegte. Als die Niederlage des persischen Heeres besiegelt war, versuchte Alexander den flüchtigen Dareios zu fassen, doch der entkam und konnte den Kampf fortsetzen.

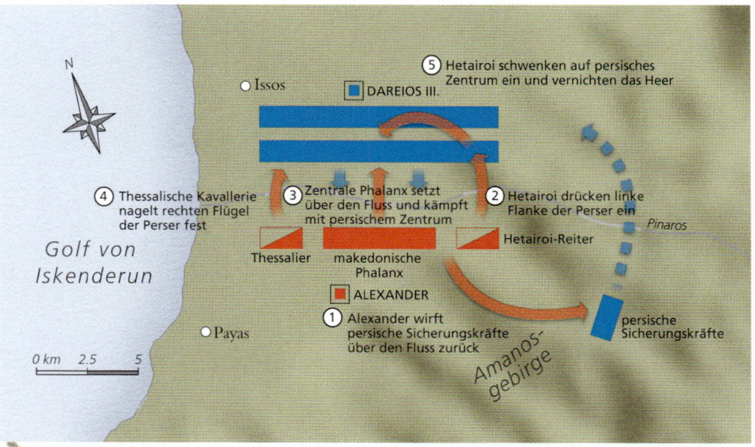

FLUCHT DES DAREIOS
Dieses römische Mosaik zeigt den im Streitwagen flüchtenden Dareios, während Alexander (links) einen persischen Reiter aufspießt. Die langen Spieße waren ein Merkmal der makedonischen Phalanx; der Künstler wies sie den griechischen Fußsoldaten im Sold des Dareios zu.

NACH ALEXANDER

Nach seinem Tode im Jahre 323 v. Chr. wurde Alexanders Reich unter seinen Feldherren aufgeteilt. Ptolemaios nahm sich Ägypten, Seleukos erhielt Babylonien (Syrien und Iran) und Antigonos herrschte über Lykien, Pamphylien und Phrygien (Anatolien). Diese Mächte führten das ganze 3. Jh. hindurch Kriege, doch verkam das Kriegswesen zu einer bloßen Nachahmung von Alexanders Taktik. Als sie es im 2. Jh. mit Rom zu tun bekamen, fanden Ptolemaier, Seleukiden und Antigoniden kein Mittel gegen dessen Strategie und Aggressivität.

ANTIGONIDEN GEGEN SELEUKIDEN

Ipsos

DATUM 301 v. Chr.

STREITKRÄFTE Antigonos: 70000 Fußvolk, 10000 Reiter, 75 Elefanten; Seleukos: 64000 Fußvolk, 10000 Reiter, 400 Elefanten

ORT Phrygien, westliches Kleinasien

VERLUSTE nicht verbürgt

Mehr als 20 Jahre nach Alexanders Tod war sein früherer Feldherr Antigonos I. Monophthalmos (»der Einäugige«) immer noch bemüht, Seleukos und Ptolemaios zu besiegen und sich die Herrschaft über die hellenistische Welt zu verschaffen. Antigonos, bereits jenseits der 80, ließ sich bei einem Kräftemessen in Kleinasien von seinem Sohn Demetrios unterstützen. Ptolemaios führte Krieg in Syrien, doch Seleukos, dem Lysimachos, als einer der Diadochen Herrscher über Thrakien, zur Seite stand, bot Antigonos die Schlacht an. Die gewaltigen Heere nahmen Aufstellung, die Phalangen des Fußvolks im Zentrum, an den Flanken leichte Infanterie und Kavallerie. Seleukos besaß allerdings fünfmal so viele Elefanten wie Antigonos. Demetrios eröffnete das Gefecht mit einer Kavallerieattacke, die den linken Flügel der seleukidischen Front in die Flucht schlug, Seleukos jedoch deckte seine Flanke sofort, indem er einen Riegel Elefanten vor sie schob, die gleichzeitig dazu gedacht waren, Demetrios' Reiterei an Umkehr und Unterstützung des antigonidischen Zentrums zu hindern. Als die seleukidischen Plänkler die antigonidische Söldnertruppe mit Pfeilen und Speeren einzudecken begannen, liefen diese mitten im Gefecht über. Nachdem Antigonos durch einen Speer getötet worden war, brach sein Heer zusammen. Der Schlacht folgte eine erneute Aufteilung des alten Alexanderreiches. Lysimachos verleibte seinem Königreich Kleinasien bis zum Taurosgebirge ein, Seleukos erhielt das nördliche Syrien, während Ptolemaios den Süden bekam. Demetrios ließ man einige Städte und Inseln; er und seine Nachkommen begründeten die Dynastie der Antigoniden.

RUINEN AUS DER ZEIT DER SELEUKIDEN
Städte wie Apameia verbreiteten in dem Jahrhundert nach Alexanders Tod die hellenistische Kultur in Kleinasien.

um 367–283 v. Chr.

PTOLEMAIOS I.

Der makedonische Soldat Ptolemaios war Alexanders engster Freund und Berater. Nach dessen Tod hatte er sehr schnell Ägypten in seine Hand gebracht, musste jedoch schwere Kämpfe bestehen, um seine Satrapie zu sichern. Er erhielt den Beinamen »Soter« (»Retter«), weil er Rhodos im Jahre 304 v. Chr. trotz Blockade durch Antigonos' Sohn Demetrios zu halten vermochte. Die von Ptolemaios gegründete Dynastie beherrschte Ägypten bis zum Jahre 30 v. Chr.

KÖNIGLICHE MÜNZE
Ein Vier-Drachmen-Stück, geschlagen auf Geheiß des ägyptischen Herrschers Ptolemaios I.

SELEUKIDEN GEGEN PTOLEMÄER

Raphia

DATUM 22. Juni 217 v. Chr.

STREITKRÄFTE Antiochos III.: 62000 Fußvolk, 6000 Reiter, 102 Elefanten; Ptolemaios IV.: 70000 Fußvolk, 5000 Reiter, 73 Elefanten

ORT südwestlich von Gaza, Südpalästina (heute: Rafah)

VERLUSTE nicht verbürgt

An der Schlacht bei Raphia waren der Seleukidenherrscher Antiochos III. und Ptolemaios IV. von Ägypten beteiligt. Antiochos war der Angreifer, der Ptolemaios die Herrschaft über Koilesyrien (heute etwa Israel, Syrien, Libanon, Jordanien) streitig machte. Obwohl Antiochos' Einfall nach Koilesyrien im Jahre 219 erfolgreich war, versäumte er es, unverzüglich den entscheidenden Angriffskrieg gegen Ägypten zu führen. Das ermöglichte Ptolemaios, sein Heer zu verstärken und 30000 ägyptische Hopliten auszubilden. Als Antiochos 217 gegen Ägypten zog, war Ptolemaios' Heer hinsichtlich Zahl und Kampfkraft seinen Truppen durchaus gewachsen und jede Seite verfügte über eine beträchtliche Anzahl Elefanten. Zu Beginn der Schlacht gingen Antiochos' Elefanten gegen die gegnerischen vor und jagten sie davon, während eine von Antiochos geführte Kavallerieattacke in Ptolemaios' auf dem linken Flügel aufgestellte Reiterei einbrach. Das Blatt wendete sich jedoch, als die Phalangen beider Seiten aufeinander trafen. Zahlenmäßig überlegen, besser ausgebildet, kompetenter befehligt und von Ptolemaios angespornt, siegte die makedonisch-ägyptische Infanterie.

»Indem er sich seinen Truppen zeigte, beflügelte [Ptolemaios] seine Mannen mit immer größerem Eifer und Kampfgeist.«

Polybius, um 200–118 v. Chr., Weltgeschichte

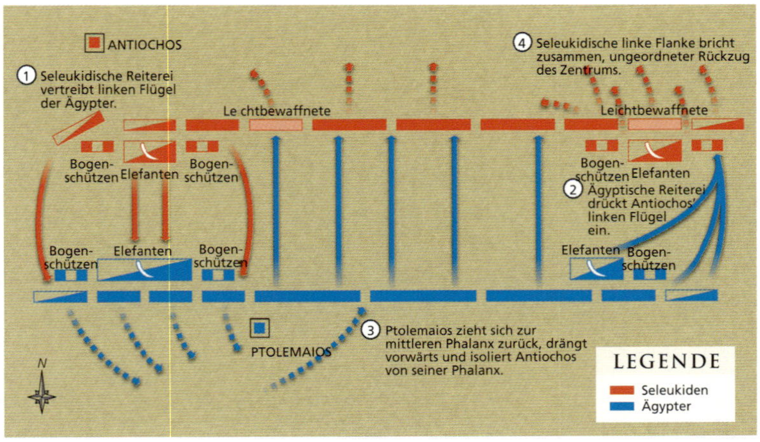

»Die Stoßzähne ineinander verhakt, schoben [die Elefanten] nach Kräften, jeder versuchte, den anderen zum Weichen zu zwingen, bis der stärkere dem anderen den Rüssel zur Seite drückte, um ihm dann, sobald er zur Drehung bewogen war und die Flanke bot, mit den Stoßzähnen wie ein Stier mit den Hörnern zu Leibe zu rücken.«

ZEUGE DES KRIEGES

POLYBIOS

Diesen Bericht über die Kampfesweise der Elefanten bei Raphia hat der Grieche Polybios als römischer Historiker verfasst. Der massenhafte Einsatz von Kriegselefanten war eines der auffälligsten Merkmale hellenistischer Kriegführung

TRIERE

Der erfolgreichste geruderte Kriegsschiffstyp der griechischen und hellenistischen Ära wird nach der Anzahl der übereinander liegenden Ruderbänke Triere (griechisch: Dreiruderer) genannt. Es handelte sich um ein recht leichtes Fahrzeug, das gemeinhin 14 Kämpfer an Bord hatte – zehn gepanzerte Fußsoldaten und vier Bogenschützen –, dazu eine seemännische Besatzung von etwa 200 Mann. Der Unterhalt einer Flotte von Trieren war jedoch eine extrem kostspielige Angelegenheit. Die bevorzugte Kampfweise mit Trieren bestand darin, ein Feindschiff zu rammen und dessen Planken seitlich zu durchstoßen, sodass es entweder sank oder geentert werden konnte.

RUDERBÄNKE
Die Querschnittzeichnung zeigt zwei Möglichkeiten einer gestaffelten Anordnung von Ruderbänken und Ruderern.

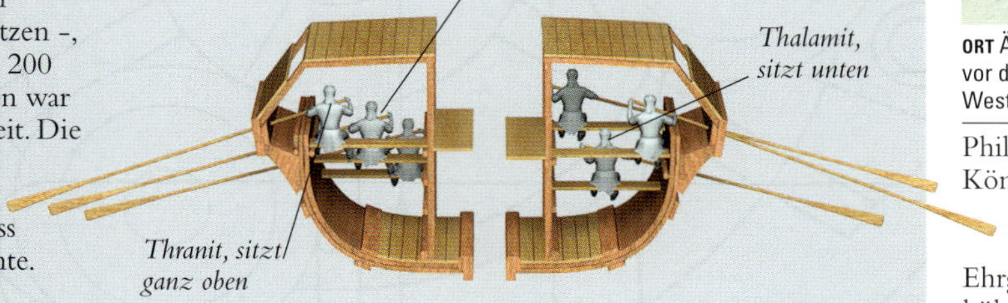

MUSKELKRAFT
Eine Triere wurde normalerweise von 170 Ruderern bewegt, ferner gab es einen Rudergänger und einen Ausguck am Bug.

Daten			
Länge	35 m	**Gewicht**	36 Tonnen
Breite	6 m	**Geschwindigkeit**	bis zu 9 Knoten
Höhe	3 m	**Seemännische Besatzung**	etwa 200

MAKEDONIER GEGEN GRIECHEN

Chios

DATUM 201 v. Chr.

STREITKRÄFTE Makedonier: 53 schwere Kampfschiffe; Rhodos und Pergamon: 65 schwere Kampfschiffe

ORT Ägäis, unmittelbar vor der heutigen Westküste der Türkei

VERLUSTE Makedonier: 9000; Rhodos und Pergamon: 130

Philipp V., von 221 bis 179 v. Chr. König von Makedonien, war ein aggressiver Herrscher, der sich eine mächtige Flotte schuf. Sein Ehrgeiz ließ ihn mit zwei kleinen, indes kühnen Nachbarn in Konflikt geraten: der Insel Rhodos und der Festung Pergamon im westlichen Kleinasien. 201 griff Philipp mit seiner Flotte die zwischen Pergamon und Rhodos gelegene Insel Chios an. Der rhodische Flottenchef Theophiliskos und der pergamenische König Attalos starteten eine gemeinsame Flottenoperation, um die Insel zu entsetzen. Die Schlacht, die sich im Kanal zwischen Chios und dem kleinasiatischen Festland entwickelte, nahm für Philipp einen unglücklichen Verlauf. Am Anfang ging sein Flaggschiff verloren und seine Verluste stiegen stetig, obwohl die Feinde angesichts der größeren Schiffe Philipps vorsichtig und verhalten kämpften. Den Makedoniern gelang es zwar, Attalos' Flaggschiff zu kapern, doch alles in allem mussten sie eine schwere Niederlage einstecken.

ROM GEGEN MAKEDONIEN

Kynoskephalai

DATUM 197 v. Chr.

STREITKRÄFTE je 26000

ORT Thessalien in Nord-Griechenland

VERLUSTE Makedonier: 8000 Gefallene, 5000 Gefangene; Römer: 700 Gefallene

Im Jahre 200 v. Chr. wandten sich Rhodos, Pergamon und Athen mit der Bitte an Rom, ihnen gegen die Expansionswut Philipps V. von Makedonien Beistand zu leisten. Als Philipp 197 sein Heer südwärts durch Thessalien führte, stieß er mit einem römischen Heer zusammen, das unter Konsul Titus Quinctius Flamininus auf dem Marsch nach Norden war. Beide Heere schwenkten seitwärts, um Gefechtsaufstellung zu nehmen. Die makedonische Infanterie bildete eine dichte, vor Sarissen starrende Phalanx, während die Römer sich schachbrettartig versetzt aufstellten. Die Front der makedonischen Phalanx war undurchdringlich, doch in einem Augenblick der Schlacht schwenkte die beweglichere römische Infanterie herum und griff von der Flanke her an. Die Makedonier wurden niedergemacht oder zur Kapitulation gezwungen.

ROM GEGEN DIE SELEUKIDEN

Magnesia

DATUM Dezember 190 v. Chr.

STREITKRÄFTE Rom und Pergamon: 40000; Syrien: 72000

ORT östlich von Smyrna (heute: Izmir)

VERLUSTE Rom und Pergamon: 350; Syrien: 53000

192 v. Chr. erklärte das auf Expansion drängende Rom dem Seleukiden Antiochos III., Beherrscher Syriens und Verlierer von Raphia, den Krieg. Im Winter 190/189 führten Lucius Cornelius Scipio und sein berühmter Bruder Publius »Africanus« ein Heer nach Kleinasien. Antiochos zog ihnen mit einer weitaus größeren Streitmacht entgegen, zu der auch Elefanten und Streitwagen gehörten. Der Angriff der Streitwagen erwies sich als nutzlos, doch Antiochos ritt eine Kavallerieattacke, mit der er durch den linken Flügel der Römer brach. Während er mit einem Angriff auf das nun vor ihm liegende römische Feldlager die Zeit vergeudete, wurde die Anfälligkeit seiner Phalanx erkennbar – genauso wie bereits bei Raphia. Als die Elefanten in Panik durchgingen, führte ein Flankenangriff der römischen Kavallerie zum völligen Zusammenbruch der Front.

ROM GEGEN DIE GRIECHEN

Pydna

DATUM 22. Juni 168 v. Chr.

STREITKRÄFTE Römer: 37000; Makedonier: 42000

ORT Nordgriechenland in der Nähe des Olymp

VERLUSTE Römer: weniger als 1000 Gefallene; Makedonier: 20000 Gefallene, 11000 Gefangene

Pydna war die Schlacht, die die Beherrschung Griechenlands durch die Römer besiegelte. Beteiligt waren eine römische Streitmacht unter Lucius Aemilius Paulus Macedonicus und das makedonische Heer unter König Perseus. Die beiden Armeen kampierten beiderseits eines Flusses: Nach anfänglichem Geplänkel überquerte Perseus mit dem ganzen Heer das Wasser und eröffnete die Schlacht. Zunächst hatte die makedonische Phalanx die Oberhand; sie rückte mit gefällten Sarissen und verschränkten Schilden vor und hinderte so die römischen Legionäre am Nahkampf. Bei diesem Vorrücken lockerte sich allerdings ihre Formation. Paulus ergriff die Initiative und befahl, gruppenweise durch die feindlichen Reihen zu sickern und dabei auf die ungeschützten Flanken und Rücken der Makedonier einzuschlagen. Im Nahkampf waren deren unhandliche Sarissen nutzlos. Viele warfen sie fort und zückten stattdessen ihre Dolche, doch diese vermochten gegen die rücksichtslos gehandhabten Kurzschwerter der Römer nichts auszurichten. Der römische Sieg war vernichtend.

RÖMISCHE VERNICHTUNGSWUT
Die Ruinen bei Korinth belegen das rücksichtslose Vorgehen Roms im Griechenland des 2. Jh. v. Chr. Wegen ihrer Widersetzlichkeit machte Rom die Stadt dem Erdboden gleich.

KELTISCHE BRONZE- UND EISENWAFFEN

DIE KELTEN HATTEN SICH IM LAUFE des 1. Jt. v. Chr. über ganz Europa ausgebreitet; die Gallier, die 390 v. Chr. Rom stürmten, waren Kelten, genauso wie die Britannier, gegen die Caesar 55 v. Chr. zu Felde zog. Zur keltischen Kriegführung gehörten Lärm und wildes Imponiergehabe; Krieger brüllten ihre Aufforderung zum Zweikampf, während das ganze Heer ein Kriegsgeschrei ausstieß und die Waffen auf die Schilde schlug; das Ganze wurde vom Getöse der Hörner und Trompeten begleitet.

gerundete Schneide mit Verzierungen

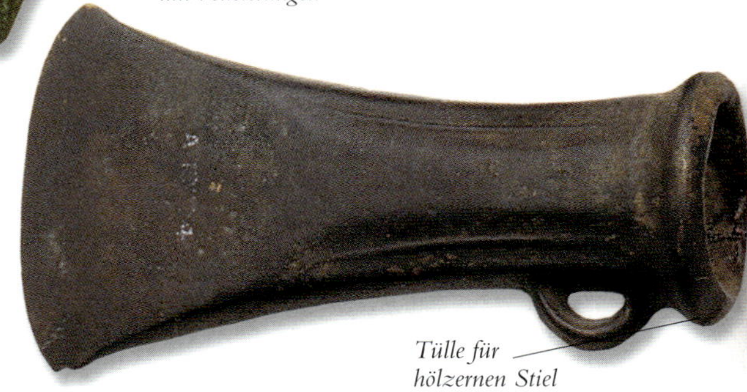

Tülle für hölzernen Stiel

Öhr für Schnur zum Befestigen der Klinge am Stiel

AXTKLINGEN
Die Axtklinge oben stammt aus dem 2. Jt. v. Chr., die unteren aus der Zeit zwischen 750 und 650 v. Chr. Mit einem Holzstiel versehen, waren sie Werkzeug und Waffe zugleich.

KRIEGSWAFFEN

Die Kelten benutzten noch Streitwagen, als andere Völker sich längst von ihnen getrennt hatten. Nach Julius Caesar »fahren [die Kelten] nach allen Richtungen über das Schlachtfeld und schleudern Wurfgeschosse«, dann »springen sie von den Wagen und kämpfen zu Fuß weiter«. Die Kelten hatten in der Metallverarbeitung große Fertigkeiten entwickelt und die Qualität ihrer Schwerter war oft hervorragend. Schwerter waren allerdings teuer und standen nicht jedem Krieger zur Verfügung; manch einer musste sich mit einem Speer oder einer Schleuder begnügen.

Spitze für leichten Speer

kunstvoll verjüngte Spitze

KESSEL VON GUNDESTRUP
Detail von einem Silbergefäß vermutlich keltischen Ursprungs, das in einem Torfmoor beim dänischen Gundestrup gefunden wurde. Es zeigt Kavallerie, Infanterie mit Schild und Speer und Schlachttrompeten.

massive Spitze einer Zeremonialwaffe

SPEERE
Speere, oftmals geworfen, waren von der Bronze- bis zur Eisenzeit die Standardwaffe der keltischen Krieger.

scharfe Spitze, obgleich das Schwert mehr Hieb- als Stichwaffe war

SCHWERTER
Die Kelten waren berühmt für ihre Schwerter, von Bronzeschwertern wie den abgebildeten bis hin zu den berühmten Langschwertern der Hallstattkultur (750–400 v. Chr.) mit hartem Eisenkern und Weicheisenschneiden.

zweischneidige Klinge

BESIEGTER GALLIER
Vercingetorix vor Caesar: das Gemälde aus dem 19. Jh. zeigt die Kapitulation des Führers aller Gallier vor den Römern bei Alesia (s. S. 46). Im 1. Jh. v. Chr. wurden die gallischen Heere von den Römern fortwährend geschlagen. Organisation und Disziplin der römischen Truppen waren besser und der Körperschutz durch Panzerung war wirksamer.

ZEREMONIALSCHILD
Dieser wunderbar verzierte Schild aus Bronzeblech mit bunten Glasverzierungen wurde in London aus der Themse geborgen. Er stammt etwa aus dem 2. Jh. v. Chr. und diente wohl zeremoniellen Zwecken.

BEKLEIDUNG

Die Kelten nutzten oftmals ihre bloße Erscheinung zur Verwirrung eines Feindes. Sie waren von beachtlicher Statur, trugen ihr Haar auf fremdländische Art und, um Polybios zu Wort kommen zu lassen, manche warfen vor der Schlacht ihre Kleider ab und »standen vor dem versammelten Heer nackt, bis auf ihre Waffen«. Nacktheit der schockierenden Wirkung wegen war allerdings die Ausnahme; die gewohnte Kampfbekleidung der Kelten im Schutz ihrer Schilde waren Umhang, Kittel und Hosen. Dazu trug man dekorative goldene Armreifen und -bänder.

BRONZEHELM
Wie der Schild (rechts) wurde auch dieser Bronzehelm in der Themse gefunden. Ob ein solcher gehörnter Helm im Kampf viel genützt hat, ist zweifelhaft; auch er könnte zeremoniellen Charakter haben.

um das hölzerne Futteral gelegte Bronzebänder

Die Pfannen haben vielleicht Edelsteine gefasst.

DOLCH UND SCHEIDE
Dieser Eisendolch, der aus seiner in Holz und Bronze gearbeiteten Scheide hervorschaut, stammt aus dem England des 6. Jh. Vermutlich gehörte er einem Stammeshäuptling.

Die metallene Oberfläche dürfte wie Gold geglänzt haben.

Wahrscheinlich bestand der Griff aus Holz, Knochen oder Horn.

DIE FELDZÜGE DER LEGIONEN

Zwischen dem 5. und dem 1. Jh. v. Chr. wuchs die römische Republik von einem kleinen Stadtstaat zu einer imperialen Macht heran, die den Mittelmeerraum beherrschte. Das erreichte sie beinahe ausschließlich durch Waffengewalt. Fortwährend im Krieg, besiegten die Römer die anderen Völker Italiens, kämpften dann um Sein oder Nichtsein mit der konkurrierenden Macht Karthago und etablierten sich schließlich als Hegemonialmacht gegenüber den hellenistischen Königreichen des östlichen Mittelmeers.

EXPANDIERENDE REPUBLIK
Im 2. Jh. v. Chr. erlebte die römische Republik ihre rascheste Wachstumsphase. Frisch eroberte Gebiete wurden mit Statthaltern besetzt, welche die öffentliche Ordnung aufrechterhielten und Steuern einzogen.

LEGENDE

römisches Reich um 200 v. Chr.	Reich der Ptolemäer und Besitzungen
römische Erwerbungen bis um 120 v. Chr.	Seleukiden-Reich
Massalia und Besitzungen	ASIA 133 römische Provinz und Datum der Einverleibung
unabhängige griechische Staaten und Städte	Volcae 121 Völker und Datum ihrer Bezwingung durch Rom

ETRUSKISCHER KRIEGER
Das römische Heer war von den Etruskern beeinflusst.

LEGIONÄRE
Relief (oben) auf einer Aschenurne des 2. Jh. v. Chr. Die Römer sahen den Legionärsdienst als Gelegenheit an, sich gegenüber ihren Mitbürgern zu beweisen.

SABINERINNEN
Der Legende nach gerieten die Römer mit den Sabinern aneinander, weil sie deren Frauen verschleppt hatten. Auf diesem Gemälde beenden Sabinerinnen ein Gefecht.

DIE FRÜHE REPUBLIK

Obwohl die frühe Gechichte Roms im Sagenhaften liegt, können wir wohl davon ausgehen, dass die Römer ihre Nachbarn zunächst mit Kriegerbanden unter aristokratischen Anführern bekämpften. Während des 6. Jh. v. Chr. entwickelte Rom ein Bürgerheer, möglicherweise unter dem Einfluss der Etrusker. Aber erst im 4. Jh. – vielleicht veranlasst durch den Schock der Niederlagen gegen die Gallier und samnitischen Bergstämme – stellten die Römer den Truppenkörper der Legion auf. In ihrer frühesten Form handelte es sich um eine Miliz, in der ausgehobene Bürger für die Dauer eines Feldzugs dienten und dann in ihr normales Leben zurückkehrten. Auf jede Bürgerlegion, also jeweils 4500 bis 5000 Mann, kam eine gleicher Größe, die von Roms italischen Verbündeten gestellt wurde. Die gesamte Streitmacht wurde von einem für ein Jahr gewählten Konsul, einem Politiker also, befehligt.

DAS KRIEGSWESEN IM ALTERTUM

LEGIONEN IM FELDE

In Kriegszeiten fassten die Römer oftmals zwei Legionen zu einem etwa 10 000 Mann starken Verband zusammen, in dessen Kommando die beiden Konsuln sich täglich abwechselten. Anstatt nach Beginn einer Schlacht einen Angriff von vorn zu führen, wie Alexander der Große es tat, war der Gefechtsstand der römischen Heerführer unmittelbar hinter der Front, sodass sie ihre Truppen antreiben und Reserven dorthin dirigieren konnten, wo sie am dringendsten gebraucht wurden. Die römische Reiterei und die Plänkler als leichte Fußtruppen spielten auf dem Gefechtsfeld eine gewichtige Rolle, doch Kern des Heeres war die schwere Infanterie. Zwei jeweils von einem Centurio (= Hauptmann) geführte Zenturien (»Hundertschaft«, später allgemein nur 80 Mann) als kleinste taktische Einheit bildeten ein Manipel, 60 Zenturien eine Legion. Zum Gefecht wurden die Truppen nicht als geschlossener Block, sondern manipelweise, drei Linien tief gestaffelt, schachbrettartig aufgestellt: Zwischen jeweils zwei Manipel blieb eine Lücke von der Größe eines Manipels, die von dem Manipel in der Reihe dahinter abgedeckt wurde.

TODESSTOSS
Dieses Terrakottarelief aus dem 3. Jh. bringt zum Ausdruck, wie erbarmungslos die Römer ihre Feinde abschlachteten.

BRONZEHELM
Die Römer entwickelten für ihre Legionäre mancherlei Helme, dieser stammt aus dem 1. Jh. n. Chr.

EIN BERUFSHEER

Die Bürgersoldaten der Legionen wurden mit äußerster Härte ausgebildet und diszipliniert, u.a. durch die Strafe der Dezimierung, also Exekution eines jeden Zehnten, wenn eine Legion Schande auf sich geladen hatte. Doch es war umständlich und hinderlich, jedes Mal bei Kriegsausbruch ein neues Heer aufzustellen und in Kauf zu nehmen, dass der Waffendienst die römische Wirtschaft beeinträchtigte. Im 1. Jh. v. Chr. hatten die römischen Legionen sich zu einem Heer von Berufssoldaten entwickelt, das sich aus der ärmeren Bevölkerung rekrutierte und vom Staat ausgerüstet wurde. Die Legionen wurden zu stehenden Einrichtungen und bestanden beinahe ausschließlich aus schweren Fußtruppen. Berufslegionäre entwickelten eine enge Bindung an ihre Legion und deren Kommandeur – was eine Schlüsselrolle spielte, als Rom im 1. Jh. v. Chr. von einem Bürgerkrieg verwüstet wurde und ein Heerführer den anderen bekämpfte. Die Beständigkeit eines Berufsheeres gestattete die Entwicklung militärischer Fertigkeiten, die dann, als die Republik zum Römischen Reich geworden war, die Vorsaussetzung für weitere Eroberungen war.

MARIUS
Gaius Marius (um 157–87 v. Chr.) war ein übergewichtiger Veteran, der achtmal Konsul wurde, eine Rekordleistung. Wahrscheinlich war er an der Umwandlung des römischen Milizsystems in ein Berufsheer beteiligt.

LOGISTIK
Römische Militärstraßen wie die Via Appia von Rom nach Capua erlaubten die rasche Verlegung von Truppen und Ausrüstung.

DAS ROM DER FRÜHZEIT

Eine Reihe von Kriegen, die zwischen dem 5. und 3. Jh. stattfanden, verschafften den Römern die Herrschaft über das ganze Gebiet südlich des Po. Etrusker, Latiner, Samniten, Kelten und Griechen bekämpften die Römer, besiegten sie gelegentlich auch, doch stets erholte sich Rom wieder und schuf im Zuge der Eroberung Italiens ein Heer, mit dem es eines der mächtigsten Weltreiche begründen konnte.

ERSTER LATINISCHER KRIEG

Regillussee

DATUM 496 v. Chr.

STREITKRÄFTE Römer: unbekannt; Latinischer Bund: unbekannt

ORT im Norden Roms bei Tusculum (heute: Frascati)

VERLUSTE nicht verbürgt

Dem römischen Historiker Livius zufolge kämpften die Römer, geführt von Appius Posumius und Titus Aebutius, in der Schlacht am Regillussee gegen den Latinischen Bund, den nächsten Nachbarn Roms, unter der Führung von Octavius Mamilius, der sich gegen die wachsende Macht der römischen Republik auflehnte. Mit ziemlicher Sicherheit kämpften beide Seiten so, wie sie es von den Griechen gelernt hatten: eine Phalanx gepanzerter schwerer Infanterie mit Spießen, dazu das leichte Fußvolk als Plänkler mit Wurfspeeren oder Steinschleudern. Die Schlacht erreichte ihren Höhepunkt, als die römische Reiterei absaß, um in den Nahkampf einzugreifen. Damit war der römische Sieg gesichert.

TEMPEL ALS DANKESGABE

Es heißt, der Castor-und-Pollux-Tempel auf dem Forum Romanum wurde aus Dankbarkeit für die Hilfe der göttlichen Zwillinge in der Schlacht am Regillussee errichtet.

GALLISCHE INVASIONEN ITALIENS

Allia

DATUM 387 v. Chr.

STREITKRÄFTE Kelten: 30 000; Römer und Verbündete: 10 000–15 000

ORT am linken Nebenfluss des Tiber, 18 km außerhalb Roms

VERLUSTE nicht verbürgt

Im ersten Jahrzehnt des 4. Jh. v. Chr. war Rom voll Selbstvertrauen. Mit der Einnahme der etruskischen Stadt Veii im Jahre 396 war nach neunjährigen Kämpfen ein bedeutender Sieg errungen und der Ruf des Marcus Furius Camillus als des ersten herausragenden römischen Feldherrn gefestigt. Dieser Erfolg machte die Niederlage der Römer an der Allia – gegen den keltischen Stamm der Senonen – nur umso schockierender. Die Kelten (auch Gallier genannt) waren einige Jahre zuvor auf der Suche nach Land zum Besiedeln und Städten zum Plündern über die Alpen nach Norditalien gezogen. Im Jahre 390 drängten die Senonen unter ihrem Häuptling Bran (Brennus, nach römischer Namensgebung) weiter südwärts; sie überquerten den Apennin und belagerten das etruskische Clusium. Als Reaktion auf dessen Hilferuf schickten die Römer Abgesandte nach Clusium, um mit den Kelten zu verhandeln. Doch ihre Überheblichkeit brachte die Stammeskrieger so in Rage, dass sie die Belagerung aufhoben, um stattdessen auf Rom zu marschieren. Ein hastig ausgehobenes Heer zog am Tiber entlang, um den keltischen Vormarsch abzuriegeln, ohne jedoch – so hieß es später – die angemessenen Opfer darzubringen. Die eine Seite des Schlachtfelds begrenzte der Fluss, während es zur anderen hin offen lag, sodass die Kelten aufgrund ihrer zahlenmäßigen Überlegenheit die römische Schlachtreihe umfassen konnten. Die römische Phalanx war gegen Stammeskrieger, die in lockerer Formation kämpften, wenig tauglich. Eingeschüchtert vom wilden Aussehen der Kelten und ihrem enervierenden Kriegsgeschrei, kämpften die Römer nicht so verbissen wie sonst und wurden in die Flucht geschlagen. Viele suchten sich jenseits des Flusses in Sicherheit zu bringen, ertranken aber unter dem Gewicht ihrer Panzerung. Viele der anderen Römer wurden auf der Flucht niedergemacht. Als Brennus' Heer vor Rom erschien, fand es die Stadttore offen und die Erd- und Holzwälle unbesetzt. Das befestigte Capitol hielt stand, doch die Kelten besetzten die übrige Stadt. Erst nach Zahlung eines enormen Tributs in Gold erklärten sie sich zum Abzug bereit. Rom hat diese Erniedrigung nie vergessen.

KELTISCHE KOPFBEDECKUNG

Dieser Helm eines keltischen Häuptlings aus dem 4. Jh. v. Chr. (Eisen, Bronze und Gold) zeigt die Kunstfertigkeit der »Barbaren«.

FEDERGESCHMÜCKTER KRIEGER

Die charakteristische Form des samnitischen Panzers, wie ihn dieses Fresko aus dem 4. Jh. v. Chr. zeigt, wurde von den römischen Gladiatoren übernommen.

ZWEITER LATINISCHER KRIEG

Trifernum

DATUM 338 v. Chr.

STREITKRÄFTE Römer und Samniten: unbekannt; Latinischer Bund und Kampanier: unbekannt

ORT Kampanien in Süditalien

VERLUSTE nicht verbürgt

In der Schlacht von Trifernum kämpften die Römer und verbündeten Samniten, ein robustes Bergvolk aus dem Apennin, gegen den Latinischen Bund und die süditalienischen Kampanier. Dies bedeutete eine Kehrtwendung: 343 v. Chr. waren die Kampanier von Rom gegen samnitische Überfälle unterstützt worden. Dieser Erste Samnitenkrieg (343–341) hatte nicht zur Unterwerfung der Samniten geführt, wohl aber Roms Herrschaftsgebiet auf Kampanien ausgedehnt. Die Kampanier waren über dieses Ergebnis keineswegs glücklich. Zur gleichen Zeit waren Roms latinische Verbündete mit ihrer Rolle in der Allianz unzufrieden. Im Jahr 340 wagten Latiner und Kampanier gemeinsam den Aufstand. In der Schlacht am Vesuv entging das römische Heer nur knapp einer Katastrophe und brachte nicht mehr als einen unentschiedenen Ausgang zustande. Im Jahr 338 aber stand unter Titus Manlius Torquatus ein römisches Heer, unterstützt von samnitischen Hilfstruppen, dem latinisch-kampanischen Bündnis bei Trifernum gegenüber. Bei Trifernum trugen seine Truppen den Sieg davon; die Latiner und Kampanier wurden so nachhaltig geschlagen, dass der Aufstand zusammenbrach. Die Besiegten übernahmen wieder ihre untergeordnete Rolle im Bündnis mit Rom.

> »Die Latiner waren so gründlich besiegt worden, dass sie, als der Konsul und sein siegreiches Heer sich zur Verwüstung ihres Gebietes anschickten, bedingungslos kapitulierten.«
>
> *Livy*, (um 59 v. Chr.–17 n. Chr.), *Ab urbe condita libri*

ROM DER FRÜHZEIT

Caudinische Pässe

DATUM 321 v. Chr.

STREITKRÄFTE Römer: unbekannt; Samniten: unbekannt

ORT der Apennin in Südostitalien

VERLUSTE nicht verbürgt

Die Schlacht in den Caudinischen Pässen fand während des Zweiten Samnitenkrieges (327–304 v. Chr.) statt. Ein römisches Heer unter den Konsuln Spurius Postumius und Titus Veturius Calvinus geriet auf einem Apenninpass in einen Hinterhalt. Der samnitische Feldherr Gavius Pontius verriegelte beide Ausgänge des Passes mit gefällten Baumstämmen, während seine Männer die Höhen beiderseits der Passstraße besetzt hielten und die Römer mit einem Speerhagel belegten. Angesichts dieser hoffnungslosen Lage streckten die Römer die Waffen. Die Samniten ließen sie erst abziehen, nachdem die Römer die Friedensbedingungen akzeptiert hatten. Später widerrief der römische Senat den Vertrag.

DRITTER SAMNITENKRIEG

Sentinum

DATUM
295 v. Chr.

STREITKRÄFTE
Römer: 38 000; Samniten und Gallier: um 60 000

ORT
Umbrien in Mittelitalien

VERLUSTE
Römer: 38 000; Samniten und Gallier: 25 000

Im Dritten Samnitenkrieg (298–290 v. Chr.) stand Rom einer gefährlichen Allianz von Samniten, Etruskern, Umbriern und Galliern gegenüber. Die Römer mobilisierten zwei »konsularische Heere« unter dem Befehl der Konsuln Publius Decius Mus und Quintus Fabius Maximus Rullianus. Jedes bestand aus zwei römischen Legionen und zwei Legionen der Verbündeten. Diese mächtige Streitmacht zog aus, um die Samniten und deren Verbündete zu stellen und zu vernichten. Ein Ablenkungsangriff auf ihre Heimatregionen führte zum Abziehen der Etrusker und Umbrier, sodass Samniten und Gallier allein bei Sentinum (in der Nähe des heutigen Sassoferrato) auf die Römer trafen. Decius' Heer stellte sich den Galliern gegenüber auf, während sich zu seiner Rechten Fabius' Männer zum Kampf gegen die Samniten rüsteten, die von Egnatius befehligt wurden. Nach Beginn des Gefechts gewannen die von Fabius geführten Legionen sehr schnell die Oberhand über die Samniten. Decius und sein Heer wurden von den Galliern überrascht, die mit ihrem Streitwagen in gestrecktem Galopp zwischen die römische Kavallerie fuhren. Durchgehende Pferde rissen die Formation der Fußtruppen auf, die unter dem Ansturm der gallischen Krieger nachzugeben begannen. In diesem äußerst kritischen Augenblick galoppierte Decius, zum Selbstopfer entschlossen, ganz allein mitten unter die Gallier. Ermutigt durch den furchtlosen Tod ihres Konsuls, fochten die Legionen mit neuem Siegeswillen. Zu diesem Zeitpunkt flüchteten die Samniten bereits, deren Heerführer Egnatius ebenso wie viele seiner Männer von den nachsetzenden Römern erschlagen wurde. Die Gallier lösten sich erfolgreich vom Gegner, wobei sich ihre Verluste in Grenzen hielten, doch Rom hatte einen weiteren bedeutenden Sieg errungen.

SAMNITISCHE AUSRÜSTUNG
Obwohl die Krieger der Samniten, von denen zwei auf dieser Vase zu sehen sind, eine Niederlage erlitten, bekämpften sie Rom auch noch im 2. und 1. Jh. v. Chr.

PYRRHOS-KRIEGE

Beneventum

DATUM
275 v. Chr.

STREITKRÄFTE
Römer: unbekannt; Pyrrhos' Heer: unbekannt

ORT
Kampanien in Süditalien

VERLUSTE
nicht verbürgt

Nach der Schlacht von Asculum (s. u. Herakleia) setzte Pyrrhos nach Sizilien über, um der griechischen Stadt Syrakus im Kampf mit Karthago beizustehen. Als er 275 nach Süditalien zurückkehrte, stieß er auf ein römisches Heer unter Manius Curius Dentatus. Pyrrhos' Fußtruppen und Elefanten drängten die Römer gegen die Umwallung ihres Lagers zurück, doch die Römer reizten die Elefanten, sodass diese sich gegen die griechische Phalanx wandten. Während des allgemeinen Durcheinanders führten die Römer einen Gegenangriff und trugen den Sieg davon.

PYRRHOS-KRIEGE

Herakleia

DATUM
280 v. Chr.

STREITKRÄFTE
Römer: 35 000; Griechen: 30 000

ORT
Apulien, Südostitalien

VERLUSTE
Römer: 7000–15 000; Griechen: 4000–11 000

Die Ausweitung des römischen Machtgebiets nach Süditalien war bedrohlich für die Unabhängigkeit vieler der dort entstandenen griechischen Städte. Eine dieser Städte, Tarentum (griechisch: Taras), hatte Pyrrhos, den König von Epiros und erfahrensten Heerführer seiner Zeit, veranlassen können, ihr gegen die Römer zu helfen. Er kam mit etwa 20 000 Mann Fußvolk und 3000 Reitern, dazu etlichen Kriegselefanten, und brachte Süditalien in seine Hand. Darauf reagierten die Römer mit Entsendung eines Heeres unter Publius Valerius Levinus. Die Heere trafen bei Herakleia am Siris aufeinander. Während Pyrrhos' Elefanten die römische Reiterei erschreckt davonscheuchten, trieb die griechische Phalanx die Römer in einem erbitterten Kampf über den Fluss zurück. Das Gemetzel auf beiden Seiten war so fürchterlich, dass Pyrrhos gesagt haben soll, »noch so ein Sieg, und ich bin am Ende« – daher das Wort vom Pyrrhussieg. In der Erwartung, die Römer würden um Frieden nachsuchen, wandte Pyrrhos sich nach der Schlacht nordwärts, der Stadt entgegen. Stattdessen zogen Rom und dessen Verbündete ein weiteres Heer zusammen, um sich ihm entgegenzustellen. Pyrrhos trat klugerweise den Rückzug an, um seine Streitmacht zu vergrößern. Es gelang ihm, aus der Bevölkerung Süditaliens ein Koalitionsheer von etwa 70 000 Mann zu bilden, unter anderem aus Samniten, seinen eigenen Soldaten und Männern, die er in den griechischen Städten ausgehoben hatte. Rom ging erneut in die Offensive und marschierte südwärts nach Apulien. Bei einem weiteren wilden Gefecht blieb Pyrrhos siegreich, doch wieder war es ein teuer erkaufter Sieg – er selbst wurde schwer verwundet.

»Ganz besonders die Elefanten brachten die Römer zur Verzweiflung, deren Pferde schon scheuten, bevor die Elefanten näher kamen, und samt ihrer Reiter zurückwichen ...«

Plutarch, um 75 n. Chr., *Leben des Pyrrhos*

MÄCHTIGE TIERE
Diese aus dem 17. Jh. stammende Darstellung der Schlacht bei Herakleia überschätzt die Tragfähigkeit der Elefanten des Pyrrhos. Üblich war eine Dreierbesatzung.

319–272 v. Chr.

PYRRHOS

Pyrrhos, der König von Epiros, war ein begnadeter Kriegsherr, der als Nutznießer der Diadochenkriege in Griechenland zu Macht und Reichtum kam. Seine überragenden Fähigkeiten als Heerführer brachten einander bekriegende Herrscher dazu, um seine Hilfe zu buhlen, die er sich stattlich honorieren ließ. Der gelernte Soldat war entsetzt über die Kriegführung der Römer – über ihre Grausamkeiten ebenso wie über ihre Weigerung, trotz einer eindeutigen Niederlage in Verhandlungen zu treten. Im Jahre 272 v. Chr. wurde Pyrrhos beim Straßenkampf im griechischen Argos durch einen hinabgeworfenen Dachziegel außer Gefecht gesetzt und prompt von einem feindlichen Soldaten geköpft.

DIE PUNISCHEN KRIEGE

DIE EXPANSION ROMS im 3. Jh. v.Chr. führte zum Konflikt mit Karthago, der beherrschenden Macht des zentralen Mittelmeers. Im Ersten Punischen Krieg (264–241) kämpften Römer und Karthager um die Kontrolle Siziliens. In Sizilien geschlagen, suchte Karthago sich mit dem Zweiten Punischen Krieg (218–201) für die Niederlage zu rächen. Dem karthagischen Feldherrn Hannibal wäre beinahe die Zerstörung Roms gelungen, doch triumphierten am Ende die Römer. Im Dritten Punischen Krieg (149–146) vollendeten die Römer ihr Vernichtungswerk.

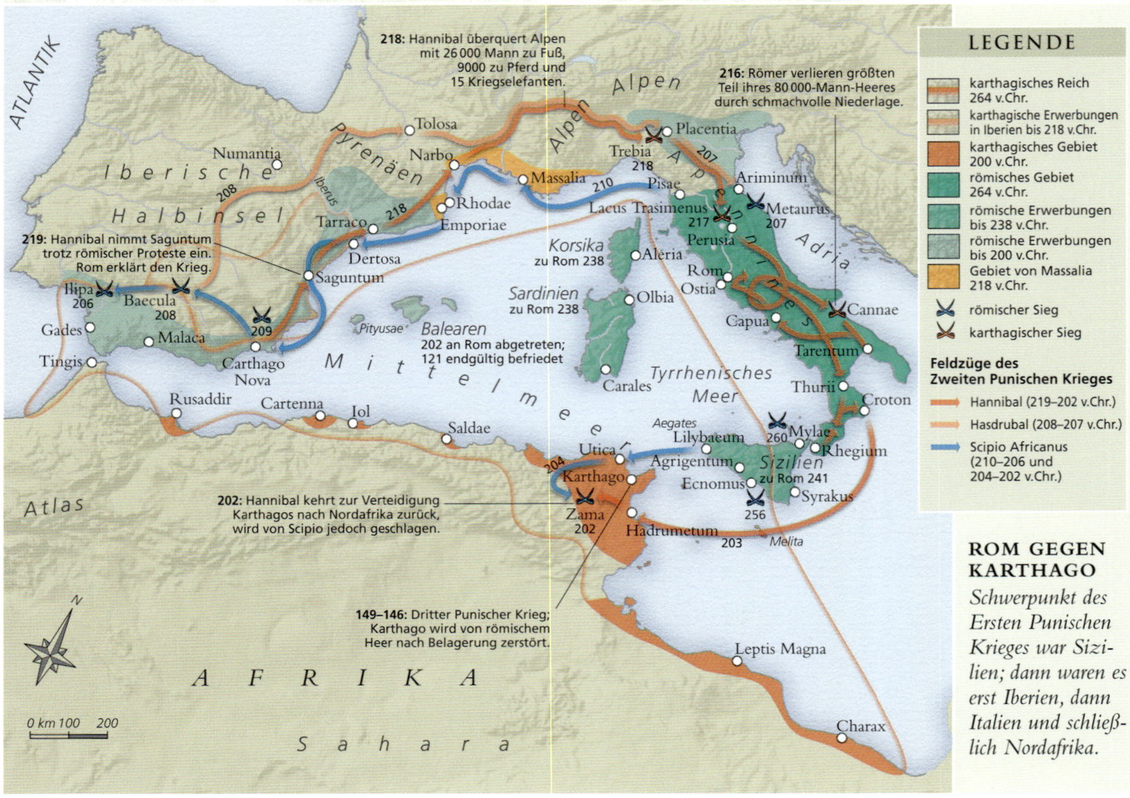

ROM GEGEN KARTHAGO
Schwerpunkt des Ersten Punischen Krieges war Sizilien; dann waren es erst Iberien, dann Italien und schließlich Nordafrika.

ERSTER PUNISCHER KRIEG

Eknomos

ORT vor der Südwestküste Siziliens (heute: Poggio Sant' Angelo)

DATUM 256 v.Chr.

STREITKRÄFTE Römer: 330 Schiffe, 140 000; Karthager: 350 Schiffe, 150 000

VERLUSTE Römer: 24 Versenkungen; Karthager: 30 Versenkungen, 64 Kaperungen

Nach Anzahl der beteiligten Seeleute und Soldaten zählt Eknomos zu den größten Seeschlachten der Geschichte. Im Jahre 256 beschlossen die Römer, Karthago selbst anzugreifen. Eine große Flotte unter dem Kommando der Konsuln Lucius Manlius Vulso und Marcus Atilius Regulus machte sich daran, ein Heer nach Afrika überzusetzen. Zwei keilförmig gestaffelte Flotillen vorweg und eine in Kiellinie als Reserve dahinter sicherten eine Flotille von Galeeren mit Transportkähnen im Schlepp. Diese Flotte stieß auf die Karthager, deren Schiffe in Dwarslinie vor der sizilischen Küste lagen. Mit einer Zangenbewegung griff der rechte karthagische Flügel die römische Reserveflotille an, während sie mit dem linken in die Transportflotille hineinstießen. Doch die beiden römischen Vorausflotillen durchbrachen die karthagische Linie in der Mitte und wendeten dann, um den hart bedrängten folgenden Flotillen zu Hilfe zu kommen – eine taktische und seemännische Meisterleistung. Die Römer schlugen die Karthager in die Flucht und segelten, nachdem die Flotte in Sizilien überholt worden war, unangefochten nach Afrika.

ERSTER PUNISCHER KRIEG

Mylai

ORT vor der Nordküste Siziliens

DATUM 260 v.Chr.

STREITKRÄFTE Römer: 110 Kriegsschiffe; Karthager: 130 Kriegsschiffe

VERLUSTE Karthager: 31 Kampfschiffe gekapert, 14 versenkt

Zu Beginn des Ersten Punischen Krieges beherrschten die römischen Heere Sizilien, doch die Karthager kontrollierten die Gewässer um die Insel. Die Römer bauten innerhalb von 60 Tagen eine Flotte von Fünf- und Dreiruderern und entwickelten den Corvus, eine Enterbrücke mit einem Eisendorn an der Unterseite. Wenn eine karthagische Galeere sich einem römischen Schiff näherte, ließ dieses den Corvus niederfallen, sodass der Dorn ins gegnerische Schiffsdeck schlug. Über diese Enterbrücke stürmten dann die Legionäre, um das Feindschiff zu kapern. Diese Vorrichtung führte zu einer überraschenden Niederlage der punischen Seestreitkräfte.

ENTERKOMMANDO
Der Corvus ist ein Beispiel römischer Technik und Innovation.

ERSTER PUNISCHER KRIEG

Drepana

ORT vor dem heutigen Trapani an der Westküste Siziliens

DATUM 249 v.Chr.

STREITKRÄFTE Römer und Karthager: je 130 Kriegsschiffe

VERLUSTE Römer: 93 Schiffsverluste, 8000 Gefallene, 20 000 Gefangene

Trotz ihres Erfolges bei Eknomos führte die Afrikaexpedition der Römer in die Katastrophe. Eine zur Rückführung des Heeres ausgeschickte große Flotte wurde im Sturm vernichtet, rund 100 000 Opfer waren zu beklagen. Im Jahr 249 hatte Rom jedoch eine neue Flotte gebaut, die sich daranmachte, die Karthager in Lilybaeum, einem der letzten festen Plätze Karthagos auf Sizilien, zu blockieren. In der Hoffnung auf ein gutes Omen vor Beginn der Operation streute der römische Konsul Appius Claudius Pulcher an Deck seines Schiffes den heiligen Hühnern Körner hin. Als die Tiere nicht fressen wollten, warf Claudius sie über Bord. Dieser Frevel erwies sich als Dummheit. Der karthagische Flottenchef Adherbal verließ den Hafen vor Claudius' Eintreffen, dann kam er hinter einer Landzunge hervor, um die Falle hinter den den Hafen anlaufenden Römern zuschnappen zu lassen. Die Karthager rammten und enterten die meisten der römischen Galeeren – weniger als 30 Schiffe entkamen –, doch dies sollte Roms letzte Niederlage im Ersten Punischen Krieg gewesen sein.

HELMZIER DES OFFIZIERS
Die Offiziere der Legion trugen diesen schlichten Bronzehelm mit Rosshaarbusch gegen Ende des 1. Jh. v. Chr.

ZWEITER PUNISCHER KRIEG

Trebia

ORT an der Trebbia südlich Mailands in Norditalien

DATUM 218 v. Chr.

STREITKRÄFTE Römer: 40 000; Karthager: 30 000

VERLUSTE Römer: 30 000 Gefallene; Karthager: 5000 Gefallene

Zu Beginn des Zweiten Punischen Krieges marschierte der Karthager Hannibal mit einem Heer von Spanien durch Gallien, überquerte dann die Alpen und fiel in Norditalien ein. Beim Überqueren der tief verschneiten Alpenpässe verlor er viele seiner Männer und den größten Teil seiner 37 Elefanten, doch sein Erscheinen in Italien entsetzte die Römer. Beim ersten Treffen mit den römischen Streitkräften in der Nähe des Flusses Tessin blieb Hannibal siegreich. Der römische Feldherr Publius Cornelius Scipio wurde schwer verwundet, und Hannibals Erfolg veranlasste weitere gallische Krieger, sich seinen Truppen anzuschließen. Ein paar Wochen später machten die karthagischen Truppen ein römisches Heer jenseits der Trebbia (lateinisch: Trebia) aus. Hannibal schickte leichte Reiterei los, um den Römern ein paar Nadelstiche zu versetzen, die sie zum Angriff über den angeschwollenen Fluss hinweg provozieren sollten. Unterdessen führte sein Bruder Mago verdeckt eine Abteilung Fußtruppen und Reiterei heran, um den Römern in den Rücken zu fallen. Die meisten römischen Truppen flohen oder wurden niedergemacht.

RÖMISCHE NIEDERLAGE
In dem Gefecht am Tessin, dem ersten Zusammenstoß der Römer mit Hannibal einige Wochen vor Trebia, rettet der spätere »Africanus« Scipio seinem Vater das Leben.

247–182 v. Chr.

HANNIBAL

Hannibal war ein Sohn von Hamilkar Barkas, Heerführer im Ersten Punischen Krieg. Hannibal, der von seinem Vater den brennenden Wunsch geerbt hatte, sich an Rom zu rächen, provozierte den Zweiten Punischen Krieg, indem er 219 die in Ostspanien gelegene Stadt Sagunt belagerte. Von 218 an zeigte sich sein militärisches Genie, doch selbst er vermochte die endgültige Niederlage Karthagos – 202 bei Zama – nicht zu verhindern. Er verbrachte seine letzten Lebensjahre im Exil, zunächst am Hofe Antiochos' III., schließlich in Bithynien, wo er Gift nahm, um nicht in römische Gefangenschaft zu geraten. In römischen Schilderungen ist von Hannibals Grausamkeit und Habgier die Rede, doch sehr viel spricht für das Gegenteil, so etwa die Achtung, die er den Leichnamen gefallener römischer Heerführer erwies, und die Art, wie er für seine Männer und Tiere sorgte.

ZWEITER PUNISCHER KRIEG

Trasimenischer See

ORT Nähe Perugias in Mittelitalien

DATUM Juni 217 v. Chr.

STREITKRÄFTE Römer und Karthager je 40 000

VERLUSTE Römer: um 30 000 Gefallene

Im Frühjahr 217 v. Chr. konnte Hannibal die Römer erneut ausmanövrieren. Indem er mit seinen Streitkräften über den Apennin und durch einen Sumpf am Rande des Arno marschierte, umging er die Heere, die dort seinen Marsch auf Rom aufhalten sollten. Konsul Gaius Flaminius reagierte darauf, indem er sein Heer zu eiliger Verfolgung südwärts in Bewegung setzte. Und eben dies hatte Hannibal vorhergesehen. Er postierte seine Truppen an einer Engstelle, wo die Straße nach Rom zwischen Trasimenischen See und steilen Berghängen hindurchführt. Als Flaminius' Heer durch die Engstelle marschierte, lief sie Hannibals Infanterie in die Arme, die die Straße abgeriegelt hatte. Dann griffen seine Reiterei und leichten Fußtruppen von den Hängen her an. Die Kavallerie stieß ins Ende der römischen Marschkolonne, während die leichten Fußtruppen sie in der Flanke fassten. Bei diesem Angriff aus dem Hinterhalt fiel Flaminius und mit ihm Tausende seiner Männer, die im Kampf ihr Leben ließen oder auf der Flucht in dem See ertranken.

»Bevor die Römer ihren Feind noch ausmachen konnten, verriet ihnen das ringsum zu vernehmende Geschrei, dass sie umzingelt waren.«

Titus Livius, um 59 v. Chr.–17 n. Chr., Ab urbe condita libri

HANNIBALS HEER

In dem Heer, das Hannibal 218 v. Chr. nach Italien führte, standen nur wenige Karthager. Da die Bevölkerung Karthagos nicht zahlreich genug war, um ein Bürgerheer aufzustellen, griff man größtenteils auf Verbündete und Tributpflichtige zurück. Den Kern des Heeres bildeten diverse iberische Stämme, dazu Libyer und Numider aus Nordafrika. Im Verlauf des Feldzuges kamen noch viele Kelten (Gallier) hinzu. Statt alle diese Truppen zu vereinheitlichen, machte Hannibal sich ihre unterschiedliche Kampfweisen zunutze – die numidische Reiterei beispielsweise kämpfte mit dem Wurfspeer, während die grimmigen iberischen Stammeskrieger sich auf die Steinschleuder verließen.

BUNT GEMISCHTE TRUPPE
Dieses Gemälde aus dem 16. Jh. bringt die bunte Vielfalt und das exotische Aussehen von Hannibals Truppen zum Ausdruck.

BLUTBAD AM SEE
Viele der Männer des Flaminius wurden in den Trasimenischen See getrieben, dessen Wasser sich blutrot gefärbt haben soll. Folglich erhielt der den See durchströmende Wasserlauf den Namen Sanguineto – »Blutiger Fluss«.

ZWEITER PUNISCHER KRIEG

Cannae

ORT
Apulien in Südostitalien

DATUM
2. August 216 v.Chr.

STREITKRÄFTE Römer: 80000 Fußsoldaten, 6000 Reiter; Karthager: 40000 Fußsoldaten, 10000 Reiter

VERLUSTE Römer: 50000 Gefallene; Karthager: 6000 Gefallene

Nach der Katastrophe am Trasimenischen See bestimmten die Römer Quintus Fabius Maximus zum Diktator. Fabius' Strategie bestand darin, die offene Feldschlacht zu vermeiden, stattdessen Hannibals Heer zu beschatten und durch Plänkeleien zu reizen. Als Hannibal bei Cannae in Süditalien ein wichtiges römisches Versorgungslager in seine Hand gebracht hatte, brach im Juli 216 eine gewaltiges römisches Heer auf, um Hannibals Truppen vernichtend zu schlagen. Die römische Streitmacht unter dem Befehl der Konsuln Lucius Aemilius Paulus und Gaius Terentius Varro bestand aus 16 Legionen: acht römischen und acht verbündeten. Nach einigen einleitenden Scharmützeln schlugen beide Seiten nördlich des Aufidus (heute: Ofanto) ihr Lager auf. Am 1. August stellte Hannibal seine Truppen vor den Römern auf, doch diese nahmen die Schlacht nicht an. Am folgenden Tag durchfurteten die Römer auf Varros Befehl den Fluss und stellten sich kampfbereit am Südufer auf – einem relativ engen Schlachtfeld zwischen dem Fluss und einigen Hügeln, auf dem die Karthager ihre Reiterei nur schwerlich einsetzen konnten. Unverzüglich schickte Hannibal sein Heer ebenfalls über den Fluss, ließ dessen Bewegung jedoch von Plänklern abschirmen. Die Römer hatten ihre Legionsinfanterie im Zentrum ihrer Front aufgestellt, die römische Reiterei flankierend zum Fluss hin und die der Verbündeten am linken Flügel. Hannibals Schlachtreihe bestand aus leicht bewaffneter keltischer und iberischer Infanterie im Zentrum, flankiert von afrikanischen Fußtruppen. Am Ufer stieß Hannibals gepanzerte Reiterei in die römische Kavallerie. Da Raum zum Manövrieren fehlte, saßen die meisten Reiter ab und kämpften zu Fuß Mann gegen Mann. Hannibals Soldaten durchtrennten die römische Schlachtreihe. Unterdessen drängten die römischen Legionäre die iberische und keltische Infanterie in Hannibals Zentrum zurück, wurden aber – wie von Hannibal beabsichtigt – in die nachgebenden karthagischen Reihen gezogen. Hannibals afrikanische Truppen schlossen von den Flanken her auf, während seine Reiterei wieder aufsaß, im Bogen in den Rücken der Römer ritt und den bereits in Bedrängnis geratenen Feind von hinten angriff. Die Karthager erschlugen etwa 50000 Römer, darunter Paulus.

PUNISCHER PANZER
Die goldene Brustplatte aus dem 3. oder 2. Jh. v. Chr. ist ein Beispiel für den Stil einer Kultur, die von Rom ausgelöscht wurde.

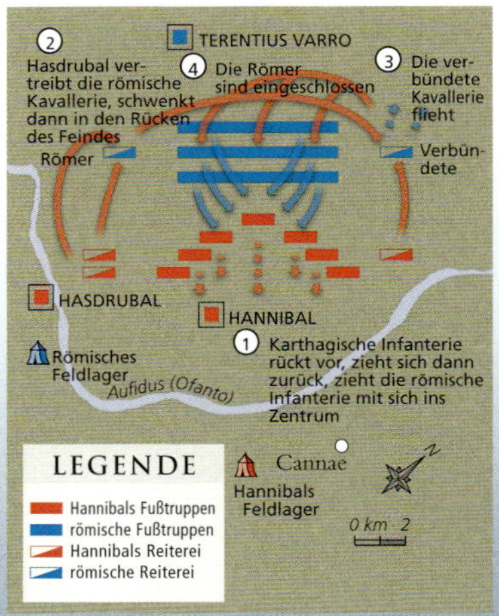

»So fügte es sich, wie von Hannibal geplant, dass die Römer – dank ihrer ungestümen Verfolgung der Kelten – gefangen waren zwischen zwei feindlichen Linien von Libyern. Dennoch kämpften sie, wenn auch nicht mehr in Schlachtreihe, so doch einzeln oder manipelweise ...«

Polybius, um 200–um 118 v.Chr, Weltgeschichte

SCHLACHTFELD
Eine Säule überragte das Schlachtfeld von Cannae, Ort der schwersten Niederlage, die ein römisches Heer jemals erlitt.

DAS KRIEGSWESEN IM ALTERTUM

ZWEITER PUNISCHER KRIEG

Belagerung von Syrakus

DATUM 213–211 v. Chr.

STREITKRÄFTE Römer: unbekannt; Syrakuser: unbekannt

VERLUSTE nicht verbürgt

ORT Ostküste Siziliens

Hannibal erachtete die Einnahme befestigter Städte, von Rom selbst ganz zu schweigen, als schwierig, denn er hatte keinerlei Belagerungsgerät. Einige Städte machten jedoch mit Karthago gemeinsame Sache, auch das an der Ostküste Siziliens gelegene Syrakus, das 213 v. Chr. gegen Rom rebellierte. Eine römische Streitmacht belagerte die Hafenstadt daraufhin sowohl von der Land- als auch der Seeseite her. Der greise Erfinder Archimedes zählte zu den führenden Köpfen der Verteidiger in der Stadt. Er organisierte die Festungsartillerie zum Schutz der Mauern und konzentrierte den Beschuss mit verschiedenen Katapulten und Wurfmaschinen auf die Belagerer. Die Römer besaßen ihrerseits raffiniertes Gerät, darunter Sambucae, d.h. auf das Deck einer Galeere montierte Sturmleitern. Die römischen Soldaten konnten diese Leitern mithilfe eines am Schiffsmast befestigten Blocks herunterlassen und gegen die Stadtmauern lehnen, doch Archimedes hatte Gerät zur Abwehr ersonnen, mit dem die Leitern zerstört werden konnten. Die Belagerung zog sich über viele Monate hin. Im Jahre 212 jedoch, als die Einwohnerschaft gerade ein Fest zu Ehren der Göttin Artemis feierte, gelang es den Römern, über die Mauern und in die äußere Stadt zu gelangen. Zu denen, die dabei umgebracht wurden, gehörte auch Archimedes. Es dauerte jedoch weitere acht Monate, ehe ein Verräter unter den Syrakusern den Belagerern die Tore zur inneren Zitadelle öffnete, die die Stadt nun endlich in ihre Gewalt brachten und plünderten.

TOD DES ARCHIMEDES
Dieses Mosaik zeigt den griechischen Erfinder Archimedes (um 290–um 212 v. Chr.) unmittelbar vor seiner Ermordung durch einen römischen Soldaten.

ZWEITER PUNISCHER KRIEG

Metaurus

DATUM 22. Juni 207 v. Chr.

STREITKRÄFTE Römer: 40 000; Karthager: 30 000

VERLUSTE Römer: 2000; Karthager: 10 000

ORT die Marken in Mittelitalien

Den einzigen bedeutsamen Versuch, Hannibals Heer in Italien zu verstärken, unternahmen die Karthager im Jahre 207 v. Chr., als Hannibals Bruder Hasdrubal mit einem Heer von Spanien aus über die Alpen zog. Eine römische Streitmacht unter Gaius Claudius Nero, verstärkt durch 6000 Mann Elitetruppen aus Apulien, wurde Hasdrubal entgegengeschickt. Zahlenmäßig unterlegen, vollzog Hasdrubal einen nächtlichen Rückzug über den Metaurus, doch seine Truppen verirrten sich in der Dunkelheit und waren noch immer südlich des Flusses, als die Römer sie im Morgengrauen entdeckten. Der Schlachtverlauf war ausgeglichen, bis Nero seine Truppen hinter der römischen Front herumführte und die Karthager in der Flanke fasste. Hasdrubals Heer geriet in Panik und löste sich auf, er selbst fiel mit Tausenden seiner Soldaten.

ZWEITER PUNISCHER KRIEG

Zama

DATUM 202 v. Chr.

STREITKRÄFTE Römer: 35 000; Karthager: 45 000

VERLUSTE Römer: 1500 Gefallene; Karthager: 20 000 Gefallene, 15 000 Gefangene

ORT im heutigen Tunesien, Nordafrika

Bis zum Jahr 203 v. Chr. konnte Hannibal sich mit einem Heer erfolgreich in Süditalien halten, doch andernorts entwickelte sich der Krieg zu Roms Vorteil. Der römische Feldherr Scipio (Africanus) eroberte das karthagische Spanien und griff im Jahr 204 Karthago selbst an, das er zu einem Friedensangebot zwingen konnte. Während des Waffenstillstands kehrte Hannibals Heer, das nun 18 000 Mann umfasste, nach Afrika zurück. Karthago brach die Verhandlungen mit Rom ab und zog ein neues Heer zusammen, dessen Kern Hannibals italische Veteranen bildeten. Als die Römer das karthagische Territorium verwüsteten, war Hannibal gezwungen, die Schlacht zu suchen, obwohl seine Infanterie größtenteils aus unerfahrenen Neulingen bestand und seine Kavallerie zahlenmäßig unterlegen war, da sich die meisten Reiter Numidiens – ehemaliger Verbündeter Karthagos – auf die Seite Roms geschlagen hatten. Zu Beginn der Schlacht verließ Hannibal sich auf Elefanten, um die Reihen der römischen Fußtruppen aufzubrechen, doch Scipio hatte seine Manipel kolonnenweise aufgestellt, sodass sie seitwärts Raum geben konnten und die angreifenden Tiere wirkungslos durch die Lücken in der Schlachtreihe passieren ließen. Scipios vorrückende Infanterie brachte Hannibals unerfahrene Fußsoldaten in Auflösung, doch die italischen Veteranen zeigten sich den Legionären gewachsen. Als Scipios Kavallerie, die Hannibals Reiterei auseinander getrieben hatte, allerdings zurückkehrte und den Veteranen in den Rücken fiel, war die Niederlage komplett.

236–183 V.CHR.

SCIPIO AFRICANUS

Publius Cornelius Scipio zählt zu den größten Feldherren Roms. Kaum 25 Jahre alt, machte man ihn schon zum Befehlshaber der römischen Truppen in Spanien; binnen vier Jahren hatte er die gesamte Region erobert. Die Erfolge, die er in der Zeit von 204 bis 202 in Afrika errang, trugen ihm seinen ehrenden Beinamen ein. Mit seinem Bruder Lucius besiegte er 190 Antiochos III. und zog sich danach auf seine Latifundien zurück.

DRITTER PUNISCHER KRIEG

Belagerung Karthagos

DATUM 149–146 v. Chr.

STREITKRÄFTE Römer: unbekannt; Karthager: unbekannt

VERLUSTE nicht verbürgt

ORT Karthago, ein Teil des heutigen Tunis in Tunesien

50 Jahre nach der Schlacht von Zama behaupteten in Rom tonangebende Persönlichkeiten wie der ältere Cato, Karthago sei noch immer bedrohlich und müsse zerstört werden. Ein Krieg zwischen Karthago und Numidien (dem heutigen Algerien) lieferte den Vorwand zu einer römischen Intervention, und so wurde 149 v. Chr. ein Expeditionsheer ausgeschickt, um Karthago zu belagern. Doch die Belagerung einer von einer 32 km langen Mauer umfassten und zur Versorgung über See fähigen Stadt war nicht einfach. Obwohl mit Rammböcken Breschen in die Mauer geschlagen wurden, vermochten die Römer zunächst wenig gegen die energische Verteidigung auszurichten, die der karthagische Befehlshaber Hasdrubal organisierte. Doch im Jahre 147, als Scipio Aemilianus, der Adoptivsohn des Africanus, das Kommando über die römischen Streitkräfte übernahm, wurde die Belagerung nachdrücklicher. Nachdem Hunger und Krankheiten die Stadtbevölkerung dezimiert hatten, erlahmte der Widerstand allmählich. Im Frühjahr 146 durchbrachen die Römer die Stadtmauern. Nach erbitterter Gegenwehr ergaben sich die etwa 50 000 Überlebenden. Die Römer verschleppten sie in die Sklaverei und zerstörten die Stadt.

PUNISCHES MAUSOLEUM
Ein Denkmal in Dougga/Tunesien zu Ehren eines numidischen Fürsten. Numidiens Seitenwechsel – von Karthago zu Rom – war für den Verlauf des Zweiten und Dritten Punischen Krieges von einiger Bedeutung.

DAS ROM DER KAISERZEIT

EINE REIHE VON BÜRGERKRIEGEN im 1. Jh. v. Chr. führte zum Niedergang der römischen Republik und zur Entstehung des Kaiserreichs. Unter Augustus, dem ersten Kaiser, und seinen Nachfolgern verlagerte sich das militärische Interesse an die Grenzen des Reiches.

HADRIANS IMPERIUM
Kaiser Hadrian (Regierungszeit 117–138 n. Chr.) gab einige östliche Provinzen Roms auf, verteidigte aber die übrigen mit einer starken Armee und Flotte.

EIN HERVORRAGENDES HEER

Die Legionen des frühen Römischen Reiches zeichneten sich nicht nur im Gefecht aus, sondern bewiesen ihr Können auch im Belagerungskrieg und in allen Belangen des Pionierwesens – Straßenbau, Brückenbau, Festungsbau. Vom 1. bis zum 4. Jh. n. Chr. gab es rund 30 stehende Legionen, die jeweils aus zehn 480 Mann starken Kohorten bestanden. Aufgestockt wurden sie durch Hilfstruppen, zumeist aus unterworfenen Völkern, die zum Reich zählten. Doch trotz ihrer Vorteile, nicht zuletzt der unterstützenden Feldartillerie in Gestalt von Katapulten und Ballisten, wurden die Legionen von Zeit zu Zeit besiegt, vor allem von Feinden, die sich auf Fernwaffen verließen und den Nahkampf vermieden.

HADRIANSWALL
Im Jahre 122 befahl Hadrian den Bau eines Walls, um die nördlichen Keltenstämme von ihren Raubzügen ins römische Britannien abzuhalten. Der Wall erstreckt sich 117 km weit quer durch Britannien.

EROBERUNGSSTREITMACHT
Die Reliefs der Trajanssäule in Rom zeigen römische Militäroperationen in aller Deutlichkeit. Hier kämpfen Daker aus Südosteuropa gegen römische Hilfstruppen.

NIEDERGANG DER LEGIONEN

Ende des 2. Jh. n. Chr. geriet das römische Imperium noch einmal in eine Zeit der Bürgerkriege, welche die Kraft seiner Heere aufzehrten. Im 3. Jh. begannen Barbaren mit Raub- und Wanderzügen die Reichsgrenzen zu überrennen. Das römische Heer reagierte mit dem Ausbau seiner Kavallerie, deren Umfang sich zwischen dem 2. und 4. Jh. mehr als verdoppelte. Bei den Fußtruppen ersetzten Spieße und längere Schwerter das klassische Pilum (Wurfspeer) und den Gladius (Kurzschwert), während die Soldaten nun Kettenhemden und Eisenhelme trugen. Im Laufe des 5. Jh. hörte das klassische römische Heer auf zu existieren; im Osten verwandelte es sich in das byzantinische Heer, dessen Schwerpunkt die gepanzerte Reiterei war, im Westen wurde es durch die Kriegshorden von Völkern wie den Franken, Langobarden und Sachsen abgelöst.

LEGIONSABZEICHEN
Die kaiserlichen Legionen waren stolz auf ihre Identität. Diese Plakette zeigt das Wappentier der 20. Legion, die an der Niederschlagung des Iceneraufstands in Britannien beteiligt war (60–61 n. Chr.).

RÜSTUNG IN DER RÖMISCHEN KAISERZEIT

Bewaffnung und Panzerung dieser Art stellten in der zweiten Hälfte des 1. Jh. n. Chr. die Ausrüstung eines Legionärs dar. Der Eisenhelm ersetzte den früheren bronzenen, doch zu dieser Zeit wurde der Helmbusch wahrscheinlich nur zu besonderen Zeremonien oder als eine Art Rangabzeichen getragen. Der Wurfspieß (*Pilum*) und das kurze zweischneidige Schwert (*Gladius*) waren wenigstens 500 Jahre (von 200 v. Chr. bis 300 n. Chr.) die Hauptwaffen der römischen Fußtruppen.

SKLAVENKRIEG

Sklavenaufstand

DATUM
73–71 v. Chr.

STREITKRÄFTE
Römer: unbekannt; Spartacus' Heer: unbekannt

ORT
ganz Süditalien

VERLUSTE
nicht verbürgt

Im Jahre 73 v. Chr. entkamen etwa 80 Gladiatoren aus ihrem Gefängnis im süditalienischen Capua. Unter der Führung des Thrakers Spartacus zog diese kleine Gruppe in zunehmender Zahl Freiwillige an, zumeist Sklaven, die ihren Herren entlaufen waren. Spartacus formte die Gruppe zu einer schlagkräftigen Guerillaarmee, die 72 v. Chr. neben kleineren römischen Truppen auch zwei konsularische Heere vernichtend schlagen konnte. Jeder Sieg trug Spartacus' Streitmacht, die die Landsitze in ganz Süditalien plünderte, weitere erbeutete Waffen und Rüstungen ein. Der Senat betraute den brutalen Marcus Licinius Crassus mit der Wiederherstellung der Ordnung. Im Jahre 71 gelang es Crassus, Spartacus in Lukanien zu stellen. Mit der großen Mehrheit seiner Männer ging Spartacus kämpfend in den Tod. Crassus ließ 6000 Gefangene kreuzigen.

GLADIATORENKAMPF
In einem römischen Amphitheater kämpfende Gladiatoren. Die meisten von ihnen waren Häftlinge, andere jedoch Kriegsgefangene.

INVASION DER TEUTONEN

Aquae Sextiae

DATUM 102 v. Chr.

STREITKRÄFTE
30000–35000 Römer; bis zu 150000 Teutonen und Ambronen

ORT
heutiges Aix-en-Provence in Frankreich

VERLUSTE
bis zu 100000 Teutonen gefallen oder gefangen genommen

Im letzten Jahrzehnt des 2. Jh. v. Chr. wurde das römische Reich in Gallien von germanischen Stämmen bedroht. Im Jahre 105 übernahm Gaius Marius das Kommando im südlichen Gallien. Als er die Teutonen und Ambronen bei Aquae Sextiae erblickte, stellte er seine Schlachtreihe auf der Kuppe eines Hügels auf und befahl 3000 Mann, sich in den Gehölzen zu verbergen. Als der Feind sie schon beinahe erreicht hatte, warfen die römischen Legionäre ihre Pilen und gingen zum Angriff über. Sobald die Barbaren an den Fuß des Hügels zurückgedrängt waren, brachen die 3000 Mann aus ihrem Versteck hervor, griffen die Barbaren hinterrücks an und machten sie nieder.

PARTHERKRIEGE

Carrhae (Harran)

DATUM
53 v. Chr.

STREITKRÄFTE
39000 Römer; 7000 Parther

ORT
Syrische Wüste, östlich des Euphrats

VERLUSTE
24000 Römer gefallen, 10000 gefangen

Carrhae wurde für das römische Imperium zur Katastrophe im Osten. Im Jahr 53 v. Chr. führte Marcus Licinius Crassus ein Heer nach Syrien, um die Parther, Herrscher über Persien, anzugreifen. Die parthischen Heere bestanden ausschließlich aus Kavallerie. Crassus rückte mit seinen Legionen in fest geschlossenem Karree vor. Die parthischen Reiter galoppierten ums Karree herum und deckten die römischen Truppen mit einem Hagel von Pfeilen ein, die, von Kompositbogen abgeschossen, über genügend Durchschlagskraft verfügten, um jede Rüstung zu durchdringen. Als die Römer sie in den Kampf zu verwickeln suchten, preschten sie davon und machten plötzlich kehrt, um ihre Verfolger einzuschließen. Crassus selbst gehörte zu den vielen Römern, welche die Schlacht zwar überlebten, aber auf dem Rückzug niedergemacht wurden.

»Gallien ist in seiner Gesamtheit in drei Teile unterteilt ...«

Julius Caesar, Der Gallische Krieg

ZEUGE DES KRIEGES

GALLISCHE KRIEGE

Gaius Julius Caesar hat als erster Feldherr einen detaillierten Bericht über seine Feldzüge hinterlassen. Dass er nicht nur ein militärischer Führer, sondern auch ein Staatsmann war, macht seinen Bericht über den Gallischen Krieg zu einem Text von beinahe unvergleichlicher Bedeutung. Caesars Werk blieb als literarische Hinterlassenschaft unangefochten, doch hinter seiner kunstvoll geschliffenen Prosa ist heute kaum noch zu erkennen, dass der Text nicht nur der Wahrheit, sondern auch der Selbstbeweihräucherung dient.

»Alle gallischen Stämme sind sehr religiös, und aus diesem Grund opfern die, die von schwerer Krankheit befallen sind oder sich in Krieg und Gefahr befinden, Menschen anstelle von Opfertieren oder geloben solche Opfer. Die Druiden führen diese Opfer durch, denn die Gallier glauben, der Wille der unsterblichen Götter könne nur besänftigt werden, wenn für das Leben eines Menschen ein anderes eingesetzt werde. ... Andere Stämme besitzen Opferbilder von ungeheurer Größe ... Diese füllen sie mit lebenden Menschen aus. Dann werden die Götterbilder von unten angezündet, sodass die Menschen in den Flammen umkommen.«

Julius Caesar, Der Gallische Krieg

Caesar lieferte viele wichtige Belege für die soziale und politische Organisation der keltischen Stämme und ging auf gallische Gebräuche und Sitten ein, die dem römischen Publikum bedrohlich erscheinen mussten. Dabei machte er sich zweifellos jene Ängste seiner Landsleute zunutze, die sich aus den Erinnerungen an die Plünderung Roms durch die Gallier im Jahr 387 v. Chr. speisten (siehe S. 36). An dieses Ereignis erinnerte man noch jedes Jahr, indem man auf dem Capitol Wachhunde kreuzigte, um Rache an ihren Artgenossen zu nehmen, die es einst versäumt hatten, die Bevölkerung Roms vor dem keltischen Feind zu warnen. Da Julius Caesar eigentlich seine Kompetenzen überschritt, als er im Jahre 58 v.Chr. in Gallien einfiel, hatte er einen Grund mehr, die Schatten jener räuberischen Kelten zu beschwören, lieferten sie doch gewissermaßen eine rückwirkende Rechtfertigung dieses Einmarsches.

»Dabei verband er höchste Gründlichkeit mit größter Strenge in der Ausübung seiner Gewalt. Durch harte Strafen zwang er auch Zögernde zu Gehorsam, denn bei größeren Vergehen ließ er die Schuldigen nach Anwendung aller Arten von Foltern verbrennen ... Aufgrund dieser Strafmaßnahmen konnte er schnell ein Heer zusammenziehen ... [Vercingetorix sagte:] Mit allen Mitteln müsse man sich bemühen, den Römern die Möglichkeit zu nehmen, für Futter und Nachschub zu sorgen. Dies sei einfach, weil sie selbst über eine überaus starke Reiterei verfügten und ihnen die Jahreszeit gelegen komme. Da kein Futter geschnitten werden könne, müssten sich die Feinde notwendigerweise zerstreuen, um auf den Gehöften Futter anzufordern; alle diese Abteilungen könnten die Reiter Tag für Tag aufreiben.« *Julius Caesar,* Der Gallische Krieg

Augenscheinlich hielt Caesar den keltischen Häuptling Vercingetorix für einen Gegner, an dem er den Mut seiner Legionen gebührend messen konnte. Caesar stellte nicht nur die militärische Tüchtigkeit seines Gegners übertreibend dar, um als Sieger umso glanzvoller dazustehen; ihm dürfte sehr wohl klar gewesen sein, dass die keltischen Stämme erst durch seinen eigenen Entschluss, ganz Gallien zu erobern, veranlasst wurden, sich zu vereinigen.

»Der einzigartigen Tapferkeit unserer Soldaten begegneten die Gallier mit Maßnahmen aller Art ... Den Damm unterminierten sie mit Tunneln, und das umso geschickter, als es bei ihnen viele Bergwerke gibt, sodass ihnen alle Arten von Tunnelbau bekannt und geläufig sind. ... Dann setzten sie in häufigen Ausfällen bei Tag und bei Nacht den Damm in Brand oder griffen die Soldaten an ...«

Julius Caesar, Der Gallische Krieg

REKONSTRUIERTE BEFESTIGUNGSANLAGEN IN ALESIA

Bei der Nachahmung der römischen Schlachttaktik erwiesen sich die Gallier als gelehrige Schüler. Keltische Stoßtrupps überfielen die römischen Nachschublinien, während der belagerte Vercingetorix überraschend wirksame Verteidigungstechniken entwickelte, um Zeit bis zum Eintreffen der Entsatzkräfte zu gewinnen. Als Caesar die eigenen Truppen belagert sah und die Vorräte zu Ende gingen, wurde die Situation kritisch. Sein militärisches Genie stellte er mit einem Schachzug unter Beweis, den die Kelten am wenigsten erwarteten: Er griff die keltischen Entsatztruppen von hinten an.

»Caesar beeilte sich, selbst in den Kampf einzugreifen ... die Gallier [erkannten] Caesars Heranrücken an der Farbe seiner Kleidung ... Unsere Soldaten verzichteten auf die Wurfspieße und kämpften gleich mit dem Schwert. Plötzlich wurde im Rücken der Feinde die Reiterei sichtbar, während zugleich weitere Kohorten anrückten. Da wandten sich die Feinde zur Flucht, doch trat die Reiterei den Fliehenden entgegen.«

Julius Caesar, Der Gallische Krieg

»[Caesar] schlug zu verschiedenen Zeiten große Feldschlachten gegen drei Millionen Mann, von denen er eine Million auf dem Schlachtfeld vernichtete und eine weitere Million gefangen nahm.«

Plutarch, Alexander und Caesar, Große Herrscher der Antike

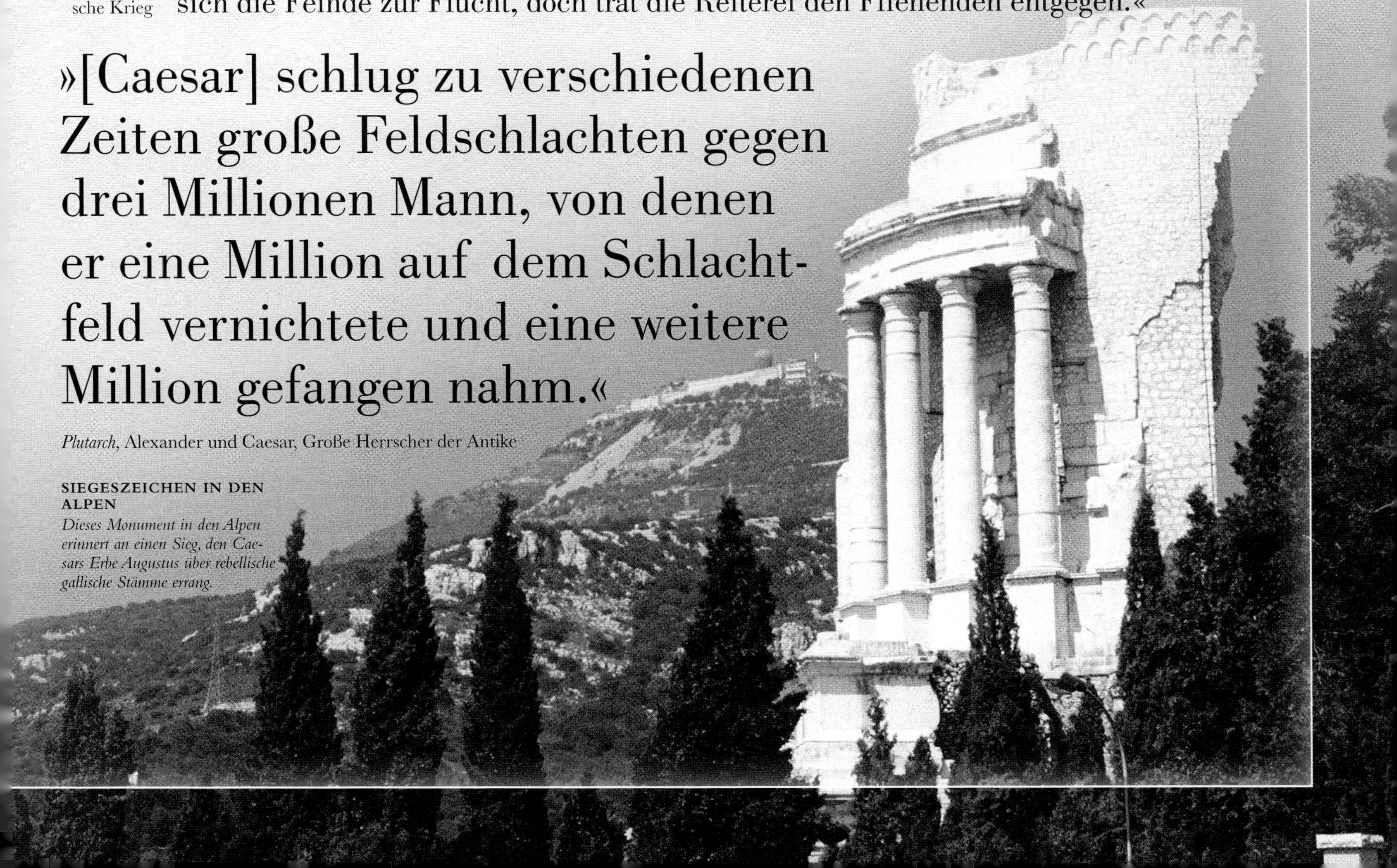

SIEGESZEICHEN IN DEN ALPEN
Dieses Monument in den Alpen erinnert an einen Sieg, den Caesars Erbe Augustus über rebellische gallische Stämme errang.

CAESARS GALLISCHE KRIEGE

Alesia

DATUM
Juli bis Oktober 52 v. Chr.

STREITKRÄFTE
Römer: 45000; Gallier: unbekannt

ORT
Nähe Dijon, östliches Zentralfrankreich

VERLUSTE
nicht verbürgt

53 v. Chr. erhoben sich die gallischen Stämme und drohten die Eroberungen von Julius Caesar zunichte zu machen, dessen Legionen die gallischen Völker unterworfen hatten. Der charismatische gallische Häuptling Vercingetorix stellte ein Heer zusammen, das Caesar trotzte und einen Feldzug nach Guerillataktik führte. Caesar verfolgte Vercingetorix, bis er das Feldlager des gallischen Heeres auf einem Hochplateau außerhalb der Stadt Alesia entdeckte. Der römische Feldherr ließ eine Befestigungslinie bauen, um Stadt und Feldlager einzuschließen. Es entstanden 23 mit Gräben verbundene Bastionen und ein Schutzwall, der mit einer Palisade versehen war und alle 25 m einen Turm aufwies. Noch ehe dieser erstaunliche Belagerungsring vollendet war, gelang Vercingetorix' Reiterei der Ausbruch, allerdings unter schweren Verlusten. Caesar argwöhnte, dass die Reiterei losgeschickt worden war, um ein Entsatzheer zu organisieren, daher legte er einen weiteren, jedoch nach außen gerichteten Befestigungsring an. Als im belagerten Alesia die Nahrungsmittel knapp wurden, schickten die Gallier ihre Frauen, Kinder und Alten aus der Stadt. Caesar ließ sie jedoch seine Linien nicht passieren, sodass die Menschen langsam im Niemandsland zwischen den Heeren verhungerten. Die Belagerung dauerte bereits drei Monate, als sich Caesars Vermutung bewahrheitete und ein großes gallisches Entsatzheer eintraf. Es lief dreimal Sturm gegen den Belagerungsring, wobei es jedes Mal von einem Ausfall der belagerten Stadt unterstützt wurde. Der letzte Angriff wäre fast erfolgreich gewesen, weil es Vercingetorix' Kriegern gelang, einen Teil des Walls mit einem Hagel von Speeren, Pfeilen und Schleudergeschossen von römischen Truppen zu säubern. Doch Caesar warf Verstärkungen in den gefährdeten Abschnitt, ehe er eine gemischte Truppe aus Fußsoldaten und Reiterei nach vorn führte, die die Gallier in die Flucht schlug. Das gallische Entsatzheer löste sich in Unordnung auf und Vercingetorix kapitulierte.

BELAGERUNGSRINGE
Eine Rekonstruktion der beeindruckenden Befestigungsanlagen, die Caesars Heer bei Alesia errichtet hatte. Die beiden ein- und auswärts gerichteten Ringe hatten insgesamt eine Länge von 35 km.

Gestorben 46 v. Chr.

VERCINGETORIX

Der Avernerhäuptling Vercingetorix vereinte Krieger aus Mittel- und Westgallien zu einem disziplinierten Heer, das den Römern nicht nachstand. Indem er sich die Geländekenntnis seiner Truppen zunutze machte, beschäftigte er Caesars Legionen, legte Hinterhalte und wandte die Taktik der verbrannten Erde an. Seine ehrenhafte Kapitulation bei Alesia dankten ihm die Römer mit Erniedrigung, indem sie ihn in Ketten durch Rom führten und nach sechsjähriger Gefangenschaft hinrichten ließen.

RÖMISCHE BÜGERKRIEGE

Dyrrachium

DATUM
Juli 48 v. Chr.

STREITKRÄFTE
Caesars Heer: 40000; Pompejus' Heer: 90000

VERLUSTE
1000 Mann bei Caesar, weniger auf Pompejus' Seite

ORT
Durres im heutigen Albanien

Im Jahre 49 überquerte Caesar mit seinem Heer den Rubikon, marschierte in Italien ein und setzte sich damit über ein von Pompejus und dem Senat verhängtes Verbot hinweg. Die Folge war ein Bürgerkrieg. Pompejus' Flucht aus Italien gestattete es Caesar, Rom einzunehmen und sich zum Diktator ausrufen zu lassen. Doch Pompejus kontrollierte die römischen Seekräfte und überlegene Landtruppen. Im Januar 48 verlegte Caesar sieben Legionen über die Adria und landete in der Nähe von Dyrrachium, wo sein Gegner einen Stützpunkt gebildet hatte. Caesars Truppen begannen das Heer des Pompejus zu belagern, das um einen natürlichen Hafen herum Stellungen bezogen hatte. Nach einem Wettstreit im Befestigungsbau kam es zum Gefecht, bei dem Caesars Truppen den Kürzeren zogen. Der Diktator zog sich nach Nordgriechenland zurück.

RÖMISCHE BÜRGERKRIEGE

Pharsalus

DATUM 9. August 48 v. Chr.

STREITKRÄFTE Caesar: 22000 Infanterie, 1000 Reiter; Pompejus: 45000 Fußsoldaten, 7000 Reiter

VERLUSTE Caesar: 230 Gefallene, 2000 Verwundete; Pompejus: 15000 Gefallene oder Verwundete

ORT
Thessalien in Nordgriechenland

Pompejus folgte Caesar von Dyrrhachium nach Thessalien, wo die beiden Heere auf der Ebene von Pharsalus ihr Lager aufschlugen. Nach einigem Zaudern stellte Pompejus am 9. August seine zahlenmäßig überlegenen Truppen zur Schlacht auf. Caesar nahm die Herausforderung an und führte seine Streitmacht unverzüglich auf das Gefechtsfeld. In der Absicht, Caesars Reiterei in die Flucht zu schlagen und dessen Infanterie in der Flanke und im Rücken zu fassen, konzentrierte Pompejus seine Kavallerie auf Caesars rechte Flanke (die linke Flanke des Diktators reichte bis zum Fluss Enipeus). Um diesen Plan zu durchkreuzen, postierte Caesar sechs von ihm selbst geführte Kohorten hinter seiner rechten Flanke. Zweifellos stifteten Pompejus' mehr als 6000 Reiter beim Ansturm auf Caesars kleine Kavallerieabteilung ein schlimmes Durcheinander, doch in diesem Augenblick warf Caesar seine sechs Kohorten ins Gefecht. Mit ihren Pilen trieben sie die Reiterei vom Schlachtfeld. Caesar warf sie dann nach vorn, um von der Flanke her Pompejus' Fußtruppen anzugreifen. Zudem befahl er dem dritten Glied seiner Infanterie einen Sturmangriff. Unter diesem Druck gab Pompejus' Infanterie nach und floh.

FELDGESCHÜTZ
Die römischen Truppen benutzten die Ballista – auch als Skorpion bekannt –, um dem Feind mit Geschossen wie Bolzen oder Steinen zuzusetzen.

100–44 V. CHR.

JULIUS CAESAR

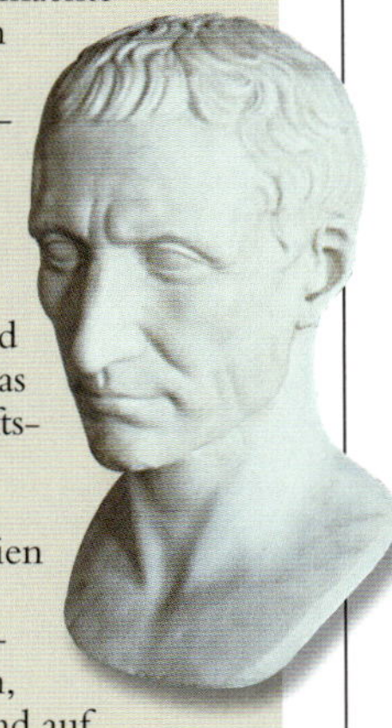

Gaius Julius Caesar machte sich 59 v. Chr. einen Namen, als er mit Pompejus und Crassus, den mächtigsten Männern in Rom, ein Bündnis schloss. Als Machthaber in Gallien und Illyrien dehnte er das römische Herrschaftsgebiet bis an den Rhein aus und fiel zweimal in Britannien ein. Er war der archetypische römische Feldherr: kühn, entschlussfreudig und auf dem Gefechtsfeld jederzeit am gefährlichsten Ort zu finden. Als einige Senatoren damit drohten, Caesar am Ende seiner Amtsgewalt den Prozess zu machen, fügte er sich keineswegs, da er wusste, dass er sich auf den Beistand seiner Legionen verlassen konnte. In dem anschließenden Bürgerkrieg errang Caesar einen überwältigenden Sieg und wurde 44 v. Chr. zum Diktator auf Lebenszeit ernannt, fiel aber noch im selben Jahr von der Hand seiner früheren Parteigänger.

RÖMISCHE BÜRGERKRIEGE

Philippi

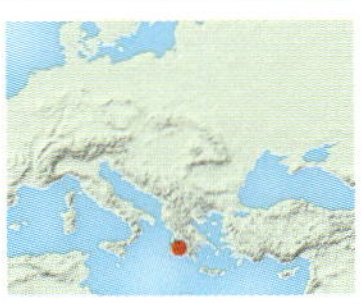

DATUM 3. und 23. Oktober 42 v. Chr.

STREITKRÄFTE Republikaner: 80000 Infanterie, 20000 Reiter; Antonius und Oktavian: 85000 Fußsoldaten, 13000 Reiter

VERLUSTE
nicht verbürgt

ORT
Philippi in Nordostgriechenland

In dem verworrenen Machtkampf nach der Ermordung Julius Caesars (44 v. Chr.) schlossen Mark Anton und Oktavian (Großneffe Caesars und künftiger Kaiser Augustus) ein brüchiges Bündnis, um sich in Rom an der Macht zu halten. Marcus Junius Brutus und Gaius Cassius Longinus, die Drahtzieher des Mordanschlags auf Caesar, blieben jedoch die Befehlshaber der republikanischen Truppen im östlichen Mittelmeerraum. Im September 42 führten Antonius und Oktavian ein Heer nach Makedonien und entdeckten die republikanischen Truppen in zwei Feldlagern bei Philippi. Oktavian erkrankte plötzlich, sodass Antonius allein die Befehlsgewalt innehatte. Er plante einen Überraschungsangriff durch einen Sumpf, um das von Cassius befehligte Lager einzunehmen. Das Unternehmen wurde ein voller Erfolg. Cassius, der alles verloren glaubte, beging Selbstmord. Brutus jedoch machte sich kurz entschlossen Antonius' vorübergehende Abwesenheit zunutze und überrannte dessen Lager, sodass der kranke Oktavian sich verstecken musste, um nicht in Gefangenschaft zu geraten. In dieser Pattsituation blieben die gegnerischen Heere in ihren Stellungen. Als Brutus' Versorgungslage jedoch drei Wochen später prekär wurde, entschloss er sich, das Risiko einer offenen Feldschlacht auf sich zu nehmen. Während Oktavian von der Front her Brutus in Atem hielt, führte Antonius seine Männer abermals durch den Sumpf, um den linken Flügel der Republikaner zu umfassen. Brutus entkam auf den fluchtartigen Rückzug, doch folgte er bald darauf Cassius' Beispiel und stürzte sich in sein Schwert.

KAISER AUGUSTUS
Oktavian, hier sein in Turin befindliches Standbild, wurde Roms erster Kaiser, nachdem er die Machtkämpfe nach Caesars Tod für sich entschieden hatte.

RÖMISCHE BÜRGERKRIEGE

Actium

DATUM
2. September 31 v. Chr.

STREITKRÄFTE
Oktavian: 400 Kampfschiffe; Antonius und Kleopatra: 230 Kampfschiffe

VERLUSTE Antonius und Kleopatra verloren 150 Schiffe

ORT griechische Westküste, vor einer Landzunge am Eingang des Ambrakischen Golfs

Im Jahre 32 v. Chr. bewog Oktavian den römischen Senat, Mark Anton den Krieg zu erklären, hatte der doch Oktavian beleidigt, indem er sich von dessen Schwester trennte und sich in Ägypten mit der Ptolemäerkönigin Kleopatra zusammentat. Da nun das Bündnis der beiden Männer zerbrochen war, wurde Oktavians Macht von Antonius ernstlich bedroht. Im folgenden Jahr trafen Streitkräfte aus Rom und aus Ägypten beim griechischen Actium aufeinander. Oktavian mied die offene Feldschlacht und benutzte stattdessen seine Flotte unter dem Befehl seines Stellvertreters Agrippa zur Blockade seines Gegners. Antonius und Kleopatra beschlossen, einen Ausbruch über See zu versuchen. Als sie auf Agrippas Flotte stießen, gaben Antonius' Schiffe nach links und rechts Raum und öffneten so eine Gasse, durch die Kleopatras Flotille in die offene See entkam. Antonius' Flaggschiff ging in dem wilden Kampfgetümmel verloren, doch er wechselte auf ein anderes Schiff über und entkam mit dem kleinen Rest seiner Flotte.

RÖMISCHES KRIEGSSCHIFF
Dieses römische Relief zeigt ein mit Legionären bemanntes Kampfschiff. Der Turm an Deck erlaubte es den Soldaten, Feindschiffe von oben her zu beschießen.

AUFSTAND DER JUDÄER

Belagerung Massadas

DATUM
73–74 n. Chr.

STREITKRÄFTE
Römer: 5000; Juden: 960 Personen

VERLUSTE
Juden: 953 Personen

ORT Hochplateau nahe der Südwestküste des Toten Meeres

Massada war die letzte jüdische Verteidigungsstellung gegen die Römer. Über steilen Felshängen nahe der Küste des Toten Meeres gelegen, stammten Massadas Befestigungsanlagen aus dem 2. Jh. v. Chr, waren jedoch von Herodes I. beträchtlich erweitert worden. Im Jahre 66 n. Chr. erhob sich Judäa gegen die römische Herrschaft. Die Niederschlagung des Aufstandes durch Kaiser Vespasian und dessen Sohn Titus fand ihren Höhepunkt in der Belagerung Jerusalems im Jahre 70. Als Jerusalem gefallen war, hatte die Erhebung eigentlich ihr Ende gefunden, doch eine kleine Gruppe jüdischer Rebellen, angeführt von Eleazar ben Yair, hielt in Massada aus. So führte Flavius Silva, der römische Prokurator Judäas, im November 73 die 10. Legion zur Belagerung der Festung. Da der Aufstieg zur Festung nur über gefährliche Pfade möglich war, die zudem dem Beschuss der Verteidiger ausgesetzt waren, legten die Römer Wälle, Türme und Feldlager um den Felsen. Sie erkannten jedoch, dass eine Blockade für ihre Zwecke zu langwierig war. Große Vorratslager und Zisternen innerhalb der Festung bedeuteten, dass die Insassen eine Belagerung von etlichen Jahren überstehen konnten. Stattdessen ersannen die Römer einen bemerkenswerten Plan, um die Festung im Sturm zu nehmen. Sie begannen den Bau einer massiven Belagerungsrampe an der Westseite des Felsens. Die Bauarbeiten gingen unter unablässigem Beschuss mit Katapulten von der Festung aus voran. Nach ihrer Fertigstellung war die Rampe über 600 m lang und stieg zu einer Höhe von mehr als 200 m an. Anschließend schoben die Römer einen Belagerungsturm die Rampe hinauf, der auf seiner unteren Etage einen Rammbock trug und Ballisten auf der oberen, die Feuerschutz geben sollten. Der Widder hatte sehr schnell eine Bresche in die Mauer gebrochen, doch als die Legionäre die Festung stürmten, mussten sie feststellen, dass Eleazar seine Gefolgschaft zum Massenselbstmord angestiftet hatte.

FELSENFESTUNG
Ruinen der Stadt Massada, zu der im Jahr 73 n. Chr. zwei Paläste, Türme und Aquädukte gehörten.

RÖMISCHE BELAGERUNGSTAKTIK

Die *Testudo*, die Schildkröte, war eine Formation, welche die römischen Legionäre bei einer Belagerung bildeten. Die hinter dem ersten Glied stehenden Soldaten hielten ihre Schilde hoch über den Kopf, sodass eine Einheit an die Festungsmauer vorrücken und ihr mit Brechstangen oder Kreuzhacken zu Leibe rücken konnte. Man benutzte auch Rammböcke oder trieb Stollen unter die Mauern.

KRIEGE GEGEN DIE GERMANEN

Teutoburger Wald

DATUM
September 9 n. Chr.

STREITKRÄFTE
Römer: um 15 000; Germanen: unbekannt

VERLUSTE
Die meisten Römer fielen

ORT das Dorf Kalkriese im Kreis Osnabrück, Niedersachsen

In den letzten zwei Jahrzehnten vor der Zeitenwende wurde die Grenze des römischen Imperiums in Nordeuropa vom Rhein – der Grenze des römischen Galliens – an die Elbe im östlichen Germanien vorgeschoben. Die Befriedung der wilden Germanenstämme war jedoch alles andere als abgeschlossen und gelegentlich kam es im ersten Jahrzehnt der neuen Zeitrechnung zu Aufständen. Im Sommer des Jahres 9 operierte der römische Feldherr Publius Quinctilius Varus östlich der Weser im mittleren Germanien. Sein Heer – die 17., 18. und 19. Legion – umfasste außerdem noch germanische Hilfstruppen. Der Anführer der Hilfstruppen vom Stamme der Cherusker, ein Fürst namens Arminius, hatte den Römern einige Jahre gedient und ihr Vertrauen gewonnen. Als Varus Gerüchte vernahm, dass Arminius plane, die Führung eines Aufstandes zu übernehmen, wollte er ihnen keinen Glauben schenken. Im Spätsommer befand sich das römische Heer, behindert durch einen langen Tross und anderes Gefolge, darunter viele Familien der Soldaten, auf dem Weg in seine Winterquartiere. Als sich Arminius und seine Leute absetzten, zeigte sich, dass die Gerüchte auf Wahrheit beruhten. Ohne germanische Späher, die sie hätten führen oder vor Hinterhalten warnen können, drangen die Römer in den unheimlichen, sumpfigen Teutoburger Wald ein. Über Tage hinweg führten Arminius' Krieger immer wieder blitzartige Überfälle auf die römischen Marschkolonnen und brachten ihnen stetige Verluste bei. Am Ende wurde das geschwächte Heer vollkommen überrannt. Die meisten römischen Soldaten und ihre Familien wurden umgebracht; Varus beging Selbstmord. Als römische Soldaten vier Jahre später den Schauplatz des Blutbads betraten, fanden sie, so der römische Geschichtsschreiber Tacitus, »bleichende Knochen ... zerbrochene Waffen und Pferdezaumzeug, während Menschenschädel an Baumstämme genagelt waren«. Die Nachricht von der Katastrophe entsetzte den betagten Kaiser Augustus, der angeblich in seinem Palast umherwanderte und ausrief: »Varus, Varus, gib die Legionen wieder her!« Obwohl bald neue römische Truppen erschienen, wurde der Plan, die Reichsgrenze weiter ostwärts zu verschieben, fallen gelassen.

TEUTOBURGER WALD
Anders als heute war der Teutoburger Wald vor 2000 Jahren sumpfiges Waldland mit engen Hohlwegen, wo die Römer leicht die Orientierung verloren.

RÖMISCHE MASKE
Masken wie diese, die im Teutoburger Wald gefunden wurde, legten die Soldaten bei Turnieren an.

AGRICOLAS SCHOTTLANDFELDZUG

Mons Graupius

DATUM
Spätsommer 84 n. Chr.

STREITKRÄFTE Kaledonier: 30 000; Römer und Hilfstruppen: 25 000

VERLUSTE
Kaledonier: 10 000; Römer und Hilfstruppen: 360

ORT
Aberdeenshire in Nordostschottland

Gnaeus Julius Agricola, der römische Statthalter in Britannien, zog mit Legionären und einheimischen Hilfstruppen nach Schottland, um einer Erhebung kaledonischer Stämme zuvorzukommen. Als er auf das kaledonische Heer unter Führung von Calgacus stieß, fiel die Schlüsselrolle der Reiterei zu, welche die Streitwagen der Kaledonier auseinander trieb und dann deren Fußtruppen hinterrücks angriff. Die Kaledonier wurden auf der Flucht vom Schlachtfeld erschlagen.

BOUDICCAS AUFSTAND

Aufstand der Icener

DATUM
60 n. Chr.

STREITKRÄFTE
Römer: 10 000; Briten: unbekannt

VERLUSTE
Römer: 400 Gefallene; Briten: Zehntausende Tote

ORT
beim heutigen Towcester, England

VERULAMIUM
Reste der Siedlung bei Verulamium, die von den Truppen Boudiccas 60–61 n. Chr. geplündert und zerstört wurde.

Nach Kaiser Claudius' Invasion 43 n. Chr. war ein großer Teil Britanniens zur römischen Provinz geworden. Im Jahre 60 kam es zu einer großen Erhebung im östlichen Britannien, die von Boudicca angeführt wurde, der Königin der Icener. Dem Aufstand der Icener schlossen sich ihre Nachbarn, die Trinovanten, an. Da der größte Teil der römischen Legionen auf der Insel Anglesey in Nordwestwales im Felde stand, plünderten und zerstörten die Aufständischen die Städte Camulodonum, Londinium und Verulamium. Der Statthalter der römischen Provinz Britannien, Suetonius Paulinus, marschierte an der Spitze der 14. und 20. Legion von Anglesey zurück und stellte sie in einem Engpass zwischen bewaldeten Hügeln auf. Boudiccas Krieger, weitaus zahlreicher als die Römer, gingen zum Angriff vor. Die Legionäre warteten, bis die Briten beinahe über ihnen waren. Dann warfen sie auf Kommando ihre Pilen und stürmten mit gezückten Schwertern. Als die vorderen Reihen der Briten fielen, drängten die Krieger hinter ihnen als formlose Masse weiter vorwärts. Tausende wurden von den Römern niedergehauen, als die Niederlage zu kopfloser Flucht entartete. Boudicca kams ums Leben.

CLAUDIUS DER EROBERER
Claudius ließ sich als Eroberer Britanniens feiern, obwohl er während der Invasion im Jahre 43 dort nur zwei Wochen zubrachte.

TRAJANS DAKISCHE FELDZÜGE

Dakerkriege

DATUM
101–106 n. Chr.

STREITKRÄFTE
Römer: unbekannt; Daker: unbekannt

VERLUSTE
nicht verbürgt

ORT
Dakien, heutiges Rumänien

Die Daker waren ein kriegerisches Volk, das auf der Balkanhalbinsel eine Region ostwärts der Donau beherrschte. In den letzten Jahrzehnten des 1. Jh. unternahmen sie unter der Führung von Decebal mehrfach über die Donau hinweg Raubzüge in römisches Territorium. Diese Überfälle hörten erst auf, als ein für die Daker günstiger Friedensvertrag zustande kam. Der Einmarsch Kaiser Trajans nach Dakien war eine Strafexpedition zur Bekräftigung der römischen Vorherrschaft. Eine Armee von neun Legionen und einer großen Anzahl germanischer Hilfstruppen überquerte die Donau auf einer Schiffsbrücke. Über den Feldzug weiß man nur wenig, jedoch gab es sicherlich schwere Kämpfe, bei denen Trajans Hilfstruppen gewöhnlich an vorderster Front fochten. Im Jahre 102 bat Decebal um Frieden, doch sobald die Römer abgezogen waren, reorganisierte er sein Heer und ging wieder zu Angriffen auf römische Vorposten über. Im Jahr 106 kehrte Trajan zurück, diesmal zur Eroberung entschlossen. Seine Soldaten schlugen eine feste Brücke über die breite Donau – typisch für die technischen Meisterleistungen der Legionen – und drangen in die Bergregion der Karpaten vor, um die dakische Hauptstadt Sarmizegetusa zu belagern. Ohne jede Hoffnung auf Entsatz begingen die belagerten Daker massenweise Selbstmord. Decebal entkam, schnitt sich indes die Kehle durch, als er von römischen Spähern aufgespürt wurde. Dakien wurde ins Imperium eingegliedert.

TRAJAN ZU PFERDE
Trajans Großtaten in Dakien sind auf der Trajanssäule in Rom verewigt, die zur Feier der Siege des Kaisers auf dem Balkan errichtet wurde.

DIE VERLAGERUNG NACH OSTEN

Gegen Ende des 3. Jh. n. Chr. reagierte der Kaiser Diokletian auf die Revolten und Invasionen, die im ganzen Reich drohten, indem er sich mit etlichen Untergebenen die Herrschaft teilte. Während des folgenden Jahrhunderts schwankte die Anzahl der mitregierenden Kaiser, wohingegen der Mittelpunkt des Reiches von Rom nach Konstantinopel verlagert wurde. Der westliche Teil verließ sich zunehmend auf die Unterstützung durch die germanischen und gotischen Stämme im Herrschaftsgebiet. Ende des 5. Jh. sahen deren Anführer keine Notwendigkeit mehr, einen Kaiser zu akzeptieren, damit endete das weströmische Reich.

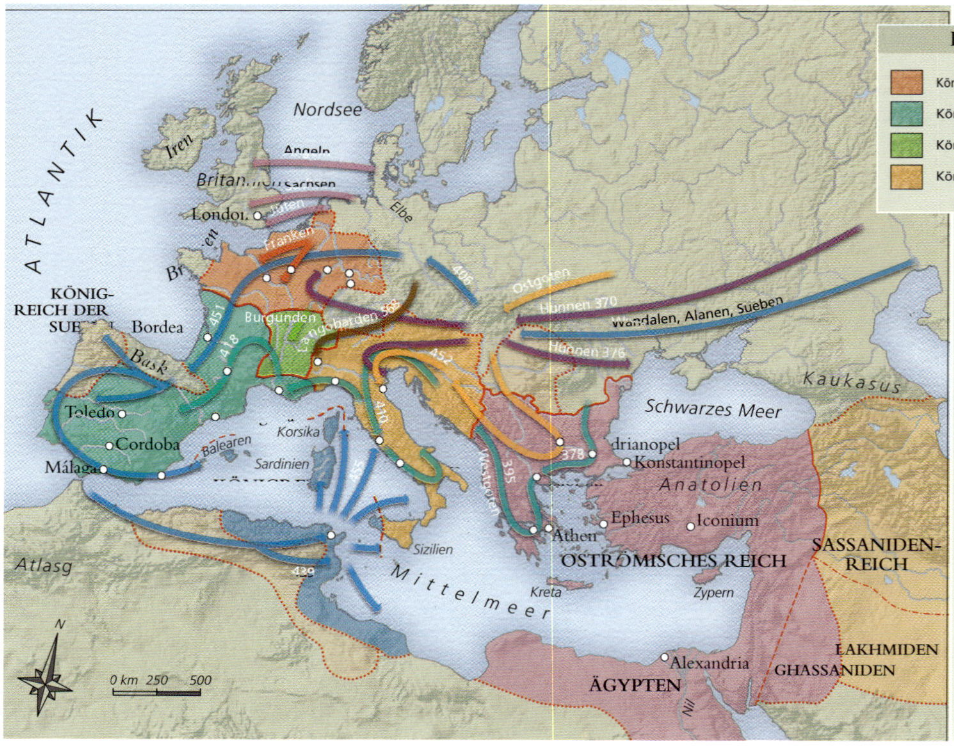

EUROPA 500 N.CHR.
Nach dem Tod des römischen Kaisers Theodosius wurde das Reich in eine westliche und eine östliche Hälfte aufgeteilt. Während das Ostreich überlebte, übernahmen im Westen germanische Stämme die Macht.

KONSTANTINS FELDZÜGE

Milvische Brücke

DATUM
28. Oktober 312

STREITKRÄFTE
Konstantin: 50 000;
Maxentius: 75 000

VERLUSTE
nicht verbürgt

ORT
Nähe Roms, Mittelitalien

Im frühen 4. Jh. konkurrierten nicht weniger als sechs Kaiser um die Macht im geteilten Reich. Im Jahr 312 marschierte Konstantin, der Herrscher über Britannien und Gallien, nach Rom, um dessen Herrscher Maxentius anzugreifen. Maxentius zog ihm entgegen. Er hatte längst die Zerstörung der steinernen Milvischen Brücke über den Tiber angeordnet, um den Vormarsch des Feindes zu blockieren, sodass seine Männer den Fluss auf einer Pontonbrücke überqueren mussten. Sie wären gut beraten gewesen, wenn sie innerhalb der neu erbauten Aurelianischen Mauer in Rom geblieben wären. Konstantin führte seine Truppen zum Sieg. Die Pontonbrücke brach zusammen, als Maxentius' Heer den Rückzug antrat. Maxentius selbst ertrank.

KONSTANTIN I.
Im Jahr 323 n. Chr. war Konstantin der einzige Herrscher des römischen Reiches. Er war der erste dem Christentum zugetane Kaiser.

JULIANS ALAMANNENFELDZUG

Argentorate

DATUM
357 n. Chr.

STREITKRÄFTE
Römer: 13 000;
Alamannen: 35 000

VERLUSTE
Römer: 243 Gefallene;
Alamannen: 6000 Gefallene

ORT
Westufer des Rheins, Ostfrankreich

Im Jahre 356 schickte der Kaiser Constantius II. den 24-jährigen Caesar Julian, um die Alamannen zu bekämpfen, ein Zusammenschluss germanischer Stämme, die sich unter König Chnodomar vereinigt hatten und immer wieder Raubzüge über den Rhein unternahmen. Nach einem Jahr ergebnisloser Kämpfe traf Julian auf Chnodomars Heer, als dieses bei Argentoratum, dem heutigen Straßburg, über den Rhein setzte. Julians Truppen waren zahlenmäßig weit unterlegen. Daher nahm die Schlacht für die Römer zunächst einen unglücklichen Verlauf. Ihre Kavallerie stob beinahe panikartig davon, als die Fußsoldaten der Alamannen, tief geduckt und nach den Pferden stechend, über sie herfielen. Die römische Infanterie jedoch hielt standhaft aus und bedachte die Alamannen mit einem wirkungsvollen Sperrfeuer ihrer Wurfmaschinen, Bogen und Steinschleudern. Als es zum Nahkampf kam, schlugen die Römer und ihre Hilfstruppen die Alamannen in die Flucht und verfolgten sie bis an den Rhein, in dem viele ertranken.

WACHTTURM
Aus Furcht vor Barbareneinfällen errichteten die Römer Türme – nach Art dieser Rekonstruktion – entlang der Provinzgrenzen.

RÖMISCH-PERSISCHER KRIEG

Ktesiphon

DATUM
363 n. Chr.

STREITKRÄFTE
Römer: 83 000;
Perser: unbekannt

VERLUSTE
nicht verbürgt

ORT
in der Nähe des heutigen Bagdad

Nachdem Julian, der Neffe Konstantins I., im Jahr 361 Kaiser geworden war, fiel er ins sassanidische Persien ein. Er marschierte den Euphrat hinunter, wobei ihn eine Flotte von mehr als 1000 Versorgungsbooten begleitete, und ging dann über den Tigris. Vor der persischen Hauptstadt Ktesiphon stellte sich der Sassaniden-König Sapor II. kurz zum Gefecht, um sich dann aber zurückzuziehen und die Römer vor den Stadtmauern stehen zu lassen. Julian war jedoch nicht in der Lage, Ktesiphon zu nehmen oder eine Entscheidungsschlacht zu erzwingen, also verbrannte er seine Boote und zog sich auf dem Landweg zurück. Berittene persische Bogenschützen griffen dabei die Römer immer wieder an und schließlich kam Julian selbst ums Leben.

PERSISCHER SIEG
Dieses Relief zeigt Kaiser Valerian kniend vor König Sapor I. nach dem sassanidischen Sieg bei Edessa im Jahre 260. Julian wollte solche Verluste wettmachen.

ZWEITER GOTENKRIEG

Adrianopel

ORT
heutiges Edirne, Westtürkei

DATUM
9. August 378

STREITKRÄFTE
Römer: 60000; Goten: 100000–200000

VERLUSTE
Römer: 40000; Goten: nicht verbürgt

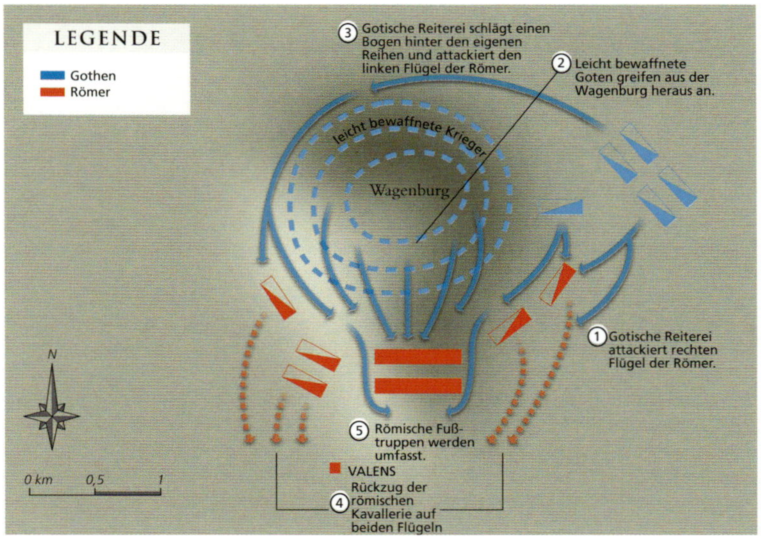

Im Laufe des 4. Jh. wuchs der Druck, den wandernde oder einfallende barbarische Völkerschaften auf das römische Reich ausübten. Im Jahr 370 begannen die Hunnen – ein zentralasiatisches nomadisches Reitervolk – westwärts zu ziehen und dabei die nordwestlich des Schwarzen Meeres ansässigen germanischen Goten zu bekriegen. Obwohl ihrerseits wilde Krieger, wichen die Ostgoten (= Greutungen) und Westgoten (Terwingen) vor den Hunnen zurück und machten sich mit allen Stammesangehörigen auf die Suche einer neuen Heimstatt. Im Jahr 376 erbaten und erhielten die Westgoten vom oströmischen Kaiser Valens die Erlaubnis, über die Donau nach Thrakien auf dem nördlichen Balkan zu ziehen. Eine ähnliche Anfrage der Ostgoten wies Valens zurück, doch drangen sie trotzdem ins Reich ein. Dieser Zustrom an Barbaren – möglicherweise handelte es sich insgesamt um zwei Millionen – führte zwangsläufig zu Konflikten mit der römischen Obrigkeit. Schon bald standen die Westgoten unter Frithigern und die Ostgoten unter Alatheus und Saphrax mit Rom auf Kriegsfuß und zogen marodierend durch Thrakien; Horden von Sarmaten, Alanen und selbst Hunnen schlossen sich an. Im August 378 hatten die Goten außerhalb Adrianopels ein Lager aufgeschlagen, von dem aus ihre Reiter auf Beute- und Nahrungssuche in das umliegende Gebiet einfielen. Ohne auf Verstärkung vom weströmischen Kaiser Gratian zu warten, zog Valens von Konstantinopel aus mit einem Heer aus, um die Goten anzugreifen. Als seine Marschkolonnen deren Lager – hinter einem Graben geschützt im Kreis aufgefahrene Wagen – erreichten, waren die gotischen Reiter, darunter auch Alatheus und Saphrax, auf Raubzug unterwegs. Frithigern wollte verhandeln, und Valens, dessen Männer vom langen Marsch in der Hitze erschöpft und noch nicht kampfbereit waren, ging darauf ein. Bei Beginn der Verhandlungen brach zwischen beiden Seiten jedoch der Kampf aus. Valens befahl allgemeinen Angriff, obwohl seine Fußtruppen noch immer nicht gänzlich gefechtsbereit waren. Gerade da kehrte die Reiterei unter Alatheus und Saphrax zurück. Laut dem römischen Geschichtsschreiber Ammianus Marcellinus »fuhren sie wie ein Blitz von den Hügeln nieder«. Da sie von oben her in die rechte Flanke der Römer stießen, vertrieben sie die Reiterei und schwenkten dann herum, um die Fußsoldaten im Rücken zu fassen. Frithigerns Infanterie stürzte nun hinter seiner Wagenburg hervor und bestürmte die Legionäre frontal. Während seine Soldaten zu Zehntausenden fielen, erlitt Valens zunächst eine Verwundung und starb anschließend.

KAISERLICHE MÜNZE
Valens herrschte über die östliche Hälfte des Römischen Reiches von 375 bis zu seinem Tode im Jahr 378.

»Die Ebene war übersät mit Leichen, die vom beiderseitigen Untergang der Krieger kündeten, während das Ächzen der Sterbenden oder der Schwerverwundeten grausig ertönte.«

Der römische Geschichtsschreiber *Ammianus Marcellinus*, 330–395

FELDZÜGE THEODOSIUS'

Frigidus

ORT
nördlich von Triest, Nordostitalien

DATUM
5. September 394

STREITKRÄFTE
Theodosius' Heer: unbekannt; Arbogasts Heer: unbekannt

VERLUSTE
nicht verbürgt

Die zunehmende Aufstockung der Heere Roms und seiner Verbündeten mit barbarischen Kriegern brachten zu den ohnehin schon verworrenen Machtkämpfen in der Niedergangsphase des weströmischen Reichs noch weitere Komplikationen. Im Jahre 388 schlug Arbogast, ein germanischer Franke im Dienst des oströmischen Kaisers Theodosius, einen Aufstand in Gallien nieder. Als jedoch der weströmische Kaiser Valentinian II. versuchte, den Franken von der Machtbasis, die er sich in Gallien geschaffen hatte, zu verdrängen, ermordete ihn Arbogast und setzte einen Gelehrten namens Eugenius an dessen Stelle. Daraufhin wollte Theodosius Arbogast vernichten. In den Reihen des Heeres, das er nach Westeuropa führte, standen auch 20000 Goten, unter ihnen Stilicho, der Heerführer der Wandalen, und der Westgotenkönig Alarich. Die Heere Theodosius' und Arbogasts trafen in Norditalien am Frigidus, einem Nebenfluss des Isonzo, aufeinander. Der erste Kampftag nahm für Theodosius ein böses Ende: Die Franken schlugen einen gegnerischen Angriff zurück und fügten den Römern schwere Verluste zu. Am folgenden Tag jedoch kam Theodosius ein aufkommender schwerer Sturm zu Hilfe, der den Feinden mit Staubwolken die Sicht nahm und sie beinahe von den Beinen riss. Dieser Sturm, und die glänzende Feldherrnkunst Stilichos, verhalf Theodosius zu einem glatten Sieg. Eugenius wurde geköpft, Arbogast stürzte sich in sein Schwert. Theodosius selbst starb kurz nach der Schlacht, während Stilicho Oberbefehlshaber im Westen wurde, bis man ihn auf Anweisung des weströmischen Kaisers Honorius ermordete.

WANDALEN-FELDHERR
Auf diesem Diptychon ist Stilicho (365–408) porträtiert.

RÖMISCH-HUNNISCHER KRIEG

Katalaunische Felder

ORT
Châlons-sur-Marne, Nordostfrankreich

DATUM
Juni oder Juli 451

STREITKRÄFTE
Römer: unbekannt; Hunnen: unbekannt

VERLUSTE
nicht verbürgt

Im 5. Jh. führten die Einfälle der Hunnen unter Attila bei den sesshaften Völkern des Römischen Reiches zu Angst und Schrecken. Anscheinend konnte kein Heer den hunnischen Reiterhorden widerstehen. Doch im Jahr 451 wurde Attila von dem römischen Heermeister Aëtius in Gallien gestellt, auf einer Ebene, die gemeinhin als Katalaunische Felder bezeichnet wird. Beide Heere waren ein buntes Völkergemisch. Zu Aëtius' Truppen zählten Alanen und Franken sowie eine Westgotenarmee unter König Theoderich. Für Attila kämpften neben seinen Hunnen auch Ostgoten und Gepiden. Die Einzelheiten der Schlacht sind nicht ganz klar, doch sicherlich handelte es sich um eine blutige Angelegenheit, bei der die Westgoten sich hervortaten, obgleich Theoderich fiel. Die Hunnen wurden zum Rückzug in ihre Wagenburg gezwungen, die Aëtius und seine Verbündeten nicht zu stürmen vermochten. Dennoch erlitt Attila eine schwere Niederlage.

um 406–453 n.Chr.

ATTILA, DER HUNNENKÖNIG

Attila, der von denen, die ihn fürchteten, »Geißel Gottes« genannt wurde, stieg im Jahre 443 zum Alleinherrscher der Hunnen auf. Unter Beteiligung von Kriegern anderer barbarischer Völker führte er seine Reiter auf Beutezügen tief ins Innere des Römischen Reiches.

DER PAPST UND DER HUNNE
Dieser Wandteppich zeigt ein Zusammentreffen von Papst Leo I. mit Attila im Jahre 452, bei dem der Papst vom Hunnenführer die Schonung Roms erkaufte.

ASIATISCHE REICHE

IM 1. JH. N.CHR., als das Imperium Romanum eine Phase der Konsolidierung durchlebte, befand sich in China das Han-Reich (206 v.Chr.–220 n.Chr.) auf der Höhe seiner Macht und besaß wohl das gewaltigste Heer der Welt. Der Han-Feldherr Pan Chao (32–102 n.Chr.) z.B. drang mit seinen Truppen tief nach Zentralasien ein. Die Reiche in China und Indien waren bedingt mit Rom vergleichbar, da auch sie ihre Grenzen vor »barbarischen« Eindringlingen schützen mussten und in China kaum verhüllte politische Rivalitäten zur Normalität zählten.

ENTWICKLUNG DER HEERE

Wie im Mittleren Osten wurde auch in China das Kriegswesen zunächst von einer in Streitwagen kämpfenden Adelskaste beherrscht. Kampfwagen traten unter der Shang-Dynastie (um 1500–1050 v.Chr.) in Erscheinung und fanden unter deren Nachfolgern, den Zhou, weite Verbreitung. Im 8. Jh. v.Chr. erfolgte der Zusammenbruch der Zentralmacht, der zur »Frühling-und-Herbst-Periode« führte und durch Gefechte zwischen örtlichen Fürsten gekennzeichnet war. Allmählich führte die Konsolidierung größerer Königreiche zur Periode der »Streitenden Reiche« (476–221 v.Chr.). In dieser Zeit militärischer Neuerungen wurde u.a. die Armbrust erfunden. Im 4. Jh. v.Chr. begann die Reiterei an die Stelle der Kampfwagen zu treten. Im Jahr 221 v.Chr. vereinte Qin Shi Huangdi China nach einer Reihe spektakulärer Feldzüge. Die von ihm begründete Qin-Dynastie wurde sehr schnell von den Han abgelöst.

TERRAKOTTAKRIEGER
Bei diesem Soldaten in Rüstung handelt es sich um eine von Tausenden lebensgroße Tonfiguren im Grabmal des Kaisers Qin Shi Huangdi, der China von 221 bis 210 v.Chr. beherrschte.

CHINESISCHE WAFFEN

Die Armbrust, um 450 v.Chr. eingeführt, war die typische chinesische Schusswaffe, doch auch Bogen verschiedener Art wurden verwendet. Im Nahkampf verließen sich die Soldaten auf Speere und Schwerter. Anstelle von Schilden verwendeten sie lederne, metallene oder gesteppte wattierte Rüstungen. Umstritten ist, wann eiserne Waffen in China die Bronze ablösten, in der Han-Zeit waren noch beide Metalle gebräuchlich.

RÜSTUNG, VOR DEM 5. JH. V.CHR.

Lederschuppen

SCHEIDE UND DOLCH, 7.–6. JH. V.CHR.

Bronzeklinge

reiche Verzierungen

STEPPENREICHE
Zwischen dem 3. und 6. Jh. n. Chr. zogen die nomadischen Steppenvölker aus Nord- und Mittelasien gegen die Staaten Chinas, Indiens und Persiens zu Felde und lösten eine Wanderungswelle aus.

NOMADISCHER EINFLUSS

Die nomadischen Reitervölker aus der Steppe – der Ebene, die sich von Mittelasien bis Nordostchina erstreckt – stellten das größte Problem der Han-Dynastie dar. Wenn sich verschiedene Steppenvölker zusammentaten, konnten sie Reiterheere ins Feld schicken, die Chinas endlos lange Landgrenze mehrfach überrannten. Die Han reagierten auf diese Bedrohung u.a. mit dem Bau von Grenzbefestigungen, die insgesamt zur Großen Mauer zusammenwuchsen. Doch das reichte nicht: Im 3. Jh. n. Chr. zerfiel das Han-Reich unter dem Druck von Nomadeneinfällen. Eine ähnliche Wirkung riefen die Nomadenkrieger in Nordindien hervor. Dort gründeten die Maurya (um 310–185 v. Chr.) und die Gupta (320–540 n. Chr.) große Reiche und entwickelten eine eigene Kriegskunst, deren auffälligstes Merkmal der Kampfeinsatz von Elefanten war. Indien war ständig Nomadenüberfällen von Norden her ausgesetzt, unter anderem durch die Skythen, Parther und die geheimnisvollen Weißen Hunnen, die das Gupta-Reich im 6. Jh. n. Chr. auslöschten.

STREITWAGEN DER MAURYA
Die Maurya verteidigten ihr Reich durch ein stehendes Heer, in das Elefanten und Streitwagen integriert waren.

GROSSE MAUER
Im 4. Jh. v. Chr. begannen die chinesischen Staaten Mauern zu errichten, um sich der Nomaden aus der Steppe zu erwehren. Unter Quin und Han wuchsen sie zu einer mehr als 3200 km langen Mauer zusammen.

gestorben um 234 v.Chr.

ASCHOKA

Aschoka war einer der letzten Maurya-Kaiser Nordindiens. Den größten Teil seines Lebens kannte man ihn als tapfer und rücksichtslos – Eigenschaften, die in der Kriegeraristokratie der Maurya Bewunderung hervorriefen. Es heißt, er habe alle seine Brüder, darunter den legitimen Erben Susima, ermordet, um auf den Thron zu gelangen. Erst nach den Massakern der Kalingakriege (siehe S. 56) ist Aschoka offenbar zum Buddhismus übergetreten und hat Gewaltlosigkeit gelobt. Es ist nicht ganz klar, wie er sein Reich ohne Gewaltanwendung behaupten konnte.

VIER LÖWEN
Die Aschoka-Säule im indischen Sarnath wurde errichtet, um Zeugnis von einem Besuch des Kaisers im 3. Jh. v. Chr. zu geben.

DAS KRIEGSWESEN IM ALTERTUM

CHINESISCHES KRIEGSWESEN

In den annähernd 1000 Jahren zwischen der Schlacht von Chengpu (632 v. Chr.) und der Schlacht am Fei-Fluss (383 n. Chr.) erlebten die Chinesen einen beinahe unaufhörlichen Krieg von Machtkämpfen zwischen rivalisierenden Königreichen bis hin zur Abwehr von Einfällen der Steppennomaden. Als China auf der Höhe seiner Macht war, führte es zusätzlich Kriege, um seinen Herrschaftsanspruch weit außerhalb seiner Grenzen geltend zu machen. So wurde die militärische Theorie und Praxis in hohem Maße vervollkommnet.

FRÜHLING-UND-HERBST-PERIODE

Chengpu

DATUM 632 v. Chr.

STREITKRÄFTE Chu-Heer: unbekannt; Jin-Heer: unbekannt

VERLUSTE nicht verbürgt

ORT möglicherweise in der Provinz Henan oder Shandong

Chengpu war eine klassische Schlacht der chinesischen Streitwagenepoche. Sie fand statt in der Frühling-und-Herbst-Periode (770–476 v. Chr), als der Staat Chu, der sich von einem südlich des Jangtsekiang gelegenen Gebiet nordwärts bis fast an den Gelben Fluss erstreckte, in eine dreiseitige Auseinandersetzung mit den Reichen Jin im Norden und Wu an der Küste verwickelt war. Hauptakteure bei Chengpu waren König Cheng von Chu und Herzog Wen von Jin. Zwischen Cheng und Wen formierten sich mehr als 1000 Kriegswagen. Der Kampf begann mit einer Streitwagenattacke, die von beiden Flügeln des Jin-Heeres gefahren wurde, wobei der linke Flügel unter dem Befehl eines gewissen Xu Chen seine Gespannpferde in Tigerfelle gehüllt hatte. Xu Chens Streitwagen stießen durch den rechten Chu-Flügel und drohten dem Chu-Zentrum in die Flanke zu fallen. Unterdessen beschloss der rechte Jin-Flügel, dem energischerer Widerstand entgegengesetzt wurde als den Mitstreitern am linken, einen ungeordneten Rückzug vorzutäuschen. Als die Kampfwagen des rechten Chu-Flügels zur Verfolgung ansetzten, jagte unter Luan Zhis Kommando ein Pulk Jin-Streitwagen, abgeschlagene Äste hinter sich herschleppend, um Staub aufzuwirbeln, quer über das Gefechtsfeld. Die List zeigte Wirkung: Der aufgewirbelte Staub nahm den Chu die Sicht, verschleierte die Kehrtwendung der Jin-Kampfwagen und den Beginn eines verheerenden Gegenangriffs. Als beide Flügel ihres Heeres zerschlagen waren, blieb den Chu keine andere Wahl als der rasche Rückzug, um einer Umfassung zu entgehen. Sie verloren mehr als 100 Streitwagen an die Jin – ein schwerer Schlag.

STREITWAGEN-SCHMUCK
Dieser Stierkopf mit eingelegten Goldpartien aus dem 4. Jh. v. Chr. schmückte einen Kriegswagen.

MAUERFESTUNG
Die Chu bauten Verteidigungswerke gegen äußere Feinde, die später zur Großen Chinesischen Mauer verbunden wurden. Die hier abgebildete Festung Jiayuguan war eine der in die Große Mauer integrierten Basteien.

ZEIT DER STREITENDEN REICHE

Guai Ling

DATUM 341 v. Chr.

STREITKRÄFTE Wei-Heer: unbekannt; Qi-Heer: unbekannt

VERLUSTE nicht verbürgt

ORT heutige Provinz Shanshi oder Hopeh, China

Diese Schlacht in der Zeit der Streitenden Reiche fand zwischen den rivalisierenden Staaten Wei und Qi statt. Es begann damit, dass Weis Truppen die Zhao-Stadt Handan belagerten, sodass Zhaos Herrscher sich an Qi um Hilfe wandte. Auf den Rat des Taktikmeisters Sun Ping hin schickte Qi nicht etwa Truppen nach Handan, sondern marschierte in Wei ein. Der Wei-Feldherr Pang Juan brach eiligst die Belagerung ab und zog mit seinen Truppen zur Verteidigung Weis zurück – und Tausenden von Qi-Armbrustschützen in die Arme, die die Wei-Soldaten niedermachten und Pang Juan gefangen nahmen.

UM 400–UM 320 V. CHR.

SUN-TZU

Sun-Tzu war Verfasser des ersten militärtheoretischen Buches, »Die Kunst des Krieges«. Über sein Leben ist nichts bekannt, doch seine Gedanken haben im Laufe der Jahrhunderte nichts von ihrer Frische verloren. Er sah im Krieg nicht die Vernichtung des Feindes, sondern ein Mittel zur Erreichung politischer Ziele und eines sicheren Friedens. Auch empfahl er die List, denn »jede Kriegführung beruht auf Täuschung«.

ZEIT DER STREITENDEN REICHE

Changping

DATUM 260 v. Chr.

STREITKRÄFTE Qin-Heer: unbekannt; Zhao: unbekannt

VERLUSTE Qin: unbekannt; Zhao: (angeblich) 400 000

ORT Provinz Shanxi, Nordostchina

Die Zeit der Streitenden Reiche in China war eine Zeit fortwährender Auseinandersetzungen, da zahlreiche Feudalreiche miteinander konkurrierten. Zu Anfang des 3. Jh. v. Chr. gab es sieben Feudalkönigreiche: Qi, Chu, Yan, Han, Zhao, Wei und Qin. Im weiteren Verlauf des Jahrhunderts setzte Qin nach und nach seine Vorherrschaft gegenüber den anderen Reichen durch. Geheimnis seines Erfolges war die Reiterei. Qin war das westlichste der Streitenden Reiche und hatte mithin den intensivsten Kontakt mit marodierenden nomadischen Reitern, und wahrscheinlich waren es die Zusammenstöße mit diesen Raubgesellen, die die Qin veranlassten, die beste Reiterei Chinas zu entwickeln. Nachdem Qin um 280 v. Chr. Wei besiegt hatte, blieb Zhao als gefährlichster Gegner übrig. Die Schlacht von Changping war der Entscheidungskampf zwischen den Massenheeren der beiden Königreiche. Neben Kavallerie verfügten beide Seiten über umfangreiche Fußtruppen. Manche Soldaten trugen eine Rüstung, andere nicht. Manche waren mit einer Armbrust bewaffnet, andere führten eiserne Speere oder Spieße. Es gab auch Streitwagen, doch dienten diese zumeist als mobile Gefechtsstände der Truppenführer. Die Schlacht war ein verzweifelter Ausfallversuch des Zhao-Heeres, das von den Qin zwei Monate lang belagert worden war. Der Versuch war ein glatter Fehlschlag: Die Qin machten keine Gefangenen und erschlugen die Zhao.

MODELLARMEE
Diese Terrakottasoldaten, gefunden im Grabmal des Kaisers Shi Huangdi, verraten vieles über den Qin-Krieger des 3. Jh. v. Chr.

KRIEGE DER HAN-DYNASTIE

Hsiung-nu-Invasion

DATUM
201–200 v.Chr.

STREITKRÄFTE
Hsiung-nu: 300000; Chinesen: unbekannt

VERLUSTE
nicht verbürgt

ORT
Mongolei und Nordwestchina

Nachdem 202 v.Chr. die Qin-Dynastie untergegangen war, wurde die Han-Dynastie unter dem Kaiser Han Gaozu begründet, der durch eine Stärkung der Zentralgewalt die Rückkehr zu den regellosen Zuständen in der Zeit der Streitenden Reiche verhinderte. Dem neuen Reich drohte jedoch große Gefahr: die Hsiung-nu, mongolische Nomaden. Im Jahre 201 fielen sie, vereint und angeführt von Maotun Khan, mit einem Reiterheer von angeblich 300000 Mann in Nordwestchina ein. Im Jahr darauf führte Goazu ein Heer gegen die Invasoren, das jedoch keinem Vergleich mit den berittenen Bogenschützen der Hsiung-nu standhielt. In einer Grenzfestung vom Feind umzingelt, musste Goazu einen schmachvollen Frieden schließen.

KRIEGSGOTT
Guandi, der taoistische Kriegsgott, wurde verehrt, weil er beim Siegen behilflich war.

KAMPFSZENE
Dieses Ziegelrelief aus der Han-Zeit zeigt Fußsoldaten, Reiterei und Streitwagen im Gefecht.

KRIEGE DER HAN-DYNASTIE

Schlacht am Roten Felsen

DATUM
208 n.Chr.

STREITKRÄFTE
Cao Cao: 220000; Liu Bei und Sun Quan: 50000

VERLUSTE
nicht verbürgt

ORT
Jangtsekiang, Zentralchina

Gegen Ende der Han-Ära sah Cao Cao, Han-Heerführer und eigentlicher Herrscher des Reiches, seine Autorität in Südchina von den Kriegsherren Liu Bei und Sun Quan infrage gestellt. Im Jahre 208 zog Cao Cao gegen seine Rivalen aus dem Süden zu Felde; es entspann sich die Schlacht am Roten Felsen, eines der berühmtesten Ereignisse der chinesischen Militärgeschichte. Es scheint, dass Liu Bei und Zhou Yu, der Oberbefehlshaber Sun Quans, vor der Überlegenheit Cao Caos auswichen, indem sie ihn in eine Schiffsschlacht auf dem Jangtsekiang verwickelten. Die Männer aus dem Süden besaßen Erfahrung im Kampf auf Flüssen, die Nordchinesen verstanden sich dagegen nur auf den Landkrieg. Mit gekaperten Schiffen brachte Cao Cao eine stattliche Flotte zusammen und kettete die Schiffe aneinander. Sie fielen den Brandpfeilen der südchinesischen Bogenschützen zum Opfer oder wurden in Brand gesteckt. Nach dieser Katastrophe zogen sich Cao Cao und die Reste seines Heeres ungeordnet nach Norden zurück.

VORABEND DER SCHLACHT
Diese Illustration aus dem 14. Jh. zeigt den Han-Heerführer Cao Cao am Vorabend der Schlacht beim Roten Felsen, in der er eine schwere Niederlage erlitt.

KRIEGE DER JIN-DYNASTIE

Schlacht am Feishui

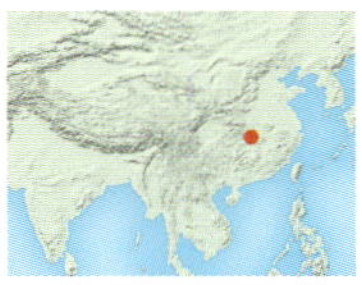

DATUM
November 383

STREITKRÄFTE
Östliche Jin: 80000; Fu Jian: 870000

VERLUSTE
nicht verbürgt

ORT der Fluss Feishui im Tal des Jangtsekiang, Zentralchina

Hintergrund der Schlacht am Feishui war die staatliche Auflösung Chinas, hervorgerufen durch Barbareneinfälle und Bürgerkriege im 3. und 4. Jh. n.Chr. Unfähig, den Angriffswellen nomadischer Reiter standzuhalten, wurden die Jin-Kaiser aus Nordchina vertrieben und ließen sich südlich des Jangtsekiang als die Östliche Jin-Dynastie nieder. Doch auch den Östlichen Jin blieben Bedrohungen nicht erspart, und deren größte ging von Fu Jian aus, einem tatkräftigen und tüchtigen Heerführer tibetischer Herkunft. Um das Jahr 370 hatte sich Fu Jian die Herrschaft über Nordchina verschafft und einen Staat gegründet, den er Qianqin, »Frühere Qin-Dynastie«, nannte. Sehr bald setzte er die Östlichen Jin militärisch unter Druck, indem er 379 die bedeutende Stadt Xiangyang einnahm. Als es einem Jin-Heer 383 nicht gelang, die Stadt zurückzuerobern, begann Fu Jian einen großen Eroberungskrieg gegen den Süden. Er zog ein Heer zusammen, das 600000 Mann Fußtruppen und 270000 Reiter umfasst haben soll. Doch selbst wenn diese Zahlen stark übertrieben sind, muss es sich um ein gewaltiges Heer gehandelt haben, rekrutiert aus den vielen Völkern, die Fu Jians Herrschaft unterworfen oder ihm zur Heerfolge verpflichtet waren. Als diese multinationale Truppe südwärts ins Tal des Jangtsekiang vorrückte, trat ihm jenseits des Feishui das Heer der Östlichen Jin gegenüber. Die Jin, zahlenmäßig etwa im Verhältnis 1:10 unterlegen, waren praktisch ohne jede Chance. Verlässliche Berichte über den Verlauf der Schlacht sind nicht überliefert, doch einer Version zufolge machten die Jin dem Heerführer Fu Jians mit Namen Fu Rong das Angebot einer offenen Feldschlacht, wenn er sich vom Ufer des Flusses zurückziehe, damit die Jin-Truppen ihn unangefochten überqueren könnten. Fu Rong, der darin eine ausgezeichnete Gelegenheit sah, die Jin vernichtend zu schlagen, befahl seiner Riesenarmee den Rückzug in der Absicht, kehrtzumachen und auf die bereits über den Fluss gesetzten Jin einen verheerenden Angriff zu führen. Als das Heer sich rückwärts bewegte, kam unter den Soldaten jedoch das Gerücht auf, der Rückzug wäre die Folge einer Niederlage. Hinzu kam, dass das Jin-Heer, sobald es über den Fluss gelangt war, im Rücken der Truppen Fu Jians augenblicklich mit Plänkeleien begann. Es entstand eine Panik, der Fu Rong nicht Herr zu werden vermochte und die ihn mitriss, als seine Männer Hals über Kopf vom Schlachtfeld flüchteten.

BRONZESCHWERT
Dieses Bronzeschwert stammt aus einer früheren Ära des chinesischen Kriegswesens, doch die Nahkampftechnik blieb unverändert.

»Die im Kriegswesen Bewanderten treiben den Feind, sie werden von ihm nicht getrieben ... Erkenne die Absichten des Feindes und berechne seine Stärken und Schwächen.«

Sun-Tzu, Die Kunst des Krieges, 4. Jh. v.Chr.

GEPANZERTES PFERD
Die chinesische schwere Reiterei schützte ihre Schlachtrosse mit einem Panzer aus verbundenen Ledertafeln. Dieses Standbild eines gepanzerten Schlachtrosses wurde in einem Grabmal aus dem 5. oder 6. Jh. gefunden.

INDISCHES KRIEGSWESEN

Indische Reiche wie etwa Maurya und Gupta vervollkommneten das Kriegswesen durch große stehende Heere, zu denen Fußsoldaten, Reiterei, Elefanten und möglicherweise Streitwagen gehörten. Das Arthasastra, ein politischer und militärischer Ratgeber, der im 4. Jh. v. Chr. am Hofe des Chandragupta Maurya kompiliert wurde, erörtert den richtigen taktischen Einsatz der verschiedenen Waffengattungen eines Heeres und behandelt Ausbildung der Reiterei, Ablauf von Schlachten und Belagerungen sowie den Bau von Befestigungswerken. Doch Berichte über Schlachten, die im alten Indien geschlagen wurden, sind lückenhaft; am detailliertesten sind griechische Schilderungen der Schlacht am Hydaspes, in der Alexander Pyrrhos, den Beherrscher des Pandschab, besiegte (siehe S. 27). Obgleich die Krieger im alten Indien sehr angesehen waren, erwies sich der Einfluss des Buddhismus – der viele Menschen, darunter den Kaiser Aschoka, zum Pazifismus bewog – als gewichtige Gegenkraft.

MAHABHARATA-KRIEG

Mahabharata War

DATUM um 1300 v. Chr.

STREITKRÄFTE Kauravas: unbekannt; Pandava: unbekannt

VERLUSTE alle Kaurava fielen, nur fünf Pandava überlebten

ORT Kurukshetra im Staat Haryana, Indien

Einer der klassischen literarischen Texte des alten Indien, das *Mahabharata*, schildert den Machtkampf zwischen den Kaurava und Pandava. Wohl handelt es sich nicht um ein reales Ereignis, dennoch ist der Bericht eine seltene Informationsquelle darüber, wie in Indien vor dem 4. Jh. v. Chr., dem mutmaßlichen Entstehungsdatum des Epos, Krieg geführt wurde. Der Schilderung zufolge kämpften die Heere zumeist zu Fuß mit Pfeil und Bogen; Pferde waren selten und wurden nur vor die Streitwagen gespannt. Der Verlauf der 18-tägigen Schlacht, die den Krieg beendete, hat mit der griechischen Ilias Ähnlichkeit: Es herrscht kein Mangel an göttlichen Interventionen, und es gibt sogar einen Helden, der wie Achill getötet wird, weil der schützende Zauber an einer Stelle seines Körpers nicht wirkt.

MAHABHARATA-SZENE
Dieses Relief in Angkor Vat zeigt eine Szene aus dem Mahabharata. *Das indische Kriegswesen hat Kambodscha beeinflusst.*

KRIEGE DER MAURYA

Chandraguptas Kriege

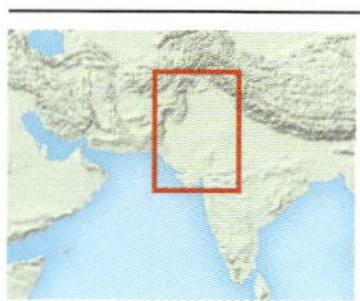

DATUM um 310–303 v. Chr.

STREITKRÄFTE Chandragupta: 600 000 Fußvolk, 30 000 Reiter, 9000 Elefanten

VERLUSTE nicht verbürgt

ORT Nord- und Zentralindien und Afghanistan

Chandragupta Maurya wird nachgesagt, er habe sich in seinen hochfliegenden militärischen Plänen Alexander den Großen zum Beispiel genommen, dem er offenbar bei dessen Invasion Indiens begegnet ist. Wahrscheinlich halfen ihm einige von Alexanders Makedoniern, die ihm als Söldner dienten, als er zunächst das nordindische Königreichs Magadha eroberte und anschließend seine Herrschaft über den restlichen Norden und die Mitte des Subkontinents ausdehnte. Das expandierende Maurya-Reich geriet in Konflikt mit Seleukos, der nach Alexanders Tod die Kontrolle über dessen asiatische Eroberungen erlangt hatte. In einem Krieg, der sich von 305 bis 303 v. Chr. hinzog, kämpfte Chandragupta mit Seleukos um die Herrschaft über einen großen Teil des heutigen Afghanistans. Es überrascht kaum, dass Chandragupta den Sieg davontrug: Megasthenes, ein Gesandter des Seleukos an Chandraguptas Hof, berichtete über den ungeheuren Umfang des Maurya-Heeres. Chandragupta hatte seine Armee in eisernem Griff – der Staat zahlte den Sold der Männer, Pferde und Elefanten waren sein alleiniges Eigentum und somit auf Dauer Teil des stehenden Heeres.

KRIEGE DER MAURYA

Kriege mit Kalinga

DATUM um 262 v. Chr.

STREITKRÄFTE Maurya: unbekannt; Kalinga: unbekannt

VERLUSTE Maurya: 10 000 Gefallene; Kalinga: 100 000 Gefallene

ORT östliches Zentralindien

Wie der Großvater Chandragupta und der Vater Bindusara, so zog auch Kaiser Aschoka zu Felde, um die Grenzen des Maurya-Reiches auszuweiten. Schließlich beherrschte Aschoka ganz Indien bis auf die Südspitze, und nach Norden reichte sein Reich bis zum Süden Irans. Zu seinen Eroberungen zählte auch Kalinga, ein Königreich an der indischen Ostküste. Um 262 v. Chr. forderte Aschoka den König von Kalinga auf, sich zu unterwerfen. Als der König dies verweigerte, schickte Aschoka zur Bekräftigung seiner Autorität ein Heer aus, das jedoch von den Kriegern Kalingas in die Flucht geschlagen wurde. Aufgebracht über diesen unerwarteten Misserfolg, zog Aschoka die größte Armee zusammen, die er für eine zweite Invasion aufzubringen vermochte. Diesmal hatte Kalinga der Militärmacht der Maurya nichts entgegenzusetzen, und sein hartnäckiger Widerstand wurde vollends gebrochen. In einem brutalen Racheakt für die Widersetzlichkeit gegenüber seiner imperialen Macht verwüstete Asoka Kalinga: Maurya-Inschriften berichten, dass bei den Kämpfen und unmittelbar danach 100 000 Kalinganer getötet wurden. Doch hat der Anblick des von ihm veranlassten Blutbads den Herrscher offenbar angewidert und einen völligen Gesinnungswandel bewirkt. Er nahm den buddhistischen Glauben an und wurde zum Kriegsgegner, der bis zu seinem Tode im Jahre 234 v. Chr. in Frieden herrschte. Ironischerweise beschworen seine neuen Grundsätze den Untergang Mauryas herauf. Im Jahre 185 v. Chr. wurde der letzte Maurya-Kaiser durch einen Staatsstreich des Militärs gestürzt.

DIE DHAMEK-STUPA
Nach seinem Übertritt zum Buddhismus errichtete Aschoka religiöse Kultbauten wie diesen Stupa, gründete Klöster, schuf Bewässerungssysteme und sogar ein Gesundheitswesen – all das, weil er nach den Kalinga-Kriegen das gesamte Militärwesen verabscheute.

GUPTA-KRIEGE

Feldzüge des Samudragupta

DATUM
um 330–375 n. Chr.

STREITKRÄFTE
Gupta: unbekannt

VERLUSTE
nicht verbürgt

ORT
südliches, mittleres und nördliches Indien

Nach dem Zerfall des Maurya-Reiches im 2. Jh. v. Chr. durchlebte Indien eine lange Zeit politischer Kleinstaaterei. Doch das Andenken der Maurya war nicht ausgelöscht. Im 4. Jh. n. Chr. kam in Magadha – dem Staat, von dem das Maurya-Reich seinen Ausgang genommen hatte – ein Herrscher an die Macht, der sich die Maurya ganz bewusst zum Vorbild nahm. Chandragupta I. behauptete, von seinem Namensvetter, dem Begründer des Maurya-Reiches, abzustammen, und machte sich daran, sein Herrschaftsgebiet so weit wie möglich auszuweiten. Um 330 folgte ihm sein Sohn Samudragupta auf den Thron des Gupta-Reiches, so der neue Name des Staates. Wie so oft im alten Indien sind die Belege für die militärischen Aktivitäten Samudraguptas sehr dürftig – alle beruhen sie auf einer einzigen Inschrift einer teilweise zerstörten Säule in Allahabad im nordindischen Staat Uttar Pradesh. Doch scheint Samudragupta ein imposanter Heerführer gewesen zu sein, dem beachtliche Eroberungen gelangen. Berichtet wird, dass er ein Pferdeopfer vollzog zur Feier seiner Siege über 21 Könige. Die Liste seiner Triumphe umfasst die Niederlagen der Königreiche Kota und Andhra im südöstlichen Indien. Samudragupta machte die Könige von Kota und Andhra lediglich tributpflichtig, während er sich andere Königreiche einverleibte, sodass er ein Reich schuf, das sich vom Golf von Bengalen bis ans Arabische Meer und im Norden bis in den Himalaja erstreckte. Allerdings dürfte die Gupta-Herrschaft über einen Teil dieses weitläufigen Gebiets wahrscheinlich nur nominell bestanden haben.

KÖNIGLICHE MÜNZE
Diese Goldmünze stammt aus der Regierungszeit Chandraguptas I., Vater von Samudragupta und Gründer des Gupta-Reiches

GUPTA-TEMPEL
Dieser Gupta-Tempel in Deogarh, Uttar Pradesh, bezeugt Reichtum und Macht des Gupta-Reiches.

GUPTA-KRIEGE

Weiße Hunnen

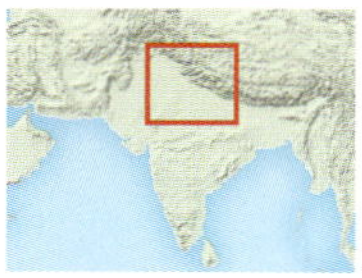

DATUM
um 450–530 n. Chr.

STREITKRÄFTE
Weiße Hunnen: unbekannt

VERLUSTE
nicht verbürgt

ORT Nordindien im heutigen Pandschab und Bihar

Nordwestindien war wiederholt Einfällen zentralasiatischer Völker ausgesetzt. Im 1. Jh. v. Chr. kamen Skythen und Parther nach Indien und errichteten dort eigene Reiche. Im 1. Jh. n. Chr. gründeten die Kushana ein Reich, das fast 200 Jahre lang einen großen Teil Nordindiens ebenso beherrschte wie Afghanistan und einen Teil Mittelasiens. Und im 5. Jh. waren es die Weißen Hunnen, die diesem Muster folgten. Die byzantinischen Griechen nannten die Weißen Hunnen »Hephthaliten«, und der byzantinische Geschichtsschreiber Prokop beschreibt sie als »vom Stamme der Hunnen«, doch »die einzigen unter den Hunnen, die weiße Leiber haben«. Manche folgern daraus, dass die Weißen Hunnen ein Mischvolk mongolischer und indoeuropäischer Abkunft gewesen seien. Die Art ihrer Kriegführung ähnelte der anderer nomadischer Steppenvölker: Die Krieger der Weißen Hunnen waren schnell bewegliche Reiter, die sesshafte Zivilisationen beraubten und in Schrecken versetzten. Die Weißen Hunnen hatten sich wohl am Oxus (Amudarja) im heutigen Tadschikistan und Usbekistan eine Machtbasis geschaffen, von der aus sie Krieg gegen das persische Sassaniden-Reich führten. Im Jahre 484 besiegten sie ein großes persisches Heer, nahmen den persischen Herrscher Firuz gefangen und stürzten das Sassaniden-Reich in eine tiefe Krise. In Indien waren die Weißen Hunnen zunächst weniger erfolgreich und mussten sich dem Gupta-Kaiser Skandagupta geschlagen geben. Dennoch setzten sie sich im Pandschab fest, hielten ihren Druck auf das Gupta-Reich aufrecht und überrannten es nach Skandaguptas Tod im Jahre 467. Auf ihren Vormarsch entlang des Ganges sollen sie buddhistische Klöster und Städte in Schutt und Asche gelegt haben; angeblich blieben von den Bewohnern Pataliputras, der Hauptstadt des Gupta-Reiches, nicht mehr als ein paar Hundert übrig. Zu Beginn des 6. Jh. weiteten die Könige Toramana und Mihirakula das Herrschaftsgebiet der Weißen Hunnen nach Süden und Osten aus. Im Jahre 530 wurde Mihirakula jedoch von einer Allianz der Hindufürsten entscheidend geschlagen. Innerhalb von 20 Jahren brach das indische Königreich der Weißen Hunnen zusammen. Etwa um die gleiche Zeit vernichtete Chosroes I. von Persien auch ihr mittelasiatisches Reich.

HUNNENGELD
Die Münzen der Weißen Hunnen zeigen ein künstlerisches Niveau, das gar nicht »barbarisch« ist.

»Die Hephthaliten haben keine Städte, sondern schweifen frei umher und wohnen in Zelten. Sie leben in keinem Zentrum; ihr Regierungssitz ist ein wanderndes Lager.«

Sun Yung und Hui Sheng, buddhistische Pilger, 6. Jh. n. Chr.

DAS KRIEGSWESEN DES MITTELALTERS

476–1492

KAVALLERIE UND ZITADELLEN

OBGLEICH »MITTELALTER« EIN EUROPÄISCHER BEGRIFF IST, der sich auf die Zeit zwischen der römischen Antike und der von der Renaissance eingeleiteten Neuzeit bezieht, ist es sinnvoll, ihn in militärischem Sinne auch auf den Rest der Welt anzuwenden. Neue militärische Technologien breiteten sich über den größten Teil des Erdballs aus und die Zivilisationen von Europa und Mittelost bis nach China und Indien erlitten, oft von denselben nomadischen Heeren, wiederkehrende Invasionswellen.

KAISER, HOCH ZU ROSS
Karl der Große, hier als Statuette aus dem 8. Jh., vergrößerte sein Reich mithilfe der Kavallerie.

Das Mittelalter war gekennzeichnet durch das Unvermögen der Staaten und Reiche, die gegen ihre Grenzen andrängenden »barbarischen« Völker zu integrieren oder sie sich auf Dauer zu unterwerfen. Unter den Dynastien der Tang und Sung war China die in technischer Hinsicht am weitesten entwickelte Gesellschaft der Zeit, doch geriet es durch Reitervölker aus der Steppe unter fortwährenden Druck, bis es im 13. Jh. schließlich mongolischen Eindringlingen unterlag. Unterdessen musste sich das relativ rückständige Europa, wie auch das byzantinische Reich, zwischen dem 8. und 10. Jh. ständig einfallender Völker erwehren, die auf der Suche nach Beute oder Siedlungsraum waren. Doch während ein großer Teil der Kriege nur geführt wurde, um Beute anzuhäufen oder Rachegelüste zu befriedigen, waren die großen arabischen Eroberungen des 7. und 8. Jh. durch den islamischen Glauben bedingt. Diese religiös motivierten Feldzüge fanden in den gegen Ende des 11. Jh. beginnenden Kreuzzügen ihr christliches Ebenbild.

BEHERRSCHENDE KAVALLERIE

Während des größten Teils dieser Epoche wurde das Kriegswesen von der Kavallerie bestimmt. Dieser Begriff umfasst die mit Pfeil und Bogen bewaffneten und nur leicht oder gar nicht gepanzerten Reiter der Turkvölker, die sich auf die Taktik des blitzschnellen Überfalls spezialisiert hatten, ebenso wie die schwer gepanzerten Ritter Westeuropas und des byzantinischen Reiches. Überall stand die Kavallerie als Teilstreitkraft eines Heeres in hohem Ansehen. Obgleich die Verbreitung des Steigbügels über ganz Europa seit etwa dem 9. Jh. einiges zur Sattelfestigkeit des berittenen Kriegers beitrug, war dies doch nur ein Schritt auf dem Wege zu einer schwerer gepanzerten Reiterei - hinzu kamen die Entwicklung zweckmäßigerer Sättel und die Züchtung kräftigerer Schlachtrosse. Die in der christlichen wie islamischen Welt zunehmende Geschicklichkeit in der Metallverarbeitung machte Schwerter zu immer gefährlicheren Waffen und ermöglichte es den europäischen Rittern seit dem 13. Jh., den aus Metallplatten gefertigten Harnisch anzulegen. Pfeil und Bogen waren in vielen

507 Der Frankenkönig Chlodwig besiegt die Westgoten in der Schlacht von Vouillé.

567 Die Langobarden fallen von Norden nach Italien ein.

570 Der Prophet Mohammed wird geboren.

636 Der erste große arabisch-islamische Sieg in der Schlacht am Jarmuk

642 Der größte Teil Chinas wird unter der Tang-Dynastie vereinigt.

702 Araber bewirken Übertritt der nordafrikanischen Berber zum Islam

711 Araber erobern den größten Teil Spaniens.

778 Schlacht von Roncesvalles (S. 67)

UM 790 Erster Wikingereinfall auf den Britischen Inseln

800 Karl der Große wird zum Kaiser gekrönt.

845 Wikingerschiffe segeln die Seine hinauf.

911 Frankreich überträgt dem Wikingerhäuptling Rollo die Normandie.

960 Sung-Dynastie löst in China die Tang ab.

UM 1000 Wikinger erkunden die Küste Neufundlands.

1066 Schlacht bei Hastings (S. 71)

1071 Schlacht von Mantzikert (S. 77)

1085 Beginn der Reconquista in Spanien

1095 Papst Urban II. ruft zum Kreuzzug gegen die Türken auf.

1128 Orden der Tempelritter vom Papst anerkannt

1177 Die Khmer besiegen die Cham bei Angkor in Kambodscha.

1180 Beginn der Gempei-Kriege in Japan

1187 Schlacht von Hattin (S. 84–85)

500 | 700 | 900 | 1100

ARABISCHE KAVALLERIE, 11. JH.

DER KHMER-KÖNIG JAJAVARMAN (1181 BIS UM 1215)

FRANZÖSISCHE RITTER, 12. JH.

Heeren, so auch in Japan und im byzantinischen Reich, die Standardbewaffnung der Reiterei, doch die westeuropäischen Ritter verschmähten Schusswaffen, fühlten sie sich doch den Idealen einer Kriegführung verpflichtet, zu welcher der Angriff mit gefällter Lanze und der Nahkampf Mann gegen Mann gehörte. Obwohl der Elitesoldat auf sein Pferd nicht verzichten konnte, saßen in der Praxis Berittene zum Gefecht doch oftmals ab. Die Infanterie gewann auf den europäischen Schlachtfeldern des späten Mittelalters ein größeres Ansehen, weil der kluge Einsatz der mit Armbrust und Langbogen bewaffneten Fußsoldaten einer Kavallerieattacke ihre Gefährlichkeit nahm. 14. und 15. Jh. waren gekennzeichnet durch den wachsenden Erfolg einer disziplinierten Fußtruppe wie etwa der schweizerischen Pikeniere, die in einer an das alte Griechenland erinnernden Schlachtreihe kämpfte.

FESTUNG UND BELAGERUNG

Verbreitete Unsicherheit und politische Zerstückelung während des Mittelalters spiegeln sich wider im Bau imposanter Steinburgen und städtischer Befestigungsanlagen. Andererseits sorgten diese Meisterleistungen des Ingenieurwesens dafür, dass Belagerung zu einem Hauptmerkmal der mittelalterlichen Kriegskunst wurde, und zwar in China nicht weniger als in Westeuropa oder der islamischen Welt. Da die Belagerungsmaschinen nicht wirksamer waren als in der Antike, wurden Belagerungen oft zu einer langwierigen, unerfreulichen Angelegenheit, die Belagerten wie Belagerern schwere Verluste durch Hunger und Krankheit zufügte.

SCHIESSPULVER

Die allmähliche Einführung von Feuerwaffen war die Voraussetzung für eine bedeutsame Veränderung des Belagerungskrieges. Spätestens im 11. Jh. hatten die Chinesen die militärische Brauchbarkeit des Schießpulvers erforscht, und gegen Ende des 13. Jh. besaßen sie primitive Geschütze zum Verschießen von Stein- oder Eisenkugeln. Es dauerte nicht lange, bis sich diese Neuentwicklung im restlichen Asien und in Europa durchgesetzt hatte. Im Jahre 1326 gab die Stadt Florenz zu Verteidigungszwecken eine Metallkanone in Auftrag, und 1346, in der Schlacht von Crécy zwischen Franzosen und Engländern, spielte die Artillerie eine wenn auch marginale Rolle. Zwar hat Europa die Feuerwaffen nicht erfunden, doch bewies es großes Geschick in deren Fortentwicklung und Verbesserung. Auch wurden die Geschütze beweglicher, als Soldaten das Rohr auf einen zweirädrigen Karren, die Lafette, setzten und es mithilfe der rechts und links seitlich angebrachten Schildzapfen in der Höhe ausrichten konnten. Um 1500 hatte die Rohrartillerie das Kriegswesen zwar noch keineswegs revolutioniert, wohl aber die steinernen Mauern der mittelalterlichen Befestigungen obsolet gemacht.

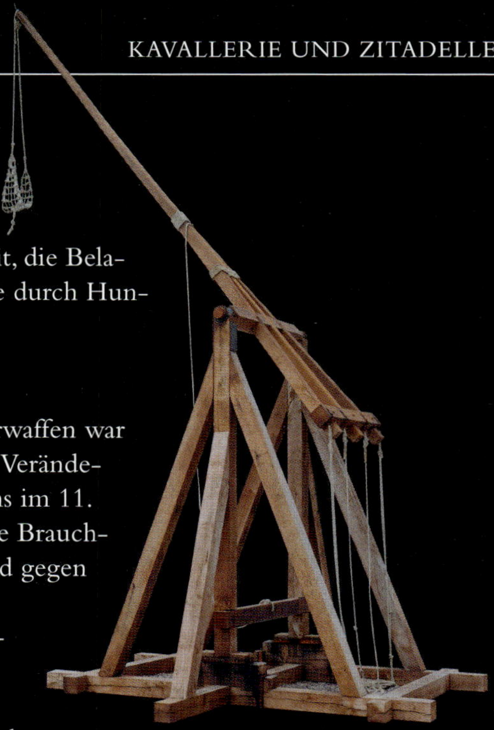

FERNWAFFE
Katapulte – Steinschleudern, die nach dem Torsionsprinzip oder später mit einem Kontergewicht arbeiteten – stellten einen Großteil der mechanischen Belagerungsartillerie des Mittelalters dar.

1250

1258 Mongolen nehmen arabische Hauptstadt Bagdad ein.

1280 Osman I. begründet das Osmanische Reich.

UM 1304 Anzeichen, dass Araber die ersten Schwarzpulverkanonen produzieren

1314 Schlacht von Bannockburn (*S. 118*)

1339 Beginn des Hundertjährigen Krieges

1346 Erstmaliges Auftreten des »schwarzen Todes«

1350

UM 1350 Aufkommen der ersten Feuerwaffen in Europa

1351–68 Chinesische Revolte gegen mongolische Invasoren (Revolte der »Roten Turbane«)

1380s Mongolenanführer Timur erobert Persien.

1396 Schlacht von Nikopolis (*S. 122*)

UM 1400 Die meisten europäischen Ritter tragen jetzt Harnische.

1410 Erste Schlacht bei Tannenberg (*S. 121*)

1415 Schlacht bei Azincourt (*S. 114*)

1420

1429 Jeanne d'Arc beendet Belagerung von Orleans durch englisches Heer.

1453 Konstantinopel fällt an die osmanischen Türken

1469 Ferdinand von Aragon und Isabella von Kastilien heiraten, dadurch Vereinigung Spaniens.

1470

1476 Schlacht bei Murten (*S. 119*)

1485 Mit der Schlacht von Bosworth Field enden in England die Rosenkriege.

1488 Der Ming-Kaiser Hsiao Tsung verstärkt die Große Mauer in China gegen Barbarenangriff.

1492 Kolumbus segelt nach Amerika.

BOGENSCHÜTZEN, 14. JH.

BODIAM CASTLE, ENGLAND, UM 1385

DEUTSCHE RÜSTUNG, UM 1470 (S. 117)

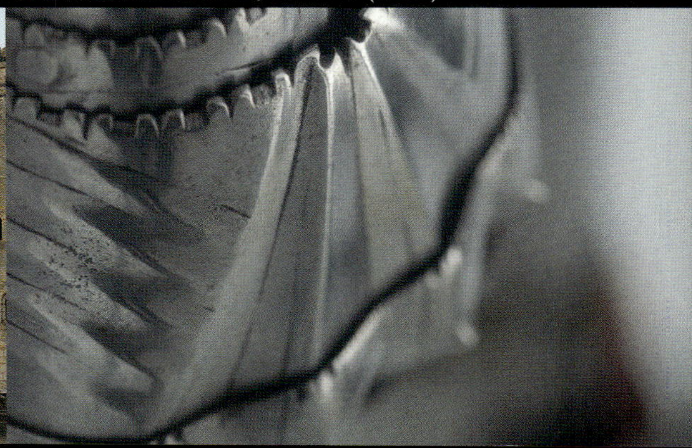

INVASOREN UND FEUDALHERREN

ELFENBEINERNE REITER
Die byzantinischen Reiter waren mit Lanze und Schwert bewaffnet und hatten als Schutzwaffe einen kleinen Schild umgehängt.

Nach dem Zerfall des römischen Imperiums im 5. Jh. existierte das Reich nur im Osten um das Zentrum Konstantinopel weiter. In dem Machtvakuum, das die Römer hinterlassen hatten, sicherten sich die Franken die Herrschaft über Gallien, doch immer neue Eindringlinge - Wikinger, Sarazenen, Ungarn – machten der sesshaften Bevölkerung das Leben schwer. Erst im 11. Jh. ließ der Druck der räuberischen Invasoren nach, woraufhin Westeuropa selbst in eine aggressivere Phase eintrat.

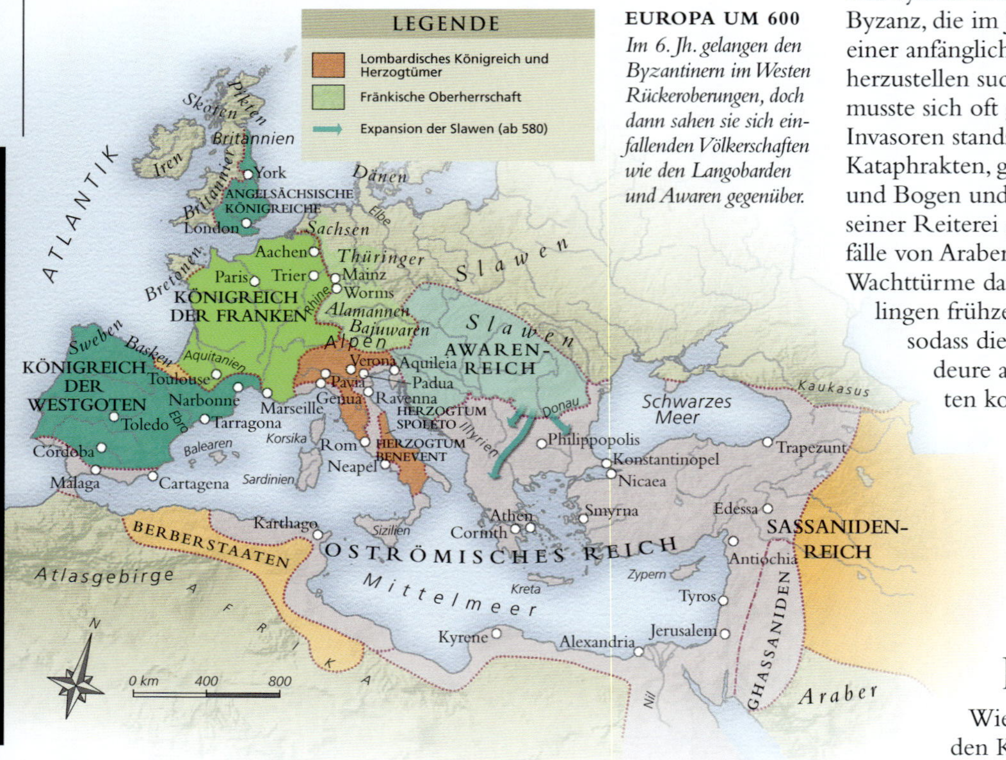

EUROPA UM 600
Im 6. Jh. gelangen den Byzantinern im Westen Rückeroberungen, doch dann sahen sie sich einfallenden Völkerschaften wie den Langobarden und Awaren gegenüber.

BYZANZ ÜBERDAUERT

Das byzantinische Reich erhielt seinen Namen nach der antiken Stadt Byzanz, die im Jahre 330 in Konstantinopel umbenannt wurde. Nach einer anfänglichen Phase, in der es die Herrschaft im Westen wieder herzustellen suchte, war das Reich hauptsächlich in der Defensive und musste sich oft genug auf die Mauern Konstantinopels verlassen, um Invasoren standzuhalten. Der Kern des byzantinischen Heeres waren die Kataphrakten, gepanzerte Reiter, die mit schweren Schwertern, Pfeil und Bogen und bisweilen Lanzen bewaffnet waren. Byzanz wusste von seiner Reiterei geschickt Gebrauch zu machen; als Reaktion auf Überfälle von Arabern und Türken sorgten Wachttürme dafür, dass vor Eindringlingen frühzeitig gewarnt wurde, sodass die Kavallerie die Marodeure aufspüren und vernichten konnte.

BYZANTINISCHER KRIEGSHELD
Der Feldherr Belisar (ganz rechts) spielte im 5. Jh. mit entscheidenden Siegen eine Rolle.

NACH ROM

In großen Teilen des ehemaligen weströmischen Reiches herrschte lange Zeit eine allgemeine Unsicherheit, das Kriegswesen war weitgehend dezentralisiert, d.h., die Regionalfürsten sorgten für den Schutz ihrer Untertanen. Das stärkste Reich, das aus der Konkursmasse des Imperium Romanum hervorging, war das Königreich der Franken: Als die fränkischen Herrscher aus dem Hause der Merowinger Ende des 5. Jh. das Christentum annahmen, herrschten sie über den größten Teil des heutigen Frankreichs. Unter der seit 751 regierenden Dynastie der Karolinger dehnten die Franken ihr Herrschaftsgebiet durch militärische Eroberung so weit aus, dass im Jahre 800 der mächtige König Karl bereitwillig den Titel Kaiser annahm, den ihm der Papst in aller Form in Rom verlieh. Nach Karl dem Großen hatten die Nachfolger Schwierigkeiten, seine Macht und die Einheit des Reiches zu wahren. Im 10. Jh. konnte der Sachsenkaiser Otto der Große jedoch die kaiserliche Macht erneuern und einige bedeutende Siege über die aus Westasien eingefallenen Ungarn erringen.

FRÄNKISCHER KRIEGER
Diese in Stein gemeißelte Abbildung zeigt einen fränkischen Krieger mit dem Sax genannten germanischen Kurzschwert.

RITTER UND BURGEN

Wie die Byzantiner sahen auch die Franken in der Reiterei den Kern des Heeres. Pferd und Rüstung eines Ritters wurden auf den Gegenwert von 20 Kühen geschätzt. Kein Staat im Europa des Mittelalters konnte sich solche teuren Krieger leisten, sodass der Ritter als Landbesitzer wirtschaftlich unabhängig sein musste, um die Kosten seiner Ausrüstung aufbringen zu können. Moderne Historiker weisen darauf hin, dass diese Ära nicht als »Feudalismus« – d.h. Landübereignung als Gegenleistung für Militärdienst – verstanden werden dürfe, doch hatten die Grundbesitzer zweifellos die Pflicht, bewaffnet und beritten zu erscheinen, sobald ihr Lehnsherr dies verlangte. Ein wichtiges Merkmal des Militärwesens fehlte allerdings in der Landschaft Europas bis zum 10. Jh. gänzlich: die Burg. Vor deren Aufkommen gab es einfache Zufluchtsorte wie befestigte Hügelkuppen oder Klöster, wohin die Menschen sich bei Gefahr zurückzogen. In ihrer Anfangszeit bestanden die Burgen meist aus Erdwällen und Holz – ein Erdhügel mit Turm, umgeben von Gräben, einem Erdwall und einer Palisade.

RÄUBER UND SIEDLER

Zwischen dem 5. und 10. Jh. erlebte Europa Wellen von bewaffneten Raubzügen, Invasionen und Wanderzügen, welche die Stabilität der Staaten und die Sicherheit der Allgemeinheit gefährdeten. Während die Muslime und Wikinger ihre Raubzüge entlang der Küsten unternahmen, bedrängten Völker wie die Awaren, Bulgaren und Ungarn Europas lange Ostgrenze. Die Wikinger waren besonders gefürchtet, von ihren Überfällen zu Schiff wurden seit Ende des 8. Jh. viele Ansiedlungen heimgesucht, die an den Küsten und an den Flussläufen bis tief ins Binnenland lagen. Doch viele Räuber und Invasoren entwickelten sich zu Siedlern, wie dies in den muslimischen Staaten in Spanien und bei den Ungarn der Fall war. Die Skandinavier, die lange Zeit für das christliche Westeuropa eine wahre Plage waren, gründeten schließlich Reiche in Ostengland, in Irland und in Nordfrankreich. Durch Vermischung mit den Einheimischen wurden die französischen Nordmänner zu Normannen, und deren gefürchtete Kriegerhorden übernahmen die Kampfesweise ihrer sesshaften Nachbarn und wurden zu Rittern nach Art der Franken. Im 11. Jh. eroberten normannische Heere nicht nur das angelsächsische England, sondern auch Süditalien und Sizilien.

WIKINGERGLAUBE
Auf diesem Bildstein der Wikinger wird der Gott Wotan in Walhall empfangen. Unter ihm sein Langboot voller bewaffneter Krieger.

WIKINGERHELM
Die Krieger der Wikinger trugen keine Uniform und hatten für Kleidung und Bewaffnung selbst zu sorgen. Die Häuptlinge trugen Eisenhelme wie den hier abgebildeten mit einem Nasenschutz. Anders als gemeinhin angenommen, hatten Wikingerhelme jedoch keine Hörner.

DER STEIGBÜGEL

Steigbügel kamen in Europa etwa im 9. Jh. auf, doch bei den Reitern Zentralasiens standen sie damals schon etwa 800 Jahre in Gebrauch. Früher nahm man an, sie hätten das Kriegswesen revolutioniert, weil sie der Kavallerie die nötige Festigkeit gaben, um mit gefällter Lanze Angriffe zu reiten. Es gibt jedoch viele Beispiele, die belegen, dass die schwere Reiterei auch ohne Steigbügel bestens zurechtkam.

MITTELALTERLICHER EISENSTEIGBÜGEL

NORMANNISCHE BURG
Rochester Castle, Baubeginn im 11. Jh., zählt zu den frühesten normannischen steinernen Befestigungen.

BYZANZ BLEIBT

ZU ANFANG DES 6. JH. konnte Kaiser Justinian (483–565) die in einem großen Teil des westlichen Mittelmeerraums verloren gegangenen Gebiete des Römischen Reiches zurückgewinnen. Sein Erfolg war allerdings nur von kurzer Dauer: So war Italien in den 80er-Jahren des 6. Jh. den Langobarden unterlegen. Das byzantinische Reich konnte seine Stärke bewahren und triumphierte in den 20er-Jahren des 7. Jh. über die Perser, doch in den folgenden 100 Jahren versetzten ihm die vom Islam beflügelten arabischen Eroberer einen Schlag, von dem sich Konstantinopel nie wieder ganz erholte. Das byzantinische Heer blieb zwar eine gut organisierte Kampftruppe und seine gepanzerte Kavallerie stand keiner Reiterei nach, aber seit dem 7. Jh. befand sich Byzanz in der Defensive. Selbst die expansivsten Phasen des Reiches galten hauptsächlich der Suche nach besser zu verteidigenden Grenzen.

JUSTINIANS EROBERUNGEN

Tricamarum

ORT
westlich von Karthago im heutigen Tunesien

DATUM
15. Dezember 533

STREITKRÄFTE
Byzantiner: 5000 Reiter, 10000 Fußsoldaten, 20000 Seeleute; Wandalen: bis zu 50000

VERLUSTE
nicht verbürgt

Im Sommer 533 schickte Kaiser Justinian ein Expeditionsheer zur Rückeroberung des einstmals römischen Nordafrika aus, das die Wandalen seit dem 5. Jh. besetzt hielten. Unter der Führung des byzantinischen Feldherrn Belisar stach ein Heer in See. Die Truppen landeten in Tunesien und marschierten gegen Karthago, die Hauptstadt der Wandalen, die sie am 15. September einnahmen, nachdem sie die Krieger des Wandalenkönigs Gelimer überwältigt hatten. Gelimer jedoch stellte im benachbarten Numidien ein neues Heer auf und ging zur Offensive über. Als sich die Wandalen Karthago näherten, zog Belisar ihnen entgegen, obwohl er an der Loyalität seiner berittenen Bogenschützen zweifelte, handelte es sich bei ihnen doch um Hunnen. Dafür attackierte seine schwere Reiterei, welche die Spitze vor der Infanterie gebildet hatte, die Wandalen schon, kaum dass sie sie erblickt hatte, und gab dem Feind so keine Zeit, sich zum Gefecht aufzustellen. Nach heftigem Kampf begannen die Wandalen zu wanken. Sobald sie erkannten, dass ein byzantinischer Sieg wahrscheinlich geworden war, griffen die Hunnen ein; sie ritten eine wilde Attacke und vernichteten die Truppen der Wandalen.

BYZANTINISCHES HEER
Byzantinische Reiterei und Fußtruppen ziehen ins Gefecht. Die Reiter kämpfen mit Pfeil und Bogen, Lanzen und Schwertern.

um 505–565

BELISAR

Belisar, der auf dem Balkan in Illyrien geboren wurde, gewann in den 30er-Jahren des 6. Jh. durch seine Siege über Persien und die blutige Niederschlagung einer Revolte in Konstantinopel an Bedeutung und Einfluss. Nachdem er das ostgotische Italien erobert hatte, wurde er im Jahre 540 jedoch von Kaiser Justinian zurückgerufen, der ihn verdächtigte, die Herrschaft über den Westteil des Reiches anzustreben. Obwohl er in der Folgezeit noch viele Feldzüge unternahm, gelang es Belisar nicht mehr, Justinians volles Vertrauen zurückzugewinnen. 562 war er sogar kurzfristig inhaftiert.

JUSTINIANS EROBERUNGEN

Belagerung Roms

ORT
Rom, Mittelitalien

DATUM
537–538

STREITKRÄFTE
Byzantiner: 5000, 7000 Verstärkung; Ostgoten: bis zu 50000

VERLUSTE
nicht verbürgt

Im Jahre 535 schickte Kaiser Justinian Belisar aus, um Italien den Ostgoten zu entreißen, die seit 393 Herren des Landes waren. Zunächst nahm Belisar Sizilien, dann zog er nordwärts über Neapel und stand im Dezember 536 in Rom. Angeführt von Witigis, organisierten die Goten einen Gegenangriff und machten sich im folgenden März an die Belagerung Roms, die ein Jahr und neun Tage dauerte. Die Anstrengungen der Goten, die Stadt im Sturm zu nehmen, schlugen fehl und schwächten sich unter dem kaltblütigen Beschuss der erfahrenen Bogenschützen Belisars immer mehr ab. Blockadeversuche scheiterten ebenfalls, denn Belisar erhielt während der Belagerung sowohl Truppenverstärkung als auch Lebensmittelnachschub und schickte seine Reiterei zu Strafexpeditionen ins Umland. Demoralisiert und durch Krankheiten dezimiert, hoben die Goten die Belagerung im März 538 auf.

JUSTINIANS EROBERUNGEN

Taginae

ORT
Umbrien in Mittelitalien

DATUM
Juni 552

STREITKRÄFTE
Byzantiner: 20000; Ostgoten: 15000

VERLUSTE
Ostgoten: 6000 Gefallene

Im Jahre 551 hatten die Ostgoten unter der straffen Führung Totilas den Byzantinern den größten Teil Italiens wieder entrissen. Justinian ernannte den betagten Eunuchen Narses zum Befehlshaber, um ein Heer gegen Totila zu führen. Im Sommer 552 marschierte Narses um den Golf von Venedig herum nach Italien ein und zog südwärts gegen Rom. Totila stellte sich ihm auf einer engen Passstraße des Apennin entgegen. Die mit Lanzen bewaffnete schwere Reiterei der Goten griff den Feind an, geriet jedoch unter konzentriertes Kreuzfeuer der Bogenschützen, die, teils zu Fuß, teils zu Pferd, von Narses in vorgeschobenen Stellungen auf den Flanken postiert worden waren. Die Goten gerieten in Unordnung, wurden zurückgedrängt und von der byzantinischen gepanzerten Reiterei umfasst. In dem anschließenden Blutbad verlor auch Totila das Leben.

JUSTINIANS EROBERUNGEN

Dara

ORT byzantinische Stadt und Festung Dara in Armenien

DATUM
530

STREITKRÄFTE
Byzantiner: 25000; Perser: 40000–50000

VERLUSTE
Byzantiner: unbekannt; Perser: 8000 Gefallene

22 Jahre vor Taginae hatten die byzantinischen Truppen unter Belisar mit einem Sieg über ein zahlenmäßig überlegenes persisches Heer an der Grenze zwischen den beiden Reichen ihre Fähigkeiten unter Beweis gestellt. Die Schlacht begann mit einem ausgedehnten Geplänkel der Bogenschützen. Dann griffen die gepanzerten schweren Lanzenreiter der Perser an, zunächst auf dem rechten, dann auf dem linken Flügel. Jedes Mal drängten sie die byzantinische Reiterei zurück, wurden jedoch schließlich von berittenen hunnischen Bogenschützen und schwerer Kavallerie in die Zange genommen. Sobald die persische Reiterei unterlag, floh das persische Fußvolk.

GRIECHISCHES FEUER

Die byzantinische Waffe des so genannten griechischen Feuers wurde vom Alchimisten Kalinikos um 670 erfunden. Es handelte sich um eine Mischung von Erdpech und anderen Stoffen (die genaue Zusammensetzung ist nicht überliefert) und war als Brandsatz ein primitiver Vorläufer des Napalms.

FEUERÜBERFALL
Griechisches Feuer wurde hauptsächlich bei der Seekriegführung eingesetzt und auf die feindlichen Kampfschiffe gesprüht.

BYZANTINER GEGEN PERSER

Ninive

DATUM
12. Dezember 627

STREITKRÄFTE
Byzantiner: unbekannt; Perser: unbekannt

VERLUSTE
nicht verbürgt

ORT
Nordirak in der Nähe des heutigen Mossul

Am Anfang des 7. Jh. waren die Aussichten für das byzantinische Reich äußerst trüb. Die persischen Heere des Sassaniden-Königs Chosrau II. hatten Ägypten, Syrien, Armenien und Anatolien erobert und vor Konstantinopel ihr Lager aufgeschlagen. Kaiser Herakleios entschloss sich zu einer Gegenoffensive und segelte daher im Jahre 622 mit einem Heer zur Nordküste Kleinasiens. In den folgenden Jahren hielt er die Perser mit einer Reihe von Scharmützeln beschäftigt und verbesserte auf diese Weise Ausbildungsstand und Erfahrung seines eigenen Heeres. Im Frühjahr 627 fiel er in Mesopotamien ein. Im Dezember stieß er bei den Ruinen des antiken Ninive auf ein persisches Heer, das von Razates angeführt wurde. Am frühen Morgen kam es zur Schlacht, die sich ohne jede Unterbrechung über elf Stunden erstreckte. Herakleios, stets im dichtesten Getümmel, sah sich plötzlich Razates selbst gegenüber und schlug ihm mit einem Hieb den Kopf ab. Die überlebenden Perser wandten sich zur Flucht, doch die Byzantiner verfolgten sie bis vor die Tore der Hauptstadt Ktesiphon und zogen sich dann, ohne eine Belagerung versucht zu haben, wieder zurück. Der besiegte Chosrau wurde bei einer Palastrevolution gestürzt und seine Nachfolger baten um Frieden.

HERAKLEIOS' SIEG
Eine aus dem 13. Jh. stammende Darstellung der Schlacht von Ninive, in der der byzantinische Kaiser drei persische Heerführer und den persischen Feldherrn im Zweikampf tötete.

BYZANTINER GEGEN BULGAREN

Pliska

DATUM
26. Juli 811

STREITKRÄFTE
Byzantiner: Anzahl unbekannt; Bulgaren: Anzahl unbekannt

VERLUSTE
nicht verbürgt

ORT
heutiges Schumen im Nordosten Bulgariens

Zu Beginn des 9. Jh., als das arabische Kalifat sich geschwächt zeigte, versuchte das byzantinische Reich, seine Stellung zu festigen. Im Jahr 811 zog Kaiser Nikephoros mit einem Expeditionsheer gegen den bulgarischen Khan Krum. Die Byzantiner nahmen die bulgarische Hauptstadt Pliska, gerieten jedoch in einen Hinterhalt und wurden auf einem Gebirgspass niedergemacht.

BYZANTINER GEGEN BULGAREN

Kleidion

DATUM
29. Juli 1014

STREITKRÄFTE
Byzantiner: unbekannt; Bulgaren: 20 000

VERLUSTE
Byzantiner: unbekannt; Bulgaren: 14 000 geblendet

ORT
bei Skopje im heutigen Mazedonien

Unter der Herrschaft Samuels hatten die Bulgaren seit 976 ihr Territorium zulasten des byzantinischen Reiches stark erweitert. Der byzantinische Kaiser Basileios II. führte mit einer Reihe erfolgreicher Feldzüge den Gegenschlag. Bis 1007 hatte er die verlorenen Gebiete zurückerobert und fasste nun die Eroberung des Bulgarenreiches ins Auge. Im Jahre 1014 näherte sich ein großes byzantinisches Heer dem Kleidionpass über der Struma. Die Bulgaren postierten Truppen hinter den vorsorglich errichteten Befestigungen am Eingang des Passes. Basileios folgte einem Plan, den Nikephoros Xiphias, einer seiner Heerführer, ersonnen hatte: eine kleine Truppe durch das gebirgige Umland zu führen und die Bulgaren im Rücken anzugreifen. Die List gelang wie geplant. Von dem plötzlichen Erscheinen der Männer um Xiphias in Panik versetzt, machten die Bulgaren kehrt, um sich diesen zu stellen. Nun konnte Basileios' Hauptarmee die unbemannten Befestigungsanlagen überrennen und hinter dem Feind im Pass die Falle zuschnappen lassen. Etwa zwei Drittel der Bulgaren wurden gefangen genommen. Dem byzantinischen Historiker Johannes Skylitzes zufolge nahm Basileios furchtbare Rache: Von je 100 Gefangenen wurden 99 beide Augen ausgestochen, dem Hundertsten beließ man ein Auge, damit er die Männer zu ihrem König zurückführen konnte.

BASILEIOS, DER BULGARENSCHLÄCHTER
Die Münze zeigt den vollbärtigen Basileios II. (um 976–1025), einen energischen Herrscher, der zu äußerster Grausamkeit fähig war.

FRÄNKISCHE MACHT

Nach dem Zusammenbruch der römischen Herrschaft hatten die Franken die Macht in Gallien. Ende des 8. Jh. erstreckte sich ihr Herrschaftsgebiet unter Karl dem Großen weit über das Territorium des ehemaligen weströmischen Reichs hinaus. Doch im Jahre 843 wurde das karolingische Reich unter den drei Enkeln Karls aufgeteilt. Während die Franken die Herrschaft über die westlichen Gebiete behielten, geriet der Osten im 10. Jh. unter sächsische Herrschaft. Der Sachsenkaiser Otto I. tat sein Bestes, um das Reich Karls des Großen wieder aufleben zu lassen, doch Frankreich blieb ein unabhängiges Königreich.

REICH DER FRANKEN

Karl der Große erweiterte das fränkische Herrschaftsgebiet ostwärts und vereinte (erstmals seit dem Ende Roms) Frankreich, Deutschland und Italien.

CHLODWIGS FELDZÜGE

Vouillé

ORT
bei Poitiers, westliches Zentralfrankreich

DATUM
Frühjahr 507

STREITKRÄFTE
Franken: unbekannt; Westgoten: unbekannt

VERLUSTE
nicht verbürgt

Eine Reihe von Feldzügen erlaubte es Chlodwig (gestorben 511), dem König der salischen Franken, sein Herrschaftsgebiet weit über sein ursprüngliches Territorium im nordöstlichen Gallien auszudehnen. Um 486 besiegte er Syagrius, den nordwestgallischen Herrscher, und etwa zehn Jahre später schlug er die Alemannen. Nach diesem Sieg trat er zum Christentum über. Als Vorwand, in das Königreich der Westgoten einzufallen, diente Chlodwig der arianische Glaube der Westgoten, eine Variante des Christentums. Nicht weniger wichtig war Chlodwig indessen die Eroberung westgotischen Territoriums in Gallien. Im Jahre 507 führte er ein Heer über die Loire gegen Alarich II., den Führer der Westgoten. Als beide Seiten aufeinander stießen, triumphierte Chlodwig über die Westgoten; Chlodwig soll König Alarich eigenhändig erschlagen haben. Die Franken nahmen die westgotische Hauptstadt Toulouse und verleibten den größten Teil des südwestlichen Gallien ihrem Reich ein.

FRANKEN GEGEN MUSLIME

Poitiers

ORT Tours und Poitiers im westlichen Mittelfrankreich

DATUM
732

STREITKRÄFTE
Franken: 15000–75000; Muslime: vielleicht 50000

VERLUSTE
nicht verbürgt

Im Jahre 732 fiel Abd ar-Rahman, Statthalter des jüngst eroberten Spanien, mit einem großen Heer, das aus berittenen Arabern und Berbern bestand, ins benachbarte Aquitanien ein. Herzog Eudo, der Herrscher von Aquitanien, floh nach Austrasien im östlichen Teil des Frankenreiches. Abd ar-Rahman verfolgte den Herzog und bedrohte die Sicherheit des christlichen St.-Martin-Schreins in Tours. Karl Martell, der Statthalter Austrasiens und eigentlicher Herrscher der Franken, stellte die Eindringlinge zwischen Tours und Poitiers. Beide Seiten zögerten, die Schlacht zu eröffnen, doch nach sechs Tagen griffen die Muslime an. Die fränkischen Ritter kämpften abgesessen; sie bildeten ein fest geschlossenes Karree, das sie mit Schwert, Spieß und Schild gegen die muslimische Reiterei verteidigten. Die fränkische Formation hielt stand, Abd ar-Rahman wurde selbst eingeschlossen und getötet, sodass die Muslime aufgaben. Dieser Sieg gilt als Wendepunkt der Geschichte, als der Augenblick, in dem das christliche Europa dem Vordringen der Araber Einhalt gebot. In neuerer Zeit haben Historiker betont, dass die Schlacht für die islamische Welt geringes Gewicht hatte, für die Franken aber von großer Bedeutung war.

»Die Leute des Nordens blieben unbeweglich wie eine Mauer, sie hielten zusammen wie ein Gletscher und vernichteten die Araber augenblicklich mit dem Schwert. Das austrasische Volk, größer an Zahl seiner Soldaten und beängstigend bewaffnet, tötete ... Abd ar-Rahman, sobald er gefunden war, indem sie ihm auf die Brust schlugen.«

ZEUGE DES KRIEGES

ANONYM

Der Verfasser der Chronik von 754 beschrieb den Widerstand der Franken gegen die Muslime in der Schlacht von Tours und Poitiers.

WAFFENGANG

Diese Buchillustration zeigt ein Kavalleriegefecht bei Poitiers. Die Franken kämpften in der Schlacht jedoch die meiste Zeit abgesessen.

SACHSENKRIEGE

Sachsenkriege Karls des Großen

DATUM 772–799

STREITKRÄFTE Franken: unbekannt; Sachsen: unbekannt

VERLUSTE nicht verbürgt

ORT Sachsen und Westfalen

In den 70er-Jahren des 8. Jh. lehnten sich die Sachsen gegen die fränkische Herrschaft auf und unternahmen Raubzüge. Jahr für Jahr schickte Karl Truppen, um die Sachsen wieder unter Kontrolle zu bringen. Teils behielten die Sachsen die Oberhand, so im Jahre 782, als Karls Reiterei an einer Verteidigungslinie ins Hintertreffen geriet. Zumeist jedoch waren es die numerische Stärke seiner Truppen und seine Möglichkeiten, aus verschiedenen Richtungen zugleich in Sachsen einzufallen, die Karl siegen ließen. Widukind, der Sachsenherzog, kapitulierte 784 und unterzog sich der Taufe, doch hielten die Feldzüge gegen die Sachsen bis zum Ende des 8. Jh. an.

742–814

KARL DER GROSSE

Karls Großvater war Karl Martell, sein Vater der erste karolingische König Pippin. Die ersten drei Jahrzehnte seiner Herrschaft waren eine Zeit der Eroberungen und Expansion. Als er am ersten Weihnachtstag 800 von Papst Leo III. zum Kaiser gekrönt wurde, hatte er bereits die Lombardei (Norditalien) erobert, die Sachsen unterworfen und die Avaren und Slawen besiegt. Die späteren Jahre widmete er der Festigung und Verteidigung eines Reiches, das sich von Nordostspanien bis Dänemark erstreckte. Das Geheimnis seiner militärischen Erfolge war die Fähigkeit, große Heere aufzustellen und in Bewegung zu setzen, sie zu versorgen und später an den weit entfernten Grenzen Festungsbauten anzulegen und auf Dauer bemannt zu halten.

FRANKEN GEGEN BASKEN

Roncesvalles

DATUM 15. August 778

STREITKRÄFTE Franken: unbekannt; Basken: unbekannt

VERLUSTE nicht verbürgt

ORT die Pyrenäen in Navarra, Nordostspanien

Als Karl im Jahr 778 seinen ersten Feldzug nach Spanien unternahm, erkannte er, dass die Mauren ihm den Weg verlegt hatten. Als das fränkische Heer in einer lang gezogenen Marschkolonne über einen engen Pyrenäenpass heimwärts zog, wurde die Nachhut von leicht bewaffneten Basken aus dem Hinterhalt überfallen. Zu den Erschlagenen zählte auch ein Graf namens Roland. Dieses Gefecht wurde zum Gegenstand eines Epos, des »Chanson de Roland«. Im Rolandslied sind aus den Basken Sarazenen geworden und Roland selbst Karls Neffe. Roland weigert sich, Hilfe herbeizurufen, weil er es mit seiner Gesinnung nicht vereinbaren konnte.

FRÄNKISCHE RITTER

Die Reiterei bildete den Kern der fränkischen Heere. Die hier gezeigte Attacke mit gefällter Lanze war im 11. Jh. allgemein üblich.

DEUTSCHE GEGEN UNGARN

Lechfeld

DATUM 10. August 955

STREITKRÄFTE Deutsche: unbekannt; Ungarn: unbekannt

VERLUSTE nicht verbürgt

ORT am Lech bei Augsburg, Bayern

Im 9. Jh. begannen die Ungarn, ein Reitervolk aus Mittelasien, verheerende Raubzüge ins ehemalige karolingische Reich zu unternehmen. Im Jahr 955 fielen sie in Bayern ein und belagerten Augsburg. Otto, der erste sächsische Kaiser des Reiches, führte zum Entsatz der Stadt ein Heer von fast 10 000 Mann schwerer Reiterei heran. Die den Deutschen zahlenmäßig weit überlegenen Ungarn griffen unverzüglich an. Ihre beweglicheren Reiter hatten die Deutschen bald umfasst, ließen sich jedoch durch die Gelegenheit, das Feldlager des Feindes zu plündern, von ihrem Vorhaben ablenken. Otto griff sein in Feindeshand gefallenes Lager an und verjagte die abgesessenen Ungarn, um dann das Gros des Feindes erfolgreich zu attackieren. Der Sieg festigte Ottos Herrschaftsanspruch in Deutschland.

GRAUSAMER SIEG

Dieses Gemälde aus dem 19. Jh. zeigt Otto I. Nach der Schlacht wurden Hunderten von ungarischen Gefangenen Nasen und Ohren abgeschnitten.

FRÄNKISCHE WAFFEN

Fränkische Waffen waren im mittelalterlichen Europa sehr geschätzt. Im Laufe des 9. Jh. wurden fränkische Kurzschwerter weniger genutzt, während die Klingen längerer Schwerter sich vom Heft bis zur Spitze zu verjüngen begannen und deswegen besser zu handhaben waren.

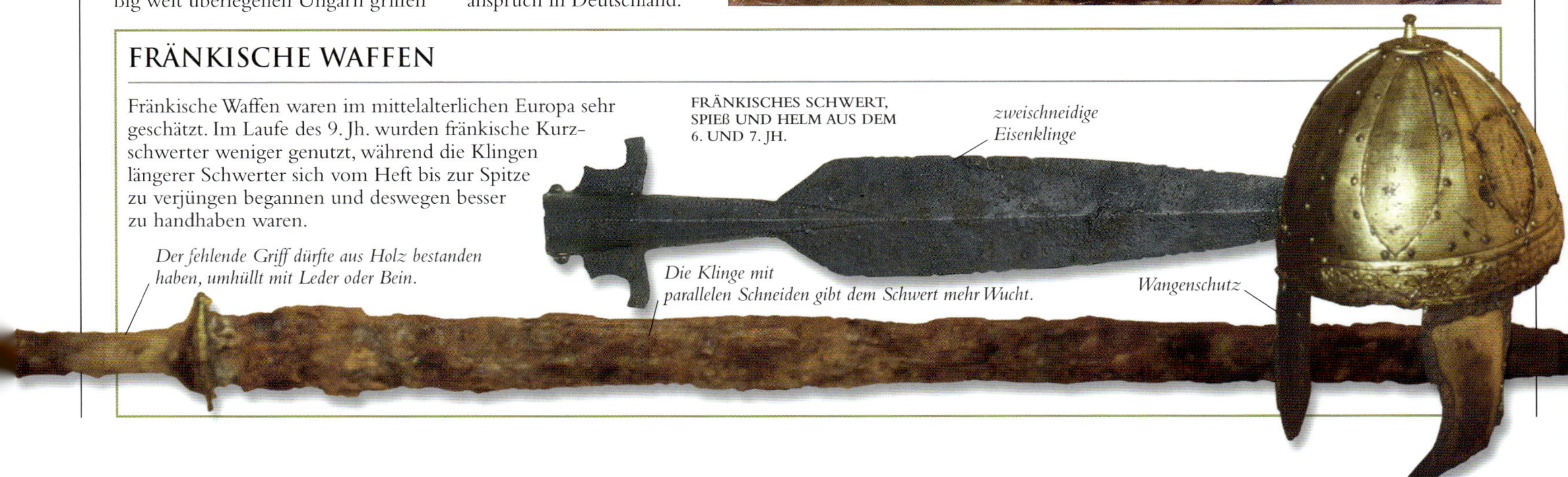

FRÄNKISCHES SCHWERT, SPIESS UND HELM AUS DEM 6. UND 7. JH.

WIKINGER UND NORMANNEN

DIE WIKINGER BETRETEN die Geschichte im 8. und 9. Jh. als seefahrende Räuberbanden, die Europa von Dublin bis Konstantinopel terrorisieren. Diese hervorragenden Krieger waren aber auch Händler, Entdecker und Siedler, und auf die Phase der überfallartigen Raubzüge folgte in manchen Gegenden die Sesshaftigkeit. Im Laufe der Zeit festigte sich die politische Situation Skandinaviens und aus den Raubfahrten wurden ehrgeizige Kriegsunternehmen, die von den Königen Dänemarks und Norwegens unternommen wurden. Im Jahre 911 erhielten die Wikinger für das Versprechen, Zurückhaltung zu üben, von dem fränkischen König Karl III. eine Region in Nordfrankreich – die Normandie war begründet, und aus Wikingern wurden Normannen (»Nordmänner«). So setzten sie ihre militärischen Operationen fort; ihre Eroberungen reichten von England bis nach Sizilien.

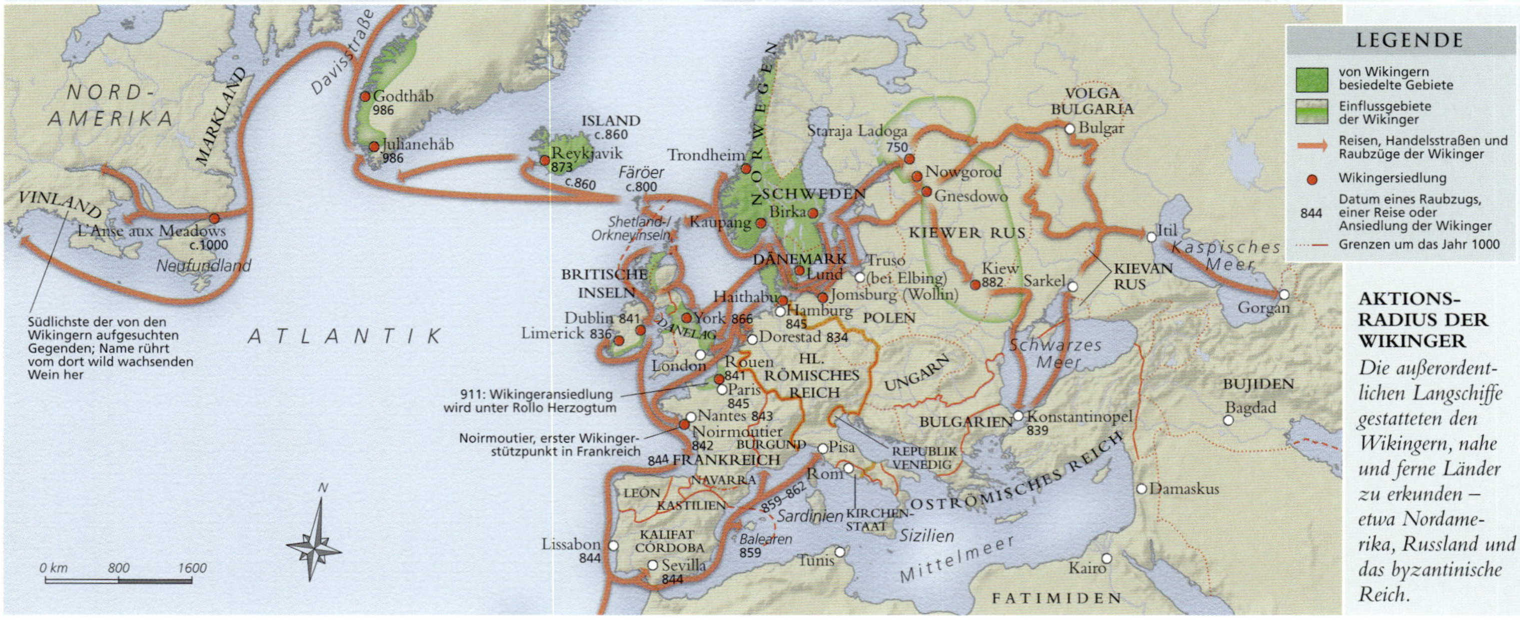

AKTIONSRADIUS DER WIKINGER
Die außerordentlichen Langschiffe gestatteten den Wikingern, nahe und ferne Länder zu erkunden – etwa Nordamerika, Russland und das byzantinische Reich.

RAUBZÜGE DER WIKINGER

Lindisfarne

DATUM
793

STREITKRÄFTE
Wikinger: unbekannt; Angelsachsen: unbekannt

ORT
Nordostküste Englands

VERLUSTE
nicht verbürgt

»Seit beinahe 350 Jahren bewohnen wir und unsere Vorfahren dieses herrliche Land, und nie zuvor gab es solche Schrecknisse, wie wir sie jetzt von einem heidnischen Volk erleben …« So reagierte der gelehrte Alkuin von York im Jahre 793 auf die Nachricht, dass skandinavische Krieger Lindisfarne geplündert und zerstört hatten. Bis zu diesem Datum hatten sich die angelsächsischen Königreiche, gegründet im 5. Jh. von eingedrungenen Sachsen, Angeln und Jüten, vor äußeren Feinden sicher gewähnt. Nichts zeigte dies deutlicher als die Lage des Klosters Lindisfarne, eines berühmten Zentrums christlicher Gelehrsamkeit an der Küste Northumbrias. Als die Langschiffe der Wikinger zum Raubzug über die Nordsee fuhren, war Lindisfarne ein überaus exponiertes Ziel. Simeon von Durham, ein Chronist des 11. Jh., berichtete, wie die Räuber »schrecklich plündernd alles verwüsteten … und alle Schätze der heiligen Kirche an sich rissen«. Einige Mönche wurden geköpft, andere ertränkt, wieder andere in Ketten verschleppt, um wahrscheinlich als Sklaven verkauft zu werden. Angesichts so reicher Beute verwundert es nicht, dass die Wikinger sich zur Rückkehr ermuntert fühlten. Im letzten Jahrzehnt des 8. Jh. waren Vorfälle wie Lindisfarne nur vereinzelte Ereignisse. Doch mit Beginn der 30er-Jahre des 9. Jh. wurden die Raubzüge verstärkt an den Küsten des europäischen Festlands fortgesetzt; Utrecht und Antwerpen zählten zu den ersten Zielen. Zehn Jahre später wurde das französische Binnenland verwüstet, als die Wikinger mit ihren Kampfschiffen die Seine und Loire hinaufsegelten oder ruderten. Im Jahre 845 griff eine Flotte von 120 Schiffen unter der Führung des Wikingers Ragnar erstmals Paris an. Der fränkische König Karl der Kahle hatte keine andere Wahl, als die Stadt für 7000 Pfund Silber loszukaufen. Angesichts des Bevölkerungswachstums in Skandinavien begannen die Wikinger daran zu denken, sich dauerhaft niederzulassen, statt nur zu plündern.

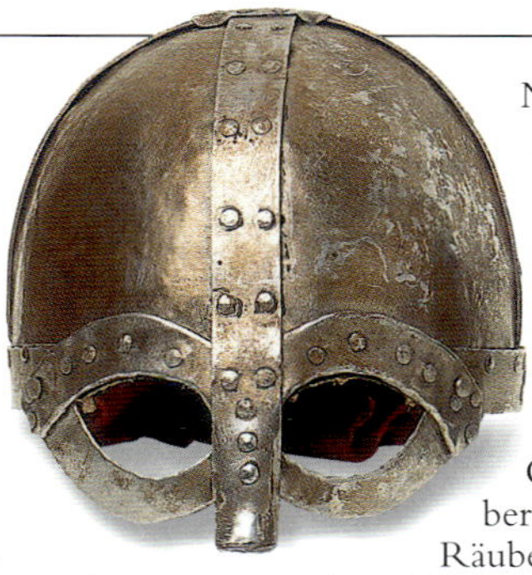

WIKINGERHELM
Viele Helme hatten eine »Brille« zum Schutz von Nase und Jochbein.

WIKINGERSPEERE
Speere mit kurzer Spitze dienten als Stich- und Wurfwaffe, die langschäftigen Spieße der Reiterei.

MITTELALTERLICHE RUINEN
Die Ruinen der später erbauten Kirche von Lindisfarne beschwören die Atmosphäre von 793 herauf.

ÜBERFÄLLE DER WIKINGER

Raubzug nach Konstantinopel

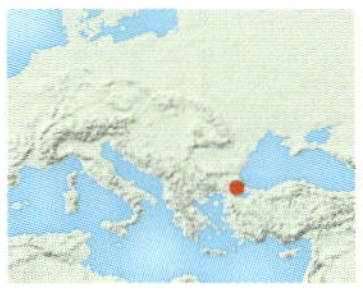

DATUM
Sommer 860

STREITKRÄFTE
Wikinger: 200 Schiffe; Byzantiner: unbekannt

VERLUSTE
nicht verbürgt

ORT
heutiges Istanbul

Am 18. Juni 860 segelte vollkommen überraschend eine Kriegsflotte durch den Bosporus nach Konstantinopel und plünderte und brannte jedes Städtchen, Dorf und Kloster nieder, das auf dem Wege lag, ehe sie vor den Mauern der Hauptstadt des Oströmischen Reiches Anker warf. Die Krieger auf diesen Schiffen nannten sich »Rus« (nach Rurik, dem Waräger), aber es handelte sich mit ziemlicher Sicherheit um Wikinger, die mit ihren Langschiffen den Handelsstraßen folgend von der Ostsee her kamen. Byzantinische Chronisten vermerkten mit Entsetzen die Schandtaten der Eindringlinge, doch die Wikinger machten keinerlei Anstalten, die beeindruckenden Mauern Konstantinopels zu stürmen. Stattdessen folgten sie ihrer den Westeuropäern bereits vertrauten Art: Sie griffen sich ihre Beute und verschwanden.

LANGSCHIFFE DER WIKINGER

Das schlanke, gefällige Langschiff war von entscheidender Bedeutung sowohl für die Raubzüge wie für die Entdeckungsfahrten der Wikinger. Seine Stärken lagen in Geschwindigkeit und Vielseitigkeit. Da es hochseetüchtig war und sich nicht dicht unter Land halten musste, konnte es mit seiner Besatzung überall unverhofft auftauchen. Durch den geringen Tiefgang konnte es an jedem Strand landen und benötigte keinen Hafen, und weil es vorn und achtern den gleichen Steven hatte, konnte es nötigenfalls auch einer plötzlichen Flucht dienen. Es besaß ein Rahsegel, doch konnte es auch gerudert werden, was seine Manövrierfähigkeit steigerte. Form und Tiefgang erlaubten das Befahren von seichten Flüssen.

Daten			
Ursprung	Norwegen	**Datum**	um 800
Länge	22 m	**Besatzung**	30 Ruderer
Breite	5 m	**Geschwindigkeit**	bis 10 kn

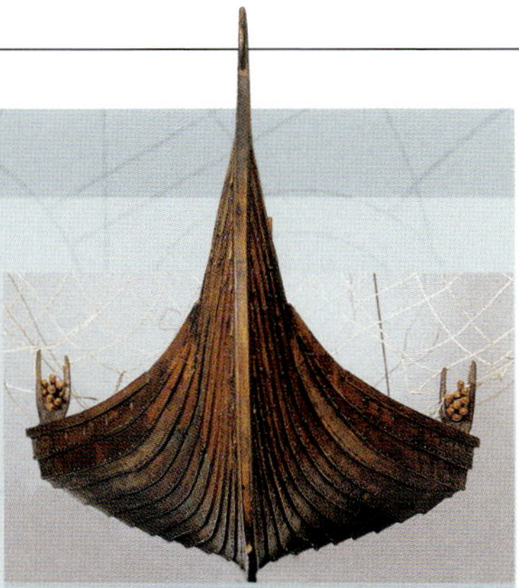

RUMPF *Das Langschiff der Wikinger aus Eichenholz war geklinkert, d.h., die Planken überlappten einander.*

RUDER *Das Langschiff wurde mit einem Ruderblatt gesteuert, das steuerbord am Heck befestigt war.*

DAS OSEBERGSCHIFF
Dieses Schiff wurde anhand von Resten rekonstruiert, die 1904 in einem Grabhügel gefunden wurden. Es ist das älteste bekannte Wikingerschiff mit einem Mast.

DÄNISCHE BESIEDLUNG ENGLANDS

Edington

DATUM
Mai 878

STREITKRÄFTE
möglicherweise je 5000

VERLUSTE
nicht verbürgt

ORT
Südwestengland bei Chippenham

Im Jahre 865 sorgte eine dänische Wikingertruppe in den angelsächsischen Königreichen für eine Umwälzung. Binnen fünf Jahren waren Northumbria, Mercia und East Anglia allesamt in dänischer Hand. Anfang Januar 878 drangen dänische Truppen unter König Guthrum nach Wessex vor, das einzig verbliebene angelsächsische Königreich, und überraschten dessen König Alfred auf seinem Landsitz bei Chippenham. Nur von seiner Leibgarde beschützt, musste Alfred in ein Sumpf- und Waldgebiet fliehen, wo er eine Befestigung errichtete und von dort aus Guthrums Truppen gelegentliche Scharmützel lieferte. Erstaunlicherweise konnte Alfred im Mai ein beachtliches Heer zusammenziehen und mit ihm gegen Chippenham marschieren, das Guthrum zu seinem Stützpunkt gemacht hatte. Die beiden Heere trafen bei Edington aufeinander. Asser, Alfreds zeitgenössischer Biograf, erzählt, dass der König »wie wild mit einer Mauer von Schilden gegen die gesamte Wikingerarmee« focht, »[bis] er in einem großen Gemetzel die Wikinger vernichtete«. Als Folge dieser Niederlage war Guthrum gezwungen, Wessex aufzugeben.

ALFREDS SCHMUCKSTÜCK
Dieses Schmuckstück trägt die Randumschrift »Alfred ließ mich machen«.

SCHWERTKAMPF DER REITEREI
Wie diese Schnitzerei zeigt, übernahmen die Wikinger im 9. Jh. die Techniken der Landkriegführung.

ÜBERFÄLLE DER WIKINGER

Belagerung von Paris

DATUM
November 885–September 886

STREITKRÄFTE Wikinger: vielleicht 700 Schiffe und 30000 Mann; Franken: unbekannt

VERLUSTE
nicht verbürgt

ORT
Paris

Die Franken konnten die Wikinger nicht am Vordringen ins tiefe Binnenland hindern, und so standen im November 885 Wikingerkrieger vor Paris. Als die ersten Versuche, die Stadt zu nehmen, gescheitert waren, machten sie sich an die Belagerung. Die Wikinger konnten zwar einen der befestigten Stützpunkte außerhalb einnehmen, der Einbruch in die Stadt selbst gelang ihnen jedoch nicht. Ein erstes Entsatzheer unter Herzog Heinrich von Sachsen wurde zurückgeschlagen, doch im Spätsommer 886 erschien der fränkische Kaiser Karl der Dicke mit einer größeren Armee. Statt die Wikinger zum Kampf zu stellen, zahlte er ihnen eine große Entschädigung zur Aufhebung der Belagerung und genehmigte ihnen die Plünderung Burgunds, das ihm die Anerkennung seiner kaiserlichen Macht verweigerte.

DAS KRIEGSWESEN DES MITTELALTERS

ÜBERFÄLLE DER WIKINGER

Maldon

DATUM
August 991

STREITKRÄFTE
Wikinger: 3000; Angelsachsen: vielleicht ähnliche Anzahl

ORT
Maldon, Essex, Südostengland

VERLUSTE
nicht verbürgt

Die angelsächsischen Könige, Nachfolger Alfreds des Großen, eroberten während des 10. Jh. das dänische England und regierten damit das ganze Land. Doch in den 80er-Jahren kam es zu einer neuen Welle normannischer Raubzüge, die die Küstenbevölkerung Englands heimsuchten. Einer davon, der nach Maldon führte, wurde zum Thema einer angelsächsischen Dichtung. Im Sommer 991 segelte eine Flotte unter Olaf Tryggvason (dem späteren norwegischen König) an der Küste von Essex entlang. Byrhtnoth, Herr dieser Grafschaft, zog mit seinen Thegns (eigenen Gefolgsleuten) und einer örtlichen Miliz den Normannen entgegen. Die Räuberbande lagerte auf Northey, einer Insel, die bei Ebbe über einen Damm mit dem Festland verbunden war. Am Ende dieses Dammes nahm Byrhtnoth Aufstellung. Mit ablaufendem Wasser wollten die Räuber zum Festland hinüber, fanden den Damm jedoch blockiert. Da eine offene Schlacht auf so engem Raum unmöglich war, bat Tryggvason den Grafen Byrhtnoth, die Normannen an Land gehen zu lassen, damit sich ein richtiges Gefecht entwickeln könne. Es entwickelte sich ein verbissener Kampf, bei dem der Graf zu Tode kam. Die meisten seines Heeres flohen, doch die Thegns kämpften bis zum letzten Mann an Byrhtnoths Leiche.

MARSCH BEI MALDON
Die Marsch am Blackwater River in Essex, wo die Schlacht von Maldon ausgefochten wurde.

WAFFEN DER WIKINGER

Äxte, Schwerter und Spieße waren die Hauptwaffen der Wikinger. Die langen zweischneidigen Schwerter waren eher als Hieb- denn als Stichwaffe gedacht. Die Krieger schwangen sie wahrscheinlich auf ähnliche Weise wie ihre gefürchteten Streitäxte. Reiterei und Fußvolk führten Spieße mit langen Spitzen, mit denen sie hinter einer Wand aus Schilden hervor nach ihren Feinden stießen. Die Wikinger verwendeten aber auch Distanzwaffen wie Wurfspeere, Pfeil und Bogen und Wurfäxte.

AXTKLINGE EINES HÄUPTLINGS

eingelegter Silberdraht

EISENAXT

Klinge mit halbmondförmiger Schneide

geometrische Zier aus Kupfer und Silber

SPIESSSPITZE

EISENSCHWERTER

ANSIEDLUNG DER WIKINGER IN IRLAND

Clontarf

DATUM 23. April 1014

STREITKRÄFTE
beiderseits um 7000

VERLUSTE Brian Borus Truppen: 1600–4000 Gefallene; Wikinger und Leute aus Leinster: bis zu 6000 Gefallene

ORT
unmittelbar nördlich von Dublin, Irland

Im 9. Jh. ließen sich die Wikinger in Irland nieder, dessen wichtigstes Handelszentrum Dublin war. Außerhalb der Wikingergebiete kämpften streitbare gälische Stämme um die Macht. Im Jahre 1002 beanspruchte Brian Boru, der König von Munster, die Herrschaft über alle Kelten als Großkönig von Irland. Mael Morda, König von Leinster, gehörte zu denen, die sich diesem Anspruch widersetzten. Mael verbündete sich mit Sigtrygg Seidenbart, dem Wikingerherrscher von Dublin. Im Frühjahr 1014 stellte Brian ein Heer auf, darunter ein Kontingent Wikinger, um Dublin anzugreifen. Als Reaktion darauf segelten die Dubliner Wikinger und die Leinsterleute nach Clontarf und stellten sich hinter Brians Feldlager in Schlachtordnung auf, bereit zum Kampf gegen Brians Armee. Die Wikinger auf beiden Seiten waren durchweg besser bewaffnet und gerüstet als die Kelten, doch Brians Heer trug den Sieg davon. In die Flucht geschlagen, vermochten seine Feinde weder ihre auf den Strand gezogenen Schiffe zu erreichen noch über den Liffey hinweg nach Dublin zu gelangen. Die meisten wurden umgebracht. Auch Brian Boru kam zu Tode, als flüchtende Wikinger sein Lager angriffen.

WIKINGERKETTENHEMD
Im 11. Jh. trugen die meisten normannischen Krieger knielange Kettenhemden.

DÄNISCHE INVASIONEN ENGLANDS

Ashingdon

DATUM
18. Oktober 1016

STREITKRÄFTE
Dänen: unbekannt; Angelsachsen: unbekannt

ORT
Ashingdon in Essex, Südostengland

VERLUSTE
nicht verbürgt

Im Jahre 1013 fiel der Dänenkönig Sven Gabelbart nach England ein und trieb den angelsächsischen Herrscher Aethelred II. ins Exil. Als Sven 1014 starb, kehrte Aethelred auf den Thron zurück, doch starb auch er, als Svens Sohn Knut mit einem Heer bei London gegen den König zog. Aethelreds Sohn Edmund II. »Ironside« machte Knut die Thronfolge streitig, und nach einer Reihe von folgenlosen Treffen gerieten beide Seiten bei Ashingdon aneinander. Die Schlacht wogte unentschieden, bis Edmunds Kontingent aus Mercia vom Gefechtsfeld flüchtete; möglicherweise war Verrat im Spiel. Die restliche englische Schlachtreihe brach zusammen und wurde von Knuts Armee schwer geschlagen. Die angelsächsische Chronik vermerkt, dass »der ganze englische Adel dort vernichtet wurde«.

995–1035

KÖNIG KNUT

Knut der Große kam im Jahre 1013 mit seinem Vater, König Sven von Dänemark, nach England. Die dänische Flotte huldigte ihm 1014 als König von England, doch musste er um die Sicherung seines Throns kämpfen – erst gegen Aethelred, dann gegen Edmund. Im Jahre 1019 folgte Knut seinem Bruder als König von Dänemark nach, und 1028 eroberte er Norwegen. Er festigte seinen Anspruch auf den englischen Thron, indem er Aethelreds Witwe, Emma von der Normandie, heiratete, obgleich er schon eine dänische Frau hatte.

NORMANNISCHE EROBERUNGEN

Civitate

DATUM 18. Juni 1053

STREITKRÄFTE Normannen: 3000 Reiter; Kaiserliche und Päpstliche: zumeist Fußtruppen

ORT Apulien, Süditalien

VERLUSTE nicht verbürgt

Die Normannen hielten am gnadenlosen Geschäft ihrer Wikingervorfahren fest – nirgends wurde dies deutlicher als in Süditalien, wo sich die normannische Familie Hauteville eine solche Machtbasis schuf, dass Papst Leo IX. den Römischen Kaiser Heinrich III. ersuchte, ein Heer gegen sie aufzubieten. In einem Gefecht, bei dem sich Reiterei und Fußvolk gegenüberstanden und sich der junge Robert von Hauteville, der später als Robert Guiscard (»der Verschlagene«) fast ganz Unteritalien eroberte, persönlich auszeichnete, errangen die Normannen einen glänzenden Sieg. Sie nahmen den Papst gefangen und hielten ihn zehn Monate lang fest.

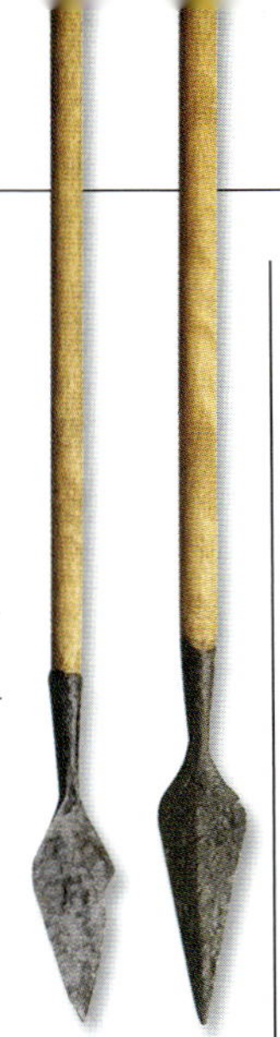

NORMANNISCHE PFEILE

ANGELSACHSEN GEGEN NORMANNEN

Stamford Bridge

DATUM 25. September 1066

STREITKRÄFTE Angelsachsen: 10000; Normannen: 5000

ORT 13 km außerhalb der Stadt York im nördlichen Mittelengland

VERLUSTE Normannen: 4000 Gefallene; Angelsachsen: nicht verbürgt

Im Januar 1066 wurde Harold Godwinson König von England. Der Thron wurde ihm jedoch von Wilhelm von der Normandie streitig gemacht, während er zugleich die Feindseligkeit seines Bruders Tostig zu spüren bekam, der im Jahr zuvor aus der Grafschaft Northumbria verdrängt worden war. Tostig bot dem norwegischen König Harald III. Hardråde (dem »Strengen«) an, sich an einer Invasion Englands zu beteiligen. Sie überquerten die Nordsee mit 300 Schiffen, schlugen ein Heer unter den Grafen von Mercia und Northumbria und besetzten York. König Harold, der erstaunlich schnell nordwärts marschiert war, trat den Invasoren bei Stamford Bridge entgegen. Einem normannischen Bericht zufolge griffen die Engländer zuerst an, doch ein wilder Gegenangriff unter Harald Hardrådes Führung hätte beinahe den Sieg gebracht. Das Blatt wendete sich jedoch, als er tödlich getroffen wurde. König Harold trug schließlich den Sieg davon.

NORMANNISCHE EROBERUNGEN

Hastings

DATUM 14. Oktober 1066

STREITKRÄFTE Normannen: 7000–15000; Angelsachsen: 9000

ORT 10 km nördlich von Hastings, Südostengland

VERLUSTE (möglicherweise) Normannen: 2000; Angelsachsen: 4000

Drei Tage nach Stamford Bridge landete Wilhelm von der Normandie bei Pevensey in Südengland. König Harold ritt mit seinen »Housecarls«, der persönlichen Garde, nach Süden und sendete ein Heer. Am 14. Oktober stellte sich Harolds Fußvolk außerhalb von Hastings auf dem

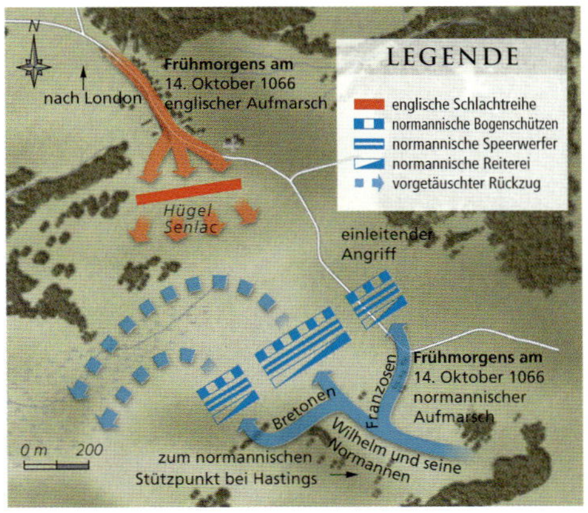

Kamm des Hügels Senlac in dichter Schlachtreihe auf. Die Normannen verfügten über Bogenschützen, gepanzerte Fußsoldaten, etliche Tausend Reiterei. In der Anfangsphase der Schlacht hielt die englische Mauer aus Schilden stand, Pfeilschüsse bewirkten nichts, Angriffe der normannischen Fußtruppen und Reiter wurden mit Spießen und Streitäxten abgewiesen. Dann neigte sich das Kriegsglück der Gegenseite, weil die englische Schlachtordnung aufbrach, vielleicht in der Aufregung über den scheinbar unmittelbar bevorstehenden Erfolg, vielleicht aber auch wegen einiger vorgetäuschter Absetzbewegungen der Normannen (siehe Planskizze der Schlacht). Der englische rechte Flügel wurde eingedrückt, doch ein schrumpfender Haufen erschöpfter »Housecarls« kämpfte weiter, bis Harold fiel, wahrscheinlich durch einen Pfeilschuss ins Auge. Flüchtende Angelsachsen machten kehrt und fielen über sie verfolgende Normannen her, doch die Schlacht war gewonnen und der englische Thron fiel Wilhelm zu.

1027–1087

WILHELM DER EROBERER

Als außerehelicher Sohn des Herzogs Robert von der Normandie erhielt Wilhelm im Alter von sieben Jahren die Herzogswürde. Sobald er erwachsen war, wusste er sich durchzusetzen. Diplomatisches Geschick bewies Wilhelm, als es ihm gelang, sich den päpstlichen Segen zu sichern, bevor er in England einfiel und dem Land nach Hastings rücksichtslos den Stempel seiner Herrschaft aufdrückte.

TEPPICH VON BAYEUX

Harolds »Housecarls« kämpfen in dieser Szene mit Schwert und Axt, während die normannische Reiterei sie mit Speeren und Schilden attackiert.

KRIEGER DES ISLAM

Seit in den 20er-Jahren des 7. Jh. ein muslimischer Staat gegründet wurde, breitete sich der Islam rasch aus. Innerhalb eines Jahrhunderts kontrollierten die islamischen Kalifate einen großen Teil Asiens und Nordafrikas sowie einen Teil Europas. Das gelang ohne technische oder taktische Innovationen durch eine militante Ideologie, die ihren Gläubigen Kampfgeist einflößte, um durch Eroberungen zur Ausbreitung der Religion beizutragen.

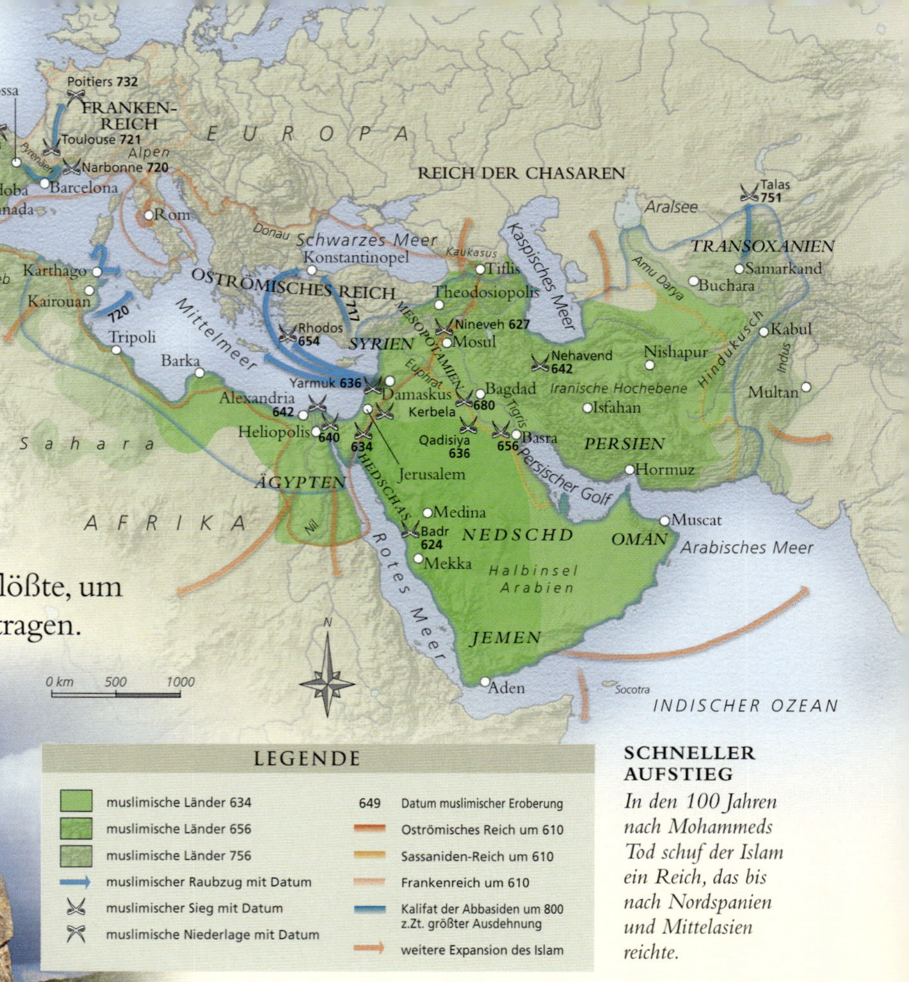

SCHNELLER AUFSTIEG
In den 100 Jahren nach Mohammeds Tod schuf der Islam ein Reich, das bis nach Nordspanien und Mittelasien reichte.

BURG VAN
Diese alte Festung in Ostanatolien wurde von den muslimischen Abbasiden im 9. Jh. n. Chr. übernommen und später von den Seldschuken und osmanischen Türken umgebaut und verstärkt.

PROPHET UND KALIFEN

Obwohl der Krieg zwischen Muslimen prinzipiell untersagt war, wurde der Kampf gegen Ungläubige von der Lehre des Islam ausdrücklich gestattet und durch dessen frühere Geschichte angeregt. Der Prophet Mohammed (um 570–632), Begründer des Islam, war auch ein militärischer Führer, der selbst kämpfte und im Krieg zwischen den nordarabischen Städten Mekka und Medina verwundet wurde. Während der kurzen Herrschaft des Abu Bakr, des ersten »Kalifen«, der die Muslime nach Mohammeds Tod führte, hatten arabische Muslimtruppen bereits begonnen, auf das Umland Arabiens Druck auszuüben. Als 661 das Omaijaden-Kalifat mit der Hauptstadt Bagdad begründet wurde, herrschten die Araber in Ägypten, Persien, Palästina und Syrien. Innerhalb eines Jahrhunderts drangen sie ostwärts bis Afghanistan und westwärts bis Spanien und Mittelfrankreich vor. Die Einheit des Islam war noch nicht verwirklicht, und die Dynastie der Omaijaden trug schon bei ihrer Gründung den Keim zu jener Spaltung in sunnitische und schiitische Muslime in sich, die bis heute andauert. In den 50er-Jahren des 8. Jh. wurden die Omaijaden von den Abbasiden, die das Zentrum des Kalifats nach Bagdad verlegten, auf blutige Weise gestürzt.

Eisenhelm mit dekorativer Spitze

Kettenpanzer

GEPANZERTER KRIEGER
Zur Zeit der Kreuzzüge (1099–1291) trugen die islamischen Krieger Kettenhemden und charakteristische Helme mit Nasenschutz und Spitze.

KAMPFTECHNIKEN

Arabische Heere waren zunächst vor allem wegen der Verwendung von Kamelen bemerkenswert, die ihnen zu großer Mobilität verhalfen. Doch die Araber bewiesen sehr schnell ihre Lernfähigkeit: Indem sie vieles von den Byzantinern übernahmen, entwickelten sie eine kampfstarke Reiterei und erlernten sogar die Seekriegführung. Im Laufe der Zeit hörten die Araber auf, einfach Gotteskrieger zu sein. Mit Beginn des 9. Jh. verlor ihre Aristokratie den Geschmack an der Kriegführung. Stattdessen gliederten die arabischen Herrscher Angehörige der Turkstämme Zentralasiens ein und ließen sie in ihren Heeren kämpfen. Bei diesen Soldaten handelte es sich um Sklaven, wenn auch von ungewöhnlicher Art. Manche dieser Sklavenfeldherren wurden wohlhabende und angesehene Mitglieder der Gesellschaft. Die Vorliebe für Sklavensoldaten war ein Kennzeichen der Muslimheere. So erklärte der Wesir Nizam al-Mulk (1018–1092): »Ein gehorsamer Sklave ist besser als 300 Söhne, denn diese sehnen den Tod ihres Vaters herbei, während jener seinem Herrn ein langes Leben wünscht.«

REITER
Diese Schale wurde im 9. Jh. in Persien hergestellt. Persische Waffen und Rüstungen – z.B. Helme – beeinflussten das islamische Kriegswesen.

DAS KRIEGSWESEN DES MITTELALTERS

BERBER UND TURKVÖLKER

Im 11. Jh. endete die tatsächliche Herrschaft der Araber über die islamische Welt. Im Westen waren es die Almoraviden und deren Nachfolger, die Almohaden, die mit Unterstützung der Berber in Marokko und im muslimischen Spanien die Herrschaft übernahmen. Im Osten bemächtigten sich islamisierte Turkvölker des größten Teils von Nord- und Mittelasien unter Einschluss Arabiens. Die Turkvölker waren ausgezeichnete Reiter, die normalerweise als berittene Bogenschützen kämpften und ihre Pfeile bei blitzartigen Überfällen vom Kompositbogen abschossen. Im 10. und 11. Jh. schufen sich die Ghasnawiden, ein Turkvolk, das bis dahin den Abbasiden in Mittelasien als Krieger gedient hatte, ihr eigenes Reich und herrschten von Ostpersien bis Afghanistan. Im Laufe des 11. Jh. wurden sie abgelöst von den Seldschuken, die sich im muslimischen Asien zur beherrschenden Macht entwickelten. Unter den Heerführern Toghril und Alp Arslan dehnten die Seldschuken ihren Machtbereich bis ans Mittelmeer aus und begannen mit der Islamisierung Anatoliens, der heutigen Türkei.

SELDSCHUKISCHE SOLDATEN
Die türkischen Seldschuken traten im 11. Jh. als beherrschende Kraft der islamischen Welt in Erscheinung und brachten den Byzantinern in der Schlacht bei Mantzikert eine vernichtende Niederlage bei.

INDISCHE ARMEE
Soldaten wie diese, dargestellt auf einem Fries in einem Palast des Hindukönigreichs von Vijayanagar in Südindien, verhinderten die Ausbreitung des Islam.

NEUE WELLEN

Im 12. Jh. deutete sich an, dass die Blütezeit des Islam vorüber war. In Spanien war die christliche Reconquista (siehe S. 88) bereits in vollem Gange. Uneinigkeit unter den Seldschuken hatte es christlichen Kreuzfahrern ermöglicht, Jerusalem in ihre Hand zu bringen und im östlichen Mittelmeer neue Reiche zu gründen. Im 13. Jh. war der größte Teil Spaniens für den Islam verloren, während das muslimische Asien das Wüten mongolischer Angriffe unter Dschingis Khan und dessen Nachfolgern zu spüren bekam. Muslime beherrschten einen großen Teil Nordindiens, doch setzten ihnen die Hindukönigreiche der Rajputen massiven Widerstand entgegen, was seit dem 14. Jh. auch für das Reich von Vijayanagar in Südindien galt. Allerdings konnten die Sklavensoldaten Ägyptens, die Mamelucken, sowohl die Mongolen als auch die Kreuzfahrerstaaten besiegen, während zu Beginn des 14. Jh. der türkische Sultan Osman I. in Anatolien mit dem langsamen Aufbau des osmanischen Reiches begann.

FELSENDOM
Dieses Heiligtum, eine der heiligsten Stätten des Islam, wurde im späten 7. Jh. in Jerusalem errichtet, gut 50 Jahre nach der Einnahme der Stadt durch die Araber im Jahre 638. Der Entwurf stammt von byzantinischen Architekten.

VORDRINGEN DER ARABER

Zwei Jahrzehnte nach Gründung des ersten muslimischen Staates im Jahr 622 hatten die Araber das persische Reich der Sassaniden, den östlichen Mittelmeerraum und Ägypten erobert. Zwar hielt das byzantinische Reich stand, in erster Linie war das den unüberwindlichen Mauern von Konstantinopel zu verdanken, doch nach weiteren 100 Jahren hatten die muslimischen Armeen die nordafrikanische Küste und den größten Teil der Iberischen Halbinsel unterworfen.
Im 9. Jh. erlitt Sizilien eine islamische Invasion und sogar Teile des italienischen Festlands wurden besetzt.

FELDZÜGE GEGEN DIE BYZANTINER

Jarmuk

ORT der Jarmuk, südlich des Sees Genezareth in Palästina

DATUM August 636

STREITKRÄFTE Byzantiner: bis zu 80000; Araber: bis zu 40000

VERLUSTE bei den Byzantinern möglicherweise 70000

634 drangen die arabischen Streitkräfte in Palästina und Syrien ein und eroberten alle größeren byzantinischen Städte einschließlich Damaskus. Daraufhin stellte 636 der byzantinische Kaiser Herakleios ein Heer auf, das die Muslime zwang, Damaskus aufzugeben. Unter Führung des glänzenden Feldherrn al-Walid stellten die arabischen Streitkräfte die Byzantiner am Fluss Jarmuk. Recht lange lieferte man sich lediglich Scharmützel, bis sich am 20. August hinter dem Rücken der Araber ein Sandsturm erhob. al-Walid führte einen vernichtenden Angriff. Von Sand und Staub geblendet, wurden die meisten Byzantiner niedergemacht. Die Araber eroberten Damaskus zurück und nahmen im Februar 638 die heilige Stadt Jerusalem ein.

»Die Schlacht, die am Jarmuk geschlagen wurde, war äußerst erbittert und blutig ... die Griechen und ihre Anhänger ketteten sich aneinander, sodass niemand auf Flucht hoffen durfte. Mit Allahs Hilfe wurden etwa 70000 von ihnen in den Tod geschickt, der Rest suchte sein Heil in der Flucht ...«

ZEUGE DES KRIEGES

AL-BALADHURI

Der arabische Geschichtsschreiber al-Baladhuri (gestorben um 892) beschrieb die Schlacht am Jarmuk in seinem Werk »Die Ursprünge des islamischen Staates«, bei dem er sich auf mündliche Überlieferung und frühere Schriften stützte.

MUSLIME GEGEN SASSANIDEN

Qadisiyya

ORT Al-Hira, südlich von Bagdad

DATUM Juni 637

STREITKRÄFTE Araber: 30000; Perser: 50000

VERLUSTE nicht verbürgt

Als die arabischen Heere in den 630er-Jahren, von ihrem neuen muslimischen Glauben beseelt, nach Norden vorstießen, drangen sie in ein Machtvakuum ein, das durch die Erschöpfung zweier großer regionaler Reiche entstanden war – Byzanz und des sassanidischen Persiens. Zwar vermochten sich die Sassaniden der ersten muslimisch-arabischen Einfälle noch zu erwehren, doch 637 rückte ein großes Heer unter dem Befehl von Sa'd Ibn Abi Waqqas gegen die persische Hauptstadt Ktesiphon vor. Als die Araber an einem Kanal des Euphrat auf ein zahlenmäßig überlegenes Heer der Sassaniden trafen, errangen sie einen vernichtenden Sieg über die Perser. Die Araber konnten ihren Vormarsch fortsetzen, den Tigris überqueren und, ohne auf weiteren Widerstand zu stoßen, einen triumphalen Einzug in Ktesiphon halten.

BELAGERUNGSZUSTAND
Im Gegensatz zu der byzantinischen Festung auf diesem Bild erwies sich Konstantinopel bis ins 15. Jh. für die immer neuen Wellen von Angreifern als uneinnehmbar.

FELDZÜGE GEGEN DIE BYZANTINER

Belagerung von Konstantinopel

ORT Konstantinopel (das heutige Istanbul, Türkei)

DATUM 717–718

STREITKRÄFTE Araber: 160000–200000; Byzantiner: unbekannt

VERLUSTE Araber: möglicherweise 130000–170000

40 Jahre nach ihrer ersten erfolglosen Belagerung der byzantinischen Hauptstadt (674–678) kehrten die Araber zu einem zweiten Versuch zurück. Ein 80000 Mann starkes Heer unter Führung von Maslama setzte nach Europa über, um Konstantinopel zu belagern. Der byzantinische Kaiser Leon III. organisierte die Verteidigung der Stadt mit Geschick und Entschlossenheit, sodass Konstantinopels Mauern für Maslama uneinnehmbar blieben. Da der Bosporus offen blieb, konnten die Byzantiner Konstantinopel vom Schwarzen Meer her versorgen, mit dem Erfolg, dass die Belagerer und nicht die Belagerten unter dem harten Winter 717/718 zu leiden hatten. Die Araber sahen sich gezwungen, ihre Esel und Kamele zu essen. Tausende fielen Krankheiten zum Opfer. Im Frühjahr traf eine ägyptische Flotte zur Verstärkung der arabischen Streitkräfte ein, trotzdem scheiterten auch alle weiteren Angriffe gegen die Stadt. Im Juli griffen die Bulgaren, zeitweilig die Verbündeten ihrer byzantinischen Nachbarn, Maslamas demoralisierte Streitkräfte an und brachten ihnen schwere Verluste bei. Im folgenden Monat hoben die Araber die Belagerung auf. Ein Teil des Heeres entschied sich für den Rückzug durch Anatolien. Der Rest versuchte, sich über See in Sicherheit zu bringen, doch ein Sturm vernichtete die Flotte bis auf fünf Schiffe.

STRATEGISCHE LAGE
Die Araber wollten Konstantinopel in ihre Gewalt bringen, weil es die lebenswichtigen Handelsstraßen beherrschte.

ISLAMISCHER »ERBFOLGEKRIEG«

Kerbela

DATUM
10. Oktober 680

STREITKRÄFTE
Omaijaden: 4000; Husain: 70

VERLUSTE
Husain: 70

ORT 88 Kilometer südlich von Bagdad, Zentralirak

661, nachdem Ali, der Sohn des Propheten Mohammed, ermordet worden war, erhob die wohlhabende Familie der Omaijaden Anspruch auf das Kalifat – die weltliche und religiöse Führung der islamischen Welt. Ein Teil der Muslime bestritt die Legitimität der Omaijaden, weil sie Alis Nachkommen für die einzigen rechtmäßigen Anwärter auf das Kalifat hielten. Die Spannungen verschärften sich, bis Moawija, der erste Omaijaden-Kalif, 680 starb und sein Sohn Yazid die Nachfolge antrat. Gegner der Omaijaden erhoben sich in der alten irakischen Stadt Kufa und forderten Alis zweiten Sohn Husain auf, sich ihnen anzuschließen. Nur in Begleitung seiner Familie, seines persönlichen Gefolges und seines Harems machte sich Husain vom arabischen Mekka auf den Weg nach Kufa. Yazid setzte daraufhin Umar, den Sohn von Sa'd Ibn Abi Waqqas, dem Sieger von Qadisiyya, mit einem stattlichen Heer in Marsch und erteilte ihm den Auftrag, Husain abzufangen. Bei Kerbela brachte der Heerführer der Omaijaden Husain und sein Gefolge in seine Gewalt. Acht Tage lang appellierte Husain an den Glauben und die Menschlichkeit seiner Widersacher, ohne Erfolg: Er wurde mit all seinen Männern abgeschlachtet. Seinen abgeschlagenen Kopf erhielt Yazid als Beweis für die Erfüllung des Auftrags. Kerbela war zwar ein Hinterhalt und keine Schlacht, hatte aber weitreichende Folgen. Einerseits sicherte dieses Ereignis das Kalifat der Omaijaden, anderseits machte es einen Märtyrer aus Husain und vertiefte die Spaltung innerhalb des Islam zwischen den Schiiten – die den Herrschaftsanspruch von Alis Nachkommen vertraten – und den Sunniten.

KAMELREITER
In einem Bericht über Husains Ende heißt es, Pferde hätten ihn zu Tode getrampelt. Zwar kämpften arabische Krieger auch auf Kamelen, doch meist dienten sie als Lasttiere.

ISLAMISCHE EROBERUNG SPANIENS

Covadonga

DATUM
um 718

STREITKRÄFTE
Westgoten: 3000; Muslime: unbekannt

VERLUSTE
unbekannt

ORT
Asturien im Nordwesten Spaniens

Bis 710 hatten die Araber Nordafrika von Ägypten bis Marokko erobert. Musa Ibn Nusair, der arabische Statthalter dieser riesigen Region, entsandte ein Expeditionsheer nach Südspanien, wo 711 der Westgotenkönig Roderich besiegt wurde. Diese Niederlage führte zu einem raschen Zusammenbruch des Westgotenreichs, da der größte Teil der westgotischen Hocharistokratie gefallen war. 721 hatten die Muslime den westgotischen Widerstand gänzlich gebrochen, ausgenommen in den nördlichsten Gebieten der Halbinsel, vor allem in der Gebirgslandschaft Asturiens. Als die Araber versuchten, auch diese Region in ihre Gewalt zu bringen, wurden sie von einem einheimischen Adligen besiegt – Pelagius (Pelayo). So kam es zur Gründung des unabhängigen christlichen Königreichs Asturien, dem Kernland des späteren Königreichs Kastilien. Gesicherte Erkenntnisse über Pelayos Sieg an einem Ort namens Covadonga gibt es nicht, doch schon nach einem halben Jahrhundert trieb die Legendenbildung üppige Blüten. So hieß es, das arabische Heer hätte 187 000 Mann umfasst (von denen 124 000 gefallen wären) und Gott hätte die Geschosse der Muslime mitten in ihrer Flugbahn so umgelenkt, dass sie auf die Angreifer selbst zurückgefallen wären. Die Bedeutung von Covadonga, das wahrscheinlich kaum mehr als ein Geplänkel war, liegt in der fast religiösen Überhöhung, die ihm als erstem Schritt der Reconquista (siehe S. 88) zuteil wurde.

NATIONALHELD
Pelayo, der Sieger von Covadonga, wurde später als Held der Reconquista und Gründer Asturiens gefeiert.

ISLAMISCHE EROBERUNG SIZILIENS

Belagerung Palermos

DATUM
831

STREITKRÄFTE
Araber: 10 000 (vor Eintreffen der Verstärkung); Byzantiner: unbekannt

VERLUSTE
nicht verbürgt

ORT
Nordküste Siziliens

Ab der Mitte des 7. Jh. sah sich Sizilien, damals Teil des Byzantinischen Reichs, den Angriffen plündernder arabischer Seeräuber ausgesetzt. Doch machten die Araber keine Anstalten, die Insel zu besetzen, bis sich Anfang des 9. Jh. der mächtige muslimische Staat der Aghlabiden in der nordafrikanischen Stadt Kairouan etablierte. Von Sizilien nur durch eine schmale Meeresstraße getrennt, war für die Aghlabiden die Versuchung natürlich groß, sich der Insel zu bemächtigen. Ein Vorwand bot sich, als der byzantinische Admiral Euphemios, Verlierer in einem Machtkampf um die sizilianische Hafenstadt Syrakus, die Aghlabiden um Hilfe bei der Rückeroberung der Stadt bat. Im Juni 827 ließ der Aghlabiden-Herrscher Ziyadat Allah I. 10 000 Männer und 700 Pferde mit einer Flotte von 70 Schiffen auf die Insel übersetzen. Zunächst erwies sich der byzantinische Widerstand als zu stark, doch schließlich kamen dem Aghlabiden-Heer Truppen aus dem islamischen Spanien zu Hilfe und mit vereinten Kräften gelang ihnen 831 die Eroberung Palermos.

ARABISCHER SIEG
Hier erobern die Araber Messina, eine Stadt im Nordwesten Siziliens, die den Invasoren 842 in die Hände fiel.

AUSWIRKUNG DES ISLAM

Ein Ergebnis der muslimisch-arabischen Siege im 7. und 8. Jh. war die Islamisierung der hauptsächlich zu den Turkvölkern zählenden Bewohner Zentralasiens. Infolgedessen wurden die Türken Glaubenskrieger des Islam, wobei sie ihre traditionelle Kampftüchtigkeit in den Sklavenarmeen der arabischen Herrscher in den Dienst am Glauben stellten. Sehr bald wurden diese türkischen Sklavensoldaten ihrerseits zu Herrschern über große Gebiete Asiens und versetzten das arabische Reich, das Kalifat der Abbasiden, in Angst und Schrecken. Im 10. und 11. Jh. lebte die muslimische Militärexpansion unter türkischen Heerführern wie Mahmud von Ghasna und Alp Arslan wieder auf. Mahmud führte die Heere der Glaubenskrieger tief nach Indien hinein, während Alp Arslan aus Anatolien, dem einstigen Kernland des byzantinischen Reiches, ein Territorium der Rumseldschuken machte.

ABBASIDISCHE EXPANSION

Talas

DATUM
751

STREITKRÄFTE
Araber: unbekannt; Chinesen: unbekannt

VERLUSTE
nicht verbürgt

ORT
heutiges Kirgisien, Mittelasien

Im 8. Jh. kam es zwischen der chinesischen Tang-Dynastie, die ihr Einflussgebiet nach Zentralasien ausweitete, und dem arabischen Kalifat der Abbasiden, das von Persien her nach Osten drängte, zu einem Zusammenstoß. Im Jahr 751 traf ein chinesisches Heer unter Gao Xianzhi am Fluss Talas auf eine Abbasiden-Armee. Kavallerieunterstützung erhielt die chinesische Fußtruppe von Reitern verschiedener türkischer Stämme, doch zu Beginn der Schlacht suchte ein Großteil das Weite und überließ die chinesische Infanterie sich selbst, die bald von der arabischen Reiterei eingekreist wurde. Zwar entging der Heerführer Gao Xianzhi der Niederlage, doch der chinesische Einfluss westlich des Pamirgebirges hatte ein Ende.

GHASNAWIDISCHE EROBERUNGEN

Peshawar

DATUM
1009

STREITKRÄFTE
Ghasnawiden: unbekannt; Inder: unbekannt

VERLUSTE
nicht verbürgt

ORT
im heutigen Nordwestpakistan

Mahmud von Ghasna, Sohn eines türkischen Sklaven, der zur Herrschaft über das Gebiet des heutigen Afghanistan gelangt war, erweiterte das Reich seines Vaters. Sein bevorzugtes Angriffsziel war das hinduistische Indien, in das er in den Jahren zwischen 1000 und 1030 17-mal einfiel. Bei Peshawar, 1009, stand er einem Bündnis von Hindufürsten unter Führung von Anangpal gegenüber. Das indische Heer verließ sich in hohem Maße auf die einschüchternde Wirkung eines massierten Elefanteneinsatzes, doch Mahmud versetzte die Tiere in Panik, sodass sie in die Reihen der Inder einbrachen.

MAHMUDS MAUSOLEUM
Mahmuds Grabmal gehört zu den wenigen baulichen Zeugnissen des Ghasnawiden-Reiches.

EROBERUNGEN DER SELDSCHUKEN

Dandanqan

DATUM
1040

STREITKRÄFTE
Türken: unbekannt; Ghasnawiden: unbekannt

VERLUSTE
nicht verbürgt

ORT
beim heutigen Mary in Turkmenistan

In den 30er-Jahren des 11. Jh. begannen die türkischen Seldschuken unter Führung von Toghril Begs ausgedehnte Raubzüge in das nördliche Chorasan, einen Teil des Ghasnawiden-Reiches. Die Ghasnawiden, angeführt von Mahmuds Sohn Masud, hatten Mühe, sich gegen die Seldschuken-Truppen zu behaupten. Im Jahr 1040 machte sich Masuds Heer, dem arabische und kurdische Reiter, türkische Palastgardisten und zwölf Elefanten angehörten, von der Stadt Merw (seit 1937: Mary) auf den Marsch. Als es bei Dandanqan auf die Seldschuken stieß, wurde es zunächst durch den Beschuss berittener Plänkler entscheidend geschwächt; im Nahkampf gelang den Seldschuken dann der Durchbruch. Masuds Heer wurde geschlagen.

INDISCHE FESTUNG
Die Festung von Jaisalmer in Radschastan wurde im 12. Jh. von einem hinduistischen Rajputen-Fürsten erbaut, der sich der Muslimherrschaft in Indien widersetzte.

EROBERUNGEN DER GHURIDEN

Tarain

DATUM
1192

STREITKRÄFTE
Ghasnawiden: unbekannt; Türken: unbekannt

VERLUSTE
nicht verbürgt

ORT
bei Thanesar in Nordwestindien

Gegen Ende des 12. Jh. dehnte Mohammed von Ghur die muslimische Herrschaft über einen großen Teil Nordindiens aus. Wie für Mahmud von Ghasna bildete auch für Mohammed Afghanistan die Ausgangsbasis und türkische Sklavensoldaten den Kern seines Heeres. Im Jahre 1191 gab es einen Rückschlag, denn bei Tarain wurde er vom Führer der Hindu-Rajputen, Prithviraj III., besiegt. Obgleich er dem Treffen nur schwer verwundet entkam, kehrte Mohammed im Jahr darauf zu einem zweiten Versuch auf dasselbe Schlachtfeld zurück. Dieses Mal setzte er seine berittenen türkischen Bogenschützen höchst wirksam ein und schlug die Hinduarmee. Prithviraj geriet in Gefangenschaft und wurde umgebracht.

SELDSCHUKISCHE EROBERUNGEN

Mantzikert

DATUM
19. bzw. 26. August 1071

STREITKRÄFTE (vielleicht)
Byzantiner: 50 000;
Seldschuken: 40 000

VERLUSTE
unbekannt

ORT beim heutigen Malazgirt nordwestlich des Vansees, Türkei

Im Jahre 1071 wollte der byzantinische Kaiser Romanus IV. einen entscheidenden Schlag gegen die seldschukischen Türken führen. Er zog mit einem Heer ostwärts über den Bosporus, obwohl die Loyalität vieler seiner Söldner und ausgehobenen Lehnsleute fragwürdig war. Alp Arslan, der Führer der Seldschuken, wandte sich mit seinen Truppen von Syrien aus nach Norden, um sich den Byzantinern zu stellen. Unterdessen hatte Romanus seine Streitkräfte geteilt; den größeren Teil schickte er gegen die von den Seldschuken gehaltene Festung Chelat, während er selbst die befestigte Stadt Mantzikert besetzte. Wie nahe die Seldschuken bereits waren, erfuhr er erst, als eine byzantinische Aufklärungsabteilung praktisch aufgerieben wurde. Davon unbeeindruckt, führte Romanus seine Truppen auf eine Ebene außerhalb Mantzikerts und ging zum Angriff über. Doch die Türken waren schwer zu

stellen. Die berittenen Bogenschützen beschossen die Byzantiner von den Flanken her, doch die Mitte wollte die Schlacht nicht annehmen. Nachdem Romanus einen ganzen Tag Jagd auf schemenhafte Gestalten gemacht hatte, war er gegen Abend weit von seinem Lager abgekommen und schickte sich an umzukehren. Auf diesen Augenblick hatten die Seldschuken gewartet. Sie schwärmten von allen Seiten hügelabwärts auf die Ebene und umzingelten Romanus mit seiner Vorausabteilung. Die Nachhut, allesamt anatolische Lehnsleute, flüchteten vom Schlachtfeld, statt ihrem Kaiser zu Hilfe zu kommen. Beinahe alle Männer, die bei Romanus geblieben waren, kamen ums Leben, er selbst geriet in Gefangenschaft.

»Es war wie ein Erdbeben: das Geschrei, der Schweiß, die raschen Anwandlungen von Furcht, und nicht zuletzt die Türkenhorden, die von überall auf uns zuritten.«

Ein byzantinischer Chronist zum Angriff der Seldschuken bei Mantzikert

1030–1072

ALP ARSLAN

Alp Arslan, der Eroberer Georgiens, Armeniens und Anatoliens, war als Seldschuken-Führer der Nachfolger seines Onkels Toghril Beg. Manche Chronisten beschreiben ihn als grausam und menschenverachtend, andere rühmen seine Tüchtigkeit und Gerechtigkeit als Herrscher. Er war zweifellos ein ausgezeichneter Feldherr, der eine Mischung aus Vorsicht, Gerissenheit und absoluter Gnadenlosigkeit an den Tag legte. Ein Jahr nach seinem großen Sieg bei Mantzikert wurde er auf einem Feldzug in Persien von einem Gefangenen umgebracht.

BYZANTINISCHE SICHT
Eine Illustration aus einer byzantinischen Chronik des 11. Jh. zeigt den Kampf zwischen byzantinischen Reitern (links) und ihren arabischen Gegnern.

DIE KREUZZÜGE

NACHDEM PAPST URBAN II. zum heiligen Krieg gegen die Muslime aufgerufen hatte, führte ein christlicher Feldzug zur Einnahme Jerusalems und zur Gründung christlicher Staaten im Raum des östlichen Mittelmeers. 200 Jahre lang versuchten muslimische Heere daraufhin, die Christen zu vertreiben, woraufhin weitere Kreuzzüge unternommen wurden, um die Ritter im Heiligen Land zu unterstützen. Daneben wurden noch weitere Kreuzzüge ausgerufen – gegen christliche Ketzer in Frankreich, die Mauren in Spanien und die Heiden am Rande der Ostsee.

BRUSTKREUZ
Das Pectorale des Ritters Gottfried von Bouillon – er tat sich 1099 bei der Eroberung Jerusalems besonders hervor und wurde erster abendländischer Herrscher in Palästina.

STEIN AUF STEIN
Zur Stärkung ihrer Lage im Feindesland erbauten die Kreuzfahrer viele Befestigungen wie diese bei Mamure in der südlichen Türkei.

DAS KREUZ NEHMEN ...

Ein Kreuzzug war kein leichtes Unterfangen – die Anreise von gut 4000 km stellte schon an sich ein schwieriges Unternehmen dar. Der Landweg durch das von Türken beherrschte Anatolien erwies sich für viele Kreuzfahrer als tödliche Falle. Mit dem dritten Kreuzzug (1189–1192) führte die bevorzugte Route über See, doch dazu musste man sich die Passage auf den Schiffen italienischer Städte wie Genua, Pisa und Venedig erkaufen. Ein groß angelegter Kreuzzug wie der des französischen Königs Ludwig IX. im Jahre 1248 war ein äußerst ehrgeiziges Unternehmen und kostete sechsmal so viel, wie die französische Krone in einem Jahr einnahm. Die genaue Anzahl der christlichen Kreuzfahrer ist unbekannt, doch heißt es, dass etwa 3000 Reiter, 20 000 Fußsoldaten und Bogenschützen sowie 30 000 Pilger unterschiedlichster Herkunft und dazu der Tross am fünften Kreuzzug teilgenommen hätten.

BÜNDNISSE

Die Europäer unternahmen keine besonderen Anstrengungen, ihren Kampfstil – hauptsächlich der Angriff schwer gepanzerter Ritter mit gefällter Lanze – den örtlichen Gegebenheiten anzupassen. Die Rüstung der Kreuzfahrer, grundsätzlich schwerer als die der muslimischen Heere, konnte unerträglich heiß werden, sodass man einen Überrock trug. Der Krieg selbst hatte oftmals mit einem unmittelbaren Kampf zwischen Muslimen und Christen wenig zu tun. Jede Partei bekämpfte die eigenen Glaubensbrüder ebenso oft wie die Ungläubigen der jeweils anderen Seite. Um zu überdauern, schlossen die christlichen Staaten Bündnisse mit muslimischen Nachbarn und sogar den heidnischen Mongolen. Immer wenn starke Muslimführer wie etwa Saladin (1137–1193) oder der Herrscher Ägyptens, der Mameluck Baybars (gestorben 1277), in Erscheinung traten, mussten sich die Christen in den Schutz ihrer steinernen Festungen zurückziehen. Baybars bot ein Heer von rund 40 000 Mann auf, also mindestens zwei- bis dreimal so viel wie die Kreuzfahrerstaaten. Die Kreuzfahrer waren jedoch im Allgemeinen geschickte und kühne Kämpfer.

SALADINS TRUPPE
Eine europäische Darstellung der Armee von Saladin, einem der beeindruckendsten muslimischen Gegner der Kreuzfahrer, die ihn als ritterlichen Krieger achteten.

1157–1199

RICHARD I. LÖWENHERZ

Richard, der Sohn Heinrichs II. von England und Eleonores von Aquitanien, begab sich 1190 auf einen Kreuzzug nach Palästina. Seine Begegnungen mit Saladin lieferten den Stoff zu einer Legende, doch die Rückeroberung Jerusalems gelang ihm nicht; es kam zu heftigem Streit mit seinen Kampfgefährten Philipp II. August von Frankreich und Leopold V. von Österreich. Auf der Rückreise vom Kreuzzug fiel er Leopold in die Hände und durfte erst nach Zahlung eines stattlichen Lösegeldes nach England weiterziehen.

KÖNIGLICHER SARKOPHAG
Nachdem ihn bei der Belagerung von Châlus ein Bolzenschuss getötet hatte, wurde Richard in Fontevrault-l'Abbaye beigesetzt.

DIE MILITÄRISCHEN ORDEN

In den 20er-Jahren des 12. Jh. wurden militärische Orden wie etwa die Johanniter und die Templer gegründet. Sie folgten einer geistlichen Regel, doch verschrieben sie sich dem Waffendienst zur Verteidigung des Christentums und bildeten so die Elite der christlichen Heere im Osten. Die Templer wurden der Ketzerei beschuldigt und ihr Orden 1312 aufgelöst, aber die übrigen Orden spielten im europäischen Kriegswesen weiterhin eine führende Rolle, so etwa die Johanniter in den Kriegen gegen die osmanischen Türken.

TEMPELRITTER
Ein Siegel der Armen Ritter Christi vom Tempel Salomonis, deren Quartier im besetzten Jerusalem zu der Namenswahl führte.

BELAGERUNGSKRIEG
Diese mittelalterliche Darstellung der Erstürmung Jerusalems im Juli 1099 zeigt Kreuzfahrer beim Einsatz eines auf Räder gesetzten Belagerungsturms und einer Wurfmaschine.

DER ERSTE UND ZWEITE KREUZZUG

IM JAHRE 1095 rief Papst Urban II. zu einem Feldzug auf, um die heilige Stadt Jerusalem von den Muslimen zu befreien, die sie seit mehr als 400 Jahren besetzt hielten. Etwa 100000 Menschen aus ganz Europa folgten dem Aufruf, angesporнt von der Hoffnung auf materiellen Gewinn und beflügelt von Urbans Versprechen, dass für jeden im Kampf gefallenen Kreuzfahrer ein Platz im Himmel bereitet sei. Gegen alle Wahrscheinlichkeit war dieser Beutezug in ein fernes, feindliches Gebiet von großem Erfolg gekrönt und führte zur Gründung christlicher Staaten in Palästina und Syrien. Deren Bestand war allerdings ständig bedroht, und die von den Muslimen unternommenen Gegenangriffe machten weitere Kreuzzüge erforderlich, um die Gewinne des ersten zu verteidigen. Schließlich wurde die Kreuzfahrerei zu einem festen Bestandteil des christlichen Lebens im Mittelalter.

ERSTER KREUZZUG

Dorylaeum

ORT heutiges Eskisehir in Mittelanatolien, Türkei

DATUM 1. Juli 1097

STREITKRÄFTE Türken: 3000; Kreuzfahrer: 4000

VERLUSTE nicht verbürgt

Ende 1096 und Anfang 1097 sammelten sich die Teilnehmer am ersten Kreuzzug vor den Toren Konstantinopels. Zu den wichtigsten Anführern zählten der normannische Herzog Bohemond, Graf Raymond von Toulouse, der deutsche Graf Gottfried von Bouillon und Bischof Adhemar von Le Puy. Im Frühjahr machte sich das Heer mit Bohemonds Normannen als Vorhut auf den Marsch durch das von den Türken besetzte Anatolien. Bei Dorylaeum überfiel sie Kilidsch Arslan, der Sultan der Rumseldschuken, mit seinem Heer. Die berittenen Bogenschützen der Türken, die überaus beweglich waren, entzogen sich jedem Versuch der normannischen Ritter, sie in ein Gefecht zu verwickeln. Die Normannen wurden gerettet, weil Graf Raymond mit einer Kolonne Kreuzritter eintraf, welche die Türken sofort angriffen. Vom Umfang des Kreuzfahrerheeres überrascht, zog Kilidsch Arslan seine Reiter klugerweise ab, als sich die türkischen Verluste häuften.

KATAPULTIERTE KÖPFE
Bei der Belagerung des auf dem Wege nach Dorylaeum gelegenen Nicäa katapultierten die Kreuzritter abgeschlagene Türkenköpfe in die Stadt, um die Verteidiger zu demoralisieren.

ERSTER KREUZZUG

Belagerung Jerusalems

ORT Jerusalem in Palästina

DATUM 7. Juni–18. Juli 1099

STREITKRÄFTE Kreuzfahrer: 1300 Ritter und 12000 Fußvolk;

VERLUSTE nicht verbürgt

Als die Kreuzritter Jerusalem erreichten, hatte sich ihre Anzahl stark verringert. Doch unter der tatkräftigen Führung des Grafen Raymond von Toulouse und Gottfrieds von Bouillon bereiteten sie einen Sturm vor und bauten Belagerungstürme. Abgeschirmt durch einen Steinhagel und griechisches Feuers schoben die Kreuzritter die Türme zu den Mauern hoch. Sobald die Ritter auf einem Turm einen Mauerabschnitt in ihre Hand gebracht hatten, konnten andere die Sturmleitern hinaufklettern und zu ihnen stoßen. Die Verteidiger waren nach kurzer Zeit überwältigt.

STURM AUF JERUSALEM
Die Kreuzfahrer sahen ihr Ziel in der Befreiung Jerusalems, doch sobald sie die Stadt genommen hatten, richteten sie ein Blutbad von entsetzlicher Grausamkeit an.

ERSTER KREUZZUG

Antiochia

ORT an der Küste des alten Syrien, heute südliche Türkei

DATUM 21. Oktober 1097–28. Juni 1098

STREITKRÄFTE (Juni 1098) Türken: 75000; Kreuzritter: 15000

VERLUSTE nicht verbürgt

Im Oktober 1097 begannen die Kreuzritter mit der Belagerung der großen, schwer befestigten Stadt Antiochia. Die hartnäckige Verteidigung der Stadt besorgte der türkische Statthalter Yagi Siyan, der immer wieder Ausfälle wagte und den Kreuzfahrern ziemliche Verluste zufügte. Während des Winters waren die Belagerer von Hunger und Entbehrungen viel stärker bedroht als die Eingeschlossenen. Schließlich, am 3. Juni 1098, verschaffte ein türkischer Verräter den Kreuzfahrern Zugang zu einem der Türme auf der Stadtmauer. Nachdem sie die Bewohner umgebracht hatten, belagerten die Kreuzfahrer die Zitadelle, die jedoch in türkischer Hand blieb. Ein muslimisches Entsatzheer, das 75000 Mann umfasst haben soll, führte der Emir Kerboga von Mosul heran und begann die Kreuzfahrer innerhalb Antiochias zu belagern. Sie standen am Rande einer Niederlage, als die Entdeckung einer Reliquie – der Heiligen Lanze – die Moral der Truppe wieder stärkte und Bohemond dazu bewog, einen Ausfall gegen Kerboga zu führen. Mit etwa 1000 Rittern zu Pferd und 14000 Fußsoldaten ging er über den Orontes und griff die weit überlegenen muslimischen Truppen so entschlossen an, dass sie flüchteten und schwere Verluste erlitten.

»Die Türken ... bedrängten uns von einer Seite her, von der anderen quälender Hunger, doch Unterstützung und Hilfe erhielten wir nicht.«

Gesta Francorum, Fulcher von Chartres, 1101

BELAGERUNG
Diese aus dem 15. Jh. stammende Darstellung der Belagerung Antiochias zeigt die starken Mauern der Stadt.

ERSTER KREUZZUG

Harran

DATUM	Mai 1104
STREITKRÄFTE	Kreuzfahrer: 3000 Ritter, 9000 Fußvolk; Muslime: unbekannt
ORT	im Südosten der heutigen Türkei
VERLUSTE	nicht verbürgt

Im Frühjahr 1104 tat sich Bohemond von Antiochia mit Balduin von Edessa zusammen, um die Festung Harran zu erobern. Ein muslimisches Entsatzheer fiel außerhalb der Stadt über die Christen her. Bohemond und Balduin teilten ihre Truppen; die Soldaten aus Edessa stellten sich dem muslimischen Angriff, während die Antiochier einen Hinterhalt legten. Doch die Muslime lockten Balduins Männer dem Gros ihres Heeres in die Arme. Als Bohemond in die Schlacht eingriff, waren die Edesser schon verloren.

MUSLIMISCHER GEGENSCHLAG

Edessa

DATUM	1144
STREITKRÄFTE	Muslime: unbekannt; Christen: unbekannt
ORT	heutiges Sanliurfa im Südosten der Türkei
VERLUSTE	nicht verbürgt

Im Jahre 1144 fiel Zengi, der muslimische Atabeg von Aleppo, in die Grafschaft ein. Edessas Herrscher, Joscelin II., hatte die Landesverteidigung vernachlässigt, daher stieß Zengi beim Vormarsch auf die Stadt auf wenig Widerstand. Die Katapulte und Belagerungsmaschinen der Muslime hatten Edessas Befestigungsanlagen bald sturmreif gemacht; Sappeure unterhöhlten die Stadtmauer und schlugen eine Bresche, durch die Zengis Heer in die Stadt eindrang und die Bewohner erschlug.

ZWEITER KREUZZUG

Belagerung Askalons

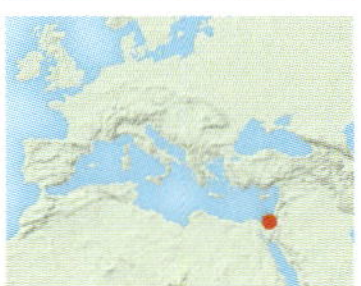

DATUM	25. Januar–19. August 1153
STREITKRÄFTE	Christen: unbekannt; Ägypter: unbekannt
ORT	Küste Palästinas, südlich von Jaffa
VERLUSTE	nicht verbürgt

Im Jahre 1153 belagerte Balduin III. von Jerusalem den ägyptischen Hafen Askalon. Die landseitigen Befestigungen der Stadt waren stark und sie wurden von See her unterstützt. Doch dann kippte ein Belagerungssturm der Kreuzfahrer gegen die Stadtmauer und brachte sie dort zum Einsturz. Unter dem weiteren Einsatz der Belagerungsmaschinen kapitulierten die Muslime am 19. August.

CHRISTENSCHAR
Das gegen Damaskus ziehende christliche Heer war ungewöhnlich groß für die damals üblichen meist kleinen Gefechte.

ZWEITER KREUZZUG

Zweiter Kreuzzug

DATUM	1147–1149
STREITKRÄFTE	etwa 20000 deutsche und 15000 französische Kreuzritter
ORT	Anatolien und Naher Osten
VERLUSTE	nicht verbürgt

Nach der Einnahme Jerusalems im Jahre 1099 verdankten die Kreuzfahrerstaaten ihren Fortbestand weitgehend den Zwistigkeiten unter den verschiedenen Muslimstaaten, die einander bekriegten, statt die Ungläubigen zu vertreiben. Im Jahr 1127 jedoch kam Imad al-Din Zengi, der Atabeg von Mosul, in Aleppo an die Macht und versuchte, sein Herrschaftsgebiet auszudehnen. Als er 1144 das christlich beherrschte Edessa einnahm, fiel damit der erste Kreuzfahrerstaat einem muslimischen Gegenangriff zum Opfer. Zengi starb 1146, doch sein Sohn Nur ed-Din erwies sich als ein noch gefährlicherer Feind der Christenheit. Inzwischen hatte Papst Eugen III. nach dem Fall von Edessa zu einem neuen Kreuzzug aufgerufen. Der französische König Ludwig VII. und der deutsche Kaiser Konrad III. setzten sich mit ihren europäischen Heeren in Marsch, kamen bei der Durchquerung Anatoliens jedoch in ernsthafte Schwierigkeiten. Konrads Heer, hungrig, durstig und erschöpft, geriet in einen Hinterhalt der Türken und wurde bei Dorylaeum niedergemacht. Der Kaiser entkam mit ein paar Überlebenden und traf schließlich per Schiff in Palästina ein. Nachdem König Ludwig an der kleinasiatischen Küste entlang bis Attalia marschiert war, schiffte er sich mit den meisten seiner Ritter ebenfalls ein und erreichte den Zielhafen unversehrt, doch seine Fußsoldaten und die restlichen Berittenen wurden von den Türken dezimiert.

SCHUTZHELM
Der geschlossene Topfhelm war die übliche Kopfbedeckung der Kreuzritter. Der Helm bot verlässlichen Schutz, konnte aber unter der levantinischen Sonne sehr heiß werden.

DAMASKUS

Um die Muslime besonders spektakulär zu treffen, einigten sich Ludwig und Konrad mit Balduin III., dem König von Jerusalem, darauf, das berühmte Damaskus anzugreifen. Diese Entscheidung war in hohem Maße fragwürdig, denn Damaskus stand Nur ed-Din feindselig gegenüber, daher hätten die Christen gut daran getan, sich um die Freundschaft der Stadt zu bemühen. Doch im Juli 1148 marschierte das größte christliche Heer, das der Nahe Osten je gesehen hatte, der Stadt entgegen, sodass Emir Unur, der Herrscher der Stadt, sich widerwillig genötigt sah, Nur ed-Din um Entsendung eines Heeres zu seiner Rettung zu bitten. Zunächst kamen die Christen gut voran und konnten die Damaszener Truppen hinter die Mauern ihrer Stadt zurücktreiben. Doch sehr bald gerieten sie in den rings um die Stadt angelegten Obstgärten unter den Beschuss muslimischer Plänkler und mussten sich der Ausfälle von Unurs Truppen erwehren. In die Defensive gedrängt, trat das gewaltige Expeditionsheer, nachdem es gerade einmal vier Tage vor Damaskus gelegen hatte, einen beschämenden Rückzug an.

SCHWERE WAFFEN
Dieses mit Heft und Parierstange an ein Kreuz erinnerndes Schwert aus dem 12. Jh. repräsentiert die typische schwere Hiebwaffe der Kreuzfahrer.

»Lasst alle Soldaten Gottes in diesen einen Aufschrei ausbrechen: Es ist der Wille Gottes!«

Robert der Mönch, Geschichte Jerusalems, in seinem Bericht über Urbans II. Predigt in Clermont, 1095

ZEUGE DES KRIEGES

ERSTER KREUZZUG

Mit diesen Worten löste Papst Urban II. die mächtigste christliche Erneuerungsbewegung seit der Zeit von Kaiser Konstantin aus – oder erteilte, anders betrachtet, dem Raub und Mord an ungezählten levantinischen Muslimen und Juden seinen kirchlichen Segen. Seit der Patriarch Sophronius nach der muslimischen Besetzung Jerusalems im Jahre 638 an gebrochenem Herzen starb, beschworen christliche Kirchenfürsten den Ruhm, den ernten würde, wer das Kreuz wieder in Jerusalem errichtete. Die vernichtende Niederlage des byzantinischen Heeres gegen die seldschukischen Türken bei Manzikert im Jahre 1071 und der anschließende Hilferuf von Kaiser Alexius I. waren alles, was Urban benötigte, um einen neuen heiligen Krieg, einen Kreuzzug zur Befreiung des Heiligen Landes, zu predigen.

»[Als] die Araber, die sich dem Grafen von Flandern gestellt hatten, zu der Einsicht gelangten, dass der Kampf nicht aus der Entfernung mit Pfeil und Bogen, sondern nur im Handgemenge mit dem Schwert entschieden werden konnte, wandten sie sich zur Flucht. Der Graf verfolgte sie zwei Meilen weit und sah unterwegs die Leichen der Erschlagenen wie Garben reifen Getreides auf dem Felde liegen.«

Raymond d'Aguilliers, Geschichte der Franken über ein Gefecht vor den Toren von Antiochia

Ab Anfang 1096 drängten sich die begeisterten Menschenmassen, »das Kreuz zu nehmen« und zu einer bewaffneten Pilgerfahrt ins Heilige Land aufzubrechen. Die erste Welle der Kreuzfahrer war eher ein zügelloser, marodierender Mob. Doch als sich der europäische Adel, beflügelt von der verlockenden Dreifaltigkeit ewigen Heils, Waffenruhmes und irdischen Beutegutes, aufmachte, verbesserten sich die Chancen dieses Kreuzzuges. Ritter zu Pferde, die Sturmtruppen der Christenheit, stießen durch Kleinasien ins nördliche Syrien vor. Ihre Gegner bedienten sich einer ungewohnten Taktik: Ihre leichte Reiterei nutzten sie zu Geplänkel, Einkreisung und Abriegelung der schwerfälligeren Kreuzfahrerkolonnen. Doch wenn es dem christlichen Heer gelang, den Feind in offener Feldschlacht zu stellen, erwies sich die Wucht seiner schweren Reiterei als unwiderstehlich.

RICHARD LÖWENHERZ NACH DER SCHLACHT VON HATTIN

»... sie schleuderten ... auch brennendes Holz und Stroh. Das Holz war in Pech, Wachs und Schwefel getaucht, darauf wurde mit Eisenbändern das Stroh befestigt; sobald diese Brandsätze entzündet waren, wurden sie von Maschinen abgeschossen. [Sie wurden] alle von einem Bandeisen zusammengehalten, sodass die ganze Masse, wo sie auch niederging, zusammenblieb und brannte. Solchen Brandgeschossen vermochten ... auch hohe Mauern nicht zu widerstehen.«

Raymond d'Aguilliers, Geschichte der Franken über die Belagerung von Antiochia, 1097–1098

Vor Antiochia herrschten unter den Kreuzfahrern die typischen Zustände mittelalterlicher Belagerungen: Verwahrlosung und frustrierte Gewalttätigkeit. Da man beschlossen hatte, die Verluste zu vermeiden, die ein Sturm zwangsläufig verursachen würde, war das christliche Heer gezwungen, auf die Zeit zu setzen. Man hoffte, Antiochias hungernde Verteidiger würden kapitulieren, ehe die schwindenden eigenen Vorräte völlig aufgebraucht waren. Unterdessen versuchte man, die Moral der muslimischen Bewohner zu unterminieren, indem man Brandsätze gegen die Ungläubigen schleuderte.

»Einige unserer Männer (und dies war gnädiger) schlugen ihren Feinden die Köpfe ab, andere erschossen sie mit dem Pfeil, sodass sie von den Türmen herabfielen; andere quälten sie länger, indem sie sie in die Flammen warfen. Auf den Straßen der Stadt sah man Haufen von Köpfen, Händen und Füßen. Man musste sich einen Weg über die Leichen von Menschen und Pferdekadaver hinwegbahnen ... Es war wahrhaftig ein gerechter und erhabener Richtspruch Gottes, dass diese Stätte mit dem Blut der Ungläubigen getränkt wurde ...«

Raymond d'Aguilliers, Geschichte der Franken über die Einnahme von Jerusalem

Die Belagerung Jerusalems (Juni–Juli 1099) wurde viel rascher beendet als die von Antiochia. Da die Kreuzfahrer wussten, dass sie die Schwächung ihrer Kräfte durch eine langwierige Einschließung der Heiligen Stadt nicht riskieren konnten, und darauf brannten, Lohn und Ehre für die Befreiung der Stadt zu erringen, schoben sie den großen Sturmangriff nur wenig länger als einen Monat hinaus. Als sie es mit ihren Belagerungstürmen geschafft hatten, einen Mauerabschnitt in ihre Hand zu bringen, brach der Widerstandswille der muslimischen Verteidiger zusammen. Es folgte ein Blutbad von solcher Grausamkeit, dass selbst die Chronisten der Kreuzfahrer, die gegenüber mutwilligem Gemetzel normalerweise größte Nachsicht übten, davon entsetzt waren. Damit war für alle Zeit jede Hoffnung zunichte gemacht, mit den angrenzenden muslimischen Mächten zu einer Verständigung zu gelangen.

KREUZRITTERBURG *Die beeindruckende Kreuzfahrerfestung bei Byblos wurde von Raymond de St. Gilles erbaut, nachdem die Stadt 1103 eingenommen worden war.*

»Jeder, der dort nicht einmal ein Dorf besaß, hat hier eine eigene Stadt, Gott sei's gedankt. Warum nach Westen zurückkehren, wenn wir dies alles im Osten finden können?«

Fulcher von Chartres, Gesta Francorum

MUSLIME GEGEN DIE KREUZFAHRERSTAATEN

Hattin

ORT
beim See Tiberias in Nordpalästina

DATUM
30. Juni–4. Juli 1187

STREITKRÄFTE
Muslime: 30 000; Christen: 15 000–20 000

VERLUSTE
unbekannt

Nachdem er in Ägypten und Syrien seine Herrschaft etabliert hatte, setzte sich der muslimische Sultan Saladin das Ziel, die Kreuzfahrerstaaten Palästinas zu vernichten. Ende Juni 1187 überquerte er den Jordan mit einem großen Heer, dessen einer Teil weiterzog, um die von den Christen gehaltene Stadt Tiberias einzunehmen. Die Kreuzfahrerstaaten hatten bei Akko ein Heer zusammengezogen, das von Guy de Lusignan, dem frisch gekrönten König von Jerusalem, befehligt wurde. Als Saladins Vorhaben bekannt wurde, schickten sich die Christen an, Tiberias zu entsetzen. Während sie bei äußerster Hitze eine kahle Hügelkette überwanden, sahen sie sich den pausenlosen Angriffen muslimischer Bogenschützen ausgesetzt. Halb verdurstet, machte das Heer auf einer wasserlosen Hochebene bei einem zweigipfligen Hügel, den so genannten Hörnern von Hattin, Halt. Nachts wurden die Christen von Saladins Truppen umzingelt, die in dem das Lager umgebenden Gehölz Feuer legten. Am nächsten Morgen versuchten die Christen, die nun schon beinahe verdurstet waren, einen Ausfall, doch ihre Fußsoldaten wurden niedergemacht. Graf Raymond von Tripolis gelang der Ausbruch, doch die christliche Reiterei fiel größtenteils den muslimischen Bogenschützen zum Opfer. Die übrigen Ritter zogen sich auf eines der Hörner zurück und leisteten dort tapferen Widerstand, bis sie sich ergeben mussten.

1137–1193

SALADIN

Saladin war ein kurdischer Krieger, der 1171 in Ägypten die Macht an sich riss und das Kalifat der Fatimiden durch seine eigene Dynastie der Ajjubiden ersetzte. Eine Reihe von Feldzügen trug ihm die Herrschaft über Damaskus und Aleppo ein, danach konzentrierte er sich auf den Dschihad gegen die Christen. Militärisch war Saladin vorsichtig und wartete auf die günstige Gelegenheit.

FROMMER HERRSCHER
Saladin war fromm, schreckte aber auch vor Blutvergießen nicht zurück.

ERSTARKEN DER MUSLIME
Nach der Schlacht von Hattin, hier die Illustration aus einer französischen Handschrift des 15. Jh., setzte Saladin mit der Einnahme Jerusalems seine Siegesserie fort.

KOPFSCHUTZ
Zur Zeit der Kreuzzüge war ein Kettenhemd und eine eiserne Haube mit angehängtem Kopf- und Gesichtsschutz üblich.

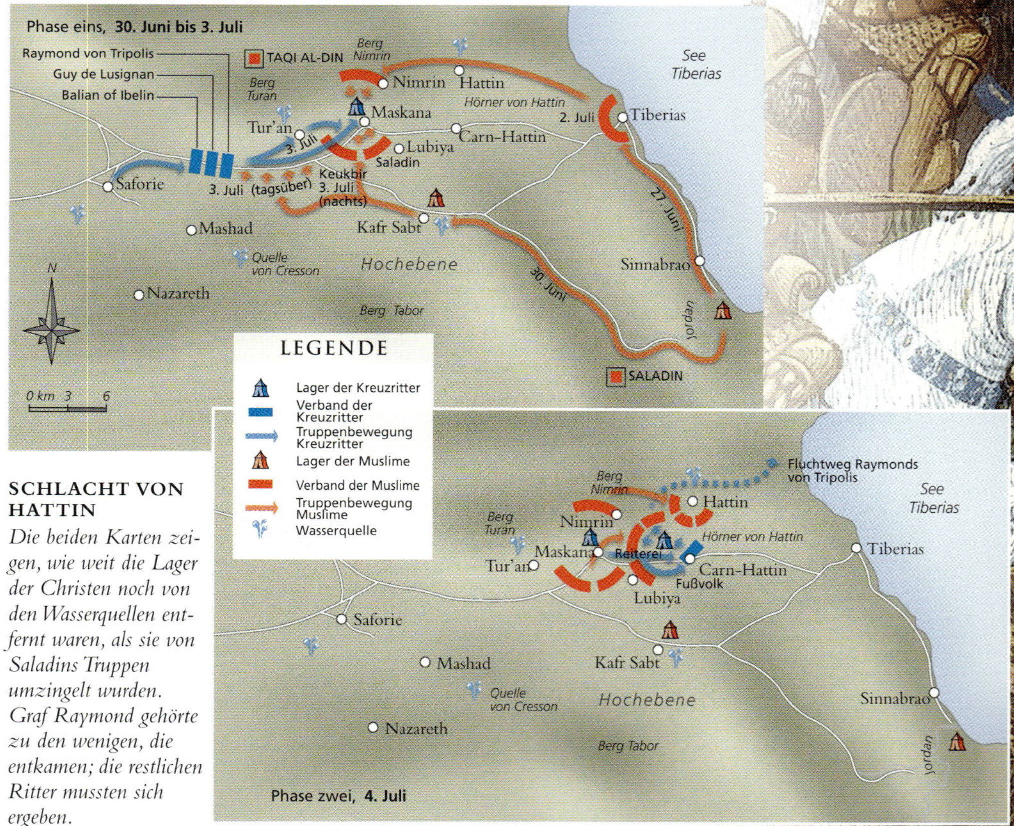

SCHLACHT VON HATTIN
Die beiden Karten zeigen, wie weit die Lager der Christen noch von den Wasserquellen entfernt waren, als sie von Saladins Truppen umzingelt wurden. Graf Raymond gehörte zu den wenigen, die entkamen; die restlichen Ritter mussten sich ergeben.

NIEDERGANG DER KREUZZUGSIDEE

Nach der triumphalen Einnahme Jerusalems durch Saladin rief Papst Clemens III. zu einem dritten Kreuzzug auf. Die mächtigsten Herrscher Europas, Friedrich Barbarossa, Richard Löwenherz von England und Philipp August von Frankreich, folgten dem Appell, doch Friedrich ertrank auf dem Weg nach Palästina und Richard und Philipp hatten nur mäßigen Erfolg. Auf weiteren Kreuzzügen wurden Konstantinopel (dem vierten) und Ägypten (dem fünften und siebten) angegriffen und vor allem Geschäfte mit muslimischen Herrschern gemacht. Kaiser Friedrich II, der den sechsten Kreuzzug anführte, konnte durch geschickte Diplomatie zwar Jerusalem zurückgewinnen, wurde aber trotz seiner Mühen exkommuniziert. Am Ende des 13. Jh. waren die Kreuzfahrerstaaten in Palästina von der Landkarte verschwunden.

DRITTER KREUZZUG

Belagerung von Akko

ORT
Akko im heutigen Israel

DATUM
28. August 1189–12. Juli 1191

STREITKRÄFTE
Christen: unbekannt; Muslime: unbekannt

VERLUSTE
nicht verbürgt

Angeführt von Guy de Lusignan, begann 1189 eine kleine Streitmacht mit der Belagerung Akkos, das zwei Jahre zuvor an Saladin gefallen war. Pisaner und Genueser unterstützten das Unternehmen mit einer Seeblockade. Im April 1191 schloss sich König Philipp von Frankreich an, und als im Juni König Richard von England hinzukam, war die Überlegenheit gesichert. Saladins Truppen gelang kein Entsatz. Nachdem einige Breschen in die Mauern geschlagen waren, kapitulierten die Belagerten schließlich.

AKKO
Kreuzritter gehen 1191 in Akko von Bord. Die Fähigkeit, die Kreuzfahrerstaaten über See zu versorgen, hatte eine entscheidende Bedeutung.

DRITTER KREUZZUG

Arsuf

ORT
Küstengebiet Palästinas

DATUM
7. September 1191

STREITKRÄFTE
Kreuzfahrer: weniger als 50 000; Muslime: unbekannt

VERLUSTE
Muslime: 7000 Gefallene; Kreuzfahrer: 700 Gefallene

Am 22. August marschierte Richard Löwenherz, von Saladins Heer beschattet, von Akko aus südwärts. Die Vorausabteilung des Heeres stellten die Tempelritter, die Johanniter bildeten die Nachhut, während Armbrustschützen und Fußvolk die landseitige Flanke deckten. Die Ritter hatten strengen Befehl, Marschordnung zu halten, so sehr sie auch von den überfallartigen Attacken der Muslime provoziert werden sollten. Am 7. September jedoch war Richard zur Schlacht entschlossen. Auf ein vereinbartes Hornsignal hin griffen die christlichen Ritter an und trieben Saladins Männer in wenigen Minuten auseinander. Es gelang Richard aber nicht, Jerusalem im Jahr darauf einzunehmen.

VIERTER KREUZZUG

Konstantinopel

ORT
heutiges Istanbul

DATUM
Juli 1203–April 1204

STREITKRÄFTE
Christen: unbekannt; Muslime: unbekannt

VERLUSTE
nicht verbürgt

Im Jahre 1201 rief Papst Innozenz III. zu einem weiteren Kreuzzug auf – dem vierten. Enrico Dandolo, Doge von Venedig, verpflichtete sich, Schiffe für 25 000 Kreuzfahrer zu stellen und das Heer überzusetzen, wenn ihm bei der Eroberung Zadars, eines ehemaligen venezianischen Gebiets, das nun in ungarischer Hand war, geholfen werde. Im Jahre 1202 war Zadar vereinbarungsgemäß erobert und geplündert. Unter den Kreuzfahrern befand sich Alexius, ein Anwärter auf den byzantinischen Thron, der ihnen 200 000 Mark bot, wenn man ihn als byzantinischen Herrscher einsetze. Nachdem im Juni 1203 Konstantinopel erreicht war, begannen die Kreuzfahrer im Monat darauf den Sturm auf die Stadt. Kaiser Alexius III. floh, was den Fall der Stadt beschleunigte. Der Kandidat der Kreuzfahrer wurde als Alexius IV. auf den Thron gesetzt. Die Venezianer und die Kreuzfahrer bezogen ein Lager und warteten auf ihre 200 000 Mark. Doch das Geld kam nicht. Stattdessen wurde Alexius IV. bei einer Palastrevolution gestürzt, und sein Nachfolger, Alexius V., richtete sich darauf ein, die Stadt zu verteidigen. Der erste Angriff der Kreuzfahrer am 6. April 1204 wurde bei schweren Verlusten abgewehrt, doch sechs Tage später, während eines Sturms auf die seewärtigen Mauern, brach in der Stadt eine Feuersbrunst aus, welche die Verteidiger in Panik auseinander trieb. Drei Tage lang wurde Konstantinopel geplündert und die Einwohner erschlagen.

STURM AUF ZADAR
Bei der Einnahme Zadars im Jahre 1202 kämpften die Kreuzritter gegen ihre christlichen Mitbrüder, die Ungarn.

SIEBTER KREUZZUG

Harbiyah

DATUM 17. Oktober 1244

STREITKRÄFTE 1500 christliche Ritter, dazu muslimische Verbündete; 5000 Ägypter, dazu Chwarismier

ORT bei Gaza

VERLUSTE 5000 Christen gefallen, 800 in Gefangenschaft geraten

Im Jahre 1244 streiften chwarismische Reiter aus Zentralasien durch Syrien und Palästina und griffen Christen und Muslime gleichermaßen an. Sie nahmen Jerusalem ein und verbündeten sich dann mit den Ägyptern. Um sich ihnen zu widersetzen, paktierten die Tempelritter mit den muslimischen Herrschern von Homs und Damaskus. Ein vereintes muslimisch-christliches Heer marschierte nach Ägypten, wo es von einer Chwarismierhorde und einer disziplinierten ägyptischen Armee erwartet wurde, zu der auch Mameluken, also Sklavensoldaten, gehörten. Die Chwarismier griffen an und durchbrachen den muslimischen linken Flügel des Heeres, sodass die Christen in der Falle saßen. Obgleich sie tapfer kämpften, fielen die meisten Christen.

SIEBTER KREUZZUG

Mansurah

DATUM 8. Februar 1250

STREITKRÄFTE Christen: 20000 Reiter, 40000 Fußvolk; Ägypter: 70000 Soldaten

ORT Nildelta, Nordägypten

VERLUSTE schwere Verluste auf beiden Seiten

Im Jahre 1249 landete der französische König Ludwig IX. in Ägypten und nahm schon nach kurzer Zeit die Stadt Damiette ein. Auf dem Vormarsch nach Kairo stieß er im Dezember auf ein großes ägyptisches Heer. Im Morgengrauen des 8. Februar führte Robert von Artois, ein Bruder des Königs, sofort einen Überraschungsangriff gegen das ägyptische Lager, bei dem viele Ägypter ums Leben kamen. Die restlichen flohen ins nahe Mansurah. Die christlichen Ritter gelangten unangefochten in die Stadt, doch dann, gefangen in den engen Gassen, wurden sie erschlagen. Außerhalb der Stadt behielten die Christen jedoch die Oberhand. Es war allerdings nur ein Scheinsieg. Von Krankheiten dezimiert und ständig bedrängt von den ägyptischen Kräften, versuchten die Kreuzfahrer, sich nach Damiette zurückzuziehen. Am 6. April wurden sie bei Fariskur überrannt und fast alle entweder umgebracht oder, wie König Ludwig, gefangen genommen.

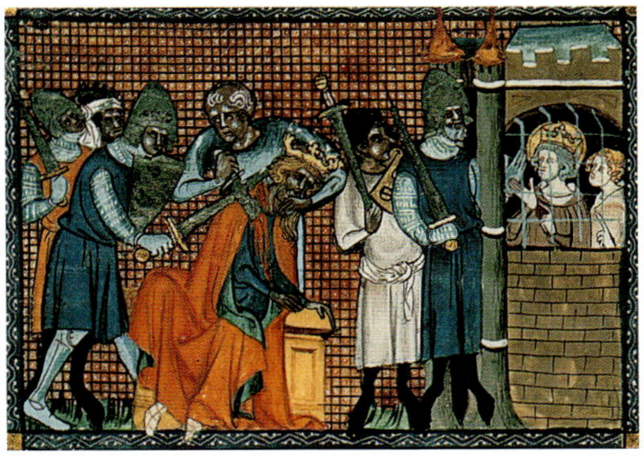

GEFANGENER
König Ludwig IX. wurde von den Muslimen gefangen und in Mansura in Ketten gehalten.

1215–70

LUDWIG IX.

Ludwig IX. von Frankreich begab sich 1248 auf seinen ersten Kreuzzug (den siebten), um Ägypten zu besiegen und Jerusalem zurückzugewinnen. Der Kreuzzug endete in einer Katastrophe: Ludwig geriet in muslimische Gefangenschaft und sein Bruder, der Graf von Artois, fand den Tod. Für Ludwigs Freilassung musste ein ungeheueres Lösegeld gezahlt und Damiette den Ägyptern wieder übergeben werden. Seine lange und friedvolle Regierungszeit in Frankreich endete 1270, als er einen weiteren Kreuzzug (den achten) antrat und in Tunesien einer Epidemie erlag.

HEILIGER UND KÖNIG
Dieses Bildnis, geschaffen im 15. Jh. von dem italienischen Maler Vivarini, zeigt König Ludwig als Heiligen.

FALL DER KREUZRITTERSTAATEN

Fall von Akko

DATUM 6. April–28. Mai 1291

STREITKRÄFTE Muslime: 60000 Reiter, 160000 Fußvolk; Christen: 1000 Ritter, 16000 Fußvolk

ORT Akko, heutiges Israel

VERLUSTE nicht verbürgt

1260 übernahm Baibars die Herrschaft in Ägypten. Da diesem unversöhnlichen Muslimkrieger nun der ungeheure Reichtum des Landes zur Verfügung stand, waren die Kreuzfahrerstaaten zum Untergang verurteilt. Der Reihe nach eroberte er ihre Städte und Burgen, wobei er zahllose Belagerungsmaschinen einsetzte: Antiochia fiel 1268, der Krak des Chevaliers 1271. Baibars' Tod im Jahr 1277 brachte einen gewissen Aufschub, doch Qalawun, der neue Herrscher Ägyptens, und ab 1290 sein Sohn al-Aschraf Khalil setzten die Eroberungen fort. Zu dieser Zeit war nur noch die Hafenstadt Akko in christlicher Hand. 1291 begann al-Aschraf mit der Belagerung Akkos. Die Stadt war auf einer Halbinsel gelegen und von einer doppelten Mauer umringt, die um zwölf Türme verstärkt war. Tag für Tag hämmerten die Belagerungsmaschinen der Muslime auf die Mauern ein, während ihre Sappeure sie zu unterhöhlen begannen. Am 18. Mai stürzte ein Teil der äußeren Mauer ein und al-Aschraf befahl den Großangriff. Ein christlicher Augenzeuge: »Sie kamen zu Fuß, in unfassbar großen Scharen … die mit Bolzen und gefiederten Pfeilen so um sich schossen, dass man glaubte, ein schwerer Regen falle vom Himmel …« Die Muslime bahnten sich kämpfend einen Weg in die Stadt und wer nicht mit dem Boot flüchten konnte, wurde umgebracht oder geriet in Gefangenschaft. Am Abend hielten nur noch die Templer ihre Stellung. Am 28. Mai hatten al-Aschrafs Sappeure auch deren Mauern unterhöhlt. Mit dem Einsturz dieser letzten Bastion wurde Akko endgültig muslimisch.

RITTER UND KREUZ
Dieser Ritter trägt den weißen Überwurf mit dem roten Kreuz der Templer. Die Tempelritter spielten bei der Verteidigung Akkos eine Schlüsselrolle; ihnen gelang es, beim Fall der Stadt einige ihrer zivilen Bewohner zu retten.

KREUZFAHRERBURG
Die Johanniterfestung Krak des Chevaliers galt als eine der stärksten der Welt. Nach langer Belagerung konnte Baibars sie 1271 einnehmen und zum Ausgangspunkt seiner Angriffe auf die letzten Kreuzfahrerstützpunkte an der Küste machen.

DIE RECONQUISTA

SEIT DEM 8. JH. HATTEN muslimische Herrscher den größten Teil der iberischen Halbinsel in ihrer Gewalt. Nachdem das Kalifat von Córdoba im frühen 11. Jh. zerfallen war, begannen die christlichen Königreiche Kastilien, León, Aragon und Portugal die Reconquista, in deren Verlauf sie die Muslime zurückdrängten und schließlich ganz vertrieben.

RECONQUISTA *Bis 1492 hatten die Christen ganz Iberien in ihre Hand gebracht.*

RECONQUISTA

Belagerung Toledos

ORT Toledo, Zentralspanien

DATUM Herbst 1084–25. Mai 1085

STREITKRÄFTE unbekannt

VERLUSTE unbekannt

Im 11. Jh. war das muslimische Emirat Spanien in zahlreiche kleine Königreiche, so genannte Taifa, zerfallen. König Alfons VI. von León und Kastilien nutzte deren Uneinigkeit und machte sich die benachbarten Taifakönige tributpflichtig. Als 1081 eine Gruppe im muslimischen Toledo ein Ende dieser Zahlungen forderte, belagerte Alfons die Stadt. Zunächst begann er nur halbherzig, verstärkte aber im Herbst 1084 den Belagerungsring um Toledo. Dazu verwüstete er das Umland, um die einsetzende Hungersnot zu verschärfen. Der toledanische Herrscher al-Qadir wandte sich an die übrigen Muslimkönigreiche um Hilfe, doch niemand kam der Bitte nach. Am 6. Mai 1085 war al-Qadir zur Kapitulation bereit und am 25. Mai zog Alfons in die Stadt ein. Dies war die bis dahin größte Stadt, die von den spanischen Christen eingenommen wurde, und Toledos Herrscher, die Dhul-nuniden, waren die erste Muslimdynastie, die durch einen Angriff der Christen entthront wurde. Die Eroberung der Stadt bedeutete, dass die spanischen Christen nun nach alle Seiten gegen maurisches Gebiet vorgehen konnten.

GLAUBENSKÄMPFER *Als man um 800 die sterblichen Überreste des hl. Jakob in Compostela entdeckte, wurde er zum Schutzpatron der Reconquista. Angeblich kam er den Christen zu Hilfe; daher sein Beiname »Matamoros«, Maurentöter.*

RECONQUISTA

Belagerung Valencias

ORT Valencia an der Mittelmeerküste Spaniens

DATUM Juli 1093–16. Juni 1094

STREITKRÄFTE Christen: unbekannt; Muslime: unbekannt

VERLUSTE unbekannt; 30000 Gefangene

Nachdem er zehn Jahre lang in Ostspanien als Söldner in christlichen und muslimischen Diensten gestanden hatte, war Rodrigo Díaz »El Cid« (siehe Kasten) in den 90er-Jahren des 11. Jh. aus eigener Kraft zu einer einflussreichen Persönlichkeit geworden. Der muslimische König der Stadt Valencia war praktisch von ihm abhängig. Doch 1086 fielen in Spanien von Süden her die Almoraviden ein, eine expansionistische Muslimsekte mit dem marokkanischen Marrakesch als Machtbasis. Deren Anführer Yusuf ibn Tashufin besiegte 1086 Alfons VI. bei Zallaka und eroberte das ganze muslimische Spanien. Valencia bekam einen neuen Herrscher, Ibn Jehhaf, einen Lehnsmann der Almoraviden.

> »Die Stadt war von der gesamten maurischen Welt abgeschnitten und stand allein inmitten eines Meeres von Blut.«
>
> *Ibn Alcama, ein maurischer Historiker und Augenzeuge der Belagerung Valencias in seiner* Geschichte der Eroberung Granadas durch El Cid, 1110

EL CIDS SCHWERT *El Tizona, das Schwert des Cid, wurde von einem Muslimkönig geraubt. Im 20. Jh. versuchte der spanische Diktator Franco vergeblich, es zu erwerben.*

Im Juli 1093 begann El Cid die Belagerung der Stadt. Die almoravidische Garnison verließ die Stadt, doch Jehhaf wollte nicht kapitulieren. Als Reaktion verschärfte El Cid daraufhin die Belagerung und machte die Vorstädte Valencias dem Erdboden gleich. Im April 1094 wurden die Lebensmittel in der Stadt extrem knapp, es war sogar von Kannibalismus die Rede. El Cid verstärkte den Druck und begann, die Befestigungsanlagen mit Belagerungsmaschinen zu bearbeiten. Im Juni war Valencia zur Übergabe gezwungen und El Cid zog in die Stadt ein. Doch ein Almoravidenheer war bereits zum Gegenangriff unterwegs. Im Dezember 1094 legt El Cid einen Hinterhalt und besiegte diese Armee bei Cuerte, 7 km vor Valencia.

um 1040–1099

EL CID

Anfang zwanzig diente Rodrigo Díaz de Vivar, Beiname »El Cid« (Verballhornung von arabisch »Herr«) im Heer des späteren Sancho II. von Kastilien. Im Jahre 1081 jedoch geriet er mit Alfons VI. von Kastilien in Streit und wurde des Landes verwiesen. Er verdingte sich daraufhin als Söldner in Ostspanien und kämpfte sowohl auf christlicher wie auf maurischer Seite – pure Ironie, bedenkt man, dass er die Ikone der Reconquista war. Die christliche Herrschaft in Valencia währte nicht lange über den Tod des Cid hinaus, bis 1102.

EL CID *El Cid hieß wegen seines Wagemuts im Gefecht auch »el Campeador«, der Kämpfer.*

RECONQUISTA

Belagerung Saragossas

ORT Zaragoza in Nordostspanien

DATUM Winter 1118

STREITKRÄFTE Christen: unbekannt; Muslime: unbekannt

VERLUSTE nicht verbürgt

Alfons I. von Aragonien, der Schlachtenkämpfer, war fest entschlossen, die muslimischen Almoraviden aus Spanien zu vertreiben, und begrüßte daher die Hilfe der französischen Kreuzritter bei seinem Vorhaben. Alfons' Feldzug gegen Saragossa wurde als Kreuzzug deklariert, und Gaston von Béarn, der schon an der Eroberung Jerusalems (siehe S. 80) teilgenommen hatte, schloss sich an und überwachte den Bau von Belagerungstürmen und 20 Katapulten, mit denen die Verteidiger der Stadt beschossen wurden. Ein muslimisches Entsatzheer unter dem Almoravidenfeldherrn Tamim erschien, das Alfons am 8. Dezember in offener Feldschlacht besiegte. Saragossa kapitulierte unter dem Druck der neu anhebenden Belagerung.

RECONQUISTA

Belagerung Lissabons

DATUM
28. Juni–24. Oktober 1147

STREITKRÄFTE
Kreuzritter: 13000 Mann, 164 Schiffe; Muslime: unbekannt

ORT
Lissabon, Portugal

VERLUSTE
nicht verbürgt

Der Sieg in der Schlacht bei Ourique im westlichen Iberien im Jahre 1139 trug Alfonso Henriques als Erstem die Krone Portugals ein. 1147 überredete er eine deutsch-flämisch-englische Kreuzfahrerflotte, die sich auf dem Weg ins Heilige Land befand, zur Unterbrechung der Fahrt, um ihm bei der Eroberung des muslimischen Lissabon behilflich zu sein. Die Kreuzfahrer landeten am 28. Juni außerhalb der Stadt und besetzten nach einer Reihe von Scharmützeln am 1. Juli die Randbezirke. Zunächst verlief die Belagerung schlecht: Fünf Katapulte, mit denen die Mauern sturmreif geschossen werden sollten, wurden zerstört und ein Belagerungsturm blieb im Morast stecken. Die Deutschen und Flamen unterminierten die Stadtmauern, sodass sich am 16. Oktober eine Bresche schlagen ließ, doch die Verteidiger konnten die Erstürmung abwenden. Am 19. Oktober hatten die Engländer einen zweiten Belagerungsturm fertig. Als der gegen die Mauern gerollt wurde, willigten die Mauren in die Übergabe ein.

RECONQUISTA

Las Navas de Tolosa

DATUM
16.–17. Juli 1212

STREITKRÄFTE
Christen: 60000–80000; Muslime: 100000

ORT
in der südspanischen Sierra Morena

VERLUSTE
vielleicht 60000 Gefallene

Mitte des 12. Jh. eroberten die Almohaden, Anhänger einer muslimischen Sekte, das almoravidische Marokko und Spanien und errangen 1195 bei Alarcos einen überwältigenden Sieg über ein christliches Heer. Alfons VIII. von Kastilien konnte angesichts dieser maurischen Offensive Papst Innozenz III. bewegen, gegen sie den Kreuzzug auszurufen. Am 20. Juni 1212 marschierte ein großes Kreuzfahrerheer von Toledo aus südwärts. Die spanischen Ritterorden von Calatrava und Santiago sowie die Bürgerwehren spanischer Städte stellten den entscheidenden größten Teil des Heeres. Der Kalif al-Nasir erwartete die Christen auf der Hochebene von Las Navas de Tolosa in der Annahme, sie würden sich ihren Weg durch die bestens verteidigte Losa-Schlucht bahnen. Doch ein einheimischer Hirte führte Alfons' Heer über einen geheimen Pfad, sodass es die Muslime auf dem Plateau überraschen konnte. Die leicht bewaffneten Almohaden hofften, die schwerere christliche Reiterei schwächen zu können, um dann im Handgemenge die Entscheidung herbeizuführen. Zunächst war al-Nasirs Taktik erfolgreich, doch dann gab Alfons seiner Kavalleriereserve den Befehl zum Angriff und zerschlug so das Heer der Almohaden, die auf der Flucht niedergemacht wurden. Mit diesem Sieg war die Herrschaft der Almohaden in Spanien beendet.

ALFONS TRIUMPHIERT
Der Sieg Alfons' VIII. schuf die Voraussetzungen für die Christen, den größten Teil der Iberischen Halbinsel bis Mitte des 13. Jh. zurückzuerobern.

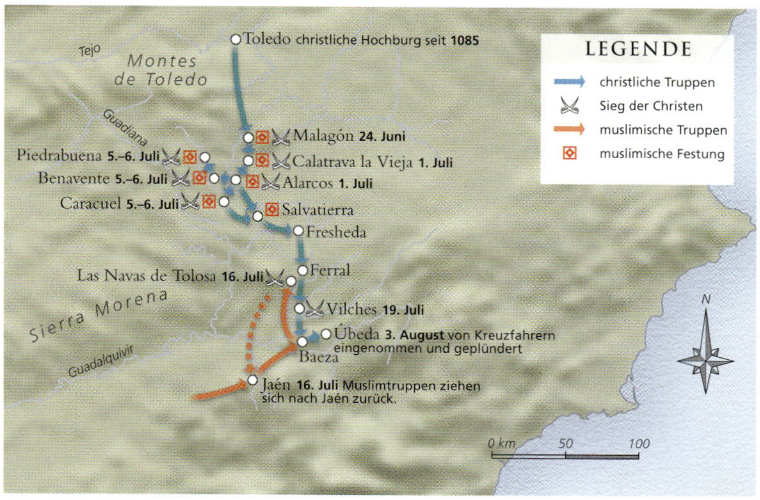

RECONQUISTA

Fall von Granada

DATUM Februar 1482–2. Januar 1492

STREITKRÄFTE Spanier: zunächst 26000, später bis zu 60000; Mauren von Granada: 53000 bei Beginn der Belagerung

ORT
Königreich Granada in Südspanien

VERLUSTE
nicht verbürgt

Im 15. Jh. war Granada die letzte Enklave muslimischer Herrschaft in Spanien. 1479 waren Isabella von Kastilien und Ferdinand von Aragonien als gemeinsame Herrscher über das christliche Spanien eingesetzt worden. Fest entschlossen, die Reconquista erfolgreich zu beenden, fiel im Februar 1482 ein von Ferdinand befehligtes Heer in Granada ein. Bei den meisten seiner Reiter handelte es sich um Caballeros a la Jinete – eine leichte Kavallerie, die sich zum Kämpfen in trocken-heißen Regionen bestens eignete. Zum spanischen Heer gehörte auch eine Abteilung schweizerischer Pikeniere, dazu verfügte es über reichlich Feuerwaffen. 1485 besaß die Artillerie 91 Kanonen, dazu ein mit primitiven Arkebusen bewaffnetes Hilfskorps. In einem achtjährigen Feldzug, der seine streitlustigen Männer zu einer erfahrenen, disziplinierten Armee werden ließ, eroberte Ferdinand systematisch das Umland Granadas. Interne Kämpfe unter den Angehörigen der in Granada herrschenden maurischen Dynastie der Nasriden verhinderten jeden koordinierten muslimischen Gegenangriff. Nachdem die Stadt seit April 1491 belagert worden war, kapitulierte Granada am Neujahrstag 1492.

ALHAMBRA
Die Alhambra in Granada fiel als letzte Hochburg der Mauren in Spanien. Sie ist Zeugnis der großartigen muslimischen Kulturleistungen auf der Iberischen Halbinsel.

DIE MONGOLEN

DIE MONGOLISCHEN EROBERUNGEN im 13. Jh. sind niemals übertroffen worden. Unter der Führung von Dschingis Khan und seinen Nachfolgern stießen die Reiter aus der Steppe nach Osten und Westen vor; sie eroberten China und die muslimischen Staaten Mittelasiens und drangen tief nach Europa und Nahost ein. Zwar scheiterten ihre Versuche, die mongolische Herrschaft auch nach Japan und Südostasien auszuweiten, doch sie erlitten nur eine einzige entscheidende Niederlage.

DAS MONGOLENREICH
Die Mongolen beherrschten ein Gebiet, das vom heutigen Korea bis Osteuropa reichte. Um 1300 war dieses Reich in vier Khanate untergliedert.

LEGENDE
Feldzüge des Dschingis Khan 1206–1227
Reich des Dschingis Khan 1227
Feldzüge der Nachfolger des Dschingis Khan
Reiche der Nachfolger des Dschingis Khan
Seidenstraße

MODERNE NOMADEN
Wie ihre mittelalterlichen Vorfahren reiten diese Mongolen aus Bogdo Suma auf ihren kleinen Pferden über die Steppe.

BERITTENE KRIEGER

Die Mongolen – Stämme aus dem Grasland im Norden der Wüste Gobi, die sich unter Dschingis Khan zusammenschlossen – folgten der Tradition der Steppenkrieger: hochbeweglich als berittene Bogenschützen, die ihre Feinde mit einem Pfeilhagel bedachten, während sie sich selbst jedem Zugriff des Gegners entzogen. Sie wandten ganz ähnliche Listen an wie schon 1000 Jahre vor ihnen die Hunnen: vorgetäuschtes Flüchten, um die Verfolger anschließend zu umzingeln. Sie verfügten aber auch über gepanzerte Lanzenreiter, die den Feind in Nahkämpfe verwickelten, eine Vorbedingung für entscheidende Siege. Die Fähigkeit der Mongolen, kämpfend ungeheure Weiten zu überwinden, war einerseits der Ausdauer ihrer kleinen Steppenpferde zu verdanken und andererseits der Tatsache, dass sie auf einen Tross für die eigene Verpflegung verzichten konnten.

Wie die meisten Heere jener Zeit führte auch dieses ein großes Gefolge mit sich, doch es lebte vom Plündern und Furagieren.

TERROR
Die Mongolen pflegten ihren Ruf besonderer Brutalität. Manche der von ihnen zerstörten Städte wie dieser Ort im afghanischen Bamiantal wurden nie wieder aufgebaut.

MONGOLENHEERE

Die mongolischen Heere waren alles andere als eine einzige Horde. Jedes Tumen, ein Verband von 10 000 Mann, war unterteilt in Tausender-, Hunderter- und Zehnereinheiten von Kriegern. Diese modern anmutende Gliederung mit nachgeordneten Befehlshabern, die zu Entscheidungen auf dem Gefechtsfeld ermächtigt waren, war eine in der Steppe seit den Zeiten der Hunnen tradierte Praxis. Dschingis Khan führte eine meritokratische Armee, in der tüchtige Kämpfer ohne Ansehen ihrer Herkunft in die höchsten Ränge aufstiegen. Angehörigen unterworfener Völker stand es frei, sich dem mongolischen Heer anzuschließen. Türkische, arabische und chinesische Freiwillige brachten Fertigkeiten mit, die den Mongolen fehlten – besonders beim Belagerungskrieg –, und trugen zur numerischen Stärke der Mongolenheere bei. Ihre Zahl hätte sonst nicht ausgereicht, um einen ganzen Kontinent zu erobern.

MONGOLISCHE RÜSTUNG

SCHEIDE

DOLCHE

RÜSTUNG UND WAFFEN
Diese mongolische Rüstung aus kleinen, einander überlappenden Stahlplatten stammt aus dem 14. Jh. Der Kompositbogen, der im Reiten abgeschossen wurde, war die Hauptwaffe der Mongolen, hinzu kamen Schwert und Dolche.

um 1162–1227

DSCHINGIS KHAN

Temüdschin, der später als Dschingis Khan (»Herr der Welt«) bekannt wurde, war der Sohn eines Stammeshäuptlings im Norden der heutigen Mongolei. Als er 13 Jahre alt war, wurde sein Vater ermordet, sodass Temüdschin nichts anderes übrig blieb, als die Kunst des Überlebens zu erlernen. Nachdem er durch diplomatisches Geschick und Rücksichtslosigkeit an die Macht gelangt war, vereinte er die sich bekriegenden Stämme unter seiner Führung. Eine Versammlung bestätigte ihn 1206 als Führer.

TRIUMPH UND REICHSTEILUNG

Dschingis Khan begann die mongolischen Eroberungen im Jahre 1211 mit dem Einmarsch nach Nordchina, ein Gebiet, in dem Nomadeneinfälle eine lange Geschichte haben. Zunächst gelang es den Mongolen nicht, sich der ummauerten Städte zu bemächtigen, doch lernten sie mithilfe chinesischer Pioniere sehr schnell die Kunst der Belagerung. Anschließend wandte sich Dschingis Khan westwärts und nahm die großen asiatischen Städte Buchara und Samarkand ein. Der Drang nach Westen hielt unter seinem Sohn Ögädäi an, der sich Russland unterwarf. Als Ögädäi 1243 starb, hatten die Mongolen Polen, Ungarn und den östlichen Mittelmeerraum erreicht. Etwa um 1250 war Karakorum, die mongolische Hauptstadt, das Weltzentrum der Diplomatie und empfing Gesandte vom französischen König, dem byzantinischen Kaiser und den russischen Fürsten. Weitere Triumphe folgten. 1258 eroberten und zerstörten mongolische Truppen die islamische Hauptstadt Bagdad; zwei Jahre später machte sich Dschingis Khans Enkel Kublai Khan an die Eroberung Südchinas und gründete eine kurzlebige Dynastie chinesischer Kaiser, die Yüan-Dynastie. Im Westen erstreckten sich mongolische Khanate bis ans Schwarze Meer und den Persischen Golf, doch seit der Mitte des 13. Jh. untergruben Nachfolgestreitigkeiten die mongolische Einheit. Als Kublai Khan 1294 starb, war die große Welle der mongolischen Eroberungen bereits vorüber.

VERSAMMLUNG DER ANFÜHRER
Dschingis Khan als Vorsitzender eines Kuriltai, *des Rates der Stammesführer. Ein* Kuriltai *– alle Anführer mussten heimkehren, um daran teilzunehmen – bewahrte Westeuropa vor einem Mongoleneinfall.*

KEULE, LANZE UND BOGEN
Diese Darstellung kämpfender Mongolen aus dem 14. Jh. zeigt ihre Bewaffnung sehr realistisch, nicht jedoch ihre eigentlich kleinen, robusten Pferde.

EROBERUNGEN IN ASIEN UND EUROPA

Dank ihrer grossen Beweglichkeit und außerordentlichen Fähigkeiten im Kampf und bei der Belagerung konnten die Mongolenheere ihren Machtbereich westwärts über den größten Teil Asiens und Mitteleuropas ausdehnen. Nach der Schlacht bei Liegnitz 1241 und der folgenden schweren Niederlage der Ungarn am Sajo konnten die Mongolen Aufklärertrupps bis nach Wien und den Alpen vorausschicken. Nur weil der Großkhan Ögädäi plötzlich starb und die Mongolen heimwärts ziehen mussten, um die Nachfolge zu regeln, blieb Westeuropa von einer Invasion verschont. Ein ähnliches Glück hatte die islamische Welt im Jahre 1259. Der Mongole Hülägü, der Bagdad zerstört hatte, eroberte Syrien und Palästina und schickte sich gerade an, in Ägypten einzufallen, als er den Rückmarsch antrat, weil der Khan Möngke verstorben und ein Streit um seine Nachfolge entbrannt war.

MONGOLISCHE FELDZÜGE IN RUSSLAND

Kalka

DATUM 31. Mai 1223

STREITKRÄFTE Mongolen: 40000; Russen und Kumanen: 80000

ORT bei Mariupol, Ukraine, nördlich des Asowschen Meeres

VERLUSTE nicht verbürgt

1222 überquerten die Mongolen den Kaukasus und drangen ins Gebiet der Kumanen ein. Ein Heer der Russen und Kumanen traf an der Kalka auf eine kleinere mongolische Armee. Die mongolischen Friedensboten wurden ermordet. Daraufhin schlugen die Mongolen die Kumanen in die Flucht und vernichteten die Russen beinahe vollständig.

MONGOLENGELD
Diese Münze ließ der Großkhan Ögädäi schlagen.

MONGOLISCHE FELDZÜGE IN RUSSLAND

Wladimir

DATUM 1228

STREITKRÄFTE Mongolen: 150000 Reiter; Russen: unbekannt

ORT östlich von Moskau, Russland

VERLUSTE nicht verbürgt

1237 begannen die Mongolen eine Invasion der russischen Fürstentümer. Nominell war Batu Khan, ein Enkel Dschingis Khans, der mongolische Heerführer, doch tatsächlich hatte Subotai, einer der Truppenführer beim Treffen an der Kalka, das Kommando. Die Mongolen griffen mitten im Winter an und ritten über die vielen vereisten Flüsse, die ihr Vorankommen sonst wohl behindert hätten. Die Russen glaubten sich innerhalb ihrer ummauerten Städte sicher, doch Befestigungen schreckten die Mongolen nicht. Anfang 1238 plünderten sie Rjasan, Moskau und Wladimir, wonach alle drei Städte bis auf den Grund niedergebrannt wurden. Im März vernichteten die Mongolen am Fluss Sin ein russisches Heer unter Juri II., dem Großfürsten von Wladimir. Dann zogen sie südwärts in die Ukraine.

FELDHERR BATU KHAN
Batu Khan, oberster Kriegsherr des westlichen Mongolenreiches, trug die Gesamtverantwortung für die Invasion Mitteleuropas.

WLADIMIR BRENNT
Die eroberten Städte wurden niedergebrannt, um Schrecken zu verbreiten und Feinde zur Unterwerfung zu bringen.

MONGOLISCHE FELDZÜGE IN EUROPA

Liegnitz

DATUM 9. April 1241

STREITKRÄFTE Mongolen: 20000; Deutsche und Polen: 40000

ORT Liegnitz (Legnica), Niederschlesien, Polen

VERLUSTE Deutsche und Polen: 30000

1241 befehligte Subotai eine mongolische Invasion Westeuropas. Ein Teil des Heeres unter Ögädäis Enkel Kaidu zog durch Polen. Bei Liegnitz kam es zu einem Treffen mit einem deutsch-polnischen Ritterheer. Kaidu griff sofort an. Seine Bogenschützen deckten die Verbündeten mit einem solchen Pfeilhagel ein, dass ein Teil flüchtete. Dann gerieten die Lanzenreiter der Mongolen und die schwer gepanzerten christlichen Ritter aneinander. Die Mongolen wichen unter dem Angriff der Ritter zurück, machten dann jedoch plötzlich kehrt und umfassten die Verfolger. Die Christen erlitten große Verluste, darunter viele Adlige.

SCHAURIGE TROPHÄEN
Nach der Schlacht bei Liegnitz sammelten die Mongolen die Ohren der Feinde und steckten deren Köpfe auf Lanzen.

MONGOLISCHE FELDZÜGE IN PERSIEN

Fall Bagdads

DATUM
11. Januar–10. Februar 1258

STREITKRÄFTE
Mongolen: 150000

VERLUSTE
Bewohner Bagdads: 80000

ORT
Bagdad, Persien (heute Irak)

Im Jahre 1256 fasste Hülägü, der Mongolenkhan von Persien und Bruder des Großkhans Möngke, den Vorsatz, das muslimische Abbasiden-Kalifat in Bagdad zu erobern. Obgleich die wirkliche Macht in der islamischen Welt sich längst nach Kairo und Damaskus verschoben hatte, war al-Mustasim, der 37. Kalif, für die Muslime noch immer eine Figur von großer symbolischer Bedeutung. Hülägüs Forderung, die mongolische Oberherrschaft anzuerkennen, wurde hochmütig zurückgewiesen. Daraufhin zerstörte Hülägü die Festung der islamischen Kriegersekte der Assassinen bei Alamut. Ende 1257 marschierte er dann von Osten her gegen Bagdad, während ein weiteres Mongolenheer unter Baichu von Anatolien her südwärts heranrückte. Am 11. Januar 1258 stellte das Abbasiden-Heer sich Baichu etwa 50 km vor Bagdad. Baichu gelang es offenbar, den Gegner auf ein sumpfiges Terrain zu locken, dann ließ er Euphratdeiche zerstören. Gefangen zwischen den Mongolen und dem überfluteten Gelände, wurde das Gros des arabischen Heeres in der anschließenden Schlacht vernichtet. Hülägü erreichte Bagdad und in Tagen hatten die Mongolen den landseitigen Belagerungsring um Bagdad geschlossen und jedes Entkommen auf dem Tigris unmöglich gemacht. Hülägü verfügte über einen riesigen Tross mit Belagerungsgerät, darunter große Katapulte, mit denen er die östlichen Stadtmauern zu beschießen begann. Am Ende der ersten Februarwoche begannen die Mauern zu stürzen. Die Mongolen waren bereits in den Randbezirken, als al-Mustasim am 10. Februar kapitulierte und mit all seinen hohen Beamten und militärischen Führern die Stadt verließ. Hülägü ließ sie umbringen – bis auf den Kalifen, den er noch fünf Tage am Leben ließ, bis er das Versteck seines Schatzes verraten hatte. Einen Monat lang wurde die Stadtbevölkerung abgeschlachtet, bis der Gestank der auf den Straßen verwesenden Leichen Hülägü zum Weitermarsch bewog.

> »Das mongolische Heer schwärmte ... heran, bildete einen Ring um die Wälle Bagdads und errichtete eine Mauer ... Sie kämpften alle gleichzeitig, bauten gegenüber dem Adjami-Turm Katapulte auf und zertrümmerten ihn ... Sechs Tage und Nächte war eine wilde Schlacht im Gange ...«
>
> **ZEUGE DES KRIEGES**
>
> **RASHID AD-DIN**
>
> Der persische Politiker und Historiker Raschid ad-Din (1247–1318) diente unter Abagha, dem Mongolenherrscher Persiens, und verfasste die *Djami at-tawarich* (»Universalgeschichte«).

GEMETZEL
Von den Bewohnern Bagdads kamen 1258 nur die Christen davon, weil die Mongolen in ihnen Verbündete sahen.

MONGOLISCHE FELDZÜGE IN PALÄSTINA

Ayn Djalut

DATUM
23. September 1260

STREITKRÄFTE
Mongolen: 20000; Ägypter: vielleicht 30000

VERLUSTE
nicht verbürgt

ORT
östliches Galiläa, Palästina

Nach der Zerstörung Bagdads nahm Hülägü die syrischen Städte Aleppo und Damaskus ein, sodass Ägypten in der Region als nicht unterworfener Muslimstaat übrig blieb. Hülägü schickte Abgesandte, die vom ägyptischen Sultan Saif ad-Din Qutuz die Anerkennung der mongolischen Souveränität verlangen sollten. Qutuz ließ sie hinrichten. In diesem kritischen Augenblick jedoch musste Hülägü heimkehren, um nach dem Tode des Großkhans Möngke dessen Nachfolge zu klären. Er ließ nur einen kleinen Teil seines Heeres unter seinem Feldherrn Kitbuqa zurück, Qutuz nahm die Gelegenheit wahr und zog mit einer ägyptischen Armee nach Palästina, die Vorhut unter der Führung seines Mameluckenfeldherrn Baibars. Sie entdeckten die mongolischen Streitkräfte bei Ayn Djalut in Ostgaliläa. Die Ägypter verbargen einen Teil ihrer Reiterei hinter Hügeln, während die übrigen die Konfrontation mit den Mongolen suchten. Sobald die Mongolen angriffen, zog Baibars sich zwischen die Hügel zurück, hinter denen der Rest der ägyptischen Reiterei hervorbrach, um den Feind in der Flanke zu packen. Doch Kitbuqas Männer waren ausgezeichnete Kämpfer. Schließlich konnten sich einige wenige mongolische Reiter einen Fluchtweg freikämpfen, Kitbuqa jedoch wurde gefangen und geköpft.

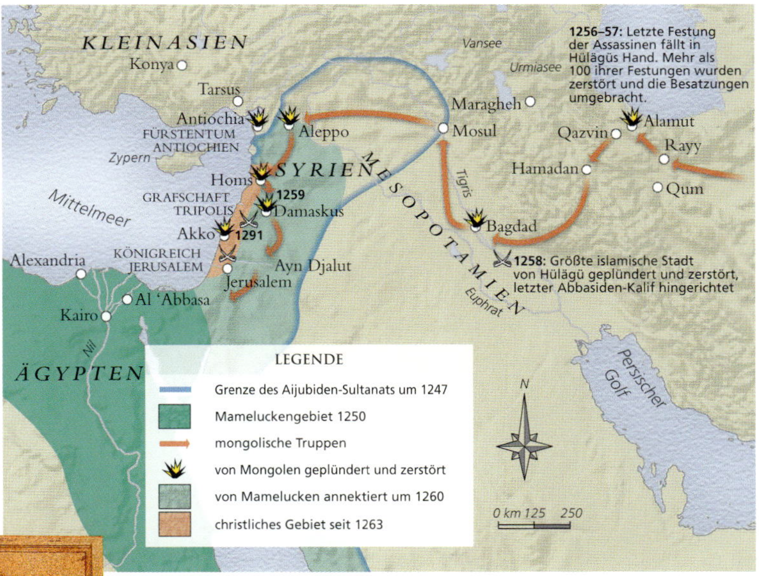

MONGOLISCHE REITEREI
Diese persische Illustration aus dem 13. Jh. zu Rashid ad-Dins Universalgeschichte zeigt genau, wie die schwere mongolische Reiterei mit Lanze und Rundschild zu kämpfen pflegte.

TIMURS EROBERUNGEN

Die Karriere des grossen Kriegers Timur, der die Welt von Delhi bis Damaskus in Angst und Schrecken versetzte, war ein später Rückfall in die Ära der Mongoleneinfälle. Obgleich Timur eher Türke als Mongole war, nahm er sich die mongolischen Eroberer zum Vorbild, führte Heere von gleicher Kampfkraft und -erfahrung und übertraf seine Lehrmeister noch an hemmungsloser Grausamkeit. Seine Hauptstadt Samarkand wurde zu einem Ort der Schönheit und Gelehrsamkeit, doch er selbst brachte nur Tod und Vernichtung über die meisten von ihm besetzten Länder – auffälligstes Merkmal seiner Feldzüge war der bewusste Einsatz von Terror. Timurs letzter Vorstoß in den Westen führte ihn bis nach Izmir am Rande der Ägäis. Bei dem Versuch, China zu erobern, starb er. Nach seinem Tod zerfiel das riesige Timuridenreich, das er hinterließ, sehr rasch.

EROBERUNG PERSIENS

Plünderung Isfahans

ORT
südliches Persien

DATUM
1387

STREITKRÄFTE
Timur: 70 000; Perser: unbekannt

VERLUSTE
70 000 Zivilisten ermordet

Im Jahre 1387 starb Schah Hodschah, der das südliche Persien von Isfahan aus regiert hatte. Daraufhin begab sich Timur nach Isfahan, um Hodschahs Nachfolger tributpflichtig zu machen. Der neue Herrscher ergriff augenblicklich die Flucht und überließ die Stadt Timurs Heer. Die Verantwortlichen öffneten die Stadttore und erklärten sich zur Zahlung bereit. Daraufhin rückte Timur mit dem Heer ab, ließ aber eine Besatzungstruppe zum Eintreiben des vereinbarten Tributs zurück. Als von den Einwohnern jedoch verlangt wurde, ihre Wertsachen abzuliefern, erhoben sie sich und brachten etliche Tausend von Timurs Besatzern um. Timur kam mit dem Heer zurück und erstürmte die Stadt. Anschließend befahl er seinen 70 000 Soldaten, jeder habe ihm den abgetrennten Kopf eines Einwohners zu bringen. Die Köpfe wurden auf den Mauern Isfahans zu Pyramiden geschichtet.

KOSTBARER KÖCHER
Solch reich verzierter Köcher könnte Timurs Truppenführer gehört haben.

TERRORHERRSCHAFT
Hier sieht man Timurs Soldaten, wie sie die Bewohner Isfahans quälen. Einem Mann wird Metallschmelze eingeflößt.

TIMUR GEGEN DIE GOLDENE HORDE

Terek

ORT
Mittelasien

DATUM
1395

STREITKRÄFTE
Timur: 100 000; Goldene Horde: unbekannt

VERLUSTE
vielleicht 100 000 Tote

Die schwersten Kämpfe hatte Timur auf seinen Feldzügen gegen Tochtamysch zu bestehen, den Anführer der Goldenen Horde. Bei Kandurcha kam es zu einer Schlacht, die wohl 100 000 Tote forderte. Obgleich Timur das Feld behaupten konnte, fehlte es ihm am Ende an der Kraft zur Verfolgung des Feindes. 1395 trafen die beiden Heere erneut aufeinander, dieses Mal am Terek. Während eines heftigen Handgemenges veranlasste Tochtamysch seine Leute, nach Timur Ausschau zu halten und ihn umzubringen. Dies wäre auch beinahe gelungen. Timur wurde nur gerettet, weil seine Leibwache um ihn einen lebenden Schutzwall bildete. Schließlich musste Tochtamysch das Feld räumen und dieses Mal war Timurs Verfolgung gnadenlos.

EINFALL NACH INDIEN

Panipat

ORT
nördlich von Delhi, Indien

DATUM
16. Dezember 1399

STREITKRÄFTE
Sultan von Delhi: 10 000 Reiter, 40 000 Fußvolk; Timur: unbekannt

VERLUSTE
vielleicht 100 000 Tote

Als intoleranter Anhänger des Islam empörte sich Timur über das Unvermögen des muslimischen Sultans von Delhi, seine hinduistischen Untertanen zu angemessener Unterwürfigkeit zu zwingen. Er beschloss, in Nordindien einzufallen, obwohl seine Truppenführer ihn vor den Gefahren der gebirgigen Landschaft und der Flüsse Indiens warnten. Timur überquerte den Hindukusch nur mit größter Mühe, aber man erreichte den Indus und zog, eine Spur der Verwüstung hinterlassend, in Richtung Delhi weiter. Als die Stadt des Sultans erreicht wurde, herrschte in Timurs Heer der mitgeführten Sklaven und Beutestücke wegen ein so buntes Durcheinander, dass Timur die Ermordung aller Gefangenen befahl, damit sich seine Männer auf die bevorstehende Schlacht konzentrieren konnten. Timur und das Heer des Sultans trafen sich bei Panipat auf einer Ebene zwischen den Ausläufern des Himalaja und der Wüste von Radschastan. Die indische Armee stellte sich hinter ihren Kriegselefanten auf, von denen herab Soldaten Brandsätze auf Timurs Krieger schleuderten, doch Timur sagte verächtlich, die Elefanten seien »wie Kühe davongetrieben« worden. Das geschlagene Heer des Sultans floh, woraufhin die Tore Delhis geöffnet wurden. Die Stadt war der Plünderung der Eroberer schutzlos preisgegeben.

FEUERWAFFE
Von einem Kriegselefanten schleudert ein Soldat entzündliche Flüssigkeit auf Timurs Reiter. Die Darstellung der Rüstungen und Lanzen der Reiter ist wirklichkeitsgetreu.

EROBERUNG SYRIENS

Aleppo

DATUM 30. Oktober 1399

STREITKRÄFTE Timur: unbekannt; Mamelucken: unbekannt

ORT Aleppo, Syrien

VERLUSTE nicht verbürgt

Im 13. Jh. hatten die Mameluckenherrscher Ägyptens die Mongolen bei Ayn Djalut (siehe S. 93) besiegt und die Christen aus Palästina vertrieben.

Doch am Ende des 14. Jh. waren sie nicht mehr mächtig genug, um Timur standzuhalten, den Aufstände gegen die korrupte und brutale Herrschaft seines Sohnes Miran Schah in Persien veranlassten, sein Heer nach Westasien zu führen. Nachdem er die Verantwortlichen erbarmungslos zur Rechenschaft gezogen hatte, marschierte Timur nach Syrien. Vor Aleppo versuchte ein Mameluckenheer ihn aufzuhalten, das von Timurs Truppen mühelos vernichtet wurde. Aleppo wurde genommen und geplündert, während die große Stadt Damaskus sich dem Eroberer öffnete. Timur behandelte die Damaszener mit verblüffender Milde, vielleicht weil sie sich dem Einzug seines Heeres nicht widersetzt hatten. Allerdings wurde die Stadt geplündert und großenteils niedergebrannt, nur die systematische Massenhinrichtung blieb den Einwohnern erspart.

1336–1405

TIMUR

Timur wurde in einem Turkstamm geboren, obwohl er stets behauptete, ein ferner Nachfahr von Dschingis Khan zu sein, der sein großes Vorbild war. Nach Kämpfen und Intrigen stieg er 1370 zum Emir von Samarkand und zum Führer der Dschagatai-Mongolen auf. Anders als Dschingis Khan befehligte er seine Heere stets persönlich und kümmerte sich um alle Einzelheiten der Ausrüstung und Logistik. Sein Machthunger und Ehrgeiz waren unersättlich. Er war schon über 60 Jahre alt, als er sich anschickte, in Indien und Anatolien einzufallen, und begann bereits mit der Eroberung Chinas, als er starb.

ZITADELLE VON ALEPPO
Die aus dem 10. Jh. stammende Zitadelle von Aleppo war das regionale Zentrum militärischer Macht. Sie wurde von Timurs Truppen dem Erdboden gleichgemacht, 1415 aber von den Mamelucken in altem Glanz wieder errichtet.

476–1492

INVASION ANATOLIENS

Ankara

DATUM 20. Juli 1402

STREITKRÄFTE Timur: unbekannt; Osmanen: unbekannt

ORT bei Ankara, mittlere Türkei

VERLUSTE Osmanen: wenigstens 15000 Gefallene

Durch die Eroberung Syriens gelangte Timur bis an die Grenze Anatoliens, das von den Osmanen beherrscht wurde. Rivalitäten zwischen den ethnisch verwandten Mächten schlugen in Krieg um, als Timur 1400 die osmanische Stadt Sivas einnahm. Der osmanische Herrscher Bajasid I. belagerte gerade Konstantinopel, doch zog er sein Heer ab, um der Bedrohung zu begegnen. Im Sommer 1402 marschierte Bajasid ostwärts auf Sivas, während Timur gegen die osmanische Stadt Ankara nach Westen zog. Timur begann die Belagerung Ankaras, während die Osmanen umkehren und Timur suchen mussten. Es war ein erschöpftes und durstiges Osmanenheer, das Timurs Schlachtlinie schließlich gegenüberstand, in deren Zentrum indische Kriegselefanten aufgereiht waren. Die Berichte über die Schlacht sind unklar, aber offenbar hatten sich Timurs Truppen zwischen den Osmanen und der einzigen vorhandenen Wasserstelle aufgebaut. Bajasid, zur Offensive gezwungen, wurde hinterrücks angegriffen. Einige der osmanischen Soldaten desertierten, da sie mit Timurs Leuten ethnisch verwandt waren. Am Ende ergriff Bajasid mit einigen Hundert Kriegern die Flucht, wurde jedoch verfolgt und gefasst.

SULTAN BLITZSCHLAG
Sultan Bajasid I. trug den Beinamen »Blitzschlag«, weil er seine Siege so blitzartig errang. Seine Niederlage bei Ankara war ein schwerer Schlag für die Osmanen.

»Bajasid wandte sich zur Flucht und zog sich mit wenigstens 1000 Reitern auf einen Berg zurück. Timur umringte den Berg, sodass jener nicht entkommen konnte, und fasste ihn.«

Johann Schiltberger, Augenzeuge der Gefangennahme Bajasids, 1402

DAS OSTASIATISCHE KRIEGSWESEN

Über weite Teile des Mittelalters war China das reichste und mächtigste Reich der Welt. Es übertraf alle anderen Staaten seiner Zeit, was den technischen Fortschritt und die großräumige Organisation anging. Zeitweise reichte sein Herrschaftsgebiet bis tief nach Mittelasien, Korea und Südostasien hinein. Doch mit seiner langen Grenze war China stets verwundbar für Einfälle und seine Größe machte es anfällig für Teilungen und Bürgerkriege.

CHINA UNTER DEN SUNG

Im 7. Jh. vereinte die Tang-Dynastie China und beendete damit ein 400 Jahre währendes Chaos von Bürgerkrieg und innerer Zerrissenheit. Strafexpeditionen unter dem Kaiser Taizong (626–649) führten zur Niederlage der Tibeter und der zentralasiatischen Turkvölker und trugen den Krieg weit über die traditionellen Grenzen Chinas hinaus. Die Tang-Dynastie stützte sich in hohem Maße auf fremde Truppen, etwa eine türkische Reiterei. So kam es, dass ein Aufstand türkischer Soldaten 755 das Tang-Reich erschütterte. Es folgten zwei Jahrhunderte der Instabilität, bis die Tang im Jahre 960 von der Sung-Dynastie abgelöst wurden. Die Sung konzentrierten sich darauf, im Norden und Westen halbnomadischen Reitervölkern das Vordringen zu verwehren und ein riesiges stehendes Heer zu schaffen.

KOSTBARE PFERDE
Auf der Suche nach Rassepferden zur Ausstattung ihrer Reiterei unternahmen die Chinesen oftmals Expeditionen nach Zentralasien.

FEUERWAFFEN

Im 9. Jh. erfand man in China das Schießpulver. Unter den Sung wurden seine Eigenschaften benutzt, um Brandpfeile, Knallkörper, Granaten und Flammenwerfer herzustellen. Im 13. Jh. benutzte man die Flammenwerfer – mit Pulver voll gestopfter Röhren – zum Verschießen von Projektilen. Diese Vorläufer der Rohrartillerie konnten Bleischrot oder gebündelte Pfeile verschießen, wie das Bild zeigt.

NOMADENEINFÄLLE

Doch alle Anstrengungen der Sung-Herrscher konnten nicht verhindern, dass China überrannt wurde. Eine Zeit lang spielten die Chinesen zwei mongolische Stämme, die Kitan und die Dschurdschen, gegeneinander aus, doch zu Beginn des 12. Jh. besiegten die Dschurdschen zunächst die Kitan und dann die Sung. Die Dschurdschen gründeten in Nordchina eine eigene Dynastie, die aber ein Jahrhundert später von den Mongolen gestürzt wurde. Unterdessen zogen die Sung sich nach Hangzhou, der Hauptstadt des Südens, zurück und verließen sich auf die Kontrolle des Jangtsekiang. Die Marine umfasste Hunderte von Schiffen, darunter gepanzerte Fahrzeuge mit Schaufelradantrieb Der Mongolenführer Kublai Khan musste Marinekräfte und muslimisches Belagerungsgerät einsetzen, um die Sung zu bezwingen. 1279 beherrschte er ganz China.

MONGOLENKRIEGER
Nordchina wurde im Laufe der Jahrhunderte von immer neuen Wellen einfallender Reitervölker heimgesucht, doch nur die Mongolen zogen weiter und eroberten auch den Süden.

AUFSTÄNDISCHE SAMURAI
Dieses Gemälde stellt eine Szene aus der Geschichte des Heiji-Aufstands dar, einem Bericht über den vergeblichen Versuch der Samuraisippe Minamoto im Jahr 1160, die Macht an sich zu reißen.

MONGOLISCHES ÜBERGEWICHT

Kublai Khan übernahm einige Methoden der chinesischen Kriegführung und entwickelte sie weiter. Er machte aus den Flussschiffen der Sung eine seegehende Flotte für Kriegszüge gegen Japan und Java und fiel zu Lande nach Südostasien ein. Die Mongolenherrschaft erlebte jedoch einen raschen Niedergang und im 14. Jh. etablierte sich die chinesische Ming-Dynastie. Die Geschichte Koreas ähnelt der Chinas, denn das Land wehrte sich wiederholt gegen Kitaneinfälle. Im 14. Jh. kam der Heerführer Yi Song-gye an die Macht, nachdem er sich gegen japanische Räuberbanden ausgezeichnet hatte. Die von ihm gegründete Choson-Dynastie regierte Korea 500 Jahre lang.

SAMURAI-AUSSTATTUNG
Ein Samurai trug ein langes und ein kurzes Schwert, beide aus mehrschichtigem Stahl mit Eisenkern. Der Helm (Kabuto) und die Gesichtsmaske schützten den Kopf.

AUS EUROPÄISCHER SICHT
Kublai Khan bei einer Belagerung in der Darstellung eines Künstlers des 15. Jh., der nicht wusste, dass Schiffe, Kleidung oder Waffen des Ostens ihren eigenen Stil hatten.

DAS AUFKOMMEN DER SAMURAI

Im Laufe fast ununterbrochener Bürgerkriege entwickelte Japan eine ganz besondere Art der Kriegführung. Bei der bedeutendsten Kriegerkaste, den Samurai, handelte es sich um gepanzerte Berittene, die gewöhnlich jedoch abgesessen mit Bogen und Schwert kämpften und dem Zweikampf ein besonderes Gewicht beilegten. Im 10. Jh. waren die Samurai ursprünglich die Garde im Kaiserpalast von Kioto, die sich zu einer breiten Kriegerschicht entwickelten, aus der dann einander bekriegende Sippen hervorgingen. Der Sieg der Minamoto-Sippe Ende des 12. Jh. führte zum Schogunat, einem System militärischer Herrschaft unter einem nominellen Kaiser. Es sorgte für Zeiten inneren Friedens und für organisierten Widerstand beim Einfall der Mongolen in den Jahren 1274 und 1281, doch im 14. Jh. kamen die inneren Zwistigkeiten wieder auf. Es vergingen weitere 300 Jahre, bis Japan wirksam befriedet war.

KUBLAI KHAN UND DIE MING

Der allmähliche Niedergang des chinesischen Sung-Reiches zog sich über mehr als anderthalb Jahrhunderte hin, vom Verlust Nordchinas an die Dschurdschenreiter aus der Steppe zu Beginn des 12. Jh. bis zum abschließenden Sieg der Mongolenheere des Kublai Khan in den 70er-Jahren des 13 Jh. Doch um diese militärischen Erfolge zu erringen, mussten die Invasoren aus der Steppe sich zunächst die chinesische Militärtechnik aneignen, so z.B. den Gebrauch von Belagerungsgerät und Feuerwaffen, desgleichen die Taktik bei groß angelegten Kämpfen zur See. Letztlich mussten die Mongolen die Beherrschung Chinas jedoch den Ming überlassen.

KRIEG DER DSCHURDSCHEN GEGEN DIE SUNG

Kaifeng

DATUM September 1126–Januar 1127

STREITKRÄFTE Dschurdschen: unbekannt; Chinesen: über 500 000

ORT Nordchina

VERLUSTE nicht verbürgt

Im Jahre 1122 brachen die Dschurdschen von jenseits der Großen Mauer ins chinesische Sung-Reich ein. Trotz der ungeheuren Zahl chinesischer Truppen – ein stehendes Heer von etwa 500 000 Mann sowie zahllose bäuerliche Milizen – stürmten die Dschurdschen über Nordchina hinweg und belagerten schließlich Kaifeng, die Hauptstadt der Sung. Die Stadt fiel nach viermonatiger Belagerung. Der Kaiser Hui Zong geriet in Gefangenschaft, doch seine Sung-Nachfolger herrschten weiter über Südchina, während die Dschurdschen ihre Jin-Dynastie im Norden etablierten.

MONGOLEN EROBERN CHINA

Fall von Zhongdu

DATUM Februar 1214–Mai 1215

STREITKRÄFTE Mongolen: unbekannt; Chinesen: unbekannt

ORT heutiges Peking

VERLUSTE nicht verbürgt

Im Jahre 1211 setzte sich der Mongolenführer Dschingis Khan die Eroberung des Jin-Reiches zum Ziel. Zu Anfang war sein Feldzug enttäuschend, denn die Mongolen kannten keine Belagerungsmaschinen und konnten die befestigten chinesischen Städte nicht nehmen. Doch bald hatten die Mongolen sehr effektive Belagerungsgeräte entwickelt, vermutlich mithilfe chinesischer Fachleute. Ausgestattet mit Ballisten und Sturmböcken, begannen die Mongolen im Februar 1214 mit der Belagerung von Zhongdu (Peking). Nachdem die Mongolen im März ein Entsatzheer der Jin geschlagen hatten, blieb den Verteidigern nur wenig Hoffnung, dennoch hielten sie noch mehr als ein Jahr stand.

KRIEGER
Die meisten mongolischen Reiter kämpften als berittene Bogenschützen nach der bewährten Taktik blitzartiger Überfälle und sofortiger Rückzüge.

MONGOLEN EROBERN CHINA

Belagerung von Kaifeng

DATUM 1232–1233

STREITKRÄFTE Mongolen: unbekannt; Chinesen: unbekannt

ORT Nordchina

VERLUSTE nicht verbürgt

1231 begannen die Mongolen, unterstützt von den Sung, den alten Feinden der Jin, mit der endgültigen Zerstörung des Jin-Reiches. Unter der Führung Subotais legten die Mongolen 1232 einen Belagerungsring um die Jin-Hauptstadt Kaifeng. Diese Konfrontation war recht ungewöhnlich: Sowohl die Mongolen als auch die Dschurdschen waren Reitervölker aus der Steppe und führten dennoch einen klassischen Belagerungskrieg nach Art der sesshaften Völker. Die Mongolen benutzten Belagerungsmaschinen und gruben Sappen in Richtung der Mauern. Die Jin beherrschten die modernste chinesische Schwarzpulvertechnologie. Ihr Meisterstück, die »himmelerschütternde Donnerschlagbombe«, hatte eine verheerende Wirkung: »Die angreifenden Krieger wurden in Stücke gerissen, von ihnen blieb keine Spur.« Die Jin besaßen auch Vorläufer des Flammenwerfers: mit Schwarzpulver gefüllte Bambusröhren, die einen 2 m langen Funken- und Feuerstrahl ausstießen. Doch dies alles half nicht. Nach einem Jahr der Belagerung wurde Kaifeng im Sturm genommen.

MONGOLEN EROBERN CHINA

Xiangyang

DATUM 1268–1273

STREITKRÄFTE Mongolen: unbekannt; Chinesen: unbekannt

ORT Hebei, Südchina

VERLUSTE nicht verbürgt

Nachdem die Mongolen im Jin-Reich die Herrschaft an sich gerissen hatten, wandten sie sich nach Süden, um die Sung anzugreifen. Doch die ökonomischen und personellen Ressourcen des Südreiches waren enorm und das Gelände des Sung-Gebiets war völlig ungeeignet zu schneller, beweglicher Kampfführung nach Art der Steppenvölker. Doch Kublai Khan, der Enkel Dschingis Khans, war von dem Willen beseelt, die Eroberung Chinas zu vollenden. Er zog zunächst als rechte Hand des Großkhans Möngke ins Feld, wurde nach dessen Tod im Jahr 1259 sein Nachfolger und setzte den Eroberungszug fort. Dreh- und Angelpunkt des Krieges waren seit 1268 die befestigten Städte Fancheng und Xiangyang. Kublais Truppen standen unter dem Befehl seines glänzenden Heerführers Bayan, des Enkels des berühmten Subotai. Die Sung-Heere befehligte Lü Wenhuan. Eine Reihe schwerer Schlachten und Scharmützel wurden in der Nachbarschaft dieser beiden Städte ausgefochten, auch auf dem Wasser, wobei die Mongolen bewiesen, dass sie inzwischen diese Kriegführung ebenfalls beherrschten: An Deck ihrer Schiffe hatten sie Katapulte montiert. Auf beiden Seiten wurden wahrscheinlich – wohl zum allerersten Mal im Gefecht – Handfeuerwaffen eingesetzt. Im Jahre 1272 trafen zwei muslimische Ingenieure aus dem mongolisch regierten Persien ein. Unter deren Anleitung wurden so mächtige Belagerungsmaschinen gebaut, dass keine Stadtmauern ihnen standzuhalten vermochten. Fancheng und Xiangyang fielen und Lü Wenhuan streckte die Waffen. 1276 nahm Kublai auch die weitläufige, reiche Sung-Hauptstadt Hangzhou ein. Die letzte Schlacht des Krieges fand zur See im Südchinesischen Meer statt. Dabei ertrank der letzte Sung-Kaiser, der noch ein Kind war.

SCHIFFSBRÜCKE
Diese Illustration aus einer persischen Darstellung aus dem 16. Jh. zur Geschichte der Mongolen zeigt Kublais Männer beim Überqueren des Jangtsekiang auf einer Pontonbrücke.

1214–1294

KUBLAI KHAN

Kublai, der Enkel Dschingis Khans, war ein Großkhan, der dem Zauber der chinesischen Zivilisation vollkommen erlag. Lange bevor er 1271 der erste Kaiser der Yüan-Dynastie wurde, hatte er Peking zu seiner Hauptstadt gemacht, statt sich irgendwo in der mongolischen Steppe niederzulassen. Sein Hunger nach Eroberungen war unstillbar und führte ihn auf Kriegszügen im Norden bis nach Japan und im Süden bis nach Vietnam, Burma und Java.

AUFSTIEG DER MING

»Rote Turbane«

DATUM 1356–1368

STREITKRÄFTE Mongolen: unbekannt; Chinesen: unbekannt

ORT Ostchina

VERLUSTE unbekannt

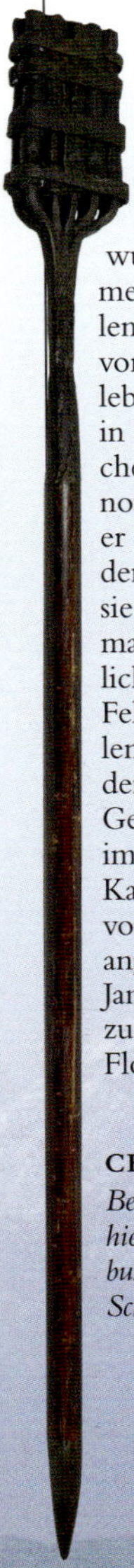

Die von Kublai Khan begründete Yüan-Dynastie wurde in China nie wirklich akzeptiert; für die einheimische Bevölkerung blieben die Mongolen fremdländische Herrscher. 1351 bildete eine Gruppe, die als »Rote Turbane« bekannt wurde, den Ausgangspunkt einer allgemeinen Erhebung gegen die Mongolen. Der Anführer Zhu Yuanzhang war von niederer, bäuerlicher Herkunft und lebte in einem buddhistischen Kloster in Südchina, wo er 1352 in eine örtliche Bande der Roten Turbane aufgenommen wurde. Nach vier Jahren war er Kommandierender seines Abschnitts der Roten Turbane geworden, er führte sie bei der Einnahme Nanjings an und machte die Stadt zu einer Oase ordentlicher Verwaltung. Mit einer Reihe von Feldzügen gegen rivalisierende Rebellen- oder Bandenführer brachte Zhu den größten Teil Südchinas in seine Gewalt, ehe er sich gegen den noch immer in Peking regierenden Yüan-Kaiser Ch'en-liang wandte und ihm vor allem die Kontrolle des Jangtsekiang streitig machte. Auf dem mittleren Jangtse beim Poyangsee kam es 1363 zu einer großen Seeschlacht. Die Yüan-Flotte besaß Dreidecker, die größer waren als alles, was Zhu aufzubieten vermochte, seine kleineren Schiffe waren allerdings erheblich wendiger. Die Schiffe beider Seiten waren mit Kanonen bestückt – die Chinesen hatten herausgefunden, wie man mit Feuerwaffen Projektile abschießt. Zhu blieb siegreich; er gliederte viele der gekaperten Yüan-Schiffe in seine Flotte ein und versuchte, mit ihr die Küstenstädte des Südchinesischen Meeres einzunehmen. 1368, als sich Zhus Heer Peking näherte, floh der letzte Yüan-Kaiser. Aus Zhu wurde Kaiser Taizu, der Begründer der Ming-Dynastie. Noch 20 Jahre lang kämpften die Ming-Armeen gegen die Mongolen, bis sie sie 1388 endgültig besiegten.

CHINESISCHE FEUERLANZE
Bei frühen chinesischen Feuerwaffen wie der hier abgebildeten steckte man Pfeile in Bambusrohre. Das sehr rasch verbrennende Schwarzpulver trieb das Geschoss hinaus.

1371–1435

ZHENG HE

Unter dem expansionistischen dritten Ming-Kaiser dehnte der muslimische Eunuch Zheng He den chinesischen Einflussbereich bis an die Küsten Südostasiens und in den Indischen Ozean aus. Er baute ein Flotte von riesigen neunmastigen Dschunken, dazu zahlreiche kleinere Schiffe, und unternahm zwischen 1405 und 1433 sieben Reisen, die ihn bis nach Sumatra, Indien, Persien, Arabien und an die Ostküste Afrikas führten. An seiner letzten Reise waren 63 Schiffe und mehr als 30000 Mann beteiligt. Von seinen Reisen brachte Zheng Kuriositäten wie z.B. eine Giraffe für des Kaisers Tiergehege mit. Der eigentliche Zweck seiner Unternehmungen bestand jedoch darin, die Herrscher dieser fernen Länder – die China bereits durch Handelsbeziehungen verbunden waren – zu bewegen, den chinesischen Kaiser als ihren Souverän anzuerkennen und ihm Tribut zu leisten. 1436 untersagte Kaiser Hongxi jedoch alle weiteren Seereisen, da die Ming-Dynastie fortan auf alle Machtausweitung verzichten und sich ganz auf ihre inneren Angelegenheiten konzentrieren wollte.

CHINESISCHE DSCHUNKE

versteiftes Segel, eine chinesische Erfindung

aufgemaltes Auge, damit das Schiff »sehen« kann

reich verziertes Schiffsheck

»Doch als sich das Volk erhob, wollten wir, die einfachen Bauern von Huai-yu, zur Rettung des Vaterlandes beitragen ...«

Botschaft, die Zhu Yuanzhang 1372 dem byzantinischen Kaiser zu dessen Thronbesteigung übermittelte

MING-SCHUTZBAUTEN
Diese Festung, die zur Zeit der Ming-Dynastie am äußersten westlichen Ende der Großen Mauer erbaut wurde, sollte China vor neuerlichen Einfällen der berittenen Steppenvölker zu bewahren.

SÜDOSTASIEN

Das mittelalterliche Kriegswesen Südostasiens stand unter dem Einfluss indischer Vorbilder. So kamen Kriegselefanten vielfach zur Anwendung, zum Teil, weil Pferde angesichts des Klimas und der Vegetation wenig geeignet waren. In den nördlichen Landesteilen des heutigen Vietnam war das Heer eher chinesisch geprägt. Obwohl die Staaten der Region die meisten Kriege untereinander führten, kam es von Norden her auch häufig zu Einfällen chinesischer Truppen.

CHINESISCH-ANNAMITISCHER KRIEG

Bach Dang

DATUM 938

STREITKRÄFTE Chinesen: unbekannt; Annamiten: unbekannt

ORT Bei Haiphong, Nordvietnam

VERLUSTE nicht verbürgt

Annam (das heutige Nordvietnam), das seit dem 2. Jh. v. Chr. unter chinesischer Herrschaft stand, nutzte die Chance, die sich mit dem Niedergang der Tang-Dynastie im 10. Jh. bot, um seine Unabhängigkeit durchzusetzen. Eine Streitmacht unter Liu Hung-tsao segelte südwärts, um die chinesische Oberherrschaft zu behaupten. Der vietnamesische Feldherr Ngo Quyen hatte vorausgesehen, dass die Flotte den Tidefluss Bach Dang hinaufsegeln würde, und daher eine Reihe von Pfählen mit eisernen Spitzen so ins Flussbett schlagen lassen, dass sie bei Hochwasser bis knapp unter die Oberfläche reichten. Er schickte flache, kiellose Boote los, um die chinesischen Schiffe zu einer Verfolgung zu verleiten. Als das Wasser ablief, saß die chinesische Flotte auf den Pfählen fest. Bei dem siegreichen Angriff, den Ngo Quyen nun führte, kam Hung-tsao ums Leben.

FELDZÜGE DES KUBLAI KHAN

Ngasaunggyan

DATUM 1277

STREITKRÄFTE Burmesen: 60 000 Reiter und Fußvolk, 2000 Elefanten; Mongolen: 12 000 Reiter

ORT Nordburma (nördl. Myanmar)

VERLUSTE unbekannt

Diese Schlacht zwischen Kublai Khan, dem Mongolenherrscher Chinas, und dem burmesischen König Narathihapate ist vor allem durch den Bericht des venezianischen Reisenden Marco Polo bekannt geworden. Kublai Khan schickte 1273 Gesandte in die burmesische Hauptstadt Pagan, um Tribut zu fordern. Narathihapate ließ die Gesandten umbringen, anscheinend weil sie ihre Schuhe anbehielten. Daraufhin wurde aus der südchinesischen Provinz Yünnan eine Stafexpedition gegen die Burmesen in Marsch gesetzt, die offenbar vor allem aus türkischer Reiterei bestand. Die beiden Heere trafen sich auf einer Ebene. Die Burmesen griffen an, ihre Kriegselefanten an der Spitze ließen die Pferde des Feindes scheuen und ausbrechen. Der mongolische Heerführer ließ absitzen, um den Kampf mit Pfeil und Bogen zu Fuß zu führen. Der Pfeilhagel löste unter den Elefanten eine Panik aus, sie machten kehrt und griffen die burmesischen Reihen an. Kublais Reiterei saß wieder auf und griff nun, Schwerter und Keulen schwingend, die Burmesen an. Nach wildem Gefecht wurde Narathihapates Heer in die Flucht geschlagen, schließlich die Stadt Pagan eingenommen und das Königreich aufgelöst.

TEMPEL IN PAGAN
Pagan wurde 1287 mongolische Provinzhauptstadt und 1299 von dem aufstrebenden Volk der Shan dem Erdboden gleichgemacht.

KRIEGE DER KHMER GEGEN DIE CHAM

Plünderung von Angkor

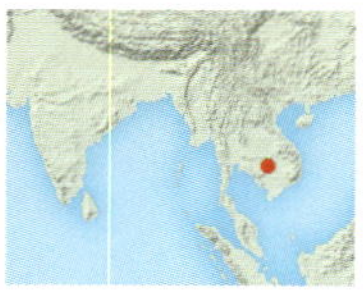

DATUM 1177

STREITKRÄFTE Cham: unbekannt; Khmer: unbekannt

ORT der See Tonle Sap im Norden von Zentralkambodscha

VERLUSTE nicht verbürgt

Im 12. Jh. kam es zu lang anhaltenden kriegerischen Auseinandersetzungen zwischen dem Königreich der Cham (heute Mittel- und Südvietnam) und ihren Nachbarn, den Khmer im heutigen Kambodscha. Die Cham, ein Volk malaiischen Ursprungs, hatten das mächtige Reich Champa geschaffen und wiederholt Krieg gegen Annam (Nordvietnam) und Angkor geführt. Das Khmer-Königreich von Angkor ist heute vor allem durch seine bemerkenswerten Hindutempel bekannt, war aber einst ein Reich, das von kriegerischen Herrschern regiert wurde und seine Heere nicht nur gegen Champa und Annam schickte, sondern auch nach Westen gegen die Thai. Die meisten Einzelheiten dieser Kriegszüge lassen sich lediglich aus Tempelinschriften und Reliefs erschließen. Offenbar hat Champa sich aber in den 70er-Jahren des 12. Jh. gegen Angkor durchgesetzt. Die Heere beider Reiche waren einander sehr ähnlich, beide verfügten über Kriegselefanten, auf denen jeweils ein mit Speer oder Pfeil und Bogen bewaffneter Krieger saß, dazu ein wenig Reiterei sowie massenhaft ausgehobenes und wahrscheinlich nur mit einem Lendenschurz bekleidetes Fußvolk. Allerdings hatten die Reiter der Cham Armbrüste, wahrscheinlich dank ihrer Kontakte zu China. Das mag eine gewisse Überlegenheit gegenüber Angkor bedeutet haben. 1177 plünderten eingefallene Cham die Städte Angkors und unterwarfen das Land. Als Angkors König, der Usurpator Tribhuvanadityavarman, tot war, führte Jayavarman eine Widerstandsbewegung der Khmer an. 1178 kam es wohl zu einem Schiffsgefecht, entweder auf dem Mekong oder auf dem Tonle Sap, in dem die Cham vernichtend geschlagen wurden. Um 1181 hatte Jayavarman Angkors Unabhängigkeit wieder hergestellt. In den folgenden 20 Jahren stellte er die Machtverhältnisse vollends auf den Kopf. 1203 hatte er Champa besiegt und besetzt, doch keine der beiden Seiten verfügte über die erforderlichen Mittel, um den Sieg auf Dauer zu sichern.

um 1125–1219

JAYAVARMAN VII.

Jayavarman, einer der größten Khmerherrscher, übernahm die Macht anscheinend nur widerstrebend. Als sein Vater Dharanindravarman 1160 starb, tat er nichts, um sein Anrecht auf den Thron durchzusetzen. Erst als Angkor von den Cham gedemütigt wurde, trat er 1177 als Khmerführer in Erscheinung. Seit 1181 König, stellte er die Macht der Khmer wieder her und erbaute auch einige der eindrucksvollsten Tempel Angkors.

KHMERKRIEGER
Reliefs wie dieses im Bayontempel, Kambodscha, das einen Kriegselefanten und Fußtruppen zeigt, liefern viele Informationen über das Kriegswesen der Khmer.

BEFREIUNGSKRIEG VON DAI VIET

Lam-Son-Aufstand (Tot Dong)

DATUM 1426

STREITKRÄFTE China: unbekannt; Vietnamesen: unbekannt

ORT westlich von Hanoi, Nordvietnam

VERLUSTE nicht verbürgt

1405 marschierte die chinesische Ming-Dynastie in Dai Vet (Nordvietnam) ein und innerhalb eines Jahres wurde aus dem bis dahin unabhängigen Königreich eine Provinz Chinas. Die Ming führten ein so strenges Regiment, dass sich eine Widerstandsbewegung bildete, die von Le Loi angeführt wurde. Er setzte sich 1416 mit einigen Anhängern in einer Gebirgsregion fest und sammelte dort eine Armee von etlichen Tausend Soldaten um sich. 1424 begann er einen Guerillakrieg und griff abgelegene chinesische Garnisonen an. China schickte rund 100 000 weitere Soldaten, doch Le Loi hatte ebenfalls regen Zulauf. 1426 waren die Aufständischen stark genug, um den Chinesen – die der kampferprobte Wang Tong befehligte – gegenüberzutreten. Bei Tot Dong besiegten sie den Feind, nachdem sie mithilfe ihrer Elefanten Wang Tongs Reiterei in Panik versetzt hatten. Die chinesischen Truppen mussten sich auf einige wenige Festungen zurückziehen und befanden sich in einer prekären Lage. Le Loi bot an, Wang Tong bei der Rückführung seiner Truppen behilflich zu sein, sofern ihm die Unabhängigkeit Vietnams garantiert werde. 1427 zogen die Chinesen vereinbarungsgemäß ab und Le Loi wurde Herrscher über das freie Dai Viet.

DAS KRIEGSWESEN DER SAMURAI

Im Mittelaler war das japanische Kriegswesen höchst stilisiert. Den Schlachten gingen Rededuelle voraus, denn die Samurai suchten sich für den Zweikampf einen individuellen Gegner, während das Gefecht oftmals mit einem Schusswechsel der Bogenschützen begann. Es galten strenge Regeln für ehrenhaftes Verhalten – z.B. wurde erwartet, dass die abgeschnittenen Köpfe gefallener Samurai auf Nagelbretter gesteckt und der jeweiligen Seite zurückgegeben wurden. An der Kampftüchtigkeit der Samurai indes gab es keinen Zweifel, was auch die Mongolen einsehen mussten, als sie 1281 vergeblich versuchten, in Japan einzufallen.

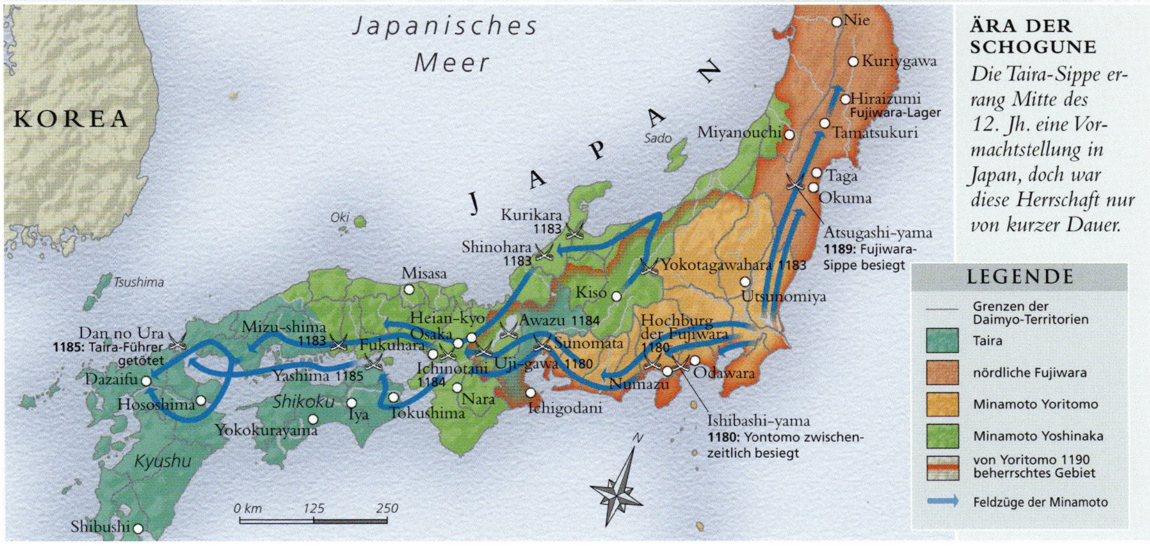

ÄRA DER SCHOGUNE
Die Taira-Sippe errang Mitte des 12. Jh. eine Vormachtstellung in Japan, doch war diese Herrschaft nur von kurzer Dauer.

FRÜHER NEUNJÄHRIGER KRIEG

Kawasaki

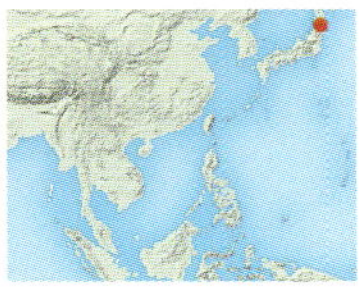

DATUM
1057

STREITKRÄFTE
Sadato Abe: 4000; Minamoto: unbekannt

ORT
Nordjapan

VERLUSTE
unbekannt

Minamoto Yoshiie (1041–1108) galt als die reinste Verkörperung des Samuraigeistes. Zur Zeit des Frühen neunjährigen Krieges (1051–1063) kämpfte er als junger Mann an der Seite seines Vaters Yoriyoshi. Die Minamoto-Sippe sollte eine Rebellion der Abe-Sippe niederschlagen. Das erste große Gefecht dieses Krieges fand bei Kawasaki statt. Sadato Abe hatte eine starke Verteidigungsstellung bezogen. Die Minamoto-Leute griffen an, wurden aber zurückgeschlagen und verfolgt. Bei den schweren Rückzugsgefechten stellte Yoshiie seine überragenden Samuraieigenschaften unter Beweis, sodass er den ehrenden Beinamen Hachimantaro erhielt – Erstgeborener des Kriegsgottes Hachiman. Er trug entscheidend zur endgültigen Niederlage der Abe bei, eroberte mehrere Forts und belagerte die Palisadenfestung der Abe bei Kuriyagawa. Nach dem Sieg brachte er Sadatos abgetrennten Kopf in die japanische Hauptstadt Kyoto – zum Beweis, dass der Auftrag ausgeführt war.

SAMURAISCHWERT
Kurzschwerter wie dieses im 17. Jh. geschmiedete Exemplar verwendeten die Samurai, um Harakiri (Seppuku), den berühmten rituellen Selbstmord, zu begehen.

BOGENSCHÜTZE ZU PFERD
Diese Szene einer kriegerischen Auseinandersetzung aus der Frühzeit der Samurai lässt erkennen, welche Bedeutung der Bogen als Kriegswaffe hatte.

GEMPEIKRIEGE

Erste Schlacht am Uji

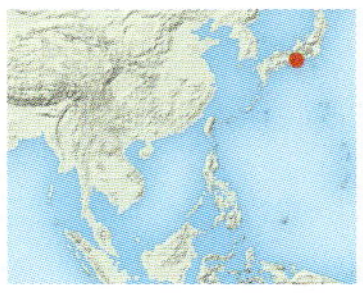

DATUM
1180

STREITKRÄFTE
Taira: unbekannt; Minamoto: unbekannt

ORT
der Uji bei Kyoto, Japan

VERLUSTE
nicht verbürgt

1160 hatte in Japan die Taira-Sippe die Macht übernommen und viele ihrer der Minamoto-Sippe angehörenden Rivalen hinrichten lassen. 20 Jahre später holten die Minamoto zum Schlag gegen die Herrschaft von Taira Kiyomori aus, die so genannten Gempeikriege. Die Minamoto hatten sich mit buddhistischen Kriegermönchen verbündet. Hauptwaffe der Mönche war die Naginata, eine schwertähnliche Waffe mit langem Griff. Zur ersten Schlacht der Gempeikriege kam es, als eine gegnerische Truppe, der auch Minamoto Yorimasa angehörte, von den Taira bis ans Südufer des Flusses Uji verfolgt wurde. Auf der baufälligen Brücke über den Fluss versuchten die Kriegermönche die Taira in Zweikämpfen aufzuhalten. Doch die Minamoto wurden schließlich zum Byodo-In-Tempel zurückgedrängt, wo Yorimasa, während seine Söhne ihm den Feind vom Leibe hielten, rasch noch ein Gedicht niederschrieb, ehe er rituellen Selbstmord beging.

> »Wie ein versteinerter Baum, der keine Blüten spendet – so blieb mein trauervolles Leben ohne Frucht.«
>
> *Minamoto Yorimasa,* niedergeschrieben vor seinem Harakiri 1180

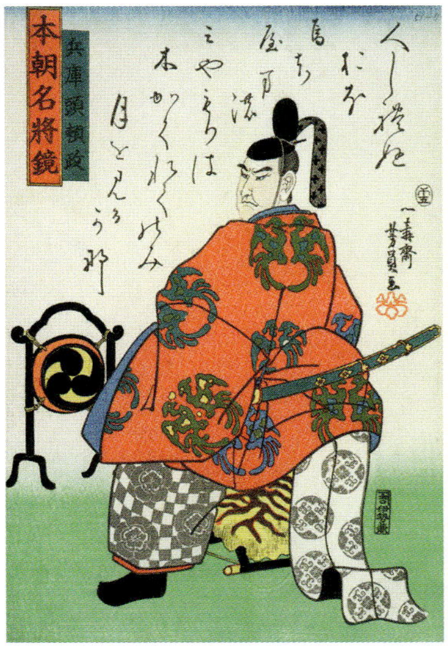

EHRENHAFTER SELBSTMORD
Minamoto Yorimasa, hier in einer Darstellung aus dem 19. Jh., erwarb sich durch die Art, wie er starb, größeres Ansehen als durch Taten auf dem Schlachtfeld.

GEMPEIKRIEGE

Kurikara

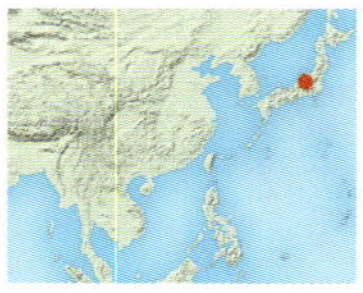

DATUM
Juni 1183

STREITKRÄFTE
Taira: 100 000;
Minamoto: 50 000

ORT
Zentraljapan, im Norden von Kioto

VERLUSTE
nicht verbürgt

Die Schlacht bei Kurikara markiert in den Gempeikriegen den Umschwung zugunsten der Minamoto. Angeführt von Taira Koremori, dem Sohn des Sippenführers Taira Munemori, marschierte das Taira-Heer nordwärts, Minamoto Yoshinakas Truppen entgegen. Das Taira-Heer war zwar umfangreich, bestand jedoch hauptsächlich aus kaum ausgebildeten Ausgehobenen. Nachdem die Minamoto-Festung Hiuche erobert war, machten die Taira den Fehler, ihre Kräfte zu teilen. Während Taira Koremori den größeren Teil in den Gebirgspass von Kurikara führte, marschierte der Rest weiter nach Norden. Die Hauptarmee der Taira erreichte den Scheitel des Passes und erblickte unter sich im Tal Yoshinakas Heer. Yoshinaka hatte eine Menge Banner aufgepflanzt, um den Eindruck zahlreicher Truppen zu erwecken. Auf diese Weise hielt er die Taira von einem sofortigen Angriff ab. Während sie rasteten, schickte Yoshinaka eine Abteilung los, die einen Bogen schlagen und den Feind im Rücken fassen sollte. Um die Aufmerksamkeit der Taira von diesem Schachzug abzulenken, inszenierte er einen ausgedehnten Schusswechsel der Bogenschützen, mit dem er die Taira bis gegen Sonnenuntergang beschäftigt hielt. Als es dunkelte, griff das mobile Minamoto-Kontingent die Taira plötzlich hinterrücks an. Um die Panik noch zu steigern, hatte Yoshinaka einer Ochsenherde, die in den Engpass getrieben wurde, brennende Fackeln an die Hörner gebunden. Die Taira liefen in kopfloser Flucht davon, viele verloren auf den schmalen Bergpfaden den Halt und stürzten in den Tod. Viele, denen der Weg ins Tal gelang, wurden dort niedergemacht. Nach diesem überwältigenden Sieg verfolgte Yoshinaka die Reste der Taira-Armee in Richtung der Hauptstadt Kioto. Taira Munemori floh aus der Stadt und nahm den größten Teil der kaiserlichen Familie mit sich. Yoshinaka zog im Triumph ein und setzte Go-Shirakawa, den Kandidaten der Minamoto, auf den kaiserlichen Thron.

GESICHTSMASKE
Die Samurai trugen Gesichtsmasken wie diese, um sich einerseits zu schützen, aber auch um sich ein wilderes Aussehen zu geben.

GEMPEIKRIEGE

Awazu

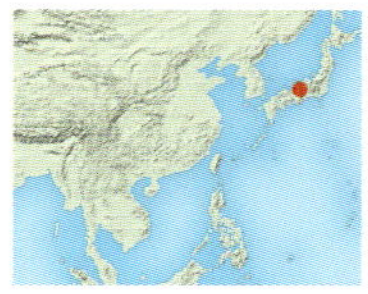

DATUM
1184

STREITKRÄFTE
Yoshinaka: unbekannt;
Noriyori und Yoshitsune: unbekannt

ORT
Awazu, Präfektur Tokushima, Japan

VERLUSTE
nicht verbürgt

Nach seinem Sieg bei Kurikara herrschte Minamoto Yoshinaka so brutal, dass sich seine eigene Sippe auflehnte. Er wurde von seinen Cousins Minamoto Yoshitsune und Noriyori vertrieben. Nach einer ersten Niederlage im zweiten Gefecht am Uji stand Yoshinaka seinen Feinden bei Awazu gegenüber. An seiner Seite kämpften sein vertrauter Gefährte Imai Kanehira sowie seine Frau Tomoe Gozen. Nach schwerem Kampf errangen Yoshitsune und Noriyori den Sieg. Yoshinaka fiel durch einen Pfeilschuss, Tomoe Gozen kam ebenfalls ums Leben. Angesichts der Niederlage beging Imai Kanehira auf traditionelle Weise Harakiri: er stürzte sich, ein Schwert im Mund, kopfüber vom Pferd.

HALSABSCHNEIDER
Nach einer Schlacht war es Brauch, den gefallenen Feinden mit einem Dolch die Köpfe abzuschneiden. Manche Männer tragen lange Naginata-Klingen.

GEMPEIKRIEGE

Ichinotani

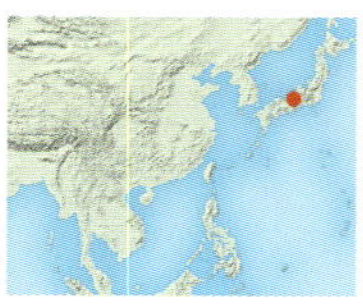

DATUM
März 1184

STREITKRÄFTE
Minamoto: 10 000;
Taira: unbekannt

ORT
westlich von Kobe auf Honshu

VERLUSTE
nicht verbürgt

Nach Minamoto Yoshinakas Tod konnte sich seine Sippe ganz auf die Auseinandersetzung mit den Taira konzentrieren, deren Anführer sich in die Festung Ichinotani zurückgezogen hatten. Unter Minamoto Yoshitsunes Führung marschierte ein Heer die Küste hinunter, der Festung entgegen. Yoshitsune stellte seine Hauptarmee so auf, dass sie der Verteidigungslinie der Taira gegenüberstand. Die Schlacht begann auf die übliche rituelle Weise: Minamoto-Samurai gingen auf die Taira-Linie zu und rühmten mit lauter Stimme ihre Abstammung und ihre soldatischen Leistungen. Dann warteten sie, dass sich ein Taira-Krieger zum Zweikampf anbot. Nachdem dieses Vorspiel ein Ende gefunden hatte, führte Yoshitsune eine berittene Abteilung zur Rückseite der Festung, wo sich hinter ihr ein steiler Felshang erhob. Auf dieser Seite hatten die Taira Abwehrmaßnahmen vernachlässigt. Yoshitsunes Truppe jedoch ritt den Steilhang hinab und stürmte die Taira-Stellung auf der Rückseite. Die Taira eröffneten ein Rückzugsgefecht, um sich zu ihren Booten am Strand durchzuschlagen. Die meisten der Taira entkamen über See, doch die Minamoto verfolgten sie die Küste entlang. Yoshitsune vertrieb die Taira aus Yashima, ihrer letzten Hochburg. Deprimiert kehrten die Taira an die Küste der Shimonosekistraße zurück. Dort stellte Yoshitsune sie im April 1185 zur Entscheidungsschlacht von Dan no Ura.

GEMPEIKRIEGE

Dan no Ura

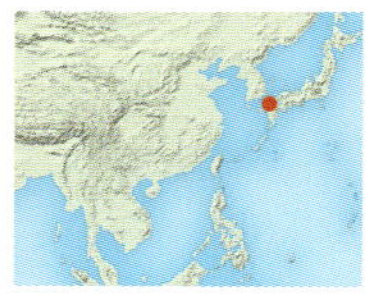

DATUM
25. April 1185

STREITKRÄFTE
Minamoto: 850 Schiffe;
Taira: 500 Schiffe

ORT
zwischen Honshu und Kyushu, Japan

VERLUSTE
nicht verbürgt

Die Seeschlacht bei Dan no Ura besiegelte den Sieg der Minamoto in den Gempeikriegen. Die beiden Flotten hatten eine Anzahl Samurai an Bord. Die Schlacht begann mit einem Schusswechsel weit tragender Bogen, gefolgt vom Nahkampf mit Schwert und Dolch. Mithilfe eines verräterischen Truppenführers der Taira und eines höchst gelegen kommenden Gezeitenwechsels siegten die Minamoto. Taira Munemori wurde aus dem Wasser gefischt, nach Kioto gebracht und dort hingerichtet.

SAMURAI AUF SEE
Diese Rolle mit einer Darstellung der Schlacht von Dan no Ura zeigt Schiffe mit langen Riemen, die mit Enterhaken aneinander herangezogen werden.

MONGOLENEINFÄLLE IN JAPAN

Erste Mongoleninvasion

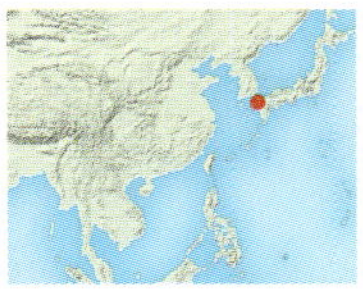

DATUM
November 1274

STREITKRÄFTE
Mongolen: 40 000; Japaner: 10 000

ORT
Hakatabucht, Japan

VERLUSTE
nicht verbürgt

Im Jahre 1274 stach auf Befehl des Mongolenführers Kublai Khan eine Flotte von 900 Schiffen von Korea aus in See. An Bord befanden sich Truppen mongolischer, chinesischer und koreanischer Herkunft. Das Heer landete in der Hakatabucht. Es war das erste Mal, dass Samurai einen Zusammenstoß mit einer fremdländischen Truppe hatten, und entsprechend entsetzt waren sie über deren rüde Kampfesweise, bei der Herausforderungen zum Zweikampf überhört wurden und stattdessen, wie ein japanischer Chronist schreibt, »alle auf einmal vorwärts stürzten, mit jedem kämpften und alle umbrachten, deren sie habhaft werden konnten«. Noch größer wurde das Entsetzen durch die zahlreichen Bogenschützen der Mongolen und die Schwarzpulverbomben, die sie von Katapulten abschossen, sodass die Japaner zum Rückzug landeinwärts nach Dazaifu gezwungen wurden. Japan schien in Gefahr, in Feindeshand zu fallen, doch die Mongolen schifften sich wieder ein und verschwanden fast genauso schnell, wie sie gekommen waren.

»An diesem ersten Tag versenkte ein Taifun die meisten fremden Piratenschiffe. Etliche Tausend wurden getötet oder gefangen genommen. Nicht ein Feindboot blieb vor Iki oder Tsuschima.«

Der japanische Höfling Kanenaka Kadenokoji zur zweiten Mongoleninvasion, 1281

SAMURAIRÜSTUNG
Dieser Kampfanzug eines Samurai aus dem 12. Jh. ist nach Art und Schnitt die so genannte Große Rüstung bzw. O-yoroi. In dieser Epoche waren die Samurai zumeist berittene Bogenschützen.

1159–1189

MINAMOTO YOSHITSUNE

Yoshitsune, der brillanteste Kopf unter den Heerführern der Gempeikriege, war ein Sohn von Minamoto Yoshimoto. Als sein Vater 1160 ermordet wurde, schickte man den kleinen Yoshitsune zur Erziehung in ein Kloster. 1180 schloss er sich dem Aufstand gegen die Taira an, der von seinem älteren Bruder Yoritomo angeführt wurde. Die Siege, die 1185 zur endgültigen Niederlage der Taira führten, waren vor allem ihm zu verdanken. Statt Yoshitsune dankbar zu sein, bekam es Yoritomo mit der Angst zu tun. Er beschuldigte Yoshitsune des Verrats und ließ ihn verfolgen und bedrängen, bis dieser im Juni 1189 Selbstmord beging.

MONGOLENEINFÄLLE IN JAPAN

Zweite Mongoleninvasion

DATUM
Juni–August 1281

STREITKRÄFTE
Mongolen: 150 000; Japaner: 40 000

ORT
Hakatabucht, Japan

VERLUSTE
Mongolen: angeblich 100 000

Nach der fehlgeschlagenen Invasion von 1274 wartete Kublai Khan sieben Jahre lang auf den richtigen Augenblick. Als er es 1281 versuchte, hatten die Japaner eine Küstenverteidigung organisiert. Zu den Maßnahmen gehörte u.a. eine 20 km lange steinerne Sperre in der Hakatabucht. Dieses Mal trafen die Mongolen mit 4400 Kampfschiffen ein, verteilt auf zwei Flotten. Die kleinere kam von Korea, die größere von Nordchina. Die koreanische erreichte die Hakatabucht zuerst, doch die heftige Reaktion der Japaner und die Stärke ihrer Küstenbefestigungen zwangen die Mongolen, auf vorgelagerten Inseln an Land zu gehen, wo sie immer wieder von Samurai überfallen wurden. Die Flotte zog sich zurück, um sich bei der Insel Iki mit der von China kommenden größeren Flotte zu vereinigen. Abgesehen von einem Angriff auf die Insel Takashima, hatten die Mongolenschiffe nicht das Geringste erreicht, als ein Taifun aufkam und die Invasionsflotte versenkte.

GO-DAIGO-AUFSTAND

Minatogawa

DATUM
5. Juni 1336

STREITKRÄFTE
kaiserliches Heer: 2700; Ashikaga: unbekannt

ORT
Fluss Minato bei Kobe, Japan

VERLUSTE
nicht verbürgt

Der japanische Kaiser Go-Daigo führte 1331 eine Erhebung gegen die Hojo-Schogune an. Unterstützung bekam er von Kusunoke Masashige, der in seiner Bergfestung den Hojo trotzte. Als die Hojo 1333 ihre Hauptstadt Kamakura verloren, mussten sie aufgeben, dafür versuchten die Ashikaga, die Macht an sich zu reißen. Ihr Heer marschierte 1336 gegen die kaiserliche Hauptstadt. Go-Daigos Heerführer, Nitta Yoshisada, wandte sich an Kusunoke um Hilfe. Zunächst hatte Kusunoke Einwände gegen den Entschluss, den Ashikaga entgegenzutreten, willigte dann aber ein. Die kaiserlichen Truppen stellten sich beiderseits des Minato auf. Die Ashikaga kamen über Land und See, wobei Tadayoshi und Shoni Yorihisa die Landtruppen befehligten und Ashikaga Takauji und Hosokawa die Seesoldaten. Nitta, der von Shoni frontal angegriffen und von Hosokawa im Rücken bedroht wurde, zog sich zurück. Kusunokes kleine Truppe war damit hoffnungslos exponiert. Nach sechsstündigem Gefecht beging Kusunoke mit Verwandten und Gefolgsleuten Selbstmord.

WAFFEN DER SAMURAI

SEIT DEM 12. JH. WURDE das militärische Leben in Japan von den Samurai geprägt, einer elitären Kriegerkaste mit eigenem Ehrenkodex. Von einem Samurai erwartete man einen asketischen Lebenswandel und die Bereitschaft, jederzeit für seinen Herrn in den Tod zu gehen. Die wichtigsten Waffen des Samurai waren seine Schwerter, die oftmals von erlesener Qualität waren. Ein Langschwert, Katana, und ein Kurzschwert, Wakizashi, wurden unter die Schärpe geschoben, und zwar mit der Schneide nach oben, um direkt aus der Scheide heraus einen schwungvollen Streich führen zu können.

KLINGEN UND SCHULEN

Mit der Fortentwicklung der Schmiedetechnik änderten sich auch Form und Aussehen der Schwerter. Zunächst waren die Schwerter gerade, doch im 8. Jh. fanden die Krieger, dass sich eine gekrümmte Klinge schneller aus der Scheide ziehen lasse und einen besseren Wirkungswinkel habe. Mit dem Aufkommen der Samurai wurde die Kriegskunst, beeinflusst von den Lehren des Zen-Buddhismus, zur edelsten Form des Studiums. Ein Lehnsherr pflegte eine Fechtschule zu unterhalten, in der seine Gefolgsleute den Gebrauch des Schwerts erlernen konnten – eine Fertigkeit, die durch jahrelanges strapaziöses Üben erworben wurde.

DOLCHE

In seiner Rüstung verborgen, trug der Samurai einen Tanto, *einen kleinen Dolch, in dessen Scheide noch ein kleines Messer,* Kozuka, *und die so genannte Schwertnadel,* Kogai, *staken.*

TANTO

LACKIERTE SCHEIDE (*SAYA*) EINES *TANTO*

KOZUKA

KOGAI

WAFFENSCHMIEDE

Hier sieht man Klingenschmiede abgebildet, die ihrer Kunst nachgehen. Das Schmieden der Klingen verlangte viele Arbeitsgänge – das Eisen musste immer wieder erhitzt, gefaltet, in Form gehämmert und in kaltem Wasser abgekühlt werden, um dem Metall Homogenität und Härte zu verleihen.

KURZSCHWERTER

Das Kurzschwert, Wakizashi, *war eine zusätzliche Waffe z[um] Kämpfen, doch der Samurai benutzte es auch zum* Harakir[i], *dem rituellen Selbstmord durch Bauchaufschlitzen.*

WAKIZASHI (KURZSCHWERT), 17. JH.

LANGSCHWERTER

Dem hier abgebildeten Langschwert, Katana, *fehlt seine Griffumwicklung,* Tsuka. *Beim Abschrecken der Klinge in kaltem Wasser bildete sich auf deren ganzer Länge ein dekorative Härtelinie,* Hamon.

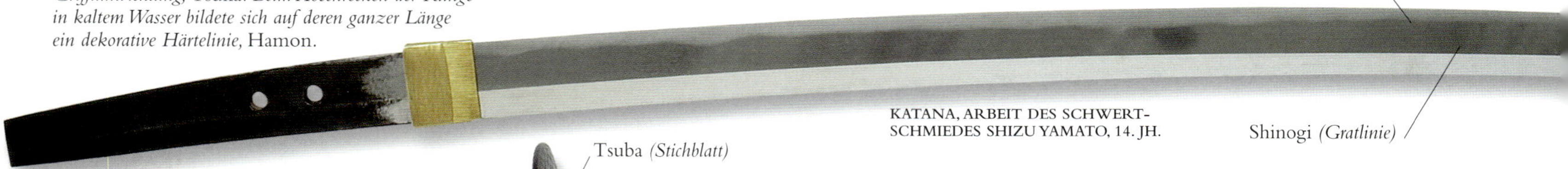

KATANA, ARBEIT DES SCHWERTSCHMIEDES SHIZU YAMATO, 14. JH.

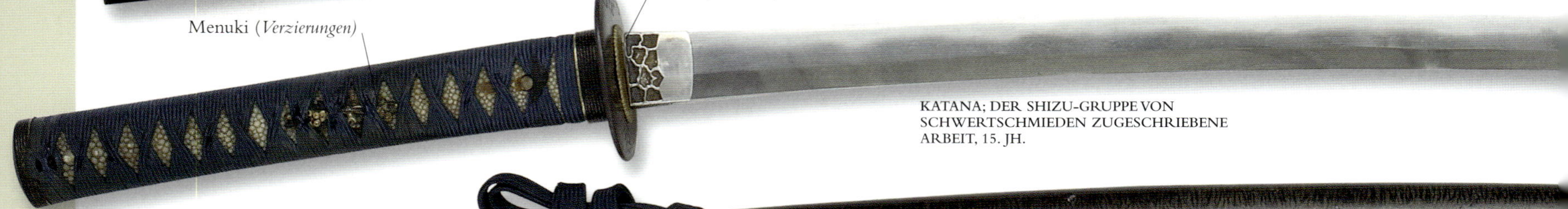

KATANA; DER SHIZU-GRUPPE VON SCHWERTSCHMIEDEN ZUGESCHRIEBENE ARBEIT, 15. JH.

STATUSSYMBOL

Das Langschwert wurde nur im Freien getragen, und nur ein Samurai durfte eines besitzen. Das Kurzschwert durfte jederzeit getragen werden. Das Heft der Waffen war oftmals ein verziertes Statussymbol, es bestand aus Holz, um das Haifischhaut und Borten gewunden waren. Das Ende des Hefts konnte auch zum Stoß dienen, wenn ein Gegner so nahe war, dass das Schwert nicht mehr gezückt werden konnte.

LACKIERTE SCHEIDE (*SAYA*) MIT SCHNUR (*SAGEO*), 15. JH.

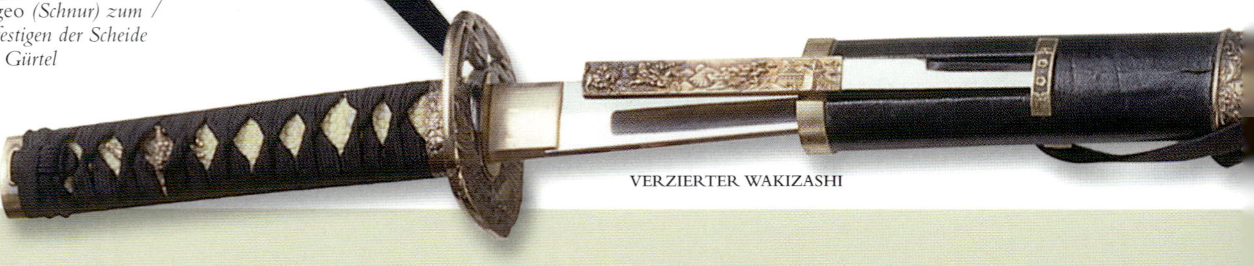

VERZIERTER WAKIZASHI

SPEER MIT KURZER SPITZE

GEFECHTSRÜSTUNG

Da das Samuraischwert benutzt wurde, um weit ausholende Hiebe zu führen, musste die Rüstung freie, schnelle Beweglichkeit zulassen, zugleich aber einen gewissen Schutz bieten. Dennoch fuhr eine gute Klinge durch beinahe jede Rüstung. Zahllose lackierte Metallplättchen wurden mit Seide und Leder so zusammengebunden, dass Brust, Arme und Schultern geschützt waren. Art und Komplexität der Rüstung entwickelten sich weiter, sodass schließlich der ganze Körper geschützt war, wie diese kunstvolle Arbeit aus dem 19. Jh. zeigt (rechts).

KAMPFTECHNIK
Dieser Druck aus dem 19. Jh. zeigt einen Samurai, der mit erhobenem Langschwert einen Hieb pariert. Dabei dreht er die flache Seite der Klinge auswärts, damit die Schneide keinen Schaden nimmt.

WAKIZASHI, AUS DEM JAHR 1792, EINE ARBEIT DES SCHWERTSCHMIEDES SESHU JU NAGATSUNA

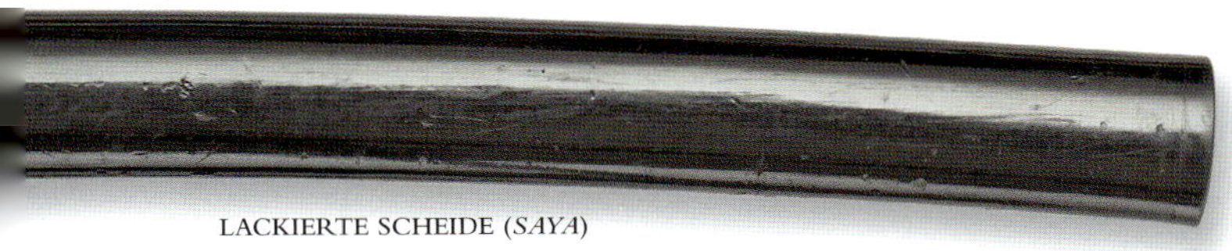

LACKIERTE SCHEIDE (*SAYA*)

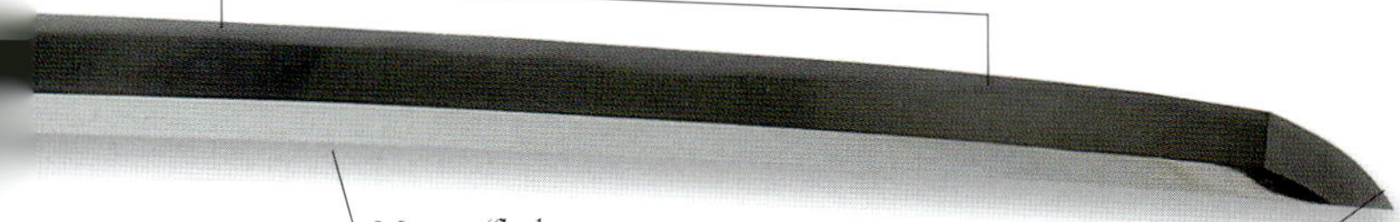

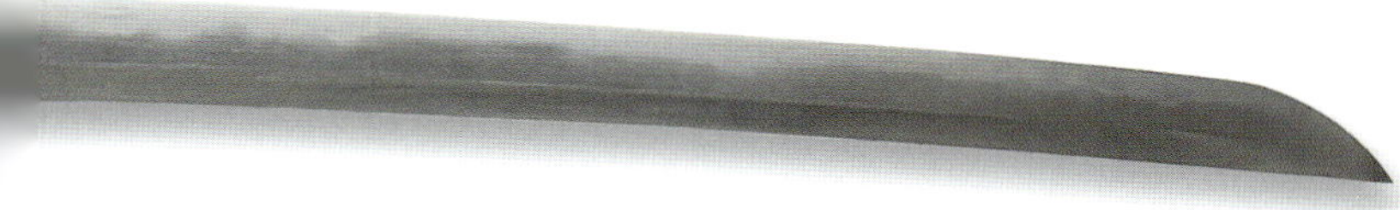

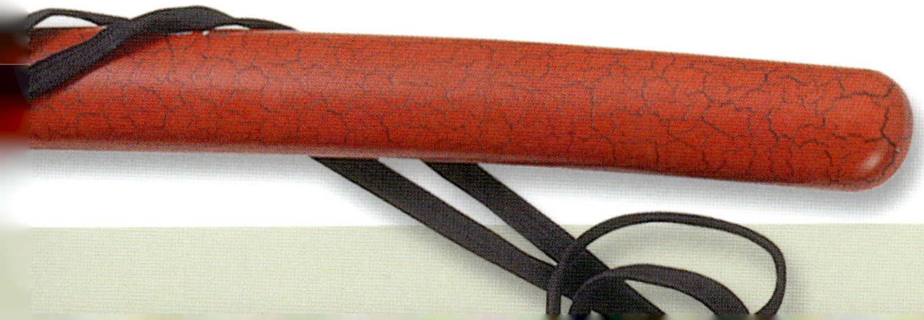

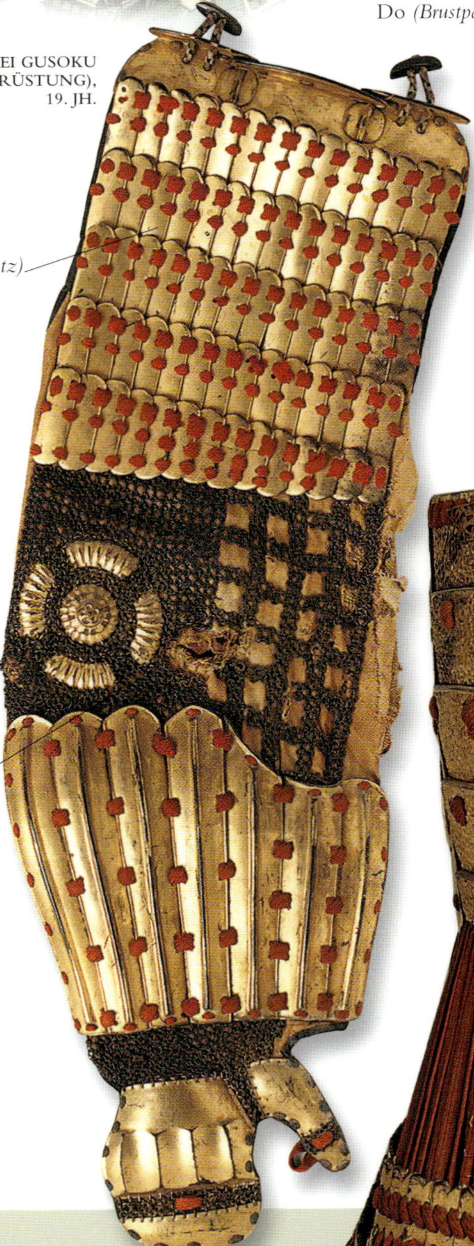

TOSEI GUSOKU (RÜSTUNG), 19. JH.

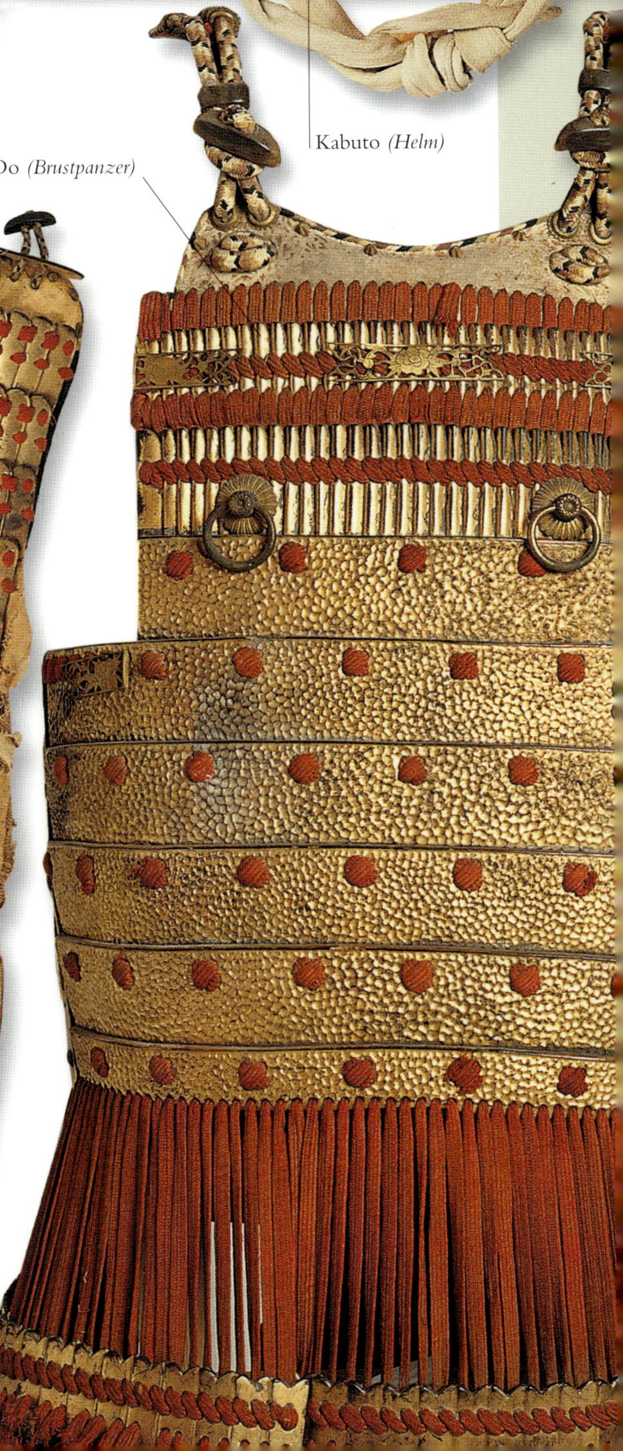

RITTER, BURGEN UND BOGENSCHÜTZEN

TROTZ ALLER VERSUCHE, der Kampfeslust während der Kreuzzüge ein außereuropäisches Betätigungsfeld zu geben, herrschte innerhalb Europas in der Zeit zwischen 1100 und 1500 praktisch ein Dauerkrieg. Schlachten zu schlagen galt als angemessene Beschäftigung kräftiger junger Männer von Stand. Hinzu kam die politische Zerrissenheit der europäischen Obrigkeiten – Territorialansprüche verfeindeter Königreiche, um Vorherrschaft ringende Städte und Fürstentümer, Machtkämpfe zwischen Päpsten und Kaisern.

REICH FRIEDRICHS II.
Das Heilige Römische Reich wurde vom Papsttum entmachtet, das sich auf dem Höhepunkt seiner Autorität befand.

RITTERLICHKEIT IM GEFECHT

Die Europäer hatten eine klare Vorstellung davon, was Krieg zu sein hatte: ein chevaleresker Kampf zwischen Rittern zu Pferde, getragen von idealisierter Ehre und Tapferkeit. Vorzugsweise ritt man mit gefällter Lanze gegeneinander an. Die Realität jenseits der zeremoniellen Turniere sah anders aus. Da waren Raubüberfälle und Plünderungen das Normale, wie etwa bei den »Chevauchées« (»Spazierritten«), auf denen die Engländer im Hundertjährigen Krieg weite Teile Frankreichs verwüsteten. Offene Feldschlachten vermied man nach Möglichkeit – sie galten in jeder Hinsicht als zu riskant. Die Ritter besaßen ein gesundes Sicherheitsbedürfnis, wie die Ganzkörperrüstung belegt. Auch die Pferde mussten gepanzert werden, dadurch wurden Pferd und Reiter so schwer, dass ihnen auf weichem Grund ernste Schwierigkeiten drohten.

EISERNE KESSELHAUBE
Die Kesselhaube oder Hundsgugel war die übliche Kopfbedeckung der Ritter in der zweiten Hälfte des 14. Jh.

HEERE AUSHEBEN

Aushebung und Unterhalt eines Heeres bedeuteten eine ständige Belastung für die Haushaltsmittel der europäischen Staaten. Die billigste Möglichkeit bestand darin, sich an die zu halten, die sich zum Militärdienst verpflichtet glaubten, ihre eigenen Waffen mitbrachten und mit Beute bezahlt wurden. Doch die Herrscher sahen sich zunehmend verpflichtet, den Sold selbst aufzubringen, womit die Beschäftigung von Söldnern allgemein üblich wurde. Geführt wurden die Söldnerkompanien von ehrgeizigen Kriegsunternehmern, die man in Italien *Condottieri* nannte. Doch Söldner wechselten ständig die Seiten oder verlegten sich aufs Plündern, wenn es nichts zu tun gab. Um 1450 entwickelten sich die von Fall zu Fall angeworbenen Söldnertruppen langsam zu stehenden Berufsheeren.

VERTEIDIGUNGS-MASSNAHMEN
Das englische Bodiam Castle aus dem späten 14. Jh. weist kurze Mauerstücke auf, die von schützenden Türmen flankiert werden.

FUSSVOLK IM MITTELALTER

Das gemeine Fußvolk mit Pfeil und Bogen, Piken und Hellebarden konnte sich gegen angreifende Ritter erfolgreich behaupten, solange Disziplin gewahrt wurde. War ein Ritter auf dem Gefechtsfeld der Unterlegene, so hieß dies eher Gefangennahme und Lösegeldzahlung als Verlust von Leib und Leben, doch der Fußsoldat konnte eine solche Behandlung nicht erwarten. Viele Ritter hassten die Bogenschützen, deren Kampfesweise aus der Ferne sie für unfair hielten. Die Kirche versuchte 1159, den Gebrauch der Armbrust zu unterbinden, und gelegentlich nahmen Ritter an gefangenen Bogen- oder Armbrustschützen hemmungslose Rache.

AUSRÜSTUNG
Der Fußsoldat des späten Mittelalters schützte sich mit einem wattierten Rock und einem Faustschild. Seine Hauptwaffe war die Gleve (auch Glefe, Gläfe, Gläve), ein langer Spieß mit schwertartiger Klinge.

GLEVE

SCHALLER

SCHWERT

FAUST-SCHILD

RÜSTUNG MIT HANDSCHUHEN

ESSMESSER UND DOLCH

TREBUCHET

Das Trebuchet, eine große Steinschleuder, arbeitete entweder durch ruckartiges Ziehen an Seilen, die am kurzen Hebelarm befestigt waren, oder seit dem 13. Jh. durch ein Kontergewicht, das zuerst hochgewunden wurde und beim Fallen die Energie für das Wurfgeschoss lieferte. Manche Katapulte konnten einen Stein von 100 kg Gewicht mehr als 400 m weit schleudern. Die großen Maschinen wurden im Tross mitgeführt.

DATEN	
Ursprungsland Italien	**Höhe** 4,50 m
Geschossgewicht <100 kg	**Länge** 3,60 m
In Gebrauch seit 11. Jh.	**Gewicht** >2 t

STEINSCHLEUDER
Hier handelt es sich um ein Katapult mit Kontergewicht, im Einsatz bei der Belagerung Antiochias 1097. Als Gewicht diente ein mit Steinen oder Sand gefüllter Kasten. Die Schlinge wurde mit Steinen oder gar abgehackten Köpfen geladen.

BURGEN UND BELAGERUNGEN

Die allgemeine Unsicherheit in Europa brachte eine Blütezeit des Befestigungswesens. Stadtmauern und Burgen waren eindrucksvolle Steinbauwerke. Die Burgen bildeten den Endpunkt einer Entwicklung, die mit einem einfachen Ringwall um einen Turm begann und sich bis hin zu einer Reihe von konzentrischen Mauern mit Torhaus und integrierten Türmen fortsetzte. Zahlreiches Belagerungsgerät wurde gegen solche Verteidigungsanlagen eingesetzt, darunter Steinschleudern verschiedener Art, Ballisten, Sturmböcke und Belagerungstürme. Im 14. Jh. kamen noch Geschütze hinzu.

BALLISTE
Die riesige Armbrust war ein Erbstück der alten Griechen. Sie arbeitete mit gedrillten Stricken nach dem Torsionsprinzip und verschoss große Bolzen.

BOLZEN

BOGENSCHÜTZEN

Im mittelalterlichen Europa waren die Genuesen mit der Armbrust und die Engländer mit dem Langbogen am wirkungsvollsten. Die Armbrust war eine relativ langsam nachzuladende Waffe, wenngleich dies durch eine hohe Durchschlagskraft wettgemacht wurde. Der Langbogen war weitaus schneller zu handhaben – Verschießen von bis zu zwölf Pfeilen pro Minute –, doch bedurfte es eines Fachmanns, um ihn wirksam einzusetzen. Im Bemühen, den Nachwuchs an geschickten Bogenschützen zu sichern, wurde in England im Jahre 1337 jeder Sport verboten – Bogenschießen ausgenommen.

MÄNNER AM LANGBOGEN
Walisische Bogenschützen in den Schlacht von Crécy. Das Schießen verlangte Kraft und jahrelange Übung.

PÄPSTE UND KAISER

Das Europa des 12. und 13. Jh. war zerrissen von einem dreiseitigen Machtkampf zwischen dem Papsttum, Frankreich und dem Heiligen Römischen Reich unter den Kaisern aus dem Hause Hohenstaufen. Der Schauplatz, auf dem dieser erbitterte Kampf ausgetragen wurde, war das politisch zersplitterte Italien, wo kaisertreue Ghibellinen und papsttreue Guelfen um die Macht stritten. Die eigentliche Machtbasis der Staufer war Deutschland, doch im 13. Jh. verschob sich der Schwerpunkt nach Süditalien und Sizilien, Ländereien, die dem Hause durch Heirat zugefallen waren. Das Papsttum rief nach 1260 die Franzosen in Person Karls von Anjou ins Land, um die Staufer aus diesen Gebieten zu vertreiben, doch die Truppen Anjous wurden von Aragoniens Streitkräften in der Sizilianischen Vesper (1282–1302) besiegt.

KRIEGE DES LOMBARDENBUNDES

Belagerung von Crema

DATUM
Juni 1159–Februar 1160

STREITKRÄFTE
Barbarossa: unbekannt; Crema: unbekannt

ORT
Crema bei Mailand, Norditalien

VERLUSTE
nicht verbürgt

Friedrich Barbarossa zog 1158 mit einem Heer nach Italien, um in Mailand und anderen Städten der Lombardei seine Macht zu festigen. Crema war eine kleine, doch stark befestigte Stadt, verbündet mit Mailand. Im Juni 1159 befahl Friedrich den Einwohnern, die Stadtmauern zu schleifen, ein Entschluss, zu dem ihn Cremona, Cremas erbittertster Feind, gedrängt hatte. Als Crema sich weigerte, begann eine Belagerung, bei der es auf beiden Seiten zu Gräueltaten kam. Friedrich ließ Gefangene köpfen, die Cremesen reagierten, indem sie auf den Stadtmauern Gefangene in Stücke hackten. Friedrich wird nachgesagt, er habe cremesische Kinder mit Belagerungskatapulten gegen die Mauern schleudern lassen. Jede nur bekannte Belagerungstechnik wurde angewandt. Die Belagerer benutzten ein bewegliches Dach, in dessen Schutz Sappeure die Mauern unterhöhlten. Da die Verteidiger ihrerseits Tunnel gruben, waren Kämpfe unter Tage die Folge. Als ein Rammbock eine Bresche in die Befestigungen geschlagen hatte, bauten die Cremeser einen Erdwall hinter der Einbruchstelle und riegelten sie so wieder ab. Doch Hunger und Krankheiten ließen sie schließlich kapitulieren.

STEINEWERFER
Das Katapult machte sich die Zugkraft eingedrehter Seile zunutze. Wenn man sie freigab, flog der Arm aufwärts und schleuderte das Geschoss weg.

KRIEGE DES LOMBARDENBUNDES

Legnano

DATUM
29. Mai 1176

STREITKRÄFTE
Kaiserliche: 3500 Reiterei; Lombardenbund: 4000 Reiterei, Fußtruppen unbekannt

ORT
30 km vor Mailand, Norditalien

VERLUSTE
unbekannt

Während des Jahres 1176 war Friedrich Barbarossa auf einem Kriegszug in Italien und versuchte erneut, den Papst und die lombardischen Stadtstaaten unter seine Herrschaft zu bringen. Er ritt mit mehr als 3000 Mann deutscher Reiterei südwärts in Richtung Pavia, als ihn die Mailänder und deren Verbündete aus anderen Städten des Lombardenbundes abfingen. Bei den mailändischen Truppen handelte es sich um ein Bürgerheer, in dem die Wohlhabenderen die Reiterei und die weniger Begüterten das Fußvolk stellten. Dank des Reichtums waren alle ihre Soldaten bestens gerüstet und bewaffnet. Die Reiterei war weniger gut ausgebildet als ihre kaiserlichen Gegner, doch das Mailänder Fußvolk war äußerst diszipliniert und voll Kampfeswillen. Friedrich, der nur über seine Kavallerie verfügte, war zahlenmäßig weit unterlegen, doch sei »die Flucht unvereinbar mit unserer kaiserlichen Würde«. Zunächst scheuchte die deutsche Reiterei die berittene Vorhut zur Seite und führte dann einen so ungestümen Angriff gegen das Gros der lombardischen Reiterei, dass die berittenen Bürgersoldaten die Flucht ergriffen. Damit war die lombardische Infanterie einer Kavallerieattacke ausgesetzt. Die Fußsoldaten standen Seite an Seite um ihren *Carroccio*, einen großen Wagen, auf dem unter einem aufgepflanzten Banner die Priester saßen. Hinter ihren Schilden und den Piken, die sie mit den Schaftenden in den Boden gerammt hatten, sodass sie wie Stacheln auswärts wiesen, erwarteten sie den Anprall der schweren kaiserlichen Reiterei. Wäre ihre Front aufgebrochen worden, hätte man die Männer erbarmungslos getötet, doch sie hielt, und die wiederholten Angriffe der deutschen Ritter brachen vor den langen Piken zusammen. Friedrich fiel im Kampfgetümmel vom Pferd und wurde nicht mehr gesehen, und just in diesem Augenblick stieß die lombardische Kavallerie, die sich wieder gesammelt hatte, dem wankenden deutschen Heer in die Flanke. Die deutschen Ritter begannen zu fliehen, verfolgt von den Mailändern, die viele Gefangene machten. Friedrich, den man schon für tot gehalten hatte, tauchte drei Tage nach der Schlacht gesund in Pavia auf.

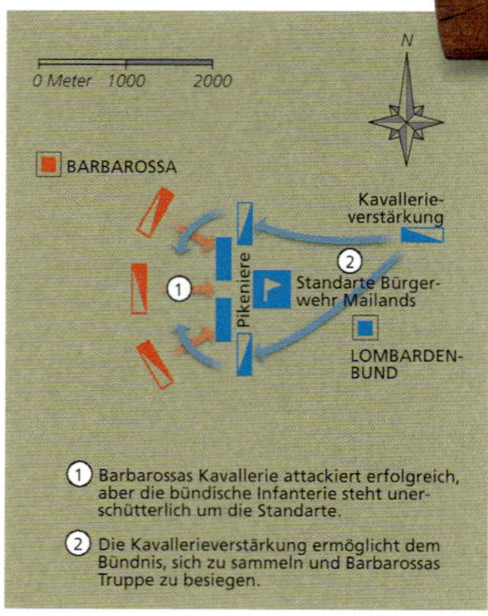

UNANTASTBARER WAGEN
Der Carroccio der mailändischen Truppen, der Wagen mit ihrer Standarte und den Priestern, beherrscht diese Darstellung der Schlacht bei Legnano aus dem 19. Jh.

um 1123–1190

BARBAROSSA

Friedrich I. von Hohenstaufen, seines rötlichen Bartes wegen Barbarossa genannt, wurde 1152 Kaiser des Heiligen Römischen Reiches. Er unternahm sechs Kriegszüge in Italien und schloss mit Papst Alexander III. und Mailand 1177, nach der Niederlage bei Legnano, Frieden. Nachdem er als junger Mann schon am zweiten Kreuzzug teilgenommen hatte, wollte er 1189 noch einmal ins Heilige Land ziehen, doch ertrank er unterwegs im türkischen Saleph (Göksu). Wenn er auch bisweilen grausame Härte zeigte, war er doch ein tüchtiger Heerführer und ehrgeiziger politischer Führer.

VERGOLDETE BARBAROSSA-BÜSTE

ANJOU-FLANDRISCHER KRIEG

Bouvines

DATUM 26. Juli 1214

STREITKRÄFTE Franzosen: 1450 Reiter, 6000 Fußvolk; Deutsche und Flamen: 1500 Reiter, 7500 Fußvolk

ORT Bouvines, südlich von Tournai, Nordostfrankreich

VERLUSTE deutsche und flämische Ritter: 300 Gefangene oder Gefallene

Ein Bündnis von Otto IV. von Deutschland, Graf Ferdinand von Flandern und König Johann von England zog 1213 gegen Philipp II. von Frankreich. Ein von Otto geführtes Heer traf 1214 bei Bouvines auf die Franzosen. Während die schwere Kavallerie mit gefällter Lanze gegeneinander anritt, focht das Fußvolk nicht weniger entschlossen, und Ottos Heer wurde bis auf ein Häufchen zu Fuß kämpfender Söldner aufgerieben.

ZUSAMMENSTOSS
Bei Bouvines kämpften die Ritter aus nächster Nähe. Neben Lanzen benutzten sie auch Dolche, um durch Lücken in der Rüstung zu stechen.

ARAGONISCH-FRANZÖSISCHE KRIEGE

Benevento

DATUM 26. Februar 1266

STREITKRÄFTE Anjou: 3000 Ritter; Manfred: 3500 Ritter, etliche Tausend Bogenschützen

ORT Benevent, östlich von Neapel, Italien

VERLUSTE Anjou: unbekannt, jedoch zahlreich; Manfred: unbekannt, jedoch noch mehr

Als Friedrich II., Kaiser des Heiligen Römischen Reiches, 1250 starb, verschaffte sich sein illegitimer Sohn Manfred die Herrschaft über Süditalien und Sizilien. Wie Friedrich benutzte auch Manfred diese Gebiete als Machtbasis für die Bekämpfung des päpstlichen Einflusses in Italien. Papst Urban IV. schlug 1264 zurück, indem er Karl von Anjou, dem Bruder des französischen Königs Ludwig IX., die Krone Siziliens gab. Im Winter 1265/66 landete Karl bei Rom und führte sein Heer südwärts. Auf einer Ebene bei Benevent stieß er auf Manfreds Truppen. Manfred eröffnete das Gefecht, indem er Tausende sarazenische Bogenschützen als Plänkler vorschickte. Mit einem tödlichen Pfeilhagel eingedeckt, trat das französische Fußvolk einen ungeordneten Rückzug an. Die vorderste Abteilung der französischen Ritter jedoch reagierte mit einer Attacke auf die Sarazenen, die sofort auseinander getrieben wurden. Einige deutsche Ritter fuhren daraufhin der durcheinander geratenen französischen Reiterei mit gefällter Lanze in die Flanke. Die Schlacht entwickelte sich zu einem wüsten Durcheinander, als immer mehr Ritter ins Gefecht eingriffen. Alles war so ineinander verknäult, dass die Sarazenen nicht zum Schuss kamen, da Freund und Feind nicht mehr zu unterscheiden waren. Die Franzosen lösten eine Panik aus, indem sie nicht die schwer gepanzerten Reiter, sondern deren Pferde angriffen. Im entscheidenden Augenblick forderte Manfred seine Reserven zum Angriff auf, doch viele ließen ihn im Stich und ritten vom Schlachtfeld. Er griff dennoch an, doch der Übermacht erliegend, brachen Manfreds Truppen auseinander und wurden Mann für Mann niedergemacht.

ARMBRUST

Die Armbrust war zu ihrer Zeit die stärkste Handwaffe mit Fernwirkung. Sie wurde gespannt, indem der Schütze mit dem Fuß in den am Schaft befestigten Bügel trat, sie so festhielt und die Sehne einhakte. Das Nachladen dauerte eine geraume Zeit, aber das Schießen verlangte keine besondere Geschicklichkeit.

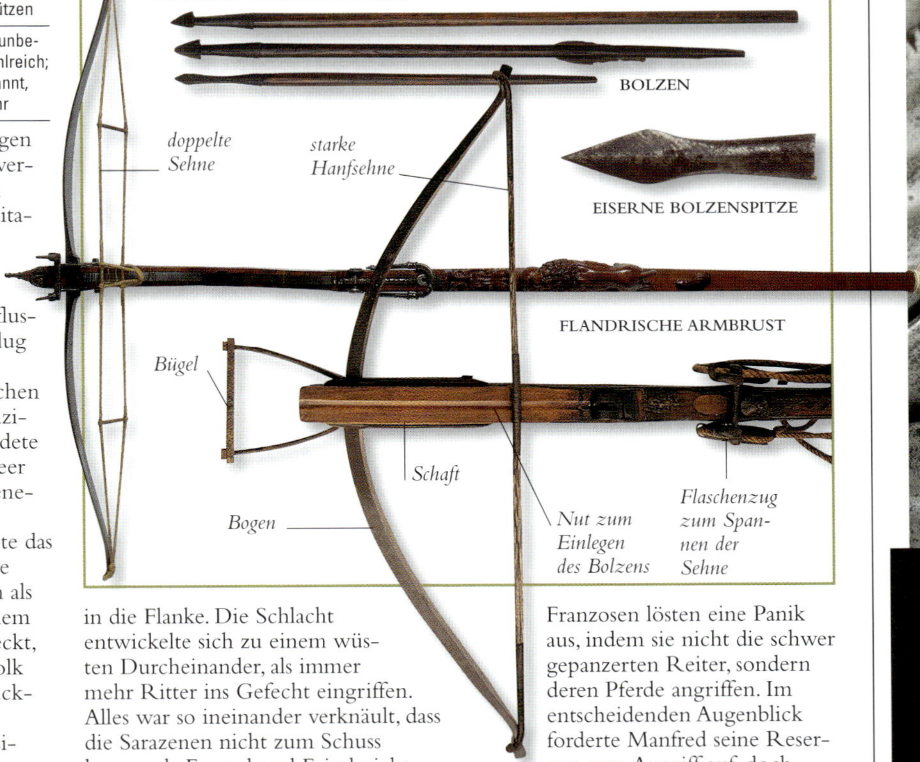

KÖNIGLICHE LANZE
Karl von Anjou, auf dem Helm eine Krone, bei einem Lanzenstoß in der Schlacht von Benevent. Manfred wurde erschlagen.

SIZILIANISCHE VESPER

Bucht von Neapel

DATUM
5. Juni 1284

STREITKRÄFTE
Aragon: 40 Galeeren; Anjou: 30–40 Galeeren

ORT
Süditalien

VERLUSTE
wenigstens 10 Galeeren Anjous gekapert

Bei der so genannten Sizilianischen Vesper kämpften die Aragonier gegen Karl von Anjou um die Herrschaft über Süditalien. Im Juni 1284 begann der aragonische Admiral Roger de Lauria eine Seeblockade Neapels, wobei es ihm gelang, Anjous Flotte aus dem Hafen heraus und ins Gefecht zu locken. Unter dem Befehl von Karl von Salerno, dem Bruder Karls von Anjou, folgte die Flotte den Schiffen de Laurias auf die offene See. Dort machte de Lauria kehrt und fiel über die Verfolger her, wobei ihm Verstärkungen zu Hilfe kamen, die sich aus dem nahen Castellamare genähert hatten. Einige von Karls Schiffen suchten das Weite. Die übrigen wurden mit den Pfeilen der Armbrustschützen de Laurias überschüttet. Karl hielt stand, bis sein Schiff leck geschlagen wurde, dann ergab er sich.

KETZEREI UND AUFSTAND

Im späten Mittelalter waren die zunehmend an Macht gewinnenden Herrscher bestrebt, den Vasallen und Untergebenen, die ihnen bis dahin nur nominell zur Gefolgschaft verpflichtet waren, ihre reale Befehlsgewalt aufzuzwingen und sie religiös gleichzuschalten. In ganz Europa flammten immer wieder kriegerische Auseinandersetzungen auf, in denen dieser religiöse und politische Machtanspruch infrage gestellt wurde. In Frankreich löste die Unterdrückung der ketzerischen Katharer, auch Albigenser genannt, ab 1209 verworrene und blutige Konflikte aus, die letztlich zur Ausdehnung des königlich-französischen Herrschaftsgebiets auf das bis dahin unabhängige Languedoc führten. In Britannien kämpften englische Könige, um ihre Macht auf Schottland und Wales auszudehnen und wegen der internen Schwierigkeiten durch rebellischen Adel oder rivalisierende Thronanwärter.

ALBIGENSER-KREUZZUG

Muret

ORT 20 km südlich von Toulouse, Südfrankreich

DATUM 12. September 1213

STREITKRÄFTE Kreuzfahrer: 900 Ritter, 1200 Fußvolk; Toulouse/Aragon: 4000 Ritter, 30 000 Fußvolk

VERLUSTE Toulouse/Aragon: mindestens 7000 Tote

Simon von Montfort, Anführer eines Kreuzzuges gegen die albigensischen Ketzer in Südfrankreich, wurde in Muret von den weit überlegenen Truppen Raymonds von Toulouse und des Königs Peter II. von Aragon belagert. Simon, der seine einzige Chance im Angriff sah, führte seine Ritter aus der Stadt hinaus und ritt in weitem Bogen zum Feldlager der Feinde. Die Sonne gleißend auf ihren Rüstungen und Helmen, ritten sie in gestrecktem Galopp Attacke gegen Raymonds Kavallerie. Als Nächstes wurde Peters Reiterei auf ähnliche Weise zerschlagen, der König selbst fiel durch einen Schwerthieb. Dann griff Montfort Raymonds Reiterei an, die das Lager verteidigte. Abschließend wurde das Fußvolk niedergemacht, das die Stadtmauern belagerte.

ERFOLGREICHE KETZERLEHRE
Die albigensische Ketzerlehre durchdrang alle Gesellschaftsschichten und zog selbst reiche Stadtbewohner wie diese an.

ALBIGENSER-KREUZZUG

Toulouse

ORT Toulouse, Frankreich

DATUM 8. Oktober 1217–1. Juli 1218

STREITKRÄFTE Kreuzfahrer: unbekannt; Toulouse: unbekannt

VERLUSTE nicht verbürgt

Im Jahre 1209 rief Papst Innozenz III. einen Kreuzzug gegen die Albigenser (oder Katharer) aus, ketzerische Christen, die im südfranzösischen Languedoc besonders zahlreich waren. Die Lehnsherren Nordfrankreichs und deren Ritter machten sich daran, die Ketzer mit äußerster Entschlossenheit zu bekämpfen; im Juli 1209 brachten sie die gesamte Einwohnerschaft von Béziers um. Der päpstliche Legat Arnaud-Amaury soll angeblich den Befehl gegeben haben: »Tötet sie alle, denn Gott kennt die Seinen!« Der größte Nutznießer der Anfangserfolge war Simon von Montfort selbst, der ausgedehnte Ländereien erwarb, darunter Béziers und Carcassonne. Sein Machtzuwachs brachte ihn in Konflikt mit Raymond VI., dem Grafen von Toulouse, und mit König Peter von Aragon, der seine eigenen Interessen in Südfrankreich verfolgte. Nach dem Sieg von Muret schien Montforts Position unangreifbar zu sein. Raymond floh und Simon übernahm die Herrschaft in Toulouse. 1216 jedoch rebellierten die Bewohner der Stadt und Simon ließ sie zur Vergeltung plündern. Graf Raymond sah die Gelegenheit gekommen, seine Gebiete zurückzugewinnen. Im September 1217 zog er wieder in Toulouse ein und wurde begeistert empfangen. Die Toulouser mühten sich Tag und Nacht, die Verteidigungsanlagen vor dem Erscheinen des Kreuzfahrerheeres zu vollenden. Simon erschien am 8. Oktober vor der Stadt und befahl einen Sofortangriff auf die halbfertigen Werke. Die Einwohner reagierten darauf mit allem, was sich als Geschoss gebrauchen ließ. Ein Chronist schreibt, dass Felsbrocken, Pfeile, Knüppel und Steine »so dicht wie feiner Regen« auf die Angreifer niedergingen. Die Toulouser Ritter machten einen Ausfall, um die Kreuzfahrer in den Nahkampf zu verwickeln, doch der Angriff wurde abgewehrt. Obgleich aus Nordfrankreich Verstärkung kam, versuchte Simon während des ganzen Winters und im Frühjahr vergeblich, die Stadt zu erstürmen. Zudem gelangten über die Garonne Lebensmittel in die Stadt. Im Juni ließ Simon einen massiven Belagerungsturm mit einer Plattform bauen, welche die Zinnen der Stadtbefestigung überragte. Am 25. Juni schwärmten die Verteidiger aus der Stadt, um einen Angriff auf die Maschine zu führen. Simon und seine Ritter trieben sie zurück, doch fiel ein Felsbrocken auf Simons Eisenhelm. Der Treffer, schrieb ein Chronist, »zerschmetterte ihm Augen, Hirn, Backenzähne, Stirn und Kiefer«. Nach Simons Tod wurde die Belagerung rasch aufgehoben.

VERTRIEBENE
Im August 1209 wurden die Katharer aus Carcassonne vertrieben. Sie hatten Hab und Gut zurückzulassen.

SZENEN EINER BELAGERUNG
Ein Relief vom Grabmal Simons von Montfort zeigt den Einsatz von Belagerungsgerät vor Toulouse.

um 1160–1218

SIMON VON MONTFORT

Der englisch-französische Ritter Simon von Montfort war von 1202 bis 1204 auf dem vierten Kreuzzug, weigerte sich aber, an Angriffen auf Mitchristen teilzunehmen. Seine Rolle als Anführer des Albigenser-Kreuzzuges nach 1209 trug ihm den Hass der Bewohner des Languedoc ein. Sein Tod bei der Belagerung von Toulouse ist hier dargestellt. Sein zweiter Sohn gleichen Namens führte in England den Aufstand der Barone an.

NAHKAMPF
Prinz Eduard und der mit einem Kreuzfahrersymbol geschmückte Simon von Montfort treffen in dieser fiktiven Episode der Schlacht von Evesham aufeinander.

ZWEITER AUFSTAND DER BARONE

Evesham

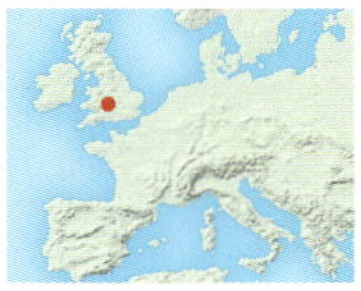

DATUM
14. August 1265

STREITKRÄFTE
Montfort: 7000; Prinz Eduard: 20000

ORT
Evesham, Worcestershire, England

VERLUSTE
nicht verbürgt

1258 zwang eine Gruppe von Baronen unter Simon von Montfort, dem Grafen von Leicester, den englischen König Heinrich III., die Provisionen von Oxford zu akzeptieren. Diese verpflichteten den König, die Regierungsgewalt einem Ausschuss der Barone zu übertragen und regelmäßig das Parlament zusammentreten zu lassen. Als Heinrich sich 1261 über diese Verpflichtung hinwegsetzte, brach ein Bürgerkrieg aus. Der König und sein Sohn Eduard wurden von Montfort geschlagen und gefangen genommen. Eduard jedoch entkam und stellte in Westengland ein Heer auf. Nachdem Simon in Wales ein Heer zusammengezogen hatte, brach er auf, um es mit den weitaus stärkeren Truppen zu vereinigen, die von seinem Sohn, einem weiteren Simon, befehligt wurden.

Eduard wusste, dass er dem zuvorkommen musste. Er trat daher von Worcester aus einen Eilmarsch an und überraschte und besiegte die Truppen des jüngeren Simon in ihrem Feldlager bei Kenilworth. Ohne Kenntnis von dieser Katastrophe machte Graf Simon in der Nacht vom 3. auf den 4. August im Tal von Evesham Halt. Eduard, der seinen Männern keine Rast gönnte, stellte seine Truppen nach einem Nachtmarsch so auf, dass die beiden einzigen Ausfallstraßen blockiert waren. Simon soll gesagt haben: »Gott sei unseren Seelen gnädig, denn unsere Leiber gehören denen!« Mit gewohnter Bravour stürmte er vor seinen Männern hügelan gegen das Zentrum von Eduards Heer, doch seine Truppen wurden umfasst und Simon selbst erschlagen.

GLYNDWR-AUFSTAND

Owain Glyndwrs Rebellion

DATUM
1400–1409

STREITKRÄFTE
Glyndwr: unbekannt; Engländer: unbekannt

ORT
Wales

VERLUSTE
nicht verbürgt

Wales wurde in den 80er-Jahren des 13. Jh. vom englischen König Eduard I. unterworfen. Obwohl die meisten Waliser sich mit dieser Situation abzufinden schienen, wuchs die Unzufriedenheit. Im September 1400 brannte Owain Glyndwr, ein walisischer Grundbesitzer, der mit seinem dreisten englischen Nachbarn im Streit lag, die Ortschaft unterhalb der Ruthin-Burg nieder. Dies war das Fanal zu einem allgemeinen walisischen Aufstand. Owain, zum Fürsten von Wales ausgerufen, führte einen Kleinkrieg und kontrollierte den größten Teil des Landes. 1402 besiegten die Waliser eine englische Truppe unter Sir Edmund Mortimer bei Pilleth. In Gefangenschaft schlug Mortimer sich auf Owains Seite und bewog ihn, sich einer Revolte gegen König Heinrich anzuschließen, die von der nordenglischen Percy-Sippe angeführt wurde. Die Percys wurden jedoch im Juli 1403 bei Shrewsbury geschlagen, ehe es zur Vereinigung mit Glyndwr gekommen war. Daraufhin suchte Owain Unterstützung in Frankreich, und so landete 1405 bei Milford Haven eine Truppe französischer Armbrustschützen und Fußsoldaten und marschierte mit den Walisern nach Worcester. Als sie König Heinrich und seinen gepanzerten Rittern gegenüberstanden, traten die Waliser den Rückzug an, woraufhin auch die enttäuschten Franzosen schon bald nach Hause gingen. Die Aufständischen hatten zwar immer noch den größten Teil von Wales in ihrer Hand, doch schließlich schlug Prinz Heinrich, der Sohn des Königs, die Rebellion nieder. Owain tauchte im walisischen Hügelland unter. Sein weiteres Schicksal ist ungewiss.

> »Die Gewohnheit der Waliser, gegen die Engländer aufzubegehren, ist eine Verrücktheit ... aus den Sprüchen des Propheten Merlin leiten sie die Hoffnung ab, England zurückzugewinnen.«
>
> *Ein Chronist am Hofe Eduards III.*

UMKÄMPFTE BURG
Carreg Cennen bei Brecon in Südwales war eine von den Engländern erbaute Burg, die von Glyndwrs Truppen 1403 belagert wurde.

ENGLISCH-SCHOTTISCHE KRIEGE

Brücke von Stirling

DATUM
11. September 1297

STREITKRÄFTE
Schotten: 15000; Engländer: 50000–60000

ORT Abbey Craig, nördlich von Stirling, Schottland

VERLUSTE
nicht verbürgt

Im Jahre 1297 erhoben sich die Schotten gegen die Annektion ihres Landes durch den englischen König Eduard I. Ein schottisches Heer, angeführt von William Wallace und Andrew de Moray, formierte sich auf einem Hang über dem Forth, um sich einer weitaus größeren englischen Streitmacht zu stellen. Die Engländer begannen, den Fluss auf einer schmalen Brücke zu überqueren. Wallace und Moray ließen die Speere talwärts fliegen. Im sumpfigen Ufergelände schwerfällig und weitgehend hilflos, wurden Tausende englische Ritter erschlagen. Der Rest ergriff die Flucht.

HELD
William Wallace wurde gefangen genommen und 1305 in London hingerichtet.

ROSENKRIEGE

Bosworth

DATUM
22. August 1485

STREITKRÄFTE
Heinrich Tudor: 5000; Richard III.: 8000

ORT
Bosworth, Leicestershire, England

VERLUSTE
nicht verbürgt

Am 7. August 1485 landete Heinrich Tudor bei Milford Haven in Wales, um seinen Anspruch auf den englischen Thron zu bekräftigen. Sein Heer und das König Richards III. trafen sich auf dem Schlachtfeld von Bosworth (dessen genaue Lage unbekannt ist). Richards Heer war größer, doch nicht absolut verlässlich. Ein drittes Heer erschien, angeführt von Lord Stanley, der beiden Parteien Hilfe zugesichert hatte, und griff zugunsten Heinrichs ein. Der König führte einen Angriff auf die Stellung Heinrichs, um den Thronanwärter zu töten und damit den Sieg davonzutragen. Richard gelang es zwar, Heinrichs Bannerträger zu töten, aber ein großer Teil seines Heeres lief über oder hielt sich weitab vom Gefecht, sodass Richard eingekreist und erschlagen wurde. Heinrich Tudor kam als Heinrich VII. auf den Thron.

DER HUNDERTJÄHRIGE KRIEG

DER HUNDERTJÄHRIGE KRIEG, wie die Konflikte zwischen England und Frankreich von 1337 und 1453 genannt werden, begann mit dem Anspruch des englischen Königs Eduard III. auf den französischen Thron. Am Ende hatte der französische König Karl VII. die Engländer fast ganz aus Frankreich vertrieben.

KRIEGSKOGGEN
Bei den meisten Schiffen, die bei Sluis dabei waren, handelte es sich um Koggen, plumpe einmastige Segelschiffe. Sie dienten im Gefecht lediglich als Transportschiffe.

HUNDERTJÄHRIGER KRIEG

Sluis

ORT Sluis, Zeeland, südliche Niederlande

DATUM 24. Juni 1340

STREITKRÄFTE Engländer: 150–250 Schiffe; Franzosen und Genuesen: 190 Schiffe

VERLUSTE 166 französische und genuesische Schiffe gekapert oder versenkt

In der Anfangsphase des Hundertjährigen Krieges versuchte Eduard III. von England, Bündnisse mit flandrischen Adligen zu schließen, die ihm helfen sollten, die Franzosen anzugreifen. Das fruchtete jedoch wenig, und so segelte im Sommer 1340 eine Flotte unter Eduards Führung über den Kanal, um seinen Anspruch auf den französischen Thron durchzusetzen. Eine französische Flotte, verstärkt um angemietete genuesische Galeeren, sammelte sich, um den Engländern die Stirn zu bieten. Flottenchef der Franzosen war Admiral Hugues Quiéret, die Genuesen befehligte Egidio Bocanegra, genannt Barbavera. Die beiden Flotten trafen sich in einer schmalen Bucht vor der Küste Flanderns. Die Schiffe der Franzosen lagen, dem Rat Barbaveras entgegen, nebeneinander vor Anker; sie waren drei oder vier Linien tief gestaffelt und miteinander vertäut. König Eduards Flotte lief am Morgen des 24. in die Bucht ein. Die Schiffe beider Seiten waren voller Soldaten, denn zu dieser Zeit waren Seeschlachten kaum anders als Schlachten an Land, abgesehen davon, dass, wie der Chronist Froissart meinte, »Schlachten zur See gefährlicher und hitziger sind … denn auf See gibt es kein Zurück und keine Flucht«. Die englische Flotte war so gegliedert, dass ein Schiff mit Soldaten zwischen je zweien mit Bogenschützen segelte. Nach den nötigen Manövern, um Wind und Sonne in den Rücken zu bekommen, liefen die Engländer gegen die Franzosen zum Gefecht an. Die Engländer entschieden die Schusswechsel der Bogenschützen und die Nahkämpfe auf den längsseits miteinander verhakten Schiffen zu ihren Gunsten. Nach einer Schlacht, die Eduard zufolge »den ganzen Tag und die folgende Nacht« anhielt, war die französische Flotte beinahe vollständig zerstört. Quiéret war gefallen, Barbavera aber entkommen. Froissart weist den Franzosen mehr als 30000 Gefallene zu, doch ist dies mit ziemlicher Sicherheit stark übertrieben. Eduard verstand es jedoch nicht, diesen Sieg zu nutzen.

HUNDERTJÄHRIGER KRIEG

Crécy

ORT Crécy-en-Ponthieu bei Abbéville, Picardie, Frankreich

DATUM 26. August 1346

STREITKRÄFTE Engländer: 10000–20000, darunter 10000 Langbogenschützen; Franzosen: 25000–60000

VERLUSTE Engländer: 200 Tote; Franzosen: wahrscheinlich 4000 Gefallene

Im Juli 1346 zog Eduard III. mit einem Heer über den Kanal in die Normandie. Er marschierte südwärts in Richtung Paris, hinterließ eine breite Spur der Verwüstung und wandte sich dann nach Nordosten. Das Heer des französischen Königs Philipp VI. hatte die Engländer in der Nähe der französischen Küste eingeholt.

> »Die englischen Bogenschützen traten daraufhin einen Schritt vor und schossen ihre Pfeile mit solcher Kraft und Schnelligkeit ab, dass es schien, als schneite es.«
>
> *Jean Froissart*, Chronik, um 1369

Eduards Truppen standen auf einem Hang parallel zur Ortschaft Crécy. Am Morgen des 26. August gliederte er sie in drei Abteilungen, eine davon nominell befehligt von seinem 16-jährigen Sohn Prinz Eduard. Zu jeder Abteilung gehörten Ritter, Knappen und Lehnsleute, Langbogenschützen und ein kleines Kontingent walisischer leichter Infanterie. Als das französische Heer eintraf, war es müde und erschöpft von einem langen Marsch und völlig durchnässt von einem Gewitterregen, dazu schien den Männern die hinter den englischen Stellungen tief stehende Sonne ins Gesicht. Doch Philipp konnte seinen Rittern den sofortigen Angriff auf die zahlenmäßig unterlegenen Engländer nicht ausreden. Zögernd marschierten die genuesischen Armbrustschützen daraufhin den Hügel hinauf. Ihre erste Salve erfolgte zu früh, um Wirkung zu zeigen, daraufhin wurden sie von den englischen Langbogen zusammengeschossen, die eine Armbrust an Schussweite und -folge weit übertrafen. Nun führte der Graf von Alençon die französischen Ritter unter heftigem Beschuss der englischen Bogenschützen hügelan. Einige wenige Ritter kamen bis zu den englischen Reihen durch und verwickelten Prinz Eduards Truppen in ein wildes Gefecht, doch die meisten fielen oder blieben verwundet zurück.

TOPFHELM
Der eiserne Topfhelm mit schmalen Sehschlitzen bot Schutz, war aber schwer und behinderte die Sicht.

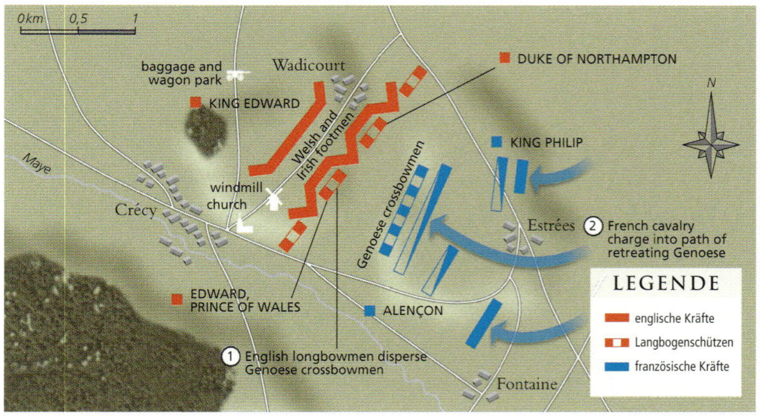

1330–1376

DER SCHWARZE PRINZ

Prinz Eduard, der älteste Sohn des englischen Königs Eduard III., war im Hundertjährigen Krieg einer der erfolgreichsten Heerführer. Der Farbe seiner Rüstung wegen war er als der »Schwarze Prinz« bekannt. Als junger Mann hatte er sich bei Crécy hervorgetan. Zu seinen späteren Siegen zählen Poitiers 1356 und Najera 1367. Man kannte ihn aber auch als eifrigen Anhänger der *Chevauchée* – Raub- und Plünderungszüge, die große Landstriche Frankreichs verwüsteten. Seine letzte kriegerische Tat war das Massaker von Limoges 1370.

HUNDERTJÄHRIGER KRIEG

Belagerung von Calais

DATUM
4. August 1346–
4. September 1347

STREITKRÄFTE
Engländer: vielleicht 30 000; Franzosen: unbekannt

ORT
Calais, Nordfrankreich

VERLUSTE
nicht verbürgt

Nach dem Sieg bei Crécy marschierte Eduard III. nordwärts, um die Hafenstadt Calais zu belagern. Sein Heer führte etwa 20 primitive Geschütze mit. Da es sich im Prinzip nur um auf Räder gesetzte Rohre handelte, erwiesen sie sich als untauglich. Der Lärm entnervte zwar die Bürger von Calais, doch die Geschosse konnten den Mauern nichts anhaben. Die Engländer mussten die Stadt aushungern, ein langwieriges, kostspieliges Verfahren, waren Verstärkung und Nachschub doch über den Kanal zu bringen. Nach 13 Monaten, in denen es Philipp VI. nicht gelang, die Stadt zu entsetzen, und die Bewohner am Ende Ratten und Mäuse aßen, kapitulierte die Stadt. Der Stadtkommandant, Jean de Vienne, und sechs wohlhabende Bürger kamen mit um den Hals gelegten Stricken aus der Stadt, um Gnade zu erflehen. Die Einnahme von Calais entschädigte Eduard mit wertvoller Beute, denn seine Mittel waren erschöpft.

ELFENBEINTURM
Diese mittelalterliche Elfenbeinschnitzerei zeigt die Belagerung einer Wasserburg. Die Armbrust war bei Belagerern wie Eingeschlossenen weithin gebräuchlich.

HUNDERTJÄHRIGER KRIEG

Poitiers

DATUM
19. September 1356

STREITKRÄFTE Engländer: 12 000, darunter 4000 Berittene; Franzosen: 20 000–40 000

ORT 3 km östlich von Poitiers, Zentralfrankreich

VERLUSTE Franzosen: 2500 Tote, 2600 Gefangene; Engländer: 1000 Gefallene

Im Spätsommer 1356 führte der Schwarze Prinz Eduard ein Heer von Aquitanien auf einem Raubzug durch Zentralfrankreich. Im September wurden die Engländer von einem französischen Heer unter der Führung König Johanns II. abgefangen. Eduard bezog auf einem Hang außerhalb von Poitiers eine starke Verteidigungsstellung, weil er eine Schlacht gegen die überlegenen französischen Kräfte vermeiden wollte. Am frühen Morgen des 19. September versuchte er sich abzusetzen. Die Franzosen griffen sofort an und zwangen Eduard, in aller Eile auf das Schlachtfeld zurückzukehren. Wie der Chronist Froissart berichtet, hatten die Engländer sich hinter einer Hecke aufgestellt, »in vorderster Linie die Bogenschützen, dahinter die abgesessene schwere Reiterei, allesamt verteilt zwischen Ranken- und Dorngebüsch; in der Hecke war nur eine Lücke, die vielleicht vier Ritter nebeneinanderher durchließ ...« Die Franzosen ließen 300 ihrer besten Ritter durch diese Lücke angreifen. Die übrigen saßen ab und folgten zu Fuß. Als die französische Reiterei in dem schmalen Durchlass auftauchte, schossen die Langbogenschützen die Pferde nieder. Die englischen Schwerbewaffneten stapften in das wüste Durcheinander von gefallenen Pferden und gestürzten Reitern und hieben nach links und rechts um sich. Die nächste Welle der Franzosen, die Ritter unter Führung des Dauphin, ging unter einem Pfeilhagel durch die Lücke und lieferte den Engländern einen verbissenen Kampf Mann gegen Mann. Eduard schickte seine Reserven nach vorn und verschaffte den Engländern zunächst eine leichte Überlegenheit. Erschöpft und durch viele Verwundungen geschwächt, bereiteten sie sich auf einen weiteren Sturm der Franzosen vor; um ihre Köcher wieder aufzufüllen, zogen die Bogenschützen Pfeile aus den Leichen der Gefallenen. Zum Glück war die nächste französische Abteilung unter dem Befehl des jungen Herzogs von Orléans vom Schicksal des Dauphin so entnervt, dass sie die Flucht ergriff. So blieben nur noch die letzten französischen Kräfte, angeführt vom König selbst. Doch nun befahl Eduard seinem ganzen Heer den Angriff und schickte 200 Berittene los, die Flanken der Franzosen zu umreiten und sie hinterrücks anzugreifen. Es entwickelte sich ein schweres Gefecht, doch die Kavallerieattacke in den Rücken der Franzosen brachte diesen schwere Verluste bei. Am Ende kämpften nur noch der König und seine Entourage, bis auch sie die Waffen strecken mussten.

BRONZESKULPTUR
Das Ideal des edlen Kriegers zeigt diese Bronze aus dem 14. Jh.

KÖNIG GESCHLAGEN
König Johann II. von Frankreich liefert bei Poitiers sein letztes Gefecht. Die Engländer hielten ihn in Gefangenschaft, bis er 1360 mit drei Millionen Goldkronen freigekauft wurde.

HUNDERTJÄHRIGER KRIEG

Najera

DATUM 3. April 1367

STREITKRÄFTE Franzosen und Kastilier: wahrscheinlich 30000; Engländer: vielleicht 20000

VERLUSTE Franzosen und Kastilier: 7000 Gefallene; Engländer: 100 Gefallene

ORT südlich des Ebro in Nordspanien

Offiziell schlossen England und Frankreich im Jahre 1360 Frieden, doch beschäftigungslose Söldnerhaufen, so genannte »Compagnies«, lösten sich nicht auf, sondern verlegten sich auf gewinnbringendes Plündern. Angesichts dieser Schreckensherrschaft war die französische Bevölkerung äußerst erleichtert, als der berühmte französische Heerführer Bertrand du Guesclin mit einem großen Haufen dieser Söldner von Frankreich nach Kastilien zog, um Heinrich von Trastamara im Krieg mit seinem von England gestützten Bruder, König Peter dem Grausamen, beizuspringen. Peter wurde gestürzt und Heinrich auf dessen Thron gesetzt. Im Februar 1367 zog der Schwarze Prinz Eduard mit einem Heer über die Pyrenäen, um Peter wieder zu seinem Recht zu verhelfen. Du Guesclin und seine kastilischen Verbündeten trafen bei Najera auf das Heer des Schwarzen Prinzen. Wie so oft beherrschten die englischen Bogenschützen das Gefechtsfeld und schlugen die kastilische Reiterei in die Flucht. Du Guesclins Söldner leisteten unerschrocken Widerstand. Doch ohne wirkliche Unterstützung durch ihre kastilischen Verbündeten konnten sie die Niederlage nicht abwenden.

HUNDERTJÄHRIGER KRIEG

Lancasters Raubzug

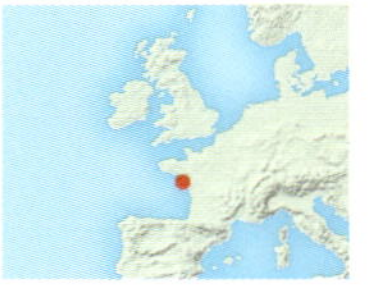

DATUM Juli–Dezember 1373

STREITKRÄFTE Engländer: 5000–10000; Franzosen: unbekannt

VERLUSTE Engländer: etwa die halbe Streitmacht

ORT Frankreich

Als der Krieg 1368 wieder aufflammte, war König Karl V. von Frankreich bemüht, Druck auszuüben, ohne sich auf Schlachten einzulassen. Mit du Guesclin als Konnetabel konnte Karl viele der französischen Gebietsverluste wiedergutmachen. 1373 unternahmen die Engländer einen neuen Feldzug unter Johann von Gaunt, Herzog von Lancaster. Fünf Monate lang zog er von Calais über die Champagne und Burgund bis nach Aquitanien plündernd durchs Land. Die Franzosen suchten Zuflucht in ihren Städten und lieferten den englischen Truppen kleine Scharmützel. Mit Beginn des Winters starben viele Engländer aufgrund von Hunger, Kälte und Erschöpfung. Als Lancaster Bordeaux erreichte, hatte er die Hälfte seiner Männer und fast alle Pferde verloren, ohne eine Schlacht geliefert zu haben.

ENGLISCHER HERZOG
Johann von Gaunt war nicht so erfolgreich wie sein Vater Eduard III.

HUNDERTJÄHRIGER KRIEG

Azincourt

DATUM 25. Oktober 1415

STREITKRÄFTE Engländer: 6000; Franzosen: 20000–30000

VERLUSTE Franzosen: 3000–5000 Gefallene; Engländer: 300–400 Gefallene

ORT bei Arras im Pas-de-Calais, Nordfrankreich

Im August 1415 segelte Heinrich V. von England mit etwa 10000 Mann in die Normandie und versuchte, sich eine innerfranzösische Auseinandersetzung zunutze zu machen, um den englischen Anspruch auf den französischen Thron durchzusetzen. Der Feldzug begann mit der Belagerung von Harfleur. Als die Stadt am 22. September fiel, hatten Verluste und Krankheiten Heinrichs Heer schon stark dezimiert. Erschöpft, hungrig und von den Einheimischen ständig attackiert, schmolz die Truppe rasch dahin, während sie auf Calais zu marschierte. Heinrich musste erkennen, dass der Konnetabel von Frankreich, Charles d'Albret, mit seinem Heer die Straße blockierte. Morgens am 25. Oktober, dem Tag des hl. Crispinus, marschierte Heinrich mit seinen noch etwa 6000 Mann an einer Stelle auf, wo die Straße nach Calais durch einen dichten Wald führte, seine Bogenschützen an den Flanken, die abgesessene schwere Reiterei im Zentrum. Dann wurden vor den eigenen Linien spitze Pfähle in den Boden geschlagen. Die weitaus zahlreicheren Franzosen waren der Enge des Schlachtfelds wegen gezwungen, ihre Kräfte hintereinander aufzustellen. Auch ihre schwere Reiterei war größtenteils abgesessen. Als die Franzosen angriffen, waren die wenigen französischen Ritter zu Pferd zuerst bei den englischen Linien, doch wurden sie von den Pfählen aufgehalten. Unter schwerem Pfeilbeschuss und vom modrigen Boden behindert, war die Reiterei sehr rasch in Schwierigkeiten. Die zu Fuß Stürmenden stapften in ihren schweren Rüstungen durch den Morast und hatten, als sie erschöpft die englischen Linien erreichten, schwere Verluste erlitten. Als der Nahkampf begann, griffen die Bogenschützen zu Äxten und Schwertern und stürzten sich neben ihren Rittern ins Getümmel. Irgendwann hörte Heinrich, sein rückwärtiges Feldlager sei angegriffen worden. Der Plan der Franzosen, Heinrich zu umfassen, schlug aber fehl. Eine Kavallerieattacke von ein paar Hundert Engländern trieb die Reste des französischen Heeres von der Walstatt.

RÜSTUNG UND BOGEN
Gepanzerte Ritter und Bogenschützen waren die ausschlaggebenden Elemente in der Schlacht von Azincourt.

DER LANGBOGEN

Nach Zusammenstößen mit walisischen Bogenschützen übernahmen die Engländer im 13. Jh. den Langbogen. Der Bogen selbst war keine technische Neuerung, wohl aber war sein massenhafter Einsatz gegen Ritter zu Pferde eine neue Taktik. Mit dem am besten aus Eibenholz hergestellten Bogen konnte man etwa zehn Pfeile pro Minute abschießen und traf noch mehr als 200 m weit entfernte Ziele.

KÖNIG HEINRICH V.
Heinrichs Hand auf dem Schild mit dem Lilienwappen soll seinen Anspruch auf die französische Krone symbolisieren.

HUNDERTJÄHRIGER KRIEG

Belagerung von Orléans

DATUM 12. Oktober 1428–7. Mai 1429

STREITKRÄFTE Engländer und Franzosen: 5000; Franzosen: unterschiedlich

ORT Tal der Loire in Zentralfrankreich

VERLUSTE nicht verbürgt

Kurz nach dem Tode Heinrichs V. im Jahre 1422 wurde dessen kleiner Sohn als Heinrich VI. zum König von Frankreich wie von England erklärt. Als Regent herrschte der Herzog von Bedford mithilfe seiner burgundischen Verbündeten von Paris aus, während der französische Dauphin, der künftige Karl VII., südlich der Loire stand. 1428 schickte Bedford ein Heer südwärts, um den Loire-Übergang bei Orléans in seine Hand zu bringen. Die Engländer konzentrierten sich auf die Festung, die südlich der Stadt eine Steinbrücke sicherte. Sie fiel am 23. Oktober. Dann begann die Belagerung unter der Führung des Grafen von Suffolk. Die Engländer hatten zu einer Blockade Orléans' nicht genügend Truppen zur Verfügung. Sie bauten rings um die Stadt eine Reihe von befestigten Stellungen, trotzdem gelang es den Franzosen, Lebensmittel und Verstärkung einzuschleusen. Im Dezember verfügte Johann Graf von Dunois, genannt »Bastard von Orléans«, der die Verteidigung der Stadt unter sich hatte, wahrscheinlich über stärkere Truppen als die Engländer, obgleich diese von etwa 1500 Burgundern Verstärkung erhalten hatten. Die Franzosen jedoch blieben weitgehend passiv. Als sie am 12. Februar einen englischen Nachschubtransport abfangen wollten, wurden sie von dessen tüchtigem Führer Sir John Fastolf zurückgeschlagen. Das Eintreffen der Jeanne d'Arc am Hofe Karls VII. in Chinon gab dann der Moral im französischen Lager Auftrieb. Auch der Abfall des burgundischen Kontingents im März schwächte die englische Position. Im April 1429 bekam Jeanne von Karl die Erlaubnis, den Entsatz von Orléans zu versuchen. Ihr folgten rund 5000 Mann, die auf dem Marsch nicht behelligt wurden. Sie überwand den Widerstand der hochrangigen französischen Truppenführer und nahm eine Reihe von englischen Festungen im Sturmangriff. Die Engländer konnten nur einige wenige Bastionen nordwestlich der Stadt halten. Daraufhin stellten sie sich kampfbereit auf, doch die Franzosen verweigerten die offene Feldschlacht, und die Engländer zogen von Orléans ab. Jeanne war beim Geplänkel verwundet worden, was sie jedoch nicht davon abhielt, die Franzosen erfolgreich ins Tal der Loire zu führen. Einen weiteren großen Erfolg erzielten die Franzosen am 19. Juni in der Schlacht von Patay, als ein englisches Heer unter Führung von Lord John Talbot und Sir John Fastolf nach schweren Verlusten geschlagen wurde. Am 16. Juli hatten die Franzosen sich weit nach Norden bis Reims durchgeschlagen, wo der Dauphin zum König von Frankreich gekrönt wurde.

> »Jeder wunderte sich, dass sie … so klug und verständig handelte, als ob sie ein Truppenführer mit 20 oder 30 Jahren Erfahrung wäre …«
>
> *Der Herzog von Alençon, Zeugenaussage zur Ehrenrettung von Jeanne d'Arc,* 1456

SCHICKSALHAFTE BEGEGNUNG
Château Chinon, wo Karl VII. 1429 Hof hielt. Dort erschien am 4. März Jeanne d'Arc. Ihre Visionen flößten den Franzosen neuen Mut und Siegeswillen ein.

PFEILE
Pfeilspitzen wie diese durchschlugen die Schwachstellen jeder Rüstung – ein tödliches Geschoss in den Händen erfahrener Langbogenschützen.

TREBUCHET
Wenn das Gewicht den einen Hebelarm nach unten zog, stieg der andere mit der Schlinge nach oben und warf das Geschoss, das bis zu 300 m weit flog.

um 1412–1431

JEANNE D'ARC

Jeanne d'Arc, überzeugt, dass Stimmen sie zur Rettung Frankreichs aufforderten, kam im Februar 1429 etwa 17-jährig an den französischen Hof. Manche halten sie für eine meisterhafte Taktikerin, andere sehen ihre Wirkung allein in der Inspiration begründet, jedenfalls bewirkte sie eine Wende des Kriegsglücks. Nach ihrer Gefangennahme und Auslieferung an die Engländer wurde sie 1431 wegen Ketzerei verbrannt.

HUNDERTJÄHRIGER KRIEG

Châtillon

DATUM 17. Juli 1453

STREITKRÄFTE Engländer: 6000; Franzosen: 7000–10 000, dazu 300 Geschütze

ORT Westfrankreich

VERLUSTE nicht verbürgt

In der Endphase des Hundertjährigen Krieges gab es eine beinahe ununterbrochene Reihe französischer Siege. Während eines Waffenstillstands von 1444 bis 1449 löste Karl VII. das Problem der beschäftigungslos im Lande marodierenden Soldaten, indem er ihnen für den Dienst in so genannten *Compagnies d'Ordonnance* Bezahlung anbot – damit war der Anfang eines stehenden Heeres gemacht. Außerdem engagierte er die Brüder Jean und Gaspard Bureau, um eine gut organisierte bewegliche Artillerieabteilung zu entwickeln, die in den letzten Kriegsjahren die entscheidende Rolle spielte. Seit 1449 nahmen die Franzosen den Engländern eine Stadt nach der anderen ab, indem sie die Mauern durch Artilleriebeschuss zerstörten. Sie benutzten die Geschütze auch als Feldartillerie und entschieden so im April 1450 die Schlacht von Formigny für sich. Im Sommer 1451 hatte Frankreich die Engländer aus der Normandie vertrieben und Aquitanien erobert. Der aquitanische Adel jedoch hielt in Treue fest zum englischen König und bat um Hilfe. Ein englisches Heer unter Führung von John Talbot, dem Grafen von Shrewsbury, landete im Oktober 1452 und eroberte Bordeaux zurück. Im Juli 1453 kam Talbot der Stadt Châtillon zu Hilfe, die Jean Bureau belagerte und mit seiner Artillerie sturmreif zu schießen versuchte. Als die Engländer heranrückten, drehte Bureau seine Geschütze um. Talbot an der Spitze der englischen Reiterei glaubte, die Franzosen wären auf dem Rückzug, und ließ gegen die von Bureau zum Schutz seiner Truppen aufgeworfenen Erdwälle Attacke reiten. Französische Kanonen und Bogenschützen richteten unter der Kavallerie ein heilloses Durcheinander an. Talbot fiel und am Ende löste sich das englische Heer auf und floh.

> »Die Artillerie fügte den Engländern schweren Schaden zu, denn jeder Schuss streckte fünf oder sechs Mann nieder …«
>
> *Ein Augenzeuge über die Schlacht von Châtillon,* 1453

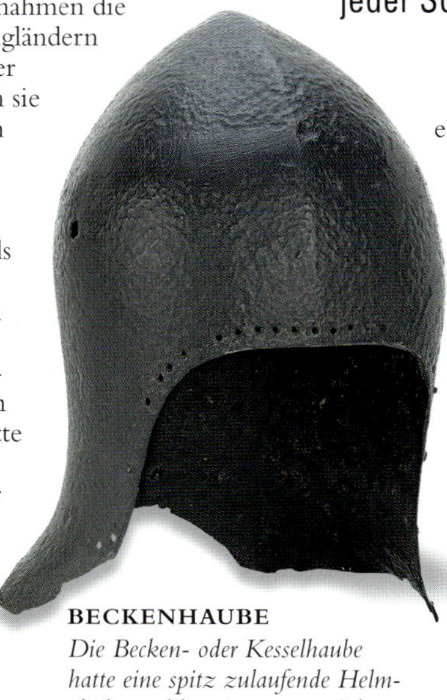

BECKENHAUBE
Die Becken- oder Kesselhaube hatte eine spitz zulaufende Helmglocke und bot einen guten Schutz.

STOSSWAFFE
Die Schwertklinge mit rautenförmigem Querschnitt ist besonders steif und kann mit ihrer scharfen Spitze ein Kettenhemd durchstoßen.

MITTELALTERLICHE RÜSTUNG

IM 15. JH. HATTE SICH DIE RÜSTUNG DER EUROPÄISCHEN RITTER ZUM KOMPLETTEN PLATTENHARNISCH AUS STAHL ENTWICKELT, DER EINEN BESSEREN SCHUTZ BOT ALS DAS KETTENHEMD.

Es gab zwei Hauptzentren der Herstellung von Plattenpanzern: Süddeutschland mit Augsburg, Nürnberg, Innsbruck und Landshut sowie Norditalien mit Mailand und Brescia. Rüstungen waren Maßarbeit und äußerst teuer, bestimmte dekorative Einzelheiten waren dazu gedacht, Bewunderung zu wecken – aus diesem Grund bedeckten die Ritter dieser Epoche ihre Rüstungen nicht mehr mit Tuchüberröcken. Obgleich der Harnisch unbequem und schwerfällig wirkte, war er der Körperform äußerst genau angepasst und sein Gewicht von ungefähr 25 kg gleichmäßig verteilt. Infolgedessen konnte sich der Ritter ungezwungen bewegen und ohne Hilfe sein Pferd besteigen oder absitzen. Es dauerte allerdings längere Zeit, einen Harnisch anzulegen.

MYTHISCHER RITTER
Dürers berühmte Radierung Ritter, Tod und Teufel *von 1513 zeigt einen gotischen Harnisch.*

UNVERWUNDBARE RITTER

Ein geharnischter Ritter benötigte den Schild nicht mehr. Die Rüstung hielt jedem Schwerthieb stand; der Feind war also gezwungen, in die Schwachstellen, dort, wo die Platten miteinander verbunden waren, zu stechen. Um dieser Taktik zu begegnen, konnte der Ritter ein Kettenhemd unter der Rüstung tragen – eine recht gewichtige Kombination – oder die Verbindungsstellen wurden mit Kettengeflecht geschützt. Ein wuchtiger Keulenschlag konnte den Ritter immer noch verletzen, ohne den Harnisch zu durchdringen, aber der gerundete Helm ließ die Schläge abgleiten und war daher viel besser als die flachen Helme aus der Zeit der Kreuzfahrer. Ein geharnischter Ritter war jedoch zwei Waffen gegenüber wirklich schutzlos: einer Armbrust mit Stahlbogen und Feuerwaffen. Die zunehmende Verbreitung von Handfeuerwaffen im 16. Jh. führte zum Verzicht auf den kompletten Harnisch.

VORLÄUFER
Die Ritter hier tragen Kettenhemden unter Tuchröcken und haben Arme und Beine mit Platten gepanzert – eine solche Kombination war im 14. Jh. üblich.

DATEN	
Ursprung Norddeutschland	**Höhe** bis 2 m
Typ deutsch	**Blechstärke** 2 mm
Zeit Ende 15. Jh.	**Gewicht** 25 kg

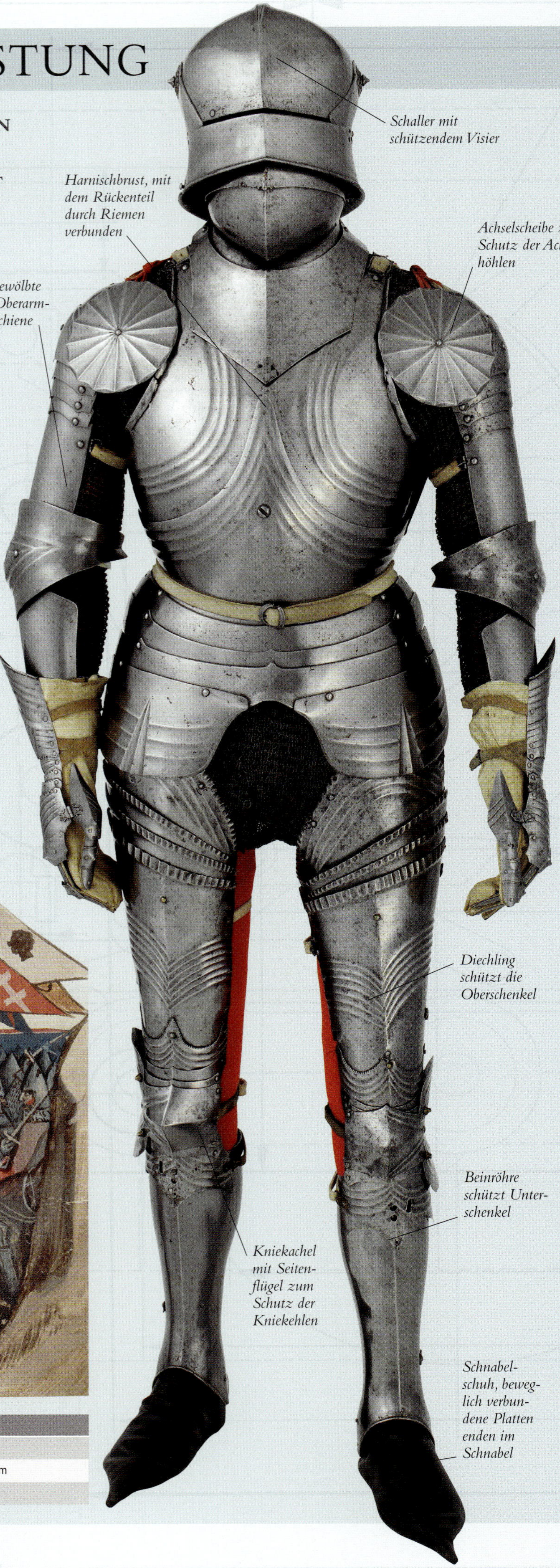

VISIERROSETTE *Jede Verbindung war eine potenzielle Schwachstelle des Harnischs. Einzelheiten wie diese Rosette am Visierscharnier halfen mit, die Wucht eines Hiebes abzulenken.*

ACHSELSCHEIBEN *Diese kleinen runden Schilde waren am Kettengeflecht befestigt, um die Achselhöhle zu schützen. Obwohl im 14. Jh. ungebräuchlich, tauchte diese Besonderheit im 15. Jh. an deutschen Rüstungen wieder auf.*

SCHARNIER *an der Verbindung der Beinröhre*

SCHNALLE *Teile des Harnischs wurden an ein wattiertes Unterkleid gebunden oder geschnallt.*

KETTENGEFLECHT *diente zum Verschließen gefährdeter Stellen wie etwa an der Achselhöhle.*

DIECHLING *Die rückwärtige Ansicht des Oberschenkelschutzes zeigt, wie kompliziert die Platten verbunden waren, um Bewegungsfreiheit zu gewährleisten*

HANDSCHUH *Diese Panzerung zum Schutz der Hand wurde aus dem eisernen Fausthandschuh entwickelt. Im 15. Jh. bestand der Handschuh aus einer Reihe gewölbter Platten und Plättchen, um die Finger einzeln bewegen zu können.*

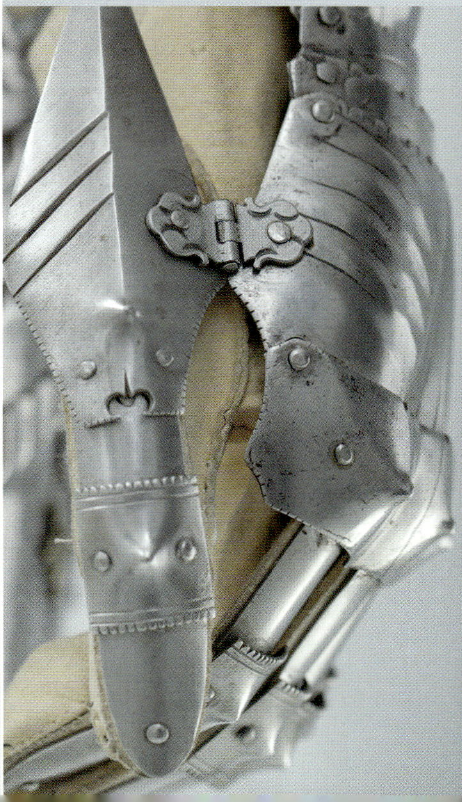

TRIUMPH DER FUSSTRUPPEN

Zahlreiche Schlachten im 14. und 15. Jh. bewiesen, dass der nichtadlige Fußsoldat die hoch angesehenen Ritter zu Pferde in offener Feldschlacht besiegen konnte – ein heftiger Schock für alle, die noch der mittelalterlichen Auffassung von Kriegswesen und Gesellschaftsordnung anhingen. Der Erfolg war gewöhnlich klugen taktischen Neuerungen und disziplinierter Entschlossenheit im Kampf zu verdanken. Bei Courtrai gab der flandrische Feldherr Wilhelm von Jülich seinen Fußsoldaten den Rat: »Lasst den Feind nicht durch eure Reihen brechen. Habt keine Angst. Bringt beide um – Mann und Pferd.« Auch der Erfolg der Bogenschützen und die Einführung der Feuerwaffen trugen dazu bei, dass die gepanzerte Reiterei jetzt ihre Wirksamkeit bis zu einem gewissen Grade einbüßte, obwohl die Kavallerie bis ins 19. Jh. ein wichtiger Truppenteil blieb.

FRANZÖSISCH-FLÄMISCHER KRIEG

Courtrai/Kortrijk

DATUM 11. Juli 1302

STREITKRÄFTE Flamen: 8000–10500 Fußvolk; Franzosen: 2500 Ritter und Knappen, dazu Fußvolk

ORT Courtrai/Kortrijk, Belgien

VERLUSTE 1000 französische Ritter gefallen, dazu etliche Hundert Flamen

Im Jahre 1302 lehnte sich Guy, Graf von Flandern, gegen seinen Lehnsherrn Philipp IV. von Frankreich auf und hatte bald ganz Flandern in seiner Gewalt. Philipp schickte seinen Bruder Robert von Artois, um Guy gefügig zu machen. Dessen Heer bestand aus flandrischen Kaufleuten, Handwerkern, Bauern und einigen wenigen Edelleuten, alle zu Fuß und mit Piken oder Holzkeulen bewaffnet. Die französischen Ritter konnten es gar nicht erwarten anzugreifen, sie ritten durch die Reihen ihres Fußvolks, setzten über die Gräben hinweg und griffen die flämische Infanterie mit gefällter Lanze an. Diese wich nicht und die Ritter ritten mit fürchterlicher Gewalt in die aufgestellten Piken und wurden im anschließenden Handgemenge niedergemacht.

> »Jeder beichtete ... und dann drängten sie sich aneinander ... als wäre es eine Steinmauer, die das furchtbare Gottesgericht über sich ergehen lassen müsste.«
>
> *Der Chronist Louis de Velthem* über die Schlacht bei Courtrai

PFERDEFUSS
Solche Krähenfüße wurden ausgestreut, um Pferden und ihren Reitern Verletzungen zuzufügen.

ENGLISCH-SCHOTTISCHE KRIEGE

Bannockburn

DATUM 24. Juni 1314

STREITKRÄFTE Engländer: 25000; Schotten: 9000

ORT südlich von Stirling, Schottland

VERLUSTE Engländer: bis zu 15000 Tote; Schotten: 4000 Tote

Im Jahre 1314 schickte König Eduard II. von England ein Heer nordwärts, um den Truppen Robert Bruces (König Robert I. von Schottland) zu begegnen, dessen Überfälle, offen und aus dem Hinterhalt, die Engländer von schottischem Boden zu vertreiben drohten. Robert belagerte Stirling, das in englischer Hand war, als Eduards Heer näher kam. Der schottische König verlegte seine Truppen auf ein sorgfältig ausgewähltes Schlachtfeld auf einem Hang über einem Flüsschen namens Bannockburn. Wald und Sumpf begrenzten das nur etwa eine Meile breite Schlachtfeld. Am 23. Juni kam es zu ein paar einleitenden Scharmützeln; dabei stieß Robert mit dem englischen Ritter Henry de Bohun zusammen und erschlug ihn mit seiner Streitaxt. Der Hauptkampf begann am 24. Juni. Die Schotten nahmen ihre traditionelle Infanterieformation ein, das Schiltron. Dieses ähnelte der griechischen Phalanx, die Fußsoldaten standen Seite an Seite und bildeten mit ihren Schilden eine Mauer, aus der nur die Piken auswärts ragten. Anders als bei der Phalanx aber wehrte sich die Schiltron-Infanterie nach allen Seiten – nach hinten und seitwärts und nach vorn, wie es im 18. Jh. später das Karree der Infanterie tat. Die englischen Ritter stellten sich jedoch vor ihren Bogenschützen auf, die so am Schießen gehindert waren, und griffen die Schotten über den Bach hinweg an. Die Schiltrons hielten stand. Selbst wenn ein Ritter einmal die von Piken starrende Mauer der Schilde durchbrach, wurde er eingekreist und niedergemacht. Der Talgrund war bald erfüllt von einer konfusen Masse englischer Ritter und Fußsoldaten, die in dem sumpfigen Gelände umherwateten. Und in diese wogende Masse stieß das Schiltron, um seine tödliche Wirkung zu entfalten. Die englischen Langbogenschützen versuchten, auf die Schotten zu schießen, doch ohne großen Erfolg. König Eduard beschloss frühzeitig zu fliehen und untergrub die Moral seiner Männer dadurch noch mehr. Sein Heer folgte ihm bald und erlitt dabei schwere Verluste.

WÜTENDES HANDGEMENGE
Diese mittelalterliche Illustration steht beispielhaft für das Chaos und Durcheinander am Bannockburn.

LOKALMATADOR
Robert Bruce, dessen Standbild bei Stirling Castle steht, ist und bleibt der Held schottischer Nationalisten.

SCHWEIZERISCHE UNABHÄNGIGKEITSKRIEGE

Schlacht am Morgarten

DATUM 15. November 1315

STREITKRÄFTE Österreicher: 8000, darunter 2500 Ritter zu Pferd; Schweizer: 1500 Bogenschützen und Infanterie

ORT am Aegerisee, Schweiz

VERLUSTE die meisten Österreicher gefallen

1315 führte Herzog Leopold I. von Österreich ein Heer in die Schweiz, um dort den habsburgischen Herrschaftsanspruch durchzusetzen. Er geriet auf einer Passstraße in einen Hinterhalt und wurde von einer viel kleineren schweizerischen Truppe von den Hängen her mit Felsbrocken und Baumstämmen beworfen, sodass große Verwirrung entstand. Leopolds Ritter konnten sich in dem engen Hohlweg nicht entfalten und wurden praktisch aufgerieben.

ABWEHR DER REITEREI
Fußvolk mit Piken und Knüppeln hält gepanzerte Reiterei in Schach. Die Schäfte der Piken waren länger als die Lanzen der Ritter.

BURGUNDISCHE KRIEGE

Murten/Morat

DATUM 22. Juni 1476

STREITKRÄFTE Schweizer: 25000; Burgunder: 15000–20000

VERLUSTE Burgunder: 7000–10000 Gefallene; Schweizer: nur geringe Verluste

ORT Murten/Morat, westlich von Bern, Schweiz

Herzog Karl der Kühne von Burgund war eine kreative, ehrgeizige Führerpersönlichkeit und hatte sich ein gut ausgebildetes stehendes Heer mit angegliederter Feldartillerie geschaffen. Doch mit den schweizerischen Fußsoldaten stand ihm die kampftüchtigste Streitmacht des 15. Jh. gegenüber. Im Juni 1476 belagerte das burgundische Heer die von den Schweizern gehaltene Stadt Murten und legte Feldbefestigungen an. Doch die schweizerische Infanterie, unterstützt von österreichischer und deutscher Reiterei, tauchte so schnell auf, dass die Burgunder völlig überrascht wurden. Sofort griffen die Schweizer aus der Bewegung an und stellten fest, dass das Grabensystem nur schwach besetzt war. Das eilig ausrückende Gros des burgundischen Heeres wurde von den schweizerischen Landsknechten überrannt und mit der Pike niedergemacht.

TOD KARLS DES KÜHNEN

Sechs Monate nach Murten wurde Karl der Kühne am 5. Januar 1476 bei Nancy von den Schweizern erneut besiegt und kam dabei ums Leben. Diese Darstellung des Vorfalls stammt von Eugène Delacroix.

HUSSITENKRIEGE

Kutna Hora/Kuttenberg

DATUM 21.–22. Dezember 1421

STREITKRÄFTE Sigismund: unbekannt; Hussiten: unbekannt

VERLUSTE nicht verbürgt

ORT Kutna Hora, Böhmen, Tschechische Republik

1419 rief der Papst zu einem Kreuzzug gegen die Hussiten auf, die Anhänger der Lehre von Jan Hus, der 1415 als Ketzer verbrannt wurde. Ein radikaler Zweig der Hussiten, die Taboriten, bildeten in ihrer Hochburg Tabor eine religiös-militante Gemeinschaft. Von Jan Žižka hervorragend geführt, legten sie sich das Neueste zu, was die Waffentechnik zu bieten hatte, so auch Handfeuerwaffen und lange, schlanke Kanonen, die sie »Feldschlangen« nannten. Ihre Kriegswagen waren ein vielfältig verwendbares Mittel zur beweglichen Kampfführung. Das bemerkenswerteste Unternehmen der Taboriten fand im Winter 1421 bei Kuttenberg statt. Dort war Žižkas Heer von Kaiser Sigismunds zahlenmäßig überlegenen Truppen eingekreist. Obwohl Sigismunds gepanzerte Reiterei von der Artillerie der Taboriten in Schach gehalten wurde, standen die Taboriten anscheinend kurz vor ihrer Vernichtung. Doch Žižka fuhr seine Wagen zu einer Kolonne auf und griff mit ihnen die feindlichen Linien an. Die Wagen fuhren, aus allen Rohren feuernd, ihren Angriff und gelangten in Sicherheit. Sigismund verzichtete auf eine Verfolgung. Žižka jedoch begann gleich darauf einen Gegenangriff, obwohl seine Leute noch immer in der Minderzahl waren. Seine übliche Taktik bestand darin, Überfälle zu verüben, die den Gegner zu einem Angriff der Wagenburg zu verleiten pflegten; im richtigen Augenblick machte Žižka dann einen Ausfall mit Kavallerie, Bogenschützen und Pikenieren. Unablässig verfolgt von Žižkas offenbar unschlagbarem Heer, wurde Sigismunds demoralisierte Streitkraft zurückgedrängt und aus Böhmen vertrieben.

um 1376–1424

JAN ŽIŽKA

Der böhmische Feldher Jan Žižka erlernte das Kriegshandwerk im Dienste des böhmischen Königs Wenzel IV. Nach der Schlacht von Tannenberg (1410) kehrte er nach Prag zurück und konvertierte zum strengen Glauben des Jan Hus. Als 1419 die Unterdrückung der Hussiten begann, wurde er der führende Organisator des bewaffneten Feldlagers der Hussiten bei Burg Tabor. Seine revolutionäre Taktik der aufgefahrenen Wagenburg erzielte einige überragende Erfolge gegen überlegene Truppen.

HUSSITISCHE KRIEGSWAGEN

Das ringförmige Auffahren der Wagen zu Verteidigungszwecken rührt schon aus ältester Zeit her. Die Hussiten jedoch entwickelten die Wagenburg zu einem gefährlichen Verteidigungssystem. Die Wagen, deren Kästen mit Eisenplatten verstärkt waren, wurden aneinander gekettet, um eine Sperre zu schaffen. Gelegentlich wurden sie auch mit Palisaden umgeben. Armbrüste und Handwaffen ließen sich durch Schießscharten abfeuern, auf manche Wagen waren gar Geschütze montiert.

HELLEBARDEN

Die Hellebarde war eine hochwirksame Infanteriewaffe, die Kombination von Pike und Axt. Im 14. Jh. war sie die Hauptwaffe der schweizerischen Heere.

SCHÜTZENSCHILD

Anfangs kamen die Handfeuerwaffen oftmals hinter einem transportablen Schild zum Einsatz.

DIE NORDEUROPÄISCHEN KRIEGE

Eine Reihe von Kriegen am Nordrand Europas zwischen dem 13. und 15. Jh. führte schließlich zum Aufstieg Litauens, des moskowitischen Russlands, Polens und Preußens zu bedeutenden Staaten. Ein großer Teil dieser Kriege hatte einen religiösen Hintergrund, so etwa zwischen katholischen und orthodoxen Christen und zwischen Christen und Nichtchristen. Der Deutsche Ritterorden, 1198 in Palästina als geistlicher Orden gegründet, trug den Kreuzzugsgedanken in diese nördlichen Landstriche. Schließlich konnten Polen und Litauen mit vereinten Kräften der deutschen Expansion Einhalt gebieten.

NORDEUROPÄISCHE KRIEGE
Eine Migrationswelle unter deutscher Führung zwischen 1100 und 1350 führte zur Umgestaltung Osteuropas und des Ostseeraums und zu Konflikten mit Polen, Litauen und Russland.

SCHWERTBRÜDER-FELDZUG

Schaulen/Siaulai

ORT Schaulen/Siaulai, Litauen

DATUM 22. September 1236

STREITKRÄFTE Livländer: unbekannt; Litauer: unbekannt

VERLUSTE livländische Ritter: etwa 50 Gefallene

Die Schwertbrüder in Livland waren ein 1202 gegründeter Orden zur Missionierung Livlands und zum Schutz der christlichen Kolonisten im Ostseeraum vor heidnischen Überfällen. Im September zog ihr Führer Volquin Schenk mit einem Heer ins Heidenland, wurde aber von den Litauern besiegt. Deren Anführer, Mindaugas, setzte eine gegenüber der schweren livländischen Reiterei äußerst wirkungsvolle leichte Kavallerie ein, die Speere aus kürzester Entfernung auf den Feind warf.

SIEGESSÄULE
Dieses Denkmal in Schaulen/Siaulai erinnert an den Sieg Mindaugas.

RUSSISCH-SCHWEDISCHER KRIEG

Newa

ORT am Zusammenfluss von Newa und Idschora

DATUM 15. Juli 1240

STREITKRÄFTE Schweden: unbekannt; Nowgoroder: unbekannt

VERLUSTE nicht verbürgt

Im Juli 1240 führte Birger Jarl ein schwedisches Heer zum Angriff auf die wohlhabende russische Stadt Nowgorod. Zum schwedischen Heer gehörten auch norwegische und finnische Kontingente. Der Einmarsch erfolgte unter dem Vorwand, dass die Nowgoroder für ihr Vordringen auf das Gebiet des verbündeten Finnland bestraft werden müssten, doch die Schweden suchten auch die Kontrolle über die Mündung der Newa zu erlangen und Russland vom Zugang zur Ostsee abzuschneiden. Fürst Alexander Jaroslawowitsch, der Sohn des Fürsten Jaroslaw von Wladimir, führte ein kleines russisches Heer den Wolchow hinauf, um Nowgorod zu verteidigen. Im Schutz dichten Nebels näherte er sich dem schwedischen Lager und begann einen Überraschungsangriff, bevor die Schweden die Stadt selbst attackieren konnten. Das schwedische Heer wurde schwer geschlagen und nur des schwachen Lichts wegen konnten einige Überlebende über die Idschora entkommen. Nach dem Sieg erhielt Alexander den ehrenden Beinamen »von der Newa« (»Newski«). Er geriet in Streit mit den Herrschern von Nowgorod und wurde aus der Stadt verbannt.

HEILIGER FÜRST
Alexander Newski, der Sieger der Schlachten an der Newa und auf dem Peipussee, ist ein Heiliger der orthodoxen Kirche.

DEUTSCHRITTER GEGEN NOWGOROD

Peipussee

ORT auf dem Peipussee, estnisch-russische Grenze

DATUM 5. April 1242

STREITKRÄFTE Deutschritter: unbekannt; Newskis Truppen: unbekannt

VERLUSTE nicht verbürgt

Im Frühjahr 1242 führte der Hochmeister des Deutschen Ordens seine Ritter über das Eis des Peipussees zum Angriff auf Pleskau. Bevor sie die Stadt erreichten, kam es zum Zusammenstoß mit Alexander Newski, den man aus dem Exil zurückgerufen hatten. Am 5. April kam es auf dem Eis zum Kampf. Die Deutschritter, wahrscheinlich im Verhältnis 1:60 in der Unterzahl, griffen in Keilformation an, es folgte ein stundenlanger Nahkampf. Angesichts einer neuerlichen Kavallerieattacke zogen sich die Ritter zurück. Dazu kam, dass das Eis unter dem Gewicht der schweren Rüstungen brach, sodass viele Ritter auf dem Rückzug ertranken.

SCHLACHT AUF DEM EISE
In dieser Darstellung führt Alexander Newski den russischen Angriff auf dem Eis des Peipussees.

MOSKOWITISCH-MONGOLISCHER KRIEG

Kulikowo

ORT auf dem Kulikowo pole (Schnepfenfeld) am Don, Russland

DATUM 8. September 1380

STREITKRÄFTE Moskowiter: 30 000–80 000; Mongolen 30 000–125 000

VERLUSTE nicht verbürgt

Mitte des 14. Jh. hatten interne kriegerische Auseinandersetzungen die Macht der mongolischen Goldenen Horde geschwächt, die Russland ein Jahrhundert lang beherrschte. Fürst Dimitri von Moskau machte sich das zunutze und beendete die regelmäßigen Tributzahlungen. Im Gegenzug stellte der mongolische Truppenführer Mamai ein Heer auf, zu dem auch genuesische Bogenschützen gehörten. Er verbündete sich mit Jagillo von Litauen und Oleg von Rjasan, um einen Großangriff auf die Moskowiter zu führen. Dimitri gelang es indes, die Mongolen bei Kulikowo in der Nähe des Don abzufangen, ehe sie sich zu ihren Verbündeten durchschlagen konnten, die nur noch 40 km entfernt waren. Vor der Schlacht schickte jede Seite einen Vorkämpfer zum Zweikampf, doch beide fielen. Das sich anschließende heftige Gefecht trug beiden Seiten schwere Verluste ein. Dimitri errang schließlich den Sieg, indem er einen Gegenangriff in die mongolische Flanke führte, der Mamai in die Flucht schlug.

»Sie wurden von den Christen in die Flucht geschlagen, manche wurden mit der Waffe niedergehauen, andere ertranken im Fluss, eine ungezählte Masse von ihnen.«

Die Chronik von Nowgorod

TRIUMPH DER MOSKOWITER
Dimitri Donski sieht man hier vor und nach dem Sieg, der das Ende der Mongolenherrschaft in Russland bedeutete.

DEUTSCHRITTER GEGEN POLEN

Tannenberg

ORT zwischen Tannenberg und Grunwald, Ostpreußen

DATUM 15. Juli 1410

STREITKRÄFTE Polen und Litauer: 39 000; Deutschritter: 27 000

VERLUSTE Deutschritter: 13 000 Gefallene, 14 000 Gefangene

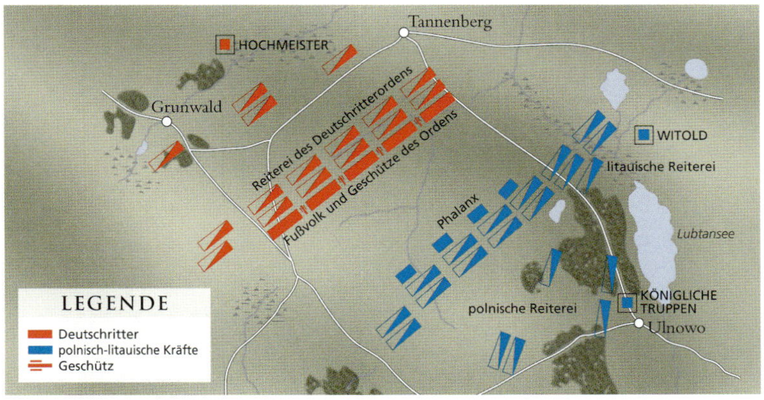

Im Juli 1410 bewegte sich ein polnisch-litauisches Heer auf den Sitz des Deutschritterordens in der Marienburg zu, um den unabhängigen Staat zu vernichten, den sich die Kreuzritter in Preußen geschaffen hatten. Hochmeister Ulrich von Jungingen beabsichtigte, dem Angreifer den Weg mit schwerer Reiterei und Infanterie zwischen Tannenberg und Grunwald zu versperren. Führer des polnisch-litauischen Heeres war König Wladislaw Jagiello II., dem der Großfürst Witold von Litauen zur Hand ging. Zunächst unternahmen die Polen und Litauer nichts. Um die Mittagszeit griffen sie an und brachen durch das Fußvolk der Ordensritter, das auf dem Rückzug in den Angriff der eigenen Kavallerie geriet. Die Ritter sammelten sich und zwangen die Litauer zurück. Doch dann schickte Wladislaw eine in einem Gehölz wartende Reserve ins Gefecht. Ein Gegenangriff der Deutschritter in die Flanke scheiterte, sodass die Ritter schließlich geschlagen wurden.

POLNISCHER SIEG
Das Grunwald-Denkmal in Krakau zu Lobpreis eines Sieges, der Polen auf den Weg zu einer bedeutenden europäischen Macht brachte.

1360–1410

ULRICH VON JUNGINGEN

Als Nachfolger seines Bruders Konrad wurde Ulrich von Jungingen 1407 zum 23. Hochmeister des Deutschen Ritterordens gewählt. Es war eine unglückliche Wahl, denn er verfolgte eine aggressive Politik, die 1409 zum Krieg mit Polen und Litauen führte. Dabei unterschätzte er vor allem deren Fußsoldaten. Dass er seine Männer tapfer zu führen wusste, steht außer Zweifel; im Laufe der Schlacht von Tannenberg griff er persönlich den stärksten polnischen Haufen an. Doch fiel er gegen Ende der Schlacht, wie die meisten seiner Ritter. Jungingens Nachfolger als Hochmeister, Heinrich von Plauen, bemühte sich, die Besitzungen des Ordens vor dem Verlust zu bewahren; Land musste sowohl an Polen als auch Litauen abgetreten werden, und die Verluste bei Tannenberg bedeuteten, dass der Orden auf die Anwerbung von Söldnern angewiesen war. Die damit verbundenen Kosten waren kaum zu tragen.

DREIZEHNJÄHRIGER KRIEG

Chojnice/Konitz

ORT Chojnice/Konitz, heute nördliches Polen

DATUM 18. September 1454

STREITKRÄFTE Polen: 20 000; Deutschritter: 15 000

VERLUSTE Polen: 3000 Gefallene, 300 Ritter gefangen; Deutschritter: 100 Gefallene

Der Dreizehnjährige Krieg begann 1454, als sich einige große preußische Städte mit Polen gegen den Deutschen Ritterorden zusammentaten. Konitz wurde seit April 1454 von den Polen und ihren preußischen Verbündeten belagert. Der Söldner Bernard Szumborski, den die Deutschritter angeworben hatten, führte ein Heer zum Entsatz der Stadt heran. Das polnische Heer unter Führung König Kasimirs IV. bestand fast nur aus schwerer Reiterei. Die Polen machten kehrt, um sich dem Orden zu stellen. Anfangs war ihre Taktik eines massierten Kavallerieangriffs erfolgreich, denn die Linien der Ordensritter wurden durchstoßen und Szumborski gefangen genommen. Doch die Polen gerieten durcheinander, als ein Trupp Ritter aus der belagerten Stadt einen Ausfall machte und sie zur Flucht zwang. In der allgemeinen Panik gelang Szumborski die Flucht, sodass er die Verfolgung des fliehenden polnischen Heeres organisieren konnte. Bei Konitz wurden die Polen zwar vernichtend geschlagen, doch 1466 triumphierten sie schließlich über den Orden.

BEIDHÄNDIGES SCHWERT
Der zweischneidige Beidhänder war die schwere Waffe für den abgesessenen Kampf.

DER AUFSTIEG DER OSMANEN

Innerhalb von etwa 150 Jahren schwangen sich die osmanischen Türken aus einer kleinen Horde von Ghasi, heiligen Kriegern, die sich im nordwestlichen Anatolien niederließen, zu den Beherrschern eines Reiches auf, das sich über große Teile Europas und Asiens erstreckte. Sie zerstörten das byzantinische Reich und eroberten das mächtige Konstantinopel, während sie zugleich ihre Herrschaft auf den christlichen Balkan ausdehnten. Das Geheimnis ihres Erfolges war zum Teil eine geschickte Diplomatie, die sich die Schwäche und Zerrissenheit ihrer Feinde zunutze machte. Es war aber auch die erfolgreiche Vermischung von traditionellem türkischem Kampfgeist mit den neuesten technologischen Errungenschaften Europas, wie sie bei der Belagerung von Konstantinopel durch die Verwendung von Geschützen beispielhaft belegt ist.

OSMANISCH-BYZANTINISCHE KRIEGE

Belagerung Nikomedias

DATUM 1333–1337

STREITKRÄFTE Osmanen: unbekannt; Byzantiner: unbekannt

VERLUSTE nicht verbürgt

ORT das heutige Izmit, Türkei

Zu Beginn des 14. Jh. übernahm Osman, ein ehrgeiziger Krieger aus Anatolien, in einem fortwährenden Raubkrieg gegen das byzantinische Reich die Führung. 1301 kontrollierte er ein Gebiet um Nizäa (Iznik), und als seine Erfolge sich häuften, lockte das weitere türkische Krieger an. Kurz nach Osmans Tod im Jahre 1326 eroberte sein Heer die bedeutende Stadt Brussa (Bursa), die zur ersten osmanischen Hauptstadt ausgerufen wurde. Als der byzantinische Kaiser Andronikos III. 1328 ein Heer zum Entsatz Nizäas aussandte, wurde es von Osmans Sohn Orchan schwer geschlagen. 1331 fiel Nizäa in osmanische Hand, sodass Nikomedia (Izmit) nun die einzige bedeutende byzantinische Festung in Anatolien war. Als Orchan die Stadt 1333 belagerte, versuchte Andronikos sich freizukaufen, indem er viel Tribut zahlte. Es half nichts. Vier Jahre später nahmen die Osmanen die Stadt trotzdem und machten sie zu ihrer neuen Hauptstadt.

SULTAN OSMAN
Osman I. begann als Ghasi, *Räuber und Krieger, und gründete ein Emirat, das Anatolien und den Balkan kontrollierte.*

OSMANISCH-SERBISCHER KRIEG

Kosovo polje

DATUM 15. Juni 1389

STREITKRÄFTE Osmanen: 30 000; Serben und Verbündete: 15 000–20 000

ORT Kosovo polje (Amselfeld) bei Priština, Kosovo

VERLUSTE nicht verbürgt

Als Sultan Murad I. 1365 seine Hauptstadt von Asien nach Adrianopel (Edirne) in Europa verlegte, begann die christliche Welt die von den Osmanen ausgehende Gefahr wahrzunehmen. Im Jahr darauf rief Papst Urban V. zu einem Kreuzzug gegen die Osmanen auf, doch das verhallte weitgehend wirkungslos; Murad machte sich die Differenzen zwischen den Christen auf dem Balkan zunutze, um seinen Einfluss auszudehnen. 1386 besetzten die Osmanen die Stadt Nis im südlichen Serbien. Der serbische Herrscher, Zar Lazar, sammelte ein Heer aus Serben, Bosniern, Walachen, Ungarn, Albanern und sächsischen Söldnern, um sich den Osmanen entgegenzustellen. Murad marschierte nordwärts und gewann die Unterstützung einiger unzufriedener Serben. Berichte über die Schlacht auf dem Amselfeld sind verworren. Anscheinend fiel Lazar schon zu Beginn der Kämpfe. Murad wurde ebenfalls getötet, doch die Osmanen gewannen die Schlacht, hauptsächlich aufgrund des Verrats von Serben, die ihre eigenen Leute hintergingen, und aufgrund der kühnen Kampfführung von Murads Sohn Bajasid.

REITER
Ein osmanischer Spahi, *ein Feudalherr zu Pferd, ist auf dem italienischen Renaissanceteller dargestellt.*

KREUZZUG NACH NIKOPOLIS

Nikopolis

DATUM 25. September 1396

STREITKRÄFTE Christen: 16 000; Osmanen: 20 000

VERLUSTE bei den osmanischen Siegern größer als bei den christlichen Verlierern

ORT Nikopol, Bulgarien

Sultan Bajasid I., Murads Nachfolger als Führer der Osmanen, war ein energischer Krieger, der Konstantinopel selbst belagerte. Aus Furcht, der Nächste zu sein, der es mit Bajasid zu tun bekäme, ersuchte der ungarische König Sigismund den französischen Hof um einen Kreuzzug gegen die Türken. Da Frankreich und England gerade Frieden hielten, gab es viele Ritter, die ihre Kampfestüchtigkeit beweisen wollten. Der Graf von Nevers, Sohn des Herzogs von Burgund, und andere Edelleute machten sich mit etwa 8000 Mann nach Ungarn auf. Dort taten sie sich mit Sigismunds Heer zusammen und marschierten donauabwärts ins osmanisch kontrollierte Bulgarien. Das christliche Heer begann die osmanische Festung Nikopolis zu belagern, weil man Bajasid weit entfernt glaubte. Doch der Sultan eilte nordwärts und bezog außerhalb von Nikopolis Stellung. Die französischen Ritter setzten sich über Sigismunds Mahnungen zur Vorsicht hinweg und bestanden auf einem Angriff. Viele verloren, doch kämpften sie mit großem Mut zu Fuß. Sie wurden jedoch von der osmanischen Reitertruppe, den Spahis, eingeschlossen. Daraufhin führte Sigismund die Reserven ins Gefecht und war dem Sieg schon sehr nahe, als Bajasids serbische Verbündete unter Stefan Lazarewitsch mit einer Kavallerieattacke die Ritter in die Flucht schlugen. Einige wenige entkamen per Boot oder zu Fuß. Etwa 3000 Mann gerieten in Gefangenschaft, von denen die meisten am nächsten Tag umgebracht wurden.

»Dann bekam jeder Befehl, seine Gefangenen umzubringen, und wenn einer nicht mochte, bestimmte der König [Bajasid] einen anderen an dessen Stelle.«

Der 16-jährige Johann Schiltberger, der seiner Jugend wegen verschont wurde

KREUZZUG NACH VARNA

Varna

DATUM 10. November 1444

STREITKRÄFTE Ungarn und Verbündete: 30 000; Osmanen: vielleicht 60 000

ORT Schwarzmeerküste Bulgariens

VERLUSTE wahrscheinlich fiel die Hälfte der Ungarn und ihrer Verbündeten

Murad II., Sultan seit 1421, nahm die Eroberungsfeldzüge in Südeuropa wieder auf, die 1402 mit der Niederlage Timurs gegen Bajasid (siehe S. 95) ins Stocken geraten waren. Sein Vordringen wurde durch einen Gegenschlag des ungarischen Feldherrn János Hunyadi aufgehalten. Papst Eugen IV. erklärte den Feldzug zu einem Kreuzzug, doch erzielte er damit außerhalb des Balkans wenig Resonanz. Hunyadi, König Wladislaw von Ungarn und Polen sowie Vlad Dracula von der Walachei standen an der Schwarzmeerküste überlegenen osmanischen Kräften gegenüber. Hunyadi bezog eine starke Stellung und eine Zeit lang war der Schlachtverlauf ausgeglichen. Doch Wladislaw fiel, und als die Osmanen seinen Kopf auf einem Speer gezeigt hatten, gaben die Christen die Schlacht verloren.

um 1387–1456

JÁNOS HUNYADI

Zwischen 1437 und 1443 fügte Hunyadi, der ungarische Nationalheld, den Türken Niederlagen zu, die sie aus Transsylvanien vertrieben und den Krieg südwärts über die Donau trugen. Nach dem Tode des Königs Wladislaw bei Varna regierte Hunyadi Ungarn als Regent. Er verlor 1448 gegen die Osmanen in der zweiten Schlacht auf dem Amselfeld, doch dann schlug er sie entscheidend im Juli 1456, einen Monat vor seinem Tode, in der Schlacht bei Belgrad.

OSMANISCH-BYZANTINISCHE KRIEGE

Konstantinopel

DATUM
6. April–29. Mai 1453

STREITKRÄFTE
Osmanen: 80 000;
Byzantiner: 7000

VERLUSTE
nicht verbürgt

ORT
Konstantinopel,
das heutige Istanbul

Sultan Mehmet II., der seinem Vater Murad II. 1451 nachfolgte, war fest entschlossen, Konstantinopel zu erobern, praktisch den letzten Rest des einst so mächtigen byzantinischen Reiches. Er baute Festungen am Bosporus und an den Dardanellen und schnitt die Stadt so von Entsatz oder Nachschub über See ab. Um den offensichtlich unbezwingbaren 1000 Jahre alten Stadtmauern zu Leibe zu rücken, befahl er den Guss der größten Kanone, die es je zuvor gegeben hatte. Im April 1453 schafften Ochsengespanne das Geschütz und andere, kleinere Kanonen heran. Das osmanische Heer riegelte die Stadt von der Landseite her ab, während eine Flotte von etwa 120 Schiffen ins Marmarameer segelte, wenngleich eine Sperre sie am Eindringen ins Goldene Horn hinderte. Die Beschießung begann am 12. April, die schweren Geschütze gaben pro Tag etwa sieben Schuss ab. Als sich erste Breschen auftaten, wehrten die Verteidiger noch eine Zeit lang alle Janitscharenangriffe ab. Um den Druck zu steigern, schleppten die Osmanen vom Bosporus her Schiffe über Land und ließen sie im Goldenen Horn wieder zu Wasser. Die Verteidiger, bereits erheblich dezimiert, mussten nun die relativ schwache seewärtige Mauer bemannen. Ein koordinierter Angriff zu Lande und von See her begann am Morgen des 29. Mai. Einige Janitscharen hatten durch ein unbewachtes Seitentor einen Weg in die Stadt gefunden. Der letzte byzantinische Kaiser, Konstantin XI., fiel an der Spitze eines vergeblichen Gegenangriffs. Am Nachmittag ritt Mehmet in die Stadt ein.

BURG ÜBER DEM BOSPORUS
Mehmet II. baute 1522 die Burg Rumeli auf dem europäischen Ufer des Bosporus, um den Seeweg nach Konstantinopel zu sperren.

BELAGERUNGSGESCHÜTZ
Diese größte Kanone von Mehmet II. hatte ein 8 m langes Rohr und konnte eine mehr als 500 kg schwere Steinkugel verschießen.

»Den ganzen Tag lang veranstalteten die Türken in der ganzen Stadt ein großes Morden unter den Christen. Das Blut floss in der Stadt wie Regenwasser nach einem Gewittersturm in den Rinnsteinen, und die Leichen von Türken und Christen wurden in die Dardanellen geworfen, wo sie wie Melonen in einem Kanal ins Meer hinaustrieben.«

ZEUGE DES KRIEGES

NICOLO BARBARO

Nicolo Barbaro, Arzt und Edelmann aus Venedig, erlebte die Belagerung und das anschließende Gemetzel in Konstantinopel, das er hier beschreibt, persönlich mit. Sein Bericht ist in Tagebuchform gehalten. Genuesen und Venezianer, dazu ein paar spanische und andere christliche Soldaten, kämpften an der Seite der Griechen bei der Verteidigung der Stadt. Als die Stadt fiel, gelang es Barbaro mit vielen Landsleuten, an Bord einer Galeere in die relative Sicherheit der venezianischen Kolonie Pera zu entkommen.

EINZUG DES EROBERERS
Dieses rumänische Fresko zeigt das Heer Mehmets II. bei der triumphalen Ankunft vor den Mauern Konstantinopels.

KRIEGSWESEN DER FRÜHEN NEUZEIT

1492–1750

FEUERWAFFEN UND KRIEGSFLOTTEN

DIE WACHSENDE BEDEUTUNG DER FEUERWAFFEN war seit Beginn des 16. Jh. ein entscheidender Faktor des Landkrieges, während Seeschlachten durch den Einsatz hochseetüchtiger, mit Geschützen bestückter Segelschiffe revolutioniert wurden. Louis de Tremouille, der im 16. Jh. das Wesen des französischen Rittertums beschrieb, beklagte diese Veränderungen: »Wozu sind die Ritter, ihre kunstvolle Handhabung der Waffen, ihre Körperkraft, ihre Kühnheit, ihre Disziplin, noch nütze, … wenn im Kriege solche Waffen eingesetzt werden?«

MACHT DER GESCHÜTZE *Die Artillerie verhalf den Russen 1709 bei Poltawa zum Sieg über die Schweden.*

Spaniens Erfolg gegen die Azteken- und Inkareiche zu Beginn des 16. Jh. beweist die militärische Macht der Europäer – stählerne Waffen, Reiterei und eine rücksichtslose Kriegführung. Auch außereuropäische Mächte hatten wenig Mühe, mit der neuen Schwarzpulvertechnologie Schritt zu halten, das bewiesen so verschiedene Völker wie die Japaner und Türken. Während des 16. Jh. befanden sich die Europäer außerdem den muslimischen Osmanen gegenüber meist in der Defensive. Zwar kämpften die Europäer in der ganzen Welt – auf den Westindischen Inseln, im Indischen Ozean, im Pazifik –, setzten dabei aber meist nur ihre innereuropäischen Konflikte fort, die Europa selbst fast ununterbrochen verwüsteten. Ein großer Teil dieser Kriege hatte religiöse Ursachen, nachdem die der Reformation folgende Spaltung der Christenheit in Protestanten und Katholiken auch Europa teilte.

VERÄNDERUNGEN DES LANDKRIEGES

Die vom Geschützwesen ausgehende Herausforderung bedeutete, dass sich der Belagerungskrieg in Europa Anfang des 16. Jh. grundlegend wandelte. An Stelle steinerner Mauern hatten die Festungen der frühen Neuzeit Bastionen beziehungsweise Vorsprünge, die sich über die Wallanlagen hinausschoben. Von ihnen aus konnten die Verteidiger mit Geschützen oder anderen Schusswaffen jede Annäherung feindlicher Truppen mit Feuer belegen. Belagerer mussten sich daher ganz neue Taktiken einfallen lassen. Um an die Mauern zu gelangen, waren sie zum Beispiel gezwungen, im Zickzack verlaufende Gräben anzulegen, damit sie nicht direktem Beschuss ausgesetzt waren. Um Geschosse in eine Festung oder Stadt zu befördern, brauchte man Mörser. Auf dem Gefechtsfeld waren die Truppenführer bestrebt, neben den herkömmlichen Waffen auch Handfeuerwaffen und Geschütze wirkungsvoll einzusetzen. Die spanischen *Tercios*, die wirksamste Infanterie des 16. Jh., kombinierten eine große Zahl Pikeniere mit einer geringeren Anzahl Soldaten, die mit Luntenschlossarkebusen bewaffnet waren. Als die wirkungsvol-

1490

- **1492** Erste Reise des Kolumbus
- **1498** Vasco da Gama umsegelt Kap der Guten Hoffnung.
- **1499** In Persien gelangen Safawiden an die Macht
- **1502** Die ersten afrikanischen Sklaven werden in die Neue Welt verschifft.
- **1511** Hl. Stuhl bildet Heilige Liga, um Franzosen aus Italien zu vertreiben.
- **1514** Osmanischer Sieg in der Schlacht von Chaldiran

1515

- **1517** Martin Luthers Kritik an Kirchenpraxis führt zur protestantischen Reformation.
- **1519** Hernan Cortez unternimmt Kriegszug nach Mexiko.
- **1521** Belagerung von Tenochtitlan, Mexiko (s. S. 166)
- **1522** Magellans Weltumsegelung
- **1524–1525** Deutsche Bauernkriege
- **1525** Frankreich unterliegt in Italien bei Pavia (s. S. 145).

1525

- **1526** Türkischer Sieg in Ungarn in der Schlacht von Mohacs (s. S. 132)
- **1526** Erste Schlacht von Panipat, Indien
- **1533** Pizarro erobert Inkahauptstadt Cuzco.
- **1545** Konzil von Trient wird einberufen, um dem Protestantismus zu begegnen.
- **1571** Osmanische Niederlage bei Lepanto (s. S. 134)

1575

- **1575** Schlacht von Nagashino, Japan (s. S. 174)
- **1576** Brutales Vorgehen Spaniens gegen die Protestanten in Antwerpen
- **1582** Russische Feuerwaffen besiegen sibirische Tataren.
- **1588** Niederlage der spanischen Armada (s. S. 148)
- **1591** Marokkanische Invasoren zerstören Reich der Songhai (s. S. 141).
- **1592–1593** Japanische Invasion in Korea (s. S. 176)
- **1597–1598** Zweite japanische Invasion in Korea (s. S. 177)

SCHLACHT VON MARIGNANO, 1515

INDISCHE KANONE, 18. JH.

NIEDERLAGE DER SPANISCHEN ARMADA, 1588

leren Steinschlossmusketen in Gebrauch kamen, verschoben sich die Anteile zulasten der Pikeniere. Mit den Bajonetten, die zu Beginn des 18. Jh. allgemein in Gebrauch kamen, wurden die Piken überflüssig, und jeder Infanterist konnte mit einer Muskete bewaffnet werden. Auch die Reiterei veränderte sich im Laufe des 16. Jh.: Aus den Rittern, die mit eingelegter Lanze angriffen, wurde nach und nach die Kavallerie, die mit Pistole und Säbel kämpfte. Der Harnisch erreichte im 16. Jh. den Höhepunkt seiner Entwicklung, doch dann schwand seine Beliebtheit, weil er immer weniger gegen Feuerwaffen schützte.

SEEMACHT

Im 16. Jh. unterschied sich der Seekrieg im Mittelmeer kaum von den Seeschlachten der Antike – geruderte Galeeren versuchten, sich gegenseitig zu rammen und zu entern –, auch wenn nun manche Galeeren Geschütze auf dem Vorschiff montiert hatten. Allerdings gab es verblüffende Neuerungen in Korea, wo man eisenbeschlagene »Schildkrötenschiffe« mit Geschützen baute. Die bedeutsamste Entwicklung jedoch waren die Hochseeflotten Spaniens, Frankreichs, Englands und der Niederlande. Die Segelschiffe dieser Länder, zunehmend als reine Kriegsfahrzeuge konzipiert, waren überreichlich mit gusseisernen Kanonen bestückt – ein Kriegsschiff des 17. Jh. konnte beispielsweise über ebenso viel Geschütze verfügen wie ein ganzes Landheer. Obwohl es immer noch zum Entern kam, entwickelten sich Seeschlachten zu Artillerieduellen der beteiligten Schiffe über immer größere Entfernungen hinweg.

KOSTSPIELIGE BERUFSSTREITKRÄFTE

Nur Staaten mit beträchtlichen Mitteln konnten solche Kriegsflotten bauen und unterhalten, doch auch an Land waren die Festungen mit ihren Bastionen sowie große Heere nicht eben billig. Gegen Ende des 17. Jh. z.B. verschlangen in Russland die Streitkräfte in Friedenszeiten 60 Prozent der Staatseinkünfte, im Krieg sogar 90 Prozent. Zu diesem Zeitpunkt hatten alle größeren europäischen Mächte die einst von Unternehmern zur Verfügung gestellten Söldner bereits durch stehende Heere ersetzt. Die einheitliche Gefechts-, Waffen- und Formalausbildung, die den Kampfwert der Infanterie erheblich steigerte, spielte jetzt eine entscheidende Rolle. Man gründete Militärakademien und führte in den Heeren eine eindeutige Rangordnung ein. Der Staat versah die Soldaten mit einer Uniform, unterwarf sie einer mit drakonischen Strafen erzwungenen eisernen Disziplin und sorgte für einheitliche Waffen und Ausrüstung.

NEUE FEUERWAFFEN
Die Technologie der Handfeuerwaffen entwickelte sich in der frühen Neuzeit sehr rasch. Diese Radschlosspistole aus dem 17. Jh. war jederzeit schussbereit, anders als die früheren Luntenschlosswaffen, die zum Funktionieren stets eine brennende Lunte benötigten. Beide Zündmechanismen jedoch wurden vom Steinschloss abgelöst.

1600

- **1600** Britische Ostindische Kompagnie gegründet
- **1600** Ausbruch eines japanischen Bürgerkriegs
- **1603** Tokugawa-Schogune gelangen an die Macht.
- **1618–1648** Dreißigjähriger Krieg
- **1638** Osmanen gewinnen Bagdad von den Safawiden zurück.
- **1639–1649** Russland erobert Sibirien.
- **1642–1651** Bürgerkrieg in England
- **1644** Begründung der Qing-Dynastie in China

1650

- **1652** Holländer gründen Kolonie am Kap der Guten Hoffnung.
- **1660** Wiederherstellung der Monarchie in England
- **1661** Koxinga reißt Taiwan an sich (s. S. 178).
- **1675–1676** King Philips Krieg (s. S. 171)
- **1680** Aufstand der Pueblos (s. S. 171)
- **1682** Peter d. Gr. wird Zar von Russland.

1690

- **1690** Protestantischer Sieg in der Schlacht am Boyne, Irland (s. S. 158)
- **1699** Araber verdrängen Portugiesen in Ostafrika von der Macht.
- **1700–1721** Nordischer Krieg zwischen Russland und dessen Verbündeten und den Schweden
- **1701–1714** Spanischer Erbfolgekrieg
- **1703** St. Petersburg wird in Russland gegründet
- **1709** Russen besiegen Schweden in der Schlacht von Poltawa (s. S. 163).

1710

- **um 1720** Gewehre in Nordamerika weit verbreitet
- **1732** Einführung der Wehrpflicht in Preußen
- **1739** Nadir Schah fällt in Indien ein (s. S. 137).
- **1746** Briten besiegen Jakobiten bei Culloden, Schottland (s. S. 161).

JAPANISCHER SCHOGUN IEYASU (1543–1616)

SCHLACHT AM BOYNE, 1690

ZAR PETER DER GROSSE (1672-1725)

ISLAMISCHE REICHE

IM 16. UND 17. JH. zählten die islamischen Reiche – die osmanischen Türken, das safawidische Persien, das Indien der Mogulkaiser – zu den einflussreichsten Mächten der Erde, die große und bestens ausgebildete Streitkräfte unterhielten. Deren Kampfesweise war durch die Verbindung der aggressiven Beweglichkeit asiatischer Reiter mit der neuesten Schießpulvertechnologie gekennzeichnet; der Mogulkaiser Akbar z.B. setzte schon sehr früh eine bewegliche Feldartillerie ein.

WACHSEN EINES REICHES
Im 16. und 17. Jh. umfasste das osmanische Reich beinahe das ganze Mittelmeer.

SAFAWIDISCHER REITER
Mit Schwert und Bogen bewaffnet, überwindet ein persischer Soldat seinen usbekischen Gegner.

MUSLIMISCHE TRUPPEN

Die Osmanen waren zu der Verwaltungsorganisation fähig, die zur Schaffung eines stehenden Heeres erforderlich ist, und sie konnten unter ihrem Landadel auch eine Feudalkavallerie ausheben. Die Janitscharen stellten eine disziplinierte infanteristische Elitetruppe dar, die geschickt im Umgang mit Feuerwaffen war und als Leibwache des Herrschers diente. Größere Bedeutung im osmanischen Heer hatten die Kavallerie und die Artillerie. Beeindruckend war ihre Kriegsmarine, die sie praktisch aus dem Nichts schufen und die eine Zeit lang das Mittelmeer nach Belieben beherrschte.

OSMANISCHE PAUKEN
Die Janitscharen des osmanischen Heeres paradieren hier mit ihren Pauken, die sonst dazu dienten, die Soldaten ins Gefecht zu treiben.

DIE SAFAWIDEN

Das Heer des safawidischen Persiens war dem der Osmanen unterlegen, bis der große Schah Abbas (1571–1629) zu Beginn des 17. Jh. eine Militärreform vornahm. Mithilfe europäischer Berater schuf er ein stehendes Heer aus Artillerie und mit Musketen bewaffneter Infanterie, dazu eine Reiterei, die ihm allein unterstellt war, sodass er sich nicht mehr auf berittene Stammeskrieger stützen musste. Diese Reformen machten die Safawiden zu einem gefährlichen Rivalen der Osmanen, was Schah Abbas unter Beweis stellte, als er den Türken 1602 bei Sis eine schwere Niederlage beibrachte.

NIEDERGANG

Im 16. Jh. genossen die islamischen Heere bei den Europäern höchsten Respekt. Doch in der zweiten Hälfte des 17. Jh. begann der Niedergang der muslimischen Reiche, da sie unter der Auflösung ihrer politischen und gesellschaftlichen Strukturen litten und Organisation und Technik rasch zurückfielen. Die einst so bewunderten Janitscharen wurden zum Schwachpunkt im osmanischen Heer, da sie mit ihrem politischen Intrigenspiel und ihrem Konservatismus jede Militärreform verhinderten.

INDISCHE PRACHT
Indiens Reichtum im 18. Jh., den das Prachtgewand aus Seide, Gold und Silber zeigt, äußerte sich in großen, bestens ausgerüsteten Heeren.

BLÜTEZEIT UND NIEDERGANG DER OSMANEN

Seit dem Fall Konstantinopels im Jahre 1453 bis ins späte 16. Jh. besaßen die osmanischen Türken zu Lande wie zur See wohl die schlagkräftigsten Streitkräfte der Welt. Sie eroberten Ägypten, beherrschten das Mittelmeer und bekämpften an der einen Grenze ihres Herrschaftsgebiets das Habsburgerreich, an der anderen das Persien der Safawiden.

Nach der vernichtenden Niederlage bei Lepanto (siehe S. 134) jedoch vermochten die Osmanen ihre Herrschaft zur See nie wieder herzustellen. Ende des 17. Jh. war ihr Niedergang als Militärmacht nicht mehr zu übersehen. Zwar scheiterte 1683 ein letzter Versuch, die österreichische Hauptstadt Wien einzunehmen, nur knapp, doch die vernichtende Niederlage des osmanischen Heeres in der Schlacht von Senta markiert das Ende einer Ära.

OSMANISCHE EROBERUNGSKRIEGE

Chaldiran

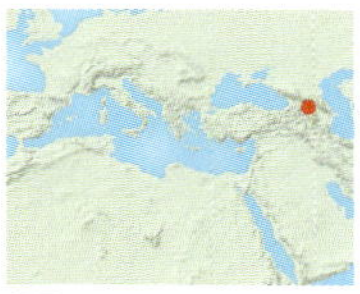

DATUM
23. August 1514

STREITKRÄFTE
Osmanen: 60 000; Safawiden: bis zu 50 000

ORT
zwischen Täbris und dem Vansee

VERLUSTE
wahrscheinlich ausgeglichen

Ismail I., Begründer der Safawiden-Dynastie in Persien, zog den besonderen Hass des Sultans Selim I. auf sich, weil er nicht nur ein schiitischer Abtrünniger war, sondern auch Selims Bruder Ahmed im Machtkampf nach dem Tode ihres Vaters unterstützt hatte. 1514 fiel Selim mit einem großen Heer ins Gebiet der Safawiden ein. Diese ließen bei ihrem Rückzug nur verbrannte Erde zurück, sodass die Osmanen beinahe verhungerten. Als die Heere sich auf der Ebene von Chaldiran trafen, waren die Osmanen erfolgreicher – die zusammengefasste Infanterie, Kavallerie und Artillerie besiegte die safawidischen Reiter. Dann wollten sie Täbris besetzen, doch eine Meuterei der Janitscharen zwang Selim zum Rückzug.

EROBERER
In seiner kurzen Regierungszeit (1512–1520) gelangen Sultan Selim I. bemerkenswerte Eroberungen.

OSMANISCHE EROBERUNGSKRIEGE

Rhodos

DATUM
Juni–Dezember 1522

STREITKRÄFTE
Osmanen: 100 000; Verteidiger: 7000

ORT
Rhodos im östlichen Mittelmeer

VERLUSTE
Osmanen: 50 000 Tote; Verteidiger: 5200 Tote

1522 begann der Sultan Süleiman der Prächtige mit der Belagerung der christlichen Festung auf Rhodos, die von den Johannitern verteidigt wurde. Mit Geschützfeuer aus mehr als 100 Rohren schlugen die Osmanen Breschen in die gewaltigen Mauern, trieben Stollen unter die Fundamente und zündeten dort Sprengladungen. Doch die Verteidiger hielten stand und brachten den Osmanen schwere Verluste bei. Da andere christliche Mächte jedoch jede Hilfe verweigerten, übergaben die Ritter die Festung nach sechs Monaten schließlich gegen die Zusicherung freien Abzugs.

JOHANNITERFESTUNG
Rhodos besaß starke Befestigungen, sodass es der osmanischen Belagerung von 1480 trotzen konnte, 1522 jedoch kapitulieren musste.

OSMANISCHE EROBERUNG ÄGYPTENS

Raydaniya

DATUM
22. Januar 1517

STREITKRÄFTE
Osmanen: 40 000; Mamelucken: etwa 40 000

ORT
Arabische Wüste, östlich von Kairo

VERLUSTE
Osmanen: 6000 Gefallene; Mamelucken: 7000 Gefallene

Das von Mamelucken beherrschte Ägypten war eine einladend reiche Beute. Im Sommer 1516 erlitten die Ägypter bei Marj Dabik in Syrien von Selims Heer eine vernichtende Niederlage, als die Feuerwaffen des osmanischen Heeres die Reiterei der Mamelucken abwiesen. Die Mamelucken, die inzwischen von Tuman Bey geführt wurden, beeilten sich, eigene Geschütze zusammenzuziehen, und bauten bei Raydaniya eine befestigte Stellung, um den Zugang nach Kairo abzuriegeln. Bei einem ersten Artillerieduell behielten die erfahrenen osmanischen Kanoniere die Oberhand. Als mameluckische Reiterei attackierte, wurde sie von osmanischer leichter Kavallerie von der Flanke her in Bedrängnis gebracht und von den Arkebusen der Janitscharen zurückgeschlagen. Die Osmanen zogen weiter und eroberten Kairo nach schweren Straßenkämpfen; Tuman wurde unter einem der Stadttore gehängt.

EROBERUNG VON KAIRO
Der Reichtum Ägyptens und vor allem die Stadt Kairo, hier ein Teil der Stadtansicht, verschaffte den Osmanen die Mittel, sich zu einer Weltmacht zu entwickeln.

WAFFEN DES OSMANISCHEN REICHES

Baron de Busbecq, im 16. Jh. Gesandter beim Osmanischen Reich, bemerkte, dass »kein Volk weniger zögerlich die nützlichen Erfindungen anderer übernahm«, und bezieht sich damit auf den osmanischen Einsatz »großer und kleiner Kanonen«. Dieselbe Bemerkung ließe sich auf die Aneignung von Musketen und Pistolen beziehen. Der verbundene, taktisch kluge Einsatz dieser Feuerwaffen, dazu die Verwendung herkömmlicher Blankwaffen, trug zum einschüchternden Ruf der osmanischen Heere bei.

DONNERBÜCHSE
Diese reich verzierte großkalibrige Muskete trägt die Aufschrift »hergestellt vom Derwisch Amrullah«.

HANDFEUERWAFFEN

Im 16. Jh. verblüfften die osmanischen Fußsoldaten die christlichen Truppen mit ihrem zielgenauen Musketenfeuer. Steinschlosspistolen waren bei den osmanischen *Spahi* (Kavalleristen) ebenso beliebt wie bei deren europäischen Gegnern. Doch muslimische Glaubensgenossen entsetzten sich oft über die wenig ehrenhaften Gerätschaften. Der ägyptische Mameluckenhäuptling Kurtbai flehte den osmanischen Sultan an, auf Feuerwaffen zu verzichten, denn eine Muskete wäre auch dann wirksam, »selbst wenn sie von einer Frau abgefeuert würde«. Im 18. Jh. jedoch wurden die Osmanen, was die Qualität und den taktischen Einsatz der Feuerwaffen anbetraf, von ihren europäischen Rivalen überflügelt.

OSMANISCHER PIRAT
Dieser osmanische Kämpfer zur See hat sich mit zwei Pistolen, einem Jatagan und einer Axt versehen.

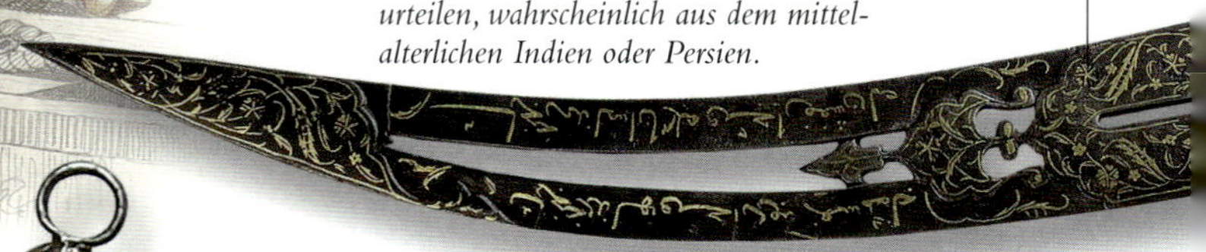

TÜRKISCHER DOLCH
Die türkischen Dolche stammen, nach ihrer Formgebung und Verzierung zu urteilen, wahrscheinlich aus dem mittelalterlichen Indien oder Persien.

BALKANISCHE MUSKETE
Diese Muskete vom osmanisch beherrschten Balkan stammt aus dem frühen 19. Jh. Bei ihrem Miquelet-Schloss handelt es sich um einen Steinschlosstyp, wie er überwiegend bei mittelöstlichen Waffen anzutreffen ist.

Stahlspitze

Behälter für drei Speere

WURFSPEERE
Wurfspeere waren bei den asiatischen Stammeskriegern, aus denen die Osmanen hervorgingen, eine bevorzugte Waffe. Sie dürften auch von den Hilfsvölkerschaften der Osmanen benutzt worden sein.

TÖDLICHER DOLCHSTICH
Sultan Murad I. wird gegen Ende der Schlacht auf dem Amselfeld von einem balkanischen Christen erdolcht. Man beachte die übertriebene Form des Krummsäbels am Handgelenk des Sultans.

Mündungstrichter

großkalibriger Schrotlauf

brünierter Stahllauf

Ladestock zum Einführen in den Lauf und Feststoßen von Pulver und Blei

STEINSCHLOSSPISTOLEN
Die Steinschlosspistolen der Osmanen waren oftmals genaue Nachbildungen der europäischen Modelle dieser Zeit. Sie unterschieden sich nur durch ihre Verzierung.

polierter Stahllauf

Glattlauf erlaubt keinen Präzisionsschuss

KRUMMSÄBEL UND DOLCHE

Die Blankwaffen der Osmanen wurden von den Feinden verständlicherweise gefürchtet, da ein einziger Streich genügte, um einen Kopf abzuschlagen. Die allgemeine Durchsetzung des Krummsäbels in der muslimischen Welt wird den Osmanen zugeschrieben. Er war nicht nur für den Kampf bestimmt, sondern brachte oft durch Edelmetall- und Edelsteinverzierungen Reichtum und Rang des Besitzers zum Ausdruck. Der Frömmigkeit trugen Gravuren oder eingeätzte kalligrafische Koransprüche Rechnung.

Edelsteine, gefassst in vergoldetes Silber

EDELSTEIN-GESCHMÜCKTER GRIFF
Korallen und Türkise schmücken den Griff dieses Kinschal und bringen den Reichtum und Rang des Besitzers zum Ausdruck.

Griff aus dem Horn eines Rhinozerosses

KRUMMSÄBEL
Dieser Krummsäbel besitzt einen pistolenähnlichen Griff und eine breite Parierstange. In Wirklichkeit waren die osmanischen Säbel bei weitem nicht so stark gebogen, wie zeitgenössische westliche Darstellungen glauben machen wollen.

Griff aus dunkelgrünem Achat

in vergoldetes Silber gefasste Granate

durchbrochene und kunstvoll getriebene Silberauflage

Holzscheide mit Überzug aus vergoldetem Silber

Stahlklinge mit Beschriftung als Goldeinlage

Querstück läuft aus in muschelförmige Verzierung

handgefertigter Stahllauf mit damasziertem Rankenmuster

JATAGAN MIT FROMMEN SPRÜCHEN
Da die Osmanen sich als Glaubenskrieger sahen, fanden sie es ganz natürlich, Schwertklingen mit Koranzitaten zu verzieren.

Heft aus vergoldetem Silber mit Granat- und Koralleneinlagen

Walrosselfenbein

OSMANISCHE EROBERUNG UNGARNS

Mohacs

ORT bei Mohacs in Südungarn

DATUM 29. August 1526

STREITKRÄFTE Ungarn: 12 000 Kavalleristen, 13 000 Infanteristen; Osmanen: 70 000–100 000

VERLUSTE Ungarn: 15 000 Gefallene; Osmanen: wahrscheinlich ebenso viele

Im April 1526 brach Süleiman I. von Konstantinopel aus mit einem riesigen Heer auf, um Ungarn zu unterwerfen. Während des langen Anmarsches des osmanischen Heeres gelang es König Ludwig von Ungarn nicht, andere christliche Herrscher zur Hilfeleistung zu bewegen. Ebenso wenig vermochte er zu verhindern, dass Süleimans Heer die Drau auf einer Schiffsbrücke überquerte, wozu er fünf Tage benötigte. Stattdessen stellte König Ludwig sich auf der Ebene von Mohacs auf, um die Straße zu blockieren, die zur ungarischen Hauptstadt Buda führte. Die weit unterlegenen Ungarn vertrauten auf die Stoßkraft ihrer gepanzerten Reiterei. Nach einem kurzen Sperrfeuer aus ihren wenigen Geschützen griffen die ungarischen Ritter das Zentrum der Osmanen an. Zwei Linien türkischer Kavallerie gaben nach, doch damit standen die Ritter der osmanischen Artillerie gegenüber – aneinander geketteten Geschützen, die eine undurchdringliche Linie bildeten – und der Janitschareninfanterie. Die Ungarn versuchten, sich zu Süleiman selbst durchzuschlagen, doch wurden sie durch die osmanische Feuerkraft und durch Flankenangriffe der leichten Kavallerie dezimiert. Ein osmanischer Gegenangriff machte aus der Schlacht eine vernichtende Niederlage. König Ludwig gehörte zu den Gefallenen, er wurde von seinem stürzenden Pferd erdrückt. Ungarn wurde den Osmanen tributpflichtig und das angrenzende Österreich stand jedem Angriff offen.

JUWELENBESETZTER HELM
Der Zeremonialhelm aus dem 16. Jh., gusseisern und mit Gold und Juwelen verziert, lässt den Reichtum ahnen, der durch Eroberungen erworben wurde.

SIEGREICHES HEER
Das osmanische Heer war bei Mohacs hauptsächlich eine Kavallerietruppe, doch Arkebusen und Geschütze in den Händen einer disziplinierten Infanterie trugen entscheidend zum Sieg bei.

OSMANISCH-HABSBURGISCHE KRIEGE

Tunis

DATUM Juni–Juli 1535

STREITKRÄFTE Kaiserliche: 60 000; Osmanen: unbekannt

VERLUSTE nicht verbürgt

ORT Tunis, Nordafrika

Khair ad-Din, auch Barbarossa (Rotbart) genannt und Befehlshaber der osmanischen Flotte, überfiel die christliche Schifffahrt und die küstennahen Landstriche von seinem Stützpunkt in Algier aus. 1534 eroberte er Tunesien und machte dessen Hauptstadt Tunis zum Stützpunkt der türkischen Piraterie. Kaiser Karl V. versammelte ein Kreuzfahrerheer, um die Stadt zurückzuerobern. Er überquerte das Mittelmeer im Schutz der Flotte des genuesischen Admirals Andrea Doria, dem es gelang, Barbarossas Flotte zu schlagen. Nach einer Belagerung nahmen die kaiserlichen Truppen den befestigten Hafenplatz La Goleta ein. Dann zogen sie nach Tunis weiter, plünderten und metzelten wohl 30 000 Einwohner nieder.

OSMANISCHE EROBERUNGSKRIEGE

Belagerung Maltas

DATUM 18. Mai–7. September 1565

STREITKRÄFTE Verteidiger: 13 000–14 000; Osmanen: 30 000–60 000

VERLUSTE Verteidiger: 5000 Tote; Osmanen: 24 000 Tote

ORT Malta

Nachdem die Johanniter 1522 von Rhodos vertrieben worden waren, hatten sie sich auf Malta ein neues Hauptquartier geschaffen. 1565 brachte Süleiman ein großes Heer unter Mustafa Pascha auf den Weg, um die Insel zu erobern. Die Hafeneinfahrt von Malta wurde von dem hochmodernen, sternförmigen Fort St. Elmo gesichert. Heroisch verteidigt, hielt St. Elmo bis zum 23. Juni stand, wurde dann aber doch erstürmt. Die Einnahme des Forts bezahlten die Türken mit rund 8000 Toten, wobei auch 1500 Verteidiger fielen. Dann verlagerten sich die Kämpfe ins Innere des Großen Hafens nach Senglea, Birgu und Fort St. Angelo. Intensiver Beschuss durch die osmanische Artillerie schlug Breschen in die Mauern, doch Erstürmungsversuche wurden abgewehrt. Hassan, Pascha von Algier und Sohn des Admirals Barbarossa, versuchte, die Befestigungen der seewärtigen Seite einzunehmen, doch seine Boote wurden von einer Balkensperre blockiert. Das Eintreffen einer spanischen Flotte mit einem Entsatzheer an Bord unter Garcia von Toledo überzeugte Mustafa Pascha, dass es klüger war, den Rückzug anzutreten.

RITTEREID

Auf dieses silberne und mit Edelsteinen geschmückte Kreuz legten die Ritter des Johanniterordens ihren Treueid ab und nahmen es 1522 von Rhodos nach Malta mit.

»Nun wurde die nächtliche Dunkelheit taghell infolge der ungeheuren Menge künstlicher Feuer. Es war tatsächlich so hell, dass ich [die Festung] St. Elmo ganz deutlich sehen konnte. Die Kanoniere von St. Angelo konnten ihr Geschütz auf die avancierenden Türken richten, die im Lichte der Feuer deutlich zu erkennen waren.«

ZEUGE DES KRIEGES

FRANCISCO BALBI, SPANISCHER SOLDAT

Bei den »künstlichen Feuern« handelte es sich um Fackeln und Brandsätze, die von beiden Seiten benutzt wurden: brennende Räder, mit entzündlicher Flüssigkeit gefüllte Töpfe – so genannte Lauffeuer, die wie Granaten geworfen wurden, und primitive Flammenwerfer, bei denen ein Strahl brennender Flüssigkeit aus einem Rohr herausschoss.

OSMANISCH-HABSBURGISCHE KRIEGE

Belagerung von Wien

DATUM 16. Juli–12. September 1683

STREITKRÄFTE Osmanen: 150 000–200 000; Wiener Garnison: 12 000; Sobieskis Entsatzheer: 75 000–80 000

VERLUSTE nicht verbürgt

ORT Wien

Im Jahre 1683 unternahmen die Osmanen einen zweiten Versuch, die österreichische Hauptstadt in ihre Hand zu bringen, was ihnen 154 Jahre zuvor misslungen war. Das osmanische Heer unter Führung des Großwesirs Kara Mustafa besaß nur wenige schwere Geschütze und musste Stollen graben, um die Mauern zum Einsturz zu bringen. Bis zum 1. September unternahmen die Türken keinen Versuch, die Stadt zu erstürmen. Doch dann waren Breschen in die äußeren Mauern geschlagen und der Garnison ging bereits die Munition aus, als am 12. September ein Entsatzheer aus Polen, Deutschen und Österreichern unter Führung des polnischen Königs Jan III. Sobieski das osmanische Heerlager angriff. Kara Mustafas Heer floh Hals über Kopf.

BELAGERTE STADT

Die Osmanen vor den Toren Wiens häuslich eingerichtet; der Großwesir soll 1500 Konkubinen mitgebracht haben.

OSMANISCH-HABSBURGISCHE KRIEGE

Senta

DATUM 11. September 1697

STREITKRÄFTE Österreicher: 50 000; Osmanen: unbekannt

VERLUSTE Österreicher: 300 Gefallene; Osmanen: 30 000 Gefallene oder Gefangene

ORT Nordserbien

Sultan Mustafa II. unternahm den Versuch, in Ungarn einzufallen. Die Kaiserlichen unter Prinz Eugen von Savoyen griffen die Osmanen an, als sie auf einer Pontonbrücke über die Theiß setzten. Eugen spaltete das türkische Heer, wartete, bis die Kavallerie übergesetzt hatte, und zerstörte dann die Schiffe. Nun zerschlug er die gestrandete Infanterie. Neben der Vernichtung des türkischen Heeres gelang ihm die Erbeutung von 87 Geschützen, 6000 Kamelen und der Kriegskasse.

PRINZ EUGEN

Der Sieg bei Senta machte Prinz Eugen von Savoyen zum berühmtesten Heerführer Europas. Später war er bei Höchstädt dabei.

OSMANISCHE EROBERUNGSKRIEGE

Lepanto

ORT im Golf von Patras vor dem heutigen Navpaktos, Griechenland

DATUM 7. Oktober 1571

STREITKRÄFTE Osmanen: 88000 (16000 Soldaten); Heilige Liga: 84000 (20000 Soldaten)

VERLUSTE Osmanen: 15000–20000 Tote; Heilige Liga: 7566 Gefallene

1570 griffen die Osmanen die Insel Zypern an. Papst Pius V. brachte ein Bündnis, die Heilige Liga, zustande, dem u.a. die habsburgischen Lande Genua und Venedig angehörten, um der Insel zu Hilfe zu kommen. Als sich eine große Seestreitmacht unter der Führung von Don Juan d'Austria in Messina versammelt hatte, war Zypern bereits verloren. Die Flotte lief trotzdem aus und stieß am 7. Oktober vor Lepanto (Navpaktos) auf die osmanischen Schiffe. Die Schiffe beider Seiten fuhren auf einer Breite von etwa 8 km aufeinander zu, ohne weiteren Plan, als einander zu rammen und den Gegner in wildem Handgemenge zu entern. Sechs Schiffe, die doppelt so groß waren wie üblich, so genannte Galeassen, führten die christliche Flotte ins Gefecht und durchbrachen die vorderste Linie der Türken. Als sich die gegnerischen Galeeren ineinander verkeilt hatten, gewannen die christlichen Truppen, gepanzert und mit Feuerwaffen ausgestattet, über die ungepanzerten und mit Bogen oder Armbrust bewaffneten Türken die Oberhand. Don Juans Flaggschiff rammte das des Osmanen Ali Mouezinade, der einen Kopfschuss von einer Arkebuse erhielt. Etwa 50 osmanische Galeeren entkamen, doch die übrigen wurden versenkt, gekapert oder auf Grund gesetzt, und etwa 15000 christliche Sklaven befreit.

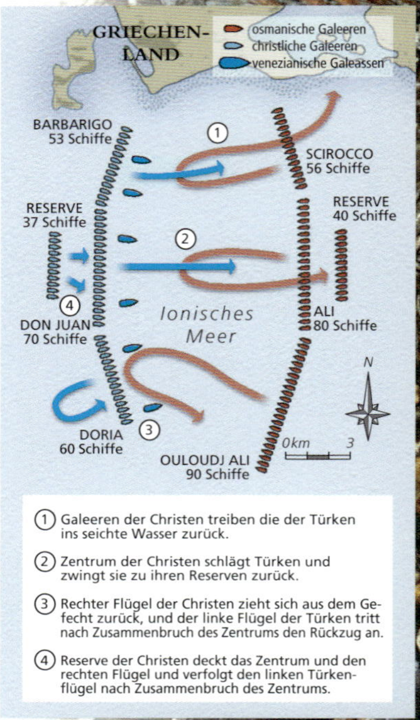

DON JUAN D'AUSTRIA
Der spanische Truppenführer Don Juan d'Austria (1547–1578) hatte seinen Ruhm mit der Schlacht von Lepanto begründet.

DAS LETZTE GEFECHT
Dieses Gemälde vermittelt einen Eindruck vom Chaos der Schlacht von Lepanto. Es war die letzte große Seeschlacht mit geruderten Galeeren.

DAS INDIEN DER MOGUL-HERRSCHER

DAS MOGUL-REICH BRACHTE Indien ein goldenes Zeitalter politischer Stabilität und kultureller Blüte. Die Moguln – aus Mittelasien stammende Muslime – begannen 1526 mit der Eroberung Delhis und Nordindiens, breiteten sich rasch südwärts aus und begründeten eine Dynastie, die bis 1858 regierte. Doch seit dem Tode Aurangsebs im Jahre 1707 bröckelte ihre Macht, und im letzten Jahrhundert ihrer Herrschaft waren die Moguln in Wahrheit nur noch Marionetten der Briten und Franzosen. Großenteils ging die Expansion der Moguln zulasten bestehender Hinduregime, doch obwohl die Moguln selbst Muslime waren, bewiesen sie mehr Toleranz gegenüber anderen Bekenntnissen als die Herrscher im zeitgenössischen Europa. Der Verzicht auf diese Toleranz wurde einer der Hauptgründe für ihren Niedergang.

MOGULN-EROBERUNG INDIENS

Panipat I

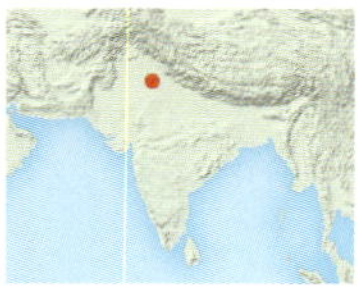

DATUM 21. April 1526

STREITKRÄFTE Moguln: 12 000; Lodi: 100 000, 1000 Elefanten

ORT 90 km nördlich von Delhi, Indien

VERLUSTE Lodi: 20 000–50 000 Tote

Zahiruddin Muhammad, genannt Babur (Tiger), war ein direkter Nachkomme der großen Mongolenherrscher Timur Lenk und Dschingis Khan (siehe S. 92–95) und Herrscher eines kleinen Fürstentums in Ferghana, Zentralasien. Nachdem die Heimat seiner Vorväter an die usbekischen Rivalen verloren gegangen war, fiel Babur 1525 auf der Suche nach einem neuen Reich in Indien ein. »Die Zügel des Gottvertrauens fest in der Hand«, traf er ein paar Tagesmärsche vor Delhi bei Panipat auf den Sultan Ibrahim Lodi, den Beherrscher des mittleren Teils von Nordindien. Lodi verfügte über keinerlei Feuerwaffen. Ibrahim ließ sich dazu bringen, auf schmaler Front eine Reihe Palisaden und aufgefahrener, mit Stricken verbundener Feldwagen anzugreifen, aus deren Deckung Baburs Geschütze und Luntenschlossmusketen ihr todbringendes Feuer spien. Baburs berittene Bogenschützen schossen das schwerfällige indische Heer in eine Massenpanik. Sultan Ibrahim kam bei der Niederlage ums Leben, und Babur bemächtigte sich seines Herrschaftsgebietes, das zum Kern des Mogulreiches wurde. Er machte Agra zu seiner Hauptstadt.

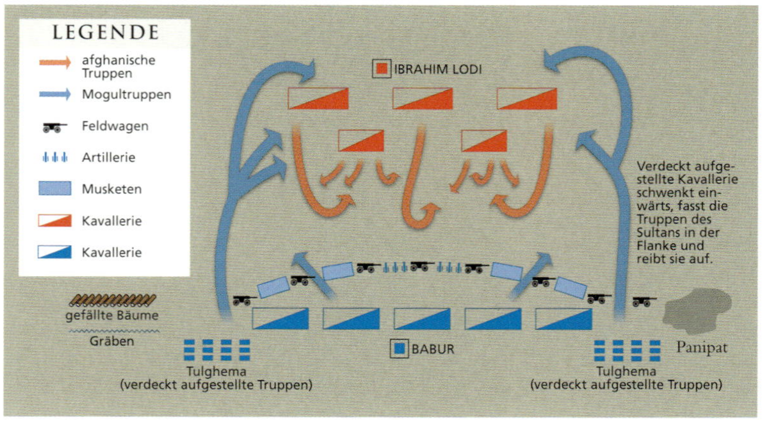

MOGULN-EROBERUNG INDIENS

Panipat II

DATUM 5. November 1556

STREITKRÄFTE Moguln: 20 000; Afghanen/Hindus: 100 000 und 1500 Elefanten

ORT 90 km nördlich von Delhi, Nordindien

VERLUSTE 1500 Elefanten fielen in Feindeshand

Unter Baburs Sohn Humayun erlitt das Mogulreich eine Reihe von Rückschlägen. Dessen Sohn Akbar konnte das Schicksal wieder wenden. In Panipur stand Akbar 1556 einem Heer von Afghanen und Hindus gegenüber. Die Kriegselefanten der Gegner marschierten erfolgreich vor. In der Hitze des Gefechts jedoch wurde der Hindufeldherr Hemu von einem verirrten Pfeil getroffen – seine Truppen gerieten in Panik. Als sich das Heer der Hindus und Afghanen zur Flucht wandte, wurde es niedergemacht.

FALL VON VIJAYANAGAR

Talikot

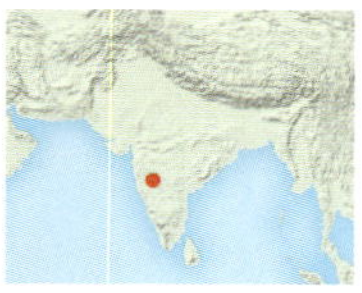

DATUM 23. Januar 1565

STREITKRÄFTE Hindus: bis zu 600 000; Muslime: bis 700 000

ORT 130 km nördlich von Vijayanagar, Indien

VERLUSTE Quellen nennen Hunderttausende Hindus

Während um die Mitte des 16. Jh. Nord- und Zentralindien von den Moguln dominiert wurde, befand sich im Süden das Hindukönigreich von Vijayanagar (»Stadt des Sieges«). Drei Jahrhunderte lang hatte diese Hinduhochburg dem Drang nach Süden zahlreicher Muslimdynastien getrotzt. In Vijayanagar gab es einen starken Militäradel, doch in den 60er-Jahren des 16. Jh. zog sich König Rama Raja die Feindschaft dieser Kaste zu und erwies sich obendrein als höchst ungeschickter Diplomat. Wenngleich seine muslimischen Gegner geschwächt waren, weil das Bahmani-Sultanat 1527 durch Erbfall zerstückelt wurde, brachte es Rama Raja zuwege, alle Nachfolgesultanate Mittel- und Westindiens gegen sich selbst zu vereinen. Die Bündnispartner Ahmednagar, Bidar, Berar, Golconda und Bijapur besiegten den Hinduherrscher 1565 in der Schlacht bei Talikot, einer Stadt im nördlichen Teil seines Reiches, danach wurde Rama Raja geköpft und Vijayanagar zerstört. In zeitgenössischen Quellen heißt es, Hunderttausende Hindus seien getötet worden. Mag das auch stark übertrieben sein, so war doch die politische Macht der Hindus in Südindien unwiderruflich zerschlagen. Die muslimischen Sultanate konnten bis Mysore expandieren, sie wurden jedoch ihrerseits von den Moguln unter Aurangseb (1658–1707) vereinnahmt.

SIEG DER MOGULN
An Akbars Schlachten waren auch Kriegselefanten beteiligt. Es gab sie in den Heeren vieler indischer Staaten.

JUWELENBESETZTER DOLCH
In den kostbaren indischen Waffen kamen Reichtum und Macht zum Ausdruck, sie weckten aber auch die Begehrlichkeit beutehungriger Invasoren.

MOGULN-EROBERUNG INDIENS

Haldighati

DATUM
18. Juni 1576

STREITKRÄFTE
Moguln: 80000; Mewari: 20000

VERLUSTE
unbekannt, aber größer bei den Mewari

ORT
45 km nördlich von Udaipur, Indien

Um 1575 hatte der Mogulkaiser Akbar alle Radschputenfürsten bis auf Pratap Singh von Mewar besiegt. Nachdem sich ihm Prataps Rivale Man Singh von Amber angeschlossen hatte, marschierte Akbar südwärts, um Pratap zu stellen. Pratap kämpfte zwar tapfer und wurde sieben Mal verwundet, musste sich aber zurückziehen. Die Schlacht brachte keine Entscheidung; Mewars Schicksal wurde erst 1614 besiegelt.

HELDENHAFTES PFERD
Pratap Singh tröstet seinen Hengst Chetak. Das Pferd hatte ihm früher einmal das Leben gerettet.

NADIR SCHAHS INVASION

Nadir Schahs Einmarsch in Indien

DATUM
1738–1739

STREITKRÄFTE
Nadir Schah: unbekannt; Inder: unbekannt

VERLUSTE
bis zu 20000 bei Plünderung Delhis

ORT
Nordindien

Nachdem Nadir Schah 1736 den persischen Thron bestiegen hatte (siehe Kasten), schickte er sich zunächst an, Afghanistan zu erobern. Im Spätjahr 1738 marschierte er über den Khaiberpass ins nordwestliche Indien. Nachdem er am 24. Februar 1739 den indischen Widerstand bei Karnal gebrochen hatte, zog er am 20. März 1739 unbehelligt in Delhi ein. Bei der Plünderung der Stadt und den damit einhergehenden Massakern, für die die Bezeichnung *Nadirshahi* (»Ausrottung«) geprägt wurde, kamen nicht weniger als 20000 Menschen um. Nach seiner Rückkehr ermöglichten ihm die erbeuteten Schätze, drei Jahre lang auf jeglichen Steuereinzug in Persien zu verzichten. Doch Nadirs Herrschaft nahm zunehmend tyrannische und krankhafte Züge an. 1747 wurde er ermordet. Sein Nachfolger, Ahmad Schah Durrani, marschierte 1757 nach Indien ein und plünderte Delhi, doch beließ er den Moguln ihren Thron. Seine Kontrolle über Indien wurde indes von neuen Mächten bedroht, deren Aufstieg sich parallel zum Niedergang der Mogulherrschaft vollzog, darunter die Sikhs im Pandschab und die Marathas, ein Hindustaatenbund. Immer wieder aufflammende Aufstände veranlassten ihn, sich 1772 aus Indien zurückzuziehen.

PFAUENTHRON
Der Thron, angefertigt für den Mogulkaiser Schah Jahan, wurde von Nadir Schah 1739 geraubt.

»Nadir Schah war nicht klug genug, Gegenwart und Zukunft zugleich zu bedenken.«

Napoleon Bonaparte, an Fatih Ali, Schah von Persien, 1805

1688–1747

NADIR SHAH

Nadir Schah gilt vielfach als der letzte große asiatische Eroberer. Nachdem er in den Dienst des persischen Safawiden-Herrschers Tahmasp getreten war, errang er eine Reihe glänzender Siege gegen die Afghanen und setzte sich 1736 selbst auf den persischen Thron. 1738–1739, mit seinem Einmarsch in Indien, verhalf er dem persischen Machtgebiet zu seiner größten Ausdehnung seit 1000 Jahren. Er wurde 1747 ermordet.

SHIVAJI-FELDZÜGE

Feldzüge des Shivaji Maharaj

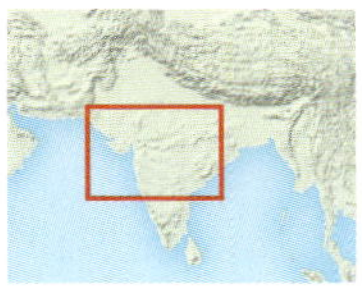

DATUM
1646–1680

STREITKRÄFTE
Marathakonföderation: unbekannt; Moguln: unbekannt

VERLUSTE
nicht verbürgt

ORT
Zentralindien

Als in Zentral- und Südindien die Macht der Moguln verfiel, wurde das entstehende Machtvakuum durch den Aufstieg der Marathakonföderation gefüllt. Unter der Führung des bedeutenden Shivaji Maharaj (1627–1680) vermieden es die »Bergratten« zwar, dem gewaltigen Heer der Moguln offen gegenüberzutreten, bekämpften es aber in einem hartnäckigen Kleinkrieg. (Ein Chronist spricht von Shivajis »raffiniertem Spiel«.) Shivaji machte sich einen im Mogulreich ausgebrochenen Bürgerkrieg zunutze und brachte in den Westghats, einem der Küstengebirge, in der Nähe von Mumbai (Bombay), eine Reihe von Festungen in seine Hand. 1674 fühlte er sich stark genug, um sich zum König zu erklären. Um sich von dem immer unduldsamer auftretenden Regime des Mogulkaisers Aurangseb zu unterscheiden, setzte sich Shivaji für eine Politik religiöser Toleranz ein. Zu seinen Streitkräften gehörten neben Muslimen auch Hindus. Shivaji starb 1680 und der Versuch der Moguln, einen Erbfolgestreit unter seinen Söhnen auszunutzen, misslang.

STATUE VON SHIVAJI
Das Heer des Marathaführers bestand hauptsächlich aus Reiterei, die sich in bedrohlicher Lage rasch ins Bergland zurückziehen konnte. Diese Taktik war außerordentlich erfolgreich.

FESTUNG RAIGAD
Befestigte Plätze im Gebirge, wie etwa die Festung bei Raigat, galten bei direktem Angriff der Moguln als unüberwindbar.

PULVERFLASCHE
Dieses Pulverhorn gehört zu einer Luntenschlossmuskete.

WAFFEN AUS DER MOGULZEIT

Als die Moguln im 16. Jh. nach Indien eindrangen, führten sie Waffen und Rüstungen mit sich, die zur islamischen Kultur Asiens gehörten – einer Welt, mit der Nordindien natürlich über viele Jahrhunderte hinweg in Berührung gestanden hatte. Seit dem 16. Jh. hatten die indischen Heere auch Feuerwaffen nach europäischem Vorbild. Die Inder hielten bis ins 19. Jh. an den Luntenschlossmusketen fest.

INDISCHE BESONDERHEITEN

Manche indische Reiche entwickelten jedoch Waffen ganz besonderer Art. Zu den originellsten zählte der *Chakram*, ein zu einem Wurfring geformtes Stück Bandstahl. Die Sikhkrieger trugen etliche dieser *Chakrams* an den hohen, konischen Turbanen. *Chakrams* wurden geworfen, indem man sie entweder zunächst um den Zeigefinger kreisen und dann fliegen ließ oder indem man sie mit Daumen und Zeigefinger fasste und mit einer Bewegung des Unterarms warf. Der als *Katar* bezeichnete Dolch ist ebenfalls typisch. Der Soldat fasste die Waffe am H-förmigen Griff und stieß sie im Nahkampf dem Gegner in den Leib. Der *Bhuj*, eine einschneidige Streitaxt mit langem Stiel, stammt ebenfalls aus Indien.

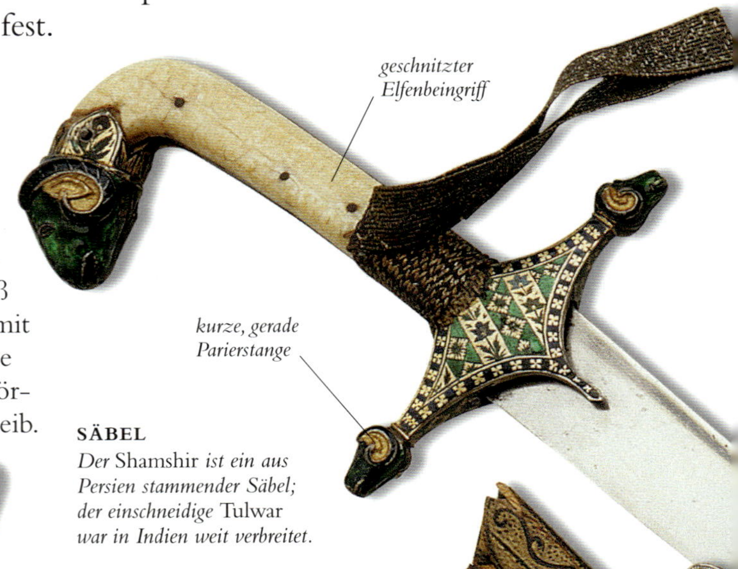

geschnitzter Elfenbeingriff

kurze, gerade Parierstange

SÄBEL
Der Shamshir *ist ein aus Persien stammender Säbel; der einschneidige* Tulwar *war in Indien weit verbreitet.*

TULWAR

golddamasziertes Stahlheft

lederbezogene Holzscheide

GEGENSÄTZLICHE DOLCHE
Der ganz aus Stahl bestehende Khanjar *hat eine s-förmige, zweischneidige Klinge. Der* Katar *dagegen ist ein Stoßdolch, der mit der Faust gefasst wird.*

KHANJAR

KATAR

große, zweischneidige Klinge

Griff aus zwei parallelen Stäben

Metallschienen schützen Handgelenk

geschärfte Außenkante

CHAKRAM

BABUR AN DER SPITZE SEINES HEERES
Hier führen die Moguln Pfeile und Bogen, Lanzen, Äxte, Schwerter und Schilde. Man beachte den Nackenschutz an Baburs Helm.

WURFRING
Der hauptsächlich von den Sikhs benutzte Wurfring, der Chakram, *hatte einen rasiermesserscharf geschliffenen Außenrand.*

BHUJ

BLANKWAFFEN
Der Bhuj *war eine ausschließlich in Indien gebräuchliche Streitaxt, der* Pesh-Kabz *ein Dolch, der durch jeden Panzer fuhr.*

persisch beeinflusste Verzierungen

PESH-KABZ

MOGULHELM
Dieser indische Helm hat einen Kettenbehang, der dem Träger als Nackenschutz bis auf die Schultern fällt.

Nackenschutz

mit vergoldetem Silber eingelegte Klinge

gebogene Schneide

STREITÄXTE
Ganzstahläxte, Tabars, waren viele Jahrhunderte lang beliebte Waffen in Indien. Manche hatten einen hohlen Stiel, in dem sich ein Dolch verbarg.

HINDUSCHILD

VERZIERUNGEN

Auffälligstes Merkmal indischer Waffen und Rüstungen sind die häufig kunstvollen Verzierungen. Sie sollen Reichtum und Rang zur Schau stellen, während der kriegerische Verwendungszweck dabei oft in den Hintergrund tritt. Das war es wohl, was Sir Thomas Roe, im 17. Jh. englischer Gesandter am Mogulhof, zu der Bemerkung veranlasste, es handle sich bei der Mogultruppen um eine »effeminierte Armee, die ihre Feinde eher zum Beutemachen reizt als in Schrecken versetzt«.

SCHILDE
Indische Schilde hießen Sipa *oder* Dhal. *Sowohl Muslim- als auch Hinduschilde waren reich verziert, Letztere oft mit Szenen aus der Götterwelt.*

damaszierter Stahl

vergoldetes Dekor

MUSLIMSCHILD

damaszierte Stahlklinge

farbiger Emailschmuck

SHAMSHIR MIT SCHEIDE

einschneidige Klinge

AFRIKANISCHE REICHE

Viele der in Eurasien üblichen Gegebenheiten des Kriegswesens sind auch in Afrika anzutreffen – zum Beispiel gepanzerte Reiterei, ummauerte Städte und, seit dem 16. Jh., Feuerwaffen. Obwohl Äthiopien als Vorposten des Christentums überdauerte, war der größte Teil Nordafrikas ein Ausläufer der muslimischen Welt. Die islamischen Herrscher in der Sahelzone südlich der Sahara nutzten ihre Reiterei, um bäuerliche Völkerschaften zu beherrschen, und gründeten Reiche wie Mali und Oyo. An der Nordküste war Marokko ein wichtiges Machtzentrum, das mit seinen Heeren Christen wie muslimische Glaubensbrüder besiegte.

DIE AUSBREITUNG DES ISLAM
Der Islam, der Nordafrika schon fest im Griff hatte, begann seit etwa dem 10. Jh. südwärts auszugreifen. Zu Beginn der frühen Neuzeit war der islamische Einfluss bereits auf die Länder südlich der Sahara ausgedehnt worden.

AFRIKANISCHE REICHE

Äthiopiens Kampf gegen Ahmed Gran

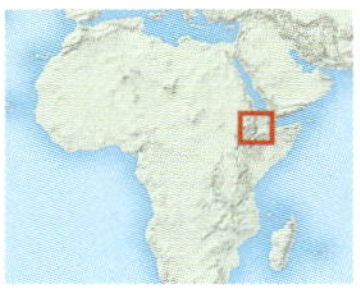

ORT
Tanasee, Äthiopien

DATUM
21. Februar 1543

STREITKRÄFTE
Portugiesen: 400; Muslime: unbekannt

VERLUSTE
nicht verbürgt

Seit den 30er-Jahren des 16. Jh. wurde Äthiopien von muslimischen Kräften unter der Führung des Sultans von Adal, Ahmed Gran, bedroht. 1541 kamen portugiesische Soldaten unter Christovão da Gama ihren Glaubensgenossen zu Hilfe. Im August 1542 besiegte Ahmed die Äthiopier und Portugiesen, Christovão da Gama wurde geköpft. Im Februar 1543 trafen die Äthiopier und Portugiesen am Tanasee erneut auf Ahmed Gran. Die Hälfte der Portugiesen fiel, doch auch Ahmed wurde von einer tödlichen Kugel getroffen.

RUNDSCHILD
Äthiopische Schilde wurden aus Tierhäuten gefertigt. Dieses reich verzierte Exemplar ist mit silberdurchwirktem Samt überzogen.

AFRIKANISCHE REICHE

Alcazarquivir

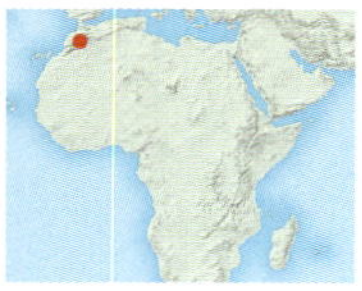

ORT
Marokko

DATUM 4. August 1578

STREITKRÄFTE Portugiesen: 16500–18000; Marokkaner: unbekannt

VERLUSTE Portugiesen: 7000 Gefallene, 8000 Gefangene; Marokkaner: unbekannt

Das Ergebnis der Schlacht von Alcazarquivir oder Ksar el-Kebir war eine schwere Niederlage europäischer Truppen gegen eine afrikanische Macht. 1576 kam in Marokko mit Unterstützung der osmanischen Türken ein neuer Herrscher, Abd el-Malik, an die Macht. Sein vertriebener Vorgänger, Muhammad al-Mutawakkil, ersuchte den potugiesischen König Sebastian um Hilfe für die Rückgewinnung seines Throns. Der jugendliche König Sebastian, der von Eroberung und ritterlichen Kreuzfahrerabenteuern träumte, erhielt vom Papst die Genehmigung eines Kreuzzuges gegen die Ungläubigen in Marokko. Wichtiger wäre jedoch die militärische Unterstützung seines mächtigen Nachbarn Philipps II. von Spanien gewesen, die sich Sebastian jedoch nicht verschaffen konnte. Er zog eine Truppe aus portugiesischen Edelleuten und deutschen, spanischen und holländischen Söldnern zusammen. Diese improvisierte Armee landete an der marokkanischen Küste und marschierte törichterweise landeinwärts, fort von den Schiffen, von denen Nachschub und Verstärkung hätte kommen können. Abd el-Malik erwartete sie mit einem bestens ausgerüsteten Heer, das sich aus andalusischen Mauren, Türken, Arabern und Berbern rekrutierte und überdies eine Kavallerie besaß, die vom Pferderücken aus mit der Arkebuse kämpfen konnte. Was nun folgte, wird manchmal als Dreikönigsschlacht bezeichnet, weil alle drei Heerführer fielen: der marokkanische Prätendent al-Mutawakkil, Abd el-Malik (der zu Beginn der Schlacht eines natürlichen Todes starb) und Sebastian, der spurlos verschwand. Die portugiesischen Truppen wurden schwer geschlagen, beinahe alle fielen oder gerieten in Gefangenschaft.

VORBEREITUNG ZUM GEFECHT
Die christlichen Truppen, hier zur Schlacht von Alcazarquivir aufmarschiert, waren mit unterschiedlichsten Waffen ausgerüstet: Lanzen, Piken, Schwerter und Feuerwaffen.

SEBASTIAN
Sebastian von Portugal war erst 24 Jahre alt, als er den Einmarsch befehligte.

AFRIKANISCHE REICHE

Marokkaner besiegen Songhaireich

ORT am Niger in Westafrika

DATUM März 1591

STREITKRÄFTE Marokkaner: 5000–25 000, darunter 2000–4000 Musketiere; Songhai: 10 000–18 000 Kavallerie, 30 000–100 000 Infanteristen

VERLUSTE unbekannt

Der marokkanische Herrscher Ahmed al-Mansur sandte ein Heer, um Songhai, die Vormacht am Niger, anzugreifen. Noch auf dem Marsch nach Gao stieß es auf eine weitaus stärkere Armee von Songhai; die Marokkaner hatten jedoch Feuerwaffen, die Songhai nicht. Die Songhai jagten Rinder in die marokkanischen Reihen, allerdings ohne jede Wirkung. Als die Marokkaner mit ihren Musketen das Feuer eröffneten, suchten die meisten Songhai rasch das Weite.

LEHMMOSCHEE
Die Große Moschee in Jenne, Mali aus dem 14. Jh. lag zur Zeit der marokkanischen Eroberungen im Herzen des Songhaireiches.

1549–1603

AHMED AL-MANSUR

Mit dem Tod seines Bruders Abd el-Malik 1578 bei Alcazarquivir gelangte Ahmed in Marokko an die Macht und konnte sich mit dem Sieg über die Christen einen Ruf verschaffen; daher der Beiname al-Mansur (»der Siegreiche«). Um einen Kern türkischer Söldner, die mit der Handhabung von Musketen, Arkebusen und Geschützen vertraut waren, baute Ahmed ein stehendes marokkanisches Heer auf. Er rekrutierte seine Berufssoldaten unter christlichen Renegaten und maurischen Flüchtlingen, die vor der christlichen Herrschaft in Spanien geflohen waren. So war er 1591 in der Lage, Songhai zu erobern und das Einflussgebiet Marokkos weit auszudehnen.

SKLAVENKRIEGE

Sklavenkriege

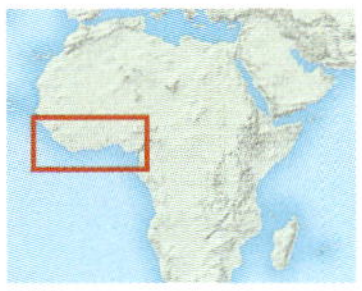

ORT Westafrika

DATUM seit dem 14. Jh.

STREITKRÄFTE nicht relevant

VERLUSTE nicht relevant

Wie fast überall während der gesamten Menschheitsgeschichte gab es auch in Afrika einen engen Zusammenhang zwischen Kriegführung und Sklavenbeschaffung. Teils war sie das zufällige Nebenprodukt des Krieges – die Gefangennahme von Feinden –, teils das erklärte Ziel militärischer Beutezüge und Eroberungen. So verschafften sich die islamischen Reiche im oberen Nigertal, etwa Mali und Songhai, seit dem 14. Jh. durch den Einsatz ihrer Reiterei eine militärische Überlegenheit gegenüber den benachbarten Völkern. Im Zuge ständiger Überfälle nahmen diese Truppen – mit Kettenhemden gewappnete Reiter auf dem Rücken prächtiger Berberpferde – Tausende von Menschen gefangen. Sie wurden auf Handelsstraßen durch die Sahara befördert, um in den muslimischen Staaten am Rande des Mittelmeers als Sklaven zu dienen. Im 15. Jh. knüpften portugiesische Seeleute Handelsbeziehungen zu den Staaten an der Westküste Afrikas, wobei Sklaven zu den begehrtesten Waren gehörten. Die enge Beziehung zwischen dem Sklavenhandel an der afrikanischen Westküste und dem Kriegswesen verstärkte sich im 17. und 18. Jh. noch erheblich. Während um 1700 jährlich etwa 30 000 Sklaven von Afrika aus verladen wurden, waren es 1780 rund 80 000. Viele davon gerieten im Zuge der Raub- und Eroberungszüge westafrikanischer Reiche wie etwa Asante, Dahomey und Oyo in Gefangenschaft. Diese Reiche wiederum konnten ihre militärische Vormachtstellung stärken, indem sie von den Erlösen aus dem Sklavenhandel Feuerwaffen kauften. So wurde Mitte des 18. Jh. das stehende Heer von Asante – mit Musketen bewaffnete Fußsoldaten – eine imposante Macht, das die Ausdehnung der Herrschaft über ein weites Gebiet erlaubte. Tributzahlungen und der Sklavenhandel brachten den Herrschern von Asante ungeheuren Reichtum.

BRONZE AUS BENIN
Diese Bronzetafel mit der Abbildung eines Portugiesen mit Luntenschlossmuskete zierte einst den Herrscherpalast von Benin, Westafrika.

1492–1750

EUROPÄISCHE FESTUNG
Das Cape Coast Castle war, wie alle europäischen Festungen in Westafrika, zur Verteidigung gegen konkurrierende Nationen erbaut, nicht gegen afrikanische Staaten.

MACHT UND RELIGION

IM 16. UND 17. JH. ERHIELT EUROPA durch eine Reihe von Kriegen seine bleibende Gestalt. Der technische Fortschritt verhalf Männern, denen der Sinn nach Reichsgründungen stand, zu weit besseren Möglichkeiten, ihre Ziele militärisch durchzusetzen. Regierungen und Gesellschaft veränderten sich durch die Notwendigkeit, Einnahmen zu erzielen und Staaten zu bilden, die diesem neuen Druck widerstehen konnten.

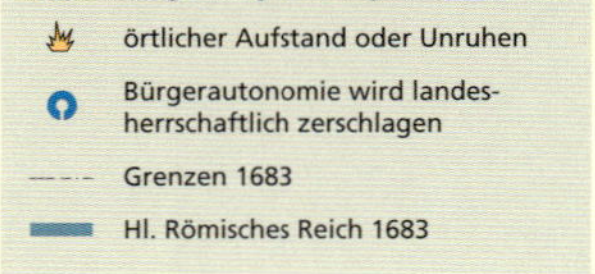

AUFSTIEG UND FALL
Im 17. Jh. verlor Spanien seine bisherige dominierende Position und England und Frankreich stiegen auf.

SCHIESSPULVER UND KARREES

Die Verbreitung kleinerer, tragbarer Feuerwaffen stellte die Heere der frühen Neuzeit vor ernste Herausforderungen und kündigte das Ende der Ritterära an. In den 20er-Jahren des 16. Jh. entwickelte sich der spanische *Tercio* – ein Block von Pikenträgern, der von Soldaten mit Feuerwaffen unterstützt wurde – zur wirksamsten Form des Einsatzes von Feuerwaffen. Das änderte sich erst, als die Spanier 1643, mehr als 100 Jahre später, die Schlacht bei Rocroi verloren. Doch wurde die Überlegenheit des *Tercio* auch schon früher infrage gestellt. Prinz Moritz von Nassau (1567-1627) fasste die Infanterie zu kleinen, disziplinierten Einheiten zusammen, die ihre Musketen salvenweise abschossen.

RECHTER GLAUBE
Das Massaker an 2000 Protestanten in der Bartholomäusnacht 1572 löste einen 30 Jahre währenden religiösen Konflikt in Frankreich aus.

MUSKETEN OHNE LUNTEN

Als im Laufe des 17. Jh. nacheinander Luntenschloss, Radschloss und Steinschloss als Zündmechanismus in Gebrauch kamen, erhöhte sich dadurch die Feuergeschwindigkeit von Musketen ständig: Mitte des 18. Jh. konnte ein gut ausgebildeter Musketier drei bis vier Schuss pro Minute abfeuern. Dies zog Neuerungen nach sich, die allerdings nicht alle von Erfolg gekrönt waren. Die *Caracole* zum Beispiel war ein taktisches Manöver, bei dem die Kavallerie vor die feindlichen Linien trabte, kehrtmachte, ihre Pistolen abschoss und sich dann sofort wieder zurückzog.

ZUM FENSTER HINAUS
Hier eine Darstellung des Prager Fenstersturzes, der den Dreißigjährigen Krieg auslöste. Zwei katholische kaiserliche Räte wurden in der Prager Burg aus dem Fenster geworfen.

SCHWERT DES KÖNIGS
Auf der Plakette im Ring dieses Schwerts aus dem 17. Jh. wird wohl Gustaf Adolf dargestellt, der den Dreißigjährigen Krieg beinahe gewonnen hätte.

PFERDERÜSTUNG

Obgleich die Kriegführung sich im Laufe des 16. und 17. Jh. ungemein verändert hatte, spielte die Kavallerie auch in der frühen Neuzeit weiterhin ihre Rolle als eine der wesentlichen Waffengattungen des Heeres. Die partielle Rüstung eines Pferdes wie die hier abgebildete war teuer, ganz zu schweigen der vollständige Schutz des Tieres. Das üblichste Einzelstück waren Rossstirn und Mähnenpanzer. Der Besitz einer solchen Rüstung zeugte von hohem Rang, um 1600 sah man sie häufiger auf den Porträts berittener Könige als auf dem Schlachtfeld.

RITTER DES MITTELALTERS
Dieses schöne Beispiel einer Pferderüstung stammt aus einer früheren Epoche, doch zeigt es deutlich, wie das Reittier geschützt wurde.

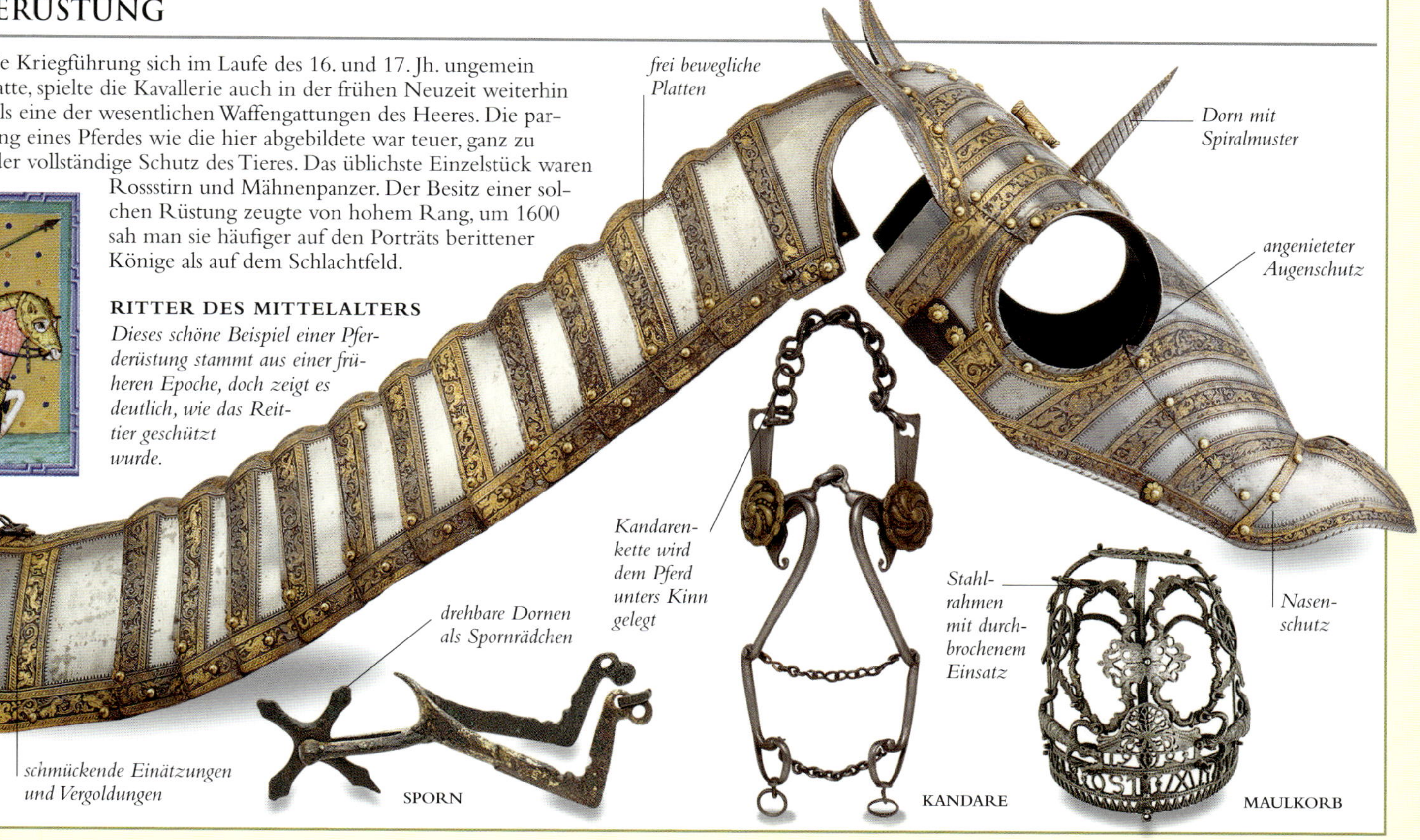

SPORN

KANDARE

MAULKORB

HOLLAND SIEGT
Die holländische Flagge weht über diesem 1673 vor Texel kämpfenden Kriegsschiff. Die Holländer gewannen, was den Krieg beendete.

GEFECHTSAUSBILDUNG

Im 17. Jh. erfolgte eine zunehmende Professionalisierung der Heere. Um 1700 hatte sich auf den europäischen Kriegsschauplätzen von St. Petersburg bis Lissabon die uniformierte Infanterie durchgesetzt, die mit Steinschlossmusketen und Spund- oder Tüllenbajonetten bewaffnet war und ihre Manöver diszipliniert absolvierte. Regimenter wurden gebildet, jedes mit seiner eigenen Fahne. Es kam zu einer erkennbaren Spezialisierung: Einheiten wie die Grenadiere für das Erstürmen befestigter Stellungen gewannen immer größere Bedeutung.

1594–1632

GUSTAF ADOLF

Der schwedische König Gustaf Adolf wurde als der »protestantische Alexander« begrüßt. Er verstand es vorzüglich, Kavallerie, Infanterie und Artillerie zu koordinieren. Doch setzte dies einen neuen Soldatentypus voraus – einen professionellen, disziplinierten und hervorragend ausgebildeten Mann. Auch gab er der Kavallerie ihre Rolle und Bedeutung zurück.

STEUERN UND KRIEG

Um 1750 erlegte der Krieg einem Staat Lasten auf, die weitaus drückender waren als noch um 1500. Das französische Heer verfügte 1693 in der Schlacht von Neerwinden über fünfmal so viel Geschütz wie 50 Jahre zuvor bei Rocroi. Staaten, die es versäumt hatten, neben der Aufrüstung auch das System ihrer Staatseinkünfte zu modernisieren, erlagen den Belastungen, wie die Französische Revolution (siehe S. 196) zeigte.

SCHLACHT IN BÖHMEN
Die Schlacht am Weißen Berge im Jahre 1616, in der die Protestanten unterlagen, bedeutete den Beginn des Dreißigjährigen Krieges.

FRANKREICHS KRIEGE IN ITALIEN

ALS KARL VIII. VON FRANKREICH 1494 in Italien einmarschierte, bewies er damit die Leistungsfähigkeit seines stehenden Heeres und seiner auf Fahrgestellen montierten Geschütze und löste zugleich eine Reihe von Kriegen aus, die sich bis in die Mitte des 16. Jh. hinzogen. Die Hauptakteure waren dabei Frankreich, Spanien, die Schweiz und die italienischen Stadtstaaten. Anhand dieser Konflikte lässt sich das allmähliche Aufkommen neuer Taktiken und kriegswichtiger Technologien verfolgen – von Festungen neuen Typs (mit vorgeschobenen Bollwerken) bis hin zu neuen Methoden für den Einsatz von Handfeuerwaffen. Besonders auffällig jedoch war der heterogene Charakter der beteiligten Truppen: Geharnischte Ritter attackierten mit eingelegter Lanze, Fußvolk mit Piken kämpfte in geschlossenen Formationen, Armbrustschützen operierten neben Arkebusieren und Kanonieren.

FRANKREICHS KRIEGE IN ITALIEN

Cerignola

DATUM
28. April 1503

STREITKRÄFTE
Franzosen und Schweizer: 10 000; Spanier: 6000

ORT
in Apulien, Italien; 30 km landeinwärts

VERLUSTE
nicht verbürgt

Oft heißt es, Cerignola sei die erste Schlacht gewesen, die durch die Feuerwaffen der Infanterie gewonnen wurde. Der spanische Feldherr Gonzalo Fernández de Cordoba, der zu verhindern trachtete, dass sich die Franzosen Süditalien einverleibten, war der Auffassung, dass eine kleine Truppe von Pikenieren und Arkebusieren über den Erfolg auf dem Schlachtfeld entscheiden könne. Als ihm eine überlegene Streitmacht von französischer gepanzerter Reiterei und schweizerischen Landsknechten mit Piken gegenüberstand, befahl er seinen Männern, sich zu verschanzen. Die Arkebusiere bezogen unmittelbar hinter der Schanze Stellung, an ihren Flügeln die Pikenträger. In der Annahme, ihr Ansturm würde die schwächlichen spanischen Linien durchschlagen, entschlossen sich die Franzosen und Schweizer zu einem Frontalangriff. Vor dem Graben jedoch stockte der Angriff, und die Männer wurden von den Arkebusieren zusammengeschossen. Unter den Gefallenen war auch der Herzog von Nemours, der Heerführer der Franzosen. Die endgültige Entscheidung führte Fernández herbei, indem er seine Pikeniere und leichte Reiterei im rechten Augenblick den Gegenstoß führen ließ.

SCHONUNGSLOSER KAMPF
Diese künstlerische Darstellung der Schlacht von Cerignola zeigt den Kampf mit Pike, Schwert und Arkebuse.

DIE SPANISCHE TERCIO

Beim spanischen *Tercio* (»der Dritte«) handelte es sich um eine etwa quadratische Formation, der Pikeniere und Arkebusiere angehörten. Die taktische Innovation besteht in der Kombination von Piken und Feuerwaffen. Wegen ihrer Disziplin waren die *Tercios* bis ins frühe 17. Jh. in ganz Europa gefürchtet. Die Arkebusiere standen gewöhnlich am Rande des Karrees und zogen sich, ehe es zum bedrohlichen Nahkampf kam, ins Innere des Haufens zurück.

FRANKREICHS KRIEGE IN ITALIEN

Ravenna

DATUM
11. April 1512

STREITKRÄFTE
Spanier: 16 000; Franzosen: 21 000

ORT
Ravenna, Norditalien

VERLUSTE
Spanier: 9000 Gefallene; Franzosen: 4500 Gefallene

Papst Julius II. rief 1511 eine Heilige Liga ins Leben, um die Franzosen zu bekämpfen. 1512 zog ein vor allem aus Spaniern bestehendes Heer der Liga unter der Führung Ramons de Cardona und des Pionieroffiziers Pedro Navarro aus, um gegen die Franzosen zu kämpfen, die gerade dabei waren, unter Gaston de Foix Ravenna zu belagern. Die Spanier hatten sich hinter Erdwällen verschanzt, als sich ein zweistündiges Duell der Feldartillerie entspann. Schließlich griffen die Spanier an und wurden von der schweren Reiterei der Franzosen niedergemacht. Die Landsknechte, deutsche Söldner in französischen Diensten, führten mit ihren Piken einen Frontalangriff auf die spanischen Schanzen und wurden in einen blutigen Nahkampf verstrickt. Als schließlich die französische schwere Reiterei einen Flankenangriff führte, lieferten die Spanier ihr ein verbissenes Rückzugsgefecht.

1489–1512

GASTON DE FOIX

Nach dem Tode seines Vaters bei Cerignola 1503 zum Herzog von Nemours erhoben, wurde Gaston de Foix 1511 als 21-Jähriger zum Truppenführer der Franzosen in Italien ernannt. Er legte große Kühnheit und Tapferkeit an den Tag, erstürmte 1512 erst Brescia, um dann die Spanier in Ravenna zu besiegen, wobei er das Leben verlor. Nur selten gelang es einem Heerführer, auf nur einem Feldzug solches Ansehen zu erwerben.

FRANKREICHS KRIEGE IN ITALIEN

Novara

DATUM
6. Juni 1513

STREITKRÄFTE
Franzosen: 12 000; Schweizer: 5000

ORT
westlich von Mailand in Norditalien

VERLUSTE
nicht verbürgt

Die Pikenformation der Schweizer waren vom späten 15. bis zum frühen 16. Jh. die angesehenste Infanterieeinheit. Daher waren die Schweizer als Söldner äußerst begehrt. Bei Novara kämpften sie auf der Seite der Heiligen Liga gegen die Franzosen. Ein französisches Heer unter Marschall Louis de la Trémoille hatte die Alpen überquert, Mailand genommen und belagerte nun die von den Schweizern gehaltene Stadt Novara. Im Juni erhielt Trémoille die alarmierende Nachricht über ein schweizerisches Entsatzheer. Er zog daraufhin die Truppen vom Belagerungsring zurück, um sich auf die Schlacht einzurichten. Er hatte jedoch nicht mit der Geschwindigkeit der Schweizer gerechnet. Die waren die ganze Nacht marschiert und griffen die unvorbereiteten Franzosen im Morgengrauen des 6. Juni an. Dichte Kolonnen von Pikenieren brachen im Sturmlauf durch die Linien und weiter ins Zentrum des französischen Feldlagers, wo sie die Infanterie niedermachten und die Kavallerie zur Flucht veranlassten. Trémoille zog sich mit den Resten des vernichteten Heeres nach Frankreich zurück.

MORION MIT KAMM
Der Morion genannte Helm wurde im 16. Jh. auch von den Arkebusieren getragen, da er freie Sicht zum Zielen bot.

FRANKREICHS KRIEGE IN ITALIEN

Marignano

DATUM
13.–14. September 1515

STREITKRÄFTE
Franzosen: 30 000; Schweizer: 20 000

VERLUSTE
Franzosen: 5000; Schweizer: 6000–10 000

ORT
heutiges Melegnano, 15 km vor Mailand

Franz I. von Frankreich drang im Sommer 1515 in Italien ein. Durch ein Bündnis mit Venedig wollte er den Schweizern Mailand entreißen. Nachdem er mit etwa 50 Bronzekanonen die Alpen überquert hatte, traf er im Juni in der Lombardei ein. Recht erfolgreich versuchte Franz, die Schweizer durch Geldgeschenke zur Heimkehr zu bewegen. Doch zogen die verbliebenen Schweizer Mitte September zu einem Angriff aus. Bei Marignano stießen sie auf den Widerstand der von Franz angeworbenen deutschen Landsknechte, und Gegenstöße der schweren Reiterei ließen den schweizerischen Angriff verebben. Die Schlacht wogte im Nahkampf noch bis nach Einbruch der Dunkelheit hin und her und wurde im Morgengrauen wieder aufgenommen, es fiel jedoch keine Entscheidung, bis Franz' venezianische Verbündete mit Verspätung auf dem Gefechtsfeld erschienen. Angesichts dieser ausgeruhten Truppen zogen sich die Schweizer zurück.

GRABMAL EINES KÖNIGS
Ein Relief auf dem Grabmal Franz' I. zeigt, wie er schweizerische Pikeniere niederreitet. Für Franz gehörten die Italienfeldzüge noch der Ritterzeit an.

FRANKREICHS KRIEGE IN ITALIEN

Pavia

DATUM
24. Februar 1525

STREITKRÄFTE
Franzosen: 20 000; Kaiserliche: 23 000

VERLUSTE
Franzosen: 8000; Kaiserliche: 1000

ORT
Pavia, südlich von Mailand

Als Franz I. von Frankreich erneut in Italien einfiel, war sein Hauptgegner der spanische König Karl V., Kaiser des Heiligen Römischen Reiches. Im Herbst 1524 zog Franz mit seinem Heer über die Alpen und hielt in Mailand triumphalen Einzug. Daraufhin begann er Pavia zu belagern, wo das Reich eine Garnison unterhielt. Als im Januar 1525 ein kaiserliches Entsatzheer unter dem Marchese di Pescara eintraf, gruben sich beide Parteien beiderseits eines Baches ein. In der Nacht vom 23. auf den 24. Februar startete Pescara einen kühnen Angriffsplan. Im Schutze der Nacht marschierte der größte Teil seiner Truppen nordwärts und durchfurtete den Wasserlauf; bei Tagesanbruch hatten sie an der ungeschützten linken Flanke der Franzosen Stellung bezogen. Seinem Instinkt und ritterlicher Tradition folgend, führte Franz die schwere Reiterei mit gefällter Lanze gegen die Kaiserlichen. Das war an sich erfolgreich, doch wegen des unüberlegten Vorpreschens der französischen Ritter hatte die eigene Artillerie keinerlei Möglichkeit, den Feind unter Feuer zu nehmen. Franz' schweizerische Söldnerinfanterie kam nur zögerlich zu Hilfe, und ein großer Teil des französischen Heeres, das gar nicht wusste, was vor sich ging, kam überhaupt nicht zum Einsatz. Als die Schlacht sich zu kleineren, über das Feld verstreuten Gefechten einzelner Haufen wandelte, erwiesen sich die kaiserlichen Pikeniere und Arkebusiere wieder als wirkungsvolle Kämpfer. Die französischen Ritter gerieten nach und nach ins Hintertreffen, der Herzog von Trémoille bekam einen Schuss ins Herz und Franz geriet in Gefangenschaft. Nur die Landsknechte vom Schwarzen Haufen kämpften noch hinhaltend, als das restliche französische Heer schon floh.

NUTZLOS
Kaiserliche erobern eine französische Kanone bei Pavia. Weil Franz I. und seine Ritter im Schussfeld der eigenen Artillerie angriffen, konnte diese nicht ins Gefecht eingreifen.

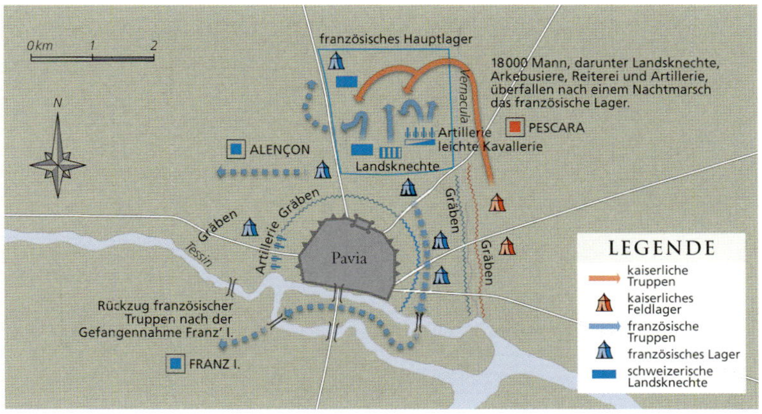

STREITHAMMER
Mit Streithämmern wie diesem französischen aus dem 16. Jh. kämpften abgesessene Ritter.

STREITKOLBEN
Der Streitkolben, hier ein italienischer aus dem 16. Jh., wurde von Rittern im Nahkampf geschwungen.

DIE RELIGIONSKRIEGE

In einer Reihe von Konflikten standen sich Ende des 16. und Anfang des 17. Jh. Protestanten und Katholiken gegenüber. Die Holländer rebellierten gegen die spanischen Habsburger, in Frankreich bekämpften sich Protestanten und Katholiken in Bürgerkriegen, und das protestantische England geriet mit dem katholischen Spanien aneinander. Sie waren militärhistorisch bedeutsam wegen des Masseneinsatzes von Musketen und der Kampfkraft kanonenbestückter Segelschiffe.

AUFSTAND DER NIEDERLANDE
Die Politik Philipps II. von Spanien führte in den spanisch beherrschten Niederlanden zu einem Unabhängigkeitskrieg.

HUGENOTTENKRIEGE

Dreux

DATUM 19. Dezember 1562

STREITKRÄFTE Hugenotten: 15000; Königstreue: 19000

VERLUSTE Hugenotten: 4000; Königstreue: 4000

ORT Dreux, östlich von Paris

1562 kam es in Frankreich zum offenen Krieg zwischen den calvinistischen Protestanten unter Prinz Louis de Condé und Admiral Gaspard de Coligny einerseits und den Katholiken andererseits unter dem Herzog von Guise und Montmorency. Zur ersten Schlacht der französischen Religionskriege kam es, als das Heer der Hugenotten, das nordwärts marschierte, um sich bei Le Havre mit englischen Truppen zu vereinigen, unterwegs Guise in die Arme lief, der gerade Rouen geplündert hatte. Der Kampf begann mit einer von Coligny geführten Kavallerieattacke, welche die katholischen Kräfte ins Chaos stürzte. Condé hielt die Schlacht bereits für gewonnen und führte seine eigene Reiterei ins Gefecht. Doch da schickte Guise seine schweizerischen Landsknechte und die leichte Reiterei vor. Condé wurde gefangen, doch Coligny konnte einen großen Teil des Hugenottenheeres intakt wegführen.

KAVALLERIEATTACKE
In der Schlacht von Dreux reitet die lanzentragende Kavallerie gegen eine Geschützstellung und gegeneinander Attacke.

AUFSTAND DER NIEDERLANDE

Jemmingen

DATUM 21. Juli 1568

STREITKRÄFTE Spanier: ca. 15000; Aufständische: ca. 15000

VERLUSTE Spanier: etwa 100 Gefallene; Aufständische: 6000–7000 Gefallene

ORT Westfriesland in der Nähe des Dollart, heutige Niederlande

> »Dieses Ärgernis muss mit Waffengewalt beseitigt werden, ohne Pardon und Milde, ohne Verhandlungen oder Gespräche, bis alles zugrunde gerichtet ist.«
>
> *Der Herzog von Alba* zum Aufstand der Niederlande, 1573

Als die überwiegend protestantische Bevölkerung der Niederlande gegen die Herrschaft Philipps II., des katholischen Königs Spaniens, rebellierte, gab er dem Herzog von Alba und dessen kampferprobtem Heer Befehl, den Aufstand niederzuschlagen. Alba war ein herausragender Heerführer, dem u.a. die Einführung der schweren Muskete anstelle der Arkebuse als Standardfeuerwaffe der spanischen Infanterie zugeschrieben wird. Albas Gegner war Wilhelm von Oranien, der, um der Verhaftung zu entgehen, geflohen war und ein deutsches Söldnerheer aufstellte, das er unter der Führung seines Bruders Ludwig von Nassau in die nördlichen Niederlande schickte. Auf der Halbinsel Jemmingen wurde es von Albas Heer gestellt. Obgleich beide Heere gleich stark waren, unterschieden sie sich doch hinsichtlich Disziplin und Feuerkraft. Das Heer der Aufständischen, den Dollart im Rücken, wurde gnadenlos niedergemacht. Manche versuchten, über die Ems zu schwimmen, doch nur wenigen gelang dies. Die Emdener Bürger erfuhren von der Katastrophe, als die auflaufende Flut die Hüte der ertrunkenen Oranier in ihre Stadt trug. Zur Würdigung seines Sieges wurde Alba in Antwerpen ein Bronzestandbild errichtet, gegossen aus den auf Jemmingen erbeuteten Kanonen der Aufständischen.

LUNTENSCHLOSSMUSKETE

Der Musketier gab zunächst Schießpulver, dann die Kugel und ein Kugelpflaster in den Lauf sowie feineres Pulver auf die Pfanne. Wenn er den Abzug betätigte, fiel die glimmende Lunte in die Pfanne und entzündete das Pulver und dieses wiederum die Ladung im Lauf. Zum Feuern lag die schwere Waffe in einer gabelförmigen Stütze.

KUGELBÜCHSE

MUSKETENKUGELN

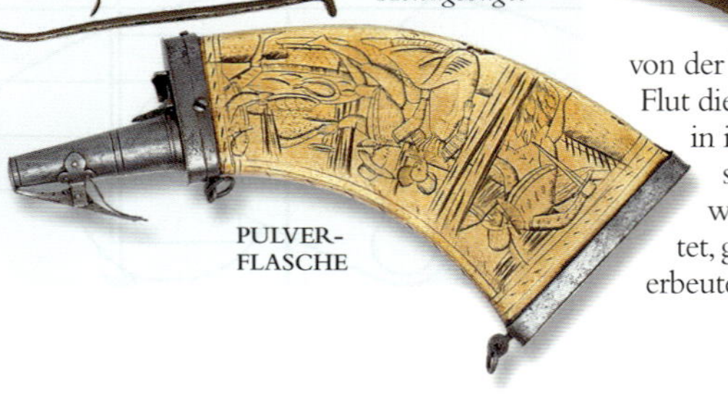

PULVERFLASCHE

AUFSTAND DER NIEDERLANDE

Brill

DATUM 1. April 1572

STREITKRÄFTE Holländer: 600; Spanier: unbekannt

VERLUSTE keine

ORT Brill, östlich von Rotterdam

Die Flotte der holländischen Wassergeusen war von Ludwig von Nassau zusammengezogen worden, um seine Truppen auf Jemmingen zu unterstützen. Nach der holländischen Niederlage begannen sie, ihren Lebensunterhalt durch das Kapern von Handelsschiffen zu bestreiten. Am 1. April 1572 eroberten etwa 600 Wassergeusen die Stadt Brill in Seeland im Handstreich. Der spanische Gegenangriff erfolgte nur halbherzig, weil zu jener Zeit die französischen Hugenotten mit Wilhelm von Oranien ein Bündnis geschlossen hatten und eine Invasion der Niederlande drohte. Tausende schlossen sich den Wassergeusen an und schon bald hatten die Aufständischen Vlissingen und andere Hafenstädte an der seeländischen Küste in ihre Hand gebracht. Die flinken, mit Kanonen bewaffneten Boote der Wassergeusen waren in Küstengewässern unschlagbar, im November 1573 auf der Zujderzee und im Januar 1574 in der Scheldemündung besiegten sie jeweils ein spanisches Geschwader.

AUFSTAND DER NIEDERLANDE

Belagerung Antwerpens

ORT
Antwerpen im heutigen Belgien

DATUM
September 1584–August 1585

STREITKRÄFTE
Aufständische: unbekannt; Spanier: unbekannt

VERLUSTE
nicht verbürgt

Alexander Farnese, Herzog von Parma, übernahm 1578 den Oberbefehl über die spanischen Truppen in den Niederlanden. Seine größte Leistung war die Belagerung Antwerpens. Die Aufständischen öffneten die Deiche, doch die Spanier legten Befestigungen auf den Deichkronen an, von denen aus sie die Ausfälle abwehrten. Während des Winters 1584/85 bauten Parmas Pioniere eine 800 m lange Brücke über die Schelde mit 200 Belagerungsgeschützen. Am 5. April ließen die Aufständischen Sprengstoffbrander die Schelde hinabtreiben, die ein großes Loch in die Brücke rissen und 800 spanische Soldaten töteten. Doch fehlten den Holländern die Möglichkeiten, die Bresche zu ihrem Vorteil zu nutzen. Die Belagerung wurde fortgesetzt, bis sich die hungernde Stadt am 17. August ergab.

STARK BEFESTIGT
Ohne sich um Antwerpens weitläufige landseitige Befestigungen zu kümmern, schnitt der Herzog von Parma der Stadt die Zufuhr über See ab.

HUGENOTTENKRIEGE

Coutras

ORT
Westfrankreich, nördlich von Bordeaux

DATUM
20. Oktober 1587

STREITKRÄFTE
Königstreue: 10 000; Hugenotten: 6500

VERLUSTE
Königstreue: 3000 Gefallene; Hugenotten: bis zu 200 Gefallene

1587 stellten sich die französischen Hugenottenkriege als »Krieg der drei Heinriche« dar: König Heinrich III. von Frankreich, zu dieser Zeit mit der katholischen Seite paktierend; Heinrich von Navarra, der Führer der protestantischen Hugenotten (und spätere König Heinrich IV.); und Heinrich von Guise, der Führer der französischen Katholiken. Bei Coutras sah sich ein von Navarra geführtes Heer unverhofft einer Armee unter dem Herzog von Joyeuse, Günstling Heinrichs III., gegenüber. Navarra, der in der Gabelung zweier Flüsse festsaß, stellte seine Infanterie – zumeist Arkebusiere – an den Flanken, geschützt von natürlichen Hindernissen, und die leichte und schwere Reiterei im Zentrum auf. Seinen drei Geschützen wurde die linke Flanke zugewiesen. Joyeuses Kavallerie war ebenfalls im Zentrum postiert, doch in lang gezogener Linie, in ihren reich verzierten schweren Rüstungen und mit erhobenen Lanzen bereit zum Angriff. Heinrichs relativ leicht gepanzerte Kavallerie, mit Pistole und Schwert bewaffnet, hatte sich in sechs Glieder tiefen Blöcken aufgestellt, dazwischen die Arkebusiere zur Verstärkung ihrer Feuerkraft. Über den Ausgang des Gefechts wurde im Zentrum entschieden, denn Joyeuses Reiterei legte die Lanzen ein und griff an. Das Arkebusenfeuer hatte bereits seinen Tribut verlangt, als die Kavallerie der Königstreuen mit der Hugenottenreiterei kollidierte und zerbrach. Tausende Royalisten fielen in der sich nun anbahnenden Niederlage.

PRUNKRÜSTUNG
Dieser reich verzierte, geschlossene Helm wurde um 1575 in Frankreich hergestellt. Helme dieses Typs trug die königstreue Reiterei Heinrichs III.

GNÄDIGER HEINRICH
Obwohl die Milde Heinrichs von Navarra in der Kunst gepriesen wird, zeigten viele seiner Männer keine Gnade.

ENGLISCH-SPANISCHER KRIEG

Überfall auf Cadiz

ORT
Cadiz in Südspanien

DATUM
29. April–1. Mai 1587

STREITKRÄFTE
Englische Flotte: 23 Schiffe; Spanische: unbekannt

VERLUSTE
33 spanische Schiffe verloren

Als Königin Elisabeth I. erfuhr, dass König Philipp II. von Spanien eine Flotte zur Invasion Englands zusammenzog, befahl sie Sir Francis Drake, die Vorbereitungen zu unterbinden. Drake, dessen Freibeuterei zum Ausbruch der Feindseligkeiten beigetragen hatten, segelte dreist in den Hafen von Cadiz, ohne sich um die Küstenbatterien und Kriegsgaleeren zu kümmern. Durch geschicktes Manövrieren Brandern und Galeeren ausweichend, versenkte oder verbrannte Drake eine Anzahl Schiffe, darunter eine Galeone und etliche Kauffahrer, ehe er unter geringen Verlusten wieder davonsegelte.

SEEHELD
Ein Standbild von Sir Francis Drake, der prahlte, bei Cadiz habe er »dem spanischen König den Bart versengt«.

ENGLISCH-SPANISCHER KRIEG

Spanische Armada

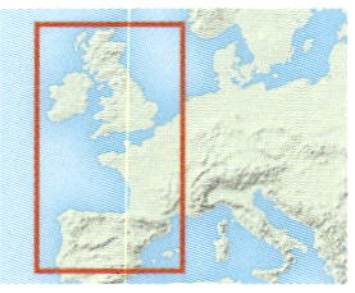

DATUM
Mai–Oktober 1588

STREITKRÄFTE
Spanische Armada: 130 Schiffe; Englische Flotte: etwa 170 Schiffe

ORT
Gefechte meist im Ärmelkanal

VERLUSTE
Spanier: 63 Schiffe verloren

Mitte der 80er-Jahre des 16. Jh. schlug die Feindschaft zwischen England und Spanien in einen offenen Krieg um. Als Königin Elisabeth I. den holländischen Aufständischen Truppenhilfe gegen Spanien leistete, erhielt der spanische König Philipp II. den Segen des Papstes zu einer Invasion Englands. Die spanische Kriegsflotte (»Armada«) segelte Ende Mai 1588 unter Herzog von Medina Sidonia von Lissabon ab, um die Seeherrschaft im Ärmelkanal zu erringen. Übles Wetter zwang die Armada, in La Coruña Zuflucht zu nehmen, und so tauchte sie erst am 19. Juli vor Cornwall auf. Eine englische Flotte unter Lord Howard von Effingham mit Sir Francis Drake als Stellvertreter lief von Plymouth aus und griff die Spanier ab dem 21. Juli an. In einer Reihe von Gefechten im Ärmelkanal fügten die weit reichenden englischen Kanonen der Armada zwar einigen Schaden zu, konnten deren Formation aber nicht aufbrechen. Am 26., als die Spanier vor Calais ankerten, waren beide knapp an Munition. In der Nacht auf den 28. Juli schickten die Engländer mit Pulver beladene Brander in die ankernde Armada. Panisch kappten die spanischen Schiffe die Ankertaue und trieben in lockerer Formation nordwärts. Dies ermöglichte es der englischen Flotte, zwischen sie zu fahren und viele Schiffe zu versenken oder zu beschädigen. Während der Wind die spanischen Schiffe in die Nordsee trieb, beschloss Medina Sidonia, um die Britischen Inseln herum heimwärts zu segeln. Die Reise geriet zur Katastrophe, als der Septembersturm Schiff um Schiff auf die Küsten Schottlands und Irlands warf. Auch die englische Flotte erlitt schwerste Verluste, jedoch erst nach den Gefechten, als Tausende Seeleute an Typhus starben.

SIEGESMEDAILLE
Diese englische Medaille aus dem 17. Jh. gedenkt des Sieges über die Armada.

»Ich bin zu euch gekommen ... mit dem festen Entschluss, in der Hitze des Gefechts mitten unter euch zu leben oder zu sterben, um für meinen Gott und für mein Reich und für mein Volk meine Ehre und mein Blut zu geben, und sei es in den Staub.«

Elisabeth I, Ansprache an die Truppen in Tilbury, 8. August 1588

1527–1598

PHILIPP II. VON SPANIEN

Philipp, seit 1556 König von Spanien, wollte die Macht Spaniens vergrößern und den Katholizismus gegen Protestanten und Muslime verteidigen. 1580 annektierte er Portugal und etablierte den katholischen Glauben in den südlichen Niederlanden, konnte aber weder den Aufstand der Holländer niederschlagen noch verhindern, dass Heinrich von Navarra französischer König wurde.

ENGLISCHE FEUERKRAFT
Es war ein ernstes Problem, die etwa 1800 Geschütze der englischen Flotte während dieser langen Auseinandersetzung mit Munition zu versorgen.

HUGENOTTENKRIEGE

Belagerung La Rochelles

DATUM 27. Juni 1626–28. Oktober 1628

STREITKRÄFTE Royalisten: etwa 25000; Franzosen: unbekannt

VERLUSTE 18000 Tote in La Rochelle; 2000 Engländer getötet

ORT La Rochelle, Westfrankreich

Die französischen Hugenottenkriege endeten, nachdem Heinrich von Navarra als Heinrich IV. den französischen Thron bestiegen hatte. Er war zwar zum katholischen Glauben übergetreten, doch versöhnte er die Partei der protestantischen Hugenotten, indem er 1598 das Edikt von Nantes erließ. Unter seinem Nachfolger Ludwig XIII. jedoch regte sich erneut Widerstand. 1625 führten der Herzog Heinrich von Rohan und dessen Bruder Soubise einen Hugenottenaufstand an, während Ludwigs Erster Minister, der Herzog von Richelieu, erklärte, die Niederschlagung der hugenottischen Abtrünnigen habe für ihn höchste Priorität. Die Aufrührer erhielten Unterstützung vom englischen König Karl I., der 80 Schiffe zu Hilfe sandte. Im Juni 1627 setzte die Flotte 6000 Soldaten auf der Île de Ré unmittelbar vor La Rochelle ab. Die Stadt, obwohl selbst eine protestantische Hochburg, hatte gezögert, sich dem Aufstand anzuschließen. Doch nun ließ Richelieu ein Heer rings um die Stadt aufmarschieren. Anfang September begann die Belagerung. Auf der Île de Ré belagerten die Engländer die Festung St. Martin, konnten sie jedoch nicht nehmen. Als ein letzter Versuch, die Festung zu erstürmen, fehlgeschlagen war, zogen sie sich auf ihre Schiffe zurück; die angreifenden Franzosen fügten ihnen dabei schwere Verluste zu. Dann wurde die Blockade von La Rochelle verschärft. Vom Hinterland durch einen Wall abgeschnitten, war die Stadt auch auf der Seeseite durch einen massiven Deich isoliert. Als im September 1628 eine englische Flotte aufkreuzte, lebte die Hoffnung wieder auf, doch nachdem die Engländer die französischen Stellungen beschossen hatten, wurden sie zum Rückzug gezwungen. Ohne alle Hoffnung kapitulierte die Stadt am 28. Oktober. Von 24000 Einwohnern lebten noch etwa 5400.

> **»Sein Hafen war der letzte in Frankreich, der den Engländern offen stand, und indem er ihn … schloss, vollendete der Kardinal das Werk Johannas von Orléans …«**
>
> *Alexandre Dumas* über La Rochelle in *Die drei Musketiere*, 1844

SEEWÄRTIGER SPERRRIEGEL
Diese fiktive Szene zeigt Richelieu bei der Besichtigung des Deichs, der die Stadt isolierte. In Wirklichkeit war das Bauwerk 1400 m lang und auf zahlreichen versenkten Hulks errichtet worden.

SPANISCH-NIEDERLÄNDISCHER KRIEG

Belagerung Bredas

DATUM 28. August 1624–5. Juni 1625

STREITKRÄFTE Holländer: unbekannt; Spanier: unbekannt

VERLUSTE nicht verbürgt

ORT Breda im nördlichen Brabant, Niederlande

Zu Beginn des 17. Jh. waren die maßgeblichen Befehlshaber im Spanisch-Niederländischen Krieg die Herren Ambrogio Spinola und Moritz von Nassau. Spinola, ein Genuese, beteiligte sich an dem Konflikt, indem er auf eigene Kosten Truppen aus Italien heranführte und sich im Kriege finanziell ruinierte. Doch bis 1609, als ein Waffenstillstand vereinbart wurde, konnte er Moritz wiederholt besiegen und erneut, als der Krieg 1621 wieder aufflammte. Die Belagerung der eminent wichtigen holländischen Grenzfestung Breda gilt gemeinhin als der Höhepunkt der Karriere Spinolas. Er umringte die Festung nicht mit einem Grabensystem, sondern mit einer Reihe von Redouten und kleinen Forts und verteidigte diese gegen alle Ausfälle und Entsatzversuche. Moritz von Nassau erkrankte und verstarb während der Belagerung. Die Garnison und die Bürger hatten große Härten zu erdulden, z.B., als der Skorbut wütete. Im Juni 1625 hatten sich die Verhältnisse in der Stadt katastrophal verschlechtert. Spinola offerierte großzügige Kapitulationsbedingungen. Die Holländer durften abziehen und die Bewohner der Stadt blieben unbehelligt.

KAPITULATION
Spinola nimmt die Kapitulation der Garnison von Breda entgegen. Das Gemälde von Velázquez betont den ritterlichen Charakter.

SPANISCH-NIEDERLÄNDISCHE KRIEGE

Downs

DATUM 31. Oktober 1639

STREITKRÄFTE Holländer: 117 Schiffe; Spanier: 77 Schiffe

VERLUSTE Spanier: 70 Schiffe vernichtet oder gekapert, 15000 Tote

ORT östlich von Dover an der Südostküste Englands

Die holländische Seemacht war den Spaniern, besonders wegen des Kaperkrieges, ein Dorn im Auge. 1628 brachte der holländische Freibeuter Piet Heyn eine spanische Flotte auf, die mit Silber aus den Minen Perus beladen und wahrscheinlich die wertvollste Prise aller Zeiten war. Die holländische Marine drohte auch, Spaniens Seeverbindungen mit den Spanischen Niederlanden zu kappen. 1639 schickten die Spanier eine große Kriegsflotte unter Admiral Antonio de Oquendo zum Hafen Dünkirchen, der von den Spaniern gehalten wurde. Der holländische Admiral Martin Tromp, der nur über 13 schwer bestückte Schiffe verfügte, griff die spanische Flotte so heftig an, dass sie in neutralen Gewässern vor der englischen Küste Schutz suchte. Tromp behielt die Spanier im Auge, bis von den Vereinigten Provinzen Verstärkung eintraf. Am 31. Oktober wurden die Spanier, dicht unter Land eingezwängt, artilleristisch unterlegen und manövrierunfähig, chancenlos geschlagen. Wie beim Armada-Konflikt 1588 bewies auch diese Seeschlacht die Unfähigkeit der Spanier, sich das Schiff als bewegliche Artillerieplattform vorzustellen – ihre Schiffe waren voll gestopft mit Soldaten, die vergeblich auf eine Möglichkeit zum Entern warteten.

BELIEBTES KRIEGSSCHIFF
Die Galeone, das Standardkampfschiff aller Hochseeflotten dieser Epoche, verfügte über etwa 30 Kanonen.

DER DREISSIGJÄHRIGE KRIEG

Zwischen 1618 und 1648 kam es in Europa zu verschiedenen Feldzügen, die unter dem Begriff Dreißigjähriger Krieg zusammengefasst werden. Dabei handelte es sich teils um einen Bürgerkrieg innerhalb des Heiligen Römischen Reiches, teils um einen Kampf um die europäische Hegemonie zwischen Frankreich, Schweden und den spanischen und österreichischen Habsburgern und teils um einen Religionskrieg zwischen Katholiken und Protestanten. Die Ursachen sind im Versuch der habsburgischen Kaiser Matthias und Ferdinand II. zu sehen, den Protestantismus in Böhmen auszurotten. Die Intervention Schwedens im Jahre 1630 und Frankreichs 1635 sorgte dafür, dass fast ganz Westeuropa betroffen war.

DREISSIGJÄHRIGER KRIEG
Die erbitterte Auseinandersetzung vereitelte Habsburgs Pläne einer Rekatholisierung Europas.

DREISSIGJÄHRIGER KRIEG

Magdeburg

ORT Mitteldeutschland

DATUM 20. Mai 1631

STREITKRÄFTE Kaiserliche: unbekannt; Schweden: unbekannt

VERLUSTE 20000–25000 Magdeburger Bürger umgebracht

1640 landete König Gustaf Adolf von Schweden mit einem Heer in Norddeutschland, um dort den eingeschlossenen Städten zu helfen. Die bedeutendste von ihnen war Magdeburg, stramm lutherisch und eine der reichsten Städte des Heiligen Römischen Reichs mit etwa 30000 Einwohnern. Nachdem die Stadt seit November 1630 von kaiserlichen Truppen unter Tilly und Pappenheim belagert worden war, fiel sie schließlich am 20. Mai 1631, nachdem die schwere Artillerie zwei Breschen in die Mauer geschossen hatte. Dann wurde die Stadt von den betrunkenen Soldaten der siegreichen kaiserlichen Truppen geplündert. Bis zu 25000 Magdeburger kamen bei dem Massaker und den Bränden ums Leben, die in den blutgetränkten Straßen wüteten.

SPUNDBAJONETT
Die frühen Bajonette wurden in die Laufmündung gezwängt, mit der Muskete konnte dann nicht geschossen werden.

DREISSIGJÄHRIGER KRIEG

Am Weißen Berge

ORT Bílá Hora bei Prag

DATUM 8. November 1620

STREITKRÄFTE Katholische Liga: 20000; Böhmen: 24000

VERLUSTE nicht verbürgt

Zu Beginn des 17. Jh. war der calvinistische Protestantismus in Böhmen tief verwurzelt. 1618 versuchte Kaiser Ferdinand II. den Böhmen einen katholischen König aufzuzwingen. Die Folge war ein allgemeiner Volksaufstand. Im Jahre 1620 ließ Christian von Anhalt ein böhmisches Heer in der Nähe Prags auf dem Hang des Weißen Berges aufmarschieren. Ihm gegenüber stand das kaiserliche Heer unter dem Grafen Tilly. Christian wurde völlig überrumpelt, als Tilly bergan attackierte und das Zentrum der böhmischen Truppen rasch überrannte. Das protestantische Heer löste sich auf und kurz darauf marschierte Tilly in Prag ein.

STURMHAUBE
Diese Helme trugen vor allem Fußtruppen.

SCHWERER KAMPF
Tillys Berufsheer überwältigt die bunt zusammengewürfelten böhmischen Truppen.

DREISSIGJÄHRIGER KRIEG

Dessau

ORT 50 km nördlich von Leipzig

DATUM 25. April 1626

STREITKRÄFTE Kaiserliche: 20000; Protestanten: 12000

VERLUSTE Protestanten: 4000 Tote

1625 griff der dänische König Christian IV. ein, um den bedrängten deutschen Protestanten gegen das Heilige Römische Reich zu helfen. Um dieser neuen Bedrohung zu begegnen, nahm Kaiser Ferdinand II. die Dienste Albrechts von Wallenstein in Anspruch (siehe Kasten), der zur Unterstützung ein großes Heer zusagte. An der strategisch wichtigen Dessauer Elbbrücke wartete Wallenstein auf das protestantische Heer unter Ernst von Mansfeld. Hier lag der Zugang nach Schlesien, und Wallenstein rechnete damit, dass Mansfeld die Brücke benutzen würde. Und tatsächlich tauchte am 25. April 1626 ein 12000 Mann starkes protestantisches Heer auf. Wallenstein hatte seine Geschütze und Elitetruppen getarnt postiert und die Brücke zu einer tödlichen Falle für Mansfelds Truppen gemacht, die ein Drittel ihrer Mannschaftsstärke verloren.

1583–1634

ALBRECHT VON WALLENSTEIN

Albrecht von Wallenstein, Herzog von Friedland, nutzte sein Amt als Gubernator Böhmens, um ein großes Heer gegen Dänemark zu führen, das 1625 in den Krieg eingetreten war. Danach errang er eine Reihe von Siegen, doch seine Unabhängigkeit weckte den Neid anderer Reichsfürsten, sodass Kaiser Ferdinand ihn 1630 absetzte. 1631 erneut berufen, um der von Gustaf Adolf ausgehenden Bedrohung zu begegnen, strebte er nun politische Macht an, woraufhin er 1634 ermordet wurde.

DREISSIGJÄHRIGER KRIEG

Breitenfeld (I)

ORT
unmittelbar vor Leipzig

DATUM
17. September 1631

STREITKRÄFTE Schweden/Sachsen: 42000; Kaiserliche: 35000

VERLUSTE
Kaiserliche: 20000 (darunter 7000–8000 Gefallene)

Die Plünderung Magdeburgs im Mai 1631 bewog den schwedischen König Gustaf Adolf zu dem Versuch, mit dem sächsischen Kurfürsten Johann Georg ein Verteidigungsbündnis zu schließen, um die protestantischen Mächte gegen Ferdinand II. zu vereinen. Ende August 1631 marschierte ein kaiserliches Heer unter Tilly in Sachsen ein, um Johann Georg zu zwingen, sich den schwedischen Interessen zu versagen. Bei Breitenfeld am Nordrand Leipzigs stellten Tilly und Pappenheim ihre in 17 Karrees (*Tercios*) gegliederten Truppen dem schwedisch-sächsischen Heer gegenüber auf. Das schwedische Heer war für die damalige Zeit relativ diszipliniert, und Gustaf, ein meisterlicher Taktiker, ordnete seine Kräfte in zwei langen Linien, sodass eine Tillys Aufstellung entsprechende Front entstand, Gustaf aber noch eine entscheidende Reserve blieb. Pappenheims schwere Kavallerie ritt sieben Angriffe, doch jedes Mal schlugen die Schweden sie zurück. Unterdessen hatte Tillys Reiterei die sächsische Kavallerie in die Flucht geschlagen und auch Johann Georgs Fußtruppen befanden sich bereits auf der Flucht. In diesem Augenblick schickte Gustaf seine zweite Front ins Gefecht, dazu ließ er sie den Loderbach im rechten Winkel zur Hauptkampflinie durchwaten. Unerklärlicherweise verzichtete Tilly darauf, sie anzugreifen, sodass die Schweden in seine linke Flanke stießen. Die schwedische Artillerie folgte diesem Vorstoß und vernichtete die Reste des kaiserlichen Heeres.

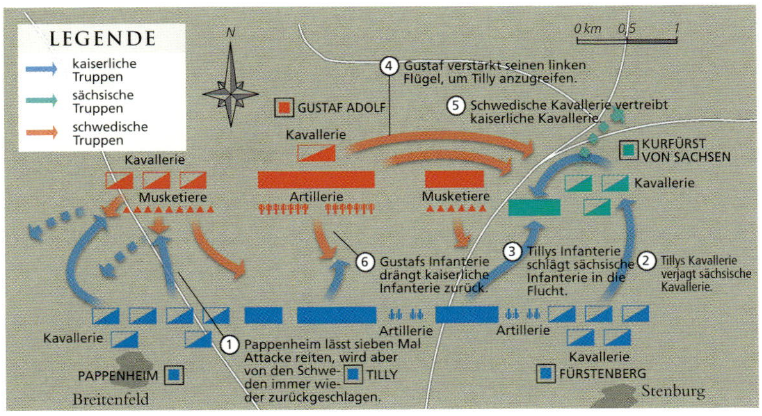

KAVALLERIESCHWERT
Das abgebildete Schwert ist typisch für die Kavallerie des frühen 17. Jh. Es diente als Hieb- und als Stichwaffe.

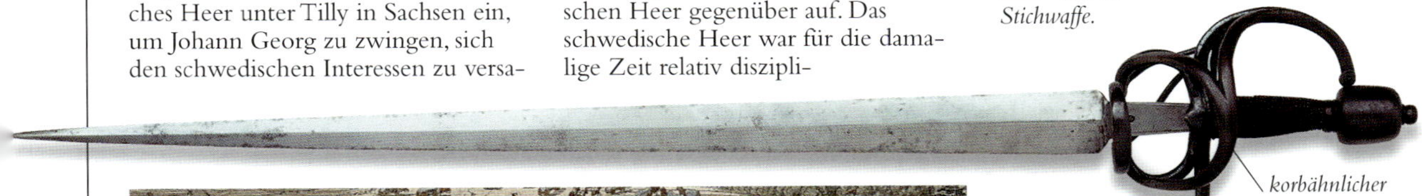

korbähnlicher Handschutz

ANGREIFENDE KARREES
Dieser zeitgenössische Stich zeigt die Schlacht bei Breitenfeld; die kaiserlichen Tercios *sind deutlich zu erkennen.*

> »Als sie uns auf sich zu marschieren sahen, rückten sie gleichfalls gegen uns vor, und es kamen die einen den anderen so nahe, dass die Bataillone direkt aneinander stießen, so kämpften wir die Sache auf Pikenlänge so lange aus, bis Gott gefiel, dass wir sie verjagten und den Sieg errangen …«

ZEUGE DES KRIEGES

JOHN FORBES

Hauptfeldwebel John Forbes, der diesen Augenzeugenbericht seinem Vater, einem calvinistischen Pfarrer in Delft, schrieb, war einer der vielen protestantischen Schotten, die im Heer Gustaf Adolfs kämpften.

1492–1750

DREISSIGJÄHRIGER KRIEG

Lützen

ORT
in Sachsen

DATUM
16. November 1632

STREITKRÄFTE Schweden: 12800 Infanterie, 6200 Kavallerie; Kaiserliche: 13000 Infanterie, 6000 Kavallerie

VERLUSTE Schweden: 5000–6000 Tote; Kaiserliche: 6000–8000 Tote

Nach seinem Erfolg bei Breitenfeld setzte Gustaf Adolf alles auf eine Karte und stellte dem kaiserlichen Feldherrn Wallenstein bei Nürnberg eine Falle, indem er dort 500 Geschütze in Stellung brachte. Wallenstein durchschaute die List, und so kam es, dass beide Seiten den ganzen Sommer 1632 über einen zähen Zermürbungskrieg führten. Wallenstein teilte dann seine Kräfte in zwei Kolonnen und marschierte Richtung Leipzig, um sich dort für den Winter einzurichten. Gustaf Adolf erwischte ihn auf der Straße Lützen-Leipzig. Rechts von Wallensteins Heer lag Burg Lützen, doch die bayrische Kavallerie stellte sich auf der schwächeren linken Flanke der Kaiserlichen auf. Den Schweden, die zunächst vom Nebel aufgehalten worden waren, gelang es, diesen Schwachpunkt in den kaiserlichen Linien zu umschließen. Wallensteins Truppen schienen am Rande der Katastrophe zu stehen, als Pappenheim mit der anderen kaiserlichen Marschkolonne auftauchte.

Mittlerweile befand sich die schwedische Linke unter Bernhard von Weimar selbst in ernsthaften Schwierigkeiten. Gustaf Adolf fiel, als er an der Spitze seiner Kavallerie angriff, um den schwer bedrängten Truppen Entlastung zu bringen. Weimar gelang es daraufhin, den kaiserlichen rechten Flügel einzuschließen, sodass der Gesamtsieg gesichert war. Bei Einbruch der Nacht wich Wallenstein nach Leipzig und von dort aus weiter nach Böhmen zurück.

SCHICKSALHAFTE ATTACKE
Gustaf II. Adolf führt die Kavallerieattacke bei Lützen, bei der er den Tod fand, was der protestantischen Sache dauerhaft schadete.

DREISSIGJÄHRIGER KRIEG

Nördlingen

DATUM 6. September 1634

STREITKRÄFTE Spanier: 20000 Fußvolk, 13000 Reiterei; Protestanten: 16000 Fußvolk, 9000 Reiterei

ORT nordwestlich von München

VERLUSTE Protestanten: 17000 Tote, 4000 Gefangene

Nach dem Tode Gustaf Adolfs verlor der schwedische Feldzug ausgerechnet in dem Augenblick seine strategische Linie, als das katholische Lager zu größerer Einigkeit fand. Wallensteins Absetzung als Befehlshaber trug mit dazu bei, dass der Bruch zwischen dem kaiserlichen und dem spanischen Zweig der Habsburger gekittet wurde. Im September 1634 marschierte deren vereintes Heer in Bayern ein. Das Treffen mit dem schwedischen Heer bei Nördlingen war gekennzeichnet von außerordentlicher Tapferkeit, aber auch großer Verwirrung. Die kaiserlichen und spanischen Truppen hatten sich vor der Stadt auf ebenerem Terrain aufgestellt, während die Vorhut auf einem Hügel Stellung bezog. Das schwedische Heer besetzte etliche flache Hügel in Richtung Südwesten. Die Protestanten planten, im Tal und auf dem Hügel zugleich anzugreifen, doch hatten sie die Bewaldung nicht bedacht, die eine Koordination beinahe unmöglich machte. Die Schlacht entwickelte sich zu einer Reihe heftiger, jedoch völlig unübersichtlicher Gefechte. Irgendwann beschossen zwei schwedische Infanteriebrigaden sich sogar gegenseitig. Isoliert und am Ende überwältigt, wurden die schwedischen Truppen niedergemacht.

»In diesem unglücklichen Augenblick geschieht es, dass ein Pulverfass in die Luft fliegt und unter den schwedischen Völkern die größte Unordnung anrichtet. Die kaiserliche Reiterei bricht in die zerrissenen Glieder, und die Flucht wird allgemein.«

Friedrich Schiller, Geschichte des Dreißigjährigen Krieges [5. Buch], 1789

SCHWEDISCHE NIEDERLAGE
Diese Szene der Schlacht bei Nördlingen zeigt die Lage unmittelbar vor dem Zusammenbruch des schwedischen Heeres.

DREISSIGJÄHRIGER KRIEG

Breitenfeld (II)

DATUM 12. November 1642

STREITKRÄFTE Kaiserliche: 20000; Schweden: 22000

ORT am Stadtrand Leipzigs

VERLUSTE Kaiserliche: 5000 Gefallene, 5000 Gefangene

Als 1636 das katholische Frankreich im Bündnis mit dem protestantischen Schweden und Holland in den Krieg eintrat, war der Beweggrund eher das Verlangen, habsburgische Ambitionen zu vereiteln, als religiöse Loyalität. Eine spanische Invasion Frankreichs war 1636 zurückgeschlagen worden, und 1642 schickte sich der schwedische General Lennart Torstensson an, die habsburgischen Lande in Österreich zu verwüsten. In der Absicht, Leipzig einzunehmen, traf Torstensson vor der Stadt auf das kaiserliche Heer unter Erzherzog Leopold und Graf Piccolomini. Die Schlacht wurde von den Kaiserlichen durch eine heftige Kanonade mit Kettenkugeln eröffnet, um eine groß angelegte Kavallerieattacke vorzubereiten. Torstensson begriff, dass er zuschlagen musste, bevor der Feind seine Gefechtsaufstellung eingenommen hatte, und so ging er rasch gegen den linken Flügel der Kaiserlichen vor, der trotz des Erzherzogs Bemühungen, die Disziplin aufrechtzuerhalten, beinahe sofort auseinander brach. Auf dem anderen Flügel jedoch hatte die bayrische Kavallerie ihre schwedischen Gegner zurückgeschlagen, während die Infanterie des Erzherzogs auf das Zentrum der Schweden eindrang. Torstensson verlegte seinen rechten Flügel und drängte die kaiserliche Infanterie zurück. In dem entstandenen Durcheinander sah sich die kaiserliche Reiterei durch den Rückzug des Fußvolks isoliert, sodass ihr nur die Wahl zwischen Kapitulation oder Flucht blieb. Ganze Kompanien warfen ihre Waffen einfach fort und liefen schnurstracks zu Torstensson über. Das kaiserliche Heer löste sich auf und floh.

KAVALLERIEWAFFE
Dieser Radschlosskarabiner besaß eine viel größere Reichweite und Treffsicherheit als eine Pistole.

»Weißt du nicht, mein Sohn, mit wie wenig Vernunft die Welt regiert wird?«

Der schwedische Kanzler *Axel Oxenstierna* in einem Brief an seinen Sohn über die Friedensverhandlungen zur Beendigung des Dreißigjährigen Krieges, 1648

1603–1651

TORSTENSSON

Lennart Torstensson war ein gewiefter Taktiker und Wegbereiter neuer Rekrutierungsmethoden. Eine schwache Gesundheit – ihn plagte die Arthritis – brachte es mit sich, dass er sein Heer oftmals von der Tragbahre aus führen musste. Sein Leiden mag seine Auffassung von militärischer Disziplin geprägt haben. Jede Nachlässigkeit oder Insubordination wurde auf der Stelle geahndet.

DREISSIGJÄHRIGER KRIEG

Rocroi

ORT
90 km nordöstlich von Reims, Frankreich

DATUM
19. Mai 1643

STREITKRÄFTE Spanier: 8000 Kavallerie, 19000 Infanterie; Franzosen: 7000 Kavallerie, 15000 Infanterie

VERLUSTE Spanier: 8000 Tote, 7000 Gefangene

Im Mai 1642 überschritt ein spanisches Heer unter Don Francisco de Melo die Grenze zu Frankreich und machte Halt, um Rocroi, eine kleine Festung nördlich von Reims, zu belagern. Die Franzosen unter dem Herzog von Enghien beeilten sich, den Spaniern gegenüberzutreten. Letztere waren in die gewohnten *Tercios* gegliedert, während die Franzosen die fortschrittlichere Schlachtlinie bevorzugten. Beide Seiten setzten die Kavallerie auf den Flügeln ein. Die Schlacht begann am 9. Mai bei Tagesanbruch und ließ sich zunächst für die Spanier, deren Kavallerie die Reiterei auf der feindlichen Linken schlug, recht gut an. Die französische Kavallerie auf dem rechten Flügel schlug ihre Gegner jedoch in die Flucht. In diesem Augenblick führte der Herzog von Enghien einen Angriff auf das Zentrum des Feindes und bewirkte damit, dass vom Angriff auf seine erschöpfte Infanterie abgelassen wurde. Die spanische Reiterei, die so zwischen Feuer von beiden Seiten geraten war, brach auseinander und floh in die Sümpfe. Das hatte zur Folge, dass 8000 spanische Infanteristen ohne jede Hoffnung auf ein Entkommen eingeschlossen wurden. Trotz ihres heldenhaften Stehvermögens (die Franzosen griffen sie vier Mal an) wurde der Widerstand schließlich durch französischen Artilleriebeschuss und pausenlose Kavallerieattacken gebrochen.

STEHENDE HEERE

Der Dreißigjährige Krieg erwies sich als entscheidender Schritt auf dem Wege zu einer Professionalisierung der Heere. Die Kriegführung änderte sich grundlegend, es entwickelten sich neue, disziplinierte und professionellere – und mithin kostspieligere – Methoden. Ein Grund für die wiederholten Erfolge schwedischer Streitkräfte liegt darin, dass sie über einen kleinen Kern von Berufssoldaten verfügten, die in etlichen Feldzügen gekämpft hatten. Im Dreißigjährigen Krieg wurden auch immer häufiger Exerzierhandbücher verwendet, die für die Formalausbildung der Soldaten sorgten.

MUSKETIER GRENADIER

KEINE GNADE
Hier sieht man die drakonische Bestrafung von (vermutlich französischen) Soldaten wegen Undiszipliniertheit und Verbrechen.

DREISSIGJÄHRIGER KRIEG

Jankov

ORT bei Prag, heutige Tschechische Republik

DATUM
5. März 1645

STREITKRÄFTE
Schweden: 15000; Kaiserliche: 15000

VERLUSTE
nicht verbürgt

Nach Breitenfeld (II) blieben die Kaiserlichen nur durch den Ausbruch eines dänisch-schwedischen Krieges von einer Katastrophe verschont. Doch im Sommer 1645 war der schwedische Feldherr Torstensson wieder in Mitteleuropa und stand bei Jankov vor den Toren Prags dem kaiserlichen Heer gegenüber. Die beginnende Schlacht war eigentlich eine Reihe von Gefechten und Scharmützeln in hügeligem, bewaldetem Gelände. Die Schweden waren zahlenmäßig unterlegen. Nur Torstenssons taktischem Können war zu verdanken, dass die Kaiserlichen geschlagen wurden, deren Infanterie wenig Widerstand leistete. Allein die bayrische Kavallerie setzte sich zur Wehr, doch waffen- und zahlenmäßig unterlegen, fiel sie in großer Zahl.

DREISSIGJÄHRIGER KRIEG

Zusmarshausen

ORT
bei München

DATUM
17. Mai 1648

STREITKRÄFTE
Kaiserliche: unbekannt; Französisch-schwedische Truppen: unbekannt

VERLUSTE
nicht verbürgt

1648 hatte der Kurfürst von Sachsen mit Schweden Frieden geschlossen, sodass Kaiser Ferdinand isoliert war. Im Frühjahr 1648 standen die restlichen bayrischen und kaiserlichen Truppen einer zahlenmäßig überlegenen französisch-schwedischen Streitmacht gegenüber. Zwischen den beiden kaiserlich-katholischen Truppenteilen gab es so gut wie keinerlei Koordination, da die beiden Heerführer darüber stritten, wer wem zu befehlen habe. Die kaiserlichen Truppen waren zudem in ihren Bewegungsmöglichkeiten stark eingeschränkt, da sich ihnen ein unvorstellbar großes Gefolge angeschlossen hatte, das die Anzahl der Soldaten im Verhältnis vier zu eins übertraf. Melander, der kaiserliche Feldmarschall, versuchte seine Infanterie und Artillerie vor den Verfolgern wegzubewegen. Er hoffte, der italienische General Montecuccoli würde ihm mit der Kavallerie den Rücken freihalten können. Dies tat der Italiener auch mit Hartnäckigkeit, ließ aber, nachdem Melander gefallen war, alles bis auf die Infanterie im Stich, die er nach Landsberg hineinführte. Der Befehlshaber des bayrischen Heeres wurde unter dem Vorwurf des Verrats sofort inhaftiert.

Nicht lange nach der Schlacht von Zusmarshausen erfolgte der Abschluss des Westfälischen Friedens, dessen vorangegangene Verhandlungen sich unendlich lange hingezogen hatten. Die Vertragsklauseln, die den Dreißigjährigen Krieg dann beendeten, halfen mit, Schweden als neue Macht in Europa zu etablieren, und zwangen Spanien letztlich zur Anerkennung der holländischen Republik.

FRANZÖSISCHER MARSCHALL
Henri Vicomte de Turenne war der führende französische Feldherr in der Schlussphase des Krieges.

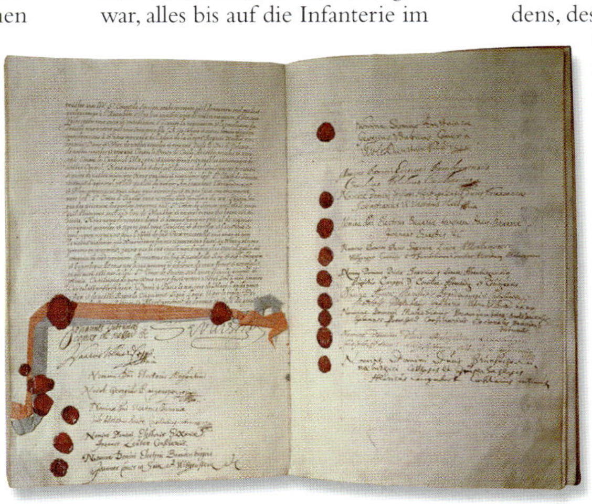

FRIEDENSPAPIER
Die Siegel auf dem westfälischen Friedensvertrag signalisieren das Ende eines viele Generationen währenden Krieges.

ENGLISCHE BÜRGERKRIEGE

Zwischen 1642 und 1651 brachen in England, Wales, Schottland und Irland eine Reihe von Kriegen zwischen Anhängern der Krone und Parteigängern des Parlaments aus. Die Kluft zwischen beiden Lagern entwickelte sich aus religiösen Differenzen und aus der Überzeugung von König Karl, es sei sein »heiliges Recht«, ohne Rücksicht auf das Parlament regieren zu können. Zur ersten Schlacht zwischen Royalisten und Parlamentariern kam es 1642, Karls Niederlage war 1646 besiegelt. In den Jahren 1647–1649, als sich die Schotten mit der Krone verbündeten, flammten die Kämpfe wieder auf. Karl wurde 1649 hingerichtet, und sein Sohn, Prinz Karl, wurde zur Galionsfigur der Royalisten. Zwischen 1649 und 1651 wurden die Royalisten und deren irische und schottische Bundesgenossen geschlagen und Britannien geriet unter die Herrschaft Oliver Cromwells.

ENGLISCHE BÜRGERKRIEGE

Marston Moor

DATUM 2. Juli 1644

STREITKRÄFTE Royalisten: 18 000; Parlamentarier und Schotten: 27 000

VERLUSTE Royalisten: 4150 Tote; Schotten und Parlamentarier: etwa 2000 Tote

ORT Marston Moor, 6 km westlich von York, England

Nahezu zwei Jahre nach Ausbruch hatte sich der Krieg für die Royalisten im Norden Englands unerfreulich entwickelt. Angeführt vom Marquis von Newcastle, waren sie auf York zurückgedrängt worden und wurden dort von den Truppen der Parlamentarier unter Sir Thomas Fairfax und dem Earl of Leven belagert. Eine Entsatzarmee unter dem Prinzen Rupert von der Pfalz traf am 1. Juli vor York ein. Beide Seiten hatten ihre Infanterie ins Zentrum gestellt, die Kavallerie an den Flanken. Am frühen Nachmittag kam es zu einem kurzen Schusswechsel der Artillerie, doch keine Seite tat einen entschlossenen Schritt. Rupert glaubte, die Schlacht würde erst am nächsten Tage beginnen, aber gegen 19 Uhr 30 griffen die Truppen der Parlamentarier doch an. Deren linker Flügel unter Cromwell vertrieb den rechten der Royalisten. An anderer Stelle waren die Royalisten erfolgreicher und Leven floh, da er die Schlacht für verloren hielt. Cromwell konnte die Royalisten jedoch hinterrücks angreifen und die eingeschlossenen Kräfte der Parlamentarier befreien.

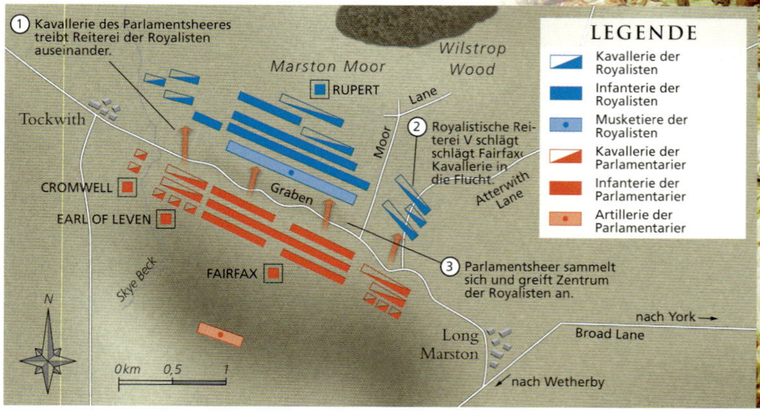

SCHLACHTRÖSSER
Die Robustheit und extreme Beweglichkeit von Cromwells Parlamentskavallerie hatten großen Anteil am Schlachtausgang.

ENGLISCHE BÜRGERKRIEGE

Naseby

DATUM 14. Juni 1645

STREITKRÄFTE Royalisten: 9000; Parlamentarier: 14 000

VERLUSTE Royalisten: 400–1000 Tote; Parlamentarier: 150 Tote

ORT Naseby, südlich von Leicester, Mittelengland

Die Parlamentarier schufen das Heer neuer Art: eine gut besoldete und disziplinierte Truppe, obwohl es zunächst einen großen qualitativen Unterschied zwischen der kampferprobten Kavallerie und der in aller Eile aufgestellten Infanterie gab. Im Mai plünderten die Royalisten Leicester und veranlassten damit Sir Thomas Fairfax, die Belagerung Oxfords aufzuheben. Prinz Rupert stellte die Royalisten auf einer Hügelkette nördlich von Naseby so auf, dass die Infanterie von der Reiterei beiderseits flankiert wurde. Fairfax postierte die Truppen des Parlaments unterhalb der Hügelkette in ähnlicher Weise, nur ließ er auf dem linken Flügel den Obristen John Okey mit 1000 Dragonern hinter einer Hecke Stellung beziehen. Das Gelände vor den Parlamentariern war nass und sumpfig, sodass Cromwell Fairfax den Rat gab, sich auf ein etwas erhöhtes, trockeneres Terrain zurückzuziehen. Als Rupert um zehn Uhr sah, dass sich das Parlamentsheer zurückzog, entschloss er sich zum Angriff. Die Kavallerie des rechten Flügels durchbrach Kavallerie und Dragoner auf der Linken der Parlamentsarmee. Statt jedoch kehrtzumachen und die Infanterie anzugreifen, setzten sie ihren scharfen Ritt fort und verloren den Kontakt mit dem Schlachtgeschehen. Unterdessen rang die Infanterie der Royalisten das Fußvolk der Parlamentarier nieder. Doch Cromwells Reiterei griff auf dem rechten Flügel die Kavallerie der Royalisten an, stieß durch und attackierte die feindliche Infanterie. Zugleich griffen die Reste der Kavallerie und Dragoner vom anderen Flügel an, sodass die Infanterie der Royalisten aufgerieben wurde.

KOMMANDEUR
Der Oberkommandierende von Cromwells Heer neuen Typs, Sir Thomas Fairfax, war weitgehend verantwortlich für den Sieg des Parlaments bei Naseby.

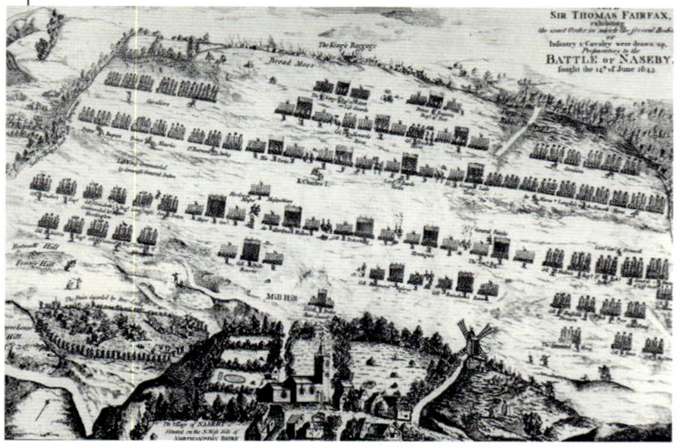

SCHLACHTPLAN
Dieser Plan des Schlachtfelds von Naseby lässt erkennen, wo Karl I. und Fairfax ihre Einheiten aufgestellt hatten.

»Die Fußsoldaten beider Seiten sahen einander kaum, bis sie sich auf Gewehrschussweite genähert hatten, und feuerten daher nur eine Salve; unsere … hatten insofern bemerkenswerten Erfolg, als ich sah, wie Fahnen des Feindes fielen und sein Fußvolk in große Unordnung geriet.«

ZEUGE DES KRIEGES

SIR EDWARD WALKER, ROYALIST

Das Fußvolk beider Seiten rückte tatsächlich so schnell »auf Pikenlänge« aneinander heran, dass die unter die Pikenträger verteilten Musketiere gerade einmal zum Schuss kamen, ehe sie dazu übergingen, ihre Musketen wie Keulen zu schwingen.

ENGLISCHE BÜRGERKRIEGE

Drogheda

DATUM 11. September 1649

STREITKRÄFTE Parlamentarier: 12 000; Royalisten: 2300

VERLUSTE Parlamentarier: 150 Tote; Royalisten und Zivilisten: 3500 Tote

ORT Drogheda, 45 km nördlich von Dublin

Am 17. Januar 1649 brachte der Marquis von Ormonde ein Bündnis zwischen Royalisten und Iren zustande, hoffte er doch, Irland zu einer Bastion der Royalisten zu machen, von der aus ein Gegenangriff auf die siegreichen Parlamentariertruppen geführt werden könnte. Daraufhin ernannte das Parlament Cromwell zum Vizekönig von Irland. Cromwell konnte zwar unbehindert in Dublin einmarschieren, doch stieß er bei seiner Ankunft in Drogheda am 10. September auf Widerstand. Die Stadt lag gut geschützt hinter einer 7 m hohen und 2 m dicken Mauer; der Stadtkommandant, Sir Arthur Aston, wusste um die Wehrfähigkeit seiner Stadt und verweigerte die geforderte Kapitulation. Cromwell befahl die sofortige Beschießung und am 11. September war eine Bresche in die Mauer geschlagen. Sie war aber zu schmal, um viele Truppen durchzulassen, und so wurden Cromwells Männer bei der Erstürmung zwei Mal zurückgeschlagen. Der dritte Sturm, den Cromwell persönlich anführte, überwältigte endlich die Verteidiger. Cromwells Heer strömte in die Stadt und brachte jeden entdeckten Priester und Mönch sofort um. Eine Kirche, in der ein paar Verteidiger Zuflucht gesucht hatten, wurde angezündet und Aston gar mit seinem eigenen Holzbein zu Tode geprügelt. Zivilisten und Soldaten wurden ohne Unterschied hingemetzelt.

KOPFSCHUTZ
Ein Eisenhut dieses Typs wurde im englischen Bürgerkrieg gelegentlich von Reitern getragen.

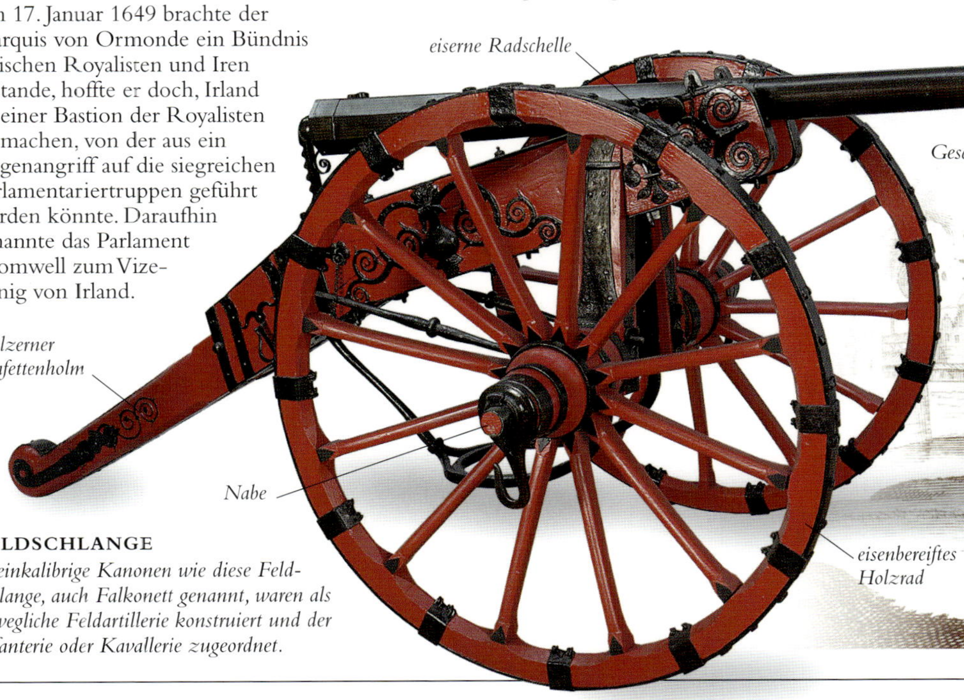

FELDSCHLANGE
Kleinkalibrige Kanonen wie diese Feldschlange, auch Falkonett genannt, waren als bewegliche Feldartillerie konstruiert und der Infanterie oder Kavallerie zugeordnet.

DROGHEDAS STÄRKE
Auch als schon Breschen in die Mauer geschossen waren, hielt Drogheda noch eine Weile dem Ansturm der Truppen Cromwells stand.

ENGLISCHE BÜRGERKRIEGE

Preston

DATUM 17.–19. August 1648

STREITKRÄFTE Parlamentarier: 8600; Schotten: 17 600

VERLUSTE Parlamentarier: unbekannt; Schotten: 1000 Tote

ORT Preston, Nordwestengland

Im Januar 1647 nahm das Parlament Karl I. gefangen. Er entkam jedoch im November und schloss ein Bündnis mit den Schotten, die im Juli 1648 in England einfielen. Unter Herzog von Hamilton zogen sie südwärts durch Lancashire. Am Morgen des 17. August griff Cromwell die Schotten an, welche die Einfallstraße nach Preston sicherten, und bei Anbruch der Nacht hatte er sich der Stadt bemächtigt. Am nächsten Tag machte er sich an die Verfolgung des in Auflösung befindlichen schottischen Heeres. Hamilton floh mit dem größten Teil seiner Reiterei.

KÜRASS
Dieser Küriss mit Schurz schützte im Bürgerkrieg einen Pikenträger.

ENGLISCHE BÜRGERKRIEGE

Dunbar

DATUM 3. September 1650

STREITKRÄFTE Schotten: 20 000; Parlamentarier: 11 000

VERLUSTE Schotten: 3000 Tote; Parlamentarier: 20–40 Tote

ORT Dunbar, östlich von Edinburgh, Schottland

Die Schotten, empört über die Hinrichtung Karls I., verschworen sich, die englische Monarchie wieder herzustellen. Am 22. Juli 1650 führte Cromwell ein 16 000 Mann starkes Heer nach Schottland, um jedem Angriff zuvorzukommen. Obwohl das schottische Heer unter General David Leslie zahlenmäßig überlegen war, vermied Leslie während des ganzen Augusts jede Konfrontation. Ende des Monats hatte Cromwells Heer 5000 Mann durch Krankheit eingebüßt. Er war gezwungen, sich an die Küste nach Dunbar zurückzuziehen, wo er die Unterstützung seiner Flotte hatte. Leslies Heer folgte auf dem Fuße, und am 1. September hatten die Schotten auf dem Doon Hill über Dunbar ihr Feldlager aufgeschlagen, während Cromwells Männer zwischen ihnen und der Küste in der Falle saßen. Am 2. September führte Leslie sein Heer den Hang hinunter, um Cromwell tags darauf anzugreifen. Zwischen beiden Heeren befand sich nur noch ein tiefer Hohlweg. Cromwell reagierte, indem er seine Truppen im Schutze der Dunkelheit über den Hohlweg führte und am 3. September bei Tagesanbruch einen Überraschungsangriff führte, seinen Männern die Worte aus dem 68. Psalm zurufend: »Gott steht auf; so werden seine Feinde zerstreuet.« Zunächst leisteten die Schotten, wie Cromwell bemerkte, »tapferen Widerstand«, doch der englische Heerführer hatte erkannt, dass der rechte Flügel der Schotten zwischen dem Hohlweg und hohem Gelände eingeklemmt war. Er schickte seine Reservekavallerie diesen kaum entwickelten Truppen in die Flanke. Die schottische Kavallerie wurde gegen die eigene Infanterie zurückgedrängt und verlor jede Geschlossenheit.

ANGRIFF IM MORGENGRAUEN
Bei Dunbar begann Cromwell einen Überraschungsangriff auf die Schotten; nachdem er seine Truppen nachts verlegt hatte.

1599–1658

OLIVER CROMWELL

Cromwell, der dem niederen Landadel entstammte, focht seit 1642 für die Sache des Parlaments. Dabei kam er als entschlossener, disziplinierter Reiterführer zu Ansehen. Er war fest davon überzeugt, dass sich ein einfacher Mann, der »weiß, wofür er kämpft«, durchsetzen würde gegen »den, den man einen Edelmann nennt«. 1653 übernahm er als Lord Protector, de facto als Militärdiktator, die Macht im Reich.

GESCHÜTZ

DIE AUS BRONZE, MESSING ODER EISEN GEGOSSENE VORDERLADERKANONE MIT GLATTEM ROHR WAR VOM SPÄTEN 15. JH. DURCHGEHEND BIS WEIT INS 19. JH. DIE STANDARDWAFFE DER FELDARTILLERIE.

Ursprünglich benutzte man Geschütze hauptsächlich bei Belagerungen, doch die Entwicklung von leichteren Stücken, die man auf Lafetten (anfänglich reine Munitionskarren) setzte, brachte brauchbare Gefechtsfeldwaffen hervor. Die Kanonen verschossen vor allem massive Eisenkugeln, in der Frühzeit solche aus Stein, jedoch wurden gegen angreifende Infanterie auf kurze Distanz Kartätschen verwendet. Dies waren Behälter aus Blech, die zahlreiche kleinere Bleikugeln enthielten. Verließ der Behälter das Kanonenrohr, spritzten die Kugeln breit streuend heraus. Bei einer kleineren Variante befanden sich die Kugeln nicht in einer Blechbüchse, sondern in einem Stoffbeutel. Mörser und seit dem späten 17. Jh. Haubitzen verschossen Sprengkörper, d.h. mit Pulver gefüllte und mit einer Lunte versehene eiserne Hohlkugeln.

DIE BEMANNUNG DER GESCHÜTZE

Zur Geschützbedienung zählten normalerweise fünf bis sechs Artilleristen. Die Geschütze wurden von Pferdegespannen oder mit Menschenkraft auf das Gefechtsfeld gezogen und dann abgeprotzt. Das Rohr wurde ausgewischt, dann Pulver, Kugel und Pfropfen durch die Mündung eingeführt und festgestampft. Zum Schluss setzte einer der Kanoniere mit dem Luntenstock – einem hölzernen Stiel mit daran befestigter glimmender Zündschnur – das ins Zündloch gefüllte feine Pulver in Brand, das seinerseits die Treibladung im Rohr entzündete. Nach jedem Schuss musste die Kanone wieder in ihre Feuerposition gerollt werden, aus der sie der Rückstoß zurückgeworfen hatte – eine Prozedur, die viel Muskelkraft verlangte. Das erneute Richten nach dem Laden bedeutete, dass das Rohr mit Handspaken erhöht oder gesenkt werden musste und dann mit Keilen fixiert wurde. Erst die Einführung der Höhenrichtschraube im 18. Jh. brachte eine Vereinfachung des Verfahrens.

FRANZÖSISCHES GESCHÜTZ *Die Landsknechte des Römischen Kaisers Karl V. versuchen in der Schlacht bei Pavia im Jahre 1525 eine französische Kanone zu erbeuten.*

RAMME *Die Ramme (beide Fotos unten) diente dazu, die Ladung fest ins Rohr zu stopfen.*

VERZIERTE MÜNDUNG *Schießpulver, Geschoss und die Pfropfen wurden durch diese reich verzierte Mündung ins Rohr geschoben.*

DATEN	
Herkunft Südindien	**Kaliber** Sechspfünder
Zeit spätes 18. Jh.	**Rohrlänge** 1,52 m
Material Bronze	**Rohrgewicht** 400 kg

MYSORISCHES GESCHÜTZ
Diese reich verzierte Kanone wurde für Tippu Sultan (um 1749–1799) gegossen, den »Tiger« von Mysore, Indien.

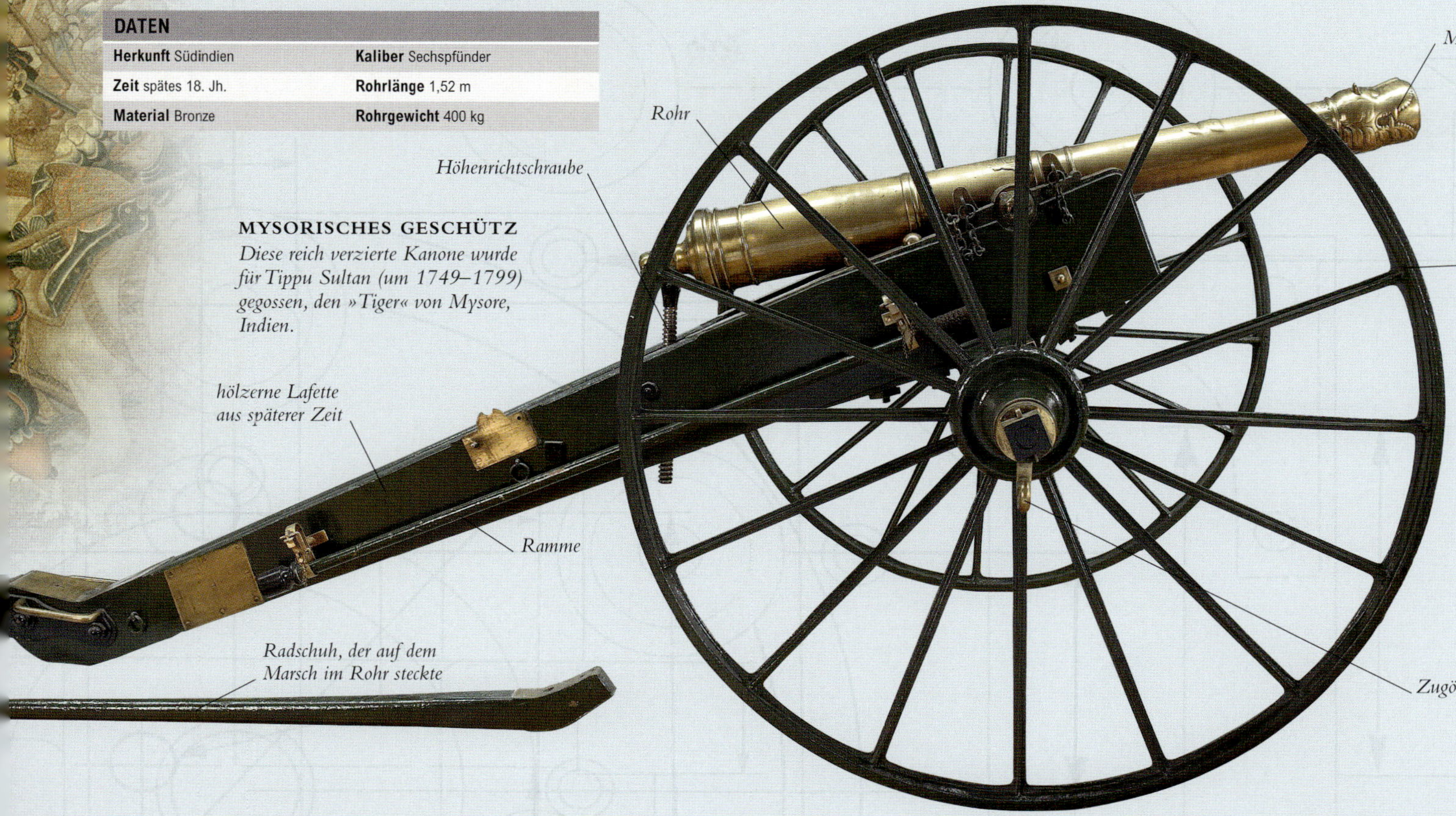

HÖHENRICHTSCHRAUBE *Die Schraube ist am Knauf gelagert und hebt oder senkt das Rohr.*

SCHILDZAPFEN *Das Motiv des stilisierten Tigerkopfes, der die Mündung ziert, wiederholt sich an den beiden Schildzapfen, mit denen, durch einen Schildzapfengurt gesichert, das Rohr auf der hölzernen Lafette ruht. Die schwenkbare Lagerung erlaubt dem Kanonier, den vertikalen Winkel des Rohres zu verändern, um eine bestimmte Schussentfernung zu erzielen.*

ZUGÖSE *An diesen vor die Naben auf die Radachsen gesteckten Ösen ließen sich Zugpferde anschirren, um das Geschütz zu bewegen.*

METALLARBEIT *Die Metallbeschläge der Lafette wurden so gewählt, dass sie mit dem Bronzeguss des Geschützrohrs harmonieren.*

GESCHÜTZROHR *Die Ausführung des Rohrs zeigt die Kunst eines indischen Geschützgießers.*

NUMMERIERUNG *Die Lafette aus dem 19. Jh. trug eine Nummer, die eine mühelose Identifizierung des Geschützes erlaubte.*

MARKENZEICHEN *Der Erbauer der Lafette hat sein Zeichen ins Holz gebrannt.*

ERBFOLGEKRIEGE

In dem Jahrhundert vor 1648 wurde das Kriegswesen in Europa von Auseinandersetzungen zwischen den katholischen und protestantischen Mächten beherrscht. Das folgende Jahrhundert sollte durch Kriege charakterisiert werden, deren Gründe eher im Streit auf dynastischer Ebene lagen. Ein bedeutsamer Anlass waren die Bemühungen französischer Könige – vor allem Ludwigs XIV. –, ihrem Reich eine gut zu verteidigende Grenze zu geben. Wiederholte Versuche, diese französischen Interessen durchzusetzen, führten zu einer Reihe von Konflikten: in Köln und Britannien (Anfänge des Pfälzischen Erbfolgekrieges, 1688–1697), in Spanien (Spanischer Erbfolgekrieg, 1701–1713) und in Österreich (Österreichischer Erbfolgekrieg, 1740–1748).

PFÄLZISCHER ERBFOLGEKRIEG

Beachy Head

DATUM
30. Juni 1690

STREITKRÄFTE
Franzosen: 70 Schiffe; Engländer, Holländer: 70 Schiffe

ORT
Ärmelkanal vor der Küste von East Sussex

VERLUSTE
Holländer: 13 Schiffe versenkt, 1 gekapert

Das Frankreich Ludwigs XIV. fiel 1688 in die Pfalz ein und gab so den Anlass zur Bildung einer großen Koalition deutscher Staaten mit Spanien, Schweden und Holland, um den Angriff zurückzuschlagen. Im selben Jahre war jedoch der Erbstatthalter der Niederlande, Wilhelm von Oranien, als Wilhelm III. auch auf den englischen Thron gelangt und führte sein neues Königreich mit in den Krieg. Es kam zu einer Auseinandersetzung um die Vorherrschaft im Kanal. Im Jahr 1690 erfolgte ein Zusammenstoß einer englisch-holländischen Flotte unter dem Earl of Torrington und einer französischen Flotte unter Führung des Grafen de Tourville. Dieser Kampf war zwar eine der ersten großen Seeschlachten der Segelschiffzeit, zeigte aber auch, welche Grenzen eine Seemacht des 17. Jh. hatte. Die Holländer, die auf dem rechten Flügel segelten, begannen ohne englische Unterstützung das Gefecht viel zu früh und mussten massive Verluste hinnehmen.

Die ganze alliierte Flotte geriet daraufhin in Unordnung und lief ab. Torrington wurde dafür vor ein Kriegsgericht gestellt und erhielt trotz Freispruchs nie wieder ein Kommando.

SCHEINSIEG
Ludwig XIV. ließ diese Medaille zur Erinnerung an seinen Sieg bei Beachy Head schlagen.

JAKOBITENKRIEG IN IRLAND

Am Boyne

DATUM
12. Juli 1690

STREITKRÄFTE
Oranier: 35 000; Stuarts: 21 000

ORT
bei Drogheda an der Ostküste Irlands

VERLUSTE
Oranier: 500; Stuarts: 15 000

König Jakob II. von England floh, als der Protestant Wilhelm von Oranien ihn verdrängte, nach Irland und stellte dort ein katholisches Heer auf: irische Reiterei von recht hohem Gefechtswert gemischt mit bäuerlichen Einberufenen. Wilhelms Heer war professioneller, sodass er einen Vorteil besaß. Zudem hatte er acht Mal so viel Artillerie zu seiner Verfügung wie die Jakobiten. Beide Parteien trafen in der Nähe einer Furt über den Boyne bei Drogheda aufeinander. Wilhelms Infanterie ging kämpfend über den Fluss und hielt hartnäckig den Gegenangriffen der Jakobiten stand. Dann setzte Wilhelms Reiterei über und zwang Jakob zum Rückzug.

SIEGER AM BOYNE
Wilhelm III., hier auf dem Schlachtfeld am Boyne, war ein überzeugter Protestant, den das Parlament ersuchte, den prokatholischen Jakob II. als König abzulösen.

PFÄLZISCHER ERBFOLGEKRIEG

Belagerung Namurs

DATUM
1. September 1695

STREITKRÄFTE
Franzosen: 13 000; Allianz: unbekannt

ORT
Südbelgien

VERLUSTE
Franzosen: 8000; Alliierte: nicht verbürgt

Nach Neerwinden (siehe S. 159) eroberte das Heer Ludwigs XIV. große Teile Belgiens. Um Frankreichs Landgewinne zu sichern, wurden unter der Leitung von Vauban, dem Militärbaumeister Ludwigs, 90 Festungen angelegt, denen allesamt exakte mathematische Berechnungen zugrunde lagen. Keine Operation kann die Bedeutung dieser befestigten Stellungen besser beleuchten als die zweite Belagerung von Namur. Wilhelm III. von England schloss sich den Kurfürsten von Bayern und Brandenburg bei der Belagerung der Stadt an. Die Franzosen, die darauf nicht gefasst waren, reagierten mit der Beschießung Brüssels. Nach drei Monaten kapitulierte Namur.

PRINZ VON ORANIEN
Wilhelm III. bei einer Inspektion seiner Truppen vor Namur. Statt die Stadt zu erstürmen, machte er sie durch Aushungern gefügig.

FESTUNGEN

Zu Anfang des 17. Jh. hatte die Artillerie herkömmliche Festungen praktisch wertlos gemacht. Vauban, der Generalinspekteur des Festungswesens, löste das Problem, indem er ein raffiniertes System von Basteien entwickelte, das den Verteidigern freies Schussfeld bot und keine toten Winkel barg, wie das abgebildete Beispiel bei Barraux in Südfrankreich zeigt.

DE VAUBAN
Sébastien le Prestre de Vauban wurde 1658 Pionieroffizier im Heer Ludwigs XIV. Er leitete mehr als 50 Belagerungen, und die dabei gewonnenen Erkenntnisse befähigten ihn zur Vervollkommnung eines sternförmigen Festungstyps, der Beschuss besser standhielt.

PFÄLZISCHER ERBFOLGEKRIEG

Neerwinden

ORT
in Brabant, Belgien

DATUM
29. Juli 1693

STREITKRÄFTE
Holländer: 50000;
Franzosen: 80000

VERLUSTE
Holländer: 19000;
Franzosen: 9000

1692 hatten die Franzosen im Pfälzischen Erbfolgekrieg die Oberhand. Namur war im Jahr zuvor in ihre Hand gefallen. Im Juni 1692 war Wilhelm III. bei Steenkirk vom Herzog von Luxemburg geschlagen worden. Am 29. Juli 1693 standen die beiden Generale einander in Brabant abermals gegenüber. Wilhelm hatte sich zwischen Landen und Neerwinden eingegraben. Seine Artillerie war der französischen überlegen; die Holländer hatten Haubitzen aus eigener Produktion im Einsatz. Trotzdem war die Front des alliierten Heeres überdehnt, sodass der französischen Kavallerie nach drei Attacken der Durchbruch gelang. Die Verluste waren möglicherweise größer als bei jeder anderen Schlacht im 17. Jh. Wilhelm wich nach Brüssel aus und überließ Löwen, Nieuwpoort und Oostende dem Zugriff des Feindes.

HEIMKEHR EINES GENERALS
Der Herzog von Luxemburg bei der siegreichen Heimkehr nach der Schlacht bei Neerwinden. Er starb noch vor Kriegsende.

SPANISCHER ERBFOLGEKRIEG

Höchstädt

ORT 15 km westlich von Donauwörth

DATUM
13. August 1704

STREITKRÄFTE
Alliierte: 52000;
Franzosen: 56000

VERLUSTE
Franzosen: 20000;
Alliierte: 12000

Ursache des Spanischen Erbfolgekriegs (1701–1714) war der Anspruch des Herzogs Philipp von Anjou (Enkel Ludwigs XIV.) auf den vakanten Thron Spaniens. Die anderen europäischen Mächte schreckte die Vorstellung, dass Spanien und Frankreich künftig so eng verbunden sein sollten. Britannien tat sich mit Österreich und den Niederlanden gegen die Kandidatur Philipps zusammen. Frankreich und Spanien zogen gegen die Alliierten zu Felde. 1702 und 1703 kam es am Oberrhein und in Süddeutschland zu einer Reihe von französischen Erfolgen, sodass sich die Allianz am Rande des Zusammenbruchs befand. In diesem kritischen Augenblick traf ein Heer der Verbündeten unter dem Herzog von Marlborough und Prinz Eugen von Savoyen bei Höchstädt an der Donau auf ein französisch-bayrisches Heer unter Tallard. Marlborough entdeckte, dass Tallard einen fatalen Fehler gemacht hatte: obgleich die Donau seine Flanken deckte und die morastigen Ufer des Flüsschens Nebel seine Front, hatte er sie mit einer Breite von etwa 5 km doch überdehnt. In Tallards Zentrum stand die auf sich allein gestellte Kavallerie, und beide Flügel waren voneinander unabhängig. Marlborough isolierte und beschäftigte den Feind nach Gutdünken. Französische Bataillone wurden in die Dörfer Blindheim und Oberglau zurückgeschlagen. Kleine Einheiten der Verbündeten blockierten und umfassten die französische Infanterie. Marlboroughs Zentrum konnte die Nebel durchfurten und die sumpfigen Uferwiesen überwinden. Nachdem die französische Reiterei abgewehrt war, machte Marlborough Druck auf das schwache französische Zentrum. Tallards Heer war geschlagen.

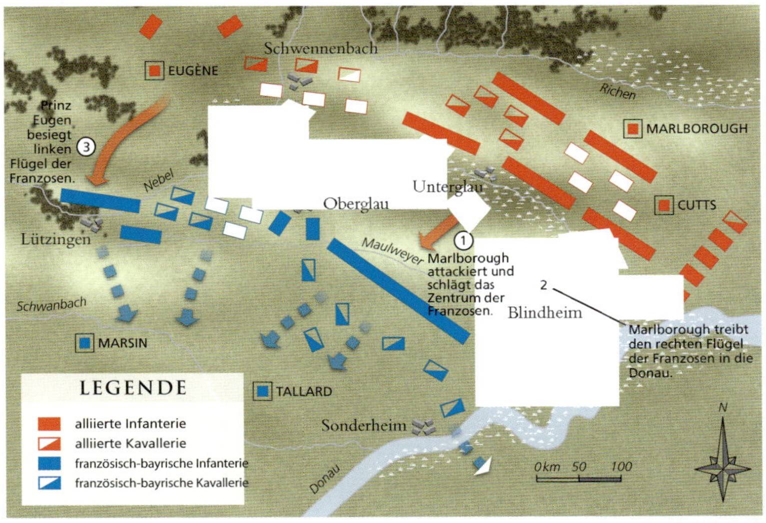

MARLBOROUGHS STUNDE
Der Herzog von Marlborough führt seine Truppen bei Blindheim zum Sieg. Links sieht man eine frühe Variante der britischen Unionsflagge.

SPANISCHER ERBFOLGEKRIEG

Ramillies

ORT am Ufer des Flusses Mehaigne bei Namur, Belgien

DATUM
23. Mai 1706

STREITKRÄFTE
Alliierte: 62000; Franzosen: 60000

VERLUSTE
Alliierte: 3600; Franzosen: 12000 (und 6000 Gefangene)

Marlboroughs Sieg bei Höchstädt drohte folgenlos zu bleiben. 1705 war von den Alliierten ein erfolgloser Feldzug in den Niederlanden abgebrochen worden, während Ludwig XIV. die Kampfpause genutzt hatte, um seine Truppen zu reorganisieren. Marlborough, nun alleiniger Befehlshaber der englisch-holländischen Truppen, entschloss sich schließlich zu einem Vorstoß nach Nordfrankreich in der Hoffnung, dort dem von Marschall Villeroi geführten Feind eine Schlacht zu liefern. Der mächtigste Verbündete des englischen Feldherrn war ironischerweise Ludwig XIV. selbst, der darauf bestand, dass sein kriegsmüdes Heer sich den Alliierten mit ihrer weit überlegenen Artillerie stellte. Erheblich behindert durch detaillierte taktische Weisungen seines Königs, entschloss sich Villeroi zu einem von Löwen ausgehenden Blitzangriff. Er, und Marlborough nicht anders, marschierte daher eilends zur Ebene von Ramillies. Villerois Heer war vor einer flachen Hügelkette aufgezogen, Sumpfgelände schützte die Front. Wieder einmal machte Marlborough sich taktische Fehler der Franzosen zunutze: Die Front war überdehnt, die Flügel isoliert und die Bewegungsmöglichkeiten des linken Flügels durch das Sumpfgelände eingeschränkt. Frühzeitige Angriffe auf beide französische Flügel waren erfolgreich und zwangen Villeroi, Truppen vom Zentrum abzuziehen und auf die Flanken zu werfen. Marlborough reagierte mit einem brillanten Schachzug, er konzentrierte seine Kräfte auf das französische Zentrum und nutzte die Geländebeschaffenheit, um Truppen von seinem rechten Flügel unentdeckt abzuziehen. Trotz heroischer Nachhutgefechte waren Villerois Truppen noch vor Einbruch der Dunkelheit schwer geschlagen und auf der Flucht.

VILLEROIS NIEDERLAGE
Der Stich zeigt Marlborough und Villeroi im Getümmel der Schlacht von Ramillies beim Dirigieren ihrer Truppen.

MARSCHALLSTAB
Dieser französische Marschallstab symbolisiert die zunehmend formalisierten Befehlsstränge, die sich im 17. Jh. herausbildeten.

> »Milord Marlborough war niedergeritten worden … Major Bingfield … wurde von einer Kanonenkugel niedergestreckt, die Marlborough zwischen den Beinen hindurchflog.«
>
> *General Orkney* über die Schlacht von Ramillies, 1864

SPANISCHER ERBFOLGEKRIEG

Malplaquet

ORT 15 km von Mons, Belgien

DATUM
11. September 1709

STREITKRÄFTE
Allianz: 90000; Franzosen: 90000

VERLUSTE
Allianz: 55000; Franzosen: 40000 Gefallene, 30000 Gefangene

Im Jahre 1709 war die strategische Lage der Franzosen äußerst kritisch. Zwischen dem Heer der Haager Allianz und Paris lag nur noch die Festung Mons. Im Frühjahr 1709 wies der französische König die Friedensvorschläge der Allianz schroff zurück und befahl Marschall Villars, jedes Risiko einzugehen, um Mons und mithin Paris zu retten. Villars war der einzige unter den französischen Feldherren, der Marlborough gewachsen war. Er entschied sich für Malplaquet, weil das Gelände dort die Aufstellung seiner zahlenmäßig unterlegenen Truppen begünstigte. Die Flanken seines Heeres stellte er in zwei Gehölzen bereit, befestigte das Gelände zwischen den Flügeln mit Schanzwerken und hielt die Kavallerie als Eingreifreserve zurück. Marlborough und Prinz Eugen von Savoyen begannen mit Großangriffen auf die französischen Flanken. Doch das Heer der Verbündeten erlitt auf beiden Flügeln schwere Verluste. Erst das Eingreifen der alliierten Kavallerie auf Villars' äußerstem linkem Flügel brachte ihn dazu, sein Zentrum zu schwächen, wie Marlborough es erhofft hatte. Daraufhin wurden die zentralen französischen Geschützbatterien erobert. An diesem Punkt brach nun die 30000 Mann starke alliierte Kavallerie durch, um der Reiterei Ludwigs XIV. ein Gefecht zu liefern. Es entwickelte sich ein erbittertes Handgemenge. Die Franzosen wurden zwar zurückgedrängt, konnten jedoch das Gros ihres Heeres in einwandfreier Marschordnung hinter die befestigten Linien von La Bassée zurückführen, das die Straße Lille–Paris beherrschte. Anschließend reklamierten beide Seiten den Sieg für sich.

FRANZÖSISCHE BATTERIE
Die starke französische Artillerie blieb bei Malplaquet nutzlos. Hier sieht man eine eroberte französische Kanone, im Hintergrund französische Schanzen.

1650–1722

HERZOG VON MARLBOROUGH

John Churchill, der spätere Herzog von Marlborough, zählt zu Englands größten Feldherren. Sein Sieg bei Höchstädt 1704 veränderte das europäische Mächtegleichgewicht. Besonderes Kennzeichen seiner Feldzüge waren die Nachtmärsche. Als der Herzog von Vendôme, der französische Befehlshaber, vor der Schlacht von Oudenaarde (1708) von Marlboroughs Vormarsch erfuhr, schloss er daraus, dass nur der Teufel die Alliierten so schnell so weit vorangebracht haben konnte.

ÖSTERREICHISCHER ERBFOLGEKRIEG

Dettingen

DATUM 27. Juni 1743

STREITKRÄFTE Alliierte: 40000; Franzosen: 60000

VERLUSTE Verbündete: 2400 Gefallene; Franzosen: 5000 Gefallene

ORT am Main in Unterfranken, etwa 25 km südöstlich von Frankfurt

1740 marschierte Friedrich II. von Preußen ins österreichische Schlesien ein. Damit begann eine Reihe von kriegerischen Auseinandersetzungen, bei denen auf der einen Seite Preußen, Frankreich, Bayern und Sachsen standen, auf der anderen Österreich, England und die Generalstaaten. Der britische König Georg II. hatte versucht, Bayern aus der französischen Allianz zu drängen, jedoch ohne Erfolg. Um die Franzosen in Deutschland zu schlagen, führte er sein Heer 1743 persönlich und befand sich Ende Juni in Dettingen, abgeschnitten von seiner Basis und zwischen Hügeln eingezwängt. Er hatte Glück, dass ihn der hitzköpfige französische Marschall de Grammont verfrüht angriff. Die französische Infanterie geriet dadurch in ein tödliches Abwehrfeuer, zog sich zunächst zurück, nahm hinter ihrer Kavallerie Deckung und wandte sich schließlich zur ungeordneten Flucht.

KÖNIGSSCHLACHT
Hier sieht man die englischen Rotröcke, wie sie sich bei Dettingen die französische Infanterie vom Leibe halten.

ÖSTERREICHISCHER ERBFOLGEKRIEG

Fontenoy

DATUM 11. Mai 1745

STREITKRÄFTE Alliierte: 53000; Franzosen: 70000

VERLUSTE Alliierte: 9000; Franzosen: 50000

ORT 8 km südöstlich von Tournai, Belgien

Nach Dettingen war das Glück bei den Franzosen, die unter Marschall Moritz von Sachsen Flandern überrannten und im Mai 1745 mit der Belagerung von Tournai begannen. Beim nahe gelegenen Fontenoy kämpfte ein englisches Heer unter dem Herzog von Cumberland, Georgs III. 25-jährigem Sohn, gegen die französischen Truppen. Moritz hatte seine Kräfte in dem welligen Gelände verborgen. Obwohl die britischen und hannoverschen Truppen die französischen Reihen durchstießen, war das Feuer aus den verdeckten französischen Stellungen so mörderisch, dass Cumberland sich zurückziehen musste.

WILHELM IM KAMPF
Wilhelm August, Herzog von Cumberland, war mit 21 Jahren General, kämpfte bei Fontenoy und Culloden, kapitulierte jedoch 1757 im Siebenjährigen Krieg.

AUFSTAND DER JAKOBITEN

Culloden

DATUM 16. April 1746

STREITKRÄFTE Jakobiten: 5400; Regierung: 9000

VERLUSTE Jakobiten: 1000 Tote; Regierung: 50 Tote

ORT unmittelbar östlich von Inverness, Schottland

Durch die Niederlage bei Fontenoy drohte England die Gefahr einer französischen Invasion. Karl Eduard Stuart (»Bonnie Prince Charles«), der als Nachkomme seines (von Wilhelm III. entthronten) Großvaters Karl II. den englischen und schottischen Thron beanspruchte, landete 1745 in Schottland, um eine Revolte anzuzetteln, die zur Wiedereinsetzung der Dynastie der Stuarts führen sollte. Mit großen Anfangserfolgen führte Karl seine Anhänger (»Jakobiten«) südwärts bis nach Derby in Mittelengland, ehe er nach Schottland umkehrte. Auf der Moorheide von Culloden wurde das jakobitische Heer von einer überlegenen Truppe unter dem Herzog von Cumberland gestellt. Karls Verbündete, die Führer der schottischen Hochlandclans, hatten einen taktischen Rückzug empfohlen, doch Karl hörte nicht auf sie. Mangelnde Moral, knappe Vorräte, Desertionen und die Ungleichheit der Bewaffnung – die Hochländer mit Schwertern, die Regierungstruppen mit Musketen und Bajonett – hatten zur Folge, dass die Schlacht in einem Gemetzel endete. Cumberland hatte seine Soldaten gut trainiert; den Sommer über perfektionierten sie den neuen Bajonettdrill und den Gebrauch des Breitschwertes. Innerhalb einer Stunde waren das Zentrum und der rechte Flügel der Jakobiten zusammengebrochen und Karls Heer floh. Noch schlimmere Verluste wurden allein dadurch verhindert, dass zwei Schwadronen Kavallerie als Nachhut verbissen kämpfend den Rückzug deckten.

MÖRSER
Dieser tragbare Mörser verschoss Granaten bei fixierter Erhöhung von 45 Grad. Die Schussweite wurde durch Veränderung der Pulvermenge gesteuert.

AUF DER MOORHEIDE
Der Herzog von Cumberland, einen Schimmel reitend, gibt seinen gut ausgebildeten Truppen Anweisungen.

ZWEITER NORDISCHER KRIEG

IM ZWEITEN (ODER GROSSEN) NORDISCHEN KRIEG (1700–1721) kämpfte Schweden unter seinem Kriegerkönig Karl XII. (1697–1718) in einer Reihe von Feldzügen gegen Dänemark, Preußen, Sachsen, Hannover, Polen und Russland. Russlands Aufstieg zu einer europäischen Großmacht vollzog sich mit bis dahin unbekannter Schnelligkeit. Der russische Bedeutungszuwachs ging hauptsächlich zulasten der schwedischen Einflusssphäre im Baltikum, das vor allem durch Handel und Verträge an Schweden gebunden war. Im Nordischen Krieg ging es nicht nur um territoriale Ansprüche, sondern auch um die Kontrolle des einträglichen Ostseehandels. In dieser Region hatten die Städte eine strategisch weitaus geringere Bedeutung als in Frankreich oder Belgien. Infolgedessen gab es nur drei nennenswerte Belagerungen.

ZWEITER NORDISCHER KRIEG

Narwa

DATUM
30. November 1700

STREITKRÄFTE
Schweden: 8000; Russen: 40000

VERLUSTE
Schweden: gering; Russen: bis zu 10000 Tote

ORT
Nordostestland

Im Mai 1700 wurde Schweden angegriffen, weil ein Bündnis von Friedrich IV. von Dänemark, Peter I. (dem Großen) von Russland und August dem Starken, Kurfürst von Sachsen und König von Polen, dem wachsenden schwedischen Einfluss Einhalt gebieten wollte. Schweden war ein wehrtüchtiges und kriegerisch orientiertes Land. Das so genannte Indelningswerk, ein Rekrutierungssystem, eingeführt in den 70er- und 80er-Jahren des 17. Jh., sorgte für ein professionelles Heer. Diese eindrucksvolle Streitmacht war im Lande angesiedelt: Jede Provinz stellte ein Regiment, dessen Soldaten aus den lokalen Bauernhöfen stammten. Dieses System brachte nicht nur eine Volksarmee hervor, sondern auch eine gut ausgebildete dazu, denn die Regimenter wurden in Friedenszeiten zu Wehrübungen einberufen. Im Gegensatz dazu brauchten die russischen Streitkräfte dringend eine Reform – eine Tatsache, die Zar Peter selbst erkannte. In der Anfangsphase des Krieges wurde die kleine schwedische Garnison in Narwa (im heutigen Estland) von etwa 50000 Russen belagert. Als Karl XII. sich aufmachte, um Narwa zu entsetzen, zogen sich die Russen in ein verschanztes Lager beim einige Kilometer entfernten Nowgorod zurück. Karls tollkühner Angriff erfolgte während eines winterlichen Schneesturms. Seine 8000 Mann starke schwedische Truppe brach in die Verschanzungen ein und hatte nach dreistündigem Nahkampf den linken Flügel der Russen zerschlagen, deren Kavallerie besiegt und die Russen schließlich vertrieben. Dieser Triumph bei Narwa schien die Vorherrschaft der Schweden im Ostseeraum zu besiegeln und Karls Ruf als militärisches Genie zu bestätigen. 1701 besetzte er Warschau und Krakau und ließ 1704 seinen Schützling Stanislaus zum König von Polen wählen.

PETERS TRIUMPH
Peter I. baute nach der Niederlage bei Narwa sein Heer um, was schließlich zum Sieg in der Schlacht bei Poltawa führte.

1682–1718

KARL XII.

Karl XII. war die Personifizierung der kriegerischen Tradition Schwedens. Als begeisterter Anhänger des Soldatenlebens erklärte er sogar, mit dem Heer verheiratet zu sein. Nach der Niederlage 1709 bei Poltawa war er fünf Jahre der unwillkommene Gast und spätere Gefangene des türkischen Sultans. 1718 fiel er im Gefecht bei Frederikshald. Mit seinem Tode war das Zeitalter schwedischer Größe beendet.

ZWEITER NORDISCHER KRIEG

Poltawa

ORT östliche Ukraine

DATUM 8. Juli 1709

STREITKRÄFTE Schweden: 17000; Russen: 80000

VERLUSTE Schweden: 10000 Tote und Gefangene; Russen: 1300 Tote

Die Niederlage bei Narwa hatte die Dringlichkeit einer russischen Militärreform gezeigt. Man verbesserte die zentrale Organisation, stellte neue Regimenter auf und gründete Kriegsschulen. Im Jahre 1705 wurde das Rekrutierungssystem für die Infanterie erweitert: Von nun an hatten je 20 bäuerliche Haushalte einen Soldaten zu stellen. Auf diese Weise wurden zwischen 1705 und 1709 bis zu 168000 Mann rekrutiert. Man stellte Garderegimenter auf und sorgte für die Ausbildung aller Militärangehörigen einschließlich des Adels. Nach einem Sieg bei Jolowczyn im Juli 1708 marschierte Karl in die Ukraine ein, wo er der russischen Armee den entscheidenden Schlag zu versetzen hoffte. Diese Entscheidung sollte sich für die schwedischen Interessen als katastrophal erweisen. Der Winter 1708/09 war extrem hart. Die von den Russen praktizierte Taktik der verbrannten Erde führte zu Teilerfolgen. Im Januar erfroren bei Hadyach Hunderte schwedischer Soldaten. Als sie das kleine Fort Weprik angriffen, stellten Karls Männer fest, dass dessen Wälle hart gefroren waren. Karls Verbündeter, der Kosakenhetman Masepa, war kaum eine Hilfe und Baturin, die Hauptstadt der Kosaken, wurde von den Russen geplündert. Vorsichtigere Berater empfahlen dem König einen taktischen Rückzug nach Polen. Peter der Große verleitete die Schweden zum Angriff auf seine befestigte Stellung bei Poltawa. Da Karl verwundet wurde, konnte er die Schlacht nicht persönlich lenken und seine Generale erwiesen sich als unfähig. Der schwedische Angriff war kaum koordiniert und litt unter mangelhafter Feindaufklärung. Die russische Infanterie und Artillerie fügte den Schweden schwere Verluste zu. Doch die rund 10000 Mann, die hier auf dem Schlachtfeld blieben, wurden noch von dem Verlust der 15000 Schweden in den Schatten gestellt, die am 11. Juli bei Perewolotschna kapitulierten.

REVANCHE
Das Relief zeigt die Rückeroberung von Narva durch die Russen 1704, die ihre Niederlage vier Jahre zuvor rächen.

BERITTENER ZAR
Dieses Reiterstandbild Peters I. macht die Erhabenheit des Mannes deutlich, der Russlands Größe begründete.

ZWEITER NORDISCHER KRIEG

Saaremaa und Grönham

ORT vor der Insel Saaremaa (Ösel), Estland; vor der Insel Grönham, Estland

DATUM Saaremaa: 24. Mai 1719; Grönham: 27. Juli 1720

STREITKRÄFTE Saaremaa: 6 russische Kriegsschiffe; Grönham: 61 russische Schiffe, 4 schwedische Fregatten, 1 Kampfschiff

VERLUSTE Saaremaa: 2 schwedische Schiffe versenkt; Grönham: 4 schwedische Fregatten gekapert

Keine andere Leistung war für die Regierungszeit Peters des Großen so kennzeichnend wie der Aufbau einer russischen Flotte. 1700 wurde die russische Admiralität gegründet, 1705 begann die Marine mit der Rekrutierung von ausgebildeten Seeleuten; 1715 erfolgte die Gründung der renommierten Marineakademie und 1724 standen 32 russische Linienschiffe in der Ostsee. Mit dieser Flotte griff Peter Schweden an, dessen Widerstandswille erheblich geschwächt war, nachdem Karl XII. 1718 bei Frederikshall gefallen war. Die schwedische Kriegsmarine wurde in zwei größeren Seegefechten geschlagen: 1719 vor Saaremaa beim ersten Sieg einer russischen Flotte auf dem offenen Meer und 1720 vor Grönham. Vor Saaremaa gelang der russischen Marine die Kaperung dreier schwedischer Schiffe, ein Erfolg, den Peter lakonisch als »einen guten Anfang für die russische Marine« bezeichnete. Vor Grönham lockte eine hauptsächlich aus leichten Galeeren bestehende russische Flotte die viel schwereren schwedischen Schiffe in seichte Gewässer; zwei Fregatten liefen auf Grund und wurden geentert, zwei weitere bei der anschließenden Verfolgung gekapert. Da ihm die Beherrschung der Ostsee nun verwehrt war, sah sich Stockholm an den Verhandlungstisch gezwungen. Der Erste Friede von Stockholm beendete 1719 den Krieg zwischen Schweden und Hannover, das für eine Million Taler Bremen und Verden kaufte. Preußen bekam 1720 im Zweiten Frieden von Stockholm Hinterpommern mit Stettin für zwei Millionen Taler.

STEPPENSOLDATEN
Die Kosaken waren mit Säbeln wie dieser Schaschka bewaffnet. Als Verbündete waren sie Karl XII. kaum von Nutzen.

SCHIFFSPOST
Ein verbessertes Nachrichtenwesen trug zum russischen Sieg über Schweden bei. Diese Fregatte wurde von Peter dem Großen für den militärischen Postdienst umgerüstet, der in der Inselfestung Kronstadt seinen Sitz hatte.

LEUCHTFEUER DES SIEGES
Peter der Große entzündet hier ein Leuchtfeuer als Zeichen für seine siegreiche Flotte, in deren Aufbau er viel investiert hatte.

DER AMERIKANISCHE KONTINENT

IN DER PRÄKOLUMBIANISCHEN ZEIT – bevor die Europäer Ende des 15. Jh. ins Land kamen – hatte Amerika eine eigene Geschichte des Kriegswesens, die schwer zu rekonstruieren ist. Man führte Krieg, um zu erobern, Tributzahlungen zu erwirken, aus traditioneller Rivalität zwischen Völkerschaften oder um, vielleicht der wichtigste Grund, Gefangene zu machen, die als Sklaven dienten und bei blutigen Opferzeremonien starben. Gekämpft wurde zu Fuß, fast immer mit Waffen aus Holz und Stein, doch selbst mit dieser einfachen Ausrüstung entstanden großer Reiche wie die der Azteken und Inkas.

AZTEKENREICH
1519 beherrschten die Azteken den größten Teil Zentralmexikos. Permanenter Kriegszustand sorgte dafür, dass von benachbarten Staaten Tribute kassiert wurden.

KRIEGFÜHRUNG IN PRÄ-KOLUMBIANISCHER ZEIT

In vielen präkolumbianischen Gesellschaften war das Kriegertum gleichbedeutend mit Männlichkeit – zumindest für einen Mann von Rang und Ruf. Wenn bei den Azteken die Namensgebung eines Jungen gefeiert wurde, pflegte eine Hebamme zu verkünden: »Er gehört dem Schlachtfeld.« Der Eintritt ins Erwachsenenalter verlangte, dass man sich als Krieger bewährte, und zwar durch die Gefangennahme von hochrangigen feindlichen Kriegern. In der Hoffnung, den Gegner zu Fall zu bringen und gefangen zu nehmen, griffen die Azteken oft seine Beine an, statt ihm den Schädel zu spalten.

AZTEKENOPFER
Diese Abbildung aus einem aztekischen Kodex zeigt einen Krieger bei der Gefangennahme. Der Griff ins Haar des Feindes war eine traditionelle Geste.

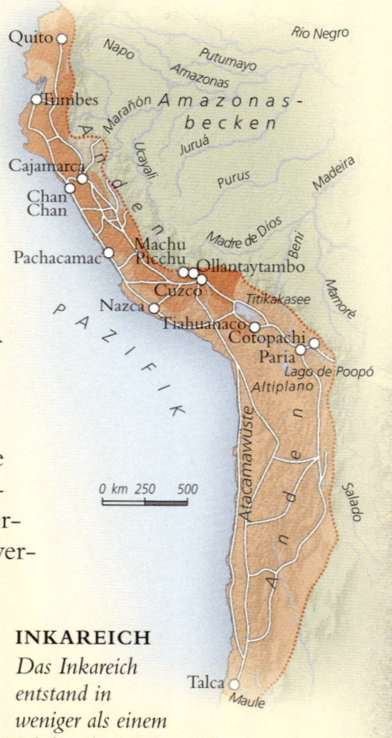

INKAREICH
Das Inkareich entstand in weniger als einem Jahrhundert. Seit 1470 herrschten die Inkas über unermessliche Gebiete.

LEGENDE

Expansion des Inkareiches
- um 1400
- Regierungszeit Pachacutec 1438–1471
- Regierungszeit Pupac Yupanqui 1471–1493
- Regierungszeit Huayna Capac 1493–1525
- Grenze des Inkareiches 1525
- Inkastraße

JUNGE REICHE

Das Inka- und das Aztekenreich entstanden im 15. Jh. durch eine Reihe von Kriegen, die andere Völker tributpflichtig machten. Die Macht wurde dadurch gesichert, dass die neuen Herren jede Erhebung gegen die imperiale Autorität rasch und unbarmherzig niederschlugen. Als sich der Expansionsdrang des Reiches abschwächte, verringerten sich naturgemäß die kriegerischen Konflikte, was für die Azteken ein ernstes Problem darstellte, da die Krieger weniger Gefangene machen konnten und die Priester weniger Opfer hatten. Daher verfiel man auf das ungewöhnliche Ritual der »Blumenkriege«, bei denen unabhängige Enklaven innerhalb des Aztekenreiches, insbesondere die Tlaxcala, gezwungen wurden, zu den Bedingungen der Azteken Krieg zu führen. Dabei ging es nur darum, Gefangene zu machen.

GEFIEDERTER SCHUTZ
Mit Jaguarfellen und Federn geschmückte Rundschilde wie das hier gezeigte wurden in vorkolumbianischer Zeit von den Kriegern vieler Völker getragen.

EUROPÄISCHER EINFLUSS

Die Europäer, die nach der Entdeckung 1492 in Amerika eintrafen, waren den Einheimischen dank ihrer Pferde, stählernen Waffen, Rüstungen und Feuerwaffen eindeutig überlegen. Zudem gingen sie pragmatisch, rücksichtslos, aggressiv und entschlossen vor. Trotzdem war die Eroberung des Aztekenreiches durch Hernando Cortez 1521 nur im Bündnis mit unterworfenen Völkern möglich, während Francisco Pizarro das Inkareich so mühelos besiegen konnte, weil dort gerade ein Bürgerkrieg geführt wurde. In Nordamerika, wo es keine zentralistischen Reiche gab, entwickelten sich zwischen europäischen Siedlern und einheimischen Völkern andere Beziehungen, mal freundschaftliche, mal feindselige, aber niemals solche, die auf unbestrittener militärischer Überlegenheit beruhten. Die Indianer nahmen europäische Importe an wie Pferde und Feuerwaffen. Andernorts wie etwa in Chile, wo die Araucanier Widerstand leisteten, hatten die Europäer Schwierigkeiten, überhaupt Fuß zu fassen.

EINGEBORENER DANDY
Auf dieser Zeichnung aus dem 18. Jh. sieht man einen Irokesenhäuptling in der Tracht eines Europäers. Die Irokesen kämpften sowohl mit den Europäern als auch gegen sie.

WAFFEN DER AZTEKEN

Ob Axt, Keule oder Schwert, aztekische Waffen waren stets aus Holz und an den Schneiden oder Spitzen mit Obsidian- oder Feuersteinsplittern besetzt. Dazu gab es noch Pfeil und Bogen und Speere, die eine größere Wurfweite erlangten, wenn man einen *Atlatl* benutzte, einen Hebel, der die Kraft des Wurfarms verstärkte. Zum Körperschutz trugen die Krieger einen wattierten Panzer, der gegen Pfeile hochwirksam war, dazu einen kleinen Schild. Dass die Ausrüstung der Azteken einem Gegner mit metallenen Waffen unterlegen war, hatte sich schon 1480 vor Ankunft der Europäer erwiesen, als sie von dem entfernten Nachbarvolk der Tarascaner mit kupfernen Waffen besiegt worden waren.

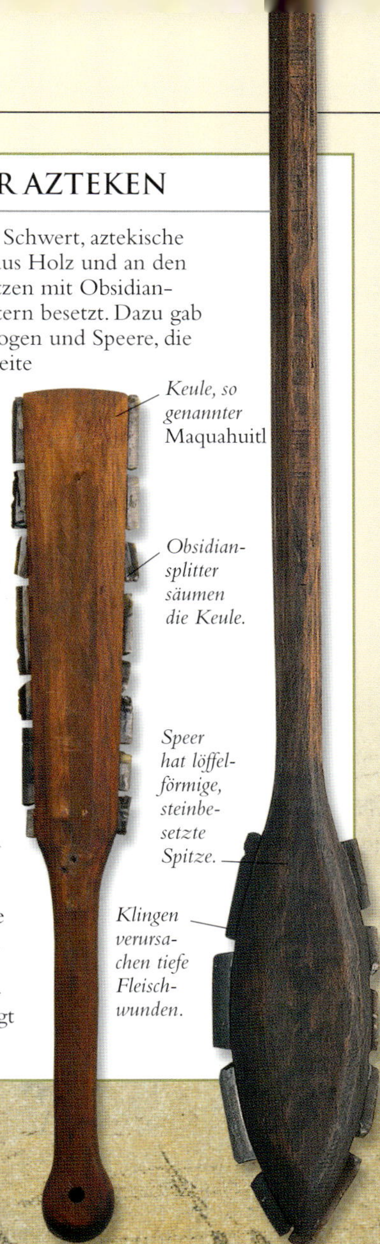

NIEDERWERFUNG DER INKAS
Aufgehetzt von einem Priester, überwältigen Pizarro und seine Männer die Inkas mit Pike und Schwert. Die Inkas fielen auch Krankheiten der Eroberer zum Opfer.

NIEDERWERFUNG DER AZTEKEN UND INKAS

Im November 1518 stach Hernando Cortez von Kuba aus mit 600 Mann, 17 Pferden und zehn Kanonen in See, um im Namen der spanischen Krone die Halbinsel Yucatán zu erkunden. Cortez ging weit über seine Befugnisse hinaus, als er mit den Tlaxcalanern, ein den Azteken feindliches Volk, ein Bündnis schloss und gegen die aztekische Hauptstadt Tenochtitlán marschierte. Unter dem fatalen Einfluss von Weissagungen ließ der Aztekenkaiser Montezuma II. die Spanier in die Stadt und war fortan nur noch Cortez' Marionettenherrscher. Später kam es zu einem Aufstand, den die Spanier unter schweren Kämpfen niederschlagen mussten, um die Eroberung Tenochtitláns zu vollenden. Der skrupellose spanische Abenteurer Francisco Pizarro hingegen benötigte weitaus weniger militärische Gewalt, um den Inkakaiser Atahualpa zu besiegen.

SPANISCHE EROBERUNG MEXIKOS

Nacht der Leiden

DATUM 30. Juni–1. Juli 1520

STREITKRÄFTE Spanier: etwa 1000; Tlaxcalaner und Azteken: unbekannt

ORT Tenochtitlán, heute Mexiko (Stadt)

VERLUSTE Spanier: etwa 600 Gefallene oder Gefangene; Tlaxcalan und Azteken: unbekannt

1519 wurde von Kuba aus eine spanische Truppe ausgesandt, um Cortez wegen Insubordination zu verhaften. Dieser marschierte zur Küste, nahm den Führer der Truppe gefangen und rekrutierte dessen Soldaten. Bei seiner Rückkehr nach Tenochtitlán fand er die Stadt in Aufruhr. Die in einem der Paläste in der Stadt belagerten Spanier wollten im Schutze der Nacht über einen der Dämme fliehen, welche die Inselstadt mit dem Festland verbanden. Sie wurden jedoch entdeckt; die Azteken griffen die Spanier auf dem Damm an. Unfähig, auf so engem Raum ihre Pferde oder Geschütze einzusetzen, wurden die Spanier zu Hunderten niedergestreckt.

GEFECHT AUF DEM DAMM
Diese künstlerische Darstellung des Gefechts auf dem Damm nach Tenochtitlán lässt erkennen, wie schwer den Spaniern jedes Manöver fallen musste.

SPANISCHE EROBERUNG MEXIKOS

Otumba

DATUM 7. Juli 1520

STREITKRÄFTE Spanier: 370; Tlaxcalaner: etwa 2000; Azteken: etwa 200000 (spanische Schätzung)

ORT nördlich von Tenochtitlán

VERLUSTE Azteken: 20000 Tote (spanische Schätzung)

Nach der Nacht der Leiden traten die Spanier und die verbündeten Tlaxcalaner den Rückzug an. Müde und hungrig, stießen sie bei Otumba auf ein aztekisches Heer. Cortez, der keine Wahl hatte, führte seine Männer mitten unter den Feind. Die Azteken erlitten schwere Verluste, trotzdem schienen sie durch ihre bloße Überzahl den Sieg zu erringen, als Cortez mit gefällter Lanze einen weiteren Angriff ritt und den Anführer der Azteken samt seinem Banner zu Boden streckte. Die Azteken flohen, wurden aber verfolgt und niedergemacht.

SPANISCHE EROBERUNG MEXIKOS

Belagerung Tenochtitláns

DATUM 31. Mai–14. August 1521

STREITKRÄFTE Spanier: 900–1000; eingeborene Verbündete: etwa 100000

ORT Tenochtitlán, heute Mexiko (Stadt)

VERLUSTE Azteken: 100000; Spanier: nicht verbürgt

Nach dem Rückzug nach Tlaxcala im Sommer 1520 begann Cortez mit den Vorbereitungen zur Eroberung Tenochtitláns. Da die Beherrschung des Sees Voraussetzung zur Einnahme Tenochtitláns war, hatte Cortez 13 Brigantinen bauen lassen – kleine Schiffe mit einer Bugkanone, die gesegelt oder gerudert werden konnten. Unterdessen bereiteten die Azteken unter ihrem neuen Kaiser Cuauhtémoc Abwehrmaßnahmen vor. Die Belagerung begann Ende Mai 1521. Die spanischen Brigantinen vertrieben die aztekischen Kriegskanus, doch als die Spanier und ihre Verbündeten die Dämme in die Stadt betraten, stießen sie auf entschlossenen Widerstand. Jeden Morgen drangen die Spanier in die Stadt ein. Sobald sie eine Straße genommen hatten, machten sie alle Bauwerke dem Erdboden gleich. Bei Anbruch der Nacht zogen sie sich wieder über die Dämme zurück. Im Juli lag der größte Teil der Stadt in Trümmern und die Bevölkerung verhungerte bereits, ihr ungebrochener Widerstand war ein Zeugnis beispielhafter Tapferkeit. Am 12. und 13. August wurde die Stadt gestürmt und ein großer Teil der noch lebenden Einwohnerschaft auf den Straßen umgebracht. Der Kaiser geriet in Gefangenschaft, als er über den See zu entkommen versuchte.

AZTEKENHAUPTSTADT
Auf dieser 1524 veröffentlichten Karte ist Tenochtitlán als Inselstadt dargestellt. Seine Bevölkerung zählte 250000 Menschen.

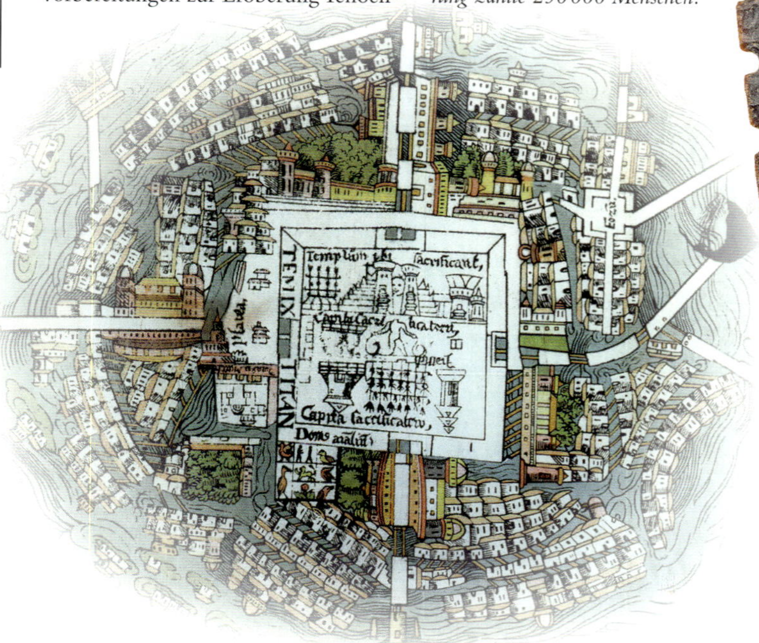

STEINMESSER
Feuersteinmesser mit scharfer, gezahnter Schneide waren wohl eher zum Töten von Menschenopfern denn als Kriegswaffen gedacht.

1485–1547

HERNANDO CORTEZ

Cortez, der aus dem Kleinadel in der spanischen Estremadura stammte, ging 1504 nach Westindien und dann nach Kuba, wo er zu Vermögen kam. Seine Mexikoexpedition von 1519 begann im Streit; bevor er aufbrach, wurde er von den Behörden seines Postens enthoben, was ihn aber nicht hinderte. Mit dem Triumph über die Azteken erwies er sich als sehr erfolgreicher, wenn auch skrupelloser Führer.

SPANISCHE EROBERUNG PERUS

Cajamarca

DATUM
16. November 1532

STREITKRÄFTE
Spanier: 150–200; Inkas: 40 000

VERLUSTE
nicht verbürgt

ORT
Cajamarca, nördliches Peru

Der spanische Konquistador Francisco Pizarro entdeckte auf einer der Expeditionen entlang der Westküste Südamerikas Belege für die Existenz eines reichen Andenstaates. Kühn besorgte er eine Vollmacht von Kaiser Karl V. und fuhr 1531 nach Peru. Der Inkakaiser Huayna Capac war 1528 den Pocken erlegen, ohne dass die Nachfolge geregelt war. Das Reich wurde von einem Bürgerkrieg verwüstet, der 1532 mit dem Sieg Atahualpas endete. In der Endphase dieses Bürgerkriegs ging Pizarros kleiner Haufen an Land und zog über die Anden ins Innere. Es war ein tollkühnes Unterfangen, wenn man bedenkt, dass die Inkas Heere mit Zehntausenden von Kriegern unterhielten und sich auch nicht scheuten, sie einzusetzen. Doch Pizarros Leute besaßen Arkebusen, Armbrüste, Pferde (vor denen die Inkas entsetzliche Angst hatten) und vor allem ein ungeheures Maß an Unverfrorenheit. Sie kamen in Atahualpas Hauptquartier in Cajamara, wo die Inkas ihnen Unterkunft gaben und sich mit einem formellen Treffen einverstanden erklärten. Am 16. November kam Atahualpa mit einem Gefolge von etlichen Tausend, um die Fremdlinge auf dem zentralen Platz zu begrüßen. Als der stolze Kaiser eine Handbewegung machte, um anscheinend seiner Verachtung für die Bibel Ausdruck zu geben, eröffneten die Spanier von den niedrigen Gebäuden am Rande des Platzes mit ihren Arkebusen und Armbrüsten das Feuer, griffen dann zu Pferd an und töteten die unbewaffneten Inkas. Atahualpa wurde gefangen genommen und, nachdem er ein fantastisches Lösegeld in purem Gold gezahlt hatte, unter dem Vorwand des Verrats im Juli 1533 hingerichtet. Daraufhin marschierte Pizarro zur Inkahauptstadt Cuzco, die kampflos eingenommen wurde.

INKAKRIEGER
Federn spielten bei der Kriegskleidung vieler amerikanischer Völker eine besondere Rolle. Ihre leuchtenden Farben und der natürliche Glanz machten sie beliebt.

ENTHAUPTUNG DES KAISERS
Dieser Stich aus dem 16. Jh. zeigt die Enthauptung des letzten Inkakaisers Tupac Amaru, sie brachte die in Cajamarca begonnene spanische Eroberung Perus zum Abschluss.

SPANISCHE EROBERUNG PERUS

Aufstand des Manco Capac

DATUM
1536–1544

STREITKRÄFTE
(in Cuzco 1536) Inkas: 40 000; Spanier: 200

VERLUSTE
nicht verbürgt

ORT
Peru

Als Francisco Pizarro nach Cuzco marschierte, brachte er Atahualpas Halbbruder Manco Capac mit, den er als Marionettenherrscher einsetzte. Diese Situation erzeugte in Manco Capac einen unauslöschlichen Hass auf die Spanier. Er floh aus der Gefangenschaft und stellte 1536 ein Heer auf, um den Besatzern zu widerstehen. Das Heer der Aufständischen griff Cuzca an, wie es heißt mit dem Beschuss der Gebäude durch geschleuderte rot glühende Steine. Die kleine spanische Garnison zog sich in die Festung Saxsayhuaman zurück, wo sie mit ihrer überlegenen Bewaffnung der Belagerung standhielt. Die Rebellen unterbanden die Kommunikation zwischen Cuzco und Pizarros neuer Hauptstadt Lima, aber ihr großes Heer konnte nicht lange zusammengehalten werden, und die Soldaten begannen sich davonzustehlen. Pizarro kam nicht dazu, sich die Lage zunutze zu machen, da seine Streitigkeiten mit anderen Konquistadoren in einen offenen Krieg mündeten, als Diego de Almagro Cuzco einnahm. 1538 wurde Almagro gefangen und von Franciscos Bruder Hernando Pizarro erdrosselt. Die Parteigänger Almagros rächten sich, indem sie 1541 Francisco Pizarro ermordeten. Unterdessen zog sich Manco Capac tief in die Anden zurück, um von dort aus einen Kleinkrieg gegen die Spanier zu führen. Manco Capac kam 1544 ums Leben, wahrscheinlich wurde er von ehemaligen Anhängern Almagros umgebracht, die bei den Inkarebellen Unterschlupf gefunden hatten. Obwohl damit die erste Rebellion gegen die spanische Herrschaft beendet war, setzten die Inkas ihren Widerstand noch lange fort. Er brach erst zusammen, als der letzte Kaiser Tupac Amaru im September 1571 von den Spaniern gefangen genommen wurde.

»Den Indianern ist gestattet worden, Pferde, Stuten und Arkebusen zu besitzen, und viele von ihnen können sehr gut reiten und mit einer Arkebuse umgehen.«

Generalgouverneur Lope García de Castro über die Inkas, UM 1560

INKARUINEN
Die Inkafestung und Weihestätte bei Ingapirca in Ecuador wurde zur Regierungszeit des Kaisers Huayna Capac erbaut.

»Dann nahm Cortez das Land für den König in Besitz.«

Bernal Diaz, Die Eroberung Neuspaniens, um 1568

ZEUGE DES KRIEGES

EROBERUNG MEXIKOS

Die Eroberung des Aztekenreiches zwischen 1519 und 1521 durch Hernando Cortez, der mit einer kleinen Truppe – gerade 600 Mann und 17 Pferde – an Land ging, erwies sich als einer der mörderischsten Beutezüge, die auf das Konto europäischer Eroberer gehen. Bei den Spaniern hat das Bestreben, ihren Triumph für die Nachwelt festzuhalten, eine Fülle von Geschichten hervorgebracht, teils beschönigend, teils prahlerisch, alle aber voll Staunens über die Folgen und die Bedeutung der Expedition.

»Es war eine vernichtende Schlacht und furchtbar war ihr Anblick. Wir bewegten uns im Nahkampf mitten durch sie hindurch, schlugen und stießen mit unseren Schwertern nach ihnen. Und die Hunde wehrten sich wie wild, fügten uns Tod und Verwundung zu mit ihren Lanzen und Beidhänderschwertern.«

Bernal Diaz, Die Eroberung Neuspaniens, um 1568

Bei Diaz ist viel von der ständigen Gefährdung der Spanier zu spüren. In fremdem und bedrohlichem Gebiet, von Heerscharen indianischer Krieger umzingelt, musste Cortez zu einer Mischung aus überzeugender Diplomatie, militärischer Tüchtigkeit und nackter, abstoßender Grausamkeit Zuflucht nehmen, um die aztekische Oberschicht einzuschüchtern. Diaz hebt hervor, wie entscheidend Cortez' Persönlichkeit zum Sieg beitrug: Er erkannte, wie wichtig es war, sich Verbündete unter den Eingeborenen zu schaffen, die darauf brannten, die Vorherrschaft der Azteken abzuschütteln.

»Nachdem die Priester getanzt hatten, legten sie die Opfer rücklings auf ein paar flache Steine, schnitten ihnen die Brust auf, zogen die noch schlagenden Herzen hervor und brachten sie den Götzen vor ihnen dar. Dann beförderten sie die Leichen mit einem Fußtritt treppab, wo ihnen die unten wartenden indianischen Schlachter Arme und Beine abschnitten und die Haut vom Gesicht zogen, die sie später mitsamt den Bärten wie Handschuhleder herrichteten und für ihre Trinkorgien aufbewahrten. Dann aßen sie deren Fleisch …«

Bernal Diaz, Die Eroberung Neuspaniens, um 1568

EIN GEFECHT ZWISCHEN AZTEKEN UND SPANIERN

In der Beschreibung der Erstürmung Tenochtitláns im Jahr 1521 steigert sich Diaz' Bericht zu einem Höhepunkt von Schrecken und Gewalttätigkeit. Erbittert verteidigten die Azteken jedes Haus ihrer Hauptstadt. Einmal war Cortez sogar umzingelt und gepackt, und nur die Tapferkeit einiger seiner Hauptleute bewahrte ihn vor dem Schicksal, das die Spanier am meisten fürchteten: blutiges Opfer für die heidnischen Götter zu werden.

»Wann immer ein Versuch unternommen wurde, warteten Scharen von Kriegern auf unsere Männer mit Pfeilen und Schleudern, mit Schwertern und Lanzen verschiedener Art, und auf dem See wimmelte es von Kriegskanus. In der Nähe der Barrikaden waren viele Flachdächer, von denen Steinsalven niedergingen …«

Bernal Diaz, Die Eroberung Neuspaniens, um 1568

Als Cuauhtémoc, der letzte Kaiser der Azteken, in einen kleinen Winkel Tenochtitláns zurückgedrängt war, entschloss sich Cortez zu einem letzten Sturmangriff. Diaz geht ausführlich auf die Kriegslisten und Bravourstückchen ein, die Cuauhtémoc in die Enge trieben. Cortez' eingeborene Verbündete, etwa die Tlaxcalaner, glaubten sicherlich, sie könnten die Eroberer mit Tributzahlungen in Gold und Edelsteinen beschwichtigen, und hofften möglicherweise, selbst in Mexiko herrschen zu können. Doch da verrechneten sie sich, denn noch größer als der Hunger nach Gold war der Ruhmesdurst der Spanier.

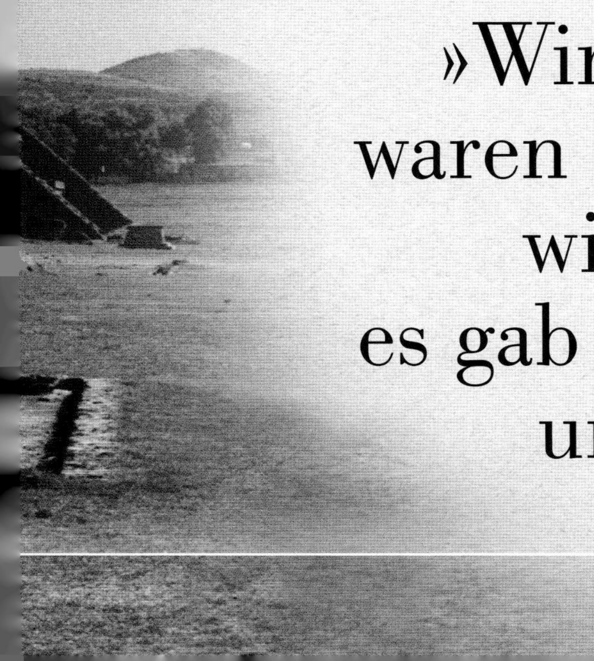

OPFERTREPPE
Teotihuacán war einmal die größte Stadt des amerikanischen Kontinents. Im 16. Jh. war sie bereits zerfallen und zur Pilgerstätte geworden.

»Wir Hauptleute und Soldaten waren alle ziemlich bekümmert, als wir sahen, wie wenig Gold es gab und wie dürftig und schäbig unser Anteil sein würde.«

Bernal Diaz, Die Eroberung Neuspaniens, um 1568

KRIEGERISCHE KONFLIKTE IN NORDAMERIKA

In Nordamerika sahen sich die europäischen Siedler im 17. Jh. in ein vielfältiges Kriegsgeschehen verstrickt, denn die Indianerstämme trugen auch untereinander heftige Fehden aus. Lagen die Europäer mit örtlichen Stämmen im Krieg, brauchten und fanden sie stets indianische Bundesgenossen. Krieg fand meist in kleinstem Rahmen statt, einschließlich Raubzügen und Hinterhalten, doch konnte er zerstörerische Folgen haben; Niederlagen bedeuteten oft das vollständige Verschwinden eines ganzen Stammes. Langfristig war entscheidend, dass die Kolonisten ihre Zahl ständig vergrößern konnten, indem sie neue Siedler ins Land zogen. Dieser potenziell nahezu unbegrenzte Nachschub neuer Menschen musste zum Untergang der Indianer führen.

POWHATAN GEGEN SIEDLER

Überfall der Powhatan in Virginia

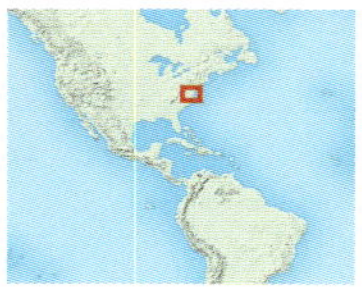

DATUM 22. März 1622

STREITKRÄFTE Powhatan: etwa 3000 Krieger; Engländer: etwa 1000 Siedler

ORT Küstengebiet Virginias

VERLUSTE Engländer: 347 Tote; Powhatan: unbekannt

KIRCHE IN VIRGINIA
Die Backsteinkirche mit Glockenturm in Jamestown, Virginia, stammt von 1639, wurde also erbaut, als sich die Siedler noch mit den Powhatan im Krieg befanden.

Als im Mai 1607 105 englische Siedler an der Mündung des James River landeten, um die Kolonie Virginia zu gründen, betraten sie ein Territorium, das von der expandierenden Konföderation der Powhatan kontrolliert wurde. Diese Algonkin sprechenden Völker wurden von Wahunsenacawh angeführt, den die Engländer unter dem Namen Powhatan, also schlicht »Häuptling«, kannten. Er hatte die Konföderation von ursprünglich vier Stämmen auf mehr als 30 vergrößert und brach rücksichtslos jeden Widerstand. Nach Wahunsenacawhs Auffassung konnte man die Engländer gewähren lassen, da ihre Anzahl nur klein war. Die Beziehungen blieben friedlich, bis ein gewisser Opechancanough neuer Anführer wurde. Er war entschlossen, die Kolonie zu zerstören, und so fielen am frühen Morgen des 22. März 1622 seine Krieger ohne Warnung über die Siedler auf ihren Bauernhöfen her und brachten sie mit Kriegsbeil und Messer um.

PEQUOTS GEGEN ENGLÄNDER

Pequotkrieg

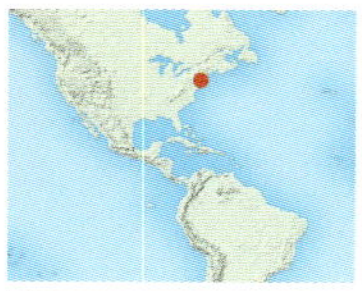

DATUM August 1636–September 1637

STREITKRÄFTE bei Mystic: 110 englische Siedler, 300 Mohikaner und Narragansetts

ORT Connecticut

VERLUSTE mehr als 500 Pequots getötet, 2 Engländer getötet

Die Pequots waren ein kriegerischer Stamm im Tal des Connecticut River, einer Gegend, in der in den 30er-Jahren des 17. Jh. zwischen konkurrierenden englischen und holländischen Siedlern sowie indianischen Gruppen höchst komplizierte Beziehungen herrschten. Im Juli 1636 wurde John Oldham, ein Händler aus Massachusetts, mit seinen Leuten auf Block Island in der Nähe eines Pequotdorfes getötet. Die in Massachusetts ansässigen Siedler unternahmen eine Strafexpedition und zerstörten das Dorf, womit sie die Pequots zu Angriffen auf die in Connecticut lebenden Siedler provozierten. Die Mohikaner und Narragansetts, keine Freunde der Pequots, konnten für einen Gegenschlag der Connecticut-miliz gewonnen werden. Am 26. Mai 1637 griffen Miliz und indianische Verbündete, geführt von Hauptmann John Mason, die Pequots in ihrem Dorf Mystic an. In Abwesenheit vieler Pequotkrieger, die sich auf einem Raubzug befanden, durchbrach Mason die Palisaden um das Dorf und brachte beinahe alle Bewohner um, einschließlich der Frauen und Kinder.

INDIANERANGRIFF
In dieser melodramatischen Darstellung eines Hinterhalts in Neuengland schießen Indianer puritanische Siedler nieder.

IROKESENKRIEGE

Irokesenkriege

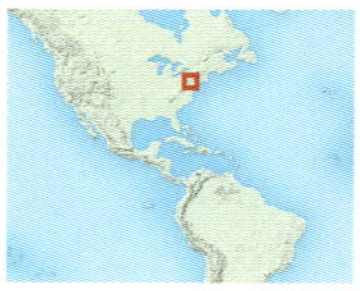

DATUM 1640–1698

STREITKRÄFTE Irokesen: anfangs etwa 8000

ORT Osten Nordamerikas

VERLUSTE unbekannt

Der Irokesenbund, bestehend aus den fünf Stämmen Mohawk, Oneida, Cayuga, Seneca und Onondaga, war gut organisiert und besaß europäische Feuerwaffen. Die Huronen, Rivalen der Irokesen, waren mit den Franzosen verbündet. In den 40er-Jahren des 17. Jh. begannen die Irokesen Kriegszüge gegen die Huronen, die sich zu Angriffen auf die in Kanada lebenden Franzosen ausweiteten. Bis in die 60er-Jahre hatten die Irokesen die Oberhand, doch als ein französisches Heer eintraf und 1666 ins Irokesengebiet eindrang, wendete sich das Blatt. Die Franzosen verwüsteten das Land so gründlich, dass viele Irokesen verhungerten. Nach dieser Strafaktion herrschte bis 1683 Friede; dann flammten die Kämpfe wieder auf. Die Irokesen standen den frankokanadischen Truppen gegenüber, die mit verbündeten Algonkin kämpften und von diesen die Taktik übernommen hatten, d.h., sie bewegten sich schnell und unbemerkt im Gelände und verübten gewalttätige Überfälle auf die Siedlungen der Irokesen.

PALISADENDORF
Diese Illustration aus dem 17. Jh. zeigt ein Irokesendorf, das von Europäern angegriffen wird. Die Irokesen waren politisch und militärisch hoch entwickelt.

WAMPANOAG GEGEN DIE ENGLÄNDER

King Philip's War

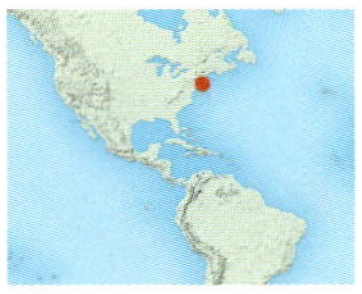

ORT Neuengland

DATUM Juni 1675–August 1676

STREITKRÄFTE Briten: unbekannt; Wampanoag: unbekannt

VERLUSTE Briten: 600 Tote; Wampanoag: 3000 Tote

Dieser Krieg beendete den Widerstand der Indianer gegen europäische Ansiedlungen in Neuengland. »King Philip« lautete der englische Name des Wampanoaghäuptlings Metacom. Der Krieg brach 1675 aus, nachdem die Kolonisten drei seines Stammes wegen der Ermordung eines Indianerchristen gehängt hatten. Einem Überfall auf die Kolonistenstadt Swansea folgten Angriffe auf weitere Siedlungen. Mit der Hilfe der Mohikaner führte die Kolonialmiliz Gegenschläge. Dennoch konnten die Kolonisten im Frühjahr 1676 nur Siedlungen entlang der Küste halten. Aber die Engländer schickten Soldaten zur Unterstützung, während Metacoms Streitmacht und Vorräte erschöpft waren. Im Sommer erlitt er mehrere Niederlagen und hatte nur noch wenige Anhänger bei sich, als er gefunden und umgebracht wurde.

TOD IM SUMPF

»King Philip« wurde bis zu seinem Versteck in den Sümpfen verfolgt und dort am 12. August 1676 erschossen.

INDIANISCHE WAFFEN

Ursprünglich waren die Waffen der Indianer aus Holz, Stein und Knochen gefertigt, doch durch den Handel mit Europäern kamen sie sehr bald in den Besitz von stählernen oder eisernen Kriegsbeilen und Messern. Obwohl sie Feuerwaffen erwarben, bevorzugten indianische Krieger oft weiterhin Pfeil und Bogen, mit denen sie geübter waren. Viele trugen Schilde aus Tierhaut, die einem Pfeilschuss standhielten.

Tomahawk, die traditionelle Waffe

Holzbogen der Puebloindianer

Sehnen halten die Hülle an dem Schild aus gefärbter Tierhaut, Pueblo Taos.

Kriegsschilde waren mit Federn des Adlers oder wilden Truthahns geschmückt.

perlenbesetzte Messerscheide der Huronen

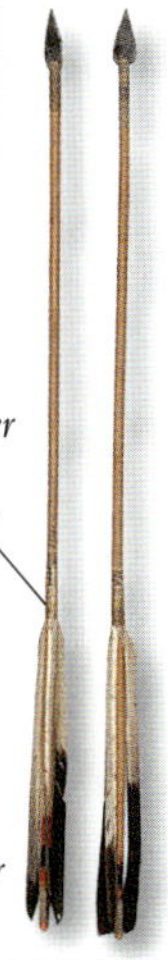

Pfeile der Puebloindianer

PUEBLOINDIANER GEGEN SPANIER

Puebloindianeraufstand

ORT Neumexiko

DATUM August–September 1680

STREITKRÄFTE bei Santa Fe: Puebloindianer: 2500; Spanier: etwa 1000

VERLUSTE Spanier: etwa 400 Tote; Puebloindianer: unbekannt

Im Südwesten Nordamerikas waren die Puebloindianer im 16. Jh. unter spanische Herrschaft geraten. Das Hauptquartier der Kolonialverwaltung befand sich in Santa Fe. Der Unmut gegen die spanische Herrschaft erreichte seinen Höhepunkt in den 70er-Jahren des 17. Jh., als eine lange Trockenperiode auszuhalten war, welche die von den Spaniern als Tribut geforderten Arbeiten besonders erschwerte. Gleichzeitig nahm die Einmischung in die religiösen Überzeugungen der Indianer auf Betreiben katholischer Missionare zu. 1675 wurden in Santa Fe vier Häuptlinge der Puebloindianer gehängt und weitere 43 Stammesangehörige ausgepeitscht, weil sie angeblich Hexerei betrieben hatten. Zu den Männern, die von den Kolonialbehörden ausgepeitscht wurden, gehörte auch ein gewisser Popé (oder auch Po 'Pay), der im Pueblo Taos lebte. Popé organisierte einen Aufstand gegen die Spanier. Am 10. August 1680 brach die koordinierte Revolte los. Missionare und Siedler wurden umgebracht, und die Überlebenden wichen nach Santa Fe zurück, das unter dem Befehl des Gouverneurs Don Antonio de Otermin stand. Mit Bogen und Musketen bewaffnete Krieger der Puebloindianer begannen die Stadt zu belagern, unterbrachen die Wasserversorgung und besetzten Häuser in der Umgebung des Gouverneurpalasts. Ohne Hoffnung auf Hilfe von außen zogen die Spanier sich nach El Paso zurück. Das war ein großer Triumph für die Puebloindianer, obwohl das Ergebnis nicht gänzlich glücklich machte.

HILFE

Die Hopi unterstützten die Puebloindianer. Dieser Hopiabkömmling wurde um 1880 fotografiert.

> »Obgleich ich durch zwei Pfeilwunden im Gesicht und einer … Gewehrschusswunde … viel Blut verloren hatte, ließ ich … Wasser an die Leute austeilen.«

Ein Brief des spanischen Gouverneurs Don Antonio de Otermin, 8. Dezember 1680

1492–1750

JAPAN, KOREA UND CHINA

In der japanischen Geschichte wird die Epoche zwischen 1468 und 1616 als Sengoku jidai (»Zeit der streitenden Fürstentümer«) bezeichnet. Die militärischen Erfolge von Oda Nobunaga, Toyotomi Hideyoshi und Tokugawa Ieyasu setzten den endlosen kriegerischen Auseinandersetzungen unter rivalisierenden Territorialfürsten ein Ende und brachten das Land mit dem Tokugawa-Schogunat unter eine Zentralregierung. In China ging die Ming-Dynastie zugrunde, Mandschueroberer unterwarfen die Chinesen und erweiterten die Grenzen des Reiches. Korea konnte sich seine Unabhängigkeit trotz zweier japanischer Invasionen bewahren.

JAPAN UND KOREA
Zu Beginn des 16. Jh. betrieb der Schogun Oda Nobunaga die Vereinigung Japans und sein Nachfolger Toyotomi Hideyoshi befahl die Besetzung Koreas.

BELAGERUNG OSAKAS
Dieser bemalte Schirm zeigt die Belagerung der Burg Osaka durch das Heer Tokugawa Ieyasus im Jahre 1615. Der Sieg der Tokugawa-Truppen bei dieser Belagerung machte Ieyasu zum unumstrittenen Schogun Japans und beendete die Zeit der Bürgerkriege.

JAPANISCHE HEERE

Die Machtkämpfe zwischen den Territorialfürsten *(Daimyo)* im Japan der Sengoku-Zeit brachten größere Veränderungen auf dem Gebiet der Kriegführung mit sich. Die *Daimyo* lösten sich vom individuellen Zweikampf zwischen Elitekriegern und schulten Truppen, bei denen der disziplinierte bäuerliche Fußsoldat *(Ashigaru)* eine Kampfeinheit mit dem Samurai bildete. Auch der Bau von Befestigungen machte große Fortschritte. Die Burg wurde zu einem ausgeklügelten Labyrinth von Türmen und Innenhöfen, allesamt von dicken, mit Schießscharten versehenen Mauern geschützt.

BURG HIMEJI
Die Burg Himeji aus dem 17. Jh. zeigt den japanischen Festungsbau auf der Höhe seiner Entwicklung. Als Baustoff dienten Holz, Erde und Ziegel.

OBERGEWAND
Den Jinbaori, *ein zeremoniellen Anlässen vorbehaltenes Obergewand, trugen die japanischen* Daimyo *als Lehnsherren und Samurai über ihrer Rüstung als Statussymbol.*

JAPANISCHE WAFFEN

Zu dieser Zeit kämpften die Samurai zu Pferd oder abgesessen mit Speeren und Schwertern; das Fußvolk als Hilfstruppe mit Speeren, Bogen und Luntenschlossgewehren. Nachdem die Japaner 1543 die portugiesische Arkebuse kannten, stellten sie schon ein paar Jahre später eigene Luntenschlösser her, die oftmals besser als das Original waren. Mit diesen Waffen konnten pro Minute drei Schuss abgegeben werden; sie durchschlugen die typische Samurairüstung noch auf 50 m.

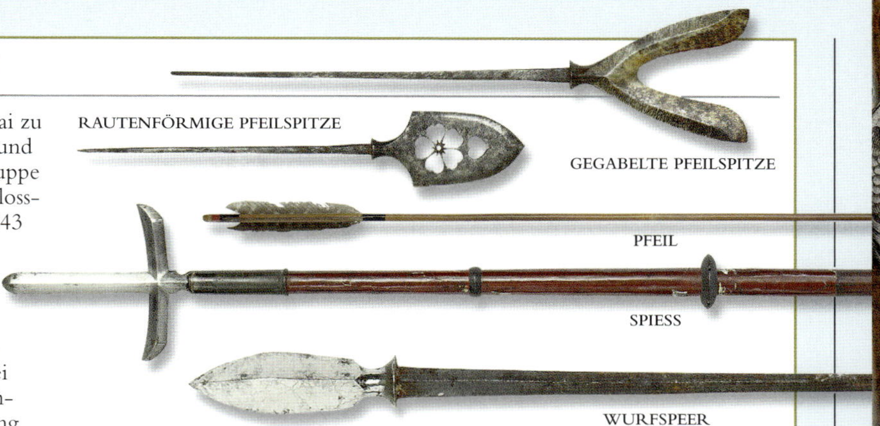

RAUTENFÖRMIGE PFEILSPITZE

GEGABELTE PFEILSPITZE

PFEIL

SPIESS

WURFSPEER

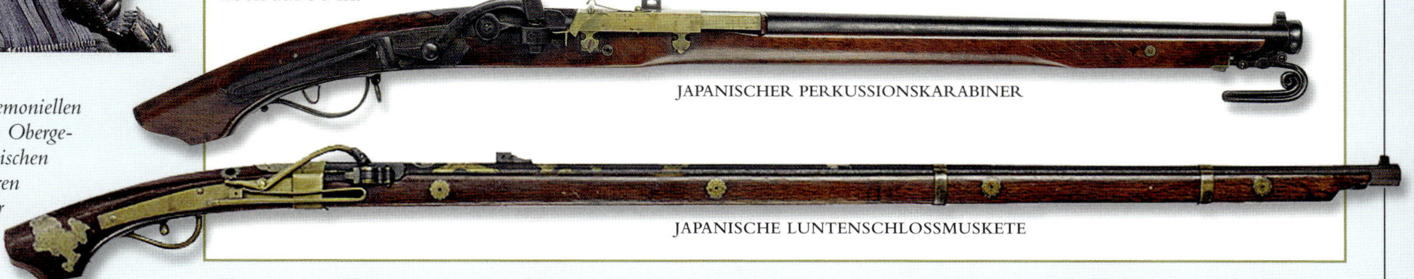

JAPANISCHER PERKUSSIONSKARABINER

JAPANISCHE LUNTENSCHLOSSMUSKETE

FEUERWAFFEN

Als Erfinder der Feuerwaffen verfügten die Chinesen über Kanonen und Handfeuerwaffen der verschiedensten Form, deren Verwendung von den Japanern übernommen wurde. Als portugiesische Seeleute 1543 nach Japan kamen, brachten sie die Arkebuse mit. Diese trat sehr schnell an die Stelle der eher primitiven chinesischen Feuerwaffen und hatte großen Einfluss auf das japanische Kriegswesen. Wie in Europa, so stellte man auch hier fest, dass Pfeil und Bogen in den Händen eines geübten Schützen zwar wirksamer waren, dass aber Feuerwaffen massenhaft eingesetzt werden konnten, um aus oberflächlich ausgebildeten Bauern einen gewichtigen Faktor auf dem Schlachtfeld zu machen. In den 70er-Jahren des 16. Jh. waren Zehntausende von Luntenschlossmusketen auf den größeren Schlachtfeldern Japans anzutreffen.

CHINESISCHE DSCHUNKE
Die holländische Radierung aus dem 16. Jh. zeigt das für diese Zeit typische Schiff der Chinesen. Bei den japanischen Invasionen Koreas im letzten Jahrzehnt des 16. Jh. spielten Seegefechte eine bedeutsame Rolle.

MING-PLASTIK
Kopf einer Wächterfigur vom Eingang eines Kriegergrabmals aus der Zeit der chinesischen Ming-Dynastie.

GROSSE KRIEGE

In China wurden oft Kriege großen Umfanges geführt. Die Feldzüge des Mandschu-Kaisers Kangxi in der zweiten Hälfte des 17. Jh. sollen schätzungsweise 25 Millionen Menschen das Leben gekostet haben. In diesen Kriegen fochten meist riesige Heere zu Fuß mit Armbrust und einer Art Hellebarde als Standardwaffen. Auch Artillerie wurde massiv eingesetzt, allerdings ließ man sich die Geschütze nun von Europäern anfertigen. Insgesamt gesehen besaßen Chinas Heere einen hohen Kampfwert, den sie unter Beweis stellten, als sie eingriffen, um die Japaner 1597 bei deren zweiter Koreainvasion zurückzuschlagen.

DIE BEFRIEDUNG JAPANS

Seit der zweiten Hälfte des 15. Jh. wurde Japan von dem Krieg zwischen den verfeindeten Territorialfürsten (Daimyo) erschüttert. Nachdem in den 40er-Jahren des 16. Jh. europäische Feuerwaffen nach Japan gelangt waren, schwang sich der Daimyo Oda Nobunaga als höchste Macht im Lande auf. Nach seinem Tod im Jahr 1582 ging Toyotomi Hideyoshi noch einen Schritt weiter und machte sich praktisch zum Herrscher des ganzen Reiches. Hideyoshi begann mit der Entwaffnung der Bevölkerung, doch übernahm er sich in den 90er-Jahren gleich zwei Mal, als er über Korea in China einzufallen versuchte. Tokugawa Ieyasu, dessen Leute nicht am koreanischen Abenteuer teilgenommen hatten, konnte sich nach Hideyoshis Tod die Macht aneignen. Das von ihm begründete Tokugawa-Schogunat befriedete Japan schließlich unter strenger Zentralgewalt.

JAPANISCHE EINIGUNGSKRIEGE

Okehazama

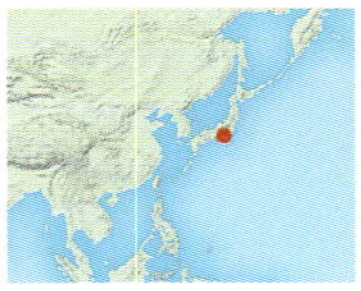

ORT Provinz Owari, südliches Zentraljapan

DATUM
12. Juni 1660

STREITKRÄFTE
Yoshimoto: 25 000; Nobunaga: 3000

VERLUSTE
unbekannt

Mit diesem Sieg begründete Oda Nobunaga seinen Ruf. Das Heer Yoshimoto Imagawas war in sein Territorium eingedrungen und hatte in einem Tal sein Lager aufgeschlagen. Nobunaga führte seine Truppe durch die Wälder und griff von Norden an. Yoshimoto in seinem Zelt war sich nicht im Klaren, was der Lärm draußen bedeutete. Nobunagas Leute hatten ihn schon geköpft, noch ehe er den Angriff recht bemerkte.

ODA NOBUNAGA
Der erste der großen Reichseiniger Japans, Nobunaga, zerschlug die Macht der Kriegermönche.

JAPANISCHE EINIGUNGSKRIEGE

Yamazaki

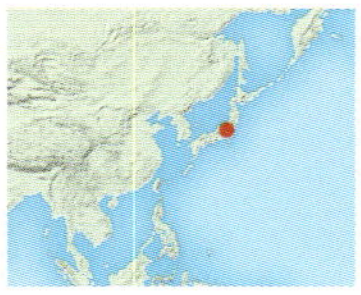

ORT beim Dorf Yamazaki, südwestlich von Kyoto

DATUM
2. Juli 1582

STREITKRÄFTE
Toyotomi: 36 500; Akechi: 16 000

VERLUSTE
unbekannt

Akechi Mitsuhide, einer der Heerführer, zwang Nobunaga 1572 zum Selbstmord und ermordete dessen Sohn und Erben. Als Reaktion zog Toyotomi Hideyoshi, einer von Nobunagas Getreuen, in Gewaltmärschen nach Kioto (wo Akechi sich zum Schogun erklärt hatte) und besetzte die Tennozanhöhen. Dort kam es 13 Tage nach Nobunagas Tod zum Kampf. Toyotomis Arkebusiere wehrten alle Versuche ab, die Höhen zu stürmen, während seine übrigen Truppen den Feind auf beiden Flanken umfassten. Besiegt floh Akechi bis ins Dorf Ogurusu, wo er von Banditen getötet wurde.

JAPANISCHE EINIGUNGSKRIEGE

Nagashino

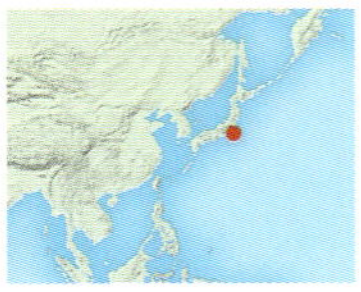

ORT Provinz Mikawa, südliches Zentraljapan

DATUM
28. Juni 1575

STREITKRÄFTE
Takeda: 15 000; Nobunaga: 38 000

VERLUSTE
Takeda: etwa 10 000 Tote; Nobunaga: unbekannt

Oda Nobunaga zog mit einem großen Heer aus, um das von Takeda Katsuyori belagerte Nagashino zu entsetzen. Er bezog hinter einem Wasserlauf eine Verteidigungsstellung und legte seinen linken Flügel an einen Waldrand, den rechten stellte er ins offene Gelände. Vor seine Front postierte er hinter einer Palisade 3000 Arkebusiere. Takedas Leute griffen an, doch Nobunagas Schützen feuerten mit verheerender Wirkung Salve um Salve ab. Dann drangen seine Samurai mit Schwert und Speer auf die geschwächten Takeda-Leute ein und verwickelten sie auf der offenen rechten Flanke in ein heftiges Gefecht. Schließlich wurden die Takeda in die Flucht geschlagen und von berittenen Samurai und Bogenschützen gnadenlos verfolgt.

GEFECHTSBEREIT
Nobunagas Arkebusiere stehen kampfbereit in vorderster Linie, als die Takeda-Leute bei Nagashino ihren Angriff vortragen.

»Wenn der Feind noch ein Stück weit entfernt ist, verteilt der ko gashira die Kugeln ... Anschließend wird die Lunte eingesetzt ... wenn sie ungefähr 1 cho (100 m) weit entfernt sind. Wenn sie ... nicht richtig passt, setzt sich das Feuer nicht fort und geht vielleicht aus ...«

ZEUGE DES KRIEGES

ZOHYO MONOGATARI

Dieser Rat eines zeitgenössischen japanischen Chronisten an die Arkebusieren unterstreicht, dass man mit Feuerwaffen diszipliniert umzugehen hat.

JAPANISCHE EINIGUNGSKRIEGE

Shizugatake

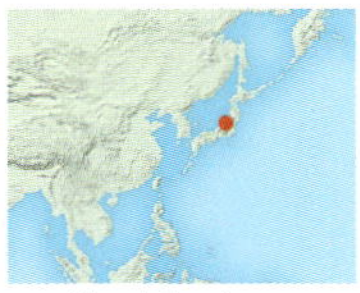

DATUM 21. April 1583

STREITKRÄFTE Shibata Katsuie: 11 000; Toyotomi Hideyoshi: 30 000

ORT Nordufer des Biwasees

VERLUSTE Shibata Katsuie: viele Tausend Tote

Nach seinem Sieg bei Yamazaki kämpfte Toyotomi Hideyoshi weiter, um der mächtigste Mann Japans zu werden. Im April 1583 griff Shibata Katsuie, einer von Nobunaga Odas früheren Gefolgsleuten, eine Linie von Befestigungen an, die Toyotomi nördlich des Biwasees an höher gelegenen Stellen angelegt hatte, einschließlich Shizugatake. Sakuma Morisama, der Befehlshaber der Belagerer, bekam von Shibata den Rückzugsbefehl, als die Nachricht einging, dass Toyotomi mit einem beträchtlichen Heer auf dem Marsch nach Shizugatake sei. Sakuma setzte jedoch die Belagerung fort, da er Toyotomi noch drei Tagesmärsche entfernt glaubte. Der benötigte aber weniger als 24 Stunden. Sakuma, zu einer eilig eingenommenen Verteidigungsstellung gezwungen, wurde schnell überwältigt. In dieser Schlacht hatten sieben Samurai Toyotomis, die fortan die »Sieben Spieße von Shizugatake« hießen, Gelegenheit, sich besonders auszuzeichnen.

TOYOTOMI HIDEYOSHI

Man nennt ihn bisweilen den japanischen Napoleon. Aufgrund seines militärischen Könnens erwarb er sich diktatorische Macht.

JAPANISCHE EINIGUNGSKRIEGE

Sekigahara

DATUM 21. Oktober 1600

STREITKRÄFTE Tokugawa Ieyasu: 80 000; Ishida Mitsunari: 80 000

ORT nordöstlich von Kioto

VERLUSTE Ishida Mitsunari: bis zu 60 000 Tote

Mit dem Tode Toyotomis im Jahre 1598 begann ein heftiger Kampf um die Nachfolge, bei dem sich Tokugawa Ieyasu einer von Ishida Mitsunari geführten Allianz gegenübersah. Die beiden Heere stießen beim Dorf Sekigahara aufeinander. Einer von Ishidas Bundesgenossen, Kobayakawa Hideaki, befand sich in flankierender Position in etwas erhöhtem Gelände. Ishidas Plan entsprechend sollte Kobayakawa Tokugawa in der Flanke und hinterrücks angreifen. Kobayakawa hatte sich jedoch insgeheim zum Verrat an Ishida bereit gefunden. Nach Beginn der Schlacht gab Ishida Zeichen, dass Kobayakawa nun Tokugawa angreifen sollte. Stattdessen attackierte der jedoch Ishidas Flanke und versetzte diesem damit den entscheidenden Schlag. Die Reste seines Heeres zerstreuten sich und die Reserve floh kampflos.

1542–1616

TOKUGAWA IEYASU

Bis zur Niederlage Imagawa Yoshimotos im Jahre 1560 kämpfte Tokugawa Ieyasu gegen Nobunaga Oda, wurde aber dann dessen treuester Verbündeter. Nach Nobunagas Tod widersetzte er sich Toyotomi Hideyoshis Machtübernahme, arrangierte sich jedoch mit ihm in einer argwöhnischen Koexistenz, wobei er die eigene Machtbasis in Edo ausbaute. Nach seinem Sieg bei Sekigahara wurde Tokugawa 1603 Schogun und begründete eine Dynastie.

JAPANISCHE EINIGUNGSKRIEGE

Tennoji

DATUM 7. Mai 1615

STREITKRÄFTE Hideyori Toyotomi: 55 000; Tokugawa Ieyasu: 150 000

ORT vor Osaka

VERLUSTE unbekannt

1614 wurde Tokugawa Ieyasu von einer Allianz von Feudalherren, die sich um Toyotomi Hideyoshis Sohn Hideyori geschart hatten, die Herrschaft streitig gemacht. Tausende strömten herbei, um sich Hideyori in seinem Stützpunkt Osaka anzuschließen. Die Schlacht von Tennoji war Höhepunkt der langen Belagerung der Burg Osaka durch Tokugawas Truppen. Gegen alle Wahrscheinlichkeit entschlossen sich Hideyori und seine Verbündeten, den Sieg in einer Entscheidungsschlacht zu suchen. Truppen unter Sanada Yukimura sollten die Front des Feindes festnageln, während Akashi Morishige hinterrücks angriff. Hideyori wollte dann mit der Garnison der Burg einen Ausfall machen, um die Entscheidung herbeizuführen. Eine Zeit lang schien das kühne Unternehmen zu glücken. Der betagte Ieyasu, der sich ins dichteste Getümmel begab, um seinen Männern Mut einzuflößen, wurde von einem Speerstoß verwundet, doch als sich das Blatt wendete, war Sanada es, der fiel. Akashis Truppe wurde abgefangen, bevor sie hinterrücks angreifen konnte. Tokugawas Männer drangen in die Burg Osaka ein und trieben Hideyori in den Wohnturm, wo er Selbstmord beging.

DIE BELAGERUNG DER BURG OSAKA

Honda Tadatomo, einer von Tokugawas Truppenführern, führt einen Angriff auf Osakas Verteidiger.

KOREA WIDERSETZT SICH JAPAN

Im letzten Jahrzehnt des 16. Jh. plante der japanische Diktator Toyotomi Hideyoshi eine Invasion Chinas. Als die Koreaner den Japanern das Durchmarschrecht verweigerten, entsandte Toyotomi eine 160 000 Mann starke Invasionsarmee, um Korea zu unterwerfen und nach China weiterzuziehen. Doch obwohl die Japaner das Land bis Pjöngjang, hoch im Norden, besetzen konnten, setzten koreanische Guerillas ihren Heeren zu, und auch ihre Flotte wurde von der koreanischen Marine dezimiert. 1593 wurde die Invasion abgebrochen. Eine zweite Invasion im Jahre 1597 war ebenso erfolglos; von chinesischen Interventionstruppen und dem tüchtigen koreanischen Admiral Yi besiegt, hielten sich die Japaner noch in einigen wenigen Festungen, bis Toyotomis Tod im September 1598 diesem militärischen Abenteuer ein Ende machte.

JAPANISCHE INVASION IN KOREA

Chungju

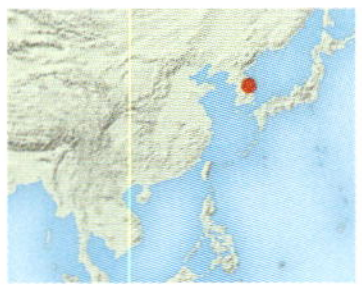

ORT südöstlich von Seoul, Korea

DATUM April 1592

STREITKRÄFTE Koreaner: 16 000; Japaner: 19 000

VERLUSTE Koreaner: mehr als 3000 Gefallene

Nachdem der südkoreanische Hafen Pusan erobert war, marschierte die japanische Invasionsarmee unter Konishi Yukinaga nordwärts in Richtung Seoul. Chungju war die wichtigste Festung auf dem Wege dorthin. Der koreanische Heerführer Shin Nip stellte seine Truppen nördlich der Burg in flachem Gelände auf, wo er seine Kavallerie am wirksamsten glaubte. Das Gefecht begann mit einer Kavallerieattacke unter Shin Nips Führung. Arkebusenfeuer verhinderte aber den Durchbruch. Als die Attacke in sich zusammenfiel, wurde die koreanische Reiterei ihrerseits von allen Seiten angegriffen.

JAPANISCHE INVASION KOREAS

Chonju

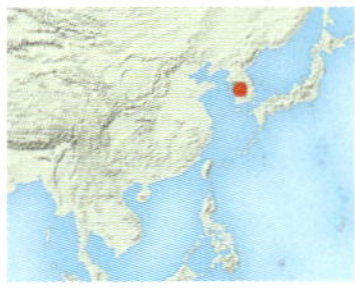

ORT im Westen Südkoreas

DATUM 10. Juli 1592

STREITKRÄFTE unbekannt

VERLUSTE nicht verbürgt

Die japanische Invasion Koreas begann mit einer Reihe überwältigender Siege, doch bald sahen die Invasoren sich Guerillatruppen gegenüber, die als Reaktion auf die Brutalität der japanischen Besatzer großen Zulauf hatten. Im Juli 1592 bekam der Widerstand Auftrieb durch den Sieg bei Chonju; dort hatte der Koreaner Yi Kwang ein japanisches Heer unter Kobyakawa Takakage in die Flucht geschlagen. Kobyakawa stellte sich weiter nördlich bei Kumsan, doch wurde er dort im Monat darauf von einer 700 Mann starken koreanischen Truppe besiegt, deren Angehörige in Korea seither als die »700 Tapferen« bekannt sind.

JAPANISCHE INVASION IN KOREA

Belagerung von Chinju

ORT westlich von Pusan, Südkorea

DATUM 4.–10. Oktober 1592

STREITKRÄFTE Japaner: 20 000; koreanische Garnison: 3800

VERLUSTE nicht verbürgt

Im Oktober 1592 begann ein japanisches Heer unter Hosokawa Tadaoki mit der Belagerung der koreanischen Festung Chinju. Die Japaner beschossen die Mauern mit Kanonen und bauten einen Belagerungsturm. Am dritten Tag legten sie Bambusleitern an und versuchten, die Mauern zu erstürmen. Doch die Verteidiger, in ihrem verzweifelten Abwehrkampf durch Zivilisten verstärkt, die Felsbrocken schleuderten und die Japaner mit kochendem Wasser überschütteten, schlugen die Angreifer zurück. Mittlerweile hatten sich Scharen von koreanischen Guerillakämpfern gesammelt und begannen, sich von hinten an die japanischen Linien heranzuarbeiten. Etliche Tausend brachen durch und drangen in die Burg ein, um die Garnison zu verstärken. Die Japaner erkannten, dass ihr Vorhaben fehlgeschlagen war, und räumten das Feld.

TRAGBARE KANONE *Diese dreiläufige koreanische Handfeuerwaffe hatte noch einen hölzernen Schaft. Sie dürfte zum Signalschießen gedient haben.*

ADMIRAL YI *Yi Sunshin war ein genialer Flottenchef. Sein Standbild blickt nun über den modernen Hafen von Pusan.*

JAPANISCHE INVASION IN KOREA

Hansando

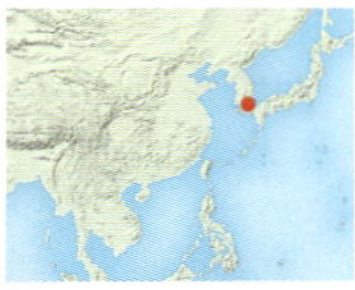

ORT Insel Hansan vor der südkoreanischen Küste

DATUM 8. Juli 1592

STREITKRÄFTE Anzahl unbekannt

VERLUSTE Japaner: 59 oder 73 Schiffe vernichtet

Die Achillesferse der japanischen Invasionstruppen war die Versorgung mit Nachschub und Verstärkung über den Seeweg. Obwohl es der koreanischen Marine nicht gelungen war, die Landung zu verhindern, fügte Admiral Yi Sunshin den japanischen Verbänden im Mai und Juni 1592 nach und nach eine Reihe Niederlagen zu. Am 8. Juli verließ Yi den Hafen Tangpo, um die japanische Hauptflotte anzugreifen, die ihr Befehlshaber Wakizaka Yasuharu unter Land ankern ließ. Yi befahl seinen Schiffen, die Japaner durch ein Scheinmanöver aufs offene Meer zu locken. Wie Yi erwartet hatte, verfolgten die Japaner seine Schiffe, als diese die Flucht vortäuschten. Als sie die offene See erreichten, wendeten die Koreaner und griffen den Feind in einer Formation an, die Admiral Yis Neffe Yi Pun als »Kranichflügel« bezeichnete. Yi Pun berichtet: »Die koreanischen Schildkrötenschiffe schossen vor, überschütteten die feindlichen Schiffe mit Kanonenkugeln und Brandpfeilen wie Hagel und Donner. In ein Flammenmeer und schwarzen Qualm gehüllt, brannten bald 73 Feindschiffe inmitten einer blutrot verfärbten See.« Admiral Yi selbst schrieb in sein Tagebuch von einer »vollständigen Vernichtung innerhalb weniger Stunden«.

> »Sie schossen mit allen Kanonen und Pfeilen, um die Schiffe … zu verbrennen und alle Männer zu töten.«
>
> *Admiral Yi*, über die kämpfende koreanische Flotte

JAPANISCHE INVASION IN KOREA

Myongyang

DATUM
16. September 1597

STREITKRÄFTE
Koreaner: 12 Schiffe; Japaner: 133 Schiffe

VERLUSTE
nicht verbürgt

ORT vor der Südwestküste Koreas

Die erste Invasion Koreas hatte die Japaner gelehrt, welche Bedeutung die Seemacht hatte, daher maßen sie bei ihrem zweiten Invasionsversuch der eigenen Flotte mehr Gewicht bei. Bei zwei Seeschlachten im Juli 1597 – ohne Admiral Yi, der seine Dienstherren verärgert hatte und seines Kommandos enthoben worden war – vernichteten die Japaner etwa 200 koreanische Kriegsschiffe. Angesichts dieser Katastrophe, welche die koreanische Flotte beinahe kampfunfähig gemacht hatte, erhielt Admiral Yi sein Kommando vernünftigerweise, wenn auch verspätet, wieder zurück. Die japanische Marine nutzte ihren Vorteil und segelte die Westküste hinauf, um das nordwärts marschierende Heer zu unterstützen. Doch Admiral Yi verlegte ihr mit seinen wenigen Kriegsschiffen den Weg. Nach einem hinhaltenden Gefecht bei Oranpo, das den Japanern deutlich machte, welch schwere Kämpfe sie zu erwarten hatten, entschied sich Yi für die Straße von Myongyang, um die japanische Flotte zu vernichten. Nachdem er mit seiner spärlichen Flotte eine Übermacht von 133 Kampfschiffen angegriffen hatte, machte er das japanische Flaggschiff rasch unschädlich. Der japanische Befehlshaber, Kurushima Michifusa, wurde enthauptet und sein Kopf auf einen Masttop gesteckt. Die Koreaner machten sich ihre Kenntnis der örtlichen Gezeitenströme zunutze, um den Feind auszumanövrieren und ihm schwere Verluste zuzufügen, bevor das Gefecht abgebrochen wurde. Das »Wunder von Myongyang«, wie die Koreaner die Begebenheit nennen, machte den japanischen Hoffnungen auf Seeherrschaft ein Ende.

HELM
Dieser koreanische Helm aus dem 16. Jh. besteht aus Lackleder; die Metallplatten des Nacken- und Wangenschutzes sind in Textiltaschen eingenietet.

STRASSE VON MYONGYANG
Die an der Seeschlacht beteiligten Schiffe waren von unterschiedlicher Größe, doch alle hatten neben der Besatzung viele Soldaten an Bord.

JAPANISCHE INVASION IN KOREA

Belagerung von Ulsan

DATUM
1597–1598

STREITKRÄFTE
Chinesen und Koreaner: 40 000–80 000; japanische Garnison: 5000

VERLUSTE
nicht verbürgt

ORT
60 km nördlich von Pusan

Die zweite japanische Invasion in Korea begann im Sommer 1597. Es gelang der koreanischen Flotte nicht, ein großes japanisches Heer an der Landung bei Pusan zu hindern. Die Japaner sahen sich jedoch bald ebenso starken chinesischen Kräften gegenüber, die der Ming-Kaiser entsandt hatte. Im Spätjahr 1597 wurde die japanische Garnison in der Festung Ulsan von einem chinesisch-koreanischen Heer unter dem chinesischen Feldherrn Yang Ho belagert. Eine Entsatzarmee beendete die Belagerung, aber die Koreaner und Chinesen hielten den Feind weiterhin in ein paar Küstenfestungen fest. Zwar gelang es den Japanern noch einmal, aus einer großen Schlacht bei Sachon 1598 als Sieger hervorzugehen, doch die Invasion war de facto bereits einige Zeit vor Hideyoshis Tod gescheitert, der dazu führte, dass die Truppen nach Hause zurückbeordert wurden.

KOREANISCHE SCHILDKRÖTENSCHIFFE

Die Schildkrötenschiffe, koreanisch Kobukson, wurden von Admiral Yi kurz vor der japanischen Koreainvasion von 1592 entwickelt. Das oberste Deck war mit Eisenplatten belegt, aus denen zahllose Dorne hervortraten, um das Entern zu erschweren. Sie sind damit Vorläufer der Panzerschiffe des 19. Jh. Die Bewaffnung bestand aus bis zu 23 Kanonen, die durch Stückpforten an den Seiten, am Bug und am Heck feuerten, dazu kamen Bogenschützen. Admiral Yis Neffe Yi Pun schrieb: »Die Schildkrötenschiffe konnten sich nach Belieben unter Hunderte von Feindschiffen mischen und, wohin sie sich auch wandten, leichte Beute machen.« Besonders furchterregend war der Anblick des Drachenkopfes am Bug; durch dessen Maul konnte eine Kanone abgefeuert werden, auch ließen sich dort Feuer entzünden, um tarnenden Rauch zu erzeugen.

DATEN	
Ursprungsland	Korea
Höhe	7 m
Länge	33 m

1492–1750

DIE EROBERUNGEN DER MANDSCHU

Etwa um 1610 widerrief Nurhaci, der Führer eines Stammes von Dschurdschen-Jägern und Hirten, der ein Gebiet nördlich der Großen Mauer beherrschte, seinen Treueid gegenüber der Ming-Dynastie. Innerhalb von 30 Jahren hatten Nurhacis Nachfolger eine machtvolle Militärorganisation aus Dschurdschen, Mongolen und Chinesen aufgebaut – schlagkräftige, zu »Bannern« gegliederte Truppen. Sie nannten sich Mandschu und konnten sich den anhaltenden Niedergang der Ming-Dynastie in China zunutze machen, wo Misswirtschaft und Not Aufstände auslösten. Die Machtergreifung in Peking, wo sie die Qing-Dynastie begründeten, kostete die Mandschu 1644 wenig Mühe, doch gelang es ihnen erst nach jahrelangen schweren Kämpfen, ihr Machtgebiet über ganz China auszudehnen.

EROBERUNGEN DER MANDSCHU

Fall von Peking

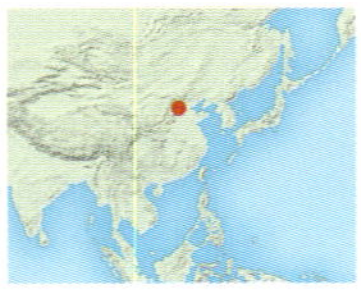

DATUM April–Juni 1644

STREITKRÄFTE Mandschu: rund 170 000

VERLUSTE nicht verbürgt

ORT Peking, Nordostchina

In den 40er-Jahren des 17. Jh. war der Ming-Kaiser Chongzhen von zwei Seiten bedroht: Chinesische Aufständische unter Li Zicheng kontrollierten den größten Teil der Provinzen Shanxi, Henan und Hubei südwestlich von Peking, während nördlich der Großen Mauer die Mandschu bereits eine neue Dynastie proklamiert hatten. Die Macht der Mandschu war seit mehr als 30 Jahren gewachsen.

Ein fähiger Ming-Heerführer, Yuan Chonghuan, hatte in den 20er-Jahren zwei Invasionsversuche der Mandschu zurückgeschlagen, doch drangen sie 1636–1637 in Korea ein und zwangen die Koreaner, den Ming die Gefolgschaft aufzukündigen. Obgleich viele chinesische Heerführer zu den Mandschu überliefen, blockierte der Ming-Feldherr Wu Sangui auch weiterhin den Shanhaiguan-Pass. Im Frühjahr 1644 zog Li mit einem großen Heer durch Nordchina und drang kampflos in Peking ein. Chongzhen, der letzte Ming-Kaiser, erhängte sich in einem Garten unmittelbar vor der Verbotenen Stadt. Lis Triumph währte indes nicht lange. Vor die Wahl zwischen Rebellen niederer Abkunft und den wohlorganisierten Mandschu gestellt, entschied Feldherr Wu sich für die Mandschu. Diese strömten nun über den Shanhaiguan-Pass, um Wu bei dessen Kraftprobe mit Li beizustehen. Nachdem es am 6. Juni südlich der Großen Mauer zu einer erbitterten Schlacht gekommen war, zogen die Mandschu mit Wu in Peking ein.

MING-GRABMÄLER
Die Kriegerstatue (oben) bewacht den Eingang zu den Ming-Grabanlagen in Peking (rechts). Der Rebellenführer Li Zicheng raubte 1635 einige Ming-Grabstätten aus – ein Beweis für die Schwäche der untergehenden Dynastie.

SEE VON YANGZHOU
Die Stadt Yangzhou war ein reiches Handelszentrum mit vielen prächtigen Gebäuden.

EROBERUNGEN DER MANDSCHU

Belagerung Yangzhous

DATUM Mai 1645

STREITKRÄFTE Anzahl unbekannt

VERLUSTE hunderttausende Tote beim Massaker in Yangzhou

ORT Yangzhou am Großen Kanal nordöstlich von Nanjing

Nach dem Selbstmord des Kaisers Chongzhen versuchten Mitglieder der Ming-Herrscherfamilie, Widerstand gegen die Mandschu-Eindringlinge zu organisieren. Einer von ihnen, der Fürst von Fu, wurde in Nanjing zum Kaiser proklamiert. 1645 kam ein großes Mandschu-Heer heran, um die von den Ming gehaltene Stadt Yangzhou zu belagern. Die Ming-Truppen verteidigten die Mauern der Stadt mit Batterien schwerer Geschütze, doch hielten sie nur eine Woche lang stand. Die Mandschu hatten eigene Kanonen, mit denen sie die Mauern zertrümmerten, und ihre Soldaten stürmten die Stadt.

TAIWANS EROBERUNG

Koxinga erobert Taiwan

DATUM Mai 1661–Februar 1662

STREITKRÄFTE Koxinga: wohl 200 000

VERLUSTE nicht verbürgt

ORT Westküste der Insel Formosa (heute Taiwan)

Zheng Chenggong, im Westen als Koxinga bekannt, war Mitglied einer wohlhabenden Familie aus dem Küstengebiet Chinas. Als Parteigänger der Ming führte er mit Land- und Seestreitkräften Angriffe gegen die Qing. Gegen Ende der 50er-Jahre des 17. Jh. näherten sich jedoch Qing-Heere Koxingas Hauptstützpunkt in der Stadt Amoy (chinesisch: Xiamen). Koxinga verlegte seine Truppen nach Formosa und begann die holländische Festung Zeelandia zu belagern. Die Holländer hielten sich neun Monate lang, obwohl sie im Verhältnis 1:10 unterlegen waren. Nach ihrer Kapitulation im Februar 1662 wurde ihnen unbehelligter Abzug gewährt.

PIRAT UND HANDELSMANN
Diese japanische Abbildung zeigt Koxinga, dessen Vater Chinese und Mutter Japanerin war. Seine Familie hatte ihren Reichtum durch Handel und Piraterie erworben.

EROBERUNGEN DER MANDSCHU

Krieg der drei Feudalfürsten

DATUM 1673–1681

STREITKRÄFTE nicht bekannt

VERLUSTE nicht verbürgt

ORT verschiedene Provinzen Südchinas

1669 vertrieb der 15-jährige Qing-Kaiser Kangxi den Regenten Oboi und übernahm selbst die Macht. Kangxis Vorgänger hatten sich mit ihrer Unfähigkeit, ganz China zu regieren, abgefunden und es drei chinesischen Feldherrn, den so genannten »Feudalfürsten«, gestattet, im Süden und Südwesten des Landes eigene Lehnsherrschaften zu errichten. Shang Kexi und Geng Jimao waren Banneroffiziere, d.h., sie hatten sich den Mandschu vor der Eroberung Pekings angeschlossen. Der dritte war Wu Sangui. Der junge Kangxi hielt diese Verhältnisse für inakzeptabel und begann, die Feudalfürsten zum Verzicht auf ihre Gebiete zu drängen. Wu reagierte darauf 1673 mit der Proklamation einer neuen Dynastie, der Zhou, und zog mit einem Heer von seinem Machtgebiet im Südwesten nach Hunan. Geng und Shang Zhixin, Shang Kexis Sohn, schlossen sich ihm an und führten Heere nach Norden in Richtung Jangtsekiang. Kangxi hatte die Herrschaft über ganz Südchina verloren, doch die Feudalfürsten konnten ihre militärischen Operationen nicht koordinieren. Kangxis Mandschu-Feldherren jedoch blieben loyal, sodass er eine Gegenoffensive organisieren konnte. 1677 kapitulierten sowohl Geng als auch Shang.

> »Wenn meine Heere kommen und alle hinrichten, so widerspricht dies meinem Verlangen…«
>
> *Kaiser Kangxi,* Anweisung an seine Soldaten, 1681

QING-BANNER
Dieses Drachenbanner gehörte einer Qing-Kavallerieeinheit. Im China der Qing waren die »Bannerleute« Eliteeinheiten, egal, woher sie stammten.

CHINESISCH-MONGOLISCHER KRIEG

Jao Modo

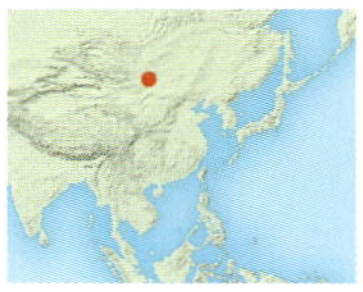

DATUM 1696

STREITKRÄFTE Chinesen: 80000; Zhungar: unbekannt

VERLUSTE nicht verbürgt

ORT Mongolei, südlich von Ulan Bator

In der zweiten Hälfte des 17. Jh. hatten die Krieger der nomadischen Dsungaren in der Äußeren Mongolei einen beherzten Führer namens Galdan. In China befürchteten die Qing den Aufstieg eines neuen Mongolenreiches und entschlossen sich daher zu Präventivmaßnahmen. 1696 zogen drei chinesische Heere mit insgesamt 80000 Mann westwärts. Der Kaiser Kangxi führte eines der Heere persönlich durch die Wüste Gobi und vollbrachte die Meisterleistung, es auf dem 80-Tage-Marsch angemessen zu versorgen. Die Qing-Truppen trieben die Dsungaren hinter den Fluss Kerulen zurück und lieferten ihnen danach bei Jao Molo eine Schlacht. Die Dsungaren wurden geschlagen, wobei die chinesische Artillerie eine wichtige Rolle spielte.

CHINESISCH-RUSSISCHER KRIEG

Albazin

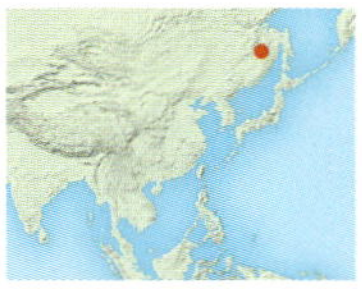

DATUM 1685–1686

STREITKRÄFTE Chinesen: vielleicht 10000; Russen: einige Hundert

VERLUSTE unbekannt

ORT am Amur in der nördlichen Mandschurei

Nach dem Sieg über die Feudalfürsten 1681 und der Eroberung Formosas 1683 hatte Kangxi freie Hand, sich um die Festigung der chinesischen Grenzen zu kümmern. Während des gesamten 17. Jh. hatte sich Russland immer tiefer nach Asien ausgedehnt – einerseits durch Militärexpeditionen, andererseits durch die Unternehmungen von Pelzjägern und Händlern, die um die Mitte des Jahrhunderts in ein Gebiet eingedrungen waren, das von den Chinesen traditionell der eigenen Einflusssphäre zugerechnet wurde. Die Aufmerksamkeit der Qing konzentrierte sich auf die palisadenbewehrte russische Siedlung Albazin am Amur. Kangxi schickte ein stattliches Heer aus, um den Außenposten anzugreifen. Darunter befanden sich einige der unlängst in Formosa besiegten Anhänger Zhengs, die wertvolle Kenntnisse über die Navigation auf den Flüssen des Nordens besaßen. Die Expedition führte auch verbesserte Geschütze mit sich, die unter der Anleitung Pater Ferdinand Verbiests, eines Jesuitenmissionars am Hofe Kangxis, entwickelt worden waren. Nach kurzen schweren Kämpfen war die Garnison von Albazin zur Kapitulation gezwungen. Die Russen durften sich nach Nertschinsk zurückziehen, doch sobald das chinesische Heer abgezogen war, kehrten sie zurück, um die Ernte einzubringen und den Stützpunkt erneut zu besetzen. Das Ergebnis waren weitere schwere Kämpfe im folgenden Jahr. Die Russen sahen jedoch, dass sie langfristig wenig Aussichten hatten, solche exponierten Außenposten zu unterhalten.

CHINESISCHE KLINGE
Die Abbildung zeigt die typische chinesische Infanteriewaffe des 16. und 17. Jh.

KAISERLICHE MARINE
Ausschiffung chinesischer Truppen bei einem Besuch Kaiser Kangxis in Kiang-Han 1699. Seestreitkräfte spielten bei Albazin eine Rolle.

IMPERIEN UND REVOLUTIONEN

1750–1914

DAS MODERNE KRIEGSWESEN

ZWISCHEN 1750 UND 1914 gewannen die Heere der europäischen Staaten und der Länder, die wie die Vereinigten Staaten von Europäern besiedelt worden waren, in Hinblick auf militärische Technik und Organisation einen deutlichen Vorsprung. Zwischen den Streitkräften, die westliche Methoden und Bewaffnung übernahmen, und denen, die dies nicht taten, öffnete sich eine zunehmend breiter werdende Kluft – Japan war das einzige nichtwestliche Land, das dieses Zurückbleiben entschlossen überwand.

MOBILE FEUERKRAFT
Artillerie wie dieses Feldgeschütz spielte im Sezessionskrieg eine zentrale Rolle.

Viele Kriege des 18. und 19. Jh. breiteten sich über mehrere Erdteile aus und führten zur Entstehung moderner Staaten. Der Siebenjährige Krieg (1756–1763), mit dem diese Periode beginnt, ist als der erste echte »Weltkrieg« bezeichnet worden, da die Kriegsparteien in Indien und Nordamerika ebenso kämpften wie in Europa selbst. Kriege waren wesentlich an der Entstehung der Vereinigten Staaten beteiligt, beginnend mit dem Unabhängigkeitskrieg (1775–1783) über die Kriege gegen Mexiko und die Indianer bis hin zum Bürgerkrieg (1861–1865). In Europa folgte den Verwerfungen der Revolutionskriege und der Napoleonischen Kriege (1792–1815) ein Jahrhundert begrenzter, aber entscheidender Konflikte, aus denen Deutschland und Italien als Nationalstaaten hervorgingen. Andernorts brachen Kriege aus, wenn westliche Mächte asiatischen oder afrikanischen Völkern ihre Herrschaft aufzwangen.

EINHEITLICHE DISZIPLIN

Mitte des 18. Jh. verfügten die europäischen Länder über uniformierte, streng hierarchisch gegliederte Berufsheere; den Maßstab setzte dabei Preußen unter Friedrich dem Großen. Den Kern der Heere bildete die mit Steinschlossmuskete und Bajonett bewaffnete Infanterie, die darauf gedrillt war, im Gefecht ihre Formation als Linie, Karree oder Kolonne unerschütterlich beizubehalten. Die Soldaten, die sich oft genug aus dem Bodensatz der Gesellschaft rekrutierten, wurden durch drakonische Strafen diszipliniert, obwohl man auch versuchte, sie mit Stolz auf ihr Regiment zu erfüllen. Die Kavallerie blieb die elitäre Waffengattung mit Aufgaben wie Sicherung, Aufklärung und Stoßangriff, während sich die Artillerie zu einer im Felde entscheidenden, vollkommen beweglichen Waffengattung entwickelt hatte. Doch der amerikanische Unabhängigkeitskrieg bewies die potenzielle Anfälligkeit eines europäischen Berufsheeres beim Kampf in schwierigem Gelände und

1750

- **1756–1763** Preußens Einmarsch in Sachsen löst den Siebenjährigen Krieg in Europa aus.
- **1761** Muslimische Afghanen besiegen hinduistische Mahratti in der Schlacht von Panipat.
- **1768** Cooks erste Reise in den Pazifik
- **1769** James Watt lässt seine Dampfmaschine patentieren.
- **1775–83** Amerikanischer Unabhängigkeitskrieg
- **1783** Russland annektiert die Krim

1785

- **1789** Beginn der Französischen Revolution
- **1794** In der Schlacht von Fleurus werden erstmals Beobachtungsballons eingesetzt.
- **1798** Napoleon marschiert in Ägypten ein *(S. 200)*
- **1803** Vereinigte Staaten kaufen Louisiana.
- **1803** Briten besiegen Mahratti bei Assaye *(S. 236)*
- **1804** Napoleon wird Kaiser von Frankreich.

1805

- **1805** Napoleon wird bei Trafalgar besiegt *(S. 204)*.
- **1805** Napoleon schlägt Russen und Österreicher bei Austerlitz *(S. 202)*.
- **1807** Briten beenden ihren Sklavenhandel.
- **1812** Napoleon in Russland besiegt
- **1813** Völkerschlacht bei Leipzig: Ende der Franzosenherrschaft in Deutschland und Polen
- **1815** Schlacht bei Waterloo *(S. 215)*
- **1819** Erste Atlantiküberquerung per Dampfschiff

1820

- **1822** Brasilien wird unabhängig.
- **1825** Erste Personen-Dampfeisenbahn
- **1835–36** Texas wird von Mexiko unabhängig.
- **1839–42** Erster Opiumkrieg in China
- **1848** Mexiko tritt Texas und Kalifornien an die Vereinigten Staaten ab.
- **1849** Goldrausch in Kalifornien
- **1853–57** Krimkrieg
- **1857–58** Inder erheben sich gegen englische Herrschaft.

BATTERIEDECK HMS VICTORY, 1778–1812

NAPOLEON BONAPARTE, 1769–1821

MISSIONSSTATION »ALAMO«, TEXAS, 1836

gegen irreguläre Truppen. Als man sich dieser Beschränkungen bewusst wurde, rekrutierten die europäischen Mächte irreguläre Kavallerie, häufig aus den ethnischen Minderheiten ihrer Imperien wie etwa die Kosaken in Russland, und entwickelten Scharfschützen und Jägertruppen.

BÜRGERARMEEN

Obgleich es im Kriegswesen zwischen der Mitte des 18. und der Mitte des 19. Jh. keine nennenswerten technischen Veränderungen gab, brachte die Französische Revolution nach 1790 einen neuen Heerestyp hervor: das vom Nationalismus beflügelte, allgemein eingezogene Massenheer. Zugleich gab es auf dem Gefechtsfeld eine neue Dynamik, verkörpert durch Napoleon Bonapartes rasche Truppenbewegungen und seine Suche nach Entscheidungsschlachten zur Vernichtung der feindlichen Kräfte. Im 19. Jh. waren Bürgerheere, die durch die allgemeine Wehrpflicht aufgestellt wurden, zum Normalfall geworden, zumindest auf dem europäischen Festland. Militärdienst galt als Recht und Pflicht, als Schule des Patriotismus und als Kraft nationaler Integration.

NEUE TECHNOLOGIE

Etwa 1850 begann ein Wandel des Kriegswesens, der mit präziser arbeitenden Werkzeugmaschinen und aufkommender Massenproduktion in Zusammenhang stand. Die Erfindung des Spitzgeschosses zog die Entwicklung der ersten Gewehre mit gezogenem Lauf nach sich, bei dem spiralförmige, erhabene »Felder« in das Geschoss einschneiden und so seine Rotation um die Längsachse bewirken sowie die Einwirkzeit der Pulvergase verlängern, was zur Erhöhung der Schussweite und Treffgenauigkeit führt. Die anfänglichen Papphülsen der Patronen wurden im späten 19. Jh. durch Metall ersetzt. Zum Schießen wurde das Gewehr nun nicht mehr von vorn geladen, sondern die Patrone in eine verriegelbare Kammer hinter dem Lauf eingeführt. Galt dies zunächst nur für den Einzellader, so wurden bald Mehrlader (Repetiergewehre), Revolver, Selbstladepistolen und am Ende Maschinenwaffen entwickelt und weithin eingeführt. Verschiedene neue wirkungsvollere Sprengstoffe ersetzten das Schwarzpulver; die Artillerie verschoss Sprenggranaten anstelle von massiven Kugeln. Die Eisenbahn revolutionierte die Geschwindigkeit der Mobilisierung und des Transports von Massenheeren, während das Kommunikations- und Nachrichtenwesen durch den Telegrafen, das Telefon und am Ende den Funk umwälzende Veränderungen erfuhr. Zur See beendeten dampfgetriebene, gepanzerte Schlachtschiffe die Ära der hölzernen Linienschiffe. Versuchsweise stieg der Krieg mit Ballonen und ersten Flugzeugen in die Luft auf und tauchte in Gestalt der frühen U-Boote in das Meer hinab.

REVOLUTION UND KRIEG
Das Gemälde »Die Freiheit führt das Volk« stammt vom französischen Maler Eugène Delacroix. Die Auswirkungen der Französischen Revolution wurden nicht nur in ganz Europa, sondern auch weit darüber hinaus empfunden und beeinflussten das Entstehen von Massenheeren auf der Grundlage allgemeiner Wehrpflicht.

1860 · 1865 · 1880 · 1900

- **1861** Vereinigung Italiens
- **1861–65** Amerikanischer Bürgerkrieg
- **1863** Sklavenbefreiung in den Vereinigten Staaten
- **1863** Britischer General Gordon verteidigt Shanghai gegen Taiping-Aufrührer.
- **1865** Ermordung Präsident Lincolns
- **um 1866** Das Siemens-Martin-Verfahren zur Stahlerzeugung wird erfunden.
- **1868** In Japan endet das Tokugawa-Schogunat.
- **1869** Eröffnung des Sueskanals
- **1869** Union-Pacific-Eisenbahnlinie wird fertig gestellt.
- **1870–71** Deutsch-Französischer Krieg
- **1871** Gründung des Deutschen Reiches
- **1876** Gefecht am Little Bighorn *(S. 219)*
- **1876** Alexander Graham Bell lässt sich das Telefon patentieren.
- **1877** Schlacht von Plewen in den russisch-türkischen Kriegen *(S. 263)*
- **1885** Entwicklung des ersten Autos in Deutschland
- **1890–91** Boxer Rebellion, China
- **1895** Erfindung der drahtlosen Telegrafie
- **1896** Yukon und Klondike Goldrausch
- **1898** Spanisch-Amerikanischer Krieg
- **1898** Bei Omdurman, Sudan englisch-ägyptischer Sieg *(S. 241)*
- **1899–1902** Burenkrieg
- **1901** Commonwealth of Australia wird proklamiert.
- **1903** Orville und Wilbur Wright gelingt erster Motorflug.
- **1905** Japaner besiegen Russen bei Tsushima *(S. 253)*.
- **1910** Japan annektiert Korea.
- **1911** China wird Republik.

KONFÖDERIERTE REGIMENTSFAHNE

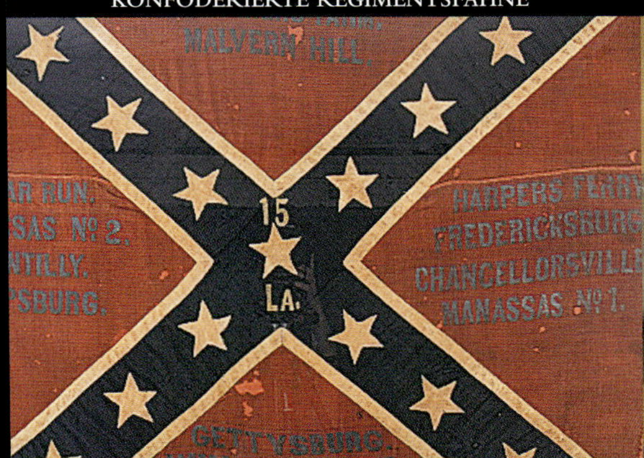

GATLING-REVOLVERKANONE, erfunden um 1862

BURENKRIEG, 1899–1902

FRENCH AND INDIAN WAR
Während des Siebenjährigen Krieges wurde die uralte Rivalität zwischen England und Frankreich zu einem Kampf um Territorien in der Neuen Welt.

DER SIEBENJÄHRIGE KRIEG

Der Siebenjährige Krieg entwickelte sich aus dem Versuch Österreichs, die unlängst von Preußen besetzte Provinz Schlesien zurückzuerobern. Durch eine Umgestaltung des europäischen Bündnissystems sah sich Preußen Frankreich, Österreich, Russland und anderen gegenüber. Preußens einziger Verbündeter war Großbritannien, das einige Subsidien und ein paar Truppen zur Verfügung stellte, während es gleichzeitig Frankreich unter Druck setzte. Doch Großbritanniens Hauptinteresse galt dem Wettstreit mit Frankreich um die Vorherrschaft zur See und in den Kolonien. In Europa hielt Preußen seinen Feinden stand, wenn auch um einen hohen Preis, während Großbritannien Frankreich aus Kanada und Indien vertrieb.

DIE HEERE

Um die Mitte des 18. Jh. waren die europäischen Heere noch immer relativ klein und bestanden aus Angeworbenen, die allein des Lohnes wegen kämpften. Preußen überlebte dank seiner starken militärischen Tradition. Viele preußische Offiziere entstammten dem Adel aus den im Mittelalter vom Deutschen Ritterorden beherrschten Gebieten. Das preußische Heer war eine gut ausgebildete nationale Truppe (also keine Söldnerarmee), der ein selektives Zwangsaushebungssystem zugrunde lag, das auch für fertig ausgebildete Reserven sorgte. Die Soldaten verstanden ihr Handwerk: Die Offiziere wurden auf Militärakademien ausgebildet und die Artilleristen waren geschulte Mathematiker.

SCHNEIDIGE UNIFORMEN
Mit solchen Kopfbedeckungen erklommen britische Soldaten beim Angriff auf Quebec die steilen Klippen.

KRIEGE DER KAVALLERIE
Kavallerieschwerter oder -säbel (Hiebwaffen mit leicht gekrümmter Klinge) kamen im Siebenjährigen Krieg zum Einsatz. Links ein französisches, rechts ein britisches Beispiel. Die Formgebung war von älteren türkischen Waffen beeinflusst.

1712–1786

FRIEDRICH DER GROSSE

Friedrich II. von Preußen, der von 1740 bis zu seinem Tode 1786 regierte, war hochkultiviert, ein ausgezeichneter Musiker, Kunstliebhaber und Freund bedeutender Philosophen. Obwohl er aufgrund seiner erfolgreichen Feldzüge in Europa zum Nationalhelden wurde, ist sein Ruf als taktisches Genie inzwischen infrage gestellt worden. Er schlug glanzvolle Schlachten, vor allem 1757, nachdem seine Hauptstadt besetzt worden war, und errang große Siege, doch mit hohen Verlusten. Er erfasste die Bedeutung der Mobilität – ihm wird die Einführung der reitenden Artillerie zugeschrieben – und war ein geschickter Stratege, doch war seine Kriegführung im Grunde konventionell. Sein größtes Plus waren seine außerordentlich guten Soldaten. Nach 1763 widmete er sich dem Wiederaufbau seines ruinierten Landes und der Armee.

DIE KOLONIEN

Der Teil des Krieges, der sich in Übersee abspielte, endete mit einem überwältigenden Sieg Großbritanniens über den Hauptrivalen Frankreich. Großbritannien wurde zur weltweit dominierenden See- und Kolonialmacht. Verteidigung war kostspielig – Großbritanniens Staatsschulden verdoppelten sich während des Siebenjährigen Krieges – und der Versuch, die amerikanischen Kolonisten an den Kosten für die Feldzüge in Nordamerika zu beteiligen, führte dazu, dass sie die Unabhängigkeit verlangten und sie schließlich errangen. Der Erfolg der Amerikaner gab in Europa dem Begehren nach Freiheit und Gleichheit neue Nahrung, vor allem in Frankreich, das nach dem Chaos der Französischen Revolution unter Napoleon wieder als Europas größte Militärmacht in Erscheinung trat. Preußen lag 1763 militärisch danieder, erholte sich aber rasch. Russland, dessen Seitenwechsel Preußen 1762 rettete, etablierte sich als Großmacht.

DER FRENCH AND INDIAN WAR

Die kriegerischen Auseinandersetzungen, die im Verlauf des Siebenjährigen Krieges in Nordamerika stattfanden, werden French and Indian War genannt. Zusammenstöße zwischen britischen und französischen Siedlern, die sich von »Neufrankreich« (Kanada) aus südwärts ins Ohiotal auszubreiten versuchten, hatte es seit Jahren gegeben. Beide Seiten hatten Verbündete unter den Indianerstämmen. 1758 eroberte eine britische Expeditionstruppe Fort Louisbourg auf der Insel Cape Breton und begann dann einen kühnen Angriff auf Quebec. Als auch Montreal fiel, kontrollierte Großbritannien den größten Teil Kanadas. Dank ihrer Überlegenheit zur See eroberten die Briten die wertvolle »Zuckerinsel« Guadeloupe (1763 mit dem Vertrag von Paris zurückgegeben) und nahmen Spanien, Frankreichs europäischem Verbündeten, Florida ab.

FRENCH AND INDIAN WAR

Quebec

DATUM 13. September 1759

STREITKRÄFTE Briten: 4800; Franzosen: 4000

VERLUSTE Briten: 658 Gefallene; Franzosen: 644 Gefallene

ORT die Ebene Abraham vor den Toren Quebecs

Nachdem Louisbourg 1758 eingenommen worden war, standen der Sankt-Lorenz-Strom und Quebec, die Hauptstadt »Neufrankreichs«, den britischen Truppen offen. Die Engländer fürchteten, dass die Franzosen unter dem hoch geachteten Heerführer Marquis de Montcalm nur durch eine lange Belagerung überwunden werden könnten. Eine mächtige britische Flotte schaffte ungefähr 8000 Soldaten unter dem 32-jährigen General James Wolfe den Sankt-Lorenz-Strom hinauf. Mehrere Landungsversuche unterhalb der Stadt scheiterten, doch Wolfe besetzte Point Lévis auf dem anderen Flussufer, von wo aus er die Stadt beschießen konnte. Einige Wochen später beschloss er, das Gros seiner Truppen in einer kleinen Bucht an Land zu setzen, die seine Kundschafter stromaufwärts von Quebec entdeckt hatten. Er führte seine Männer auf die Heights of Abraham, indem sie die etwa 50 m hohen Klippen erkletterten. Nach einem Nachtmarsch überraschten sie die Franzosen; die offene Feldschlacht auf ebenem Gelände westlich der Stadt dauerte weniger als eine Stunde, doch beide Befehlshaber fielen im Kampf.

NEUFRANKREICHS NIEDERLAGE
Die Einnahme Quebecs durch die Engländer, die auf diesem beinahe zeitgenössischen Stich dargestellt wird, kündigte das Ende des französischen Strebens nach Vorherrschaft an.

FRENCH AND INDIAN WAR

Pontiacs Rebellion

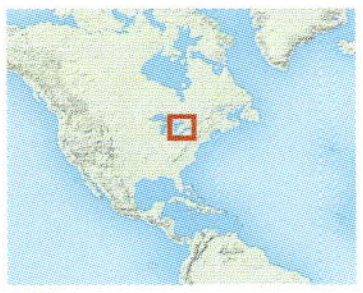

DATUM 1763

STREITKRÄFTE britisch-amerikanische Kolonialmiliz gegen ein wechselndes Bündnis eingeborener Stämme

VERLUSTE Siedler und Händler: etwa 200; Indianer: unbekannt

ORT bei den Großen Seen

Die Ereignisse in Kanada brachten viele Indianer zu der Überzeugung, dass ihre Unabhängigkeit von den Briten stärker bedroht werde als von den Franzosen. Außerdem nahmen sie es übel auf, dass die Briten anders als die Franzosen keine Geschenke mehr verteilten. Unter der Führung des Ottawahäuptlings Pontiac begann der Aufstand. Angriffe auf britische Forts an den Großen Seen brachten acht davon in die Hand der Indianer, dazu wurde die britische Versorgungslinie über den Eriesee unterbrochen, Fort Pitt (Pittsburgh) und Fort Detroit konnten jedoch gehalten werden. Nachdem die Franzosen kapituliert hatten, brach der Aufstand in sich zusammen.

KRIEGSGEFANGENE
Der Friedensvertrag verpflichtete die Indianer, alle Gefangenen an Oberst Henry Bouquet zu übergeben.

FRENCH AND INDIAN WAR

Am Monongahela

DATUM 9. Juli 1755

STREITKRÄFTE Briten und Kolonisten: 1500; Franzosen und Indianer: 900

VERLUSTE Briten und Kolonisten: 876 Tote; Franzosen: 56 Tote; Indianer: 40 Tote

ORT beim Zusammenfluss von Allegheny und Monongahela

Als 1754 die Kämpfe zwischen britischen und französischen Siedlern ausbrachen, wurde der 79-jährige General Edward Braddock britischer Oberbefehlshaber in Nordamerika. Sein Adjutant war George Washington, der später im Unabhängigkeitskrieg das Kommando übernehmen und der erste Präsident der Vereinigten Staaten werden sollte. Braddock plante 1755 eine vierstufige Offensive gegen die Franzosen, bei der auch die Einnahme von Fort Duquesne (dem heutigen Pittsburgh) vorgesehen war. Ungefähr 14 km südlich des Forts stieß die Vorausabteilung unter Oberstleutnant Thomas Gage am Ufer des Monongahela zufällig auf die Franzosen und Indianer. Nach einem kurzen Gefecht zog sich Gage zurück und stieß mit dem Gros der Briten zusammen, die eilig heranrückten, nachdem sie die Schüsse gehört hatten. Während Braddock und seine Offiziere, die im Gefecht wohl kapitale Fehler machten, ihre Truppe neu zu formieren suchten, fügten ihnen die ringsum im Wald verborgenen Franzosen und Indianer schwere Verluste zu. Nachdem sich das Gefecht drei Stunden hingezogen hatte und Braddock tödlich verwundet worden war, flohen die britischen Truppen. Vor dem Rückzug verbrannten sie etwa 150 eigene Wagen mit Ausrüstung. Da die demoralisierten Briten noch immer dem französischen und indianischen Feind zahlenmäßig überlegen waren, wurden sie nicht verfolgt, aber ihre militärische Leistungsfähigkeit war zweifelhaft geworden.

KRIEG IN EUROPA UND INDIEN

Zum Siebenjährigen Krieg gehörten etliche scheinbar separate Konflikte in anderen Weltteilen. Gemeinsamer Nenner der Kriege in Europa und Indien war der Umstand, dass in beiden Fällen Frankreich einer der Hauptbeteiligten und gleichzeitig der Verlierer war. Preußens große Siege im Jahr 1757 machten Frankreichs militärischen Ruf nach einem Jahrhundert beinahe unablässiger Erfolge zunichte. Das änderte sich erst wieder mit den Revolutionskriegen im letzten Jahrzehnt des 18. Jh. In Indien stellten Engländer und Franzosen nur einen winzigen Teil der Bevölkerung und waren nicht nur auf eine überlegene Militärtechnologie, sondern auch auf örtliche Bündnisse angewiesen. Wie in Nordamerika hinderte die britische Seeherrschaft die Franzosen an der Verstärkung ihrer Truppen – was letztlich für den britischen Sieg verantwortlich war.

SIEBENJÄHRIGER KRIEG IN EUROPA

Rossbach

DATUM
5. November 1757

STREITKRÄFTE
Franzosen und Reichsarmee: 42 000; Preußen: 21 000

ORT
bei Leipzig

VERLUSTE Franzosen und Reichsarmee: 7700 Gefallene; Preußen: 550 Gefallene

Nachdem Friedrich der Große von Preußen bei Kolin im Juni und bei Großjägerndorf im August 1757 Niederlagen hinnehmen musste, griff er die Franzosen und die Reichsarmee unter dem Prinzen von Soubise bei Rossbach an. Soubises Heer war in erbärmlicher Verfassung und nicht imstande, die nur halb so starken Preußen zu besiegen. Zunächst stand es gut für die Franzosen und Österreicher, doch bei ihrem Versuch, den linken preußischen Flügel zu umfassen, hatten sie übersehen, dass Friedrich seine Armee gedreht hatte, um ihnen zu begegnen. Einer stürmischen Kavallerieattacke folgte sofort die preußische Infanterie, die einen grandiosen Sieg errang.

LEKTION GELERNT

Der preußische Sieg über die Franzosen bei Rossbach bewirkte eine französische Heeresreform.

SIEBENJÄHRIGER KRIEG IN EUROPA

Leuthen

DATUM
5. Dezember 1757

STREITKRÄFTE
Österreicher: 60 000; Preußen: 36 000

ORT
heutiges Lutynia in Polen

VERLUSTE
Österreicher: 9500 Gefallene, 12 000 Gefangene; Preußen: 2300 Gefallene

Nach Rossbach war Friedrich bemüht, ein zweites Heer Maria Theresias, das von ihrem Schwager Karl von Lothringen befehligt wurde, aus Schlesien zu vertreiben, jener ungemein wertvollen Provinz, die er 1740 den Österreichern abgenommen hatte. Die

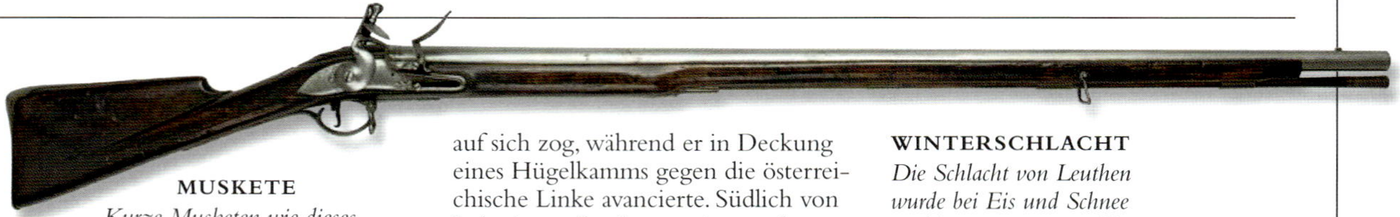

MUSKETE

Kurze Musketen wie dieses Modell von 1747 wurden wahrscheinlich von Dragonern benutzt.

Schlacht von Leuthen gilt als Friedrichs herausragende Leistung, als »Meisterstück an Bewegung, taktischen Maßnahmen und Tatkraft«, so Napoleon. Die Österreicher hatten um das Dorf Leuthen eine starke Stellung mit einer etwa 8 km breiten Front bezogen, die Flanken von sumpfigem Gelände geschützt. Friedrich führte einen Scheinangriff gegen die österreichische Rechte, der die ganze Aufmerksamkeit auf sich zog, während er in Deckung eines Hügelkamms gegen die österreichische Linke avancierte. Südlich von Lobetinz vollendete er eine rasche Umgruppierung. Nach diesem Manöver standen Friedrichs Truppen der österreichischen Südflanke gegenüber. Die Österreicher reagierten zu langsam, ihre Kavallerie war zuvor an den scheinbar angegriffenen rechten Flügel verlegt worden. Bei Leuthen standen die Österreicher 100 Mann tief gestaffelt, konnten aber gegen die Entschlossenheit und den Mut ihrer Angreifer nichts ausrichten und wurden von Friedrichs »wandelnden Batterien«, seiner unerschütterlichen Infanterie, vernichtend geschlagen.

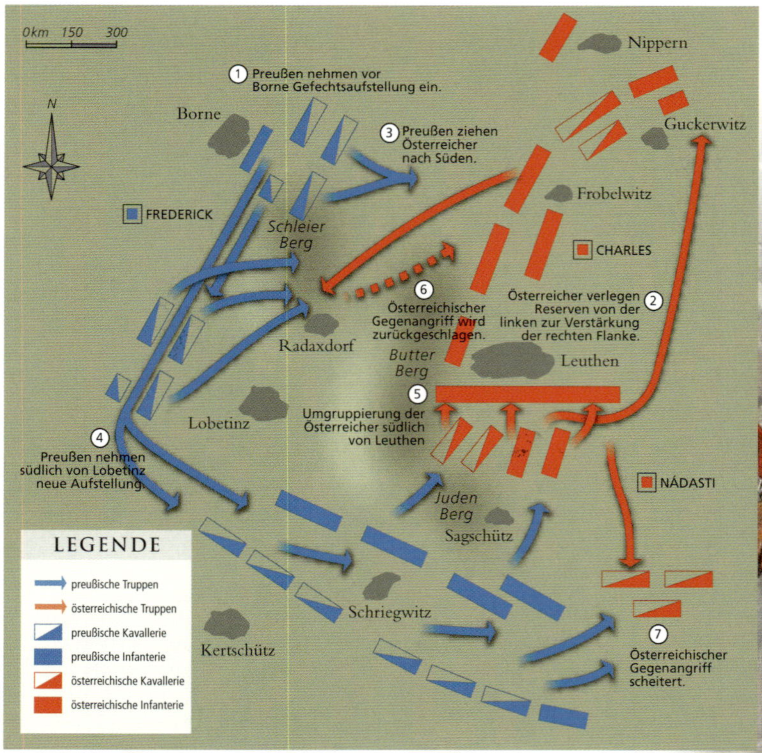

WINTERSCHLACHT

Die Schlacht von Leuthen wurde bei Eis und Schnee geschlagen. Das Gemälde zeigt stürmende preußische Grenadiere, die von ihrem Offizier angefeuert werden.

SIEBENJÄHRIGER KRIEG IN EUROPA

Minden

ORT Minden in Westfalen

DATUM 1. August 1759

STREITKRÄFTE Briten und Hannoveraner: 37000; Franzosen: 44000

VERLUSTE Briten und Hannoveraner: 2800 Tote; Franzosen: 7000 Tote, 8000 Gefangene

Im Juli 1759 eroberten die französischen Truppen unter dem Herzog von Broglie und dem Marquis von Contades die Stadt Minden in Westfalen. Der Befehlshaber des britisch-hannoverschen Heeres, Prinz Ferdinand von Braunschweig, konnte keinen Frontalangriff gegen die gut verschanzten Franzosen in Betracht ziehen, daher versuchte er, Contades mit begrenzten Vorstößen gegen die französischen Verbindungslinien zum Vorrücken zu provozieren. Nach einigem Geplänkel und einem Schusswechsel der Artillerie begann die Schlacht. Es entspann sich ein Handgemenge, das hin und her wogte, bis eine britische Brigade aufgrund eines falsch verstandenen Befehls gegen die französische Kavallerie vorging. Der Angriffsschwung der Briten war so groß, dass sie die Kavallerie auseinander trieben und gleich gegen die Infanterie weiterzogen. Dann sollte die britische Kavallerie ins Gefecht gehen, doch aus unbekannten Gründen kam ihr Befehlshaber, Lord George Sackville, dem Befehl nicht nach. Trotzdem war die Wirkung der englischen Angriffe schon nachhaltig genug, und nachdem die britische Artillerie mit verblüffender Geschwindigkeit aufgefahren war, traten die Franzosen den ungeordneten Rückzug an, wobei sie 40 Kanonen im Stich ließen und weitere schwere Verluste erlitten.

SIEBENJÄHRIGER KRIEG IN EUROPA

Bucht von Quiberon

ORT vor der französischen Küste zwischen Lorient und St. Nazaire

DATUM 20. November 1759

STREITKRÄFTE Briten: 23 Linienschiffe; Franzosen: 21 Schiffe

VERLUSTE Briten: 2 Schiffe verloren; Franzosen: 8 Schiffe verloren oder gekapert

Die Seeschlacht in der Bucht von Quiberon brachte einen der glanzvollsten Siege der britischen Seekriegsgeschichte. Errungen wurde er von Sir Edward Hawke, der sich schon 1747 bei dem Erfolg über die Franzosen vor Kap Finisterre ausgezeichnet hatte. Die Franzosen hatten eine Invasion Englands geplant und vor der Loiremündung Transportschiffe zusammengezogen. Hawke hatte Befehl, Brest zu blockieren, wo die französische Flotte unter Admiral de Conflans lag, um zur Loire zu segeln. Ein Sturm zwang Hawke, Anfang November in Torbay Schutz zu suchen. Ein Geschwader aus Westindien stieß in Brest zu de Conflans, sodass am 14. November eine verstärkte französische Flotte auslief. Hawke verfolgte sie und fing sie am Eingang der Bucht von Quiberon ab. Bei schwachem Licht und schweren Sturmböen folgte er den Franzosen, die über Lotsen verfügten, in die gefährliche Bucht. Vor Anbruch der Nacht hatten die Franzosen schon vier Schiffe verloren, doch in der Dunkelheit liefen zwei Engländer auf Grund. Das französische Flaggschiff Soleil Royal ging ebenfalls verloren. Etliche französische Schiffe flüchteten sich in den Fluss Vilaine, wo sie lange festgehalten wurden, während den übrigen acht die Flucht nach Rochefort gelang.

> »Alles, was irgend getan werden konnte, wurde getan.«
>
> *Edward Hawke*, November 1759

HAWKES ANGRIFF

Die britische Flotte beschießt die Franzosen am 20. November 1759 in der Bucht von Quiberon. Selbst die Franzosen bewunderten Hawkes Schneid und Können.

1750–1914

SIEBENJÄHRIGER KRIEG IN INDIEN

Plassey

ORT Bengalen am Bhagirati, Indien

DATUM 23. Juni 1757

STREITKRÄFTE Briten und Ostindische Kompanie: 3000; Nawab von Bengalen einschließlich französischer Kanoniere: 55000

VERLUSTE Briten: 65; Bengalen: unbekannt

1756 eroberte der Nawab (Statthalter) von Bengalen, Suraj du-Daula, die britische Siedlung Kalkutta, nachdem es zum Streit über von ihm nicht genehmigte Verteidigungsanlagen gekommen war. Verärgert über den Missbrauch der britischen Handelsprivilegien, fürchtete der Nawab die Anfänge einer Fremdherrschaft. Einige britische Gefangene (angeblich 146) wurden über Nacht in eine kleine Zelle eingeschlossen. Etwa 21 von ihnen (viel weniger, als von den Briten behauptet) starben in diesem »schwarzen Loch von Kalkutta«. Unter dem Befehl von Robert Clive stachen britische Truppen von Madras aus in See und eroberten Kalkutta rasch zurück. Der Nawab musste einen Vertrag unterzeichnen, der die britischen Handelsrechte erneut bestätigte, doch tat er es erkennbar wider Willen und konspirierte mit den Franzosen. Die Briten waren entschlossen, ihn mithilfe hinduistischer Bengalen durch Mir Jafar, einen willfährigeren Potentaten, zu ersetzen. In der darauf folgenden Schlacht bei Plassey war Clive nicht nur zahlenmäßig, sondern auch artilleristisch unterlegen, da der Nawab über eine französische Geschützabteilung verfügte. Viele Kommandeure des Nawab waren aber bei »Vorverhandlungen« bestochen worden. Das Gefecht selbst war schnell vorüber, da die meisten Kommandeure den Nawab im Stich ließen. Gewöhnliche Soldaten, die vom Verrat ihrer Offiziere nichts ahnten, unternahmen einen wütenden, indes erfolglosen Angriff, und der Nawab verlor ein Artillerieduell, weil Regen sein Schießpulver durchfeuchtet hatte. Daraufhin unternahm Clive einen direkten Angriff auf die Verteidigungsstellungen des Nawab und brach den Widerstand.

MARIONETTE ALS HEERFÜHRER

Nach der Schlacht von Plassey war Robert Clive der Beherrscher Bengalens. Er setzte den indischen Feldherrn Mir Jafar (rechts) nominell als Führer ein.

1725–1774

ROBERT CLIVE

Clive, der als 18-Jähriger bei der Ostindischen Kompanie in Diensten stand, ging später als Freiwilliger zum Militär. Als er 1751 Arcot eroberte, machte ihn dies berühmt. Mit der Schlacht von Plassey wurde er der eigentliche Herrscher Bengalens. Man erhob ihn in den irischen Adelsstand, doch aufgrund seines schwierigen Charakters machte er sich viele Feinde. Von einer Anklage wegen Korruption als Gouverneur von Bengalen wurde er in den 60er-Jahren des 18. Jh. zwar freigesprochen, doch beging er später Selbstmord.

FEUERWAFFENENTWICKLUNG

WIRKSAME FEUERWAFFEN entstanden im 15. Jh. nach dem Aufkommen zweier Neuerungen: der hölzernen Schäftung, die dem Schützen eine bessere Handhabung des Gewehrlaufs ermöglichte, und des Schlosses, ein Mechanismus, der das Abfeuern durch Betätigung eines Abzugs ermöglicht. Bis ins 19. Jh. waren die meisten Feuerwaffen Vorderlader, wurden also umständlich bedient.

DAS LUNTENSCHLOSS

Der älteste Zündmechanismus ist das Luntenschloss. Bevor der Kolben so geformt wurde, dass er an die Schulter passte, wurden die Luntenschlosswaffen – so genannte Arkebusen oder Hakenbüchsen – beim Schuss an die Brust gedrückt. Seit Mitte des 16. Jh. wurden die Arkebusen durch Musketen ersetzt.

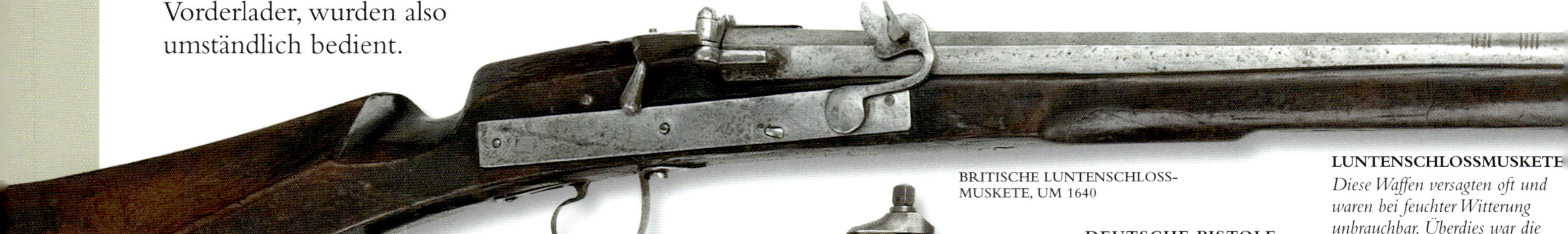

BRITISCHE LUNTENSCHLOSS-MUSKETE, UM 1640

Kolben

LUNTENSCHLOSSMUSKETE

Diese Waffen versagten oft und waren bei feuchter Witterung unbrauchbar. Überdies war die Nähe von Schießpulver und Feuer gefährlich.

DEUTSCHE PISTOLE

Pistolen wie diese benutzte die Reiterei im Dreißigjährigen Krieg (1618–1648)

Hahn mit eingeklemmtem Schwefelkies

Reibrad wird gegen Feder aufgezogen.

Abzug bewirkt Drehung des Reibrades.

DEUTSCHE RADSCHLOSSPISTOLE, UM 1640

HÖLZERNER LADESTOCK

RADSCHLOSS-PISTOLE, NORD-EUROPA, ETWA 17. JH.

messing- und perlmuttverzierter Griff

DAS RADSCHLOSS

Als zu Beginn des 16. Jh. das Radschloss erfunden wurde, erübrigte sich eine Lunte, um das Schießpulver zu entzünden. Stattdessen erzeugte ein Reibrad aus einem Stückchen Schwefelkies einen Funken – wie heute noch beim Feuerzeug. Radschlösser kamen der Kavallerie entgegen, denn aus dem Sattel eine Luntenschlosswaffe anzufeuern war eine schwierige Sache. Doch der Mechanismus war so kostspielig und empfindlich, dass er sich zur allgemeinen Verwendung bei Kriegswaffen nicht eignete.

RADSCHLOSS-PISTOLE, 1590

Hahn

Abzugsbügel

ERSTE PISTOLEN

Radschlosspistolen waren sehr teuer und oftmals reich verziert. Zum Schießen wurde der Hahn mit dem eingeklemmten Schwefelkies auf das Reibrad niedergezogen, das sich drehte und Funken erzeugte, sobald der Abzug betätigt wurde.

PREUßISCHER STEINSCHLOSSKARABINER, UM 1750

Holzschaft reicht nicht an die Mündung, damit Bajonett aufgesteckt werden kann.

eiserner Lauf

BRITISCHE MUSKETE, UM 1746

Ladestock wird unter dem Scha[...] verwahrt.

MUSKETE UND BAJONETT

Das lange Heeresmodell der Steinschlossmuskete war im 18. Jh. die britische Standardwaffe. Die Tülle des Bajonetts wurde über die Mündung geschoben und durch Drehung arretiert (das Bajonett machte die Pike entbehrlich).

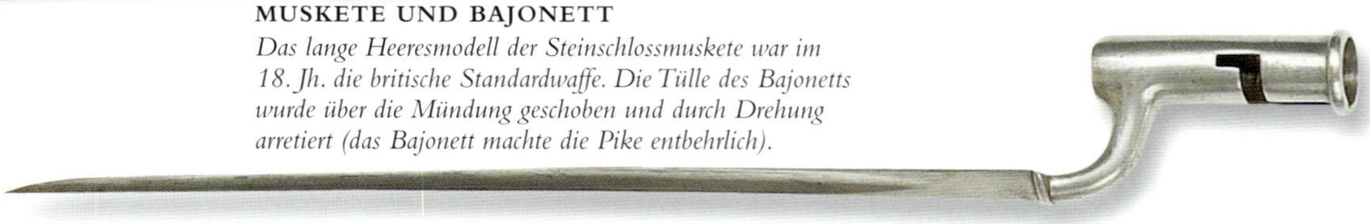

TÜLLENBAJONETT

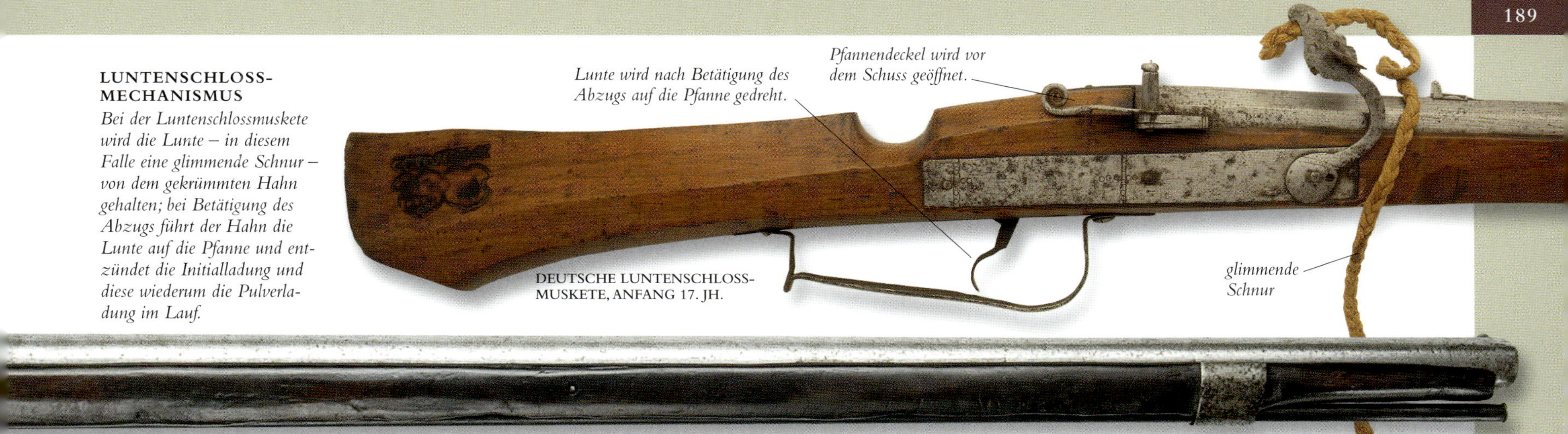

LUNTENSCHLOSS-MECHANISMUS
Bei der Luntenschlossmuskete wird die Lunte – in diesem Falle eine glimmende Schnur – von dem gekrümmten Hahn gehalten; bei Betätigung des Abzugs führt der Hahn die Lunte auf die Pfanne und entzündet die Initialladung und diese wiederum die Pulverladung im Lauf.

Lunte wird nach Betätigung des Abzugs auf die Pfanne gedreht.

Pfannendeckel wird vor dem Schuss geöffnet.

glimmende Schnur

DEUTSCHE LUNTENSCHLOSS-MUSKETE, ANFANG 17. JH.

DAS STEINSCHLOSS

Vom Ende des 17. bis zum Anfang des 19. Jh. war das Steinschloss vorherrschend. Ein Feuerstein schlug auf ein Stahlwiderlager und entzündete so das Pulver auf der Pfanne. Der Hahn wurde nach dem Laden nur halb zurückgezogen und erst unmittelbar vor dem Schuss gespannt. Seit Ende des 18. bis zur Mitte des 19. Jh. waren Papierpatronen üblich, die das Pulver und das Geschoss enthielten. Der Soldat riss mit den Zähnen das hintere Patronenende ab und stopfte alles in den Lauf.

MUSKETENFEUER
Der Soldat schoss gewöhnlich im Stehen und konnte pro Minute etwa drei Schuss abgeben. Musketen waren ungenau – ein Schuss auf ein mehr als 100 m entferntes Ziel war sinnlos –, doch von verheerender Wirkung, wenn angreifende Infanterie salvenweise beschossen wurde.

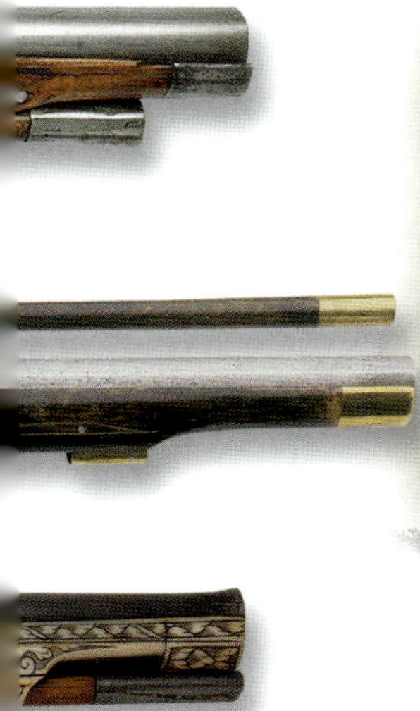

Steinschloss als Kastenschloss ausgeführt

DOPPELLÄUFIGE TASCHEN-PISTOLE, UM 1785

HOWDAH-PISTOLE, UM 1850

gehämmertes Silberband

KAUKASISCHE PISTOLE, 18. JH.

elfenbeinerne Kolbenkappe

STEINSCHLOSSPISTOLEN
Bei Pistolen wurde seit Mitte des 17. Jh. das Radschloss durch den Steinschlossmechanismus ersetzt, erst später ersetzte er das Luntenschloss der Musketen. Selbst die besten Steinschlösser versagten oft und produzierten nur ein Verpuffen des Zündpulvers in der Pfanne.

PREUßISCHER KARABINER
Solche Steinschlosskarabiner benutzten die preußischen Kürassiere – schwere Reiterei – im Siebenjährigen Krieg (1756–1763). Kavalleristen zogen Karabiner wegen ihres geringeren Gewichts und kürzeren Laufs den Musketen vor.

Feuerstein zwischen den Backen des Hahns

messingne Kolbenkappe

REVOLUTIONSKRIEG
Die ersten Feldzüge des Unabhängigkeitskrieges endeten mit einem Patt. Die britischen Truppen waren an Zahl und Bewaffnung überlegen, aber die Patrioten erhielten Unterstützung, als die Kämpfe sich südwärts verlagerten.

DER NORDAMERIKANISCHE UNABHÄNGIGKEITSKRIEG

DER NORDAMERIKANISCHE UNABHÄNGIGKEITSKRIEG hatte tief greifende Auswirkungen auf die Weltgeschichte. Er war ein Vorläufer der europäischen Revolutionen des 18. und 19. Jh. und ist bis auf den heutigen Tag ein Symbol für den Aufstand gegen Missbrauch von Amtsgewalt und Unterdrückung. Er begann als Protest gegen Besteuerung und endete mit der Loslösung der Kolonien von England, einem welterschütternden Ereignis. Schuld daran war vor allem der Druck, den die Briten ausübten, weil sie die Loyalität der Kolonisten gegenüber ihrem Mutterland falsch einschätzten.

HECKENSCHÜTZE
Ein amerikanischer Heckenschütze hat einen Rotrock getroffen.

BESTEUERUNG

Der Siebenjährige Krieg (S. 184 ff.), der 1763 für die Briten siegreich zu Ende gegangen war, sicherte ihre Vorherrschaft in den amerikanischen Kolonien gegenüber Frankreich. Der Krieg war kostspielig gewesen, und die Briten glaubten, dass die Kolonisten ihren Anteil an den Kosten tragen sollten. Seit 1620 hatten die Siedler jedoch, von London kaum behelligt, eine liberale Gesellschaftsordnung entwickelt und hielten sich streng an ein konstitutionelles Prinzip: keine Besteuerung durch Großbritannien ohne angemessene Vertretung im britischen Parlament.

UNRUHEN IN BOSTON
Am 5. März 1770 eilt ein Trupp Soldaten einem Wachtposten zu Hilfe, der auf der King Street (heute: State Street) in Boston von einem großen Pöbelhaufen belästigt wurde.

GEWALTSAMER WIDERSTAND

Im Jahre 1773 kippten die Bostoner aus Protest gegen eine Teesteuer eine Schiffsladung Tee ins Hafenwasser. Zur Vergeltung schlossen die Briten den Bostoner Hafen. Dann begannen britische Truppen, Volkserhebungen in Lexington und Concord niederzuschlagen, wobei es zu regelrechten Kämpfen kam. Zwar gingen die Engländer in Gefechtsordnung mit aufgepflanztem Bajonett vor und die Amerikaner bedienten sich meist der überfallartigen Guerillataktik, aber George Washington verfolgte – mit großem Erfolg – das Ziel, ein Berufsheer nach europäischem Muster aufzustellen. Daher ließ er seine Leute von einem preußischen Offizier ausbilden.

DER ERSTE SCHUSS
Britische Truppen mit dem bewusst provozierenden Befehl, Kolonistenwaffen einzuziehen, werden von den »Minutemen«, einer Kolonialmiliz, angegriffen. Bei diesem Treffen in der Nähe von Lexington in Massachusetts fiel der erste Schuss des Krieges.

DER KRIEG ZUR SEE

Die Küste der 13 Kolonien war so lang und so stark gegliedert, dass eine erfolgreiche Blockade trotz der britischen Seeherrschaft nicht möglich war. Die Kolonien hatten eine lange seemännische Tradition, und das Fehlen einer eigenen Kriegsflotte war für sie kein Nachteil, denn Großbritannien konnte aus Zahl und Feuerkraft seiner Kriegsschiffe keinen Nutzen ziehen. Bei Duellen zwischen einzelnen Schiffen wussten sich Amerikaner wie John Paul Jones mit seiner *Bonhomme Richard* (1779) sehr wohl zu behaupten.

EUROPÄISCHE UNTERSTÜTZUNG
Im Krieg gegen die Briten kamen Frankreich und Spanien den Kolonisten zu Hilfe. Hier überraschen die Franzosen eine britische Flotte auf dem Marsch zu den Kapverdischen Inseln (1781).

ARMEEN UND VERBÜNDETE

Der Unabhängigkeitskrieg war zugleich auch ein Bürgerkrieg, denn viele amerikanische Loyalisten kämpften für England und König Georg. Nachdem die Franzosen den Siebenjährigen Krieg verloren hatten, nutzten sie die Chance zur Vergeltung, obgleich ihre militärischen Anstrengungen vergleichsweise geringfügig waren. Deutsche – genauer: hessische – Söldner kämpften für die Briten, deren Versorgungsschwierigkeiten sie oft schwerfällig und wirkungslos machten.
George Washingtons Armee war zunächst unzuverlässig und undiszipliniert, doch nach der Katastrophe von Valley Forge (1777–78) verbesserte sich die Moral ständig.

VALLEY FORGE
General Washington besucht Verwundete bei Valley Forge, wo 2500 durch Kälte und Hunger ums Leben kamen.

MÖRSER

Der Mörser, ein seit dem 15. Jh. gebräuchliches Vorderladergeschütz der Artillerie, hatte ein kurzes, stummelartiges Rohr, das ein Geschoss auf eine steile Flugbahn beförderte. Der Mörser war besonders wirkungsvoll gegen »weiche« Ziele; die Mündungsgeschwindigkeit war geringer als die einer Haubitze, die Schussfolge jedoch schneller. Zudem war er leichter und einfacher zu bewegen. Dieser 33-cm-Mörser, verwendet etwa zwischen 1760 und 1860, stellte das schwerste Kaliber der britischen Artillerie dar.

Daten			
Ursprung	Großbritannien	**Höhe**	70 cm
Länge	70 cm	**Kaliber**	33 cm
Fertigung seit	1760	**Gewicht**	1270 kg

UNABHÄNGIGKEIT

Zwar gab es in diesem Kriege einen eindeutigen Sieger, doch waren die militärischen Ergebnisse im Einzelnen höchst unklar, wie dies für die Kriege des 18. Jh. häufig galt. Die relative Bedeutungslosigkeit der Kavallerie und dass es kaum einmal zu einer offenen Feldschlacht kam, trugen zu dem Patt bei. Während die Amerikaner mit den alten Beziehungen zu Großbritannien brachen, waren britische Institutionen bei ihren Führern durchaus geachtet, wie die amerikanische Verfassung zeigen sollte. In England war der Krieg stets unpopulär gewesen, und als 1781 mit Yorktown die letzte Schlacht geschlagen war, war die britische Führung bereit, die Unabhängigkeitserklärung anzuerkennen.

SÖLDNER
Die hessischen Truppen der Briten, hier auf einem Nachtmarsch, hatten wenig Interesse am Krieg, waren jedoch meist verlässlich. Auf britischer Seite fochten etwa 20 000 Hessen.

FERNROHR
Ein »Perspektiv« machte es möglich, aus größerer Entfernung eine feindliche Flagge oder Signale zu erkennen.

SCHLACHTEN FÜR DIE UNABHÄNGIGKEIT

Für George Washington ging es zunächst nur darum, die Vernichtung seiner unterfinanzierten Continental Army zu verhindern. Deshalb mied er nach Möglichkeit offene Feldschlachten, wobei ihm die schwerfälligen Bewegungen des Feindes und vielleicht auch die persönliche Sympathie mancher britischer Offiziere halfen. Die Briten jedoch waren über die amerikanische Taktik beunruhigt, vor allem von Daniel Morgans Schützen aus Virginia, die auf den Cowpens siegten. Die bedeutendsten Schlachten waren Saratoga – das die Franzosen zum Kriegseintritt bewog – und Yorktown – das den Krieg beendete.

MASSACHUSETTS

Lexington und Concord

DATUM 19. April 1775

STREITKRÄFTE Briten: 1700; Amerikaner: 4000

VERLUSTE Briten: 273; Amerikaner: 95

ORT Lexington und Concord in Massachusetts

General Gage, der Militärgouverneur von Massachusetts, versuchte den Aufstand zu ersticken, indem er eine kleinere britische Truppe von Boston nach Concord schickte. Trotz Geheimhaltung erfuhren die Rebellen von der Mission und stellten sich den Briten bei Lexington entgegen. Nach einem kurzem Gefecht marschierten die Briten nach Concord weiter, wo sie von den Aufständischen erneut aus dem Hinterhalt überfallen wurden. Die britischen Soldaten, zumeist junge, unerfahrene Männer, gerieten durch die amerikanische Guerillataktik in Auflösung und liefen davon; nachdem sie sich wieder gesammelt hatten, traten sie den Rückzug nach Charlestown (Boston) an, wobei sie unterwegs ständig in Scharmützel verwickelt wurden. Kurz darauf wurde Boston belagert.

AUF EINER WIESE BEI LEXINGTON
Am ersten Tag der amerikanischen Revolution gibt der britische Major John Pitcairn seinen Truppen Feuerbefehl.

NEW JERSEY

Trenton und Princeton

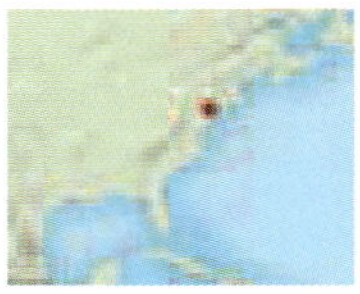

DATUM 26. Dezember 1776–3. Januar 1777

STREITKRÄFTE Briten: 1200; Amerikaner: 2400 (Trenton)

ORT New Jersey

VERLUSTE Briten: 106, dazu 900 Gefangene; Amerikaner: 4

Während des Sommers 1776 hatten die Briten die Initiative, doch Washington, der die Continental Army seit 1775 befehligte, schlug am Jahresende zurück. Er zog alle Truppen zusammen, die ihm zur Verfügung standen, und errang binnen einer guten Woche zwei kleinere, aber überzeugende Siege. Zunächst nahm er der hessischen Garnison Trenton ab, nachdem er in der Weihnachtsnacht den vereisten Delaware überquert hatte. Der hessische Kommandeur kam ums Leben, Washington jedoch bemächtigte sich der dringend benötigten Vorräte und zog davon, um ein weiteres feindliches Kontingent bei Princeton zu vertreiben. Dieser doppelte Erfolg trug dazu bei, die nachlassende Kampfmoral der Amerikaner wieder zu heben.

MASSACHUSETTS

Bunker Hill

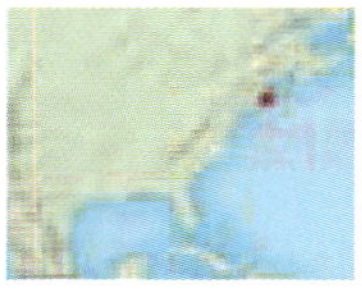

DATUM 17. Juni 1775

STREITKRÄFTE Kolonialmiliz: 1400; Briten: 2600

VERLUSTE Kolonialmiliz: 310, dazu 30 Gefangene; Briten: 1053

ORT bei Boston, Massachusetts

Trotz ihres Namens wurde die Schlacht von Bunker Hill auf dem Breed's Hill geschlagen, am westlichen Rande einer schmalen Wasserstraße, die ins Becken des Charles River führt. Nach dem Ausbruch der Feindseligkeiten in Lexington wurde Boston von rebellischen Kolonisten belagert, deren Anzahl täglich wuchs. Um der britischen Absicht, die Höhen nördlich der Stadt zu besetzen, zuvorzukommen, befahl der amerikanische Kommandeur, General Artemas Ward, den Bunker Hill auf der Halbinsel Charlestown zu befestigen, doch aus irgendeinem Grunde befestigte man Breed's Hill. Breed's Hill war näher an den britischen Schiffen und bot daher eine bessere Angriffsposition. Jedenfalls wurden die Amerikaner sehr schnell von englischen Soldaten unter General William Howe angegriffen. Howe hatte 9000 Mann Verstärkung gebracht, und weitere folgten später, darunter die Generale Burgoyne und Cornwallis. Die Briten griffen an und wurden von den Verteidigern zweimal zurückgetrieben. Obwohl sie am Ende ihr Ziel erreichten und den Hügel eroberten, verloren sie dabei mehr als ein Drittel ihrer Männer. Zudem waren die Briten andernorts unter Druck geraten: Die Aufständischen eroberten die Forts bei Crown Point und Ticonderoga (am Lake Champlain) und schon im November 1774 war ihnen Montreal in die Hände gefallen. Unterdessen hatten die Amerikaner ein reguläres Heer aufgestellt und in George Washington einen erstklassigen General gefunden, einen Mann aus Virginia, der im Jahr zuvor vom zweiten Kontinentalkongress zum Oberbefehlshaber ernannt worden war. John Adams und andere maßgebliche Leute befürchteten, dass der Süden – bislang kaum involviert – sich ganz aus den Kämpfen heraushalten könnte. Doch als der britische Kommandeur Sir Henry Clinton 1776 in den Süden reiste, um die dort zahlreiche loyale Bevölkerung zu einem Aufbegehren gegen die gerade eingesetzte amerikanische Regierung aufzurufen, musste er feststellen, dass eine loyalistische Gegenrevolte in North Carolina gerade in einem Gefecht an der Brücke über den Moore's Creek bei Wilmington niedergeschlagen worden war. Und als Kommander Clinton dann im Juni den Hafen von Charleston zur Unterstützung der örtlichen Loyalisten beschoss, wurde er vertrieben und besiegt.

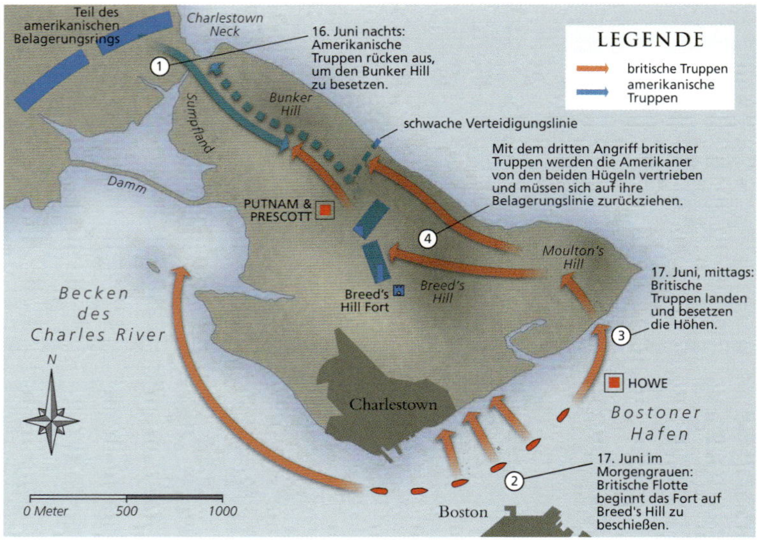

DENKMAL
Das 76 m hohe Bunker-Hill-Denkmal in Boston wurde 1843 errichtet.

»Geschossen wird erst, wenn ihr das Weiße in ihren Augen seht.«

Der amerikanische Oberst William Prescott zu seinen Truppen bei Bunker Hill, 1775

SARATOGA

Saratoga

DATUM 19. September und 17. Oktober 1777

STREITKRÄFTE Briten: 10000; Amerikaner: 15000

VERLUSTE Briten: 800, dazu plus 6000 Gefangene; Amerikaner: 1600

ORT Saratoga County im Staat New York

Im Saratoga County kam es im Verlauf des Feldzugs zu zwei Schlachten innerhalb eines Monats. Trotz Washingtons Erfolgen bei Trenton und Princeton am Jahresende 1776 entwickelte sich die Lage 1777 zu Ungunsten der Amerikaner, bis Saratoga die Wende brachte. Nachdem General Howe Philadelphia besetzt hatte, besiegte er Washington im September in der Schlacht von Brandywine. Dieser Feldzug wurde parallel zu einem weiteren im Norden unternommen, den der britische General Burgoyne von Kanada aus begonnen hatte. Er eroberte Crown Point zurück und auch Ticonderoga, doch verlor er etwa 1000 Mann beim Versuch, die Depots bei Bennington, Vermont zu erobern. Hudson-aufwärts sorgte die Verzögerungstaktik des amerikanischen Generals Horatio Gates dafür, dass Burgoyne nur langsam vorankam. Die in Richtung Saratoga ziehenden Engländer wurden bei Freeman's Farm von Daniel Morgan angegriffen. Sein Kommandeur war Benedict Arnold, der den linken amerikanischen Flügel befehligte. Unter Verlusten konnten sie Morgan abweisen. Arnold schickte Morgan Verstärkung, und als nun die Briten ihrerseits angriffen, wurden sie bei weiteren eigenen Verlusten zurückgeschlagen. Die britischen Linien waren nicht durchstoßen worden, weil Gates es abgelehnt hatte, Arnold Verstärkung zu schicken. Doch Burgoyne hatte Verluste erlitten, die er sich nicht mehr leisten konnte. Er befestigte seine Stellung, während die Amerikaner etwas weiter südlich Feldbefestigungen anlegten. Burgoyne erwartete Verstärkung von General Clinton, doch der war in New York und konnte nicht fort, weil sein Vorgesetzter Howe sich gerade in Pennsylvania befand. Die Schuld daran, dass Burgoyne keinerlei Verstärkung erhielt, wurde vielen Leuten angelastet, unter anderem auch dem britischen Kriegsminister Lord George Germaine, doch was immer die Ursache gewesen sein mochte, die Folgen waren zweifellos katastrophal. Der zweite Zusammenstoß fand am 17. Oktober bei Bemis Heights statt, wo Gates mit mehr als 12000 frischen und kampflustigen Männern lagerte. Burgoynes Angriff wurde mühelos abgewehrt. Ihm waren etwa 5000 taugliche Soldaten verblieben, und seine Vorräte wurden knapp. Er zog sich zurück, wurde aber von Gates eingeschlossen, dessen Soldaten jetzt im Verhältnis 4:1 überlegen waren. Zehn Tage später blieb Burgoyne nur die Kapitulation. Die Gefangennahme des britischen Heeres samt aller Waffen steigerte das Prestige der Amerikaner ungemein und zog das Bündnis mit Frankreich nach sich.

»Unsre Männer zu erschrecken war vergebens ihr Bemühn, wenngleich vom Tode rings umgeben, wollte keiner von uns fliehn.«

Aus einer zeitgenössischen amerikanischen Ballade

SARATOGA NATIONALPARK
In der Nähe des Schlachtfelds von Saratoga, auf dem 1777 die Amerikaner siegten, steht heute dieses Feldgeschütz. Das Gebiet wurde 1938 als Nationalpark eingerichtet.

AMERIKANISCHE PISTOLE
Diese von der Rappahanock Forge hergestellten Pistolen wurde von der amerikanischen leichten Kavallerie benutzt. Amerikanische Feuerwaffen waren normalerweise von sehr guter Qualität.

BEMIS HEIGHTS
Benedict Arnold (Mitte) wurde bei Bemis Heights verwundet. Rechts sieht man eine Gruppe hessischer Jäger.

»Vaterlandsliebe ist der Beweggrund meines gegenwärtigen Verhaltens, mag es der Welt, die nur selten das Tun eines Menschen gerecht beurteilt, auch ungereimt erscheinen.«

ZEUGE DES KRIEGES

BENEDICT ARNOLD

Benedict Arnold, bei Saratoga Gates' Stellvertreter, war einer der talentiertesten amerikanischen Generale. Er eroberte Fort Ticonderoga, und sein Marsch nach Kanada im tiefsten Winter war eine militärische Glanzleistung. Im Glauben, seine Fähigkeiten würden nicht hinreichend gewürdigt, plante er später, die Amerikaner zu hintergehen. Sein Verrat wurde aufgedeckt, doch er entkam und kämpfte später für die Briten. Unser Zitat ist einem Brief an Washington entnommen.

NORDSEE

Bonhomme Richard

DATUM 23. September 1779

STREITKRÄFTE Amerikanische Fregatte *Bonhomme Richard;* Britische Fregatte *Serapis*

ORT Nordsee vor Flamborough Head, England

VERLUSTE Amerikaner: 150; Briten: 128

John Paul Jones wurde 1776 als Seeoffizier in die Continental Navy aufgenommen. Als Befehlshaber eines rasch zusammengestellten Geschwaders sollte er mit seiner Fregatte *Bonhomme Richard* die Engländer zu »stören«. In der südlichen Nordsee stieß er auf einen Konvoi aus der Ostsee, der von HMS *Serapis* unter Kapitän Pearson eskortiert wurde. Pearson hielt das amerikanische Geschwader auf Distanz, während die Handelsschiffe sich davonmachten, dann griff er die *Bonhomme Richard* an. Die beiden Schiffe beschossen sich zwei Stunden lang, bis die *Serapis* Feuer fing und die Flagge strich. Jones setzte auf die *Serapis* über und segelte nach Frankreich.

DUELL AUF DEM WASSER

Beim berühmtesten Seegefecht des Jahrhunderts kämpften die Bonhomme Richard *und die* Serapis *bis zum Erliegen.*

GEORGIA

Savannah

DATUM 9. Oktober 1779

STREITKRÄFTE Franzosen und Amerikaner: unbekannt; Briten und Loyalisten: unbekannt

ORT Unterlauf des Savannah River, Georgia

VERLUSTE nicht verbürgt

In Savannah, Georgia war der revolutionäre Geist nur schwach und 1778 wurde die Stadt von britischen und loyalistischen Kräften besetzt. General Benjamin Lincoln, der Befehlshaber Süd der Continental Army, machte sich auf, um den wichtigen Hafenplatz zurückzuerobern. Unterstützt wurde er von Admiral Graf d'Estaing, der als französischer Verbündeter mit 22 Linienschiffen eine Blockade errichtete. Die Continental Army schloss Savannah am 9. September ein, wohl wissend, dass die Seeblockade einem massierten englischen Angriff nicht standhalten konnte. Ein Angriff der Continental Army am 9. Oktober wurde von britischen Regulären unter Oberst Maitland abgewiesen. Lincoln trat am 16. Oktober einen geordneten Rückzug an. Zwei Tage später hob d'Estaing die Blockade auf und segelte nach Frankreich zurück.

SOUTH CAROLINA

Camden

DATUM 7. Oktober 1780

STREITKRÄFTE Amerikaner: 4100; Briten: 2239

ORT Camden, South Carolina

VERLUSTE Amerikaner: 723 (einschließlich Gefangene); Briten: 324

1778 richteten die Briten ihre Aufmerksamkeit auf den Süden, weil dort besonders viele Loyalisten vermutet wurden und weil die britischen Spinnereien ihre Baumwolle von dort bezogen. Die Briten eroberten im Mai 1780 Charleston. Die Befriedung des Hinterlands war schwieriger, doch ein hastig zusammengezogenes Heer unter General Gates wurde bei Camden von General Cornwallis zerschlagen. Gates' rechter Flügel stand unter dem Kommando von Baron de Kalb, einem glänzenden deutschen Offizier in französischen Diensten, doch die unerfahrenen Männer auf dem linken Flügel hielten Cornwallis' Angriff nicht stand. Nun führten die Briten einen exakten Schwenk aus, um de Kalb zu umfassen, der sein Pferd verlor und tödlich verwundet wurde.

BARON DE KALB

Johann de Kalb erlag bei Camden seiner Verwundung. Den Titel »Baron« trug er ehrenhalber, er war ein Bauernsohn.

NORTH CAROLINA

King's Mountain

DATUM 7. Oktober 1780

STREITKRÄFTE Loyalistische Miliz: 1100; Rebellen: 900

ORT King's Mountain, North Carolina

VERLUSTE Loyalisten: 320 (dazu 698 Gefangene); Rebellen: 90

Nach Gates' Niederlage bei Camden wütete in beiden Carolinas ein unerbittlicher Bürgerkrieg zwischen Loyalisten und Aufständischen. Major Patrick Ferguson übernahm das Kommando über die loyalistische Miliz und marschierte am 26. September auf Charlotte. Als eine Streitmacht der Rebellen gemeldet wurde, zog Ferguson ihr entgegen und machte beim King's Mountain Halt, einem Hügel in Grenznähe. Die Aufständischen hatten keinen gemeinsamen Oberbefehlshaber, doch bewiesen sie eine bemerkenswerte taktische Geschlossenheit. Um den Hügel zu umringen, teilten sie ihre Kräfte in ein halbes Dutzend Gruppen. Als die Rebellen das Feuer eröffneten, reagierte Ferguson mit einem Bajonettangriff. Die Waldläufer und Grenzlandbewohner mussten sich hangabwärts zurückziehen, sammelten sich aber und griffen erneut an. Das wiederholte sich noch einige Male. Die Aufständischen gruppierten sich fortwährend neu und Fergusons Männer erlitten immer mehr Verluste. Als ihr Kommandeur tot vom Pferd fiel, verloren die Loyalisten den Mut und begannen sich zu ergeben. Doch viele Rebellen gelüstete es nach Rache und sie schossen rücksichtslos weiter, bis ihre Offiziere schließlich die Kontrolle wiedererlangten und die Reste der Kolonialmiliz zu Gefangenen erklärten.

REBELLEN

Zur Vorbereitung ihres Sturmangriffs schießen die Aufständischen auf die loyalistischen Truppen.

SOUTH CAROLINA

Cowpens

ORT nördlich von Spartanburg, South Carolina

DATUM 17. Januar 1781

STREITKRÄFTE Amerikaner: 1000; Briten: 1100

VERLUSTE Amerikaner: 73; Briten: 150 (dazu 830 Gefangene)

Diese Schlacht, die nahe einem Terrain von Rinderweiden geschlagen wurde, zeigt beispielhaft das Scheitern des britischen Feldzuges in beiden Teilen Carolinas. Sie verdeutlicht das Versagen gegenüber der Guerillataktik der Amerikaner, insbesondere dann, wenn sie mit der Truppe des unerschrockenen, einfallsreichen Generals Nathanael Greene kooperierten. Trotz seiner geringeren Ressourcen ließ er den britischen Befehlshaber Cornwallis durch rasche Truppenbewegungen und Feuerüberfälle nicht zur Ruhe kommen. Ungeachtet Cornwallis' zahlenmäßiger Überlegenheit, halbierte Greene seine Truppe und schickte den Brigadegeneral Daniel Morgan ins westliche South Carolina, wo er mit einer etwa gleich starken britischen Streitmacht aneinander geriet. Letztere wurde von Oberst Sir Banastre Tarleton kommandiert, der an der Einnahme von Charleston, an der Schlacht von Camden und weiteren Kämpfen teilgenommen hatte. Um Morgan zu verfolgen, marschierte Tarleton um 2.30 Uhr ab, erreichte Cowpens um 8 Uhr früh und schickte seine müde und hungrige »Tory Legion« ohne Frühstück sofort ins Gefecht. Greene hatte seine Scharfschützen am Rande des Terrains postiert, den Rest seiner Leute hielt er in Deckung eines Hügels außer Sicht. Sie konnten die Briten einschließen und, zur Örtlichkeit passend, wie Rinder zusammentreiben, wobei sie nur geringe Verluste erlitten.

GRANATE
Neunzöllige Mörsergranate aus dem 18. Jh. von einem Schlachtfeld in Virginia.

1732–1799

GEORGE WASHINGTON

Der amerikanische Oberbefehlshaber und erste Präsident der Vereinigten Staaten war ein Mann von großen Fähigkeiten und außerordentlicher Charakterstärke. Als Abkömmling des englischen Kleinadels in Virginia hatte er den Familienbesitz bei Mount Vernon geerbt. Als Befehlshaber der Virginia-Miliz im englisch-französischen Kolonialkrieg kannte er das britische Heer aus nächster Nähe und wurde einstimmig zum Oberbefehlshaber der Continental Army gewählt. Als General handelte er nicht immer fehlerlos, aber wahrscheinlich hätte kein anderer während so vieler schwieriger Jahre die amerikanischen Interessen besser wahren können.

> »Wenn ich vorrücke, muss ich Morgans Korps entweder vernichten oder es … in Richtung King's Mountain vor mir hertreiben.«
>
> *Colonel Tarleton*, vor dem Gefecht bei Cowpens, 1781

VIRGINIA

Yorktown

ORT Yorktown, Virginia

DATUM September–Oktober 1781

STREITKRÄFTE Amerikaner: 8845; Franzosen: 7800; Briten: 7500

VERLUSTE Amerikaner: 108; Franzosen: 186; Briten: 482 (dazu 7018 Gefangene)

Das Yorktown-Unternehmen, die letzte Episode des amerikanischen Unabhängigkeitskrieges, war bemerkenswert hinsichtlich der glatten, weiträumigen Zusammenarbeit der amerikanischen und französischen Truppen. Dazu zählten eine französische Truppe von Rhode Island, eine amerikanische aus New York, eine französische Flotte von den Westindischen Inseln sowie Lafayettes Reguläre und Milizen aus Virginia. Der britische Befehlshaber Cornwallis lehnte es ab, seine Basis im Hafen von Yorktown zu verlassen, da er auf Nachschub und Unterschützung durch die Royal Navy hoffte. Er schien die Anfälligkeit seiner Truppen gegen eine kombinierte See- und Landblockade nicht wahrzunehmen. Washington eilte südwärts, um sich mit La Fayette vor Yorktown zu vereinen, während die französische Flotte unter de Grasse den Zugang über See abriegelte. Ein französisch-amerikanischer Angriff zwang die Briten zum Rückzug aus ihren vorgeschobenen Redouten, und am 6. Oktober begann die strikte Belagerung der Stadt. Ein Entsatzgeschwader aus New York wurde von de Grasse abgewiesen. Als seine Verteidigungsanlagen durch anhaltenden Artilleriebeschuss zerfielen, kapitulierte Cornwallis am 19. Oktober.

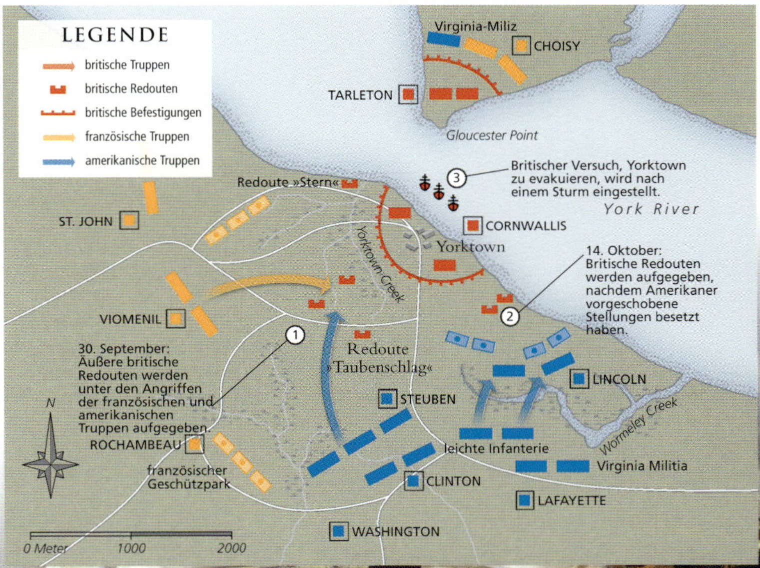

KRIEGSRAT
Vor der Schlacht von Yorktown planen Washington und seine Generale die Aufstellung ihrer Truppen (Washington in der Mitte, links daneben Rochambeau).

FRANKREICH – REVOLUTION UND KAISERREICH

DIE FORDERUNGEN des französischen Bürgertums nach politischen Rechten und der Abschaffung der Adelsprivilegien mündeten 1789 in eine Revolution. 1792 wurde Frankreich zur Republik erklärt, die es bis 1804 blieb, als Napoleon sich zum Kaiser krönen ließ. Die Revolution löste Kriege aus – sowohl zwischen der Revolution und ihren Feinden als auch einen Machtkampf unter den europäischen Staaten.

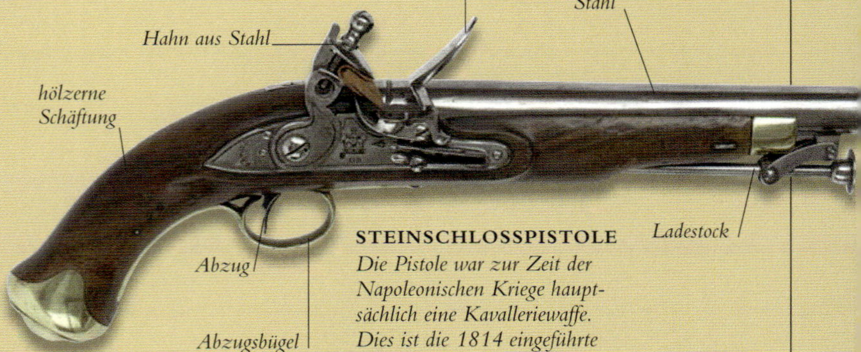

STEINSCHLOSSPISTOLE *Die Pistole war zur Zeit der Napoleonischen Kriege hauptsächlich eine Kavalleriewaffe. Dies ist die 1814 eingeführte britische Kavalleriepistole.*

BÜRGERARMEE

Die Überlegenheit, die sich das französische Heer in dieser Ära erwarb, ging auf vorrevolutionäre Zeiten zurück. Ein königlicher Kriegsrat, der Graf von Guibert, hatte Überlegungen zu einer »Bürgerarmee« angestellt, die nach dem Prinzip der verbundenen Waffen Entscheidungsschlachten schlagen und durch Beweglichkeit und Kampfgeist gewinnen sollte. Der Artillerieinspekteur des königlichen Heeres, Jean-Baptiste de Gribeauval, beschaffte präzise schießende Feldgeschütze, die von speziell ausgebildeten Offizieren befehligt wurden; einer von ihnen war Napoleon Bonaparte. In der radikalsten Phase der Revolution, zwischen 1792 und 1794, wurde die Idee dieser Bürgerarmee in die Tat umgesetzt. Im August 1793 hob man 300 000 Mann aus.

BEWAFFNET *Mit Piken, Äxten und Musketen bewaffnete Frauen marschierten 1789 zum Königspalast.*

MACHTINSTRUMENT

Einberufene, revolutionär gesinnte Freiwillige und die Soldaten des alten königlichen Heeres wurden zu Massenheeren vereinigt und von einer staatlichen Rüstungsindustrie ausgestattet. Extreme revolutionäre Prinzipien wie etwa die Wahl von Offizieren gab man rasch wieder zugunsten traditioneller Disziplin und Hierarchie auf, trotzdem zeichneten sich die französischen Truppen durch revolutionäre und patriotische Begeisterung aus. Männer jeder Herkunft konnten durch persönlichen Verdienst rasch Karriere machen. Das waren die Voraussetzungen, unter denen sich der Aufstieg Napoleons vollzog, der das französische Heer zum hervorragenden Instrument seines persönlichen Ehrgeizes machte.

SIEGESMEDAILLE *Die britische Waterloomedaille erinnert an den Sieg von 1815, der Napoleons Karriere ein Ende setzte.*

1769–1821

NAPOLEON BONAPARTE

Der gebürtige Korse Napoleon war Artillerieoffizier und erhielt dank der Entschlossenheit, mit der er 1795 einen royalistischen Aufstand in Paris niederschlug, den Oberbefehl über eine ganze Armee. Seine militärischen Erfolge verschafften ihm die Möglichkeit, nach der politischen Macht zu greifen, auf deren Höhepunkt er sich 1804 selbst zum Kaisers krönte. Napoleon gewann nahezu alle 50 Schlachten, an denen er beteiligt war. Nach seiner Niederlage bei Waterloo wurde er bis an sein Lebensende auf die britische Insel St. Helena verbannt.

ELITETRUPPE *Die Konsularische Garde, Vorläufer der Kaiserlichen Garde, bildete bei Marengo starke Karrees gegen die österreichische Kavallerie.*

MARSCHALL VON FRANKREICH
Michel Ney, einer von Napoleons 26 Marschällen, war beim Ausbruch der französischen Revolutionskriege einfacher Hauptfeldwebel.

KRIEG AUF DEM KONTINENT
Die Napoleonischen Kriege erfassten ganz Europa und reichten noch über dessen Grenzen hinaus.

AGGRESSIVE TAKTIK

Napoleons Riesenheere bewegten sich schnell durch ihre Gewaltmärsche und lebten aus dem Felde. Hatte die Schlacht begonnen, hing der Erfolg oft von überlegener Beweglichkeit und Führung ab – z.B., indem man zunächst den schwächeren Teil eines feindlichen Heeres vernichtete und sich dann unter Aufbietung aller Kräfte mit dem nun zahlenmäßig unterlegenen Rest befasste. Napoleons rücksichtslos aggressives Vorgehen auf dem Schlachtfeld – die Kanonade der schweren Artillerie, der Angriff der Infanterie in fest geschlossenen Kolonnen, die Attacke massierter Kavallerie – sorgte für hohe Verluste auf beiden Seiten.

REVOLUTIONÄRE
Soldaten der Revolutionsarmee geloben 1796 bei Montelegino, bis zum letzten Atemzug zu kämpfen.

MESSINGKANONE
Napoleon sah in der Kanone den entscheidenden Faktor auf dem Schlachtfeld.

FRANZÖSISCHE NIEDERLAGE

Großbritannien, Frankreichs Erzfeind, blieb während der Napoleonischen Kriege dominierende Seemacht und gewann die erbitterten geführten, kostspieligen Seeschlachten. Zu Lande erlitt Napoleon im spanischen Unabhängigkeitskrieg einen ständigen Schwund seiner Ressourcen, als er spanischen Guerilleros und einem britischen Expeditionsheer gegenüberstand. Gänzlich übernahm er sich, als er 1812 in Russland einmarschierte, und der Rückzug von Moskau vernichtete sein kampferprobtes Heer. Nach französischem Vorbild vergrößerten andere Länder ihre Truppen und verbesserten ihre Taktik. Obwohl niemals so brillant wie Napoleon, zeigten sich die Alliierten den Franzosen immer besser gewachsen und schließlich überlegen.

DIE FRANZÖSISCHEN REVOLUTIONSKRIEGE

Die Kriege zwischen dem revolutionären Frankreich und einer europäischen Koalition wechselnder Partner begannen 1792 als Widerstand gegen eine Invasion zur Wiederherstellung der französischen Monarchie, entwickelten sich jedoch zu einem Kreuzzug zur Verbreitung der revolutionären Grundsätze. Ein Nebenprodukt war die aggressive Ausweitung der französischen Grenzen. Seit 1793 wurden unter der tatkräftigen Leitung von Lazare Carnot Hunderttausende neuer Rekruten durch ein allgemeines Aufgebot – die *levée en masse* – ausgehoben und mit den altgedienten Berufssoldaten zu einem Volksheer voll revolutionärer Begeisterung verschmolzen. Mit Napoleon Bonaparte fand es dann einen genialen Feldherrn. Doch an den Ufern der Weltmeere endete Frankreichs Macht, denn auf den Ozeanen herrschte Großbritannien.

FRANZÖSISCHE REVOLUTIONSKRIEGE

Valmy

DATUM 20. September 1792

STREITKRÄFTE Franzosen: 30000; Koalition: 30000–40000

VERLUSTE Franzosen: 300 Tote; Koalition: 200 Tote

ORT Ostfrankreich

Im April 1792 erklärte Frankreich Österreich und Preußen den Krieg. Im August drangen Koalitionstruppen (Preußen, Österreicher, Hessen und französische Emigranten) in Frankreich ein. Der preußische Oberbefehlshaber, der Herzog von Braunschweig, nahm Verdun am 3. September und marschierte auf Paris. Zwei französische Heere, befehligt von Charles Dumouriez und Franz-Christoph Kellermann, konnten ihn auf seinem Weg westwärts durch den Argonnerwald nicht aufhalten. Obwohl die Straße nach Paris nun offen vor ihm lag, ließ der Braunschweiger umdrehen, um den Franzosen eine Schlacht zu liefern, weil er bei einem weiteren Vormarsch das Abreißen seiner Verbindungslinien durch den rückwärtigen Feind befürchtete. Am 20. September 1792 trafen die Heere bei Valmy nordöstlich von Châlons-sur-Marne aufeinander. Nach stundenlangem ergebnislosem Artillerieduell (der »Kanonade von Valmy«) brach der Herzog von Braunschweig das Gefecht ab und befahl den Rückzug, solange seine Truppe noch relativ intakt war. Obwohl es sich nur um ein unentschiedenes Geplänkel gehandelt hatte, wurde Valmy als großer Sieg bejubelt.

EPOCHEMACHENDE SCHLACHT
Französische Stellungen bei der Mühle von Valmy unter Artilleriebeschuss. Goethe, der Zeuge war, kommentierte: »Von hier und heute geht eine neue Epoche der Weltgeschichte aus, und Ihr könnt sagen, Ihr seid dabei gewesen.«

FRANZÖSISCHE REVOLUTIONSKRIEGE

Jemappes

DATUM 6. November 1792

STREITKRÄFTE Franzosen: 40000–45000; Österreicher: 13000–25000

VERLUSTE Franzosen: 2000–4000 Gefallene und Verwundete; Österreicher: 4500 Gefallene und Verwundete

ORT nördlich von Mons, Ostbelgien

Anfang November 1792 fiel Dumouriez in die österreichischen Niederlande (heutiges Belgien) ein. Vor Mons traf er auf ein österreichisches Heer unter dem Herzog Albert von Sachsen-Teschen. Die Österreicher waren unterlegen, hatten aber starke Verteidigungsstellungen bezogen. Nach einem dreistündigen Artilleriebeschuss befahl Dumouriez einige Frontalangriffe, aber das Feuer der österreichischen Geschütze und der Tiroler Jäger sowie Gegenangriffe der österreichischen Kavallerie trieben die Franzosen zurück. Schließlich aber konnten die Österreicher der großen Übermacht nicht mehr standhalten und zogen sich rasch zurück.

FELDARTILLERIE
Infolge der Reformen Generals de Gribeauval (1715–1789) schossen die Geschütze der Franzosen präziser und waren beweglicher als die ihrer Gegner.

FRANZÖSISCHE REVOLUTIONSKRIEGE

Toulon

DATUM 27. August–19. Dezember 1793

STREITKRÄFTE etwa 18000 Briten, Spanier und Piemontesen innerhalb Toulons

VERLUSTE nicht verbürgt

ORT Toulon an der französischen Mittelmeerküste

Im August 1793 lagen die Revolutionäre nicht nur mit Österreich und Preußen, sondern auch mit England und Spanien im Krieg, und große Teile Frankreichs waren in der Hand royalistischer Rebellen. Nachdem die Königstreuen eine englisch-spanische Flotte unter Admiral Hood um Besetzung des Hafens von Toulon gebeten hatten, wurde die Stadt von französischen Truppen belagert. Ein junger Artillerieoffizier, Napoleon Bonaparte, entwickelte einen Plan, um die Flotte zu vertreiben: Zuerst sollte eine Höhe erobert werden, von der aus man dann den Feind mit der Artillerie bestreichen und damit vertreiben konnte. Genauso traf es ein.

NAPOLEON BEI DER BELAGERUNG
Toulon begründete Napoleons Ruf. Innerhalb von vier Monaten wurde er vom Hauptmann zum Brigadegeneral befördert.

»Mir fehlen die Worte, um Bonapartes Verdienst zu beschreiben: großes technisches Können, ebenso viel Intelligenz und ein Übermaß an Heldentum …«

General Jacques Dugommier, über die Belagerung von Toulon, 1793

FRANZÖSISCHE REVOLUTIONSKRIEGE

Fleurus

DATUM 26. Juni 1794

STREITKRÄFTE Franzosen: 75000; Österreicher und Holländer: 52000

VERLUSTE Franzosen: 4000 Gefallene; Österreicher: 2300 Gefallene

ORT nördlich von Charleroi, Belgien

Im Herbst 1793 hatten die französischen Revolutionäre im Krieg gegen die Koalition fremder Mächte und gegen die Royalisten die Initiative zurückgewonnen. Im Juni 1794 begann General Jourdan die belgische Stadt Charleroi zu belagern. Österreichische und holländische Truppen und ein paar englische Soldaten rückten unter der Führung des Prinzen von Sachsen-Coburg heran, um die Stadt zu entsetzen. Trotz geringerer Zahl griffen die Koalitionstruppen am 26. Juni im Morgengrauen bei Fleurus tapfer an. Das Heer des Prinzen war zum Angriff in fünf Säulen gegliedert, die beiden Flügel drängten die gegenüber stehenden Franzosen zurück. Jourdan besaß jedoch den bislang einmaligen Vorteil der Luftaufklärung, denn über dem Schlachtfeld schwebte sein Wasserstoffballon *Entreprenant*. Die beiden Männer der Besatzung, darunter der Urheber des Unterfangens, Charles Coutelle, blieben während der ganzen Schlacht in der Luft und ließen Meldungen über Feindbewegungen an einem Seil zur Erde gleiten. Durch diese eindrucksvolle Geländeübersicht konnte Jourdan seine Truppen wieder sammeln und zugleich das gegnerische Zentrum angreifen. Die Koalitionsarmee war zum Rückzug gezwungen, wurde aber, da die Franzosen knapp an Munition und erschöpft waren, nicht verfolgt. Der Sieg war dennoch entscheidend: Die Franzosen besetzten Belgien, das sie für 20 Jahre kontrollierten.

KOMMANDEUR DER REVOLUTION
General Jourdan, hier auf dem Schimmel, führte in der Schlacht von Fleurus seine Reserven zum entscheidenden Gegenangriff.

KRIEG AUS DER LUFT

Die Franzosen stellten mit der Compagnie d'Aéronautique im Jahre 1794 die erste Luftwaffe der Welt auf. Ein Wasserstoffballon, die *Entreprenant*, wurde am 2. Juni 1794 bei Maubeuge eingesetzt, und nach dem Erfolg von Fleurus kamen drei weitere Ballons hinzu. Napoleon hatte dafür nichts übrig, und so wurde die Kompanie 1799 aufgelöst.

FRANZÖSISCHE REVOLUTIONSKRIEGE

Arcole

DATUM 15.–17. November 1796

STREITKRÄFTE Franzosen: 20000; Österreicher: 17000

VERLUSTE Franzosen: 4500; Österreicher: 6000

ORT südöstlich von Verona, Italien

Nach seiner Ernennung zum Oberbefehlshaber der französischen Italienarmee stellte Napoleon sein Talent zu schneller, beweglicher Kampfführung und zum Entscheidungsangriff unter Beweis. Im April und Mai besiegte er Piemont und vertrieb die Österreicher aus dem größten Teil Norditaliens. Eine lange Belagerung der Festung Mantua schloss sich an, wobei die Österreicher einige Entsatzversuche unternahmen. Im November traf Napoleon am Zusammenfluss von Alpone und Etsch auf ein österreichisches Heer unter Josef Alvintzy. Obwohl es dem französischen Heer an allem fehlte, ergriff es die Initiative. Am 14. November gingen die Franzosen über die Etsch, sodass nur noch der Alpone zwischen beiden Heeren lag. Am 15. und 16. November unternahmen die Franzosen mehrere Versuche, auf der Brücke bei Arcole über den Fluss zu gelangen, doch trieb sie das Feuer der Österreicher immer wieder zurück. Am 17. jedoch brachten flankierende Manöver der Franzosen Alvintzy zu der Überzeugung, dass ihm die Einkreisung drohe, sodass er sich zurückzog.

BRÜCKENÜBERQUERUNG
Heroische Darstellungen wie diese, die Napoleon beim Überqueren des Arcole zeigt, dienten als Propaganda.

FRANZÖSISCHE REVOLUTIONSKRIEGE

Kap St. Vincent

DATUM 14. Februar 1797

STREITKRÄFTE Spanier: 27 Schiffe; Briten: 15 Schiffe

VERLUSTE Briten: 73 Gefallene, 227 Verwundete; Spanier: 255 Gefallene, 341 Verwundete, gekaperte Schiffe

ORT vor Kap St. Vincent, Südwestportugal

1796 verbündete sich Spanien mit Frankreich. Eine vereinte französische und spanische Flotte drohte die britische Vorherrschaft zur See zu beenden und die Invasion Englands zu ermöglichen. Die britische Mittelmeerflotte unter Admiral Sir John Jervis bekam den Auftrag, die Spanier daran zu hindern, nordwärts zu segeln und sich mit den Franzosen zu vereinigen. Am Morgen des 14. Februar 1797 fing Jervis ein spanisches Geschwader unter Admiral José de Córdova vor Kap St. Vincent ab. Trotz zahlenmäßiger Unterlegenheit griffen die Engländer an und stießen durch die beiden Gruppen der Spanier. Kommodore Horatio Nelson verlegte dem größeren Teil der Schiffe den Fluchtweg, einmal bekämpfte er ohne jede Hilfe sieben von ihnen. Vier spanische Schiffe wurden aufgebracht, zwei davon von Nelson, und einige andere schwer beschädigt. Die verbliebenen Spanier wurden in Cadiz blockiert.

KNOCHENSCHIFF
Angehörige der revolutionären französischen Marine bauten in der Kriegsgefangenschaft dieses Modell der HMS Egmont *aus Knochen.*

»Es grollte wie schwerer Donner, und das Schiff rollte und schüttelte sich, als ob es in Stücke gehen wollte. Ich glaubte an dem Gestank und Qualm des Schießpulvers zu ersticken ...«

Fähnrich George Parsons auf HMS *Barfleur* vor Kap St. Vincent, 1797

NAPOLEONS GRIFF NACH DER MACHT

1798 brach Napoleon zu einem Feldzug nach Ägypten auf, der in strategischer Hinsicht jedoch durch Großbritanniens überlegene Seemacht zunichte gemacht wurde. Nach seiner Rückkehr 1799 riss er durch einen Staatsstreich die Macht an sich. Zu dieser Zeit hatte Frankreich von einer zweiten Koalition, bestehend aus Russland, Großbritannien, Österreich und dem Osmanischen Reich, Rückschläge hinnehmen müssen, und in Italien hatte der russische General Soworow die Franzosen beinahe vertrieben. Russland zog sich aus dem Krieg zurück und Napoleon stellte mit dem Sieg bei Marengo die alte Situation wieder her. 1802 hatte Napoleon seine Feinde zum Abschluss eines weitgehend von französischen Interessen bestimmten Friedensvertrages gezwungen, und als 1805 der Krieg erneut aufflammte, war er schon Kaiser der Franzosen.

ÄGYPTENFELDZUG

Pyramiden von Gizeh

ORT bei Embabeh nahe Kairo

DATUM 21. Juli 1798

STREITKRÄFTE Franzosen: 25000; Ägypter: 20000–30000 (6000 Mameluckenkavallerie)

VERLUSTE Franzosen: 29 Tote, 260 Verwundete; Ägypten: 4000 Gefallene (2000 Mamelucken)

Am 2. Juli 1798 landete Napoleon in Alexandria, fest zur Eroberung Ägyptens entschlossen, das damals eine von den Mamelucken beherrschte Provinz des Osmanischen Reiches war. Die französische Infanterie unternahm einen mörderischen Marsch nach Kairo, wo sich die Elitekavallerie der Mamelucken und die aus Fellachen bestehende Infanterie auf den Zusammenstoß vorbereitete. Am 20. Juli entdeckten französische Kundschafter das feindliche Heer, das in Sichtweite der Pyramiden lagerte. Am folgenden Tage stellte sich Napoleons Infanterie in Karrees mit sechs Gliedern auf mit der Artillerie an beiden Seiten. Napoleons offiziellem Bericht zufolge ließ man die Kavallerie »auf 50 Schritt herankommen, um sie dann mit einem Hagel von Kartätschen und Gewehrkugeln zu empfangen«. Die Mameluckenreiterei floh, manche versuchten, sich schwimmend in Sicherheit zu bringen, doch mindestens 1000 Mann ertranken im Fluss.

NIEDERLAGE
Im Feuer französischer Musketen und Geschütze fliehen die farbenprächtig gekleideten Mamelucken.

ÄGYPTENFELDZUG

Seeschlacht bei Abukir

ORT Bucht von Abukir, Ägypten

DATUM 1.–2. August 1798

STREITKRÄFTE Briten: 14 Schiffe; Franzosen: 13 Schiffe

VERLUSTE Franzosen: 9 Schiffe gekapert, 2 vernichtet, 2000 Gefallene oder Verwundete; Briten: 213 Gefallene, 677 Verwundete

Die französische Flotte, die Napoleons Truppen nach Ägypten brachte, wurde von Admiral Brueys befehligt. Mit Glück erreichte sie Alexandria unbehelligt, da es dem britischen Geschwader unter Admiral Horatio Nelson, das sie verfolgte, an Fregatten, den »Augen« der Flotte, mangelte. Doch am 1. August 1798 fand Nelson die Franzosen an ihrem Ankerplatz in der Bucht von Abukir und griff sie sogleich an. Die Franzosen wurden völlig überrascht; viele Seeleute waren an Land, um Nachschub zu übernehmen. Die Schiffe ankerten in Linie in seichtem Wasser, doch die Engländer gingen das Risiko ein und segelten um die Franzosen herum. Obwohl ein britisches Schiff auf Grund lief, konnten andere unter Führung der *Goliath* bei den vordersten französischen Schiffen längsseits ankern und sie mit Breitseiten eindecken. Nelson, an Bord der *Vanguard*, führte die andere Hälfte seiner Flotte seewärts vor die Franzosen und ließ ankern, sodass diese nun von beiden Seiten beschossen wurden. Die Franzosen lieferten den Briten einen wilden Kampf, insbesondere das Flaggschiff *L'Orient*, ein mit 120 Geschützen bestückter Dreidecker. Nelson trug eine Kopfverletzung davon, Brueys wurde von einer Kanonenkugel zerrissen. Die *L'Orient* fing Feuer, und gegen 10 Uhr abends flog ihr Pulvermagazin in die Luft. Die Kämpfe hielten die ganze Nacht an, bis die Franzosen im Morgengrauen geschlagen waren.

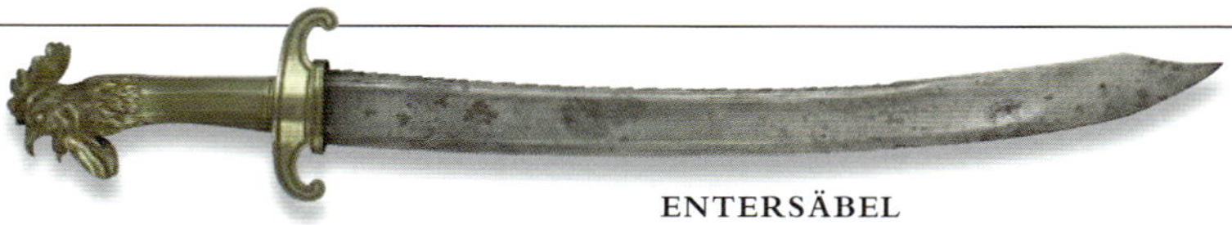

ENTERSÄBEL
Das Heft dieses Entersäbels aus der napoleonischen Zeit endet in einem Hahnenkopf, einem Symbol des revolutionären Frankreich.

FEUER AN BORD
Die verbliebenen Schiffe der französischen Flotte gerieten in der Schlussphase der Seeschlacht bei Abukir in Brand.

ÄGYPTENFELDZUG

Bucht von Abukir

ORT Nordküste Ägyptens

DATUM 25. Juli 1799

STREITKRÄFTE Franzosen: 10000; Osmanen: 15000

VERLUSTE Franzosen: 220 Gefallene, 750 Verwundete; Osmanen: etwa 2000 Gefallene

Im September 1798 erklärte das Osmanische Reich Frankreich den Krieg. Um einer möglichen Landung der Osmanen zuvorzukommen, marschierte Napoleon nach Akko, der Hauptstadt des osmanischen Syrien. Die Stadt hielt einer 63-tägigen Belagerung stand, woraufhin Napoleon nach Ägypten zurückmarschierte. Am 11. Juli landete ein auf Rhodos stationiertes türkisches Heer unter Mustafa Pascha an der ägyptischen Küste bei Abukir. Von Kairo aus marschierte Napoleon mit 10000 Mann den Türken entgegen. Nachdem die französische Infanterie sich bis in die Mitte der türkischen Truppen durchgeschlagen hatte, führte Joachim Murat eine heftige Kavallerieattacke. Unter dem Anprall zerbrachen die türkischen Linien, die Soldaten flohen auf ihre Schiffe.

ITALIENFELDZUG

Marengo

ORT 2 km östlich von Alessandria, Norditalien

DATUM 14. Juni 1800

STREITKRÄFTE Österreicher: 31 000; Franzosen: 32 000

VERLUSTE Österreicher: 9400 Gefallene, Verwundete und Gefangene; Franzosen: 7000 Gefallene und Verwundete

Im Mai 1800 führte Napoleon, nun Erster Konsul, die neu gebildete Armee der Reserve auf dem Sankt-Bernhard-Pass über die verschneiten Alpen. Sobald die lombardische Ebene erreicht war, schwenkte das Heer nach Westen, um die Österreicher zu stellen. In Turin entschied der österreichische Kommandeur, Baron Michael Melas, dass es am vorteilhaftesten sei, ostwärts zu marschieren und durch Napoleons Truppen zu stoßen, die seine Verbindungslinien unterbrachen. Napoleon, der von Melas' aggressiven Absichten nichts ahnte, rechnete mit dem Rückzug der Österreicher. Als sie ihn bei Marengo angriffen, waren seine Truppen weit verstreut, sodass ihm nur 22 000 Mann sofort zur Verfügung standen, um gegen Melas' 31 000 Soldaten anzutreten. Die Franzosen wurden zurückgedrängt, an manchen Stellen sogar in heller Auflösung, sodass Melas am frühen Nachmittag die Schlacht gewonnen glaubte. Gegen 17 Uhr erschien jedoch General Desaix mit etwa 10 000 Mann auf dem Schlachtfeld und begann den entscheidenden Gegenangriff. Mit zusammengefasster Artillerie, Kavallerie und Infanterie vertrieben sie die Österreicher.

IDEALISIERTER HELD
In Wirklichkeit überquerte Napoleon die Alpen auf einem Maultier. Dieses Bild von Jaques-Louis David gehörte zur Propaganda.

GEBIRGSPASS
Als die französische Armee der Reserve über den St. Bernhard zog, war der Pass schnee- und eisbedeckt.

ZWEITER KOALITIONSKRIEG

Kopenhagen

ORT Kopenhagen, Dänemark

DATUM 2. April 1801

STREITKRÄFTE Dänen: 18 Schiffe; Briten: 33 Schiffe (12 an der Schlacht beteiligt)

VERLUSTE Dänen: 470 Gefallene, 550 Verwundete, 1779 Gefangene; Briten: 254 Gefallene, 689 Verwundete

Im Februar 1800 erneuerten Dänemark, Russland, Schweden und Preußen ihr Bündnis als Reaktion auf britische Durchsuchungen neutraler Handelsschiffe. Großbritannien reagierte darauf mit der Entsendung einer Flotte zur dänischen Hauptstadt. Admiral Sir Hyde Parker befahl seinem Stellvertreter Nelson, mit zwölf Linienschiffen unmittelbar in den Hafen zu segeln und bewaffnete Hulks, schwimmende Batterien und dänische Kriegsschiffe anzugreifen. Als das Gefecht am hitzigsten war, befahl Parker Nelson den Rückzug, doch der behauptete, das Signal nicht gesehen zu haben. Nach vier Stunden heftiger Artillerieduelle erlosch der dänische Widerstand, Nelson hatte gesiegt.

DRITTER KOALITIONSKRIEG

Elchingen

ORT nahe Ulm, Süddeutschland

DATUM 17. Oktober 1805

STREITKRÄFTE Österreicher: 45 000; Franzosen: 150 000

VERLUSTE Österreicher: 10000 Gefallene oder Verwundete, 30000 Gefangene; Franzosen: 1500 Gefallene und Verwundete

1805, als Großbritannien, Österreich, Russland und Schweden die dritte Koalition im Kampf gegen Frankreich geschlossen hatten, trat Napoleon mit seiner imposanten Grande Armée an: fast 200 000 Mann, gegliedert in sieben Armeekorps, jedes unter dem Befehl eines Marschalls. Österreich und Russland planten große Offensiven durch Norditalien und Süddeutschland nach Frankreich hinein. Im September führte General Mack von Leiberich ein österreichisches Heer bis nach Ulm an der Donau, wo er auf ein russisches Heer unter dem Fürsten Michail Kutusow wartete, mit dem er sich zusammenschließen wollte. Da die Grande Armée schneller marschierte, als ihre Feinde es für möglich hielten, hatte das Gros der Franzosen bald den Schauplatz erreicht. Napoleon führte sie hinter Macks Armee, die immer noch unbeweglich bei Ulm lag. Einige von Macks Truppen versuchten aus der Umklammerung auszubrechen, doch größtenteils vergebens. Nach einigen heftigen Gefechten kapitulierte Mack am 20. Oktober.

KAPITULATION VOR DEN FRANZOSEN
Nach der Kapitulation der Österreicher vor Napoleon, hier die entsprechende Szene, wurde der Oberbefehlshaber Mack vor ein Kriegsgericht gestellt und inhaftiert.

DRITTER KOALITIONSKRIEG

Austerlitz

ORT Mähren in der heutigen Tschechischen Republik

DATUM 2. Dezember 1805

STREITKRÄFTE Franzosen: 73 000; Verbündete: 70 000 Russen; 15 000 Österreicher

VERLUSTE Franzosen: 1300 Gefallene, 7000 Verwundete; Verbündete: 16 000 Gefallene und Verwundete, 11 500 Gefangene

Sobald der russische Oberbefehlshaber General Kutusow von der österreichischen Kapitulation bei Ulm (siehe S. 201) Nachricht hatte, zog er sich nach Osten zurück und überließ Napoleon Wien. Die Verfolgung der Russen brachte Napoleons Armee in eine zunehmend prekäre Lage. Der Winter brach an, und die Franzosen marschierten durch ein Land, das von den zurückweichenden Russen bereits ausgeplündert war. Napoleon war bestrebt, seine Feinde zur Schlacht zu bewegen, ehe die Österreicher neue Kräfte ins Spiel bringen konnten. Das gewünschte Schlachtfeld fand er bei dem Städtchen Austerlitz. Indem er sich bei Pratzen von einem das Gelände beherrschenden Höhenzug zurückzog, erweckte er den Anschein, er bereite seinen Rückzug vor. Darüber hinaus verteilte er seine Kräfte so, dass sein rechter Flügel, der dem Lauf des Goldbachs folgend aufgezogen war, als Schwachstelle erkennbar war. Kutusow wollte den Köder nicht schlucken, aber die Kaiser Franz von Österreich und Alexander von Russland, die beide in Austerlitz anwesend waren, waren auf eine schneidige Offensive versessen. Kutusows Meinung ignorierend, planten die österreichischen Generale den Durchbruch auf dem schwachen rechten Flügel der Franzosen. Am 2. Dezember bei Tagesanbruch griffen die Alliierten an, wobei sie ihre Hauptmacht gegen die französische rechte Flanke warfen. Verstärkungen unter Marschall Davout hielten diesen Vorstoß auf und die russische Infanterie blieb im Morast um den Goldbach stecken. Wie Napoleon gehofft hatte, schickten die Gegner nun weitere Truppen zu seinem rechten Flügel, die sie vom Zentrum abzogen. Gegen 9 Uhr befahl er Marschall

KAISERLICHER ADLER
In Anlehnung an das Imperium Romanum führten Napoleons Regimenter Adlerstandarten.

KAVALLERIEATTACKE
Hier sieht man die russische Kaiserliche Gardekavallerie bei der Attacke auf die Pratzener Höhen gegen Soults französische Infanterie.

»Ich lag … unter heftigem, fortwährendem Kartätschenfeuer … Viele Soldaten, nun schon von morgens sieben bis nachmittags vier Uhr unablässig im Gefecht stehend, hatten keine Patronen mehr. Mir blieb nichts anderes als der Rückzug …«

Der russische Generalleutnant Przebiszewski im offiziellen Bericht über Austerlitz, 1805

Soult, sein Korps auf die Pratzener Höhen zu führen. Vollkommen überraschend tauchte es aus dem Nebel, der das Tal erfüllte, auf der besonnten Anhöhe auf. Kutusow schickte die russische Kaiserliche Gardekavallerie nach vorn, um die Höhen zurückzuerobern. Napoleon reagierte, indem er seine eigene Gardekavallerie sandte und die Russen von den Höhen vertrieb. Daraufhin konnte Soult seine Männer in den Rücken der feindlichen Truppen schicken, die immer noch am Goldbach festsaßen. Die Soldaten der Verbündeten, sofern sie entkamen, flüchteten über die gefrorenen Satschanseen, wobei viele durch die dünne Eisdecke einbrachen. Auf dem anderen Flügel hatte der russische Befehlshaber, Fürst Bagration, ebenso wenig Erfolg – auch seine Männer setzten sich fluchtartig ab. Napoleon war sein größter Sieg gelungen. Die Österreicher suchten unmittelbar um Frieden nach, während die Russen sich nach Polen zurückzogen.

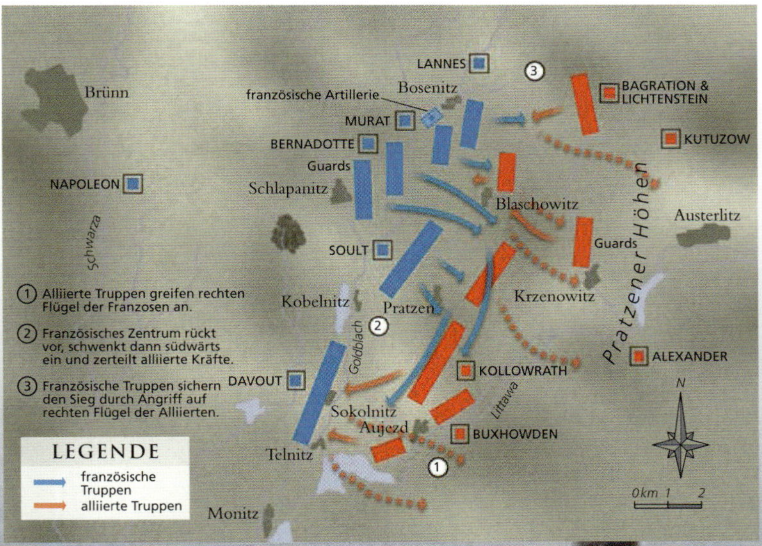

FRANZÖSISCHE VORHERRSCHAFT

Die Stärke des französischen Heeres und Napoleons militärisches Genie ermöglichten es Frankreich, in Europa eine außerordentliche Vorherrschaft zu erlangen. Den Siegen von Elchingen und Austerlitz 1805 folgte 1806 die Vernichtung des preußischen und russischen Heeres und 1809 eine weitere österreichische Niederlage. Napoleon veränderte die europäischen Grenzen und gestaltete das politische Leben in Europa nach Belieben. Nur Großbritannien blieb unbezwungen. Im Sommer 1805 hatte Napoleon eine Invasion geplant, aber nach dem britischen Sieg in der Seeschlacht von Trafalgar wurde diese Absicht nie wieder aufgegriffen. Stattdessen versuchte Frankreich mit der Kontinentalsperre eine Wirtschaftsblockade, die den Handel zwischen Europa und Großbritannien unterbinden sollte. Sie sollte die nächste Runde der Kämpfe einläuten.

DRITTER KOALITIONSKRIEG

Trafalgar

ORT südlich von Cadiz vor Kap Trafalgar

DATUM 21. Oktober 1805

STREITKRÄFTE Briten: 27 Linienschiffe; Franzosen und Spanier: 33 Linienschiffe

VERLUSTE Briten: 449 Gefallene, 1214 Verwundete; Franzosen und Spanier: 4408 Gefallene, 2545 Verwundete

Im Oktober 1805 bekam der französische Admiral Villeneuve, der vor Cadiz einen französisch-spanischen Flottenverband führte, den Befehl, ins Mittelmeer zu verlegen. Vor dem Hafen lauerte eine von Lord Horatio Nelson befehligte britische Flotte. Nelson plante, mit seinen in zwei Kolonnen segelnden Schiffen senkrecht auf die französisch-spanische Linie zu stoßen und sie in der Mitte und am Ende zu durchtrennen. Im anschließenden Kampfgetümmel würde das überlegene seemännische und artilleristische Können der Briten große Verheerungen anrichten. Als Villeneuve Nelsons Flotte sichtete, konnte er der Schlacht nicht ausweichen. Nelson führte eine britische Kolonne von Bord der *Victory* aus, Admiral Collingwood die zweite auf der *Royal Sovereign*. Die *Victory* durchschnitt die feindliche Linie hinter Villeneuves Flaggschiff *Bucentaure* und beschoss es mit Kartätschen. Auch die britischen Schiffe wurden schwer beschädigt. Am frühen Nachmittag kam die *Victory* längsseits der französischen *Redoutable*. Seesoldaten in den Masten des Franzosen töteten viele auf der *Victory*, darunter auch Nelson. Die französische *Achille* fing Feuer und explodierte. Elf französischen und spanischen Schiffen gelang die Rückkehr nach Cadiz.

BREITSEITEN

Teilnehmer an der Schlacht von Trafalgar beschrieben den erstaunlichen Gefechtslärm und entsetzliche Verletzungen.

1758–1805

LORD NELSON

Horatio Nelson machte sich 1797 in der Schlacht von Kap St. Vincent (siehe S. 199) einen Namen. Er setzte sich wiederholt über direkte Befehle hinweg, doch seine halsstarrige Kühnheit wurde 1798 bei Abukir und 1801 bei Kopenhagen mit Erfolg belohnt. Nelson pflegte mit seinen Kapitänen ein Verhältnis gegenseitigen Vertrauens und ermunterte sie zu Initiative und Waghalsigkeit. Seine Entschlossenheit, von vorderster Front zu führen, kostete ihn 1794 ein Auge, 1797 den rechten Arm und bei Trafalgar das Leben.

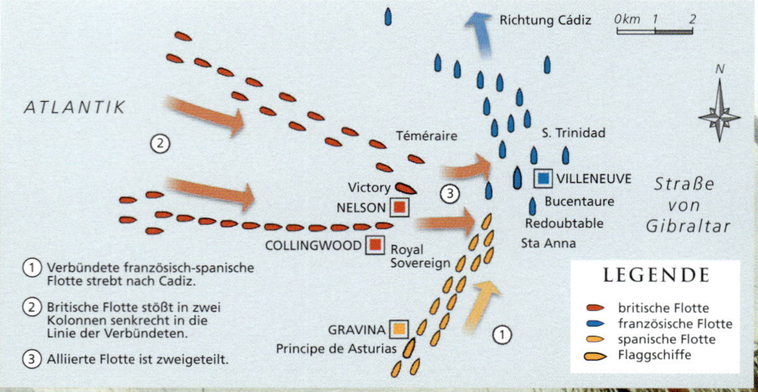

IMPERIEN UND REVOLUTIONEN

DRITTER KOALITIONSKRIEG

Jena und Auerstedt

DATUM 14. Oktober 1806

STREITKRÄFTE Franzosen: 121 000; Preußen: 117 000

VERLUSTE Franzosen: 12 000 Gefallene und Verwundete; Preußen: 40 000 Gefallene, Verwundete oder Gefangene

ORT in Thüringen, Mitteldeutschland

Im Spätjahr 1806 zog Napoleon fast die gesamte Grande Armée gegen Preußen zusammen, dessen Heer er von Berlin abschnitt. Am 13. Oktober traf ein von Marschall Lannes kommandiertes Korps bei Jena auf ein großes preußisches Heer. In der Annahme, dies sei die Hauptstreitmacht, schickte Napoleon das Gros seiner Truppen Lannes zu Hilfe, während Bernadotte und Davout Befehl bekamen, die Preußen im Norden zu umklammern. Tatsächlich stand die Hauptarmee unter dem Herzog von Braunschweig weiter nördlich bei Auerstedt. Die Schlacht bei Jena begann mit einem französischen Angriff aus der Bewegung und die Preußen erlitten beträchtliche Verluste, weil sie praktisch wie auf dem Exerzierplatz in der Defensive standen. Angesichts der zahlenmäßigen Überlegenheit der Franzosen war ihnen der Sieg sicher. Bei Auerstedt jedoch sah sich Davout dem Gros des preußischen Heeres gegenüber, während Bernadotte noch zwischen den beiden Schlachtfeldern unterwegs war. Davout verteidigte sich außerordentlich geschickt. Nachdem der Braunschweiger bald gefallen war, übernahm der preußische König Friedrich Wilhelm III. das Kommando. Als Davout vorwärts zu drängen begann, befahl der König den Rückzug, der schnell in eine wilde Flucht umschlug.

KANONEN BEI JENA
Die preußischen Formationen fielen reihenweise im Feuer der Franzosen.

SCHWERE REITEREI
Die französischen Kürassiere als schwere Reiterei trugen reich verzierte stählerne Helme und über der Uniform einen stählernen Brustpanzer, dazu einen schweren Pallasch.

DRITTER KOALITIONSKRIEG

Preußisch Eylau

DATUM 8. Februar 1807

STREITKRÄFTE Franzosen: 71 000; Russen: 76 000

VERLUSTE Franzosen: 25 000 Gefallene und Verwundete; Russen: 15 000 Gefallene und Verwundete

ORT Preußisch Eylau (heute Bagrationowsk, Königsberger Gebiet, Russland)

Nach der preußischen Niederlage bei Jena und Auerstedt waren die Russen allein der Wucht des napoleonischen Angriffs ausgesetzt. Die Franzosen verfolgten die Russen und einige preußische Reste bis nach Polen hinein. Im Februar stießen Franzosen und Russen bei Preußisch Eylau zufällig aufeinander. Beide Seiten riefen Verstärkungen herbei. Während ein Schneesturm tobte, kamen die Franzosen an den Rand der Niederlage, als Augereaus Korps bei einem Frontalangriff auf das russische Zentrum direkt in das Feuer aus 70 Geschützen lief und schwere Verluste erlitt. Murat rettete den Sieg, indem er mit 10 000 französischen Kavalleristen eine verlustreiche Attacke gegen die russische Infanterie ritt, durchbrach und die Geschütze überwältigte. Als Ney Verstärkung heranführte, zog der russische Befehlshaber von Bennigsen sich zurück, obwohl er keineswegs geschlagen war.

FÜNFTER KOALITIONSKRIEG

Wagram

DATUM 5.–6. Juli 1809

STREITKRÄFTE Franzosen: 170 000; Österreicher: 146 000

VERLUSTE Franzosen: 37 000 Gefallene und Verwundete; Österreicher: 40 000 Gefallene und Verwundete

ORT Deutsch Wagram, nordöstlich von Wien

1809 war Österreich verwegen genug, den Krieg mit Frankreich wieder aufzunehmen. Am 9. April drangen österreichische Truppen unter Erzherzog Karl in Bayern ein. Damit befand sich Karl, als die Franzosen im Zuge einer Gegenoffensive Wien besetzten, auf der anderen Seite der Donau. Napoleon begann seine Truppen über den Fluss zu verlegen, doch ein energischer österreichischer Gegenangriff am 21. und 22. Mai trieb die Franzosen bei schweren Verlusten zurück. Erst am 4. Juli gewann Napoleon die Offensive zurück; die Schlacht begann tags darauf. Die Österreicher hielten ihre Linie in heftigen, aber nicht entscheidenden Kämpfen bis zum Anbruch der Nacht. Der folgende Tag begann mit einem österreichischen Angriff, der auf der französischen Linken durchzubrechen drohte, bis Massenas Korps ihn zurückschlug. Auf dem anderen Flügel nahm Davout mit dem Dorf Markgrafneusiedl eine Schlüsselstellung. Daraufhin schickte Napoleon 8000 Infanteristen unter Macdonald vor, die von Kavallerie und Artillerie unterstützt den Todesstoß führen sollten. Macdonald trieb die Österreicher zurück, doch zu einem hohen Preis: drei Viertel seiner Männer gingen verloren. Die Österreicher zogen sich geordnet zurück.

ERSTÜRMUNG DER MAUERN
Bevor die Schlacht bei Wagram geschlagen wurde, nahm der französische Marschall Lannes das bayrische Regensburg im Sturm.

LINIENSCHIFF

HMS *VICTORY* WURDE ALS FLAGGSCHIFF NELSONS IN DER SCHLACHT VON TRAFALGAR ZU EINEM DER BERÜHMTESTEN KRIEGSSCHIFFE JENER ZEIT.

Im Dienst von 1778 bis 1812, war HMS *Victory* zur Zeit der Napoleonischen Kriege eines der größten Schiffe der britischen Marine. Sie lief 1765 auf der Marinewerft in Chatham, Kent vom Stapel, wurde aber erst 13 Jahre später im Krieg gegen Frankreich als Flaggschiff des Admirals Augustus Keppel in Dienst gestellt. 1778 und erneut 1781 war die *Victory* an ergebnislosen Einsätzen nahe der Île d'Ouessant vor der Küste der Bretagne beteiligt. 1793, während Großbritannien mit dem revolutionären Frankreich im Krieg lag, war sie das Flaggschiff der Royal Navy im Mittelmeer bei der Vernichtung der spanischen Flotte – Spanien war damals mit Frankreich verbündet – vor Kap St. Vincent in Portugal. Nach diesem Triumph galt die *Victory* als überaltert und segelte heimwärts, um noch als Lazarettschiff zu dienen. Ihre größte Stunde stand ihr jedoch noch bevor: 1803 wurde sie nach Überholung und Umbau als Admiral Horatio Nelsons Flaggschiff erneut in Dienst gestellt. Zwei Jahre später, in der Schlacht von Trafalgar, segelte sie voraus, als Nelson den Versuch unternahm, vor dem spanischen Cadiz die Linie der französischen Schiffe zu durchbrechen. Das Unternehmen war erfolgreich, obgleich viele Angehörige der Besatzung – darunter auch Nelson selbst – im Feuer französischer Scharfschützen fielen.

TYPISCHER DREIDECKER

Die *Victory* war ein typisches Exemplar eines Kriegsschiffs mit drei Decks, des kampfstärksten Wasserfahrzeugs jener Zeit. Es bestand größtenteils aus Eichenholz, zum Bau wurden etwa 6000 Bäume gefällt – die britischen Marinewerften gehörten damals zu den größten Industrieunternehmen der Welt. Das Schiff war ein teures Stück Militärtechnik, nach heutigem Geldwert würde der Bau geschätzte 73 Millionen Euro kosten. Breitseiten mit massiven Kugeln aus rund 50 Kanonen bedeuteten den Verbrauch von Hunderten Fässer Schießpulver während eines Gefechts; eine geübte Geschützbedienung konnte alle ein bis zwei Minuten einen Schuss abfeuern.

UNTER BESCHUSS *Die Victory bei Trafalgar. Die Besatzung des Schiffes erlitt mit 57 Toten hohe Verluste.*

DATEN					
Herkunft	Großbritannien	**Stapellauf**	1765	**Anzahl der Segel**	37
Länge	57 m	**Tonnage**	2142 Tonnen	**Bewaffnung**	104 Geschütze
Breite	16 m	**Besatzung**	850 Mann	**Batteriedecks**	3

ANKER UND GESCHÜTZE *Die Victory besaß sieben Anker sowie 104 Geschütze.*

BATTERIEDECK *Die meisten Besatzungsmitglieder aßen, schliefen und kämpften neben den großen Kanonen auf den Batteriedecks.*

RESTAURIERTES KRIEGSSCHIFF *Heute liegt HMS Victory in Portsmouth an der Südküste Englands im Trockendock. Das Schiff ist bei der Restaurierung in den Zustand versetzt worden, den es vor der Schlacht von Trafalgar aufwies.*

HECK *Hier befanden sich die Unterkünfte des Kapitäns, des Admirals und anderer Offiziere.*

LÖSCHEIMER *Diese Reihe Feuerlöscheimer hängt am Achterdeck. Aufgrund der Holzbauweise und der geteerten Takelage stellte Feuer eine große Gefahr dar.*

KRANKENREVIER *Im Vorschiff auf dem Oberdeck hatte das Krankenrevier viel Licht und Luft.*

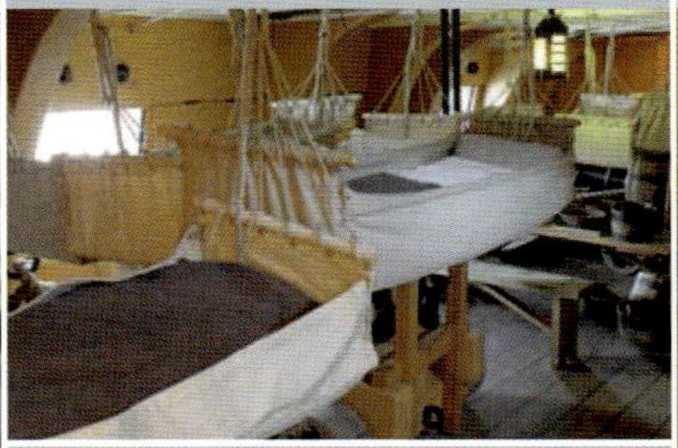

SCHIFFSARZT *Seine Kabine befand sich auf dem Orlopdeck.*

STEUERRAD *Bei ruhigem Wetter bemannten vier Rudergänger das achtern stehende Steuerrad, bei rauer See waren es bis zu acht.*

STEINSCHLOSS *Zieht man an der Schnur, wird ein Funke geschlagen, der die Pulverladung der Kanone entzündet. Das Schloss ist aus Messing mit stählernem Hahn und Batterie.*

PULVERHORN *Jeder Geschützführer hatte ein Kuhhorn mit Zündpulver für die Pfanne. An der Spitze des Horns ist ein Federverschluss.*

LADERAUM *Der Laderaum im Bild ist fast leer, man sieht nur eine Schicht Kies als Ballast und ein paar Fässer. Im Laderaum ließen sich jedoch ausreichend Vorräte für eine sechsmonatige Reise verstauen.*

SPANISCHER UNABHÄNGIGKEITSKRIEG

1807 MARSCHIERTEN FRANKREICH und seine spanischen Verbündeten in Portugal ein, um eine Lücke der Kontinentalsperre zu schließen, mit der Napoleon Englands Handel mit Europa zu unterbinden hoffte. Im Mai 1808 setzte der französische Kaiser dann seinen Bruder Joseph Bonaparte auf den spanischen Thron. Diese beiden Ereignisse lösten einen Krieg aus, der sich zu einem an den Kräften des napoleonischen Frankreichs zehrenden Geschwür entwickelte. Nachdem sie einen Volksaufstand in Madrid brutal niedergeschlagen hatten, sahen sich die Franzosen einer landesweiten Erhebung gegenüber, die in einen erbitterten Guerillakrieg umschlug. Großbritannien, erpicht auf den Schutz seiner Handelsinteressen, landete unterdessen Truppen in Portugal. Unter der Führung von Arthur Wellesley, dem späteren Herzog von Wellington, sollten sie die Franzosen vertreiben.

SPANISCHER UNABHÄNGIGKEITSKRIEG

Vimeiro

DATUM 21. August 1808

STREITKRÄFTE Briten und Portugiesen: 18800; Franzosen: 13000

VERLUSTE Briten und Portugiesen: 700; Franzosen: 2000

ORT nördlich von Lissabon

Ermutigt durch eine Niederlage, die reguläre spanische Truppen den Franzosen zwei Wochen zuvor bei Bailen beigebracht hatten, landete Anfang August 1808 eine britische Truppe unter Arthur Wellesley an der portugiesischen Küste bei Coimbra und marschierte südwärts. Andoche Junot, der französische Oberkommandierende in Portugal, sammelte seine Truppen und zog nordwärts, Wellesley entgegen. Dieser hatte sich auf dem Hügelkamm aufgestellt, der sich vom Dorf Vimeiro bis ans Meer zog. Die französischen Kolonnen griffen die britischen Linien an verschiedenen Stellen wiederholt an, wurden aber durch heftiges feindliches Feuer mehrfach abgewiesen. Aufgrund der Niederlage hielt Junot seine Stellung für unhaltbar und handelte Kapitulationsbedingungen aus.

SCHOTTISCHE TRUPPEN
Bei Vimeiro fochten auch diese Soldaten mit den Straußenfedern an den Mützen. Sie gehörten zur Highland Light Infantry.

SPANISCHER UNABHÄNGIGKEITSKRIEG

La Coruña

DATUM 16. Januar 1809

STREITKRÄFTE Briten: 15000; Franzosen: 200000

VERLUSTE Briten: 800 Gefallene und Verwundete; Franzosen: 1000 Gefallene und Verwundete

ORT an der Küste Galiciens im Nordwesten Spaniens

Als Reaktion auf die Rückschläge auf der Iberischen Halbinsel übernahm Napoleon persönlich den Oberbefehl über ein großes Heer in Nordspanien. Die britischen Truppen in Portugal kommandierte nun General Sir John Moore. Moore marschierte mit seinem Heer in Spanien ein und musste feststellen, dass Napoleon die spanischen Truppen beiseite gefegt und Madrid besetzt hatte. Der Zusammenbruch der Spanier zwang die Engländer zum Rückzug in Richtung La Coruña. Der Marsch durch die Berge bei bitterer Kälte zerstörte die Kampfmoral der Briten. Doch die Nachhut leistete erfolgreich hinhaltenden Widerstand und bildete nach dem Eintreffen in La Coruña sofort eine Verteidigungslinie vom Dorf Elvina bis ans Meer. Am 16. Januar griffen französische Truppen die britischen Linien frontal an, brachten das Dorf Elvina zwei Mal in ihre Hand und wurden beide Male wieder vertrieben. Beim zweiten Gegenstoß, einem Bajonettangriff wegen Munitionsmangel, wurde Moore tödlich verwundet. Man begrub ihn in derselben Nacht auf den Wällen von La Coruña. Am folgenden Tage wurden die britischen Truppen über See evakuiert.

RÜCKZUG NACH LA CORUÑA
Etwa 4000 britische Soldaten starben 1808 auf dem Marsch über das winterliche Gebirge.

RINGKRAGEN
Ringkragen waren Teile der Rüstung, die den Hals schützten und im britischen Heer den Offiziersrang symbolisierten. Dieser hier wurde um 1800 gefertigt.

SPANISCHER UNABHÄNGIGKEITSKRIEG

Talavera

DATUM 28.–29. Juli 1809

STREITKRÄFTE Briten: 24000; Franzosen: 47000

VERLUSTE Briten und Spanier: 6500 Gefallene und Verwundete; Franzosen: 7400 Gefallene und Verwundete

ORT Talavera de la Reina, Provinz Toledo, Zentralspanien

> »Unsere Männer litten fürchterlich unterwegs … Bald trat Gehirnfieber auf und wütete furchtbar in unseren Reihen, viele Männer fielen am Straßenrand nieder und starben.«
>
> *Feldwebel Edward Costello* über den Marsch nach Talavera, 1809

Zu Beginn des Jahres 1809 verließ Napoleon Spanien mit einem beträchtlichen Teil seines Heeres, weil der drohende Krieg mit Österreich seine volle Aufmerksamkeit verlangte (siehe Wagram, S. 205). Im April kehrte Wellesley mit einem Heer von etwa 28000 britischen und hannoverschen Soldaten (deutsche Untertanen der britischen Krone) nach Portugal zurück, dort kamen noch 16000 Portugiesen hinzu. Die Franzosen stellten eine doppelte Bedrohung dar: Marschall Soult mit einer Armee in Nordportugal und Napoleons Bruder, König Joseph, der Truppen ostwärts von Lissabon führte. Im Mai vertrieb Wellesley Soult aus Porto. Zwei Monate später, nun verstärkt durch 30000 Spanier, marschierte er östlich von Lissabon, um das andere französische Heer auf seinem Rückzug nach Madrid zu verfolgen. Bei Talavera stellten sich die weit unterlegenen Franzosen zum Kampf. Mit einer Reihe kühner Angriffe duchbrachen sie fast die britischen Linien, doch Wellesley stopfte ein »hässliches Loch«, wie er es nannte, gerade noch rechtzeitig. Der erbitterten Schlacht – die Wellesley den Titel Viscount Wellington of Talavera eintrug – folgte der Rückzug beider Parteien. Die Franzosen wichen auf Madrid zurück, und die Briten marschierten nach Lissabon.

SÄBEL UND SCHEIDE
Dieser Säbel der leichten britischen Kavallerie aus der Zeit um 1800 hatte eine sehr schwere Klinge.

SPANISCHER UNABHÄNGIGKEITSKRIEG

Salamanca

ORT südlich von Salamanca, Westspanien

DATUM 22. Juli 1812

STREITKRÄFTE Briten und Portugiesen: 52000; Franzosen: 48000

VERLUSTE Briten und Portugiesen: 4800 Gefallene und Verwundete; Franzosen: 14000 Gefallene, Verwundete

Mit Jahresbeginn 1812 ging Wellington in die Offensive. Nach der Einnahme von Ciudad Rodrigo und Badajoz an der spanisch-portugiesischen Grenze hatte er eine gute Ausgangsposition für Schläge nach Spanien hinein. Im Juni eroberten die Briten Salamanca, doch das Heer des französischen Marschalls Auguste-Frédéric de Marmont war nicht weit. Am 22. Juli begann Wellington seinen Rückzug, den Marmont zu blockieren versuchte, durch seine Zangenbewegung standen der britischen Front aber nur ausgedünnte Truppen gegenüber. Wellington ließ nun unter Führung des Generals Edward Pakenham angreifen. Nachdem die britische Infanterie die französischen Karrees zerschlagen hatte, trieb eine Kavallerieattacke die Reste des französischen Heeres auseinander. Die Franzosen hatten schwere Verluste erlitten.

»Das Feuer wurde heftiger, dann gab es eine Pause … General Pakenham erschien und … sagte: ›Da sind sie, Jungs. Nun lasst sie die Wut eurer Bajonette spüren.‹«

Feldwebel Morley, 5. Regiment zu Fuß bei Salamanca, 1812

INFANTERIEGEFECHT
Das britische 9. Infanterieregiment, hier 1814 bei Bayonne im Gefecht mit französischen Truppen, spielte in der Schlacht bei Salamanca eine entscheidende Rolle.

SPANISCHER UNABHÄNGIGKEITSKRIEG

Badajoz

ORT spanisch-portugiesische Grenze, Höhe Lissabon

DATUM 16. März–6. April 1812

STREITKRÄFTE Französische Garnison: 5000; Briten: 40000

VERLUSTE Franzosen: 5000 Tote, Verwundete oder Gefangene; Briten: 5000 Gefallene und Verwundete

Im März 1812 entschloss sich Wellington, den Franzosen Badajoz abzunehmen. Die Briten hoben vor der Stadt Gräben aus, wobei ihnen regnerisches Wetter und französische Granaten zu schaffen machten. Als am 6. April drei Breschen in die Mauern geschlagen waren, wurde ein Nachtangriff befohlen. Die Franzosen hatten die Breschen mit Sprengkörpern und spitzen Pfählen versehen und konzentriertes Feuer vorbereitet. Einige der stürmenden Einheiten verirrten sich in Qualm und Dunkelheit, und niemand war in die Stadt gelangt, als Truppen unter Sir Thomas Picton die Zitadelle angriffen. Die Stadt fiel danach rasch.

AUSZEICHNUNG
Ehrenzeichen für Kämpfe bei Ciudad Rodrigo und Badajoz.

IN DIE BRESCHE
Britische Truppen vor der Erstürmung von Badajoz. Sie rächten ihre schweren Verluste mit Plünderung, Vergewaltigung und Totschlag.

»Der Kaiser will, dass ich in die Offensive gehe …, aber seine Majestät erkennt nicht, dass die geringste Bewegung in diesem Lande größte Mengen an Ressourcen, insbesondere Pferde, verbraucht … Um selbst im ärmlichsten Dorf zu requirieren, müssen wir 200 Mann losschicken, und um leben zu können, müssen wir uns weit verteilen.«

ZEUGE DES KRIEGES

AUGUSTE MARMONT

Marschall Auguste Marmont, der dies 1812 schrieb, versuchte Napoleon über die Realität des Krieges in Spanien zu informieren. Die Proviantknappheit lag daran, dass die Heere das Land ausplünderten, während die Guerilleros die Requirierungskommandos überfielen – daher die erforderlichen 200 Mann.

SPANISCHER UNABHÄNGIGKEITSKRIEG

Vittoria

ORT südlich von Bilbao in Nordspanien

DATUM 21. Juni 1813

STREITKRÄFTE Franzosen: 50000; Briten und Verbündete: 70000

VERLUSTE Franzosen: 8000 Mann und 150 Geschütze; Briten und Verbündete: 5000

Trotz der Niederlage bei Salamanca lieferten die Franzosen Wellington weiterhin einen schweren Kampf. Doch im Sommer 1813 – Wellington kommandierte nun eine große alliierte Armee aus britischen, spanischen und portugiesischen Truppen – war er zu einem Vorstoß durch Nordspanien bis an die französische Grenze bereit. König Joseph von Spanien beeilte sich, Wellington den Weg zu verlegen, doch der britische Oberkommandierende befahl den Angriff in vier Kolonnen, umfasste beide Flügel des Feindes und brach in dessen Zentrum durch. Joseph musste den Rückzug befehlen, der in eine wilde Flucht seiner Truppen umschlug. Die Franzosen ließen Kanonen, Wagenladungen von Nachschubgütern und die Kriegskasse zurück, was die Sieger jede Verfolgung vergessen ließ.

WAFFEN DER NAPOLEONISCHEN ZEIT

In den Napoleonischen Kriegen (1803–1813) kamen hauptsächlich die Waffen zum Einsatz, die die europäischen Schlachtfelder schon im 18. Jh. beherrscht hatten: Steinschlossmusketen und Bajonette, Säbel und Lanzen, Kanonen und vereinzelt Gewehre. Neuentwicklungen wie etwa die englischen Congreve-Raketen hatten nur marginale Bedeutung. Jedoch wurden Waffen in bislang ungekannten Mengen hergestellt, z.B. produzierte das französische Kaiserreich fast vier Millionen Handfeuerwaffen.

NAPOLEON BEI WATERLOO
Die Napoleonischen Kriege wurden von Armeen mit annähernd gleicher Bewaffnung ausgetragen.

MUSKETEN UND GEWEHRE

Die in den napoleonischen Schlachten in Massen auftretende Infanterie war mit Steinschlossmusketen bewaffnet. In Linien zu zwei oder drei Gliedern aufgestellt, die abwechselnd schossen, konnten in der Zeit, die ein Angreifer für die letzten 75 m benötigte, vier Salven abgefeuert werden. Gewehre mit gezogenem Lauf, die im 18. Jh. entwickelt wurden, waren immer noch die Waffen besonderer Scharfschützenregimenter.

PISTOLEN UND KARABINER

Obgleich die Steinschlossmuskete in den Napoleonischen Kriegen unter den Feuerwaffen dominierte, hatten auch die kürzeren und leichteren Pistolen und Karabiner ihren Platz. Hauptmann Alexander Mercer, als englischer Artillerieoffizier bei Waterloo (siehe S. 215) dabei, beschrieb, wie die Franzosen »einen Schwarm Plänkler« ausschickten, »der uns kaum 50 Schritt vor unserer Front mit Feuer aus Karabinern und Pistolen mächtig zusetzte«. Viele Kavalleristen zogen mit zwei geladenen Pistolen ins Gefecht, doch diese waren nur zur Unterstützung ihrer Hauptwaffe, des Säbels, gedacht. Im Gegensatz dazu sahen die Dragoner, die oft abgesessen kämpften, im Karabiner ihre Hauptwaffe.

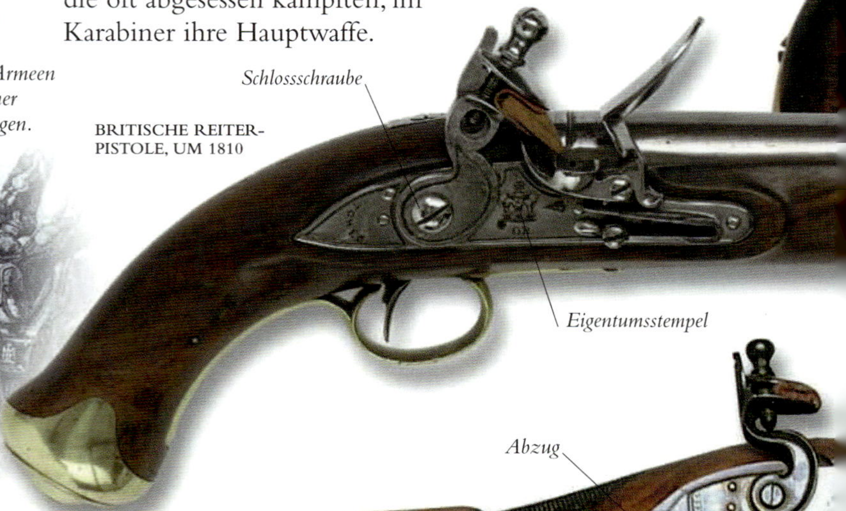

BRITISCHE REITERPISTOLE, UM 1810

DRAGONERWAFFE
Die Karabiner der napoleonischen Ära hatten einen kürzeren Lauf als ältere Modelle.

BRITISCHER DRAGON KARABINER, UM 1805

GEWEHR
Mit dem Baker-Gewehr wurden zu Beginn des 19. Jh. die britischen Schützenregimenter ausgerüstet. Der gezogene Lauf verlieh dem Geschoss Drall und verbesserte so Reichweite und Treffsicherheit.

BRITISCHES BAKER-GEWEHR, UM 1810

Säbelbajonett kann mit und ohne Gewel eingesetzt werden.

SÄBEL-BAJONETT

Hahn mit Feuerstein

STEINSCHLOSS-PISTOLE, UM 1810

FRANZÖSISCHE KAVALLERIEPISTOLE

Ladestock

Batterie (stählerne Klappe), gegen die der Feuerstein schlägt

MIT BLANKEM SÄBEL

Bei Waterloo fallen der angreifenden britischen Kavallerie französische Ulanen in die Flanke, während französische Kürassiere (schwere Reiterei) im Vordergrund zu einem vernichtenden Gegenangriff anreiten.

BLANKWAFFEN

Die Napoleonischen Kriege waren die letzte große kriegerische Auseinandersetzung, bei der Säbel eine bedeutende Rolle spielten. Sie wurden im Infanteriegefecht nicht gebraucht, doch waren sie die bevorzugte Waffe des Kavallerieangriffs – ausgenommen die besonderen leichten Reiter wie etwa die Ulanen mit ihren fähnchengeschmückten Lanzen. Säbel waren höchst wirksam gegen feindliche Kavallerie und flüchtende Infanterie, für ein festgefügtes Karree Infanterie mit aufgepflanztem Bajonett jedoch keine Bedrohung.

STEINSCHLOSSPISTOLEN

Diese Vorderladerpistolen mit glattem Lauf waren einfach zu führen, doch ungenau und unzuverlässig.

Messinglauf

BRITISCHES TROMBLON, UM 1810

NAHKAMPF

Das Tromblon war eine Steinschlosswaffe mit weiter, trichterförmiger Mündung, um die Ladung auf kürzeste Entfernung breit zu streuen (obgleich später experimentell nachgewiesen wurde, dass dies nicht eintrat). Man benutzte sie hauptsächlich auf Kriegsschiffen, um Enterer abzuwehren.

SÄBEL MIT SCHEIDE DER BRITISCHEN LEICHTEN KAVALLERIE

FRANZÖSISCHER KAVALLERIEPALLASCH

BRITISCHER KAVALLERIEPALLASCH

Korb genannter Handschutz

FRANZÖSISCHER KÜRASSIERPALLASCH

Geschosse trugen bei gezogenem Lauf bis 275 m weit.

Bajonetthalter

SÄBEL

Der Säbel hat eine einseitig geschliffene Klinge. Sie kann gerade oder gekrümmt sein, je nachdem, ob der Säbel mehr als Hieb- oder als Stichwaffe verwendet werden soll.

NAPOLEON WIRD BEZWUNGEN

IM FRÜHJAHR 1812 ZOG NAPOLEON eine Armee von 614000 Mann zu einer Invasion Russlands zusammen, das sich über die Kontinentalsperre hinweggesetzt hatte. Die Streitmacht umfasste Österreicher, Preußen, Polen, Italiener, Schweizer und Dänen – nur die wenigsten waren Franzosen. Auf einer Frontbreite von 480 km betrat die Armee am 4. Juni Russland, gefolgt von einem gewaltigen Tross von 25000 Fuhrwerken. Eine geschlossene Führung über solche Entfernungen, als alle Meldungen und Befehle zu Pferd übermittelt wurden, erwies sich als unmöglich. Auch die Versorgungsprobleme wuchsen unerbittlich, als die Russen auf Moskau zurückwichen. Nach der Schlacht von Borodino besetzten die Franzosen zwar Moskau, doch die Weigerung der Russen zu kapitulieren führte zu einem albtraumhaften winterlichen Rückzug, von dem Napoleon sich nie wieder erholte.

INVASION RUSSLANDS

Borodino

DATUM 7. September 1812

STREITKRÄFTE Franzosen: 130000; Russen: 120000

VERLUSTE Franzosen: 30000 Gefallene und Verwundete; Russen: 44000 Gefallene und Verwundete

ORT 120 km westlich von Moskau

In den ersten drei Monaten der Invasion in Russland verlor Napoleon ein Drittel seiner Truppen durch Entbehrungen und Krankheit und schlug bei Smolensk nur eine einzige bedeutende Schlacht. Anfang September beschloss der altgediente russische General Michail Ilarionowitsch Kutusow, sich bei Borodino Napoleon entgegenzustellen. Dazu verstärkte er eine natürliche Verteidigungsstellung – einige Hügel zwischen einem Fluss und einem Wald – durch weitläufige Feldbefestigungen. Napoleon begann eine Reihe von Frontalangriffen auf die russischen Stellungen. Seine Infanteriekolonnen erlitten im Feuer der massierten Geschütze große Verluste, doch auch den russischen Gegenangriffen erging es nicht besser. Die Franzosen eroberten die Große Redoute im Zentrum der russischen Linie und hätten das russische Heer vernichten können, doch Napoleon weigerte sich, die Reserve ins Gefecht zu schicken, sodass Kutusow den Rückzug antreten konnte.

RUSSISCHE PATRONENTASCHE

KAVALLERIEANGRIFF
Hier greifen französische Dragoner das russische Befestigungswerk »Große Redoute« an und sichern so den Sieg in der Schlacht bei Borodino.

RÜCKZUG VON MOSKAU

Beresina

DATUM 26.–29. November 1812

STREITKRÄFTE Franzosen: 85000; Russen: 65000

VERLUSTE Franzosen: 50000 Gefallene und Gefangene; Russen: 10000 Gefallene und Verwundete

ORT östlich von Minsk, Weißrussland

Da die Russen kein Friedensangebot machten, befahl Napoleon am 19. Oktober 1812 seinem Heer den Rückzug von Moskau. Geschwächt durch Hunger und Kälte, starben Zehntausende Soldaten. Am 23. November erreichten die Franzosen die Beresina und mussten feststellen, dass am jenseitigen Ufer eine russische Armee lag und die einzige Brücke zerstört war. Sie saßen in der Falle zwischen dem wilden, Eis führenden Fluss und einer weiteren russischen Armee auf ihren Fersen. Die Franzosen begannen mit dem Bau zweier Holzbrücken. Ungefähr 400 französische Pioniere arbeiteten im brusthohen eisigen Wasser; viele starben an Unterkühlung oder wurden von der Strömung fortgerissen. Zwischen dem 26. und 29. November gingen etwa 35000 Soldaten über den Fluss, während auf beiden Seiten heftig gekämpft wurde.

> »Tausende arme Teufel, die die Brücke zu überqueren suchten, sah man in den Fluss stürzen und unter den Eismassen verschwinden.«
>
> *Louis Constant,* Kammerdiener Napoleons, zur Überquerung der Beresina, 1812

ÜBERQUERUNG IN EIS UND SCHNEE
Nach dem Rückzug und der Überquerung der Besesina verfügte Napoleon über weniger als 10000 kampftüchtige Männer.

> »Die Straßen waren wie Glas. Die Pferde stürzten und konnten nicht mehr aufstehen. Unsere erschöpften Soldaten hatten keine Kraft mehr in den Armen. Die Läufe ihrer Musketen waren so kalt, dass sie an den Händen klebten … Die Männer fielen steif gefroren am Wege nieder …«

ZEUGE DES KRIEGES

J.-R. COIGNET

Jean-Roche Coignet, ein französischer Hauptmann, beschreibt den Rückzug von Moskau, als die Temperaturen bis auf −30 °C fielen. Auf Napoleons Russlandfeldzug starben mehr als eine halbe Million Mann.

BEFREIUNGSKRIEGE

Leipzig

ORT
bei Leipzig, Sachsen

DATUM
16.–19. Oktober 1813

STREITKRÄFTE Franzosen: 195 000; Alliierte: 365 000

VERLUSTE Franzosen: 70 000 Gefallene, Verwundete und Gefangene; Alliierte: 54 000 Gefallene und Verwundete

Napoleons russisches Desaster ermutigte Preußen, Österreich und Schweden 1813, sich erneut gegen ihn zu verbünden. Obwohl Frankreich seine Armeen mit frischen Rekruten neu aufgestellt hatte, waren sie nun zahlenmäßig stark unterlegen. Nach einem Feldzug in Deutschland ohne Entscheidung bezog Napoleon auf der Ebene um Leipzig am 14. Oktober eine Abwehrstellung. Das österreichische Heer griff am 16. Oktober zuerst an; am 18. Oktober waren Preußen, Russen und Schweden zur Stelle. Unter schweren Verlusten bewerkstelligte Napoleon einen Rückzug in Etappen über die einzige Brücke über die Elster. Am Morgen des 19. Oktober sprengten französische Pioniere die Brücke und ließen etwa 15 000 Mann am falschen Ufer zurück.

ALLIIERTER SIEG
Die Völkerschlacht bei Leipzig war die größte Schlacht, die vor 1914 in Europa geschlagen wurde.

BEFREIUNGSKRIEGE

Verteidigung Frankreichs

ORT
Ostfrankreich

DATUM
29. Januar–31. März 1814

STREITKRÄFTE
Franzosen: 110 000; Alliierte: 345 000

VERLUSTE
Franzosen: 30 000; Alliierte: 50 000

1814 stand Frankreich vor der beinahe sicheren Niederlage. Napoleon versuchte die früher erfolgreiche Massenaushebung zu wiederholen, doch nur 110 000 kriegsmüde Franzosen reagierten auf den Aufruf, viele nicht älter als 16. Seine Feinde drangen von drei Richtungen nach Frankreich ein: das schwedische Heer von Belgien aus, ein weiteres unter dem preußischen Generalfeldmarschall Gebhard von Blücher fiel in Lothringen ein, und das größte Kontingent unter dem österreichischen Feldmarschall Fürst Karl Philipp zu Schwarzenberg kam aus der Schweiz. Napoleon versuchte die Invasoren zu besiegen, indem er Teile ihrer Truppen der Reihe nach angriff. Man sagt, dass Napoleon seine Talente niemals glänzender zur Geltung brachte als in dieser aussichtslosen Lage. Zwischen dem 29. Januar und 18. Februar errang er unbedeutende Siege über Blücher und Schwarzenberg. Die Alliierten boten einen Verhandlungsfrieden an, doch Napoleon bestand auf dem Kampf bis zur Entscheidung. Im März begann sich dann die numerische Überlegenheit der Alliierten auszuzahlen. Blücher besiegte Napoleon am 9. bei Laon und Schwarzenberg am 20. bei Arcis-sur-Aube. Mit einem letzten großen Schachzug manövrierte Napoleon seine Truppen ostwärts der Verbündeten, da er hoffte, sie so von Paris abzuhalten. Doch die Alliierten ignorierten ihn kurzerhand und rückten gegen die Hauptstadt vor, die am 30. März kapitulierte. Napoleon wollte weiterkämpfen, doch seine Marschälle weigerten sich. Am 6. April dankte der Kaiser ab und ging ins Exil auf die Mittelmeerinsel Elba.

KÜRASS
Dieser Panzer eines französischen schweren Reiters (»Kürassiers«) hielt Musketenkugeln stand.

FORTSETZUNG DES KAMPFES
Napoleon vor seinem Stab bei der Verteidigung Frankreichs. Seine Niederlage resultierte aus der zahlenmäßigen Überlegenheit der Gegner und der Ermattung des französischen Volkes.

NAPOLEONS ENDGÜLTIGE NIEDERLAGE

NAPOLEON VERLIESS ELBA 1815 und kehrte nach Frankreich zurück; bei Cannes landete er mit 1100 Mann und vier Kanonen. Widerwille gegen die erneut etablierte Monarchie führte dazu, dass die gegen Napoleon von König Ludwig XVIII. in Marsch gesetzten Truppen zu ihm überliefen. Am 20. März zog er in Paris ein, ohne dass auch nur ein Schuss abgefeuert worden wäre. Die Verbündeten – hauptsächlich Großbritannien, Österreich, Preußen und Russland – erklärten den früheren Kaiser zum Geächteten und trafen Vorbereitungen zur Wiederholung der Invasion von 1814. Napoleon, der aus loyalen Altgedienten und jungen Freiwilligen eine Armee aufgestellt hatte, setzte alles auf eine Offensive gegen die britischen und preußischen Truppen in Belgien, ehe die Österreicher oder Russen eintreffen konnten. Das Ende der »Hundert Tage« war nahe.

DIE HUNDERT TAGE

Ligny

ORT nordöstlich von Charleroi, Belgien

DATUM 16. Juni 1815

STREITKRÄFTE Preußen: 84000; Franzosen: 70000–80000

VERLUSTE Preußen: 16000 Gefallene und Verwundete; Franzosen: 12000 Gefallene und Verwundete

Unbemerkt von den Alliierten, überschritt Napoleon, von Paris kommend, die belgische Grenze und besetzte Charleroi. Vor ihm befanden sich zwei alliierte Armeen: die Preußen unter Blücher und eine britische, deutsche, belgische und holländische Truppe unter Wellington. Gemeinsam übertrafen sie die Franzosen im Verhältnis 2:1, doch Napoleon beabsichtigte, ihnen den Kampf einzeln aufzuzwingen. Am 16. Juni ging er daran, mit dem Gros seiner Soldaten Blücher anzugreifen, während Marschall Ney das zwischen den beiden Armeen liegende Quatre-Bras besetzen sollte. Blücher stellte seine Truppen auf einem lang gezogenen Hügelkamm beiderseits des Dorfes Ligny auf. Um 14.30 Uhr griffen die Franzosen an. Napoleon wollte die Preußen umklammern, doch diese Absicht setzte die Ankunft des Korps des Grafen d'Erlon voraus. D'Erlon jedoch bekam von Ney gegenteilige Befehle (s.u.), erreichte Ligny erst spät am Tage aus unerwarteter Richtung und erschreckte nur die französischen Soldaten, die sie für Preußen hielten. Erst um 20 Uhr warf Napoleon seine Kaiserliche Garde nach vorn, um die angeschlagenen preußischen Linien zu durchbrechen. Die Preußen zogen sich im Schutz der Dunkelheit zurück. Wenngleich geschlagen, waren sie nicht vernichtet worden – was zwei Tage später bei Waterloo auf Napoleon zurückfallen sollte.

BEFEHLSAUSGABE
Nachdem Blücher das Pferd weggeschossen worden war, übernahm sein Stabschef August von Gneisenau (Mitte) den Befehl.

DIE HUNDERT TAGE

Quatre-Bras

ORT nordwestlich von Ligny, Belgien

DATUM 16. Juni 1815

STREITKRÄFTE Briten und Holländer: 32000; Franzosen: 24000

VERLUSTE Briten und Holländer: 5400 Gefallene und Verwundete; Franzosen: 4400

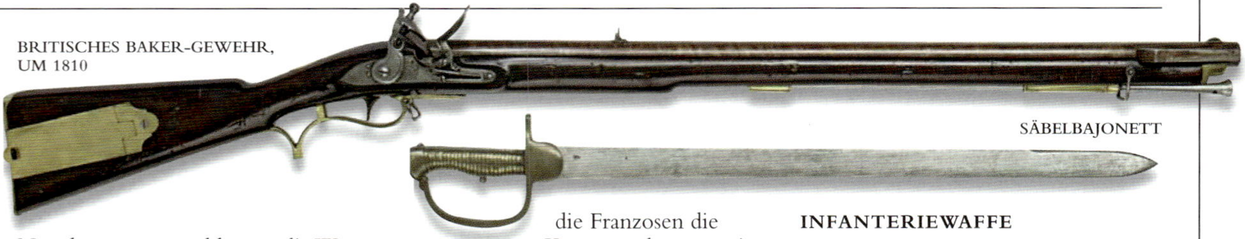

BRITISCHES BAKER-GEWEHR, UM 1810

SÄBELBAJONETT

INFANTERIEWAFFE
Das Baker-Gewehr und das Säbelbajonett waren die Waffen der britischen Schützenregimenter während der Napoleonischen Kriege.

Napoleon war entschlossen, die Wegkreuzung bei Quatre-Bras zu nehmen, da er ihren hohen Wert für die Vereinigung der Armeen von Blücher und Wellington erkannte – kontrollierten die Franzosen die Kreuzung, konnten sie die Truppen des Engländers daran hindern, den Preußen zu Hilfe zu kommen. Der Prinz von Oranien jedoch, Kommandeur eines von Wellingtons Korps, hatte die strategische Bedeutung der Straßenkreuzung ebenfalls erkannt. Am Morgen des 16. Juni hatten die 8000 Holländer des Prinzen die Kreuzung in ihrer Hand, als Marschall Ney mit seiner 24000 Mann starken Truppe auftauchte. Katastrophal für Napoleon wirkte sich aus, dass Ney den Angriff verzögerte: Er wartete bis 14 Uhr, ehe er entschlossen stürmen ließ. Zu dieser Zeit führte Wellington Verstärkung heran. Ney hatte auf Unterstützung der 20000 Mann unter dem Grafen d'Erlon gehofft, doch dessen Korps befahl Napoleon nach Ligny. Wutentbrannt hob Ney diesen Befehl auf, was dazu führte, dass der Graf den größten Teil des Tages zwischen den beiden Gefechten hin und her marschierte. Am Abend hatte Wellington mehr als 30000 Mann bei Quatre-Bras stehen und Neys zunehmend verzweifelte Angriffe führten zu nichts. Bei Anbruch der Nacht war die Kreuzung immer noch fest in britischer Hand. Am folgenden Morgen setzte sich Wellington unter den Augen eines seltsam tatenlosen Feindes ab und zog sich nordwärts nach Brüssel zurück.

PULVERDAMPF
In der Schwarzpulverzeit waren Teile der Schlachtfelder – auch an der Straßenkreuzung Quatre-Bras – vom Rauch verhangen.

IMPERIEN UND REVOLUTIONEN

DIE HUNDERT TAGE

Waterloo

ORT außerhalb des Dorfes Waterloo südlich von Brüssel

DATUM 18. Juni 1815

STREITKRÄFTE Engländer und Holländer: 67 000; Preußen: 53 000; Franzosen: 74 000

VERLUSTE Engländer und Holländer: 15 000; Preußen: 7000; Franzosen: 25 000

Napoleon verfolgte die englisch-holländische Armee bis ins knapp südlich von Waterloo gelegene Mont St. Jean. Dort nahm Wellington eine Verteidigungsstellung auf einem Hügelzug ein, den größten Teil seiner Kräfte zum Schutz gegen die Artillerie auf dem rückwärtigen Hang postiert. Ferner bemannte er zwei Stützpunkte, das Schloss von Hougomont auf der rechten Seite und den Bauernhof La Haye Sainte im Zentrum. Die Franzosen waren schon im Morgengrauen in Angriffsposition, doch nach dem schweren Regen des Vortages warteten sie, bis der Boden trocknen würde. Napoleons schwere Artillerie eröffnete kurz nach Mittag das Feuer. Nach einer Stunde Artillerievorbereitung marschierten vier Kolonnen französischer Infanterie gegen Wellingtons Zentrum, obwohl ihnen schweres Geschützfeuer entgegenschlug. Erst die Musketensalven brachten sie zum Stehen und eine anschließende Kavallerieattacke trieb sie zurück. Inzwischen waren die Preußen – unterstützt durch die Verzögerung des Kampfbeginns durch Napoleon – am rechten Flügel der Franzosen erschienen. Blücher hatte eine Nachhut zurückgelassen, die es mit Marschall Grouchy aufnehmen sollte, und marschierte mit dem größten Teil seiner Armee hierher, um in die Schlacht einzugreifen. Marschall Ney unternahm inzwischen mit der französischen Kavallerie einige Angriffe auf die Karrees der britischen Infanterie, die unter schweren Verlusten zurückgewiesen wurden. Mit der Einnahme von La Haye Sainte hätte sich das Blatt fast zugunsten der Franzosen gewendet, doch als Ney um Reserven bat, um den Vorteil zu nutzen, ließ ihn Napoleon, der mit den Preußen in heftigem Gefecht stand, wissen, dass es keine gab. In einem letzten Versuch befahl Napoleon gegen 19 Uhr seiner Kaiserlichen Garde, gegen Wellingtons Infanterie vorzurücken, die sie jedoch schließlich zerschlug. Die Niederlage war da.

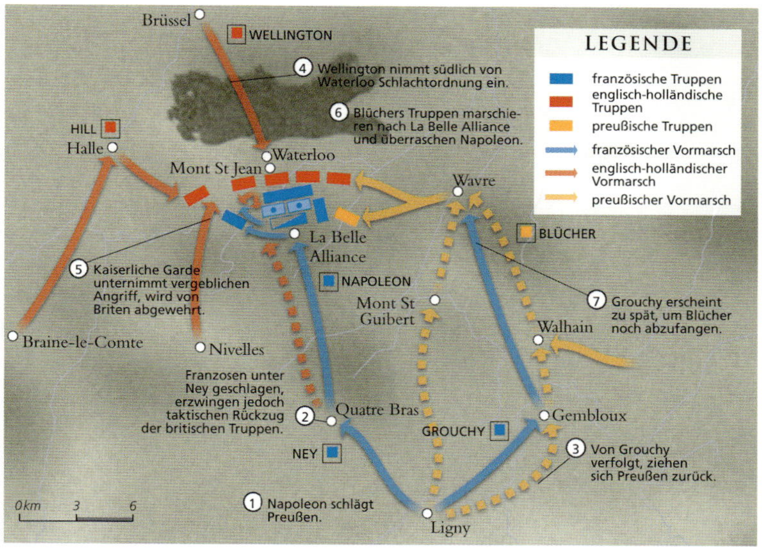

OFFIZIERSUNIFORM

Die Felduniform eines Offiziers der Royal Fusiliers in der Waterloo-Ära.

1769–1852

HERZOG VON WELLINGTON

Arthur Wellesley war ein geschickter Taktiker, der durch sein Vorgehen im spanischen Unabhängigkeitskrieg zum britischen Nationalhelden wurde. Er schrieb seinen Erfolg dem Umstand zu, stets »an Ort und Stelle« gewesen zu sein und »alles selbst getan« zu haben. Obwohl er nie unnötige Risiken einging, war er während der ganzen Schlacht bei Waterloo unübersehbar.

»Nach dem Abschuss einer jeden Kanone fielen Männer und Pferde wie Gras unter der Sense des Schnitters.«

Hauptmann Alexander Mercer, Tagebucheintragung zur Schlacht von Waterloo, 1815

SCHOTTISCHE BETEILIGUNG

Ein Infanterist eines der neun teilnehmenden Hochländerregimente beim Sturmlauf mit der Kavallerie gegen die Franzosen bei Waterloo.

1750–1914

KRIEG IN NORD- UND SÜDAMERIKA

In den 50 Jahren, die dem nordamerikanischen Unabhängigkeitskrieg folgten, wurden die alten Kolonialherren überall aus Amerika vertrieben, abgesehen von Kanada und den Karibischen Inseln. Danach führten Kämpfe um die Macht im Innern und Streitigkeiten mit Nachbarn zu kriegerischen Konflikten.

EXPANSIVE USA
1846–1848 verlor Mexiko fast die Hälfte seines Territoriums an die USA. Die Expansion nach Westen erfolgte durch Landzuweisungen und Indianerkriege.

AMERIKA GEGEN EUROPA

LEDERSCHILD
Die Schilde der Prärieindianer widerstanden Pfeilen. Die aufgemalten Symbole sollten den Träger des Schilds schützen.

Angespornt von den Revolutionen in Nordamerika und Frankreich, machten sich die entstehenden Nationen Mittel- und Südamerikas die geschwächte Militärmacht Spaniens und Portugals zunutze, um ihre Unabhängigkeit zu erlangen. Nach dem Krieg gegen die Briten 1812 festigten die USA ihr Staatswesen und lehnten alle zukünftigen Kolonisationsversuche ab. Die Amerikaner annektierten halb Mexiko, vertrieben die Spanier von Kuba und die Indianer von ertragreichem Land. Trotz des Verlusts der meisten ihrer Kolonien intervenierten die europäischen Mächte weiterhin in Amerika, doch wurden sie mehr und mehr von den USA ausgeschlossen, die es als ihr »offenkundiges Schicksal« ansahen, die Neue Welt zu beherrschen.

BRAND IN DER HAUPTSTADT
1814 nahmen britische Truppen unter Generalmajor Ross die Stadt Washington ein und setzten viele Gebäude in Brand, darunter das Weiße Haus.

BÜRGERKRIEG UND REVOLUTION

Mit Ausnahme von Haiti, wo die Franzosen 1791 nach einem Sklavenaufstand besiegt wurden, gewannen die Eliten der jeweiligen Länder die Unabhängigkeitsrevolutionen, und die europäischen Mächte verloren ihre wichtigsten Kolonien. Dies entschied nicht immer die Frage nach der Herrschaft im Innern, wie der bei weitem größte Konflikt, der Amerikanische Bürgerkrieg, bewies. Während sich die Vereinigten Staaten zusammenschlossen und an Macht gewannen, blieb Lateinamerika schwach und geteilt. Dies vor allem in Mexiko, wo der Sturz des Präsidenten Porfirio Díaz 1911 eine blutige, jahrzehntelange Revolution auslöste. Die USA spielten dabei eine wichtige Rolle, indem sie die politischen Führer in den Städten gegen die ländlichen Guerilleros unterstützten.

MEXIKANISCHE REVOLUTIONÄRE
Mit Patronen schwer beladen, posiert der Guerillaführer Francisco »Pancho« Villa (Mitte) mit seinen Männern für die Kamera.

INDIANERKRIEGE
An dieser Stelle in Oklahoma wurde 1874–1875 eine der Red-River-Schlachten geschlagen.

AMERIKA GEGEN BRITANNIEN

1812 ERKLÄRTE PRÄSIDENT MADISON den Krieg als Reaktion auf Großbritanniens selbstherrliches Patrouillieren vor den amerikanischen Küsten. Das kam den amerikanischen Expansionisten entgegen, die Kanada zu annektieren suchten. Anfänglich konnten die Amerikaner vordringen, doch mit dem Ende der Napoleonischen Kriege in Europa wurden britische Verstärkungen frei, welche die Küste blockierten und in der Stadt Washington öffentliche Gebäude niederbrannten. Da keine Seite den Sieg erzwingen konnte, wurde mit dem Friedensvertrag von 1814 der Status quo ante wieder hergestellt.

BRITISCH-AMERIKANISCHER KRIEG

Eriesee

DATUM 10. September 1813

STREITKRÄFTE USA: 9 Schiffe; Briten: 6 Kriegsschiffe

VERLUSTE USA: 27 Tote, 96 Verwundete; Briten: 40 Tote, 94 Verwundete

ORT Eriesee

Die Beherrschung des Eriesees war Voraussetzung für die Versorgungslinien in das von den USA besetzte Nordwestterritorium. Neun Monate lang bauten Schiffszimmerer in Erie an den Schiffen, die von den USA in die Schlacht um den See geschickt werden sollten – eine bemerkenswerte logistische Leistung, hatte die Ortschaft doch nur 500 Bewohner. Kommodore Oliver Perry stellte die Besatzungen zusammen, darunter viele Neulinge, und bildete sie aus. Sie griffen bei Put-in-Bay, Ohio die britische Flotte unter Kapitän Robert Barclay an. Nach einem anfänglichen Rückschlag, bei dem sein Flaggschiff *Lawrence* zum Wrack geschossen wurde, setzte Perry auf das Schwesterschiff *Niagara* über und segelte mit ihr, Breitseiten feuernd, direkt in die Linie der englischen Schiffe hinein. Dieser kühne Schritt erwies sich als entscheidend; Barclay war zur Kapitulation gezwungen. In Perrys Siegesmeldung an General Harrison findet sich die berühmte Formulierung »Wir haben den Feind gestellt und er ist unser.« Dieser Sieg sicherte den Vereinigten Staaten die Herrschaft über den Eriesee.

ÜBERSETZEN
Hier sieht man die dramatische Szene, wie Perry mitten im Gefecht auf die Niagara überwechselt.

BRITISCH-AMERIKANISCHER KRIEG

Baltimore

DATUM 12.–15. September 1814

STREITKRÄFTE USA: 10000 Verteidiger; Briten: 5000 Soldaten

VERLUSTE unbekannt, aber auf beiden Seiten nicht erheblich

ORT Baltimore, Maryland

Im Herbst 1814 verlangte der ausbleibende Erfolg beiden Seiten Tribut ab. Da Kanada noch immer nicht erobert war, wandte sich die öffentliche Meinung gegen den Krieg. Die Briten versuchten einen entscheidenden Schlag gegen die amerikanische Kampfmoral, indem sie das pro Krieg gestimmte Baltimore angriffen. Am 12. September landeten 3000 britische Soldaten bei North Point und marschierten gegen die Stadt. Am nächsten Tag beschossen britische Kriegsschiffe das Fort McHenry, doch hielten die Verteidiger aus. Da sie die Kapitulation nicht erzwingen konnten, segelten die Briten nach North Point zurück. Ein Patt war erreicht, und beide Parteien zeigten sich friedenswillig. Die Verteidigung des Forts McHenry inspirierte Francis Scott Key zum *Star-Spangled Banner*, in dem mit dem »grellroten Leuchten der Raketen« in der ersten Strophe auf die von den Briten eingesetzten neuen Congreve-Raketen Bezug genommen wird.

BRITISCH-AMERIKANISCHER KRIEG

New Orleans

DATUM 8. Januar 1815

STREITKRÄFTE Briten: 10000; USA: 5000–7000

VERLUSTE Briten: 700 Gefallene, 1400 Verwundete; USA: 8 Gefallene, 13 Verwundete

ORT Mississippimündung bei New Orleans

Nachdem der Krieg mit dem Vertrag von Gent in Belgien offiziell beendet worden war, dauerte es jedoch noch etliche Wochen, bis die Nachricht über den Atlantik gelangte. In der Annahme, es wäre weiterhin Krieg, war der britische Admiral Sir Alexander Cochrane eifrig bestrebt, den Amerikanern New Orleans zu entreißen. Er rüstete mehr als 50 Schiffe aus, um von Jamaica her Truppen heranzuschaffen. General Andrew Jackson, genannt »Old Hickory«, war im Spätherbst 1814 zu Verteidigung der Stadt eingetroffen. Im Dezember waren erste britische Truppen bis auf einen Tagesmarsch an die Stadt herangerückt und warteten nun auf Verstärkung. Jackson nutzte diese Zeit gut, er zog sich etwa 5 km weit an den Rodriguez-Kanal zurück und errichtete dort befestigte Schanzen, die rechts vom Mississippi und links von einem unpassierbaren Sumpf gesichert wurden. Die frischen Truppen trafen in der ersten Januarwoche ein und waren zuversichtlich, unter Sir Edward Pakenhams Kommando Jacksons scheinbar dünne Verteidigungslinie zu durchbrechen. Pakenham wollte in aller Frühe angreifen, um den Morgennebel auszunutzen, doch seine Truppen auf dem Westufer verspäteten sich, und die Kolonnen seiner Hauptstreitmacht mussten über offenes, deckungsloses Gelände vorrücken. Zu allem Übel hatten sie auch noch ihre Sturmleitern vergessen. Die Briten waren ein leichtes Ziel, sie fielen schon auf dem Anmarsch reihenweise, und innerhalb einer halben Stunde waren auch Pakenham und seine beiden höchsten Generale tot. Die Briten zogen sich hastig zurück.

SCHLACHTFELD CHALMETTE
Eine alte Kanone zielt noch immer auf das Gelände, wo die Briten bei New Orleans zusammengeschossen wurden.

SIEGESTROMMEL
Diese amerikanische Militärtrommel von 1812 zeigt Adler und Löwe im Kampf – amerikanischer Sieg über England.

RUHM UND MACHT
Andrew Jackson (rechts) wittert bei New Orleans den Sieg. Die Schlacht verhalf ihm zu Ruhm und Präsidentschaft.

GEGEN DIE INDIANER

IM SPÄTEN 18. UND ZU BEGINN des 19. Jh. wurde die eingeborene Bevölkerung im Osten der USA systematisch vertrieben. Jedoch erst nach dem Bürgerkrieg richtete sich die Aufmerksamkeit auf die Prärieindianer; jetzt begannen die Konflikte, die Hollywood so beschäftigten. Es waren hauptsächlich Guerillakriege, in denen berittene Indianer blitzschnelle Überfälle verübten und wieder verschwanden; sie kämpften zunächst mit Pfeil und Bogen, später erwarben sie Schusswaffen. Die Niederwerfung der Indianer war stets gekennzeichnet von gebrochenen Regierungsversprechen und von Massendeportationen in Landstriche, die weiße Siedler nicht wollten. Die Indianer leisteten Widerstand, doch konnten sie die mit dem Goldrausch von 1849 erst richtig anschwellende Flut der Weißen, die sich in den Westen ergoss, nicht aufhalten.

INDIANERKRIEGE

Tippecanoe

DATUM 7. November 1811

STREITKRÄFTE Expeditionsheer: 1000; Shawnees: 1000

VERLUSTE je etwa 200 Tote

ORT in der Nähe des heutigen Lafayette, Indiana

1811 war der Gouverneur des Territoriums Indiana, Generalmajor William Henry Harrison, fest entschlossen, den Nordwesten für Neusiedler zu säubern. Er nutzte die Abwesenheit Tecumsehs, des Führers der Shawnees, der unterwegs war, um den Widerstand gegen weiße Übergriffe auf Indianerland zu organisieren, und marschierte den Wabash hinauf, um in der Nähe der Shawneeansiedlung Prophetstown zu lagern. Der Schutz der Ansiedlung war Tecumsehs Bruder, dem »Propheten«, übertragen. Ihm fehlte das militärische Talent seines Bruders völlig und er griff Harrisons Lager unbesonnen an. Die Krieger wurden von Harrisons Truppe mühelos zurückgeschlagen, die dann zum Gegenstoß überging und das Shawneedorf niederbrannte. Tecumsehs Bruder, dessen Ruf als Seher nun ruiniert war, floh, von Harrison erneut energisch verfolgt, nach Kanada – wo die Shawnees ein Jahr später an der Seite der britischen Truppen gegen die USA kämpften. Tatsächlich war Tippecanoe recht unbedeutend, doch Harrison machte einen großen Sieg daraus.

KAMPF IN DEN WÄLDERN
Harrison, links, gibt seinen Truppen Feuerbefehl. Das Gefecht war wahrscheinlich weit weniger geordnet als hier gezeigt.

INDIANERKRIEGE

Zweiter Seminolenkrieg

DATUM 1835–1836

STREITKRÄFTE Seminolen: noch 4000, als sie kapitulierten; USA: unbekannt

VERLUSTE US-Truppen: 2000; Seminolen: etliche Tausend

ORT Florida

Der Indian Removal Act von 1830 lieferte der US-Regierung die Handhabe, die im Osten verbliebenen Indianer westwärts hinter den Mississippi zurückzudrängen. Die Seminolen in Florida widersetzten sich. Die USA hatten Florida den Spaniern im Ersten Seminolenkrieg abgenommen, aber die Seminolen wollten nicht gehen. Unter der Führung des gerissenen Osceola begannen die Seminolen einen blutigen Kleinkrieg, der sich als der längste aller Indianerkriege erweisen sollte. Erst nachdem Osceola als Geisel genommen worden war, konnten die Seminolen nach Westen gezwungen werden.

INDIANERKRIEGE

Fetterman-Massaker

DATUM 21. Dezember 1866

STREITKRÄFTE Dakota, Cheyenne und Arapaho: 1000; US-Kavallerie: 80

ORT vor Fort Kearny, Wyoming

VERLUSTE US-Kavallerie: alle gefallen

Nach dem Goldrausch von 1849 zog eine zunehmende Zahl von Prospektoren auf dem Weg zu den Goldfeldern in Montana durch Wyoming. Die Regierung reagierte darauf mit dem Bau des Bozeman Trail, einer Straße, die sich, von zahlreichen Forts gesichert, quer durch die traditionellen Jagdgründe der Sioux in den Bighorn Mountains hinzog. Aufgebracht organisierte Red Cloud, der Häuptling der Dakota, ein Bündnis unter den Prärieindianern und begann die neuen Forts zu überfallen. Ihren bemerkenswertesten Erfolg errangen sie, als eine von Hauptmann William J. Fetterman angeführte Truppe, die einem belagerten Treck zu Hilfe kommen sollte, von mehr als 1000 Kriegern, unter ihnen der junge Crazy Horse, aus dem Hinterhalt überfallen wurde. Seinen Befehlen zuwider hatte sich Fetterman über die Lodge Trail Ridge locken lassen, wo die Indianer schon auf ihn lauerten. Die Schießerei begann gegen Mittag und war nach einer halben Stunde vorüber. Am selben Tage fand man die entkleideten und verstümmelten toten Soldaten.

BIS ZUM LETZTEN MANN
Fetterman sieht dem Tod ins Auge, als Red Clouds Krieger die restlichen Kavalleristen umzingeln.

1822–1909

RED CLOUD

Machpiya-Luta (Rote Wolke) war ein Dakotahäuptling, der den Vereinigten Staaten einige spürbare Niederlagen zufügte. Er hatte sich schon in den Kämpfen gegen die Pawnee und Crow bewährt, als er den Widerstand gegen den Bozeman Trail organisierte. Wo andere sich allen Vereinbarungen mit dem weißen Mann verweigerten, legte Red Cloud die Waffen nieder und hielt sich an sein Friedensversprechen. Obwohl er weiterhin die Kultur seines Volkes verteidigte, hatte er, als er 1909 starb, den christlichen Glauben angenommen.

INDIANERKRIEGE

Krieg am Red River

DATUM 1874–1875

STREITKRÄFTE US-Truppen: 3000; Cheyenne, Kiowa, Kataka: mehrere Tausend

ORT Oklahoma und Texas

VERLUSTE einige Hundert Tote auf beiden Seiten

In den 70er Jahren des 19. Jh. rotteten weiße Jäger in den Grasebenen des Südens den Büffel aus. Die nun auf die dürftige Reservatsrationen angewiesenen, zuvor friedfertigen Indianer erwogen einen Kriegszug und so griff der Häuptling der Comanchen Quanah Parker mit 300 Kriegern am 27. Juni 1874 bei Adobe Walls die Jäger an. Der Angriff war ein Fehlschlag, doch die US-Armee benutzte ihn als Vorwand, um die Gegend für weiße Siedler zu säubern. Es folgten noch 20 erbitterte Gefechte gegen die Indianer, die mit Gewehren aus dem Bürgerkrieg gut ausgerüstet waren. Die Wende trat ein, als am 28. September 1874 im Palo Duro Canyon fünf Dörfer zerstört, mehr als 1000 Pferde getötet und die Wintervorräte vernichtet wurden. Mit der Kapitulation des halb verhungerten Parker endete der Krieg im Juni 1875.

INDIANERKRIEGE

Little Bighorn

DATUM 25. Juni 1876

STREITKRÄFTE US-Kavallerie: 600; Cheyenne und Dakota: 600

ORT am Little Bighorn, Montana

VERLUSTE US-Kavallerie: alle gefallen

Trotz des Vertrages mit Red Cloud ließen sich Goldgräber weiterhin in den geheiligten Jagdgründen der Black Hills nieder. Wutentbrannt schlugen die Sioux und Cheyenne unter dem großen Krieger Sitting Bull zurück, und als sie sich weigerten, in die Reservate zurückzukehren, schickte man Truppen. General Alfred Terry zog mit der Hauptmacht den Yellowstone River hinauf, während Oberstleutnant George Custer mit dem 7. Kavallerieregiment den Little Bighorn River überqueren und den Feind umfassen sollte. Als Custer ein Siouxlager entdeckte, ließ er angreifen. Er hatte das unebene Gelände jedoch nicht berücksichtigt, und seine Truppe verlor jegliche Ordnung. Major Charles Reno griff als Erster an, wurde jedoch schnell zum Rückzug gezwungen. Die Sioux gingen dann gegen Custers Männer vor, während zugleich ein Detachment unter Crazy Horse über sie herfiel. Custer war eingeschlossen, er befahl den Männern, die Pferde zu erschießen und zu einem Schutzwall aufzuschichten, doch half dies wenig. In weniger als einer Stunde waren alle tot.

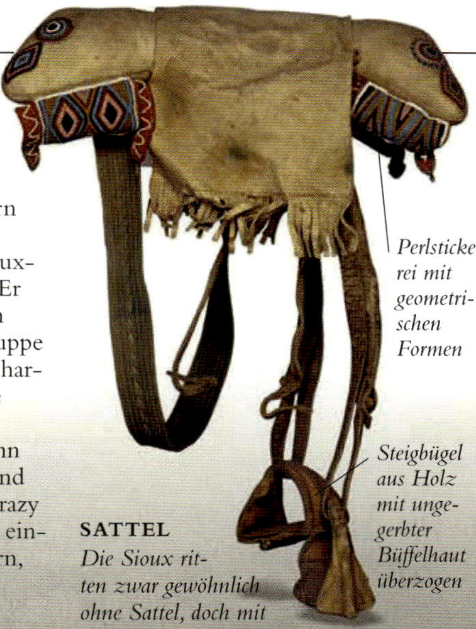

SATTEL
Die Sioux ritten zwar gewöhnlich ohne Sattel, doch mit ihm und mit Steigbügeln hatte man einen besseren Halt.

»Die Soldaten waren geteilt, ein Trupp fiel direkt über das Lager her. Nachdem sie diese Soldaten über den Fluss getrieben hatten, griffen die Sioux [Custers] Soldaten an und brachten sie durcheinander; diese Soldaten verhielten sich lächerlich, viele warfen ihre Gewehre weg, hoben die Hände und sagten: ›Sioux, habt Mitleid; nehmt uns gefangen.‹«

ZEUGE DES KRIEGES

DAKOTAHÄUPTLING RED HORSE

Der Bericht des Dakotahäuptlings Red Horse über die Vorfälle am Little Bighorn wurde 1881 in Bilderschrift festgehalten. Seine lebhafte Beschreibung der Soldaten als »lächerlich« zeigt die kriegerischen Wertvorstellungen der Sioux.

FLUSSÜBERGANG
Hier überquerte Major Reno den Little Bighorn. Custers letztes Gefecht fand weiter rechts statt.

INDIANERKRIEGE

Krieg der Nez Percé

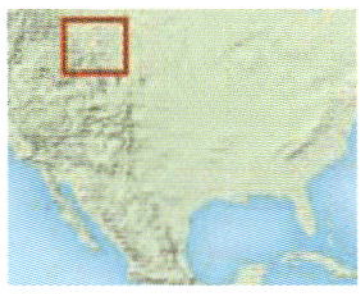

DATUM Juni–Dezember 1877

STREITKRÄFTE Krieger der Nez Percé: 250; US-Soldaten: 5000

ORT Idaho, Oregon und Montana

VERLUSTE Nez Percé (einschl. Frauen und Kinder): 239; US-Soldaten: 266

Die Nez Percé (»durchbohrte Nasen« wegen ihrer Vorliebe für Nasengehänge) lebten zunächst friedlich neben den Weißen, bis in ihrem traditionellen Stammesgebiet auf dem Columbia Plateau Gold entdeckt wurde. 1863 wurde ihr Reservat auf ein Viertel verkleinert, um den Goldabbau zu ermöglichen. Als die gegenseitigen Überfälle von Indianern und Weißen eskalierten, wollte der Nez-Percé-Häuptling Joseph in Kanada eine bessere Zukunft suchen. 1877 begab er sich mit wenigen Anhängern auf einen heroischen, fünfmonatigen Treck nordwärts, immer verfolgt von den Truppen des Generals O. O. Howard. Schließlich wurden die Nez Percé, gerade noch 65 km von der Grenze entfernt, in den Bear Paw Mountains eingekreist. Nach fünftägigem Gefecht standen beide Seiten vor einem Patt, doch Josephs erschöpfte Krieger gaben auf, als sie von weiteren Regierungstruppen auf dem Anmarsch erfuhren.

BOGEN
Von Nez-Percé-Knaben wurde erwartet, dass sie ihre Schießkünste entwickelten. Als Ziele dienten kleine Wildtiere.

INDIANERKRIEGE

Wounded Knee

DATUM 29. Dezember 1890

STREITKRÄFTE Sioux: mehrere Hundert; US-Kavallerie: unbekannt

ORT am Wounded Knee Creek, Süddakota

VERLUSTE Sioux: etwa 150 Tote, 30 Verwundete; US-Kavallerie: 25 Gefallene, 30 Verwundete

Gegen Ende der 80er-Jahre des 19. Jh. war das Siouxreservat so weit verkleinert worden, dass die Bewohner sich nicht mehr selbst ernähren konnten. Auf der Suche nach Rettung verfielen die halb verhungerten Sioux einem mystischen Geisterglauben mit dem rituellen »Geistertanz«, der den weißen Mann von der Erde verbannen sollte. Die Regierung war davon so beunruhigt, dass sie Truppen schickte und die Anführer verhaftete. Als Sitting Bull in der Haft getötet wurde, veranlasste dies eine Gruppe von einigen Hundert Sioux zum Auszug aus dem Reservat. Sie ergaben sich jedoch am 28. Dezember friedlich der 7. Kavallerie. Am folgenden Morgen kam es bei der Entwaffnung der Indianer zu einem Handgemenge. Ein Soldat fiel zu Boden, woraufhin seine Kameraden eingriffen. Es kam zu einer »Schlacht« zwischen Indianern mit Knüppeln und Messer und Soldaten mit Gatling-Maschinengewehren. Das folgenden Massaker an Männern, Frauen und Kindern machte die Unterwerfung der nordamerikanischen Indianer endgültig.

UNVERGESSENES MASSAKER
Ein Gedenkstein erinnert an Wounded Knee. Der Name wurde zum Inbegriff des an den Indianern verübten Unrechts.

1750–1914

KRIEG IN SÜDAMERIKA

Zu Beginn des 19. Jh. herrschte Spanien über den größten Teil Südamerikas. Knapp 30 Jahre später, nach einer Reihe von Befreiungskriegen, waren die Spanier vollkommen aus dem Halbkontinent vertrieben worden. Leider verrieten die gerade unabhängig gewordenen Länder Simón Bolívars Traum von der Einheit Südamerikas und begannen untereinander oftmals blutige Kämpfe um Territorien und Macht.

BEFREIUNG
Die Befreiungskriege wurden zwischen Aufständischen und denen ausgetragen, die treu zur Krone Spaniens hielten. Der Venezolaner Simón Bolívar und der Argentinier José de San Martín waren die Helden des Konflikts. Der obere Teil Perus wurde 1826 zu Ehren des Ersteren in Bolivien umbenannt.

CHILES UNABHÄNGIGKEIT

Chacabuco

ORT nördlich von Santiago, Chile

DATUM 12. Februar 1817

STREITKRÄFTE Aufständische: 3000; Royalisten: 1500

VERLUSTE Aufständische: 12 Tote, 120 Verletzte; Royalisten: 500 Tote, 600 Gefangene

Nach der Erklärung der argentinischen Unabhängigkeit 1816 widmete José de San Martín, der Anführer der Befreiungsbewegung im Süden, seine Aufmerksamkeit der Befreiung Chiles. Im Januar 1817 führten San Martín und Bernardo O'Higgins, der Kopf der chilenischen Befreiungsbewegung, eine 5000 Mann starke Streitmacht auf einem mörderischen 20-tägigen Marsch über die Anden, wobei 2000 Mann in der Kälte und dünnen Höhenluft zugrunde gingen. Trotz dieser hohen Verluste konnte San Martín die Royalisten überraschen, deren spanischer General Rafael Maroto dem heranrückenden Heer nur 1500 Mann entgegenstellen konnte. Am 11. Februar gegen Mittag hatte sich Marotos Truppe bei Chacabuco, unmittelbar nördlich von Santiago, zusammengefunden, und San Martín gedachte im Morgengrauen des kommenden Tages anzugreifen. Anfangs drängte die spanische Infanterie O'Higgins' Kräfte zurück, doch als San Martín mit seinen Grenadieren die spanische Kavallerie angriff, gewann O'Higgins Zeit, seine Leute neu zu ordnen und die spanische Flanke anzugreifen. Die numerisch unterlegenen Royalisten wurden vertrieben und die siegreichen Aufständischen in Santiago als Befreier begrüßt. Der Sieg ermöglichte San Martín, sich an der Küste mit Admiral Cochrane zu vereinen – die Befreiung Chiles hatte begonnen.

JOSÉ DE SAN MARTÍN
Dieses Bild zeigt einen heroischen San Martín an der Spitze des Angriffs bei Chacabuco. Er war ein selbstloser Soldat von großer persönlicher Integrität.

EBENE DER SIEGE
Die Andengipfel des Fitzroy und Torre überragen die Ebene, auf der die blutigen Gefechte stattfanden.

KAPITULATION AM BOYACÁ
Das Heer der Royalisten ergibt sich Bolívars Rebellen am Boyacá. Die Brücke (unten links) war ein wesentliches Gefechtsziel.

UNABHÄNGIGKEIT FÜR NEUGRANADA

Am Boyacá

ORT Stadtrand von Bogotá, Kolumbien

DATUM 7. August 1819

STREITKRÄFTE Aufständische: 3000; Royalisten: 3000

VERLUSTE Royalisten: 100 Tote, 1800 Gefangene

Im Juli 1919 war der Kampf um die Macht in Neugranada, dem heutigen Kolumbien und Venezuela, in vollem Gange. Die Rebellenarmee unter der Führung der Generale Bolívar und de Paula Santander schlug die Spanier in einleitenden Scharmützeln am 12. Juli bei Gámeza und am 25. am Vargasfluss, bevor sie am 5. August Tunja eroberte. Das entscheidende letzte Gefecht fand zwei Tage später unmittelbar vor Bogotá statt. Santander schnitt die spanische Vorhut bei einer Brücke über den Boyacáfluss ab, während Bolívars Leute ganz in der Nähe das Gros der Spanier angriffen. Bolívar griff die spanische Linke an, während die kampferprobte Britische Legion einen Frontalangriff führte und die spanische Kavallerie zurückschlug. Das Ergebnis war ein entscheidender Sieg der Rebellen, die etwa 1800 Gefangene machten, darunter den spanischen Befehlshaber. Drei Tage später marschierte Bolívar in Bogotá ein, wo er als Befreier willkommen geheißen wurde. Er setzte eine Übergangsregierung ein, ehe er nach Ekuador und den Zentralanden aufbrach, um sich mit San Martíns Südarmee zusammenzuschließen.

GRÜNDUNGS KOLUMBIENS

Carabobo

ORT Ebene bei Carácas im heutigen Venezuela

DATUM 24. Juni 1821

STREITKRÄFTE Rebellen: 6500, darunter englische und irische Freiwillige; Royalisten: 5000

VERLUSTE unbekannt, jedoch hoch auf beiden Seiten

Auf Anweisung der neuen liberalen Regierung in Spanien unterzeichneten General Pablo Morillo und Bolívar im November 1820 einen Waffenstillstand. Bolívar jedoch brach die Vereinbarungen, indem er die royalistische Garnison am Maracaibosee angriff. Dann standen sich beide Seiten auf der Ebene von Carabobo gegenüber. Die Royalisten unter General Miguel de la Torre waren demoralisiert und durch Desertionen geschwächt. Bolívar ließ eine Kolonne llaneros (Flachlandbewohner) und englische Freiwillige den Feind von rechts angreifen, während seine Kavallerie das Zentrum attackierte. Auf beiden Seiten gab es schwere Verluste, doch de la Torres Männer wurden vernichtend geschlagen.

1783–1830

SIMÓN BOLÍVAR

Bolívar, auch »der Befreier« genannt, wurde in Caracas als Spross einer aristokratischen Familie geboren. Während eines Europaaufenthalts kam er mit den Ideen der Aufklärung in Berührung und gelangte zu der Überzeugung, dass Lateinamerika unabhängig werden müsse. Als er 1807 heimkehrte, übernahm er bei der Revolution die Führungsrolle, später wurde er sogar Präsident von Kolumbien und Peru.

PERUANISCHER UNABHÄNGIGKEITS KAMPF

Ayacucho

ORT Hochplateau bei Ayacucho, Peru

DATUM 9. Dezember 1824

STREITKRÄFTE Aufständische: 6000; Royalisten: 9000

VERLUSTE Royalisten: 2000 Gefallene

Da nun Neugranada im Norden und Chile im Süden in den Händen von Aufständischen waren, blieb nur Peru unter spanischer Herrschaft in Südamerika. Bolívars äußerst tüchtiger venezolanischer Stellvertreter Antonio José de la Sucre führte eine in ganz Südamerika rekrutierte Armee gegen eine numerisch überlegene spanische Streitmacht, die zehnmal so viele Geschütze hatte wie die Rebellen. Trotz dieser Nachteile griff Sucre die Spanier auf einer Hochebene bei Ayacucho an. Er begann mit einer Kavallerieattacke unter der Führung des Kolumbianers José Maria Córdoba, und nach kürzester Zeit waren zweitausend Royalisten gefallen. Der Vizekönig und seine Generale wurden gefangen genommen, und die Kapitulationsbedingungen besagten, dass alle spanischen Truppen aus Peru und Charcas (Bolivien) abzuziehen seien. Die letzten spanischen Soldaten gingen im Januar 1826. Dies beendete die spanische Präsenz in Südamerika.

DENKMAL
Ein gewaltiges Denkmal zur Erinnerung an die Schlacht von Ayacucho ragt über La Quinua in Peru in den Himmel.

SCHLACHT VON CASEROS

Caseros

ORT 16 km nordwestlich von Buenos Aires

DATUM 3. Februar 1852

STREITKRÄFTE Rosas: etwa 25000; Koalition: etwa 25000

VERLUSTE Rosas: 1400 Gefallene, 7000 Gefangene; Koalition: 600 Gefallene

Juan Manuel de Rosas, ein Gaucho aus der Provinz Buenos Aires, bemächtigte sich 1835 der Macht in Argentinien. Seine 17-jährige Herrschaft war von einem extremen Personenkult gekennzeichnet – sein Konterfei schmückte alle öffentlichen Plätze und Kirchen. Ein Netz von Spionen und die Geheimpolizei (die Mazorca) unterdrückten jede Opposition. Rosas' Gehabe rief eine Widerstandsbewegung wach, sodass er sich 1852 einer von argentinischen, brasilianischen und urugayischen Truppen gebildeten Koalitionsarmee unter dem Kommando des Generals Justo José de Urquiza gegenübersah. Die folgende Schlacht war die größte, die vor dem Sezessionskrieg auf dem Doppelkontinent je geschlagen wurde. Urquiza griff zuerst an; die von ihm persönlich geführte Kavallerie riss die rechte feindliche Flanke auf. Danach kam es zu einem längeren Kampf Mann gegen Mann, doch das Ergebnis stand bereits fest. Viele von Rosas' Truppen hatten kapituliert, ehe das Gefecht noch begonnen hatte, und den Übrigen war auch nicht nach Kampf zumute. Rosas selbst floh mit dem größten Teil seiner Kavallerie und fand in England Unterschlupf. Urquizas Sieg führte zur Annahme einer Verfassung nach US-amerikanischem Muster, was ironischerweise unmöglich gewesen war, bevor Rosas das Land geeint hatte.

ROTER KULT
Hier sieht man Rosas' Soldaten in ihren charakteristischen roten Uniformen. Alle Männer mussten ihm zu Ehren rot tragen.

KRIEG IN PARAGUAY

Krieg in Paraguay

ORT Paraguay

DATUM 1. Mai 1865–1. März 1870

STREITKRÄFTE Paraguayer: 50000; Argentinier, Brasilianer und Uruguayer: 26000

VERLUSTE Paraguayer: (mit Zivilisten) 300000 Tote

Dieser Konflikt war der blutigste in der Geschichte Lateinamerikas. Der paraguayische Diktator Francisco López, versessen auf Ausweitung seines Herrschaftsgebiets, stellte die größte Armee Südamerikas auf und marschierte 1865 in Argentinien und Brasilien ein. Als Reaktion verbündete sich Argentinien mit Brasilien und Uruguay und erklärte Paraguay den Krieg. Die paraguayischen Truppen waren 10:1 unterlegen und wurden bald zurückgeschlagen. In einer Reihe von wilden Gefechten, darunter anfangs ein Sieg von Paraguay bei Curupayti, erlitten beide Seiten schwere Verluste. Nach der Ernennung des Brasilianers Marques de Caxias zum Oberbefehlshaber 1868 wurden die paraguayischen Stellungen schließlich überwunden und die Hauptstadt Asunción besetzt. López selbst wurde am 1. März 1870 getötet. Für Paraguay, ein kleines Land mit einer halben Million Einwohner, war dieser Krieg ein nationaler Selbstmord. Von den 200000 Überlebenden waren weniger als 30000 Männer.

BLUTIGES CURUPAYTI
Argentinische Truppen beim Angriff bei Curupayti. Die Soldaten führen Leitern mit, um die Schanzen zu stürmen.

MEXIKO IM KRIEG

Mit Ausnahme einer *Porfiriato* genannten, 35 Jahre währenden Periode friedlicher Herrschaft war das auf die Unabhängigkeit folgende Jahrhundert in Mexiko eine Folge von Konflikten. Der Zentralstaat war schwach und die Bevölkerung zutiefst in katholische Konservative und antiklerikale Liberale gespalten. Diese Spaltung, die in der zehn Jahre anhaltenden Revolution gipfelte, führte zu fortwährendem Bürgerkrieg. Mexikos Probleme wurden durch fortwährende fremde Intervention verschärft, darunter ein katastrophaler Krieg mit den USA, der mit dem Verlust der nördlichen Landesteile endete, und eine Invasion der Franzosen. Die klassische Kampfesweise der Mexikaner, wie sie sich im Unabhängigkeitskampf und ein Jahrhundert später in der Revolution äußerte, war der Kleinkrieg zu Pferde.

TEXANISCHE UNABHÄNGIGKEIT

Alamo

ORT San Antonio, Texas

DATUM 23. Februar–März 1836

STREITKRÄFTE Mexikaner: 2000–6000; Texanische Freiwillige: 184

VERLUSTE Mexikaner: 1000 Tote und Verwundete; Texanische Freiwillige: alle getötet

Um 1830 hatten sich etwa 30 000 Einwanderer aus den USA als Siedler im mexikanischen Staat Texas niedergelassen. Die mexikanische Regierung sah darin eine Bedrohung ihrer Souveränität, schloss die Grenzen und schränkte die Rechte des Staates Texas empfindlich ein. Doch erst die neue Verfassung von 1836, die die letzten verbliebenen Rechte des Staates aufhob, provozierte einen Aufstand und führte dazu, dass Texas sich zu einer unabhängigen Republik erklärte. Das löste den Unabhängigkeitskrieg aus.

DURCHBRUCH
Diese Radierung zeigt den Augenblick, da die Mexikaner die Mauern der Missionsstation durchbrechen.

Ein Detachment texanischer Freiwilliger vertrieb mexikanisches Militär aus San Antonio und besetzte die Ruine der Kapelle der Missionsstation San Antonio de Valero, die von spanischen Soldaten nach dem umgebenden Pappelwäldchen »Alamo« genannt wurde. Anführer der Texaner, darunter auch Sam Houston, drangen auf Rückzug aus dieser exponierten Stellung, doch die Besetzer lehnten ab. Eine starke mexikanische Truppe, die von Präsident Santa Anna persönlich geführt wurde, überquerte den Rio Grande und begann, die Kapelle zu belagern. Die Verteidiger, darunter die Grenzlandlegenden James Bowie und Davy Crockett, hielten die Stellung 13 Tage lang, dann durchbrachen die Mexikaner die Außenmauern und überwältigten sie dank ihrer zahlenmäßigen Überlegenheit. Santa Anna befahl, keine Gefangenen zu machen, und so wurde niemand, bis auf eine Hand voll Frauen und Kinder, verschont. Diese Niederlage wurde wettgemacht, als Houston einen Monat später Santa Anna bei San Jacinto besiegte und damit die Unabhängigkeit der »Yanqui«-Siedler sicherte, obgleich Mexiko diese Realität nicht anerkennen wollte, bis Texas 1845 von den Vereinigten Staaten annektiert wurde. Für Texas wurden »Alamo« und seine Verteidiger zu Symbolen heldenhaften Widerstands.

»Sehr wahr, ich habe mit großer Begeisterung und absoluter Aufrichtigkeit alles für die Freiheit geopfert, erkannte jedoch schnell das Törichte daran. Für das nächste Jahrhundert wird mein Volk der Freiheit noch nicht wert sein.«

Antonio López de Santa Anna, von seinen Landsleuten enttäuscht, nach seiner Gefangennahme durch die Texaner, 1836

1794–1876

SANTA ANNA

Antonio López de Santa Anna war ein ehrgeiziger General, der zur Macht aufstieg, nachdem er zwei Präsidenten des jüngst unabhängig gewordenen Mexiko unterstützte – nur um beide wieder zu stürzen. Nach der Niederlage in Texas aus dem Präsidentenamt vertrieben, kämpfte er zwei Jahre später in Veracruz gegen die Franzosen. Nachdem Mexiko 1847 von den USA besiegt wurde, ging er gezwungenermaßen ins Exil.

UNVERGESSLICH: THE ALAMO
Die Ruine von Alamo wurde restauriert und als historische Stätte bewahrt. Unmittelbar daneben ist die texanische Flagge aufgezogen.

MEXIKANISCHER KRIEG

Veracruz-Kampagne

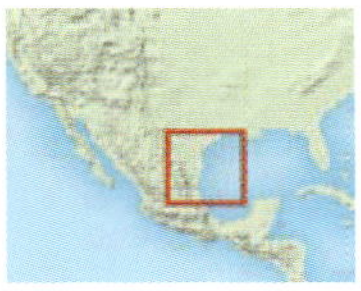

ORT Seehafen Veracruz, Ostküste Mexikos

DATUM März–September 1847

STREITKRÄFTE USA: 25000 Reguläre, 70000 Freiwillige; Mexiko: 20000 Reguläre

VERLUSTE USA: 6000; Mexiko: Zehntausende

1845 beschloss der Kongress der USA die Annexion von Texas, dessen politische Führer begeistert zustimmten. Präsident James Polk, eifrig auf Expansion seines Landes bedacht, schickte eine Abordnung nach Mexiko-Stadt, um über ein umstrittenes texanisches Grenzgebiet zu verhandeln und zugleich Neumexiko und Kalifornien zu kaufen. Als seine Emissäre brüsk abgewiesen wurden, ließ Polk das umstrittene Gebiet militärisch besetzen. Als Mexiko darauf mit einem Gegenangriff reagierte, bekam Polk den Krieg, den er suchte. Kalifornien und Neumexiko wurden ohne großen Widerstand besetzt, doch zögerte der US-Befehlshaber Zachary Taylor, weiter nach Süden vorzustoßen. In dieser Stagnation des Krieges erhielt General Winfried Scott von Polk Befehl, eine Armee einzuschiffen und den strategisch wichtigen Hafen Veracruz einzunehmen. Das gelang mühelos, und nach wichtigen Siegen über Santa Anna bei Cerro Gordo und Chapaltetec marschierten Scotts Truppen auf die Stadt Mexiko, die am 14. September 1847 fiel. Die Niederlage war kostspielig: Santa Anna musste ins Exil gehen und Mexiko verlor mit dem Frieden von Guadalupe Hidalgo etwa die Hälfte seines Territoriums, von Texas bis Kalifornien. Seither ist dieser Krieg ein wunder Punkt in der Geschichte Mexikos.

»Unser unabweisbares Schicksal zu erfüllen heißt Ausbreitung über den uns von der Vorsehung zugewiesenen Kontinent.«

John L. O'Sullivan, im »United States Magazine and Democratic Review«, 1845

COLT-REVOLVER

1836 erhielt Samuel Colt ein Patent für den Revolver, der typischen Waffe des Wilden Westens, die ein Jahr später zum ersten Mal beim Aufstand der Texaner benutzt wurde. Der Begriff rührt von der drehbaren Trommel her, die die Abgabe von fünf oder sechs Schuss erlaubt statt der nur ein bis zwei bisheriger Pistolen. Der Erfolg in Texas veranlasste die amerikanische Regierung, während des Mexikanischen Krieges 1000 Exemplare der Waffe in Auftrag zu geben.

ZYLINDER *Die drehbare zylindrische Trommel erlaubte das Abfeuern von bis zu sechs Schuss ohne nachzuladen.*

DATEN

Ursprungsland	USA	**Länge**	343 mm
Lauflänge	190 mm	**Kaliber**	.44 (11,17 mm)
Erste Fertigung	1836	**Gewicht**	≈ 1500 g

FRANZÖSISCHE EXPEDITION

Expedition der Franzosen

ORT Ostküste Mexikos

DATUM Januar 1862–März 1867

STREITKRÄFTE bei Puebla: Mexikaner: 2000–4000; Franzosen: 6000

VERLUSTE bei Puebla: Franzosen: 1000 Tote; Mexikaner: nicht verbürgt

1860 versank Mexiko in einem Bürgerkrieg zwischen Konservativen und Liberalen. Der Staat war praktisch bankrott, und der liberale Präsident Benito Juárez setzte die Zahlungen auf Auslandsschulden aus, sodass Großbritannien, Spanien und Frankreich intervenierten, um ihre Investitionen zu schützen. Im Januar 1862 hatten alle beteiligten Mächte in Veracruz Truppen gelandet, doch die Engländer und Spanier zogen sich zurück, als deutlich wurde, dass Napoleon III. das ganze Land besetzen wollte. Der französische Vormarsch auf die Hauptstadt wurde von der Festung Puebla blockiert, wo örtliche Kräfte sich den Invasoren am 5. Mai entgegenstellten. Die Franzosen versuchten unvernünftigerweise einen Frontalangriff auf die hervorragend verteidigten Stellungen. Die Mexikaner unter General Ignacio Zaragoza trieben die Angreifer zurück und errangen einen großartigen Sieg, an den noch heute ein Staatsfeiertag erinnert. Nachdem die Franzosen 30000 Mann Verstärkung herangeführt hatten, wurde Puebla im folgenden März eingenommen und der Erzherzog Maximilian von Habsburg zum Kaiser von Mexiko gekrönt.

MEXIKANISCHE REVOLUTION

Revolution in Mexiko

ORT Mexiko

DATUM 1910–1920

STREITKRÄFTE verschiedene Armeen; so Regierungstruppen, Zapatas bäuerliche Guerilleros, Villas Guerillakavallerie

VERLUSTE etwa eine Million Soldaten und Zivilisten getötet

1910 kandidierte bei den Präsidentschaftswahlen der junge Grundbesitzer Francisco Madero gegen den langjährigen Diktator Porfirio Díaz. Díaz »siegte«, doch Madero rief aus dem Gefängnis zum bewaffneten Widerstand auf. Die Rebellenbewegung eroberte Ciudad Juárez, und Díaz floh im Mai 1911 außer Landes. Madero wurde zum Präsidenten gewählt, doch die Truppen der Revolutionäre entzogen sich seiner Kontrolle. Emiliano Zapata, ein Bauernführer aus dem Süden, verlangte eine Bodenreform und rief seine eigene Revolution aus. Madero, im Grunde seines Herzens Demokrat, zögerte und wurde von seinem eigenen Stabschef Victoriano Huerta ermordet. Nun versuchte Huerta seinen Machtanspruch durchzusetzen. Nun hatte er aber nicht nur Zapata gegen sich, sondern auch Pancho Villa mit seinen berittenen Vaqueros im Norden und dazu Venustiano Carranza, einen abtrünnigen Angehörigen der Oberschicht. Mit Rückendeckung der USA überwältigten diese Kräfte Huerta im Jahre 1914. Daraufhin wandte sich Carranza gegen seine beiden ländlichen Verbündeten. Villa leistete Widerstand, wurde aber 1915 bei Celeya von Alvaro Obregón, Carranzas Kommandeur, besiegt und zum Rückzug gezwungen. Prompt übernahm Carranza das Präsidentenamt und ließ Zapata 1919 umbringen. Ein Jahr später rebellierte Obregón, ließ Carranza ermorden und wurde Präsident.

KÄMPFERINNEN
Auch Frauen kämpften während der Revolution als Guerilleras.

INSZENIERTER KRIEG
Hier sieht man Regierungssoldaten als Geschützbedienung. Beide Seiten unternahmen etliche Angriffe ausschließlich für die Fotografen.

DER SEZESSIONSKRIEG

ALS ABRAHAM LINCOLN, der sich zum Kampf gegen die Sklaverei in Amerika verpflichtet hatte, 1860 zum Präsidenten gewählt wurde, sagten sich elf Südstaaten von der Union los und bildeten eine Konföderation. Am 12. April 1861 wurde Fort Sumter, ein Außenposten der Bundestruppen in South Carolina, bombardiert. Es entbrannte ein blutiger Krieg, der vier Jahre dauerte.

LEGENDE

- Staaten der Union 1861
- Staaten der Konföderation 1861
- Front der Unionstruppen bis Dezember 1861
- Front der Unionstruppen bis Dezember 1862
- Front der Unionstruppen bis Dezember 1864
- Truppenbewegungen der Union
- Truppenbewegungen der Konföderation
- Forts der Union
- Forts der Konföderation
- Seeblockade der Union
- Sieg der Union
- Sieg der Konföderation
- unentschiedenes Gefecht
- 12. Apr. 1865 Datum eines Gefechts oder Angriffs
- Stadt durch Unionstruppen zerstört

SEZESSIONSKRIEG
Der Abfall der Südstaaten wurde erst nach vierjährigen Kämpfen beigelegt. Der lange Widerstand des Südens war eine überraschende, doch kostspielige Leistung.

NORD UND SÜD

Die Union hatte eine Bevölkerung von 23 Millionen Menschen, die konföderierten Staaten neun Millionen. Der Norden verfügte auch über den größten Teil des amerikanischen Eisenbahnnetzes und der Industrie. Während dort im Laufe des Krieges fast 1,5 Millionen Springfield-Gewehre hergestellt wurden, war im Süden alles knapp, vom Schuhwerk bis zum Schießpulver, und das trotz heroischer Anstrengungen, eine Kriegsindustrie aufzubauen und aus Europa Waffen zu beschaffen. Da das reguläre Heer der Vereinigten Staaten nur 16 000 Mann umfasst hatte, mussten beide Seiten aus den Milizen der Bundesstaaten und Freiwilligen neue Armeen aufstellen. Der Süden hob schließlich 1,1 Millionen Soldaten aus, der Norden 2,8 Millionen. Die Union war auch zur See erdrückend überlegen. Angesichts des Ungleichgewichts der Kräfte setzte der Süden auf äußeren Beistand und hoffte, dass Großbritannien oder Frankreich zu Hilfe kommen würden. Dem stand aber die Sklaverei entgegen, die dem Süden keine Sympathien einbrachte.

BRAGGS ROCK
Dieser Uniformrock und der Säbel gehörten dem Konföderiertengeneral Braxton Bragg. Der Rock ist aus angerautem blaugrauem Wollstoff mit goldenen Paspeln und goldenen Rangabzeichen am Kragen. Die stählerne Säbelklinge weist dekorative Ätzungen auf.

1807–1870

ROBERT EDWARD LEE

Als der Sezessionskrieg ausbrach, wurde Lee, der Oberst der Unionsarmee war, der Oberbefehl angeboten, doch als Aristokrat aus Virginia zog er es vor, stattdessen der Konföderation zu dienen. Seine Leistung als Kommandeur in der Siebentageschlacht ließ eine außerordentliche militärische Begabung erkennen, die mit seinem Grundsatz »Angriff ist die beste Verteidigung gegen zahlenmäßig überlegene Kräfte« am ehesten zu charakterisieren ist. Trotz einer schweren Niederlage bei Gettysburg gewann Lee die tiefe Verehrung seiner Soldaten und die Achtung seiner Gegner.

PANZERSCHIFF
Die Union baute Schaufelraddampfer mit flachem Boden zum Einsatz auf dem Mississippi. Geschützt durch Eisenplatten, eroberten die Schiffe entlang des Flusses ein konföderiertes Fort nach dem anderen.

1809–1865

ABRAHAM LINCOLN

Ohne jede militärische Erfahrung handhabte Lincoln die Probleme eines Kriegspräsidenten mit viel Geschick und fester Entschlossenheit. Seine vorsichtige Behandlung der Sklavenfrage ließ vier wichtige Sklavenhalterstaaten loyal zur Union stehen, während sein kriegerisches Engagement die Unentschlossenen unter die Fahnen der Union trieb. Sobald er in Grant und Sherman die richtigen Generale gefunden hatte, unterstützte er sie vorbehaltlos im Streben nach einem vollkommenen Sieg.

FOLGEN DER MODERNITÄT

Der Sezessionskrieg wird oft als der erste moderne Krieg bezeichnet, obwohl er vielleicht besser als Übergangsstadium zwischen Alt und Neu gesehen werden sollte. Das bemerkenswerteste Neue war das Seegefecht zwischen der *Monitor* und der *Virginia (Merrimack)*, dem ersten Zusammenstoß eisengepanzerter Dampfschiffe im März 1862. Eisenbahn und Telegraf waren in einem über so große Entfernungen ausgetragenen Krieg entscheidend, wenngleich beide auf feste Verbindungen angewiesen waren, die sich leicht unterbrechen, aber nur schwer verteidigen ließen. Das Infanteriegefecht gründete sich auf der Übergangstechnik der Vorderladermuskete mit Minié-Geschoss, das ein schnelles Laden und einen genauen Schuss ermöglichte. Modernere Gewehre wie Hinterladerrepetiergewehre spielten eine marginale Rolle. Die Geschütze verschossen Massivmunition oder Luntengranaten und waren kaum besser als zu Napoleons Zeit.

KRIEGSFOTOGRAFIE
Unionsgeneral Joseph Hooker, auf die Platte gebannt von Matthew Brady, einem der ersten Kriegsfotografen. Brady vermittelte einem Publikum, das eher romantische Vorstellungen vom Kriege hegte, die Realität des Konflikts.

ABNUTZUNGSKRIEG

Obwohl im Sezessionskrieg mehr Menschen durch Krankheiten und Seuchen umkamen als durch Feindeinwirkung, war doch die Zahl der Gefallenen entsetzlich. Sturmangriffe der Infanterie auf Gegner, die mit Musketen bewaffnet und durch Feldbefestigungen geschützt waren, und auf Geschützbatterien führten zu massiven Verlusten. Der Kavallerie kam bei Überfällen im Hinterland große Bedeutung zu. Da der Union auf dem Schlachtfeld kein entscheidender Sieg gelang, folgte sie einer konsequenten, wenn auch brutalen Abnutzungsstrategie, die zum Teil auch dazu gedacht war, den Kampfeswillen der Zivilbevölkerung der Südstaaten zu schwächen. Schließlich kostete der Krieg 620 000 Soldaten das Leben (360 000 Nord- und 260 000 Südstaatler), und dazu noch ungezählte tote Zivilisten.

GEFANGENENLAGER
Ungefähr 13 000 Unionssoldaten im Kriegsgefangenenlager Andersonville, Georgia, starben an schlechter Behandlung und Krankheiten.

UNIONSABZEICHEN
Die gekreuzten Kanonen waren das bei der Unionsarmee übliche Abzeichen der Artillerie. Sie wurden an der Kopfbedeckung getragen, darüber befand sich noch die Regimentsnummer.

MILIZIONÄRE
Einzelne Bundesstaaten hoben eigene Truppen aus, die zu Beginn des Krieges den Kern der kämpfenden Armeen bildeten. Hier sieht man die 22nd New York State Militia bei Harper's Ferry.

KEIN LEICHTER SIEG

Zu Beginn des Bürgerkrieges hätte der Norden sich vernünftigerweise der »Anaconda«-Strategie bedienen können, wie General Winfield Scott es empfahl. Diese sah vor, den Süden durch eine Seeblockade seiner Überseehäfen und das Unterbrechen der lebenswichtigen Fluss- und Eisenbahnverbindungen im Westen zu erdrücken. Der Süden hätte sich dabei wohl defensiv verhalten und um internationale Hilfe nachgesucht. Doch erhitzte Gemüter beider Seiten forderten Kampf, und so kam es allenthalben zu Angriffsoperationen, obwohl keine Seite imstande war, den erwünschten schnellen Sieg herbeizuführen.

SEZESSIONSKRIEG

Bull Run I

DATUM 21. Juli 1861

STREITKRÄFTE Union: 30000; Konföderation: 25000

VERLUSTE Union: 2700 Gefallene; Konföderation: 2000 Gefallene

ORT 40 km südwestlich von Washington (D. C.)

Die Konföderierten machten das nur 160 km von Washington entfernte Richmond, Virginia zu ihrer Hauptstadt. Die Union befahl dem General Irwin McDowell, von Washington aus südwärts zu marschieren und Richmond einzunehmen. McDowells Soldaten hatten fast alle keine Kriegserfahrung, doch bei den Konföderierten unter Beauregard, die den Eisenbahnknotenpunkt bei Manassas verteidigten, verhielt es sich nicht anders. Da es Verzögerungen gab, als die Unionsarmee zusammengezogen wurde, konnten die Konföderierten Manassas mit Truppen verstärken, die per Eisenbahn aus dem Shenandoahtal herangeführt wurden. Die Männer rückten noch an, als die Schlacht begann. McDowell überraschte die Konföderierten mit einem Angriff auf ihren linken Flügel, der sie auf den Henry-House-Hügel zurückwarf, aber dort stand Jacksons Brigade »wie eine Steinmauer« und das Blatt wendete sich. Am späten Nachmittag unternahmen die Konföderierten einen Gegenangriff unter markerschütterndem »Rebellengeschrei«, der die erschöpften Unionssoldaten flüchten ließ.

> »So weit ging die Panik, dass keine Macht der Erde unsere Männer dazu gebracht hätte, umzukehren und zu kämpfen.«
>
> *Edwin S. Barrett,* Unionssoldat

1824–1863

GENERAL THOMAS J. JACKSON

General Jackson war bekannt wegen der unerschütterlichen Standhaftigkeit seiner Brigade im ersten Gefecht am Bull Run. Unduldsam gegen jede Schwäche, handelte er nach dem Grundsatz, sich »rasch zu bewegen und heftig zuzuschlagen«, um einen entscheidenden Sieg zu erringen. Sein Tod durch eigenes Feuer war für den Süden eine wahre Katastrophe.

SCHLACHTGETÜMMEL
Hier reitet Jeb Stuarts konföderierte Kavallerie am Bull Run eine der wenigen Attacken des Krieges.

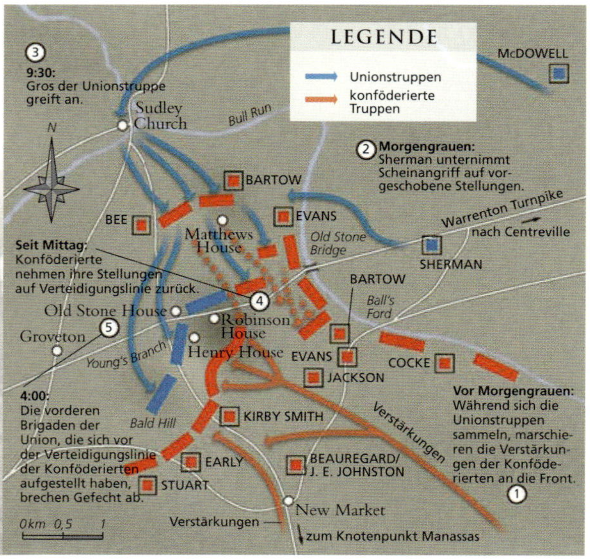

SEZESSIONSKRIEG

Shiloh

DATUM 6.–7. April 1862

STREITKRÄFTE Union: 48000; Konföderation: 45000

VERLUSTE Union: 13000; Konföderation: 11000

ORT am Tennessee River, südlich von Savannah, Georgia

Im Februar 1862 eroberte der Unionsgeneral Ulysses S. Grant die Forts Henry und Donelson in Kentucky und zwang die Konföderierten damit zur Aufgabe Nashvilles. Grant fuhr dann den Tennessee hinab und ging bei Pittsburg in der Nähe einer Kirche namens Shiloh an Land, wo die Ohio-Armee unter Buell zu ihm stoßen sollte. Der Konföderiertengeneral Albert S. Johnston beschloss, Grant vor der Vereinigung der beiden Armeen anzugreifen. Grant hatte seine Männer nicht schanzen lassen und wurde von dem Angriff im Morgengrauen überrascht. Seine Truppen fielen in wildem Nahkampf bis zum Anleger Pittsburg zurück. Johnston verblutete, nachdem eine Kugel ihm eine Arterie durchtrennt hatte. Die Ohio-Armee traf im Laufe der Nacht ein und wurde per Fähre über den Tennessee gesetzt. Grant unternahm im Morgengrauen einen heftigen Gegenangriff; die Männer kämpften auf Terrain, das noch mit den Toten und Verwundeten des Vortages übersät war. Am späten Nachmittag räumten die Konföderierten das Feld.

SCHARFE KLINGE
Dieser Säbel eines Unionsoffiziers dürfte nie in Blut getaucht worden sein. Mitte des 19. Jh. hielt man noch unerschütterlich an der Blankwaffe fest, doch deren Gebrauch im Krieg hatte praktisch aufgehört.

SEZESSIONSKRIEG

Siebentageschlacht

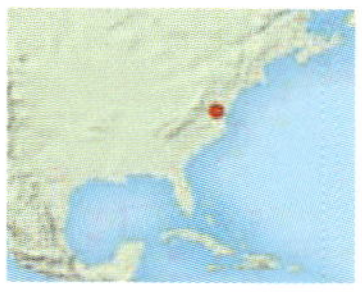

DATUM 26. Juni–2. Juli 1862

STREITKRÄFTE Union: 60 000; Konföderation: 100 000

VERLUSTE Union: 22 000; Konföderation: 15 000

ORT östlich von Richmond, Virginia

Als Robert E. Lee im Juni 1862 den Befehl über die Konföderierten in Virginia übernahm, war eine Unionsarmee die Halbinsel Jamestown bis wenige Meilen vor Richmond hinaufmaschiert. Lee rief Stonewall Jacksons Armee von einem erfolgreichen Kriegszug im Shenandoahtal zurück und begann einen kühnen Gegenstoß, bei dem er gleichzeitig den rechten Flügel der Unionstruppen einzuschließen drohte und einen massiven Schlag gegen deren Zentrum führte. Die Unionstruppen waren besser ausgestattet und ihre Artillerie brachte Lees Infanterie große Verluste bei, besonders bei dem Blutbad bei Malvern Hill am 1. Juli. Doch angesichts der Offensive verlor George McClellan, der Befehlshaber der Unionsarmee, die Nerven und zog sich an die Küste bei Harrison's Landing auf eine Verteidigungsstellung zurück.

> »Nachdem General Magruder wiederholt Befehl gegeben hatte, hasteten beide Brigaden durch den Sumpf; die Schwierigkeiten dabei ... lassen sich gar nicht beschreiben. General Toombs erreichte das Plateau zuerst und stürmte direkt gegen die feindlichen Batterien ... Der Vormarsch war unter mörderischem Beschuss erfolgt, den diese tapferen Truppen ertrugen ...«

ZEUGE DES KRIEGE

KONFÖDERIERTENGENERAL D. R. JONES

Der Angriff der Konföderierten am Malvern Hill vom 1. Juli 1862 wurde von der Unionsartillerie niederkartätscht. Entsetzt fragte Lee den General John Magruder, warum er den Angriff nicht abgebrochen habe. Woraufhin der erwiderte: »Wegen Ihres zwei Mal wiederholten Angriffsbefehls.«

BLUTIGE GASSE
Diesen Hohlweg am Antietam verteidigte die Infanterie der Konföderierten in heldenhafter Weise, bis sie überwältigt wurde.

SEZESSIONSKRIEG

Antietam

DATUM 17. September 1862

STREITKRÄFTE Union: 80 000; Konföderation: 40 000

VERLUSTE Union: 12 000; Konföderation: 11 000

ORT bei Sharpsburg, Maryland

Diese unentschiedene, im Süden als Schlacht bei Sharpsburg bezeichnete Begegnung war der kostspieligste Kampftag des ganzen Krieges. Nach einem weiteren Sieg der Konföderierten am Bull Run wollte Lee eine Invasion des Nordens riskieren. McClellan wusste um Lees Vorhaben und sah die Gelegenheit gekommen, die Konföderierten zu vernichten. Er war jedoch zu langsam, sodass Lee seine Kräfte hinter dem Antietam Creek neu gruppieren konnte. Als das Gefecht begann, war McClellan zu vorsichtig, um das volle Gewicht seiner Truppen zu nutzen. Der linke Flügel der Konföderierten hielt einem Sturmangriff quer über ein Maisfeld kaum stand, während das Zentrum der Rebellen in der »Blutigen Gasse« ein kostspieliges Verzögerungsgefecht lieferte. Tausende Unionssoldaten, die unter Gewehrbeschuss eine schmale Brücke überqueren wollten, wurden stundenlang aufgehalten. Lee wäre vielleicht immer noch zu schlagen gewesen, wenn nicht am späten Nachmittag nach einem Gewaltmarsch von Harper's Ferry her eine Division unter A. P. Hill auf dem Gefechtsfeld erschienen und den Unionstruppen in die Flanke gefallen wäre. Am folgenden Tage ließ McClellan die Konföderierten unverfolgt abziehen.

SEZESSIONSKRIEG

Fredericksburg

DATUM 13. Dezember 1862

STREITKRÄFTE Union: 120 000; Konföderation: 75 000

VERLUSTE Union: 12 000; Konföderation: 5300

ORT Fredericksburg südlich des Rappahannock River

Nach Antietam übernahm General Ambrose Burnside das Kommando über die Potomac-Armee der Union. Er plante einen schnellen Vorstoß über den Rappahannock, um Richmond in seine Hand zu bringen. Da sich die Pontons zur Flussüberquerung aber am Ende der Marschkolonne befanden, kam es zu einer Verzögerung, die sich noch vergrößerte, als Scharfschützen den Brückenschlag störten. Als Burnsides Kräfte den Fluss überquert hatten, war Lee gefechtsbereit. Die auf den Marye's Heights konzentrierte Artillerie der Konföderierten beherrschte das Schlachtfeld. Wiederholte Frontalangriffe der Unionsinfanterie blieben im Feuer der konföderierten Geschütze und Infanterie stecken, die gedeckt hinter Steinmauern lag. Ein Flankenangriff auf den konföderierten rechten Flügel konnte die Front der Verteidiger letztlich durchbrechen, doch wurde er durch einen heftigen Gegenstoß abgewehrt.

TOD DER REBELLEN
Gefallene Soldaten der Konföderierten am Fuß der Marye's Heights. Sie hatten die Stellung gegen wiederholte Angriffe gehalten.

SEZESSIONSKRIEG

Chancellorsville

DATUM 30. April–6. Mai 1863

STREITKRÄFTE Union: 120 000; Konföderation: 60 000

VERLUSTE Union: 17 000; Konföderation: 13 500

ORT Virginia, südlich des Rappahannock River

Nach Burnsides Versagen bei Fredericksburg war General Joseph Hooker als Befehlshaber der Potomac-Armee an der Reihe. Er entwickelte einen großartigen Plan: Ein Teil seiner Kräfte sollte Lee bei Fredericksburg festnageln, während das Gros durch die Wälder auf die linke Seite der Konföderierten vorrückte und die Kavallerie Lees Verbindungen mit Richmond unterbrach. Hooker hatte jedoch die Kühnheit seines Gegners unterschätzt. Lee ließ bei Fredericksburg ein kleines Detachment die Stellung halten, marschierte seinerseits in die Wälder und verlegte Hooker an der Kreuzung bei Chancellorsville den Weg. Jackson wurde eine ausholende Bewegung befohlen, um Hookers rechten Flügel anzugreifen; der Schlag wurde am Nachmittag des 2. Mai geführt und zeigte verheerende Wirkung. Durch Artilleriefeuer der Rebellen erschüttert, befahl Hooker den Rückzug auf eine Auffanglinie, danach ging er über den Rappahannock zurück.

VERLUSTE
Menschen- und Materialverluste wie hier bei Chancellorsville schwächten die Kriegsanstrengungen.

SEZESSIONSKRIEG

Gettysburg

ORT
Gettysburg, südliches Pennsylvania

DATUM
1.–3. Juli 1863

STREITKRÄFTE
Union: 85000;
Konföderation: 75000

VERLUSTE
Union: 23000;
Konföderation: 28000

Nach dem Sieg bei Chancellorsville plante Lee einen erneuten Vorstoß in den Norden und verwarf die andere Möglichkeit, dem belagerten Vicksburg (siehe S. 230) zu Hilfe zu kommen. Im Juni marschierte die Nord-virginia-Armee durch das Shenandoahtal ungehindert nach Pennsylvania ein, nur Jeb Stuarts Kavallerie stieß bei Brandy Station auf Widerstand. Lincoln setzte daraufhin Hooker ab, ernannte General George Meade zum Befehlshaber der Potomac-Armee und befahl ihm, Lees Kräfte zu stellen und zu vernichten. Als Lee vom Anmarsch der Unionsarmee erfuhr, befahl er seinen verstreuten Truppen, sich bei Gettysburg zu konzentrieren. Eine von A. P. Hills Divisionen, die zuerst dort eintraf, beschloss am Morgen des 1. Juli, in die Stadt einzurücken, weil es dort Schuhwerk geben sollte, das man dringend benötigte. Hills Männer wurden von abgesessener Unionskavallerie unter Feuer genommen. Vom Lärm angezogen, begann Infanterie beider Seiten einzumarschieren, und es begann ein ungeplantes Gefecht. Zunächst waren die Konföderierten auf der ganzen Linie erfolgreich, doch konnten Infanterie und Artillerie der Union in höher gelegenem Gelände südlich der Stadt eine Verteidigungslinie halten, die dann von frisch eintreffenden Truppen verstärkt wurde. Am 2. Juli verwarf Lee die Möglichkeit, diese Front zu umfassen, und befahl stattdessen einen Frontalangriff auf den Cemetery Ridge. Am späten Nachmittag trieben die Konföderierten die Unionstruppen unter schweren Kämpfen durch einen Pfirsichhain und ein Weizenfeld zurück, doch konnten sie die beherrschenden Höhen nicht nehmen. Der Unionsarmee gelang es vor allem, die strategisch wichtige Höhe Little Round Top zu besetzen und zu

REBELLENFLAGGE
Die Flagge der Konföderation war so gestaltet, dass sie nicht mit dem Sternenbanner verwechselt werden konnte. Hier ist auch die Schlacht von Gettysburg aufgeführt.

FREIHEITSKÄMPFER
Die Unionsregierung billigte die Aufstellung von Schwarzenregimentern erst 1863, doch bei Kriegsende hatten mehr als 180000 schwarze Amerikaner in den Reihen der Union gekämpft.

halten. So hatten die Konföderierten keine Feuerstellung, von der aus ihre Artillerie die ganze Unionsarmee hätte in Schach halten können. Am 3. Juli gegen 13 Uhr begann die Artillerie der Konföderierten mit einem Beschuss des Zentrums der Unionstruppen, um es zu schwächen. Gegen 15 Uhr rückten dann ungefähr 14 000 Mann konföderierte Infanterie über freies Feld gegen die feindlichen Linien vor. Die Unionsartillerie eröffnete das Feuer mit Kugeln und Granaten und ging zu Kartätschen über, sobald die Infanterie nahe genug heran war. Bei 200 m eröffnete die durch Steinmauern und Erdwälle gedeckte Infanterie der Union ein Schnellfeuer mit Minié-Geschossen. Alles war in einer halben Stunde vorbei. Nur wenige Hundert Angreifer erreichten die Linien der Union. Meade versäumte es, die Verfolgung anzuordnen, als Lee nach Virginia zurückmarschierte.

MILITÄRTROMMEL
Wenn auch nicht immer, so waren die Trommler doch sehr oft noch halbe Kinder. Die Musik hob die Moral und Laune und gab den Takt beim Marsch und Vorrücken.

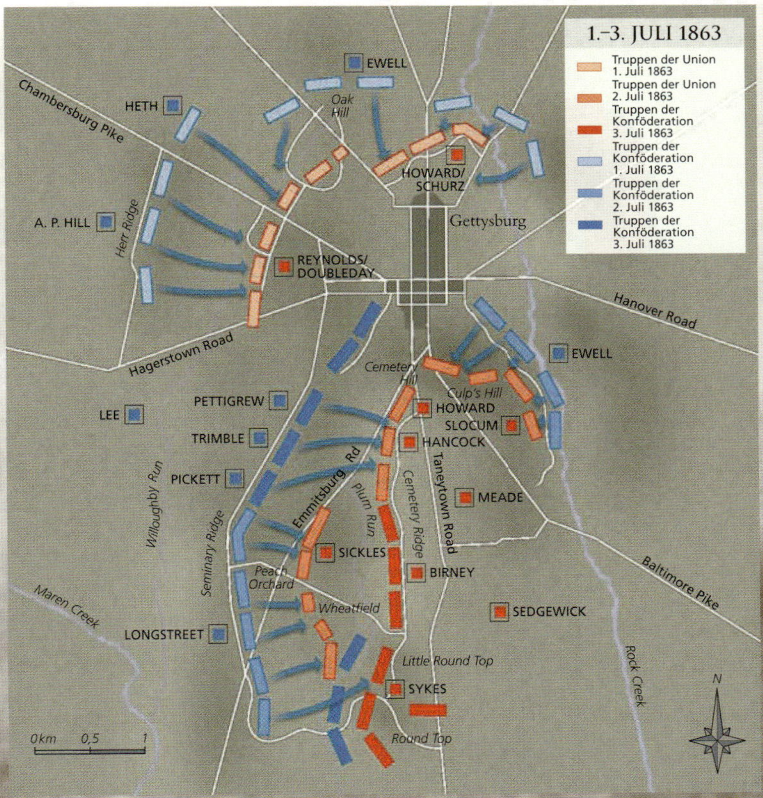

KOSTEN DES KRIEGES
Bei Gettysburg fielen etwa 7000 Mann; es dauerte Wochen, bis das Schlachtfeld von den Tausenden Leichen gesäubert war, die sich in der Sommerhitze sehr rasch grotesk aufblähten.

SIEG DURCH ABNUTZUNG

Die Siege der Union bei Gettysburg und Vicksburg im Juli 1863 drängten die Konföderation unwiderruflich in die Defensive. Des Südens letzte Hoffnung, der Niederlage zu entgehen, nämlich auszuhalten, bis der Norden des Kämpfens überdrüssig wurde, war dahin, als Lincoln 1864 wieder gewählt wurde. Der Präsident fand in Ulysses S. Grant einen General, der ebenfalls um jeden Preis siegen wollte. Lincoln und Grant waren nicht auf Abnutzungskrieg aus – sie hätten die schnelle Vernichtung der Rebellenarmeen vorgezogen –, aber sie hielten es für eine legitime Strategie, die Wirtschaft des Südens zu ruinieren und seine Bevölkerung unter Druck zu setzen. Die letzten Phasen des Krieges bestätigten Shermans Maxime: »Krieg ist grausam. Es hat keinen Sinn, das ändern zu wollen; je grausamer er ist, desto schneller ist er zu Ende.«

SEZESSIONSKRIEG

Vicksburg

DATUM
19. Mai–4. Juli 1863

STREITKRÄFTE
Union: 70 000;
Konföderation: 32 000

VERLUSTE
Union: 10 000;
Konföderation: 9000

ORT
Vicksburg, Mississippi

Mit der am Ostufer gelegenen Festung Vicksburg kontrollierten die Konföderierten einen beträchtlichen Flussabschnitt des Mississippi. Umgeben von Sümpfen, widerstand die Festung lange jeder Eroberung. Im April 1862 schickte Grant jedoch Panzerschiffe stromabwärts, welche die Festungsbatterien unbehelligt passierten, und setzte südlich von Vicksburg eine Armee über den Strom. Aus dem Lande lebend, schlug er John Pembertons konföderierte Armee bei Jackson und trieb sie dann nach Vicksburg zurück. Nachdem Sturmangriffe gescheitert waren, begann Grant eine Belagerung. Ausgehungert und unter dauerndem Beschuss der Belagerungsgeschütze und Flusskanonenboote, übergab Pemberton die Garnison am 4. Juli. Die 30 000 gefangenen Konföderierten wurden auf Ehrenwort freigelassen.

1822–1885

ULYSSES S. GRANT

Grant schied 1854 aus dem Heer der Vereinigten Staaten aus. Dem Alkohol ergeben, hätte er ohne den Bürgerkrieg sein Leben wohl unbeachtet gefristet. Lincoln war der Überzeugung, dass Grant der Mann für den Endsieg sei – »Er kämpft«, lautete der Kommentar des Präsidenten. Seit 1864 Oberkommandierender der Unionstruppen, führte Grant den Abnutzungskrieg, der letztlich die Konföderation in die Knie zwang; er prägte den Begriff »bedingungslose Kapitulation«.

INFANTERIEGEWEHR KALIBER .58
Im Bürgerkrieg benutzte die Infanterie Vorderlader mit gezogenem Lauf wie diesen konföderierten Nachbau des Springfield-Gewehrs der Union. Er ist mit einem Perkussionsschloss ausgerüstet.

ZÜNDHÜTCHEN

SEZESSIONSKRIEG

Wilderness und Spotsylvania

DATUM
5.–21. Mai 1864

STREITKRÄFTE
Union: 120 000;
Konföderation: 60 000

VERLUSTE
Union: 32 000;
Konföderation: 20 000

ORT
Spotsylvania County, Virginia

Im Frühjahr 1864 befahl Grant einen Angriff von drei Seiten gegen Richmond, Virginia und gleichzeitig einen Angriff auf Atlanta, Georgia. Den Hauptstoß in Virginia führte die Potomac-Armee, die den Rapidan überquerte und in ein Gebiet eindrang, das wegen seiner dichten Vegetation »Wilderness« genannte wurde. Dort stieß sie am 5. Mai auf Lees Nordvirginia-Armee. Das Gelände ließ das Gefecht zu einem verworrenen Handgemenge werden. Pulverdampf und der Rauch der von explodierenden Granaten entzündeten Buschfeuer behinderten die Sicht. Zwei Tage erbitterter Kämpfe verursachten der Union schwere Verluste, doch Grant verweigerte einen Rückzug. Stattdessen schickte er seine Männer in einem Umfassungsmanöver vor, sodass sie am 8. Mai, jetzt bei Spotsylvania, Lee ein zweites Mal gegenüberstanden. Die Konföderierten, eingegraben hinter einer v-förmigen Feldbefestigung, hielten zehn Tage lang einer Reihe wütender Sturmangriffe stand. Grant brach am 21. Mai die Schlacht ab und marschierte nach Petersburg.

WILDES HANDGEMENG
Die Uniformen der Yankees, die hier bei Spotsylvania angreifen, heben sich vom Räuberzivil ihrer Gegner deutlich ab.

TOTER REBELL
Wilderness und Spotsylvania kosteten Lee mehr als 20 000 Mann – unersetzliche Verluste.

SEZESSIONSKRIEG

Cold Harbor

DATUM
3. Juni 1864

STREITKRÄFTE
Union: 109 000;
Konföderation: 59 000

VERLUSTE
Union: 7000;
Konföderation: 1500

ORT
10 km nördlich von Richmond, Virginia

Anfang Juni 1863 war Grant davon überzeugt, dass Lees Armee »wirklich am Ende« wäre. Grant hatte jedoch eigene Probleme. Zusätzlich zu den Verlusten von Spotsylvania verschwanden nun auch noch die Freiwilligen, die sich zu Beginn des Krieges auf drei Jahre verpflichtet hatten, in Scharen. Dieser Druck erklärt vielleicht Grants Entschluss, seine Truppen bei Cold Harbor in einen verzweifelten Frontalangriff gegen die eingegrabenen Konföderierten zu werfen. Unzulängliche Aufklärung – die Union kannte die Stärke der konföderierten Verteidigungsanlagen nicht – machte alles noch schlimmer. Mit Schildchen an der Uniform, die Name und Anschrift trugen, rückten die Unionssoldaten vor, so hoch war ihre Erwartung zu sterben. Wo die Yankees bis an den ersten Graben vordrangen, zogen sich die Rebellen auf die nächste Linie zurück und machten den Feind von dort nieder.

SEZESSIONSKRIEG

Marsch ans Meer

DATUM 15. November–21. Dezember 1864

STREITKRÄFTE Union: 68 000; Konföderation: unbekannt

ORT in Georgia von Atlanta nach Savannah

VERLUSTE Union: minimal; Konföderation: nicht verbürgt

Anfang Mai 1864 führte Sherman drei Armeen zum Angriff auf Atlanta, Georgia. Die zahlenmäßig unterlegene Tennessee-Armee des Südens führte geschickt eine Reihe von Hinhaltegefechten, sodass die Truppen des Nordens erst Ende Juli vor Atlanta eintrafen. Weitere fünf Wochen benötigte Sherman zur Einnahme der Stadt. Die Tennessee-Armee unter John B. Hood wich in der Annahme nach Westen zurück, dass Sherman die Verfolgung aufnehmen müsste, um die Nachschublinien der Union zu sichern.

KETCHUM-GRANATE
Die Ketchum-Granate gehörte zur Bewaffnung der Unionstruppen. Die Rebellen versuchten, sie zurückzuwerfen.

Stattdessen schickte Sherman nur eine Armee hinter Hood her und führte den Rest ostwärts. Während sie auf breiter Front praktisch unbehelligt vorrückten, verwüsteten Shermans Männer das ganze Land, teils notwendigerweise, da sie aus dem Felde lebten, aber auch als bewusste Maßnahme zur Schwächung der Kampfkraft des Südens. Die zivile und militärische Infrastruktur wurde im Zuge des Vormarsches vernichtet, was die Möglichkeiten der Konföderation zur Kriegführung nachhaltig beeinträchtigte. Nach einem Marsch von 450 km besetzte Shermans Heer am 21. Dezember den Hafen Savannah rechtzeitig genug, um ihn Präsident Lincoln als »Weihnachtsgeschenk« zu überreichen.

ERDARBEITEN
Fort McAllister, eine aus Sand und Erdreich errichtete Schanze vor dem Hafen von Savannah, hielt mehrfach dem Beschuss von Kanonenbooten der Union stand.

1820–1891

WILLIAM T. SHERMAN

Bei Kriegsausbruch war William Tecumseh Sherman Kommandeur einer Militärakademie in Louisiana. Er war depressiv veranlagt und empfand das Frontkommando als nervenaufreibend, aber seine politischen Beziehungen sorgten für Beförderung. Er und Grant entwickelten eine enge Arbeitsbeziehung auf der Grundlage ihrer gemeinsamen Auffassung, dass Krieg nur mit der notwendigen Härte geführt werden könne.

SEZESSIONSKRIEG

Belagerung Petersburgs

DATUM 18. Juni 1864–2. April 1865

STREITKRÄFTE Union: zunächst 96 000, dann 106 000; Konföderation: zunächst 55 000, dann noch 47 000

ORT 40 km südlich von Richmond, Virginia

VERLUSTE Union: 42 000 Konföderation: 28 000

Nach der Abfuhr bei Cold Harbor verlegte Grant seine Potomac-Armee über den James River, um Richmod von Süden her anzugreifen. Er versäumte es jedoch Mitte Juni, das stark befestigte Petersburg einzunehmen. Rasch verstärkte Lee die Schanzen; Grant blieb nichts übrig, als sich ebenfalls einzugraben und auf eine lange Belagerung einzurichten. Der bemerkenswerteste Versuch, die Verteidigungsanlagen der Konföderierten zu durchbrechen, wurde am 28. Juli unternommen, als 320 Fässer Schießpulver in einem Stollen unter ihren Linien gezündet wurden; es entstand ein 10 m tiefer Krater und Hunderte Rebellen kamen ums Leben. Doch als die Unionstruppen durch die gesprengte Lücke vorstoßen wollten, fanden sie sich in diesem Krater unter dem Feuer der Konföderierten gefangen. Selbst ein neun Monate langer Beschuss und etliche Sturmangriffe führten nicht zur Entscheidung.

GRÄBEN VOR PETERSBURG
Dieser vor Petersburg eingenommene Graben zeigt so genannte spanische Reiter, die denselben Zweck erfüllten wie später der Stacheldraht.

SEZESSIONSKRIEG

Lees Niederlage

DATUM 28. März–9. April 1865

STREITKRÄFTE Union: 120 000; Konföderation: 35 000

ORT Richmond, Virginia

VERLUSTE Union: 6500; Konföderation: 10 000

Ende März 1865 erkannte Lee, dass seine Stellung vor Petersburg unhaltbar war. Er musste die Verteidigung Richmonds aufgeben und sich südwärts zurückziehen, um sich mit der Armee Joseph E. Johnstons zu vereinigen, der immer noch Widerstand gegen Shermans Vormarsch durch North Carolina leistete. Aber ein Sturm der Konföderierten auf Fort Stedman am rechten Flügel der Union vor Petersburg eröffnete nicht die erhoffte Gelegenheit zum Entkommen. Am 29. März erschien Unionskavallerie unter Philip Sheridan, die zuvor das Shenandoahtal verwüstet hatte, vor Petersburg und griff sofort in den Kampf ein, indem sie die Linie der Konföderierten westlich umfasste. Am 2. April durchbrach Unionsinfanterie das Grabensystem vor Petersburg. Lee gelang ein geordneter Rückzug, konnte sich aber einer Verfolgung nicht entziehen. Sheridans Kavallerie verlegte ihm am 8. April bei Appomattox Court House den Weg, und als am nächsten Tage Grants Infanteriemassen auftauchten, war das Spiel aus. Lee kapitulierte mit der Nordvirginia-Armee am 9. April 1865 um 15.45 Uhr. Tags darauf wurde Lincoln ermordet. Sherman nahm am 26. April bei Durham Station in North Carolina Johnstons Kapitulation an. Der langjährige Krieg war endgültig zu Ende.

WIEDER VEREINT
Die Unionsflagge weht über dem Kapitol des Staates Virginia inmitten der Ruinen des zur Zeit der Kapitulation abgebrannten Richmond.

»Ein geteiltes Haus kann nicht stehen.«

Abraham Lincoln in seiner Rede über das »geteilte Haus« in Springfield, Illinois, 16. JUNI 1858

ZEUGE DES KRIEGES

AMERIKANISCHER BÜRGERKRIEG

Wenn der Sezessionskrieg auch damit begann, dass offenbar unvereinbare Auffassungen darüber, wie die Freiheit von Gemeinwesen mit individueller Freiheit in Einklang zu bringen sei, hart aufeinander prallten, so waren es auf beiden Seiten doch Individuen, die mit ihrem Blut und Leiden für die unterschiedlichen Ideologien stritten. Der Sezessionskrieg wird oft als der erste industrialisierte Krieg bezeichnet, doch er gehört auch zu den ersten kriegerischen Konflikten, über die eine Fülle von Briefen und Tagebuchaufzeichnungen einfacher Soldaten erhalten ist.

»Wir gingen nach Pennsylvania hinein, blieben eine Weile und hatten bei Gettysburg ein schweres Gefecht ... Wir gingen am 3. [Juli] los und fast alle von unserer Division blieben tot & verwundet liegen ... Ich und Jon kamen heil durch ... Eine Kugel fuhr mir durch den Ärmel, hat meinem Arm aber nichts getan. Mich und Jon hätten sie beinahe erwischt ... Als ich sah, dass sie uns fast umzingelt hatten, sagte ich zu Jon, wir würden rennen und zusehen, dass wir hier wegkommen, und weil wir das machten, kamen wir durch ...«

James Booker aus dem Lager Williamsport in Maryland in einem Brief an seine Cousine *Chloe Unity Blair*, 11. JULI 1863, über die Schlacht bei Gettysburg

Auf beiden Seiten glaubten viele Soldaten, es würde ein nur kurzer Krieg werden. Daher hatten sich die meisten Soldaten beim Heer der Union anfangs nur für drei Monate verpflichtet. Als mit Gettysburg die Entscheidungsschlacht des Krieges geschlagen wurde, war für die Mehrheit daraus bereits ein zwei Jahre währender Albtraum aus Vormarsch, Rückzug und unzähligen gefallenen Kameraden geworden. James Booker und sein Zwillingsbruder Jon meldeten sich im Mai 1861 freiwillig zum 38. Virginia Infanterieregiment. Die 38er waren von Anfang bis Ende dabei, sie kämpften bei Sharpsburg und bei Gettysburg – wo das Regiment 40 Prozent seiner Männer verlor – und standen schließlich gerade 3 km vor Appomattox, als Lee im April 1865 kapitulierte. Bis dorthin war es ein weiter, qualvoller Weg.

»Der Feind massierte seine Truppen vor der zweiten Brigade und bei Tageslicht griff er die Zweite an, vertrieb sie von ihrer Brustwehr und nahm viele, denen er dicht auf den Fersen war, gefangen ... Die Luft war voll von den Todesboten ... Die Yanks haben mit viel mehr Verzweiflung gekämpft als je zuvor.«

William Francis Brand in einem Brief an *Amanda Catherine Armentrout* über die Schlacht von Spotsylvania, 16. MAI 1864

ARMEELAGER
Die hier lagernde Potomac-Armee war die Hauptstreitmacht der Union an der östlichen Front während des Sezessionskrieges.

Neben dem blutigen Gemetzel der Schlacht spielten im Bürgerkrieg auch die weniger spektakulären, aber ebenso todbringenden Taktiken der verbrannten Erde und Belagerung eine Rolle. Von der allmählichen Abschnürung Vicksburgs von der Wasserseite her bis hin zum letzten heldenhaften, aber zwecklosen Widerstand der Konföderierten in den Schützengräben von Petersburg sahen die Soldaten täglich dem Tod ins Auge, sei es durch Krankheit, Kälte, Hunger oder den Beschuss feindlicher Geschütze. William Francis Brand, ein Müller, der sich im April 1861 zum Heer der Konföderierten gemeldet hatte, erlebte Anfang wie Ende des Krieges.

110. PENNSYLVANIA INFANTERIE-REGIMENT

»Dann kam die sengende Sommerhitze, als uns das Blut in den Adern trocknete, als beinahe körperlose Gespenster mit knackenden Gelenken und klappernden Knochen herumgingen, als Hunderte gestört oder wahnsinning wurden und viele andere aus Angst vor dem Wahnsinn absichtlich die Todeslinie überquerten … um … erschossen zu werden.«

Hauptmann H. R. Hubbard in einem Artikel im *Mendon Dispatch*, um 1904, in Erinnerung seiner Erlebnisse im Gefangenenlager Andersonville

Für jene, die nicht in der Schlacht fielen oder verstümmelt wurden, gab es andere trostlose oder gar tödliche Umstände. Der Bürgerkrieg bescherte der Welt den Grabenkampf, der bereits die schlammigen Schlachtfelder des Ersten Weltkriegs ahnen lässt, und hinterließ ihr auch die Kriegsgefangenenlager. Für die Unionssoldaten war Andersonville ein besonders berüchtigter Ort – so schlimm, dass der verhasste Lagerkommandant, Hauptmann Wirz, im November 1865 in Washington als Kriegsverbrecher gehängt wurde.

»Der Krieg ist grausam … erfüllt er doch unsere Herzen mit Hass statt Nächstenliebe.«

Konföderiertengeneral Robert E. Lee

IMPERIALE KONFLIKTE

DIE INDUSTRIELLE REVOLUTION verschob das Machtgleichgewicht in der Welt eindeutig zugunsten Europas und Nordamerikas. Sie erzeugte nicht nur Wohlstand in bis dahin unbekanntem Ausmaß, sondern überwand auch viele Versorgungsprobleme, sodass ehrgeizige Expeditionen und die Unterhaltung ferner Stützpunkte möglich wurden. Wirtschaftlicher und technischer Fortschritt trieben wie nie zuvor den Kolonialismus voran und erzeugten bei den Nationen einen Hunger nach Rohstoffen, um ihre Industrien zu versorgen und die Weltmärkte zu beherrrschen. Die aggressive Expansion der westlichen Mächte rief unter den eingeborenen Völkern von den USA bis Australien und von Afrika bis Indien zwangsläufig Widerstand hervor.

MASCHINENGEWEHR
Das Maxim-MG verhalf den Briten zu einem gewaltigen Vorteil.

PATRIOTISMUS UND NATIONALISMUS

Viele Europäer glaubten ehrlich daran, dass Kolonialkriege die bedauerliche Nebenerscheinung eines ansonsten wohltätigen Vorgangs – der Zivilisierung der »Wilden« – waren und nicht etwa Machtausübung zum Vorteil des Mutterlandes. Der Aufbau eines Kolonialreiches stützte sich auf starke nationalistische Gefühle, die ihrerseits in den Revolutionen Amerikas und Frankreichs und in den Napoleonischen Kriegen wurzelten, in Konflikten also, die zu einem neuen Verlangen nach Freiheit und Selbstbestimmung geführt hatten. Obwohl die Menschen oftmals mit den sozialen und wirtschaftlichen Verhältnissen unzufrieden waren, stand doch die Masse der Europäer aller Schichten treu zu ihren Nationen. Diese Treue war einer der Gründe, weshalb in Ländern wie Großbritannien bis 1914 keine Wehrpflicht erforderlich war.

AUSLÄNDISCHE SOLDATEN
Abzeichen einer deutschen Einheit, die in den ersten Jahren des 19. Jh. in der Karibik britische Kolonien sichert.

GUERILLAKRIEG UND -TAKTIK

Trotz überwältigender technischer Überlegenheit der westlichen Mächte fielen die Eroberungen nicht immer leicht. In manchen Fällen – in Afghanistan z.B. – fanden sie gar nicht statt. Die Kolonialtruppen errangen Siege manchmal nur unter schweren Opfern an Geld und Menschenleben oder nach anfänglichen Niederlagen. Obgleich die außereuropäischen Streitkräfte in offener Feldschlacht ungeachtet ihrer Zahl chancenlos waren, hatten sie oft weitaus mehr Erfolg, wenn sie sich der Kleinkriegstaktik bedienten und auf zivile wie militärische Ziele Überfälle verübten. Herausragende Beispiele von Anwendern der Guerillataktik sind die Berber bei der französischen Eroberung Algeriens (1830–1847) und die Buren während des Burenkriegs (1899–1902).

VERZWEIFLUNGSTAT
Als die Buren mit etwa 90 000 Mann 500 000 Briten gegenüberstanden, griffen sie zur Guerillataktik.

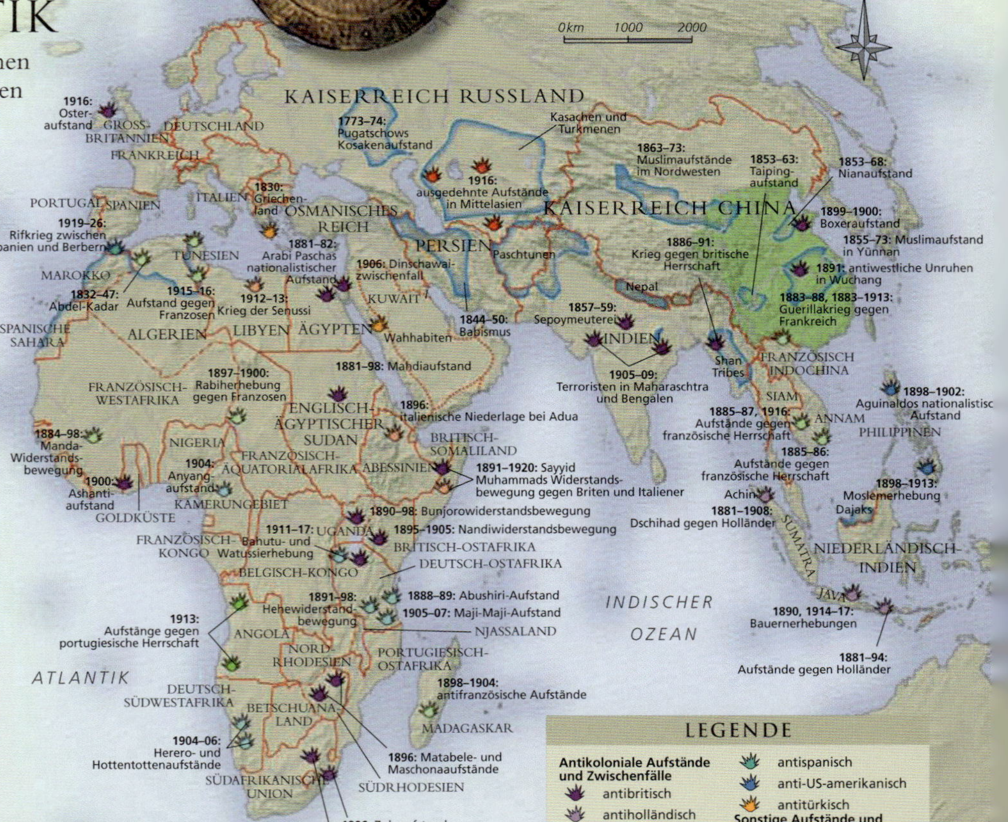

GEGEN FREMDHERRSCHAFT
Die aggressive Kolonialisierung durch die westlichen Mächte führte zum bewaffneten Widerstand in Afrika, Asien und Osteuropa, vor allem zwischen 1880 und 1920.

1854–1934

MARSCHALL LYAUTEY

Louis Hubert Gonzalve Lyautey, Staatsmann und Militär, war die herausragende Persönlichkeit der Kolonialverwaltung Frankreichs. Bei der französischen Niederwerfung Madagaskars (1896–1898) spielte er eine Schlüsselrolle, später diente er als Befehlshaber in Algerien. Von 1912 bis 1925 war Lyautey mit Unterbrechungen Gouverneur des Protektorats Marokko, vergrößerte dessen Territorium und schlug den Aufstand der Rifkabylen nieder. Er war bestrebt, in den Kolonien ein Regierungssystem zu schaffen, das deren Belange berücksichtigte.

ZULUKRIEGER

Die restliche Welt war vor dem Aufkommen des europäischen Imperialismus natürlich keineswegs friedfertig. Nicht anders als in Europa, so bedienten sich die Nationen Amerikas, Asiens und Afrikas des Krieges, um ihre Interessen und Lebensart durchzusetzen. In Südafrika zum Beispiel machte der Zuluhäuptling Shaka sein Volk zu einer Kriegernation, die ein Reich errang. Neben brutaler Gewaltanwendung bediente Shaka sich auch überlegener Strategien, so des gleichzeitigen Angriffs von drei Seiten, und ebenso neuer Taktiken. Dazu gehörte etwa, dass man den traditionellen Schild nun als Offensivwaffe benutzte, um einen Gegner aus dem Gleichgewicht zu bringen, ferner die Einführung einer Kriegskeule mit rundem Kopf und des Assegai, eines kurzen Spießes.

BEEINDRUCKENDE KRIEGER
Das Volk der Zulu, hier einige Krieger beim Jagdtanz, wollte die Erweiterung der Grenzen des britischen Natal nicht hinnehmen und löste damit den Zulukrieg von 1879 aus.

EINGEBORENE SOLDATEN

Europäer wie Eingeborene bewunderten oft genug wechselseitig die kämpferischen Qualitäten des Gegners. Europäische Heere griffen häufig auf traditionelle Kriegervölker zurück, um die Schlagkraft der eigenen Truppen zu stärken, manchmal diktierte einfach die Notwendigkeit umfangreiche Rekrutierungen unter den Eingeborenen. Britisch Indien wurde hauptsächlich von indischen Truppen gewonnen und behauptet, den so genannten Sepoys. Deren Erfolg war großenteils der Übernahme des britischen Drills zu verdanken, der die vorwiegend hinduistischen Soldaten zu einer ausgezeichneten Infanterie machte. In den Wäldern Nordamerikas war es Kenntnis der örtlichen Gegebenheiten, die aus mit modernen Waffen ausgerüsteten Indianern überlegene Kämpfer machte. Im 19. Jh. waren die Zouaven, Angehörige der in Algerien und Marokko beheimateten Zouaoua, eine der berühmtesten Kolonialtruppen.

OFFIZIERSHELM
Über der Kugel auf dem Scheitel dieses typisch britischen Offiziershelms aus dem 19. Jh. wird der Federbusch eingesteckt.

KÄMPFEN FÜR FRANKREICH
Die Zouaven, die im französischen Heer als leichte Infanterie dienten, trugen Pluderhosen, paspelierte Jacken und einen Fez.

BRITISCH-INDIEN

Die Ursprünge der britischen Herrschaft in Indien sind bei der englischen Ostindischen Kompagnie zu suchen. Obgleich als Handelshaus gegründet, musste die Gesellschaft durch den Niedergang des muslimischen Mogulreiches Mitte des 18. Jh. und die anschließenden Unruhen zum Schutz ihrer Niederlassungen Sepoys (indische Truppen) anwerben. Was als eine Wachtruppe begann, wurde zu einer Privatarmee, als die Gesellschaft in die indischen Machtkämpfe verwickelt wurde und in Konkurrenz zu den französischen Interessen geriet. Nachdem die Briten 1757 bei Plassey ein französisch-mogulisches Heer geschlagen hatten, war der Weg frei, um die britische Herrschaft auf Indien auszudehnen. Sie wurde jedoch durchaus angefochten, zunächst vom Bund der Marathenfürsten und später (1857–1858) von den meuternden Sepoyregimentern.

ZWEITER MARATHENKRIEG

Assaye

DATUM 23. September 1803

STREITKRÄFTE Briten und Inder: 13500; Marathen: 40000

ORT im heutigen Maharaschtra, Mittelindien

VERLUSTE Briten: 1500; Marathen: 6000

Die Marathenkriege brachen aus, weil die Briten versuchten, den Marathenbund unter ihren Einfluss zu bringen. Der erste Krieg (1775–1782) endete mit der Rückgabe aller Gebiete, die die Briten bei den Kämpfen gewonnen hatten. Der zweite Krieg (1803–1805) begann, als der Generalgouverneur von Indien, Richard Wellesley, einem abgesetzten Chefminister der Marathen seinen Schutz anbot und den übrigen Marathenfürsten mithin zu nahe trat. Wellesley schickte seinen jüngeren Bruder Arthur, den späteren Herzog von Wellington, gegen die von den Franzosen ausgebildeten Truppen der mächtigen Marathenfürsten von Sindhia und Berar. Wellesley stieß unverhofft auf den Feind, der am anderen Ufer des Flusses Kaitna kampierte. Obwohl seine britischen und Sepoysoldaten im Verhältnis 1:3 unterlegen waren, entschloss sich Wellesley zum Angriff. Er fand eine Furt und griff die linke Flanke des Feindes an. Die Marathen wehrten sich verbissen, doch die Briten erbeuteten die Geschützstellung und Verteidigungsanlage im Dorf Assaye.

ERBEUTUNG DER KANONEN
Britische Truppen erbeuten bei Assaye die Kanonen der Marathen. Der Herzog von Wellington, der den Sturmangriff anführte, beschrieb die Schlacht als »die blutigste von den vielen, die ich sah«.

BITTERES ENDE
Tausende von Männern, Frauen und Kindern – dazu noch britische und indische Truppen – starben auf dem Rückzug aus Kabul.

ERSTER AFGHANISCH-BRITISCHER KRIEG

Rückzug von Kabul

DATUM 6.–13. Januar 1842

STREITKRÄFTE Afghanen: unbekannt; Briten und Inder: 4000

ORT zwischen Kabul und Dschalalabad

VERLUSTE Briten: 3800

Da die Briten ihr Territorium nach Afghanistan hinein ausweiten wollten und auch russischen Einfluss befürchteten, bemühten sie sich um ein Bündnis mit dem Herrscher des Landes. Nachdem ihre ersten Versuche fehlgeschlagen waren, beschlossen die Briten 1839, den unbeliebten Schah Schuja gewaltsam wieder auf den afghanischen Thron zu setzen. Als sich im ganzen Lande Widerstand regte, führte dies zum ersten Afghanisch-Britischen Krieg. Die Lage der britischen und indischen Truppen in Afghanistan war 1841 äußerst heikel. Sir William McNaghten, der Chef der englischen Gesandtschaft in der Hauptstadt, widersetzte sich einer Evakuierung, doch nachdem er im Dezember ermordet worden war, beschlossen die Briten den Rückzug. Er begann am 6. Januar 1842 und wurde von Freischärlern gestört, die fast alle Briten massakrierten.

ERSTER UND ZWEITER SIKHKRIEG

Sikhkriege

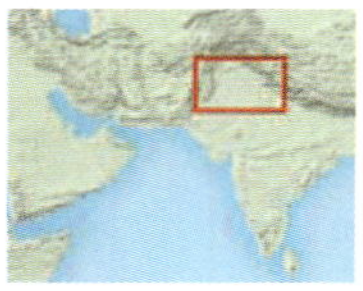

DATUM 1845–1846 und 1848–1849

STREITKRÄFTE Sikhs (inkl. Muslime und Hindus): 66000; Briten und Inder: 30000

ORT Pandschab in Nordwestindien

VERLUSTE Sikhs: 13000; Briten und Inder: 6000

Mit etwa 50000 Infanteristen, 10000 Artilleristen und 6000 Kavalleristen waren die Sikhs in Indien die gefürchtetsten Gegner der Briten. Der erste Sikhkrieg begann 1845, als Sikhtruppen über den Fluss Sutlej in britisches Territorium vorstießen. Der britische Oberkommandierende, Sir Hugh Gough, schlug bei Mudki eine blutige, unentschiedene Schlacht gegen die Sikhs und bei Firuzshah eine weitere. Bei Sobraon indes siegte Gough – wenngleich um einen hohen Preis. 1848 führte ein erneuter Vorstoß rebellischer Sikhtruppen zum zweiten Sikhkrieg. Die Hauptschlacht, die am 13. Januar 1849 bei Chillianwala in dicht bewaldetem Gelände stattfand, wurde von Goughs überlegener Artillerie gewonnen. Die Sikhs kapitulierten im März des Jahres.

GEFÄHRLICHE GEGNER
Nach den Sikhkriegen wurden Sikhs, hier mit einem Kriegselefanten, zu einem schlagkräftigen Teil des britischen Heeres.

SEPOYMEUTEREI

Delhi

DATUM Juli–September 1857

STREITKRÄFTE britische Offiziere und loyale Sepoys: unbekannt; aufständische Sepoys: unbekannt

ORT Delhi im Norden Zentralindiens

VERLUSTE nicht verbürgt

Die Meuterei in Indien begann 1857, als unter den Sepoys der Ostindischen Kompagnie Gerüchte kursierten, dass das Papier der Patronen – deren Ende vor dem Laden abgebissen werden musste – für die jüngst eingeführten Enfield-Gewehre mit Schweine- und Rinderfett imprägniert war. Solche Patronen verletzten die religiösen Empfindungen von Hindus wie Muslimen, doch die Verweigerung der Sepoys drückten ein allgemeineres Missfallen über britische Modernisierung und christliche Vorherrschaft aus. Als am 9. Mai im nordindischen Meerut Verweigerer in der bengalischen leichten Kavallerie verhaftet wurden, beschlossen deren Kameraden, sie zu befreien. Es kam zu einer Eskalation, die zur Massakrierung britischer Offiziere, ihrer Frauen und Kinder führte. Die Gewalttätigkeiten griffen rasch um sich und waren besonder heftig in Delhi, wohin die Sepoys marschiert waren und den alternden Mogulkaiser wieder auf den Thron gesetzt hatten. Die Sepoys vereinigten sich dann mit der Garnison von Delhi und begannen eine zweimonatige Belagerung der Stadt. Als die Briten die Garnison schließlich zurückerobert hatten, nahmen sie grausame Rache und töteten viele Aufständische und auch viele andere wehrfähige Männer. Unter anderem wurden die drei Söhne des Kaisers von einem britischen Offizier kaltblütig ermordet und dann auf einen Müllhaufen geworfen.

BRITISCHE RACHE
Zwei Aufständische, gehenkt in Delhi. Nach der Meuterei wurden die Territorien und die Soldaten der Ostindischen Kompagnie der Krone unterstellt.

ENFIELD-GEWEHR

Die Erfindung des Minié-Geschosses 1849 führte zur Entwicklung leistungsfähigerer Gewehre. Anders als die bleierne Kugel war das Minié-Geschoss länglich und konisch mit einer hohlen Basis, die sich beim Schuss spreizte, sodass sich die Felder des Laufs darin eingraben und den Drall, mithin eine weitaus höhere Treffsicherheit, erzeugen konnten. Die Königliche Handwaffenfabrik in Enfield, Middlesex übernahm rasch diese neue Technologie und produzierte 1851 das Minié-Gewehr Kaliber .702, das die britischen Truppen im Krimkrieg (1854–1856) mit tödlicher Treffsicherheit einsetzten. Seit 1853 stellte die Fabrik das hier abgebildete Modell kleineren Kalibers her.

DATEN			
Ursprung	England	**Schussweite**	914 m
Länge	140 cm	**Kaliber**	.577 (14,66 mm)
Einführungsjahr	1853	**Gewicht**	2,6 kg

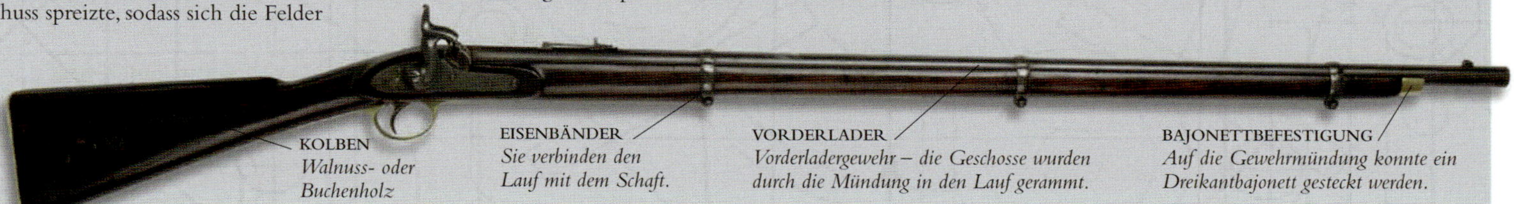

KOLBEN *Walnuss- oder Buchenholz*

EISENBÄNDER *Sie verbinden den Lauf mit dem Schaft.*

VORDERLADER *Vorderladergewehr – die Geschosse wurden durch die Mündung in den Lauf gerammt.*

BAJONETTBEFESTIGUNG *Auf die Gewehrmündung konnte ein Dreikantbajonett gesteckt werden.*

SEPOYMEUTEREI

Lucknow

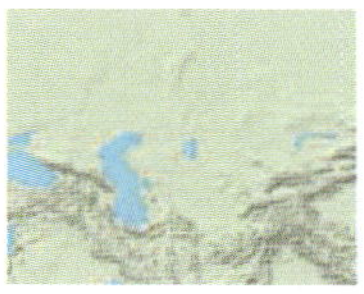

DATUM Juni–November 1857

STREITKRÄFTE Briten und loyale Sepoys: 1712; aufständische Sepoys: 6000

ORT im Staat Uttar Pradesch, im Norden Zentralindiens

VERLUSTE Briten und loyale Sepoys: 1050; aufständische Sepoys: unbekannt

Lucknow, Hauptstadt der Provinz Oudh und Sitz des Regierungskommissars Sir Henry Lawrence, wurde seit Beginn der Meuterei belagert. Sir Henry kannte das schreckliche Schicksal der britischen Bewohner der nur 80 km weit entfernten Grenzstadt Cawnpore. Auch Cawnpore war rasch belagert worden. Die Briten hatten der Beschießung mehrere Wochen lang standgehalten, ehe sie gegen Zusicherung freien Abzugs nach Allahabad kapitulierten. Beim Verlassen der Stadt wurden sie jedoch massakriert, erst die Männer, dann die Frauen, zum Schluss die Kinder. Die Truppen in Lucknow bestanden aus einem Bataillon Europäer, dazu eine Anzahl Sepoys. Angesichts der vielen zu beschützenden Frauen und Kinder beschloss Lawrence, die Hospitalgebäude zu seiner Operationsbasis zu machen, da sie in der Nähe des Weges lagen, den die erhofften Verstärkungen nehmen würden. Allerdings fiel daher das Arsenal in die Hand der Rebellen. Ein unvernünftiger Ausfall gegen die Aufständischen brachte nur Verluste an Menschen und mehreren Vorpostenstellungen ein. Lawrence selbst wurde am 4. Juli tödlich verwundet. Als die Verstärkungen am 25. September endlich eintrafen, konnte die Garnison einige Geländegewinne machen. Der britische Oberkommandierende, Sir Colin Campbell, erreichte Lucknow am 14. November. Obwohl seine Kräfte 10:1 unterlegen waren, gelang ihm die Evakuierung. Damit endete die berühmteste Episode der Meuterei in Indien.

UNGEBROCHEN
Diese frühe Fotografie zeigt die Residenz in Lucknow. Die Flagge, die während der Belagerung wehte, wurde erst 1947 eingezogen.

ZWEITER BRITISCH-AFGHANISCHER KRIEG

Belagerung Kandahars

DATUM 1. September 1880

STREITKRÄFTE Afghanen: 13 000; Briten und Inder: 10 000

ORT im Süden Zentralafghanistans

VERLUSTE nicht verbürgt

Während des zweiten Afghanenkrieges besetzten die Briten Kandahar, die zweitgrößte Stadt Afghanistans, wo sie von Ayub Khan, dem Statthalter von Herat und afghanischen Thronanwärter, belagert wurden. Sir Frederick Roberts, der herausragende britische Feldherr seiner Zeit, hatte das Kommando in Kabul. In der Zeit vom 9. bis zum 31. August 1880 legte er auf dem Marsch rund 480 km zurück. Ayub Khan hob die Belagerung auf, noch ehe Roberts heran war, und zog sich ein wenig westwärts zurück. Dort wurde er von Roberts gestellt und besiegt.

STERN VON INDIEN
Medaille für indische Untertanen, die sich in der Kolonialverwaltung besonders bewährt hatten

GATLING-KANONE

DIE GATLING-KANONE, WÄHREND DES AMERIKANISCHEN BÜRGERKRIEGS ERSTMALS EINGESETZT, WAR DER WEGBEREITER FÜR DIE NEUARTIGEN MASCHINENWAFFEN.

In der zweiten Hälfte des 19. Jh. führten verbesserte Produktionstechniken zur Herstellung verlässlicher mehrschüssiger Waffen. Die Waffe, für die Richard Gatling 1861 ein Patent erhielt, arbeitete, wie alle frühen Maschinenwaffen, mit mehreren Läufen. Außerdem nutzte sie die neuen Messingpatronen. Die Läufe – zunächst sechs, später zehn – waren um eine Welle angeordnet. Mit einer Handkurbel wurde das Laufbündel gedreht und die Patronen fielen aus einem oberhalb angeordneten Magazinschacht in eine Mulde und wurden bei weiterer Drehung ins Patronenlager geschoben. Dann schlug der Schlagbolzen auf den Patronenboden und der Schuss brach; sobald das Laufbündel sich weitergedreht hatte, wiederholte sich der Vorgang. Bei der Rotation wurde auch die leere Hülse ausgezogen und ausgeworfen.

ZULUKRIEG *Zwei britische Soldaten an einer Gatling-Kanone im Zulukrieg von 1879. Die Waffe vergrößerte den Vorteil der Europäer.*

MASSGEBLICHE KONSTRUKTION

Nach nur sporadischem Einsatz im Bürgerkrieg wurde die Waffe 1866 vom US-Heer eingeführt. Mit einer Feuergeschwindigkeit in der Praxis von 400 Schuss pro Minute hatte sie eine verheerende Wirkung gegen Feinde wie die Prärieindianer oder, im Falle der Briten, die Zulu. Die Gatling-Kanone wurde auch viel auf See eingesetzt. Nach 15 Jahren in hoher Gunst der Militärs wurde die Gatling-Kanone ebenso wie andere Maschinenkanonen nach demselben Prinzip in den 80er-Jahren des 19. Jh. von einläufigen Konstruktionen wie etwa dem Maxim-Maschinengewehr abgelöst, bei denen Rückstoß oder Gasdruck alle Vorgänge in der Waffe beim Schuss bewirkten, sodass nicht mehr gekurbelt werden musste. Ende des 20. Jh. tauchte das Gatling-Prinzip bei Bordwaffen von Kampfflugzeugen und Schiffen wieder auf.

RICHARD GATLING *Richard Jordan Gatling (1818–1903) war ein friedliebender Mensch, der zuversichtlich glaubte, dass seine neuartige Waffe die Länder vor einem Krieg zurückschrecken ließe.*

KURBEL *Wird die Messingkurbel gedreht, dreht sich das Laufbündel. Bei einer vollen Drehung wird jeder Lauf einmal geladen und abgefeuert.*

PLAKETTE *Die Waffe wurde in Hartford, Conn., von der Samuel Colts Waffenfabrik hergestellt, der für seine Revolver berühmt ist. Colt produzierte während des Bürgerkriegs Hunderttausende von Schusswaffen für die Union.*

MAGAZINSCHACHT *oben: Vertiefung zum Aushebeln eines verklemmten Magazins. Unten: 40-Schuss-Magazin und Lader.*

HÖHENRICHTRAD *Mit dem Rad kann das Laufbündel erhöht oder gesenkt werden.*

HALTERUNG DER HANDSPAKE *am Lafettenschwanz. Mit der Handspake konnte man auch die Waffe unbrauchbar machen, ehe sie in Feindeshand fiel.*

RADNABE *Ein Keil durch die Achse sichert mit der als Zughaken ausgelegten Scheibe die Radnabe.*

GATLING-KANONE, KALIBER 1 INCH

Frühe Modelle der Gatling-Kanone waren nach Art der Feldgeschütze auf Lafetten montiert. Erst als leichtere Modelle auf ein Dreibein gesetzt werden konnten, wurde das wahre Potenzial der Waffe erkennbar.

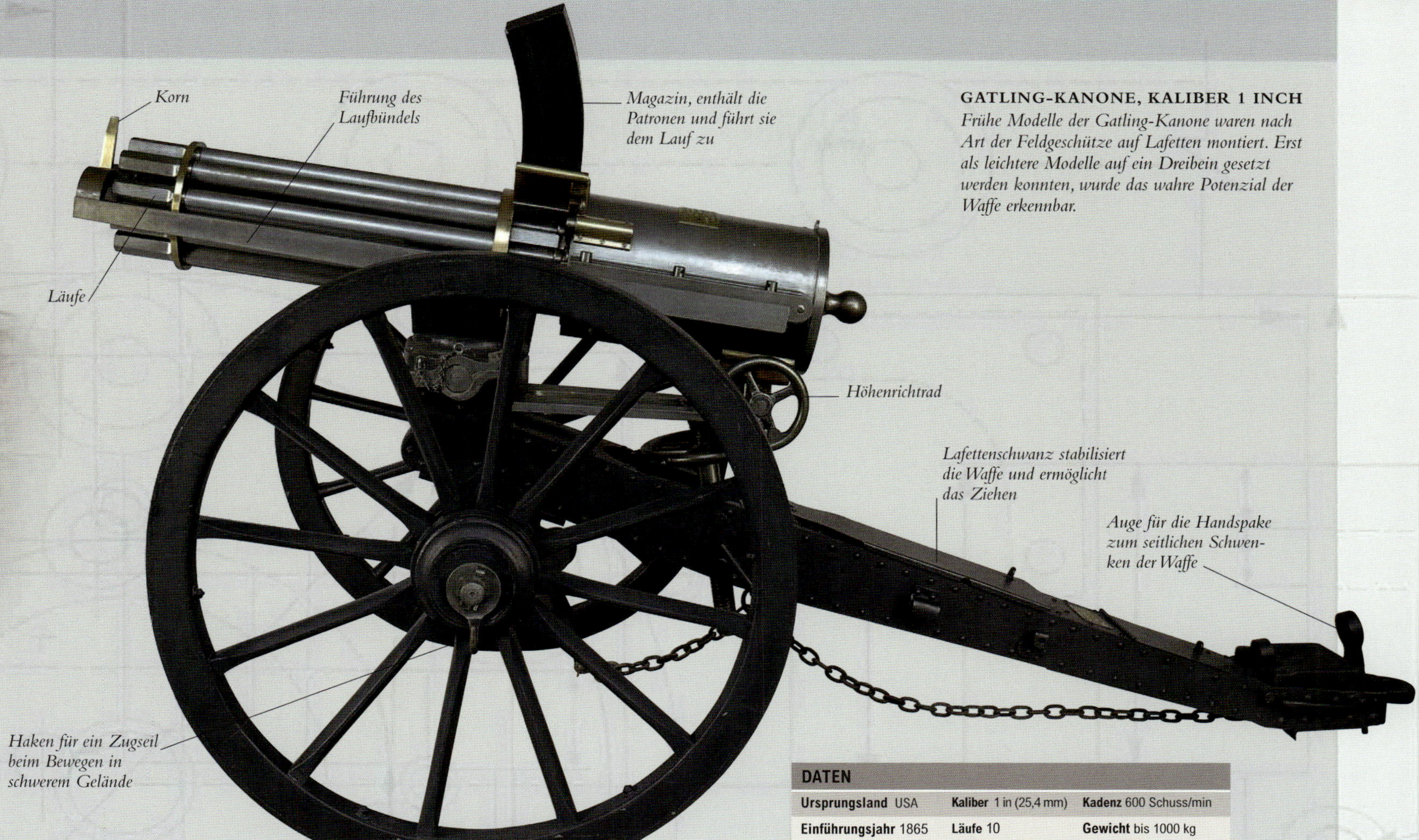

DATEN		
Ursprungsland USA	**Kaliber** 1 in (25,4 mm)	**Kadenz** 600 Schuss/min
Einführungsjahr 1865	**Läufe** 10	**Gewicht** bis 1000 kg
Hersteller Colt	**Patrone** Kupferhülse	**Länge** 3,25 m

LÄUFE *Jeder Lauf konnte theoretisch 100 Schuss pro Minute feuern. Mit zehn Läufen wurde das Risiko der Überhitzung ganz erheblich verringert.*

SPERRKLINKE *und zwei Verschlüsse mit Schlagbolzen. Die Nase am Verschluss hält die Patrone.*

KORN *und vorderes Lager der zentralen Welle. Das Korn diente als grobe Zielhilfe.*

DIE EROBERUNG AFRIKAS

Im Jahre 1880 beschränkte sich die europäische Herrschaft in Afrika allein auf Südafrika und einige kleinere Küstengebiete. Innerhalb von 20 Jahren fiel dann beinahe der gesamte Kontinent in europäische Hände. Hinter dem Streit um afrikanische Kolonien standen größtenteils Rivalitäten der Europäer untereinander, und manche Ereignisse – wie etwa der Zulukrieg – rührten vom Verhalten ehrgeiziger Kolonialbeamter im Lande selbst her. Das Tempo der Landnahme beschleunigte sich. Der belgische König Leopold eignete sich das ganze Kongogebiet in den 70er-Jahren des 19. Jh. als weitläufiges privates Landgut an. Die Schwäche der Osmanen erlaubte es 1882 den Briten und Franzosen, große Teile Nordafrikas unter ihre Kontrolle zu bringen. Deutschland übernahm 1884/85 einige privat erworbene Gebiete in Afrika als Kolonien. Die Berliner Kongokonferenz von 1885 schließlich billigte den Status quo und beschleunigte die Aufteilung Afrikas unter Großbritannien, Frankreich und weiteren europäischen Mächten.

ADB-EL-QADIR-AUFSTAND

Aufstand des Abd el-Qabir

DATUM 1832–1847

STREITKRÄFTE Algerier: etwa 10000; Franzosen: bis zu 100000

ORT Algerien

VERLUSTE nicht verbürgt

1830 marschierten die Franzosen in Algerien ein, machten der osmanisch-türkischen Herrschaft ein Ende und setzten den Dey ab. Sie gaben vor, dem algerischen Piratenunwesen ein Ende machen und das Land von den Türken befreien zu wollen, doch Handelsinteressen und Geltungsbedürfnis waren die stärkeren Triebkräfte. Die französische Herrschaft war streng, und verbreitet regte sich Widerstand. Gemeinsamer Anführer der aufständischen Stämme im Westen war Abd el-Qadir (1808–1883), der 1832 zum Emir von Mascara in Westalgerien ausgerufen wurde. Er war ein gerissener, jedoch nicht allzu erfolgreicher Guerillaführer, der 1837 von den Franzosen bedingt anerkannt wurde. Als jedoch ersichtlich wurde, dass die Franzosen trotz dieses Vertrages auf vollständige Eroberung aus waren, erklärte Abd el-Qadir den heiligen Krieg. Die Franzosen begannen einen rücksichtslosen Feldzug, verbrannten Ernten und raubten Vieh, bevor sie Mascara besetzten und Abd el-Qabirs Waffenlager vernichteten. Der Sultan von Marokko intervenierte, doch die Franzosen besiegten 1844 die marokkanische Armee. 1847 kapitulierte Abd el-Qadir und wurde kurz in Frankreich inhaftiert. Er war ein ritterlicher Gegner und frommer Muslim; einmal ließ er Gefangene frei, da er sie nicht ernähren konnte.

KÄMPFENDE LEGIONÄRE
Die französische Fremdenlegion wurde 1831 für den Algerienfeldzug gegründet. Hier liefern sich die Legionäre eine Schlacht mit Berbern.

BRITISCHE ASCHANTIKRIEGE

Zweiter Aschantikrieg

DATUM Juni 1873–13. Februar 1874

STREITKRÄFTE Briten und westafrikanische Verbündete: 4000; Aschanti: 20000

ORT heutiges Ghana, Westafrika

VERLUSTE Briten und Verbündete: 1700; Aschanti: unbekannt

In den 80er-Jahren des 19. Jh. beherrschte das Aschantireich die Goldküste (heutiges Ghana), während die Briten eine Reihe von Forts an der Küste besaßen. Versuche des Aschantihäuptlings Kofi Karikari, die Küste wieder in seine Gewalt zu bringen, führten zum Krieg. Im November 1873 hielt eine britische Expeditionstruppe unter Sir Garnet Wolseley den Vormarsch der Aschanti auf. Im Januar zogen die Briten dann mit Siebenpfündern und Raketenwerfern ins Landesinnere. Die Aschanti hatten keine Geschütze, ihr stärkster Verbündeter waren Krankheiten. Am 31. Januar gewann Wolseley ein Gefecht bei Amoafu und brannte danach den Hauptort der Aschanti nieder.

WAFFENAPPELL
Britische Offiziere kontrollieren die Ausrüstung einheimischer Rekruten für den Aschantikrieg. Außer den Soldaten beschäftigten die Briten auch 6000 Träger.

ARABI-PASCHA-REVOLTE

Tel el-Kebir

DATUM 13. September 1882

STREITKRÄFTE 11000 Infanterie, 2000 Kavallerie; Ägypter: 31000

ORT etwa 100 km nordöstlich von Kairo, Ägypten

VERLUSTE Briten: 460; Ägypter: bis zu 300000

Im Anschluss an eine britisch-französische Regierungsübernahme in Ägypten brach eine Revolte aus, an deren Spitze sich Arabi Pascha setzte. Bei Unruhen in Alexandria kamen britische Bürger ums Leben, zur Vergeltung beschossen britische Kanonenboote am 11. Juli 1882 den Hafen. Ein britisches Heer unter Wolseley besiegte die Ägypter bei Tel el-Kebir innerhalb von 30 Minuten.

STERN VON ÄGYPTEN
Auszeichnung für britische Soldaten, die an den Kriegszügen in Ägypten teilgenommen hatten

KOLONIALKRIEGE

Adua

DATUM 1. März 1896

STREITKRÄFTE Italiener: 17000; Äthiopier: 100000

ORT nördliches Äthiopien

VERLUSTE Italiener: 7300; Äthiopier: 10000

Im letzten Jahrzehnt des 19. Jh. wollten die Italiener ihrem nordafrikanischen Reich auch Äthiopien einverleiben. Obgleich der äthiopische Kaiser Menelik II. zahlenmäßig haushoch überlegen war, waren einige seiner Truppen bloß mit Speeren bewaffnet. Die Italiener unter General Oreste Baratieri marschierten in die Provinz Tigre ein, wurden jedoch von Menelik bei Amba Alagi im Dezember 1895 aufgehalten und zogen sich auf Adua zurück. Beiden Seiten gingen die Vorräte aus, als Baratieri am 29. Februar 1896 einen Nachtangriff startete. Doch sein Plan war von äthiopischen Agenten verraten worden, zudem hatten die Italiener kleine Gruppen gebildet und in der Dunkelheit und schwerem Gelände war auch die Kommunikation schlecht. Menelik, der während der Nacht Verstärkung erhielt, schlug die italienischen Kampfgruppen einzeln und so gelang ihm der Sieg.

MAHDIAUFSTAND

Belagerung Khartums

ORT Khartum, Sudan

DATUM 13. März 1884–26. Januar 1885

STREITKRÄFTE Engländer, Ägypter: 2000; Mahdianhänger: etwa 100000

VERLUSTE Engländer, Ägypter: alle; Sudanesen: unbekannt

Muhammad Ahmad, ein religiöser Muslimführer im Sudan, erklärte sich 1881 zum Mahdi (»der Erwartete«). Er begann einen heiligen Krieg gegen die ägyptische Herrschaft und scharte eine große Zahl Anhänger um sich, um eine reine, ursprüngliche Form des Islam im Sudan einzuführen. 1883 vernichteten sie ein 10000 Mann starkes ägyptisches Heer unter dem englischen Obersten William Hicks. England verlangte nach Maßnahmen gegen den Mahdi, der mittlerweile Khartum bedrohte. Der britische Premier Gladstone stimmte widerstrebend der Entsendung von General Charles George Gordon nach Khartum zu. Gordon hatte den Taipingaufstand 1863/64 in China niedergeschlagen und in Khartum als Generalgouverneur für den Vizekönig von Ägypten gedient. Sein Auftrag war unklar. Gladstone wollte die Evakuierung der Zivilisten aus Khartum, was auch prompt geschah. Der Vizekönig erwartete die Evakuierung aller ägyptischen Garnisonen im Niltal, jedoch wurde Gordon in Khartum eingeschlossen, als die Mahdisten vorrückten. Er hatte keinen Stab und die ägyptische Garnison war schwach, doch irgendwie hielt sie bis Januar aus. Dann jedoch schwächte der sinkende Wasserspiegel des Nils die Verteidigungseinrichtungen. Die Mahdisten brachen durch, vernichteten die Garnison und ermordeten Gordon brutal. Eine Entsatztruppe unter Sir Garnet Wolseley traf drei Tage zu spät ein.

GORDONS LETZTES GEFECHT
Diese romantisierende Darstellung des Falls von Khartum zeigt Gordon, wie er einem anstürmenden Haufen Mahdisten gegenübertritt.

»In Khartum alles bestens; könnte jahrelang durchhalten. – C.G. Gordon. 29. Dezember.«

Charles George Gordon, in einem Brief, der dem Entsatzheer per Schiff am 21. Januar 1885, fünf Tage vor dem Fall Khartums, zugestellt wurde.

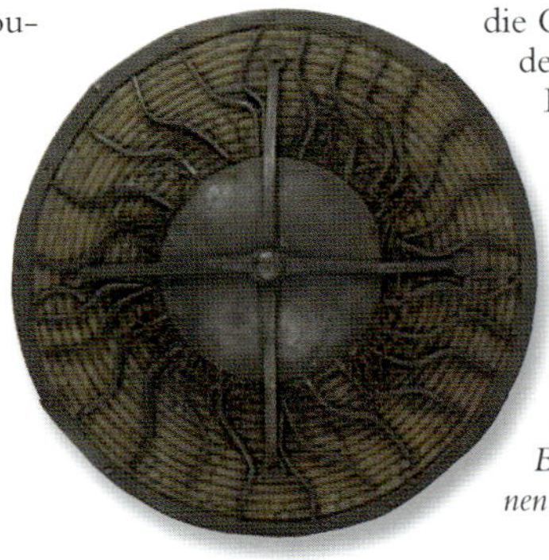

SUDANESISCHER SCHILD
Dieser Schild aus Bambusringen und einem Baumwollüberzug bot keinen Schutz vor Gewehrkugeln.

MAHDIAUFSTAND

Omdurman

ORT etwa 8 km nördlich von Omdurman, Sudan

DATUM 2. September 1898

STREITKRÄFTE Briten und Verbündete: 26000; Mahdianhänger: 50000

VERLUSTE Briten und Verbündete: 430; Mahdianhänger: 30000

Gordons Tod (siehe oben) blieb 13 Jahre ungerächt. 1898 marschierte eine britisch-ägyptische Armee unter General Hubert Horatio Kitchener in den Sudan ein. Kitchener war Oberkommandierender des ägyptischen Heeres und ein Bewunderer Gordons, mit dem er viele Charakterzüge gemeinsam hatte. Der Mahdi war 1885 gestorben, doch seine Bewegung gedieh unter seinem Nachfolger, dem Kalifen al-Taashi. Kitchener stellte seine Leute in einem Bogen auf, die Kavallerie auf den Flanken, unterstützt von Kanonenbooten auf dem Nil. An der Spitze des Vormarsches kämpfte das 21. Ulanenregiment. Die einseitige Schlacht wurde von den Maschinengewehren und der Artillerie gewonnen, gegen welche die Speere und einige alte Musketen wenig auszurichten vermochten. Sie begann um 6 Uhr früh mit einem Angriff von etwa 16000 Mahdisten auf das Zentrum. Die britische Artillerie hatte ihnen hohe Verluste zugefügt, noch ehe sie in Schussweite der tödlichen Maxim-Maschinengewehre waren, und keiner kam auch nur auf 50 m an die britischen Gräben heran. Beim 21. Ulanenregiment war auch Winston Churchill, sowohl als Kriegsberichterstatter der Morning Post wie als Offizier, der hier eine der letzten britischen Kavallerieattacken mitmachte. Dabei stieß die Abteilung unverhofft auf eine beachtliche Horde besonders wilder Mahdianhänger, die sich in einem Wadi verborgen hatten. Das Gefecht trug dem Regiment drei Viktoriakreuze, die höchste britische Tapferkeitsauszeichnung, ein.

ANGREIFENDE MAHDISTEN
Die britische Linie feuert eine Gewehrsalve gegen die stürmenden Massen der Mahdianhänger. Das unter den Sudanesen angerichtete Gemetzel war fürchterlich.

KAVALLERIEATTACKE
Die angreifenden 21. Ulanen ritten den letzten Widerstand der Sudanesen nieder. Winston Churchill berichtet über die Attacke in »The River War«.

DIE ZULUKRIEGE

Die Expansion der Europäer in Südafrika wurde erleichtert durch Uneinigkeit und Konflikte unter der einheimischen Bevölkerung. Kleine, um einzelne Führer gescharte Gruppen, die dazu oft gegen ihre Nachbarn kämpften, konnten den Kräften der Briten und Afrikaander nicht standhalten. Erst als Shaka aus einem ngunisprachigen Sippenverband die große Kriegernation der Zulu machte, sahen sich die Europäer einer ernsthaften Bedrohung gegenüber.

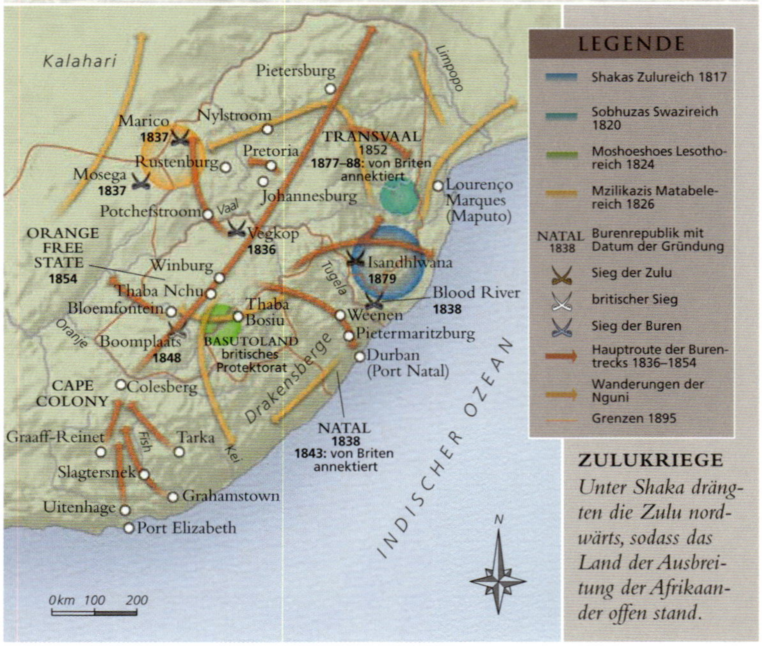

ZULUKRIEGE
Unter Shaka drängten die Zulu nordwärts, sodass das Land der Ausbreitung der Afrikaander offen stand.

EROBERUNGSKRIEGE DER ZULU

Shakas Eroberungen

ORT
Natal in Südafrika

DATUM
1818–1828

STREITKRÄFTE
Zulu: 150 000
Gegner: unbekannt

VERLUSTE
unbekannt, jedoch Zehntausende

Shaka, der oftmals auch als »Attila Afrikas« bezeichnet wird, machte sich einen Namen als Protegé von Dingiswayo , dem obersten Häuptling aller Zulu. Shaka, ein Mann von beeindruckender Körperkraft und soldatischer Statur, kam nach der Ermordung Dingiswayos (1816) und einer anschließenden Auseinandersetzung mit dem Häuptlingsmörder Zwide an die Macht. Zunächst entging Shaka der Niederlage nur durch den geschickten Einsatz von Spionen und Rückzügen mit der Politik der verbrannten Erde. 1819 jedoch konnten Shakas junge Krieger die erschöpften und hungernden Männer Zwides im Mhlatuzetal ausmanövrieren. Zwide entkam, doch andere Überlebende wurden in Shakas Heer eingegliedert. Tiefgreifende Reformen wie die Bildung einer Kriegerklasse mit straffer Organisation und intensiver Ausbildung versetzen Shaka in die Lage, ab 1821 ganz Natal zu überrennen, das dabei weithin entvölkert wurde. 1824 herrschte Shaka über etwa 500 000 Menschen (sein eigener Stamm hatte nur rund 2000 Angehörige) und befehligte 15 Impis genannte Regimenter. 1827 schlachtete er Tausende ab aus einem Tobsuchtsanfall über den Tod seiner Mutter. Seine Versuche, mit den europäischen Mächten Kontakt aufzunehmen, wurden hintertrieben.

ZULUKRIEGER
Drei Krieger Shakas in Kriegsbekleidung. Sie führen die charakteristischen kurzen Spieße und den großen Schild.

KÄMPFE ZWISCHEN ZULU UND BUREN

Blood River

ORT
Natal, Südafrika

DATUM
16. Dezember 1838

STREITKRÄFTE
Zulu: etwa 10 000;
Voortrekkers: 470

VERLUSTE
Zulu: etwa 3000;
Voortrekker:
3 Verwundete

Die im 17. Jh. gegründete holländische Kolonie am Kap der Guten Hoffnung hatte im Lauf von 150 Jahren ein neues Volk hervorgebracht, die Afrikaander. Ab 1820 wanderten immer mehr Briten ein. Die Afrikaander, auch Buren (holländisch Boeren, »Bauern«) genannt, verabscheuten die einschränkenden Gesetze der Briten und deren liberalere Einstellung den Schwarzen gegenüber. In der Absicht, sich der britischen Herrschaft zu entziehen, machten sich 1835 etwa 12 000 Männer, Frauen und Kinder mit ihren Bediensteten – die so genannten Voortrekker – auf den großen Treck. Da Sie auf dem Hohen Veldt angegriffen wurden, zogen sie nach Natal weiter. Im Februar 1838 begab sich eine Gruppe zu Shakas Nachfolger Diangaan, um über den Landerwerb zu verhandeln, doch wurden alle massakriert. Dieses Ereignis zog die Schlacht am Blood River nach sich. Als Späher das Nahen eines Zuluheeres meldeten, bildeten die Voortrekker, geführt von Andries Pretorius, an einer mit Bedacht gewählten Stelle am Blood River (damals Ncome genannt) eine Wagenburg. Sie waren weit in der Minderzahl, aber neben ihrer Zähigkeit und Entschlossenheit verfügten sie auch über europäische Gewehre und Kanonen. Die von Dambuza und Nhlela angeführten Zulu unternahmen eine Reihe von Angriffen, um jedes Mal schwere Verluste zu erleiden. Schließlich ging Pretorius mit einer Reitergruppe in die Offensive, und dabei wurde er als einer der ganz wenigen Voortrekker verwundet. Ernüchtert traten die Zulu den Rückzug an.

> »Menschen werden sterben, Lobpreisungen werden bleiben. Sie werden bleiben, jene zu erheben. Sie werden bleiben, jene in den verlassenen Kralen zu betrauern.«
>
> *Magolwane ka Makhathini*, ein Gedicht zum Ruhme des Häuptlings Dingaan

VOORTREKKER
Zur Erinnerung an die Schlacht am Blood River hat man eine Wagenburg der Voortrekker nachgebaut. Die Zulu konnten diese Verteidigungsstellung nicht überrennen.

ZULUKRIEG DER ENGLÄNDER

Isandhlwana

ORT Natal, Südafrika

DATUM 22. Januar 1879

STREITKRÄFTE Briten: 1700 Reguläre, 500 Afrikaander; Zulu: 22 000

VERLUSTE Briten: 1640; Zulu: etwa 6000

Ende der 70er-Jahre des 19. Jh. beschlossen die Briten, ihre Besitzungen in Südafrika zu einer Föderation zusammenzufassen. Sir Bartle Frere, Hoher Kommissar in Kapstadt, setzte diesen Plan in die Tat um. Sein Ultimatum an den Zuluhäuptling Cetshwayo löste einen Krieg aus. Lord Chelmsford zog mit einem beachtlichen Expeditionsheer nach Zululand. Dort teilte er seine Kräfte und ließ die bewährten Männer des 1. Bataillons des 24. Regiments in einem unbefestigten Biwak bei Isandhlwana. Spähtrupps waren nicht in der Lage, die Stärke der Zulu festzustellen, von denen einige Gewehre hatten. Unter den Häuptlingen Ntshingwayo und Mavumengwana griffen die Zulu an und überwältigten die Briten. Gefangene wurden nicht gemacht und das 1. Bataillon fast bis auf den letzten Mann getötet. Zu spät erschien Chelmsford mit Verstärkung an jenem Abend auf dem Schauplatz der Katastrophe. Die Zulu hatten gesiegt, aber dabei einen großen Teil ihrer jungen Krieger verloren.

ISANDHLWANA
Das britische Biwak, das die Zulu überrannten, befand sich am Fuß des Hügels. Das Gelände bietet wenig Deckung.

DÜNNE ROTE LINIE
Die Zulu stürzen sich bei Isandhlwana ins Handgemenge mit den Briten. Der Künstler hat den Hügel im Hintergrund so gestaltet, dass er dem Abzeichen des 24. Regiments ähnelt.

ZULUKRIEG DER ENGLÄNDER

Rorke's Drift

ORT Buffalo River westlich von Ishandhlwana, Natal

DATUM 22.–23. Januar 1879

STREITKRÄFTE Briten: 139; Zulu: 4000

VERLUSTE Briten: 32; Zulu: 550

Als Lord Chelmsford in Isandhlwana eintraf, konnte er im Westen, wo er 140 Leute zurückgelassen hatte, um den Flussübergang bei Rorke's Drift zu sichern, Schüsse hören und roten Feuerschein sehen. Zu ihnen gehörten Patienten des Feldlazaretts und eine Hand voll europäischer Zivilisten. Etwa 100 Mann verteidigten den Außenposten, darunter Leutnant Bromhead vom 24. Regiment und Leutnant Chard von den Pionieren. Der dienstältere Chard übernahm das Kommando, als eine große Zulustreitmacht unter dem Häuptlingssohn Dabulamanzi angriff, darunter auch Krieger, die schon am selben Tage bei Isandhlwana gekämpft hatten. Da es keine Rückzugsmöglichkeit gab, türmten die Briten aus Getreidesäcken und Ackerwagen rasch eine 1,25 m hohe Brustwehr auf. Ein Angriff folgte dem anderen, die Gewehre der Briten richteten erheblichen Schaden an, doch der Umfang ihrer Stellung war auf etwa 150 m geschrumpft. Ein Nahkampf mit Bajonetten gegen Spieße zog sich mehrere Stunden hin. Obgleich sich die Briten auf etwas erhöhtem Gelände verteidigten, ermüdeten sie schließlich. Aber nach zehnstündigem Gefecht waren auch die Zulu erschöpft und zogen sich kurz vor Tagesanbruch des 23. Januar zurück.

VIKTORIAKREUZ
Den Verteidigern von Rorke's Drift wurden elf Viktoriakreuze verliehen, mehr als je zuvor in einem einzelnen Gefecht.

BRENNENDES LAZARETT
Bei Rorke's Drift erhielten zwei einfache Soldaten für die Abwehr angreifender Zulu das Viktoriakreuz.

DER ZWEITE BURENKRIEG

Die Afrikaander, also die Buren (»Bauern«) aus der Kapkolonie, gründeten in den 50er-Jahren des 19. Jh. den Oranjefreistaat und die Republik Transvaal. Die anfängliche britische Anerkennung wich Reibereien, als dort Gold und Diamanten gefunden wurden. Die britische Annexion Transvaals im Jahre 1877 war Ursache des ersten Burenkriegs. 1881 gewann Transvaal seine Unabhängigkeit wieder, doch das europäische Drängen nach afrikanischen Kolonien veranlasste die Briten zu weiteren Annexionen, sodass Transvaal schließlich isoliert war. Staatspräsident Krüger enthielt den Uitlanders (»Ausländer«), die in das boomende Land drängten, das Wahlrecht vor. Cecil Rhodes, Gouverneur der Kapkolonie, nahm dies zum Anlass, den Jameson Raid zur Unterstützung einer fiktiven Ausländerrebellion zu inszenieren. Daraufhin brach 1899 der zweite Burenkrieg aus.

BURENKRIEG

Offensive der Buren

ORT Natal und Kapkolonie, südliches Afrika

DATUM Oktober 1899–Januar 1900

STREITKRÄFTE wechselnd im Laufe der Kämpfe

VERLUSTE schwerer auf britischer Seite

1899 setzte Großbritannien 10 000 Mann in Marsch, um einen um sich greifenden Burenaufstand in der Kapkolonie niederzuschlagen. Bevor diese Verstärkungen eintrafen, griff die Kavallerie der Buren an, um den Aufstand weiterzuverbreiten und so eine günstige Verhandlungsposition zu erringen. Die Buren hatten kein Heer, sondern nur berittene Einheiten, die sie Kommandos nannten. Aber sie hatten eine jahrelange Ausbildung, waren diszipliniert, wählten ihre Offiziere und hatten eine hochmoderne Artillerie sowie die besseren Gewehre (viele von Deutschland geliefert). Als die Buren in Natal einmarschierten, zogen sich die zahlenmäßig schwächeren Briten nach Ladysmith zurück und wurden dort eingeschnürt. Kimberley und Mafeking wurden ebenfalls belagert. Der bereits über 60-jährige Sir Redvers Buller besaß große Erfahrung im Kolonialkrieg und die Sympathie seiner Männer und war offensichtlich als Kommandeur des Südafrikakorps der richtige Mann. In der »schwarzen Woche« im Dezember 1899 wurde sein Ruf für alle Zeit ruiniert, als seine Truppen, mit wenig Kavallerie und in drei Kolonnen geteilt (jede sollte eine belagerte Stadt entsetzen), alle besiegt wurden. Buller wurde danach abgelöst.

BURENARTILLERIE
Ladysmith wurde 1899 von 22 Geschützen vier Monate lang beschossen, ehe es entsetzt werden konnte.

BURENKRIEG

Colenso

ORT 22 km südlich von Ladysmith, Natal

DATUM 15. Dezember 1899

STREITKRÄFTE Briten: 20000; Buren: 6500

VERLUSTE Briten: 500; Buren: 50

Von Bullers drei Kolonnen (siehe oben) wurde die für Mafeking bestimmte bei Stormberg besiegt, die zweite, die auf Kimberley vorrückte, bei Magersfontein und die dritte, die Buller selbst in Natal führte, wurde in derselben Woche von Louis Botha bei Colenso geschlagen. Botha hatte zwar viel weniger Männer als Buller, aber er kannte das Land genau und hatte sich gut verschanzt.

MEDAILLE
Die »Queen's South Africa Medal« erhielten alle Soldaten, die in den Burenkriegen gekämpft hatten.

BURENKRIEG

Spion Kop

ORT etwa 30 km westlich von Ladysmith, Natal

DATUM 24. Januar 1900

STREITKRÄFTE Briten: 30000; Buren: 5000

VERLUSTE Briten: 2000; Buren: 200

Buller machte im Januar einen weiteren Versuch, um Ladysmith zu entsetzen. Er halbierte seine große Armee und unterstellte einen Teil General Sir Charles Warren. Geschwindigkeit war ausschlaggebend, doch Warren brauchte zwei Tage, um über den Tugela zu setzen, und zögerte dann noch zwei weitere. Unterdessen hatte Burengeneral Botha seine Leute verstärkt. Warren beschloss, die beherrschenden Höhen des Spion Kop zu besetzen. In jener Nacht bestiegen 2000 Mann heimlich den Hügel. Oben angelangt, mussten sie feststellen, dass sie sich nicht eingraben konnten, dass sie keine Sandsäcke hatten, am falschen Platz waren und auch noch von der Burenartillerie eingesehen werden konnten. Die Briten kamen unter schweren Beschuss, den sie nicht erwidern konnten. Die Verbindungen waren schlecht, daher wusste Warren nur wenig über das Geschehen. Verstärkungen ließen den Hügel in britischer Hand, aber um einen hohen Preis. Die Buren hatten ebenfalls hohe Verluste, als sie nach Ersteigen des Hügels den Nahkampf suchten. Gegen 16.30 Uhr waren beide Seiten erschöpft und jede glaubte zu verlieren. Alle zogen sich vom Hügel zurück, doch Botha sammelte seine Männer, die dann den Hügelkamm wieder nahmen.

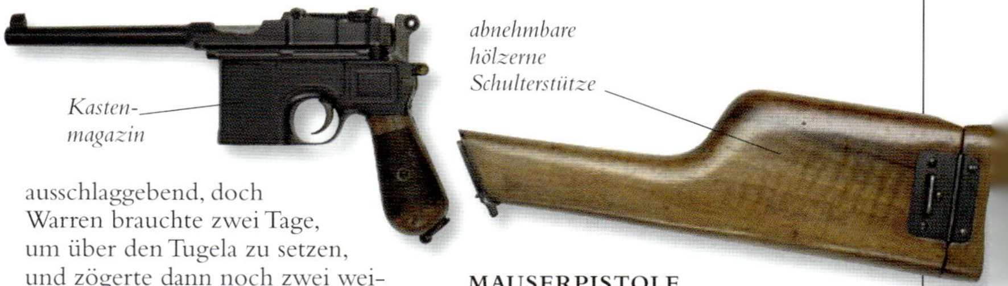

MAUSERPISTOLE
Die Mauserpistole C96 wurde in Deutschland hergestellt und in großen Mengen an die Buren geliefert.

TOD AUF DER HÖHE
Die Leichen der britischen Gefallenen auf dem Spion Kop. Hunderte wurden von den Scharfschützen der Buren getötet.

BURENKRIEG

Paardeberg

DATUM 18.–27. Februar 1900

STREITKRÄFTE Briten und Kanadier: 6000; Buren: 5000

VERLUSTE Briten und Kanadier: 1000; Buren: 1000

ORT 37 km südöstlich von Kimberley, Oranjefreistaat

Im Dezember 1899 wurde Lord Roberts von Kandahar [siehe S. 237] britischer Oberkommandierender in Südafrika mit Kitchener als Stabschef. Nach dem Entsatz von Kimberley beschloss Roberts, die Hauptplätze der Buren anzugreifen. Kitchener schloss 5000 Buren an einer Flussbiegung des Modder ein, wo sie auf dem Paardeberg verschanzt waren. Obgleich es keine Deckungsmöglichkeit gab, befahl Kitchener den Frontalangriff auf die Stellungen der Buren. Diese eröffneten das Feuer auf 100 m, verursachten mehr als 1000 Mann Verluste und erzwangen den Rückzug der Briten. Dann übernahm Roberts das Kommando und belegte die Buren mit achttägigem Artilleriebeschuss, sodass sie schließlich aufgaben. Roberts blieb unbeeindruckt von großen Entfernungen, fehlendem Pferdefutter und einer Typhuswelle, die 2000 seiner Männer dahinraffte.

ZUG ÜBERS VELDT
Britische Truppen und Trainfuhrwerke überqueren bei Paardeberg den Fluss Modder. Roberts überließ Kitchener das Aufräumen.

BURENKRIEG

Entsatz von Mafeking

DATUM 17. Mai 1900

STREITKRÄFTE Briten: 2000; Buren: 2000

VERLUSTE unbekannt

ORT Provinz Nord-Kap, Südafrika

Nachdem Roberts Kimberley im Februar 1900 entsetzt hatte, befahl er den Entsatz des seit Kriegsbeginn belagerten Mafeking. Ein Verband sollte sich mit rhodesischer und kanadischer Kavallerie unterwegs vereinen. In Mafeking selbst hatte Oberst Baden-Powell die Verteidigung mit demselben Elan organisiert, den er später auf die Pfadfinderbewegung übertragen sollte, aber die Lage verschlechterte sich. Die Verpflegung war so knapp, dass die Schwarzen, die kleinere Rationen als die Weißen bekamen, Pferdekadaver ausgruben, um sie zu essen. Baden-Powell richtete eine Suppenküche ein, die seltsamerweise Gewinn abwarf, während ein Kriegsberichterstatter beschrieb, wie »lebende Skelette beiderlei Geschlechts und jeden Alters … anstanden, eine alte, geschwärzte Büchse in der Hand … wartend, bis sie an der Reihe waren, sich qualvoll zur Suppenküche zu schleppen …«. Als die Entsatztruppe herankam, schickte Botha ihr einige Kräfte entgegen, die jedoch mühelos überwunden wurden, nun aber den belagernden Buren fehlten. Ein letzter Sturm, den die Buren am 11. Mai auf die Stadt unternahmen, schlug fehl, und am 17. Mai war Mafeking befreit. Dies wurde in England begeistert gefeiert, Baden-Powell kehrte als Held zurück und wurde jüngster Generalmajor des britischen Heeres.

> »217 Tage lang versuchten die Buren, Mafeking zu Fall zu bringen, doch dank seines edlen Verteidigers war alle Strategie vergebens.«
>
> *William McGonagall,* The Relief of Mafeking

NOTGELD
Eine Pfundnote, ausgestellt während der Belagerung von Mafeking. Die abgebildete Haubitze war aus einem Abflussrohr gebaut und wurde »der Wolf« genannt.

BURENKRIEG

Guerillakrieg

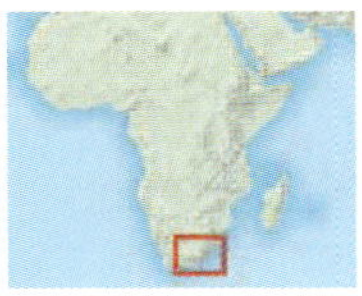

DATUM November 1900–Mai 1902

STREITKRÄFTE unterschiedliche Stärken

VERLUSTE unbekannt, doch hoch unter der burischen Bevölkerung

ORT Südafrika

Als Mitte 1900 der konventionelle Krieg verloren war, gingen die Burenkommandos zum Guerillakrieg über und setzten den Briten auf Schritt und Tritt zu. Ständig gab es Anschläge auf Eisenbahnverbindungen, wurden isolierte Außenposten kassiert und kleinere Einheiten aus dem Hinterhalt überfallen. Burenführer wie de Wet – der bei Frederickstad eine ganze Brigade einkreiste –, Botha, de la Rey, Beyers und der junge Jan Smuts operierten völlig ungestraft. Die Briten, die solche Vorkommnisse nicht örtlich begrenzen konnten, gingen zu einer schärferen Gangart über. Kitcheners, der Roberts nachfolgte, berüchtigste Maßnahme bestand darin, Zivilisten in Konzentrationslager zu stecken. Potenzielle Ziele wie Eisenbahnanlagen wurden durch Streckenposten geschützt. Die Guerillaführer entkamen den Briten, doch ihre Ressourcen versiegten. Der Krieg zog sich hin, bis am 31. Mai 1902 in Vereenigung der Friedensvertrag unterzeichnet wurde.

BURENKOMMANDOS
Ab 1900 kämpften die Buren als Guerillas. Die Briten beschlagnahmten ihr Eigentum und sperrten ihre Familien in Lager, wo 28 000 starben.

GEWEHRE IM BURENKRIEG

Transvaals Präsident Krüger erkannte, dass seine Republik auf den unvermeidlichen Krieg mit dem britischen Empire nicht vorbereitet war. Trotz gesetzlicher Verpflichtung hatten viele Buren kein Gewehr, geschweige denn ein modernes. Krüger bestellte in Deutschland 37 000 Gewehre und 10 Millionen Schuss Munition. Die Bestellung betraf das modernste verfügbare Gewehr, das Modell 95 des deutschen Konstrukteurs Mauser. Paul Mauser (1838–1914) war ein genialer Erfinder, der mit seinem Bruder Wilhelm (1834–1882) im Jahre 1867 das Zündnadelgewehr verbesserte. Zu weiteren Mauser-Entwicklungen gehörten die Gewehre der Modelle 95 und 98 sowie zahlreiche Pistolen. Das Gewehr 98 bzw. 98k als Karabiner wurde sofort vom deutschen Heer übernommen und war als Repetiergewehr das berühmteste aller Zeiten. Das von Südafrika erworbene fünfschüssige Modell 95 schoss auf große Entfernung besonders präzise und war dem zehnschüssigen britischen Lee-Metford weit überlegen. Das Krag-Jörgensen-Gewehr wurde ebenfalls in großen Mengen an die Buren geliefert.

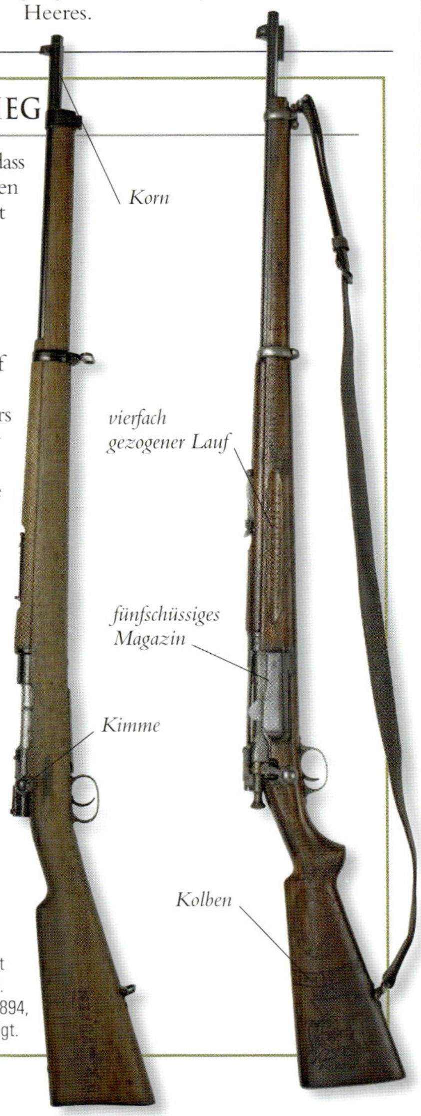

BURENGEWEHRE
Links das Mauser-Gewehr Modell 95, hergestellt von Loewe & Co., Berlin, für den Oranjefreistaat. Das dänische Krag-Jörgensen (rechts), Modell 1894, wurde zum Export in die Burenrepubliken gefertigt.

AUSDEHNUNG DER KOLONIALREICHE

Im Laufe des 19. Jh. weiteten die Briten und Franzosen ihr Einflussgebiet weltweit aus und führten eine Reihe erfolgreicher Kolonialkriege in Asien, Afrika und Australasien. Am Ende des Jahrhunderts hatten beide Reiche ihre größte Ausdehnung erreicht. Mittlerweile machten auch die Vereinigten Staaten ihre Vorherrschaft in Regionen geltend, die sie für ihr Eigentum hielten. Obwohl den USA nicht an einem förmlichen Kolonialreich nach europäischem Muster gelegen war, waren zu Beginn des 20. Jh. die Philippinen, Puerto Rico, Kuba und Panama unter amerikanischer Herrschaft. Alle drei Großmächte einte der Glaube an ihren Auftrag, ihre spezielle Spielart der Zivilisation in allen Winkeln der Erde zu verbreiten.

KOLONIALKRIEGE

Erster Burmakrieg

DATUM 1823–1826

STREITKRÄFTE Briten und Inder: 50000; Burmesen: 60000

ORT Burma und Assam, Indien

VERLUSTE Briten und Inder: 20000; Burmesen: 10000

1823 überschritten burmesische Truppen die Grenze des von Großbritannien beherrschten Indien und bemächtigten sich Assams. Sie verfolgten Rebellen, die sich ins Exil abgesetzt hatten. Großbritannien reagierte mit einer Kriegserklärung an Burma am 24. Februar 1824. Assam war schnell zurückerobert, und eine angloindische Truppe von 11000 Mann wurde unter General Archibald Campbell in Marsch gesetzt, um die burmesische Hauptstadt Rangun von See her anzugreifen. Dabei wurde zum ersten Mal in einem Krieg ein Dampfboot eingesetzt. Nach der Einnahme Ranguns flohen die burmesischen Kräfte in den Dschungel. Dort bereitete ihr Befehlshaber Maha Bandula die Rückeroberung der Stadt vor und stand am 1. Dezember mit 60000 Mann vor Rangun. Zwei Wochen später waren sie besiegt und zum Rückzug gezwungen, Bandula wurde verfolgt und im April 1825 getötet. Im Monat darauf nahm Campbell Prome ein, die Hauptstadt von Lower Burma. Im Februar 1826 ersuchten die Burmesen um Frieden.

LANDUNG
Anlandung der starken britischen Kräfte am 11. Mai 1824 bei Rangun.

DRACHENKANONE
Diese burmesische Bronzekanone ist ein dekoratives Stück, aber durchaus funktionstüchtig.

FRANZOSEN EROBERN VIETNAM

Cochinchina

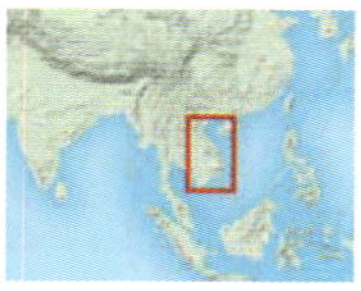

DATUM 1858–1862

STREITKRÄFTE Franzosen und Spanier: unbekannt; Vietnamesen: unbekannt

ORT Südvietnam

VERLUSTE nicht verbürgt

In Cochinchina, das die Vietnamesen selbst nur als Nam Ky, »Südgebiet«, bezeichneten, marschierten die Franzosen 1858 auf Befehl Kaiser Napoleons III. ein. Den Vorwand lieferte zwar die Ermordung französischer Missionare, tatsächlich aber wollte Napoleon ein großes Kolonialreich schaffen, zudem war dieses Gebiet handelspolitisch von strategischer Bedeutung. Französische Truppen landeten im Hafen von Tourane (heute Danang) und marschierten nach Saigon, das ein Jahr später besetzt wurde. Der Widerstand gegen die Eindringlinge hielt noch drei Jahre lang an, doch die Führer der Vietnamesen waren längst unschlüssig, ob sie am strengen Konfuzianismus festhalten oder sich dem Westen öffnen sollten. So war das Land geschwächt und es fehlte ihm außerdem an moderner Ausrüstung. Die einfachen Waffen der Vietnamesen waren der westlichen Technologie nicht gewachsen, daher blieb ihnen nur die Kapitulation. 1862 überließ Kaiser Tu Duc Nam Ky den Franzosen, die es 1867 in Cochinchina umbenannten.

PHILIPPINISCHER AUFSTAND

Eroberung der Philippinen

DATUM 1898–1902

STREITKRÄFTE US-Truppen: unbekannt; Aufständische: unbekannt

ORT ganzer Archipel

VERLUSTE US-Truppen: 4234 Tote, 2818 Verwundete; Aufständische: etwa 20000 Tote

Während des Spanisch-Amerikanischen Krieges von 1898 lief ein Geschwader der US-Marine am Morgen des 1. Mai in die Bucht von Manila und schoss die dort ankernde spanische Flotte zusammen. Im August hatten amerikanische Truppen Manila besetzt, und im Dezember, mit dem Friedensvertrag von Paris, kauften die Amerikaner den Spaniern die Inselgruppe für 20 Millionen Dollar ab. Einen Monat später erhoben sich Filipinos, die schon gegen die Spanier gekämpft hatten, gegen die neuen Herren. Unter der Führung Emilio Aguinaldos kämpften die Rebellen zwei Jahre lang, doch der Aufstand wurde brutal niedergeschlagen und endete, als Aguinaldo aus der Gefangenschaft an seine Landsleute appellierte, sich der amerikanischen Herrschaft zu fügen.

»Heute für das feige Spanien sterben! Darin kommt nicht nur ein Mangel an Würde ..., sondern auch eine gewaltige Dummheit zum Ausdruck, überlässt man doch so verängstigten Spaniern die Befehlsgewalt über tapfere Filipinos.«

Emilio Aguinaldo in einer Kritik an dem gemeinsamen Kampf mit Spanien gegen die USA, 1898

BUCHT VON MANILA
Das Gemälde zeigt die US-Flotte aus allen Rohren feuernd beim Einlaufen in die Manilabucht, wo die Spanier überrascht werden.

BRITEN GEGEN MAORIS

Maorikriege

ORT Nordinsel von Neuseeland

DATUM 1860–1872

STREITKRÄFTE bei Gate Pa: Briten: 1700; Maoris: etwa 300

VERLUSTE bei Gate Pa: Briten: 120; Maoris: weniger als ein Dutzend

Der erste Maorikrieg gegen die britische Herrschaft (1845–1847) wurde von Gouverneur George Grey siegreich beendet, der Friede hielt 13 Jahre. 1860 gehörte den Maori noch immer der größte Teil der Nordinsel, doch als der Maoriführer Te Teira sein Land in Taranaki ohne Zustimmung seines Volkes verkaufte, brach Krieg aus. Er bestand aus der Belagerung einiger befestigter Maoridörfer (Pas) und endete mit der Kapitulation der Maori, doch die Feindseligkeiten flammten in Waikato noch einmal auf. Am 27. April 1864 begannen die Briten mit der Belagerung des Gate Pa, des vielleicht stärksten Pa, das jemals angelegt wurde. Der Maoribefehlshaber Rawiri Puhirake ließ nur ganz vereinzelt schießen, um die Briten glauben zu machen, die Befestigungen der Maori wären bereits zerstört. Die Briten stürmten, wurden jedoch von den Maorikriegern überwältigt. Dieser große Sieg veranlasste die Briten, Frieden zu schließen.

GEFECHT BEIM GATE PA
Die Maoris waren zahlenmäßig und waffentechnisch unterlegen, doch ihre kluge Strategie wiegte die Briten in Sicherheit.

SPANISCH-AMERIKANISCHER KRIEG

US-Sieg auf Kuba

ORT Karibikinsel Kuba

DATUM Februar–August 1898

STREITKRÄFTE US-Truppen: unbekannt; spanisch-kubanische Truppen: unbekannt

VERLUSTE US-Truppen: 610 Gefallene; spanische Truppen: unbekannt

Nach drei Jahren Bürgerkrieg auf Kuba intervenierten die USA. Dieser zweite Kampf Kubas unter der Führung des charismatischen Dichters José Martí um seine Unabhängigkeit gegen Spanien wurde berüchtigt, weil die Spanier für die Zivilbevölkerung Konzentrationslager eingerichtet hatten. Um 1890 waren die USA der wichtigste Handelspartner Kubas geworden, und trotz Präsident McKinleys Zaudern machte eine übereifrige Presseberichterstattung ein amerikanisches Eingreifen unausweichlich. Den Vorwand zur Intervention lieferte am 15. Februar 1898 der Untergang des USS Maine im Hafen von Havanna. Die Ursache war unklar, doch erfolgte die sofortige Kriegserklärung des amerikanischen Kongresses an Spanien. Der Krieg war sehr einseitig, ganz besonders das Gefecht bei Santiago im Juli. Landtruppen der USA, darunter Roosevelts freiwillige Kavallerie, ein Haufen Abenteurer, die sich als »Raureiter« bezeichneten, sowie Regimenter schwarzer Soldaten eroberten erst den Kettle Hill, dann den San Juan Hill. So umfasst, führte der spanische Admiral Pascual Cervera seine Flotte aus Santiago hinaus, die dort von einem US-Geschwader versenkt wurde. Fünf Monate später hatte Kuba nominell seine Unabhängigkeit erlangt, wurde aber tatsächlich vom großen Nachbarn beherrscht.

1858–1919

THEODORE ROOSEVELT

Teddy Roosevelt, Sohn einer bekannten Neuenglandfamilie, war nicht nur ein tapferer Soldat, sondern auch ein fähiger Naturforscher. Er machte sich in den Kämpfen auf Kuba einen Namen und kandidierte 1900 als William McKinleys Vize bei den Präsidentschaftswahlen. Als McKinley ein Jahr später ermordet wurde, rückte Roosevelt als Präsident nach. Getreu seinem Glauben an Amerikas Auftrag, der Welt die Zivilisation zu bringen, waren seine Amtsjahre von vielen Interventionen im Ausland geprägt.

RAUREITER AUF KUBA
Hier sieht man Theodore Roosevelt mit blankem Säbel an der Spitze der Attacke einer Abteilung seiner »Raureiter«.

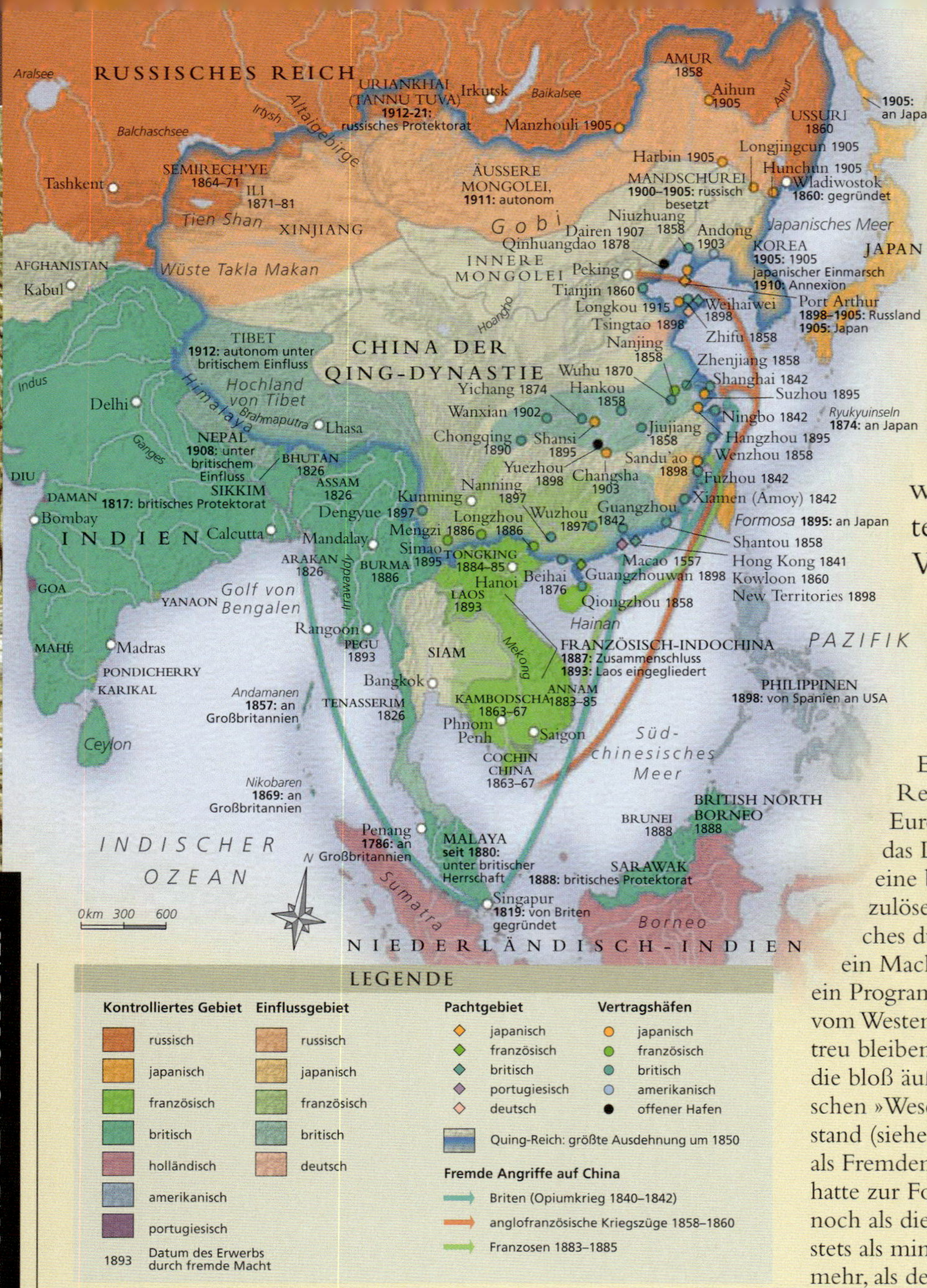

SCHRUMPFENDES REICH
Selbst wo die Qing fremdes Eindringen abwehren konnten, machten Rebellionen im Innern sie praktisch machtlos.

CHINA, JAPAN UND EUROPA

ANGESICHTS NEUER INDUSTRIELLER Realitäten des 19. Jh. hing militärische Macht in steigendem Maße von technologischer Kompetenz ab. Wer sein Land industrialisierte, wurde zum Herrscher, wer dies nicht tat, zum Beherrschten. Dies war der Schlüssel zum Verständnis der unterschiedlichen Entwicklung, die China und Japan nahmen.

MÖRDERISCHE BOXER
Das Titelbild zeigt die Ermordung des deutschen Gesandten durch fremdenfeindliche Boxer in Peking.

CHINA

Eine Reihe von Niederlagen des Qing-Reichs gegen die besser ausgestatteten Europäer bewies, dass chinesische Armeen das Land nicht verteidigen konnten und sich eine bereits geschwächte Zentralgewalt aufzulösen begann. Während am Rande des Reiches durch Ausländer und innere Rebellionen ein Machtverfall eintrat, entwickelte das Regime ein Programm industrieller Reformen, bei dem man vom Westen lernen, aber die chinesischen Werten treu bleiben wollte. Das Lernen vom Westen sollte die bloß äußerliche Seite des überlegenen chinesischen »Wesens« bleiben. Wie jedoch der Boxeraufstand (siehe S. 251) zeigte, erwies sich dieses chinesische »Wesen« oft genug als Fremdenhass. Das Versäumnis der Qing, das Land zu industrialisieren, hatte zur Folge, dass es von den Westmächten beherrscht wurde. Schlimmer noch als diese Schande war Japans Aufstieg zur Macht. Von einem kleinen, stets als minderwertig eingestuften Nachbarn übertroffen zu werden war mehr, als der chinesische Stolz zu ertragen vermochte.

JAPAN

Fast drei Jahrhunderte lang hatten Schogune aus der Tokugawa-Sippe über Japan geherrscht, doch vermehrtes europäisches und amerikanisches Eindringen veranlasste viele, die von den westlichen Kriegsschiffen beeindruckt wurden, nach einer Modernisierung des Landes zu verlangen. Die Thronbesteigung des Kaisers Mutsuhito im Jahre 1866 bedeutete das Ende der Tokugawa-Ära. Die rivalisierenden Sippen der Satsuna und Choshu erhielten vom Kaiser die Erlaubnis zur Absetzung des Schoguns. Kaiser Mutsuhito übernahm selbst die Regierungsgeschäfte und eine erstaunlich schnelle Modernisierung nach westlichem Vorbild begann. Der Drang nach Industrialisierung wurde durch den Wunsch nach militärischer Macht beflügelt.

NACH ALTER ART
Die Fotografie zeigt eine Gruppe Samurai. Kurze Zeit später wurden sie 1868 als Gesellschaftsschicht abgeschafft.

JAPAN BEGINNT DEN HANDEL
Kommodore Matthew Perry erschien 1853 in Edo (Tokio) und erzwang Handelsverträge zwischen den USA und Japan.

CHINA IN AUFRUHR

Während des ganzen 19. Jh. befand sich die chinesische Qing-Dynastie in einem unaufhaltsamen Niedergang. Das Eindringen europäischer Aggressoren nahm China jede Möglichkeit, die eigene Wirtschaftspolitik zu gestalten, und führte zum Verlust Vietnams an Frankreich und von Hongkong an Großbritannien. Die bäuerliche Bevölkerung verhungerte zu Millionen, und die Regierung verlor jede Autorität, was zu offener Rebellion führte. Die endgültige Demütigung brachten die Niederlage gegen Japan und der Einflussverlust in Korea und auf Formosa. Am Ende des Jahrhunderts waren alle wichtigen Häfen und Handelsrouten unter ausländischer Kontrolle. Japan war nun die militärische und wirtschaftliche Großmacht in Ostasien.

ERSTER OPIUMKRIEG

Opiumkrieg

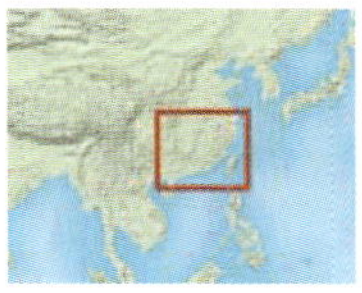

ORT zahlreiche Küstengebiete Chinas

DATUM September 1839–August 1842

STREITKRÄFTE Chinesen: 1 Million; Briten und Inder: 10 000

VERLUSTE Chinesen: 30 000; Briten und Inder: 10 000

Im 18. Jh. hatte sich in Europa eine ungeheure Nachfrage nach Tee, Seide und Töpferwaren aus China entwickelt, während es die Chinesen kaum nach dem verlangte, was die Europäer zu bieten hatten. Die britische Ostindische Kompanie glich das daraus resultierende Ungleichgewicht aus, indem sie illegal bengalisches Opium in China verkaufte – die Menge des von China importierten Opiums schnellte von etwa 200 Kisten im Jahre 1729 auf 40 000 im Jahre 1838 in die Höhe. Alarmiert von der wachsenden Zahl der Süchtigen, schickte die Qing-Regierung den Kommissar Lin Zexu nach Guangzhou, um alle dort von britischen Händlern gelagerten Opiumbestände zu konfiszieren. Ein paar Tage später brachten betrunkene britische Seeleute einen chinesischen Dorfbewohner um. Als die britische Regierung sich weigerte, die Beschuldigten den chinesischen Behörden auszuliefern, kam es zu Feindseligkeiten. Im Juni 1840 wurde eine britische Flotte in Marsch gesetzt, gegen die die altmodischen chinesischen Waffen nichts auszurichten vermochten. Nach einer Reihe beschämender Niederlagen waren die Chinesen zur Unterzeichnung des Vertrags von Nanking gezwungen. Damit kam Hongkong in britische Hand – eine Schmach, die erst durch die Rückgabe der Insel 1997 an China endete. Obendrein wurden britische Staatsbürger jetzt für Verbrechen auf chinesischem Territorium nach englischem Recht statt chinesischem abgeurteilt.

> »Lasst uns fragen, wo ist Euer Gewissen?«
>
> *Lin Zexu* in einem Brief an die englische Königin Viktoria, 1839

UNMORALISCHER HANDEL
Ein britisches Schiff mit einer Opiumfracht läuft in den chinesischen Hafen Lintin ein. Großbritanniens Politik war profitorientiert und blind für moralische Fragen.

STURM AUF AMOY
Auf dem Vormarsch der britischen Truppen entlang der chinesischen Küste nimmt das 18. Regiment zu Fuß die Insel Amoy ein.

1750–1914

ZWEITER OPIUMKRIEG

Arrow-Vorfall

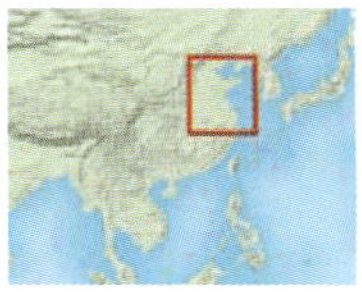

ORT Ostchina

DATUM Oktober 1856–August 1860

STREITKRÄFTE Chinesen: 2 Millionen; Briten und Franzosen: 50 000

VERLUSTE Chinesen: 6000; Briten und Franzosen: 4000

Trotz der Aufhebung der Handelsbeschränkungen nach dem ersten Opiumkrieg blieb der Opiumhandel offiziell illegal. Am 8. Oktober 1856 durchsuchten chinesische Beamte die Arrow, ein Schiff unter englischer Flagge, das des Drogenschmuggels verdächtig war. Das lieferte den Briten den Vorwand zu einer Invasion. Die Ermordung eines französischen Missionars diente als Rechtfertigung, dass sich die Franzosen anschlossen, um unter dem Kommando Admirals Sir Michael Seymour Guangdong zu besetzen. Damit hatte der zweite Opiumkrieg begonnen. Die Verbündeten segelten nordwärts und Seymour griff einige Forts in der Nähe von Tianjin an. Erneut hatten die technisch überlegenen Europäer leichtes Spiel und die erste Phase des Krieges endete 1858 mit dem Vertrag von Tientsin. Ein Jahr später brach China die Waffenruhe, indem es ausländische Gesandtschaften in Peking verweigerte, was einen englisch-französischen Angriff auf die Stadt auslöste. Kaiser Xianfeng floh und auf Befehl des englischen Befehlshabers Lord Elgin wurde der Sommerpalast niedergebrannt. Xianfeng blieb nichts anderes übrig, als mit der Unterzeichnung der Konvention von Peking, die zugleich die Ratifizierung des Vertrages von Tientsin bedeutete, ein weiteres Stück chinesischer Souveränität aufzugeben: Großbritannien und Frankreich erhielten große Entschädigungen, der Opiumhandel wurde legalisiert und die Sicherheit christlicher Missionare garantiert.

LEICHENFELD
Tote chinesische Soldaten liegen verstreut vor der Festung Taku bei Tianjin, die am Tag zuvor, am 22. August 1860, durch anglo-französische Kräfte eingenommen wurde.

TAIPINGAUFSTAND

Taipingaufstand

DATUM 1850–1864

STREITKRÄFTE Taiping-Heer: mehr als 1 Million; Regierungstruppen: unbekannt

ORT 17 Provinzen Ostchinas

VERLUSTE insgesamt mehr als 20 Millionen Tote

Mitte des 19. Jh. war das ländliche China ein fruchtbarer Nährboden für Sekten, welche die Erlösung vom »ausländischen« Mandschu-Regime, von den Qing also, predigten. Hung Hsiu-chuan, der Sohn eines armen Bauern aus der Gegend um Kanton, sollte zum Kristallisationspunkt dieser Unzufriedenheit werden. Nachdem er bei einem Baptistenprediger aus dem Süden studiert hatte, erklärte sich Hung zum jüngeren Bruder Christi, von Gott gesandt, um die Erde von Dämonen zu befreien. Bald darauf gründete er unter den verarmten Bauern von Kwangsi die Gesellschaft der Anbeter Gottes und proklamierte eine neue Dynastie, das Taiping Tien-ko (»Himmlisches Reich des allgemeinen Friedens«, 1851). Das Versprechen, die Qing-Regierung zu stürzen, ließ die Reihen der Taiping von ein paar Tausend auf mehr als eine Million disziplinierte, fanatisierte Soldaten anschwellen, die durch das Tal des Jangtsekiang nordwärts fegten und die Metropole Nanking einnahmen. Dort verbot Hung Glücksspiel, Drogen und Prostitution und verkündete die Gleichheit von Männern und Frauen. Es kam jedoch zu Meinungsverschiedenheiten mit Unterführern, und Hung, der sich jetzt Tien-wang (»Himmlischer König«) nannte, sah seine Autorität wiederholt infrage gestellt. Yang, der Staatsminister der Taiping, versuchte einen Staatsstreich, wurde aber mit Tausenden seiner Anhänger ermordet. Shih, ein anderer General, floh aus Angst um sein Leben und nahm Zehntausende mit sich. 1860 versuchten die Taiping noch einmal, Einigkeit und Macht zurückzugewinnen, indem sie Shanghai angriffen. Dort wurden sie jedoch von der »Immer siegreichen Armee« zurückgeschlagen, einer westlich ausgebildeten chinesischen Truppe unter US-General Frederick Ward. Als Ward fiel, baten die Behörden in Peking den britischen General Charles Gordon, den Platz einzunehmen. Unter Gordons Kommando begannen Regierungstruppen 1864, Nanking zu belagern, und der Aufstand wurde letztlich niedergeschlagen.

VOLKSHELDEN
Ein Denkmal in Peking zeigt Szenen der Taipingrebellion, ebenso Lin Zexu beim Vernichten von Opium.

1835–1885

GENERAL CHARLES GORDON

Charles Gordon diente auf der Krim und danach in China. Nachdem er die Regierungstruppen bei der Niederwerfung des Taipingaufstands geführt hatte, ernannte ihn der Kaiser nach der Rückeroberung Nankings zum *titu*, dem höchsten Dienstgrad der chinesischen Armee, was ihm den Spitznamen »Chinesen-Gordon« eintrug. Seine wechselvolle Karriere führte ihn noch in alle Teile des britischen Empire. 1885 fiel er im Sudan gegen die Mahdi (siehe S. 241).

SCHLACHT BEI TZAKI
Auf diesem Fresko sieht man die »Immer siegreiche Armee« in der Schlacht bei Tzaki im August 1862, wie sie die Taiping zurückwirft.

TONGKINGKRIEG

Tongkingkrieg

DATUM August 1883–Juni 1885

STREITKRÄFTE bei Fuzhou: Franzosen: 6 Kreuzer; Chinesen: 6 Kreuzer

ORT Nordvietnam

VERLUSTE Chinesen: 6 Kreuzer versenkt mit hohen Verlusten

Während die südlichen Provinzen Vietnams als Cochinchina bereits in der Hand der Franzosen waren, begannen diese in den 80er-Jahren des 19. Jh. nordwärts in Gebiete vorzudringen, die unter chinesischer Kontrolle standen. Darauf schickten die Chinesen Truppen in das Mündungsdelta des Flusses, das den Kern Tongkings in Nordvietnam bildete. Der französische Kapitän Henri Laurent Rivière wurde nach Hanoi, das Verwaltungszentrum Tongkings, gesandt, um chinesische Freischärler zu vertreiben. Französische Verstärkungen errangen schnell eine Reihe von Siegen, die den chinesischen Vizekönig zu der Vereinbarung zwangen, dass das Gebiet zum gemeinsamen chinesisch-französischen Protektorat würde. Als diese Übereinkunft von Paris nicht akzeptiert wurde, erklärte China den Krieg im Vertrauen darauf, dass sein neu ausgestattetes Heer die Invasoren zurückwerfen werde. Tatsächlich konnten chinesische Landstreitkräfte weiteres französisches Vordringen nach Südchina abriegeln. Im August 1884 in der Schlacht von Fuzhou wurde aber in einer halben Stunde eine komplette Flotte neuer chinesischer Kreuzer von der Schiffsartillerie und den Torpedobooten der Franzosen restlos vernichtet. China blieb nichts übrig, als Tongking und Annam den Franzosen zu überlassen.

SINKENDER KREUZER
Hier sieht man das französische Kanonenboot Revolver *bei der Versenkung eines chinesischen »Kreuzers« in Vietnam.*

CHINESISCH-JAPANISCHER KRIEG

Chinesisch-Japanischer Krieg

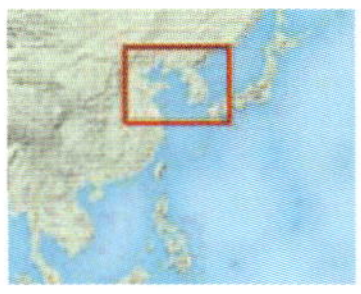

DATUM August 1894–April 1895

STREITKRÄFTE Japaner: 8000; Chinesen: unbekannt, aber weitaus mehr

ORT Korea und Mandschurei

VERLUSTE nicht verbürgt

Knapp 20 Jahre nach dem Beginn seiner Modernisierung war Japan schon zu militärischem Muskelspiel bereit. Korea, ein chinesisches Schutzgebiet, war schon lange attraktiv, und als 1894 dort ein projapanischer Staatsstreich fehlschlug, fühlte Japan sich zum Einmarsch genötigt. China wurde der Krieg erklärt, und obwohl numerisch weit unterlegen, errangen Japans moderne Streitkräfte zu Lande und zur See überwältigende Siege. Die Schlacht auf dem Fluss Yalu im August 1894, die größte Begegnung auf dem Wasser, war typisch. Die Chinesen waren schlecht vorbereitet, ihre Munition alt und schlecht gepflegt. Zwei ihrer Schiffe brannten wie Zunder, weil sie mit zu viel Farbe und Firnis behandelt worden waren. Das überlegene taktische Können der Japaner kombiniert mit der eigenen Unfähigkeit besiegelte das Schicksal der chinesischen Flotte.

JAPANISCHE ARMEE
Beim Angriff auf chinesische Stellungen in der Mandschurei tragen die japanischen Soldaten ihre neuen Uniformen westlichen Zuschnitts.

1750–1914

BOXERAUFSTAND

Boxeraufstand

DATUM November 1899–August 1900

STREITKRÄFTE Multinationale Truppe: 18000; Aufständische: unbekannt

ORT Peking und Umgebung

VERLUSTE Ausländer: 229 Tote; Aufständische: nicht verbürgt

Die Bezeichnung »Boxer« wurde einer Geheimorganisation gegeben, die sich Yihequan, »Faustkämpfer für Recht und Einigkeit«, nannte und die Mitglieder durch bestimmte Riten gegen Kugeln zu feien suchte. Die Boxer hatten es auf Ausländer abgesehen und wuchsen mit der Zunahme ausländischer Übergriffe in Nordchina. Ihr Anliegen war bald bis Peking durchgedrungen. 1898 überzeugte die neue Regierung die Boxer, dass die Qing-Dynastie gegen auswärtige Einflüsse zu schützen sei. 1899 streunten Boxerbanden in der Nähe Pekings im Lande umher, griffen Christen an und brannten deren Kirchen nieder. Im Juni 1900 brach eine multinationale Expeditionstruppe auf, um den Aufstand niederzuwerfen, doch wurden sie von den kaiserlichen Truppen zurückgeschlagen und die Kaiserwitwe befahl die Ermordung aller Ausländer. Neben anderen wurden der deutsche Gesandte und ein japanischer Diplomat umgebracht. Im August eroberte ein stärkeres Heer schließlich Peking und rettete die Ausländer und die chinesischen Christen, die sich in der katholischen Kathedrale der Stadt verschanzt hatten. Die Kaiserwitwe floh aufs Land und überließ ihren Fürsten das Aushandeln eines bitteren Friedens. Alle Ausländerfeindlichkeit musste unterbunden werden und an jedem wichtigen Knotenpunkt zwischen Peking und Shanghai wurden nun fremde Truppen stationiert.

FREMDE EINDRINGLINGE
Der Anblick amerikanischer Truppen auf dem Marsch durch die Verbotene Stadt verletzte den chinesischen Nationalstolz zutiefst.

GEFANGENE BOXER
Eine Gruppe Boxer überdenkt ihr Schicksal. Sie wurden in der Umgebung Pekings durch amerikanische Kavallerie gefangen genommen.

SCHWERT GEGEN KUGEL
Diese verzierten chinesischen Schwerter stammen aus der Zeit des Boxeraufstands. Weder Schwerter noch Glauben machten die Boxer kugelfest.

JAPANS AUFSTIEG ZUR MACHT

Die Wiederherstellung japanischer Kaisermacht nach Jahrhunderten der Herrschaft der Tokugawa-Schogunen zog Reformen nach sich, die auf den Aufbau einer starken Zentralverwaltung abzielten. Diese Veränderungen, vor allem die Abschaffung des Monopols der Samurai als Waffenträger und der Aufbau einer Armee nach europäischem Muster, führten zum Widerstand sogar unter jenen, die bei der Entmachtung der Tokugawas geholfen hatten. Jede Opposition gegen die neue Ordnung wurde rücksichtslos gebrochen. Sobald das Land geeint war, fand die neue Wehrpflichtigenarmee im benachbarten, an Bodenschätzen reichen Korea und in der chinesischen Mandschurei erste Ziele. Dazu besiegte Japan zunächst China, dann Russland. Der Wandel von einer geschlossenen Feudalgesellschaft zu einer industrialisierten Weltmacht war abgeschlossen.

KRIEGE DER MEIJIRESTAURATION

Aufstand der Satsuma

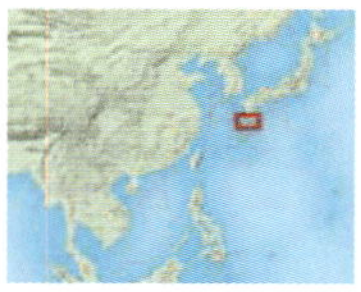

DATUM Januar–September 1877

STREITKRÄFTE Kaiserliche: 34000, dazu Seesoldaten und Polizei; Satsuma: 20000–40000

ORT im Süden Kyushus

VERLUSTE Satsuma: nur 400 Samurai überlebten

Der Familienverband der Satsuma spielte bei der Meijirestauration (siehe unten) eine entscheidende Rolle, doch widersetzte er sich dem Vorhaben, ein stehendes Heer nach europäischem Muster aufzustellen. Anfang 1877 marschierte das Familienoberhaupt Saigo Takamori gegen die Burg Kumamoto im Süden Kyushus, weil es ihn empörte, dass seine vorgeschlagene Invasion Koreas abgelehnt worden war. Die Regierung reagierte rasch und schickte eine Einheit zur Entwaffnung der Aufständischen. Als diese sich weigerten, erschien das ganze Heer, um sie zu vernichten. Der Konflikt schleppte sich sechs Monate bis zur Schlacht von Shiroyama im September hin. Das kaiserliche Heer war gut ausgerüstet und straff organisiert. Saigos Truppen kämpften mit dem Schwert und wurden von der modernen Artillerie zusammengeschossen.

KRIEGERINNEN
Die hart bedrängten Satsuma stellten eine Frauenarmee auf, die mit der Naginata*, einer traditionellen Blankwaffe, kämpften.*

KRIEGE DER MEIJIRESTAURATION

Boshinkrieg

DATUM Januar 1868–Mai 1869

STREITKRÄFTE Schogunat: 15000; Satsuma und Choshu: 5000

ORT auf Hondo und Hokkaido

VERLUSTE nicht verbürgt

Seit Jahren hatte es gelegentliche Konflikte zwischen dem herrschenden Tokugawa-Schogunat und reformwilligen Kräften gegeben, welche die Wiederherstellung der Kaisermacht anstrebten. Im September 1867 wurden den Armeen der *Bakufu*, also der Tokugawa-Zentralverwaltung, von reformistischen Kräften hart bedrängt. Um einen Bürgerkrieg zu vermeiden, regte die Tosa-Sippe einen Kompromiss an, der vorsah, dass der Schogun Yoshinobu zurücktrat, aber seine Privilegien in einem neuen, dem Kaiser verantwortlichen Parlament behielt. Yoshinobu trat unverzüglich zurück, da er so eine Möglichkeit sah, den Krieg abzuwenden, de facto jedoch an der Macht zu bleiben. Aus Sorge, dass die Tokugawa das neue Parlament dominieren würden, informierten die Familienoberhäupter Saigo Takamori von den Satsuma und Kido Kion von den Choshu vier andere Sippen – die Owari, Echizen, Tosa und Hiroshima – von ihrer Absicht, den Palast in Kyoto zu besetzen. Saigos Truppen nahmen den Palast am 3. Januar 1868, und die Verantwortung für die Regierung des Landes wurde unverzüglich wieder Kaiser Mutsuhito übertragen. Yoshinobu griff Kyoto an, doch trotz französischer Militärberater und numerischer Überlegenheit wurden seine Truppen von den Heeren der Satsuma und Choshu in der ersten Schlacht bei Toba besiegt und flohen nach Edo. In den folgenden Wochen rückte eine laufend stärkere kaiserliche Armee ostwärts vor und nahm dabei den örtlichen Daimyo (Feudalherren) den Treueid ab. Angesichts so vieler Widersacher kapitulierte Yoshinobu kampflos. Der Regierungssitz wurde nach Edo verlegt, die Stadt in Tokio umbenannt, und die Meijiära konnte beginnen. Die Aizu-Sippe jedoch leistete noch immer Widerstand. Obwohl das kaiserliche Heer mit westlichen Waffen ausgerüstet war und die Aizu mit Schwertern kämpften, dauerte es einen Monat, bis sie geschlagen waren.

NOGI MARESUKE
General Nogi Maresuke kämpfte bei Port Arthur.

MARSCH ZUR MANDSCHUREI
Japanische Truppen besetzten während des Chinesisch-Japanischen Krieges von 1894/95 für kurze Zeit Port Arthur.

RUSSISCH-JAPANISCHER KRIEG

Belagerung von Port Arthur

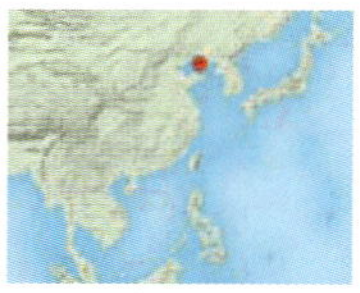

DATUM August 1904–Januar 1905

STREITKRÄFTE Japaner: 90000; Russen: 40000

ORT heutiges Lushun auf der Halbinsel Liaotung, China

VERLUSTE Japaner: 60000; Russen: 40000

Nach dem Boxeraufstand (siehe S. 251) blieb die Halbinsel Liaotung mit Port Arthur in russischer Hand. Als Russland sich 1903 nicht an die Vereinbarung des Truppenabzugs hielt, entschloss sich Japan zu einem Angriff. Mit einer Taktik, die sich 1941 in Pearl Harbor wiederholen sollte, begann der Russisch-Japanische Krieg mit einem japanischen Torpedoangriff auf das russische Pazifikgeschwader in Port Arthur. Landtruppen unter General Nogi Maresuke kesselten die russischen Stellungen ein und begannen eine lange Belagerung. Der Hafen war umgeben von 22 russischen Forts mit Grabensystemen, Stacheldraht und Maxim-MGs. Suchscheinwerfer, Granaten und Giftgas wurden zum ersten Mal von den Japanern benutzt. Diese neuartige mechanisierte Kriegführung machte beide Seiten einigermaßen ratlos, bis Nogi schließlich erkannte, dass der Schlüssel in der Einnahme des Hügels lag, der das Hafengelände überragte. Als sie die steilen Hänge erklommen, wurden die Japaner Welle um Welle von den Maschinengewehren niedergemäht, doch um den Preis von beinahe 20000 Toten wurde der Hügel letztlich genommen. Im Januar 1905 kapitulierte die russische Garnison.

RUSSISCH-JAPANISCHER KRIEG

Mukden

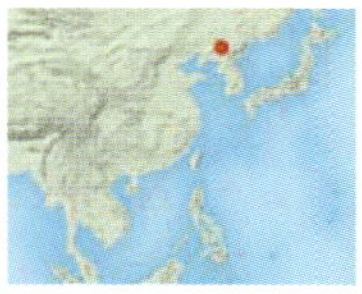

DATUM 20. Februar–10. März 1905

STREITKRÄFTE Japaner: 270 000; Russen: 330 000

ORT heutiges Shenyang, südliche Mandschurei, China

VERLUSTE Japaner: 71 000; Russen: 89 000

Während sich die Belagerung Port Arthurs hinzog, überrannten japanische Landtruppen sehr schnell Korea und drängten nordwärts in die Mandschurei. Niederlagen bei Fuhsien und Liaoyang im Sommer 1904 zwangen die Russen zurück nach Mukden, den Hauptplatz der Mandschurei, wo sie mit der Transsibirischen Eisenbahn Verstärkungen erhielten. Im folgenden März, als nach der Einnahme Port Arthurs japanische Verstärkungen eintrafen, begann die Entscheidungsschlacht um Mukden. Frische Truppen der japanischen 5. Armee überquerten die Berge westlich der Stadt und griffen die linke russische Flanke an. Ein paar Tage später begann der Großangriff auf das Zentrum der russischen Kräfte und die japanische 4. Armee erschien auf dem rechten russischen Flügel. Die Kämpfe dauerten 19 Tage, da unzählige Japaner vom Feuer der russischen Maschinengewehre abgewehrt wurden. Bemerkenswert war der Einsatz von vorgeschobenen Beobachtern, die über das Telefon das Schießen der Artillerie auf Ziele leiteten, die außerhalb der Sichtweite der Kanoniere lagen. Um den Feind umzubringen, brauchte man ihn erstmals nicht mehr im Blick zu haben. Da sie dem Druck auf die Flanken nicht standhalten konnten, wurden die Verteidigungslinien der Russen eingedrückt und General Kuropatkin befahl, um nicht gänzlich umfasst zu werden, einen allgemeinen Rückzug nach Norden.

WINTERKRIEG
Angriff auf eine Brücke bei Mukden. Der eisige mandschurische Winter kostete viele das Leben.

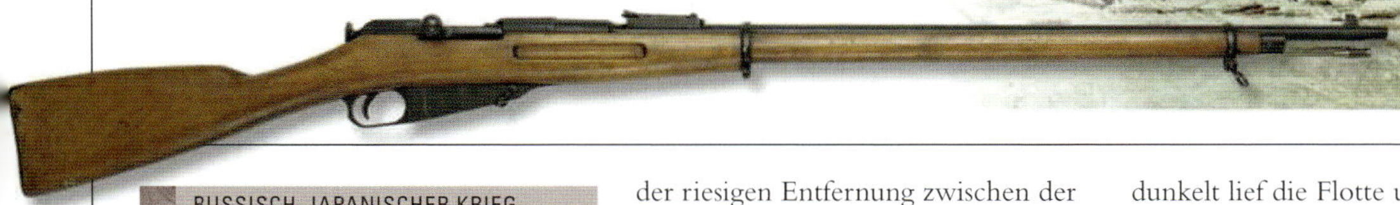

MOSIN-NAGANT-GEWEHR
Dieses Gewehrmodell, 1891 eingeführt, war zur Zeit des Russisch-Japanischen Krieges die Standardlangwaffe der Russen.

RUSSISCH-JAPANISCHER KRIEG

Tsushima

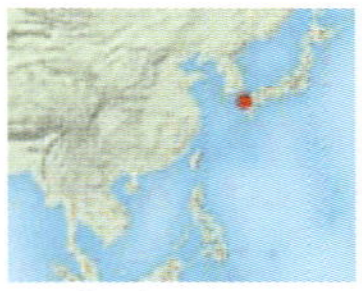

DATUM 27.–28. Mai 1905

STREITKRÄFTE Japaner: 4 Schlachtschiffe, 27 Kreuzer; Russen: 11 Schlachtschiffe, über 20 andere Schiffe

ORT Straße von Tsushima zwischen Korea und Japan

VERLUSTE Japaner: 117 Gefallene; Russen: 4380 Gefallene, 21 versenkte Schiffe

In der Hoffnung, die japanische Marine durch die bloße Zahl überwältigen zu können, verlegte die russische Regierung ihre gesamte Ostseeflotte nach Fernost. Wieder trat das Problem der riesigen Entfernung zwischen der Mandschurei und dem europäischen Russland, das die russischen Kriegsanstrengungen stets belastet hatte, in Erscheinung. Die kohlegefeuerten Kriegsschiffe waren nicht für lange Reisen konzipiert und die 18 000 Seemeilen lange Reise dauerte sieben Monate. Unterdessen war Port Arthur gefallen und Wladiwostok war als einziger Hafen noch in russischer Hand. Um dorthin zu gelangen, ehe die Kohlebunker leer waren, beschloss der russische Admiral Rodschdestwenski, durch die von Japan kontrollierte Tsushimastraße zu dampfen. Abgedunkelt lief die Flotte unbemerkt weit in die Engstelle ein, bis das dem Kriegsvölkerrecht entsprechend beleuchtete Lazarettschiff *Orel* von einer japanischen Patrouille entdeckt wurde. Admiral Togo lief aus, um den Feind bei Okinoshima zu stellen. Mangelhaftes seemännisches Können verhinderte, dass Rodschdestwenski seine Schiffe in Schlachtlinie bringen konnte, und als die beiden Flotten aneinander gerieten, konnte Togo ihn mühelos ausmanövrieren. Die japanische Flotte war schneller und besser bewaffnet und versenkte zwei Drittel der russischen Schiffe. Angesichts einer nahezu vernichteten Kriegsmarine musste die russische Regierung um Frieden nachsuchen.

KATASTROPHE AUF SEE
Hier sieht man sinkende russische Kriegsschiffe. Die Japaner versenkten vor Tsushima mehr als 20 Kriegsschiffe der russischen Flotte.

NATIONALISMUS UND MODERNISIERUNG

ZWISCHEN 1815 UND 1914 gab es in Europa nicht die nahezu ständigen Kriege unter den großen Nationen, die den Kontinent geprägt hatten. Abgesehen von einigen heftigen, aber kurzen kriegerischen Auseinandersetzungen zwischen 1848 und 1871, mit denen die Entstehung von Nationalstaaten in Deutschland und Italien einherging, spielten sich bewaffnete Konflikte in kleineren Gebieten innerhalb oder am Rande des Osmanischen Reiches ab.

EUROPA 1815–1852
Nach den Napoleonischen Kriegen und dem Wiener Kongress wurde die Landkarte Europas neu gezeichnet. Das Resultat waren drei Jahrzehnte reaktionärer Herrschaft, in denen nationalistische und republikanische Bewegungen den Status quo infrage stellten.

FRIEDE IN WAFFEN

Die europäischen Staaten fochten nicht nur ihre Kolonialkriege aus, sondern rüsteten auch auf und übten für den Kampf gegeneinander. Außer in Großbritannien, das von der Kriegsmarine geschützt war und sich daher nur auf eine kleine Berufsarmee zu stützen brauchte, mussten alle jungen Männer Europas üblicherweise Wehrdienst leisten. Da die Bevölkerung Europas von etwa 200 Millionen im Jahre 1815 auf fast 500 Millionen im Jahre 1914 angewachsen war, brachte die Wehrpflicht Massenheere bislang ungekannter Größe hervor. Durch das verbesserte Eisenbahnwesen konnten diese Heere rasch in die Schlacht geworfen werden, während eine moderne Staatsbürokratie für Ausrüstung und Verpflegung sorgte. Am Ende des 19. Jh. waren die meisten europäischen Länder von einem Hurrapatriotismus beseelt, der von der Boulevardpresse, dem ersten Massenmedium, geschürt wurde. Die Armee stand im Mittelpunkt des Nationalstolzes.

KAISERLICHES LOB
Ein frisch ausgezeichneter Angehöriger des österreichisch-ungarischen Wehrpflichtigenheeres wird von allerhöchster Seite beglückwünscht.

1780–1831

CARL VON CLAUSEWITZ

Als preußischer Offizier nahm Carl von Clausewitz an vielen großen Schlachten der Napoleonischen Kriege teil, so auch bei Jena und Waterloo. Seit 1818 war er Verwaltungsdirektor der Allgemeinen Kriegsschule in Berlin und hatte damit eine Position inne, die es ihm erlaubte, seine historischen und theoretischen Betrachtungen des Kriegswesens zu entwickeln. Sein posthum erschienenes Werk *Vom Kriege* stellte fest, »dass der Krieg nicht bloß ein politischer Akt, sondern ein wahres politisches Instrument ist, eine Fortsetzung des politischen Verkehrs, ein Durchführen desselben mit anderen Mitteln«. Doch er stellt auch fest, dass bei bewaffneten Auseinandersetzungen der reine Zufall eine Rolle spielt.

THEORETIKER DES KRIEGES
Clausewitz war im Kriege nur einmal Truppenführer, und zwar 1806 in der Doppelschlacht bei Jena und Auerstedt.

MODERNISIERUNG

Den Maßstab militärischer Modernisierung setzten die Preußen mit der Bildung eines Generalstabs, der für Planung und Durchführung eines groß angelegten Krieges verantwortlich war. Alle europäischen Heere folgten notgedrungen diesem Beispiel. Keineswegs konservativ eingestellt, suchten die meisten militärischen Führer nach neuen Technologien, die ihnen im Krieg Vorteile verschaffen könnten. Die Entwicklung von Luftschiffen und Flugzeugen Anfang des 20. Jh. wurde z.B. durch das Interesse am militärischen Potenzial dieser Geräte vorangetrieben. Große Rüstungsfabriken wie etwa Schneider in Frankreich und Krupp in Deutschland produzierten immer leistungsfähigere Geschütze, Gewehre und Maschinengewehre in Massen. Hochexplosive Granaten und rauchloses Pulver lösten Massivgeschosse und Schwarzpulver ab. Die Seestreitkräfte wandten sich dampfgetriebenen eisernen Panzerschiffen zu.

ANFÄNGE DES ZEPPELINS
Probeflug eines der ersten Luftschiffe des Grafen Zeppelin. Die militärische Bedeutung solcher Flugapparate wurde unverzüglich erkannt.

1820–1910

FLORENCE NIGHTINGALE

Die britische Sozialreformerin Florence Nightingale wurde berühmt als die »Dame mit der Laterne«, die während des Krimkrieges im Feldlazarett von Scutari für eine Verbesserung der Bedingungen verwundeter Soldaten gesorgt hatte. Sie kämpfte unentwegt für eine Reform des militärischen Sanitätswesens, ein besonderes Interesse galt den britischen Soldaten in Indien. Ihr Einfluss reichte weit über Großbritannien hinaus und inspirierte auch bei der 1864 erfolgten Gründung und der Arbeit des Internationalen Roten Kreuzes.

ZÜNDNADELGEWEHR
Dreyses Hinterlader wurde 1841 vom preußischen Heer übernommen.

ENDE OFFEN

Die europäischen Kriege zwischen 1848 und 1871 waren in mancher Hinsicht trügerisch. Preußens schnelle Siege 1866 über Österreich und 1870/71 über Frankreich schienen in Übereinstimmung mit der zeitgenössischen Auffassung zu zeigen, dass moderne Armeen für begrenzte Kriege zur Erreichung begrenzter politischer Ziele effektive Werkzeuge sein konnten. Doch die Schlacht bei Solferino und die Schlachten des Krimkrieges zeigten die Kehrseite der Medaille – dass verbesserte Handwaffen und Geschütze der Infanterie oder Kavallerie, die feindliche Verteidigungsstellungen angriff, immer schwerere Verluste zufügten und dass die ausufernden Dimensionen einer Schlacht entscheidende Manöver schwer ausführbar und eine wirkungsvolle Führung auf dem Gefechtsfeld beinahe unmöglich machten. Dennoch blieb der Glaube an die schiere Zahl bestehen.

WAFFENSCHMIEDE
Krupps anfänglich kleine Eisengießerei in Essen entwickelte ein bahnbrechendes Verfahren zur Herstellung von Gussstahlgeschützen.

1750–1914

SCHLITTERN IN DEN KRIEG

Die Wahrung des Friedens und die Begrenzung der zerstörerischen Wirkung eines Krieges waren vor 1914 vielfach erörterte Themen, trotzdem waren die europäischen Staaten grundsätzlich auf Krieg eingestellt. Der Deutsch-Französische Krieg von 1870/71 war Dreh- und Angelpunkt dieser Epoche. Die Schaffung eines dominanten deutschen Gesamtstaates ließ Frankreich rachedurstig zurück, während es sich zugleich seiner Schwäche bewusst war. Sobald sich Frankreich mit Russland verbündet hatte und Deutschland mit Österreich, war die Bühne gerichtet für einen alles umfassenden großen Konflikt.

FRIEDENSDELEGIERTE
Abgesandte aus 26 Ländern trafen sich 1899 in Den Haag zu einer Friedenskonferenz. Sie erörterten das Verbot des Einsatzes von Giftgas und die Zulässigkeit von Bombenabwürfen.

VEREINIGUNG ITALIENS

Zu Beginn des 19. Jh. war Italien eine Anhäufung von Kleinstaaten, unter deren Herrschern sich der König von Piemont und Sardinien im Nordwesten und der österreichische Kaiser in der Lombardei und in Venetien befanden. Nach einer Reihe von Aufständen und Erhebungen zwischen 1848 und 1870 war Italien unter dem König von Piemont vereint.

EIN NEUES ITALIEN
Die erfolgreichsten italienischen Kriegszüge, in denen die Unabhängigkeit erstritten wurde, fanden 1859–1860 statt. Ein Jahr später wurde das Königreich Italien geschaffen.

ITALIENISCHE UNABHÄNGIGKEITSKRIEGE

Custoza I

ORT
Venetien, Nordostitalien

DATUM
24.–25. Juli 1843

STREITKRÄFTE
Österreicher: 33 000; Piemontesen: 22 000

VERLUSTE
nicht verbürgt

Im März 1848 erhob sich Mailand gegen die österreichische Besatzungsmacht, und König Karl Albert von Piemont erklärte Österreich den Krieg. Venedig verkündete ebenfalls seine Unabhängigkeit von Österreich. Der österreichische Feldmarschall Joseph Radetzky zog seine Truppen aus Mailand ab, bezog jedoch eine Verteidigungsstellung, die sich auf das Festungsviereck Verona, Mantua, Peschiera del Garda und Legnano stützte. Nach der Belagerung gelang den Piemontesen die Einnahme Peschieras, aber inzwischen hatte Radetzky erhebliche Verstärkungen bekommen. Im Juli führte Karl Albert ein Heer über den Mincio und schickte sich an, das Bergstädtchen Custoza zu besetzen. Radetzky reagierte mit der Versammlung einer überwältigenden Streitmacht und brachte den Piemontesen in einer zweitägigen Schlacht eine empfindliche Niederlage bei, die Österreicher nahmen Custoza im Sturm. Danach wandte Radetzky sich der Rückeroberung Mailands zu und vertrieb die Piemontesen aus der Lombardei. Als nach einem Waffenstillstand der Krieg im März 1949 erneut ausbrach, schlug Radetzky Piemont noch einmal bei Novara und veranlasste damit Karl Albert zum Rücktritt zugunsten seines Sohnes Viktor Emanuel.

SCHLACHTENSZENE
Diese eindrucksvolle Szene der ersten Schlacht bei Custoza zeigt ein piemontesisches Feldgeschütz im Einsatz.

ITALIENISCHE UNABHÄNGIGKEITSKRIEGE

Magenta

ORT
Lombardei, Norditalien

DATUM 4. Juni 1859

STREITKRÄFTE Franzosen und Piemontesen: 59 000; Österreicher: 58 000

VERLUSTE Franzosen und Piemontesen: 4600 Gefallene, Verwundete oder Vermisste; Österreicher: 58 000

EINMARSCH
Französische Truppen betreten den Marktplatz von Magenta, während der Qualm des Gefechts noch in der Luft hängt.

Der französische Kaiser Napoleon III. hatte dem piemontesischen König Viktor Emanuel II. in einem Geheimvertrag Unterstützung in einem Krieg gegen Österreich zugesichert. Im April 1859 gerieten die Österreicher mit Piemont unversehens in eine Auseinandersetzung, die Frankreich den Vorwand zu einer militärischen Intervention lieferte. Dank der leistungsfähigen französischen Eisenbahn konnte Napoleon 130 000 Mann und etwa ebenso viele Pferde in das Kriegsgebiet verlegen. Damit wurde zum ersten Mal in der Geschichte ein Massenheer auf der Schiene bewegt. Beide Seiten gerieten unbeabsichtigt bei Magenta aneinander. Ein kleineres französisches Kontingent griff von Westen her über einen Kanal an, während die Hauptmacht unter General Mac-Mahon von Norden heranrückte. Mac-Mahons Vormarsch war jedoch langsam und unkoordiniert, sodass französische Truppen auf den Kanalbrücken fast den ganzen Tag lang weit überlegene österreichische Kräfte abwehren mussten. Der Elan der französischen Soldaten trotzte der chaotischen Führung, sodass sich Mac-Mahons Männer später am Tage den Zugang nach Magenta hinein erkämpft und die Stadt im Häuserkampf von Österreichern gesäubert hatten. Auf den französischen Sieg folgte die Einnahme Mailands.

> »Die Schlacht von Magenta zählt zu den ruhmreichsten Siegen des französischen Heeres.«
>
> *General Mac-Mahon* im Bericht für Napoleon III., 5. Juni 1859

ITALIENISCHE UNABHÄNGIGKEITSKRIEGE

Belagerung Roms

ORT
Rom

DATUM
9. Februar–3. Juli 1849

STREITKRÄFTE
Römische Republik: 20 000; Franzosen: 20 000

VERLUSTE
nicht verbürgt

Im Februar 1849 riefen italienische Radikale die Römische Republik aus und entthronten Papst Pius IX., den Herrscher der Stadt. Der König von Neapel und der französische Präsident Louis Napoleon – der spätere Kaiser Napoleon III. – entsandten Truppen, um den Papst wieder einzusetzen. Zur Verteidigung der Stadt übertrug die Republik die Herrschaft einem Triumvirat. Am 27. April stieß Giuseppe Garibaldis Legion zu ihnen, bei der es sich um einen Haufen Freischärler handelte, die sich mit Musketen, Lanzen und Dolchen bewaffnet hatten. Am 29. April wurde ein erster Sturmangriff der französischen Infanterie zurückgeschlagen, und ebenso die Truppen des Königs von Neapel. Nach einem Monat tatenloser Belagerung nahmen die Franzosen den Kampf um die Stadt wieder auf. In der Nacht vom 29. auf den 30. Juni gelang es ihnen schließlich, die Abwehr zu überwinden. Garibaldi konnte noch 4000 Freiwillige aus der Stadt herausführen, ehe die Franzosen am 3. Juli einmarschierten.

ITALIENISCHE UNABHÄNGIGKEITSKRIEGE

Solferino

ORT Norditalien

DATUM 24. Juni 1859

STREITKRÄFTE Franzosen und Piemontesen: 160 000; Österreicher: 160 000

VERLUSTE Franzosen und Piemontesen: 17 300, darunter 2500 Gefallene; Österreicher: 22 000, darunter 3000 Gefallene

Nach ihrer Niederlage bei Magenta brachen die österreichischen Truppen auf dem Rückzug nach Osten die Brücken hinter sich ab, um den Franzosen und Piemontesen die Verfolgung zu erschweren. Kaiser Franz Joseph übernahm von Graf Gyulai formell das Oberkommando. Am frühen Morgen des 24. Juni stießen französische Truppen beim Dorf Solferino unverhofft auf die Österreicher; Napoleon III. hatte den Feind auf der anderen Seite des Mincio vermutet. Eine ungeordnete, aber blutige Schlacht entwickelte sich auf weitem Raum. Bei den Gefechten, die einen übergeordneten Plan oder Befehl vermissen ließen, spielten französische Fremdenlegionäre und Zouaven eine wesentliche Rolle. Die Österreicher hatten in Solferino eine Stellung hinter einer starken Friedhofsmauer bezogen, aus der sie erst nach verlustreichen Angriffen vertrieben wurden. Beide Seiten waren mit Vorderladern ausgerüstet, doch deren Minié-Geschosse waren von tödlicher Wirksamkeit. Die Franzosen hatten etwa 400 Kanonen mit gezogenem Rohr eingesetzt, die sich als viel zerstörerischer erwiesen als die österreichischen Glattrohrgeschütze. Nach neun Stunden eines mörderischen Kampfes (viele hilflose Verwundete wurden angeblich erschossen oder mit dem Bajonett erstochen, wo immer man sie antraf) befahl Franz Joseph den Rückzug über den Mincio, der geordnet ausgeführt wurde. Der auf dem Schlachtfeld zufällig anwesende schweizerische Geschäftsmann Henri Dunant war entsetzt über die unversorgt herumliegenden Verwundeten. Dies gab ihm den Anstoß zur Gründung des Internationalen Roten Kreuzes.

FRANZ JOSEPH
Kaiser Franz Joseph, bei Solferino ein junger Mann, herrschte auch noch im I. Weltkrieg.

ZOUAVEN IM EINSATZ
Französische Zouaven in ihren exotischen Uniformen mit aufgepflanztem Bajonett bei Solferino. Als leichte Infanterie gehörten sie zur Elite der französischen Armee.

1807–1882

GIUSEPPE GARIBALDI

Giuseppe Garibaldi, Sohn eines Seemanns, floh aus Piemont, nachdem er 1834 in Genua an einem erfolglosen Aufstand teilgenommen hatte. Die nächsten 14 Jahre verbrachte er in Südamerika, wo er sich reiche Kenntnisse in der Guerillakriegführung aneignete. 1848 kehrte er zurück, um sich an der nationalistischen Revolution in Italien zu beteiligen. Bei der Verteidigung der Römischen Republik 1849 und vor allem bei der Invasion Siziliens 1860 spielte er eine legendäre Rolle. Zuletzt kämpfte er im Deutsch-Französischen Krieg von 1870/71.

ITALIENISCHE UNABHÄNGIGKEITSKRIEGE

Garibaldis Rothemden

ORT Sizilien und Süditalien

DATUM 11. Mai 1860–13. Februar 1861

STREITKRÄFTE Garibaldi: 5000; Neapolitaner: 25 000

VERLUSTE nicht verbürgt

Sizilien und Süditalien regierte der Bourbonenkönig Franz II. von Neapel aus. Im Mai 1860 segelte Garibaldi von Genua mit rund 1000 Gefolgsleuten – den Rothemden – nach Marsala auf Sizilien. Auf dem Marsch landeinwärts verstärkte er seine Kräfte mit einheimischen Freiwilligen, dann besiegte er eine neapolitanische Truppe bei Calatafimi und besetzte Palermo. Mit Unterstützung der britischen Kriegsmarine konnte Garibaldi im August wieder auf das Festland übersetzen. Neapel fiel beinahe kampflos, und am 26. Oktober schlug Garibaldi die Neapolitaner noch einmal bei Volturno. Danach schlossen sich die Rothemden piemontesischen Truppen an, die südwärts marschierten, um Franz' restliche Kräfte in Gaeta zu belagern, die im Februar 1861 kapitulierten.

STRASSENKAMPF
Garibaldi führt seine Rothemden am 27. Mai 1860 nach Palermo hinein und überwältigt die bourbonische Garnison.

ITALIENISCHE UNABHÄNGIGKEITSKRIEGE

Custoza II

ORT Venetien, Norditalien

DATUM 24. Juni 1866

STREITKRÄFTE Italiener: 125 000; Österreicher: 75 000

VERLUSTE Italiener: 8000 Tote, Verwundete oder Vermisste; Österreicher: 5600 Tote, Verwundete oder Vermisste

Im Deutschen Krieg von 1866 sahen die Italiener eine günstige Gelegenheit, Österreich den Krieg zu erklären und sich Venetien zurückzuholen. Zu den zusammengewürfelten italienischen Truppen gehörte auch ein Kontingent von Garibaldis Leuten. Angeführt von König Viktor Emanuel und seinem General Alfonso La Marmora, überschritten die Italiener den Mincio, um in Venetien einzufallen. Die österreichische Armee unter Erzherzog Albert marschierte westlich von Verona, um in den Norden der Italiener zu gelangen und sie abzuschneiden. Doch dieses Manöver misslang und es entwickelte sich eine ungeordnete, planlose Schlacht. Die österreichischen Geschütze mit gezogenem Rohr waren wirksamer als die Glattrohrartillerie der Italiener, und eine improvisierte Attacke der österreichischen Ulanen brach, obwohl sie verlustreich war, den Kampfeswillen der Italiener.

AUFSTIEG DES DEUTSCHEN REICHS

ZWISCHEN 1864 UND 1870 führte der preußische Ministerpräsident Otto von Bismarck sein Land in drei Kriege, die zur Vereinigung Deutschlands unter dem König von Preußen führten. Am Anfang stand ein kurzer, einseitiger Krieg Preußens und Österreichs mit Dänemark, in dem Preußen die Herzogtümer Schleswig und Holstein übernahm. Dann folgte im Bündnis mit Italien der Deutsche Krieg von 1866, der Preußens Vormachtstellung unter den kleineren deutschen Staaten stärkte. Schließlich kam der Krieg mit Frankreich, an dessen Ende die Abtretung von Elsass und Lothringen und die Schaffung eines neuen Deutschen Reichs stand. Hauptinstrument der preußischen Siege war ein Heer mit einem professionellen Generalstab, der bei Mobilmachung und Truppenbewegung das Eisenbahnnetz geschickt nutzte und eine offensive Kriegführung verstand.

DEUTSCHER KRIEG 1866

Königgrätz

DATUM 3. Juli 1866

STREITKRÄFTE Österreicher und Verbündete: 240000; Preußen: 245000

VERLUSTE Österreicher und Verbündete: 38000 Gefallene oder Verwundete; Preußen: 9500 Gefallene oder Verwundete

ORT zwischen Königgrätz und Sadowa in Böhmen

Als Österreich im Juni 1866 Preußen den Krieg erklärte, leitete der preußische Generalstabschef Helmuth von Moltke eine kühne Offensive ein. Indem die Preußen die Eisenbahn in höchstem Maße nutzten, schafften sie rasch mehr als 200000 Mann an die Grenze. Nach dem Prinzip »getrennt marschieren, vereint schlagen« teilte Moltke seine Kräfte in drei Gruppen – die Elbarmee, die 1. und die 2. Armee. Die Österreicher unter dem Oberbefehl von Ludwig Benedek verhielten sich unentschlossen, während die Preußen südwärts vorstießen. Die Preußen mit ihren Hinterladern kämpften in kleinen Einheiten und fügten der in dichten Kolonnen angreifenden österreichischen Infanterie schwere Verluste zu. Die drei preußischen Armeen trafen dort zusammen, wo die Österreicher auf den Hügeln nahe der Festung Königgrätz Stellungen bezogen hatten. Moltkes Plan sah vor, dass die Elbarmee und die 1. Armee die Österreicher binden sollten, während die 2. Armee einen vernichtenden Schlag gegen deren rechte Flanke führte. Der Tag der Schlacht brachte die Preußen an den Rand einer Katastrophe. Versehentlich erhielt die 2. Armee den Angriffsbefehl nicht. Die Elbarmee und die 1. griffen im Morgengrauen an, waren jedoch zahlenmäßig weit unterlegen. Gegen 11 Uhr war ihr Angriff abgewiesen und sie wurden zurückgedrängt. Die Preußen wurden gerettet, weil Benedek keinen energischen Gegenstoß führte. Am frühen Nachmittag endlich erreichte der Befehl zum Vorrücken die 2. Armee. Ihr Flankenangriff zwang Benedek zum Rückzug.

RASCHES FEUER

Mit Dreyses Zündnadelgewehr bewaffnete Preußen beschießen im Wald bei Svib die österreichische Infanterie.

»Nicht durch Reden und Majoritätsbeschlüsse werden die großen Fragen der Zeit entschieden ..., sondern durch Eisen und Blut.«

Ministerpräsident Otto von Bismarck, 1862

DEUTSCH-FRANZÖSISCHER KRIEG 1870/71

Metz

DATUM 16.–18. August 1870

STREITKRÄFTE Preußen und Verbündete: 188000; Franzosen: 113000

VERLUSTE Preußen und Verbündete: 21000 Gefallene oder Verwundete; Franzosen: 13000 Gefallene oder Verwundete

ORT westlich von Metz in Lothringen

Nachdem der französische Kaiser Napoleon III. im Juli 1870 den Krieg erklärt hatte, verlegten Preußen und seine Verbündeten zum Monatsende 300000 Mann in drei Armeen an die Grenze. Die französischen Truppen waren mit dem Chassepotgewehr bewaffnet, das erheblich weiter schoss als das preußische Zündnadelgewehr von Dreyse. Die Hinterladergeschütze der Preußen waren jedoch den Vorderladern der Franzosen haushoch überlegen. Zu Beginn der Gefechte erlitten die Preußen beträchtliche Verluste, sie konnten aber die Franzosen durch Umfassungsmanöver zum Rückzug zwingen. Marschall Bazaine, der in Lothringen den linken französischen Flügel befehligte, war ein tapferer Offizier, der jedoch die Übersicht verlor. Mitte August zogen sich seine westlich von Metz stehenden Truppen in Richtung Verdun zurück, um nicht umklammert zu werden. Während sie westwärts strebten, stießen sie bei Mars-la-Tour mit einem Korps der preußischen 2. Armee zusammen. Überrascht und weit in der Unterzahl, drohte den Preußen bei einem französischen Angriff die Vernichtung. Eine verzweifelte Kavallerieattacke unter General Graf Bredow machte die französischen Batterien unschädlich und hielt die Franzosen von allen kühnen Initiativen ab, bis die Hauptmacht der Preußen eintraf. Die Deutschen besetzten die Straße nach Verdun, woraufhin Bazaine den Rückzug ostwärts nach Metz anordnete. Zwischen Gravelotte im Süden und St. Privat im Norden bezog er eine starke Verteidigungsstellung. Am 18. August begannen die Preußen einen Großangriff und erlitten entsetzliche Verluste, da sie über offenes Gelände direkt ins Feuer der französischen Infanterie vorrückten. In diesem Augenblick erkennbarer Schwäche versäumte es Bazaine, einen Gegenangriff zu organisieren. Als sächsische Truppen schließlich St. Privat einnahmen und den rechten Flügel der Franzosen zu umfassen drohten, zog sich Bazaine in die Festung Metz zurück.

PICKELHAUBE

Der Lederhelm der Infanterie, die so genannte Pickelhaube, wurde in Preußen 1842 eingeführt. Die Spitze sollte Säbelhiebe ablenken.

TODESRITT

Preußische Kavallerie reitet am 16. August 1870 bei Mars-la-Tour die französischen Geschützbatterien nieder.

DEUTSCH-FRANZÖSISCHER KRIEG 1870/71

Sedan

ORT
Sedan an der Maas

DATUM
1.–2. September 1870

STREITKRÄFTE Preußen: 200 000; Franzosen: 120 000

VERLUSTE Preußen: 9000; Franzosen: 120 000 Gefallene, Verwundete oder Gefangene

Die französische Châlons-Armee unter Marschall Mac-Mahon, bei der Kaiser Napoleon III. stand, versuchte, Bazaine in Metz zu entsetzen. Sie wurde jedoch von Moltke bei Sedan in eine Schleife der Maas gedrängt und umklammert. Am 1. September begannen die außerhalb der Reichweite der gegnerischen Artillerie postierten preußischen Geschütze von einer Hügelkette über Sedan aus, die Franzosen zusammenzuschießen. Der verwundete Mac-Mahon wurde zunächst von Auguste Ducrot abgelöst, dann von Emanuel de Wimpffen, doch keiner der beiden konnte Ausbruchsversuche koordinieren. Bei einer Attacke auf die preußischen Linien beim Dorf Floing zeichnete sich die französische Kavallerie durch ihre Tapferkeit aus, aber das waren nutzlose Gesten gegenüber der konzentrierten Feuerkraft der Infanterie. Ein Beobachter kommentierte den Untergang einer ganzen Kavallerieabteilung damit, dass man »eine so gründliche Vernichtung durch eine einzige Salve« noch nie gesehen hatte. Da seine Truppen unter dem unaufhörlichen Artilleriebeschuss schwere Verluste erlitten, beschloss Napoleon III., sich zu ergeben, um das Gemetzel zu beenden.

DIE FAHNE
Ein französischer Stich rühmt die Tapferkeit der Landeskinder, die trotz schlechter Führung der hohen Offiziere heldenhaft kämpften.

> »Wer könnte die Fassungslosigkeit beschreiben, die in jedem Gesicht zu sehen ist ... die dreifache Schlange der Leser, die sich um jede Gaslaterne versammeln? ... Dann erfolgt der drohende Aufschrei der Menge, in der die Bestürzung bereits der Wut weicht. Als Nächstes schieben sich große Massen über die Boulevards und rufen: »Nieder mit dem Kaiserreich!«

ZEUGE DES KRIEGES

EDMOND DE GONCOURT

So beschreibt der berühmte Schriftsteller Edmond de Goncourt (1822–1896) die Reaktion der Pariser Bevölkerung, als die Niederlage bei Sedan bekannt wird. Der Kapitulation bei Sedan folgte am 4. September der Sturz des Zweiten Kaiserreichs und die Ausrufung der Republik in Paris.

BAJONETT

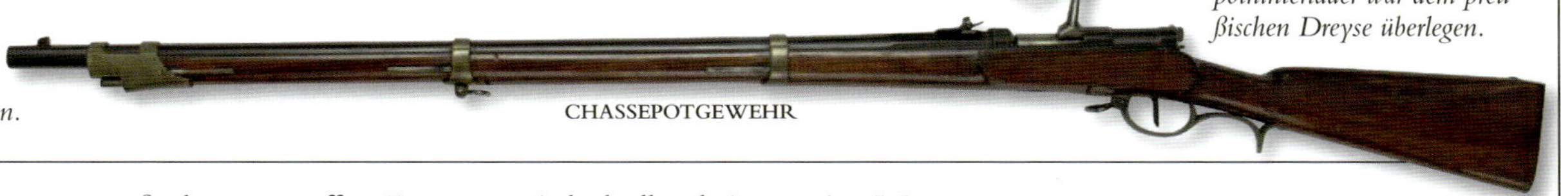

CHASSEPOTGEWEHR

CHASSEPOTGEWEHR
Der französische Chassepothinterlader war dem preußischen Dreyse überlegen.

DEUTSCH-FRANZÖSISCHER KRIEG 1870/71

Belagerung von Paris

ORT
Paris

DATUM 19. September 1870–28. Januar 1871

STREITKRÄFTE
Franzosen: 420 000; Preußen und Verbündete: 700 000

VERLUSTE
Franzosen: 4000 Tote, 24 000 Verwundete

Nach ihrem Sieg bei Sedan marschierten die Preußen auf Paris. Unter der Führung des Generals Louis Trochu hatte die Hauptstadt Verteidigungsmaßnahmen getroffen. Zwar hatte Trochu nur wenige Truppen, aber die Befestigungsanlagen rund um Paris waren beeindruckend. Anfang Oktober verließ der radikale Volkstribun Léon Gambetta Paris per Ballon, um in der Provinz Volksheere für die nationale Verteidigung zu organisieren. Die Preußen mussten diese Kräfte militärisch niederkämpfen. Ihre Nachschub- und Verbindungslinien wurden jedoch von Partisanen, den so genannten Francs-tireurs, angegriffen, die damit Repressalien gegen die Zivilbevölkerung provozierten. Trochu versuchte von den Verteidigungsanlagen um Paris aus mehrere Ausfälle, die jedoch alle scheiterten. Am 5. Januar begannen die Preußen die Beschießung von Paris mit schwerer Belagerungsartillerie, doch stärkte dies nur den Widerstandswillen der Bevölkerung. Doch nahm der Hunger zu und der letzte Ausbruchsversuch am 18. Januar scheiterte unter schweren Verlusten. Die Volksarmeen wurden nach kleineren Anfangserfolgen ebenfalls zerschlagen. Am 28. Januar wurde ein Waffenstillstand vereinbart.

BELAGERUNGSARTILLERIE
Die Beschießung von Paris mit Belagerungsgeschützen von Krupp spielte für das Ergebnis keine nennenswerte Rolle.

1815–1898

OTTO VON BISMARCK

Der »Eiserne Kanzler« Bismarck war Diplomat, bevor König Wilhelm ihn 1862 zum preußischen Ministerpräsidenten ernannte. Seine geschickten diplomatischen Manöver und der Einsatz militärischer Macht dienten der Vereinigung Deutschlands unter Führung Preußens. Als Reichskanzler wahrte er den Frieden und gewährleistete die Sicherheit Deutschlands, indem er fremde Mächte gegeneinander ausspielte. Nach seiner Entlassung durch Kaiser Wilhelm II. glitt Deutschland dem Ersten Weltkrieg unaufhaltsam entgegen.

KRIMKRIEG UND RUSSLANDS ROLLE IN ASIEN

Im 19. Jh. kollidierte der russische Expansionsdrang mit dem geschwächten Osmanischen Reich und in Sibirien stieß er auf die Grenzen mehrerer muslimischer Staaten, die aber schlecht gerüstet waren, um sich gegen die russische Militärmacht zu wehren. Wenn sich fremde Mächte einer weiteren Ausdehnung des zaristischen Herrschaftsgebiets energisch widersetzten, wie die osmanischen Türkei, konnte den russischen Bestrebungen ein Riegel vorgeschoben werden. Der Krimkrieg, der aus diesem Widerstand resultierte, vereitelte den Erfolg des russischen Verlangens, sich die Reste türkischer Territorien auf dem Balkan einzuverleiben. Im Kaukasus und in Zentralasien jedoch kämpften einheimische muslimische Kräfte lange, erbittert und letztlich vergebens, obwohl die Briten ein gewisses Interesse daran hatten, die russische Grenze nicht an Britisch Indien stoßen zu lassen.

KRIMKRIEG

Alma

ORT an der Alma auf der Krim, heute Ukraine

DATUM 20. September 1854

STREITKRÄFTE Verbündete: 26 000 Briten, 37 000 Franzosen, 7000 Türken; Russen: 35 000

VERLUSTE Verbündete: Briten: 2000, Franzosen: 1000; Russen: 6000

Ein Streit zwischen Russland und der osmanischen Türkei über das Recht des Zaren, die orthodoxe Kirche auf türkischem Gebiet zu unterstützen, schlug 1853 in offenen Krieg um. Russland besetzte zwei türkische Provinzen und besiegte eine türkische Flotte bei Sinope. Im März 1854 intervenierten England und Frankreich. Alliierte Truppen landeten 50 km nördlich von Sewastopol und trafen an der Alma auf die gut eingegrabenen Russen. Die Briten standen dem Schwerpunkt der russischen Stellungen gegenüber, und obwohl sie den Fluss rasch überschritten hatten, erlitten sie schwere Verluste und mussten zurückweichen. Führungsfehler zwangen die Russen jedoch letztlich zum Rückzug.

STURM AN DER ALMA
Hinten sieht man den Pulverdampf von russischen Geschützen auf dem Telegrafenhügel.

KRIMKRIEG

Inkerman

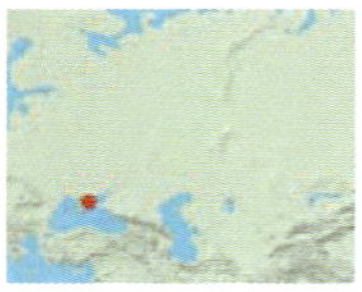

ORT Inkerman, Nordosten der Krim

DATUM 5. November 1854

STREITKRÄFTE Verbündete: 8500 Briten, 7000 Franzosen; Russen: 35 000

VERLUSTE Verbündete: 2357 Briten, 1700 Franzosen; Russen: 11 800

Nach dem Treffen bei Alma marschierten die Verbündeten landeinwärts und besetzten einen von den Russen ungesicherten Höhenzug, der den Zugang nach Sewastopol beherrschte. Welle um Welle griffen die Russen mit Artillerieunterstützung an, doch konnten sie die Alliierten nicht vertreiben. Allerdings erlitten die Briten hohe Verluste und wurden nur durch das rechtzeitige Eingreifen der Franzosen gerettet.

»... mit einem Jubelruf, der für viele Tapfere der Todesschrei war, stürmten sie in den Qualm der Batterien, Lücken in unseren Reihen, aber ehe sie aus dem Blick kamen, war der Boden bedeckt von ihren Körpern ...«

ZEUGE DES KRIEGES

WILLIAM HOWARD RUSSELL

Als erster Kriegsberichterstatter schrieb Russel 1854 über den Krimkrieg für die *Times*. Dies ist sein Beitrag über den *Sturm der Leichten Brigade*.

KRIMKRIEG

Balaklawa

ORT Westküste der Krim, südlich von Sewastopol

DATUM 25. Oktober 1854

STREITKRÄFTE Alliierte: 15 000; Russen: 25 000

VERLUSTE Briten: 247 von 673 der Leichten Brigade

Im Oktober rückten russische Kräfte gegen die alliierte Operationsbasis bei Balaklawa vor. Drei Vorfälle machen dieses an sich belanglose Gefecht bedeutsam: die Abwehr eines russischen Angriffs durch die Hochländer (»The Thin Red Line«, die dünne Linie dieser rot gekleideten Soldaten, die allen Angriffen standhielt), der gegen alle Wahrscheinlichkeit erfolgreiche Angriff der britischen Schweren Brigade sowie die Attacke der Leichten Brigade unter Lord Cardigan, die hohe Verluste forderte, als die Brigade unter russischem Artilleriefeuer hügelan stürmte. Das Gefecht endete unentschieden.

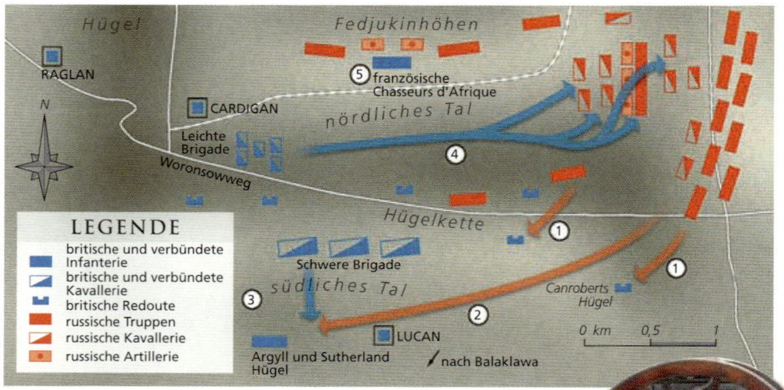

1. Russen erobern Canroberts Hügel und weitere Redouten.
2. Russische Kavallerieattacke auf die Argyll und Sutherland Hochländer
3. Attacke der Schweren Brigade vertreibt russische Kavallerie.
4. Attacke der Leichten Brigade gegen russische Artillerie, wird unter schweren Verlusten vertrieben.
5. Französische Chasseurs greifen die Fedjukinhöhen an, um Attacke der Leichten Brigade zu unterstützen.

FELDGESCHÜTZ
Feldgeschütze wie diese Vorderladerkanone spielten auf der Krim die entscheidende Rolle.

VERHÄNGNISVOLLE ATTACKE
Russische Artillerie mäht die Leichte Brigade nieder. Französische Jäger brachten die Geschütze im Vordergrund zum Schweigen.

KRIMKRIEG

Sewastopol

ORT
Westküste der Krim

DATUM 17. Oktober 1854–9. September 1855

STREITKRÄFTE
Alliierte: 40000 (darunter 15000 Sarden); Russen: 40000

VERLUSTE
nicht verbürgt

In der Schlussphase des Krimkrieges stand die Belagerung Sewastopols im Mittelpunkt, die sich ein Jahr lang hinzog. Der russische Befehlshaber Menschikow versuchte die Stadt zu entsetzen, jedoch mit geringem Erfolg. Die Abwehr wurde von dem genialen Militäringenieur Oberst Todleben (siehe Kasten) organisiert. Nachdem die Verbündeten den Winter überstanden hatten, begannen sie mit Flottenoperationen, um sich Zugang zum Asowschen Meer im Osten der Krim zu verschaffen. Einem erfolgreichen Angriff auf Vorwerke der Festung im Juni folgte ein Rückschlag der Briten an der Großen Bastion. Doch nach einem letzten, erfolglosen Entsatzversuch des russischen Landheeres und einem zweiten, verlustreichen britischen Sturmangriff auf die Bastion überwältigten die Franzosen unter Marschall Pélissier den entscheidenden Stützpunkt Malakow, sodass die russische Kapitulation nicht mehr zu vermeiden war.

KRIMMEDAILLE
Dieses britische Ehrenzeichen mit der Sewastopolspange war der Schützenbrigade zugedacht.

SCHANZEN
Hier sieht man britische Gardesoldaten beim Schanzen vor dem belagerten Sewastopol.

1818–1884

OBERST FRANZ TODLEBEN

Der Deutschbalte Franz Todleben besuchte die Ingenieurschule in St. Petersburg, ehe er 1836 ins Heer eintrat. Er diente im Kaukasus bei den Truppen, die sich mit Schamyls Leuten herumschlugen, ehe er auf die Krim geschickt wurde. Er war dort verantwortlich für den Unterhalt und Umbau der Festungsanlagen von Sewastopol, das zwar von See her gut geschützt, jedoch auf der Landseite anfällig war. Dank der Verstärkung der Verteidigungsanlagen konnte sich die Stadt weitaus länger behaupten. Todleben wurde zum führenden Geist der Pioniertruppe und machte eine rasche Karriere, die ihm auch den Grafentitel einbrachte.

KAUKASUSKRIEG

Schamyls Erhebung im Kaukasus

ORT
Nordkaukasus

DATUM
1817–1859

STREITKRÄFTE
Russen: unterschiedlich; Muslimguerilleros: unterschiedlich

VERLUSTE
nicht verbürgt

Während des Krimkrieges war Russland jenseits des Kaukasus auch in einen Kleinkrieg gegen muslimische Aufständische, vornehmlich Tschetschenen, verwickelt. Zu Anfang des Jahrhunderts hatte Russland Persien die Oberhoheit über Dagestan entrissen, und der feste Griff der Russen um den Kaukasus wurde 1829 durch den türkischen Rückzug vom Schwarzen Meer noch verstärkt. Es regte sich eine muslimische Unabhängigkeitsbewegung, die von Ghazi Mollah angeführt wurde. Nach seinem Tode folgte ihm sein Schüler, der Imam Schamyl. Er war in Dagestan geboren, hatte sich einem gelehrten Sufiorden (Mystiker) angeschlossen und 1828 den Hadsch, die Pilgerreise nach Mekka, absolviert, wo er den algerischen Nationalisten Abd el-Qadir (siehe S. 240) traf. Von diesem dürfte er viel über den Guerillakampf gelernt haben. Er brachte es sogar fertig, die notorisch zersplitterten kaukasischen Völker gegen die Russen zu vereinen und viele Siege zu erringen. Die Russen mussten ein gewaltiges Heer, angeblich 500000 Mann stark, in Marsch setzen, um den Aufstand niederzuschlagen. Schamyl geriet dabei in Gefangenschaft.

KOPF DES WIDERSTANDS
Der Imam Schamyl beseelte den Widerstand gegen die russische Herrschaft noch lange nach seiner Inhaftierung im Jahre 1859. Tschetschenische Rebellen beriefen sich noch im 21. Jh. auf sein Vorbild.

RUSSLAND IN ZENTRALASIEN

Eroberung von Buchara

ORT 150 km westlich von Samarkand, Usbekistan

DATUM
20. Mai 1868

STREITKRÄFTE
Russen: unbekannt; Bucharer: unbekannt

VERLUSTE
nicht verbürgt

Mit den Nomaden Mittelasiens, die in der fernen Vergangenheit große Eroberer hervorgebracht hatten, wurden die disziplinierten regulären Heere des 19. Jh. mühelos fertig. Überfälle und Raubzüge muslimischer Guerilleros veranlassten die dortigen russischen Gouverneure, die Initiative zu ergreifen und die mittelasiatischen Khanate Buchara und Chiwa zu unterwerfen. In Buchara wurden russische und britische Gesandte arrogant und verächtlich behandelt, und 1842 wurden zwei britische Beamte eingesperrt und umgebracht. Nach 1860 konnten die Bucharer zunächst noch zwei russische Angriffe abwehren, doch im Mai 1866 wurden sie besiegt. Daraufhin setzten die Russen am Iaxartes (Syrdarya) einen Generalgouverneur von Turkestan ein.

RUSSLAND IN ZENTRALASIEN

Eroberung des Khanats Chiwa

ORT Usbekistan, etwa 40 km westlich des Amudarya

DATUM
1873

STREITKRÄFTE
Russen: 10000; Chiwaner: unbekannt

VERLUSTE
nicht verbürgt

Ein Aufstand gegen russische Ausbeutung oder, aus anderer Perspektive betrachtet, die häufigen Überfälle fanatischer Muslime auf russische Garnisonen provozierten Strafexpeditionen gegen die Khanate von Buchara, Chiwa und Kokand. 1839 hatte eine große russische Strafexpedition unter General Prevosky gegen das südlich des Aralsees gelegene Chiwa, ebenso wie frühere Versuche, katastrophal geendet. Aber 1847 bauten die Russen an der Mündung des Syrdarya ein Fort und besetzten einen kleinen Teil des Chiwaterritoriums. Nachdem die Russen 1865 Taschkent, das Handelszentrum der Region, eingenommen hatten, war Chiwas Schicksal besiegelt. Eine groß angelegte Expedition unter General Kaufmann übernahm das Khanat 1873 beinahe kampflos.

OSMANISCHER NIEDERGANG UND DER BALKAN

SEIT ETWA 1700 WURDE DER Niedergang des Osmanischen Reiches zunehmend erkennbar. Der Sultan war nicht mehr in der Lage, gute Soldaten zu rekrutieren, eine galoppierende Inflation zerrüttete die Wirtschaft und wurde zum Zündstoff sozialer Unruhen. Vor allem aber hinkte der technische Fortschritt hinter Europa her. Napoleon eroberte das osmanische Ägypten, und Russland nahm sich die Fürstentümer Moldau und Walachei im Russisch-Türkischen Krieg von 1828/29. Mahmud II. (1808–1839) versuchte eine Heeresreform und ließ die korrupten Janitscharen umbringen, die einst die Elite des türkischen Heeres gewesen waren, trotzdem verlor er 1829 Griechenland und 1839 Serbien. Am Ende des 19. Jh. war »der kranke Mann am Bosporus« – die Frage, was aus dem zusammenbrechenden Osmanischen Reich werden sollte – ein zentrales Problem der europäischen Politik.

RUSSISCH-TÜRKISCHER KRIEG

Ismail

ORT an der Donau, 70 km südwestlich von Odessa

DATUM 22. Dezember 1790

STREITKRÄFTE Russen: unbekannt; Türken: 35 000

VERLUSTE Russen: unbekannt; Türken: 26 000

Ismail, eine türkische Festung zur Sicherung der Donau und des Landwegs nach Konstantinopel, wechselte in den Russisch-Türkischen Kriegen am Ende des 18. Jh. mehrfach den Besitzer. Nach Belagerung wurde sie 1790 endgültig im Sturm genommen und die Besatzung der Garnison und viele türkische Zivilisten umgebracht. Der siegreiche Befehlshaber war das militärische Genie Alexander Soworow, der größte aller russischen Feldherren. Während seiner langen Karriere verlor er nicht eine einzige Schlacht, doch sein gespanntes Verhältnis zu Zar Paul I. verzögerte jahrelang seine Karriere. Suworows neuartige offensive Operationen schlossen lange Eilmärsche, gefolgt von plötzlichen heftigen Angriffen ein. Er war der festen Überzeugung, dass ein entschieden vorgetragener Angriff weniger Verluste fordere als eine langwierige Belagerung, und behauptete: »Die Kugel ist ein Narr, das Bajonett ein guter Freund.«

HEERFÜHRER
Michail Kutusow zeichnete sich bei den Kämpfen um Ismail aus; 1812 sollte er Napoleon zum Rückzug zwingen.

FALL EINER FESTUNG
Russische Truppen bei der Landung vor dem in Brand geschossenen Ismail.

GRIECHISCHER FREIHEITSKAMPF

Mesolongion

ORT Nordküste des Golf von Patras, Griechenland

DATUM 7. Mai 1825–22. April 1826

STREITKRÄFTE Türken: 4000 (dazu 5000 Ägypter); Griechen: 5000

VERLUSTE Schätzungen unzuverlässig, doch sehr hohe griechische Verluste

Die von den Revolutionen in Amerika und Frankreich geweckten Erwartungen, der Erfolg der albanischen Erhebung von 1807 und ein wachsendes kulturelles und historisches Selbstbewusstsein veranlassten die Griechen 1821, den Kampf um die Unabhängigkeit von der Türkei zu beginnen. Die Nationalisten bemächtigten sich schnell des Peloponnes, riefen eine Republik aus und wehrten türkische Gegenangriffe ab, obwohl 1822 ein Bürgerkrieg ausgebrochen war. Auf Ersuchen des Sultans griff 1825 ein ägyptisches Heer unter Ibrahim Pascha in die Kämpfe ein. Die Türken unter Reschid Pascha belagerten bereits die griechische Festung Mesolongion. Ibrahim vereinigte sich mit Reschid, und als die Griechen nach einer Meuterei der Marine die Seeherrschaft verloren hatten, war eine Versorgung Mesolongions nicht länger möglich. Die Lage in der Stadt verschlimmerte sich rasch. Hunger und Krankheiten trieben die Garnison zu einen letzten, verzweifelten Ausfall im April 1826. Es war vergeblich, zumal missverständliche Befehlsgebung ein Chaos anrichtete und die Türken in die Stadt einfielen. Einige Verteidiger konnten sich zunächst retten, wurden aber später meist umgebracht. Der Freiheitskampf der Griechen weckte in ganz Europa große Sympathien und zog Freiwillige an, darunter den Dichter Lord Byron.

> »Wenn wir nicht vom Schwert dahingerafft werden, marschieren wir wohl mit Schüttelfrost und Fieber in dieses Schlammloch hinein … lieber auf den Feldern des Mars sterben als auf denen des Moors …«
>
> *Lord Byron* im Brief an Charles Franklin aus Mesolongion, 5. FEBRUAR 1824

MASSAKRIERTE INSULANER
Die Bewohner der Insel Chios schlossen sich 1822 der antitürkischen Erhebung an. Zur Vergeltung wurden etwa 20 000 von ihnen umgebracht.

SCHWUR EINES POETEN
Der englische Dichter Lord Byron beim Eid am Grab des griechischen Nationalistenführers Botsaris. Byron kämpfte auf griechischer Seite, doch starb er 1824 in Mesolongion am Fieber.

GRIECHISCHER FREIHEITSKAMPF

Navarino

DATUM 20. Oktober 1827

STREITKRÄFTE Türken: 3 Schlachtschiffe, 17 Fregatten; Briten: 7 Schlachtschiffe, 10 Fregatten

ORT vor dem südwestlichen Peloponnes, Griechenland

VERLUSTE Briten: 660; Türken: bis zu 10000

In einem Vertrag von 1827 hatten England, Frankreich und Russland vereinbart, im griechischen Unabhängigkeitskrieg eine sofortige Waffenruhe zu verlangen. Der britische Oberkommandierende im Mittelmeer, Admiral Codrington, und sein französischer Kollege übermittelten dies den Griechen, die akzeptierten. Ibrahim Pascha mit der türkisch-ägyptischen Flotte im Hafen von Navarino (Pylos) wies die Forderung zurück, sicherte jedoch zu, ohne weitere Befehle der Hohen Pforte nicht anzugreifen. Später vernahm Codrington, dass Ibrahim Pascha seine Schiffe zum Auslaufen klarmachte; offensichtlich dachte Ibrahim, seine Zusage gelte nur auf See, hindere ihn aber nicht, griechische Dörfer an Land niederzubrennen. Als die Türken ein alliiertes Ultimatum zurückwiesen, ließ Codrington seine Einheiten vor Navarino zu einer eindrucksvollen Demonstration seiner Stärke auffahren. Die türkisch-ägyptische Flotte hatte Hufeisenform eingenommen, doch Codrington schickte seine Schiffe in zwei Linien vor, um längsseits am Feind zu ankern. Sie sollten nur einschüchtern, nicht kämpfen. Doch als der Kommandant einer britischen Fregatte beschossen wurde, entwickelte sich ein umfassendes Gefecht. Die drei Verbündeten kooperierten bemerkenswert gut, und eine der einseitigsten Seeschlachten der Geschichte endete mit der Vernichtung von drei Vierteln der Flotte Ibrahim Paschas.

FLAMMEN ÜBER DER SEE
Bei Navarino in Brand geschossene türkische Kriegsschiffe. Die türkische Flotte war praktisch vernichtet und das Landheer isoliert.

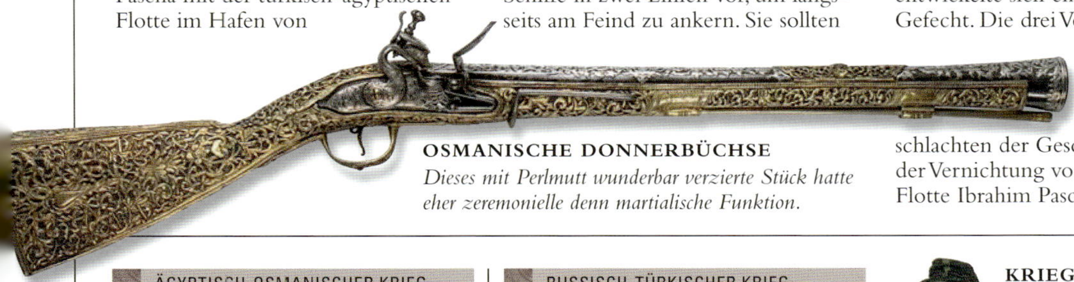

OSMANISCHE DONNERBÜCHSE
Dieses mit Perlmutt wunderbar verzierte Stück hatte eher zeremonielle denn martialische Funktion.

> »Die Türken waren unbeholfene Seeleute; sie waren beklommen ..., doch vor allem grauste es sie vor den griechischen Brandern, sodass sie in jedem auf sie zusteuernden Schiff einen solchen vermuteten.«
>
> *Samuel Gridley Howe,* 1828

ÄGYPTISCH-OSMANISCHER KRIEG

Konya

DATUM 21. Dezember 1832

STREITKRÄFTE Türken: unbekannt; Ägypter: unbekannt

ORT 250 km südlich von Ankara

VERLUSTE nicht verbürgt

Muhammad Ali wurde um 1769 wahrscheinlich in Albanien geboren. Er ging 1798 mit den osmanischen Truppen nach Ägypten, um die französischen Invasoren zu bekämpfen, und erwarb sich als Befehlshaber des albanischen Kontingents hohes Ansehen. In dem Chaos nach dem Abzug der Franzosen war Muhammad in Kairo bekannt genug, um 1805 zum Herrscher proklamiert zu werden. Die Schwäche der türkischen Regierung hatte zur Folge, dass der Khedive, der ägyptische Vizekönig, praktisch unabhängig war. Muhammad Ali gab zwar vor, lediglich der Repräsentant des Sultans zu sein, aber er entfernte die Mamelucken, die früheren Herrscher, und dehnte sein Herrschaftsgebiet in den arabischen Raum aus, indem er Mekka und Medina besetzte und im Sudan die Macht übernahm. Nebenher unterstützte er den Sultan im Kampf gegen die griechischen Nationalisten. Muhammad Ali reformierte das ägyptische Heer nach europäischem Vorbild. Er gründete Kriegs- und Marineschulen, schickte begabte Studenten nach Europa und förderte die Industrie. Seine Tüchtigkeit als Feldherr stellte er unter Beweis, als er 1832 durch Syrien nach Anatolien marschierte und dort Reschids türkische Truppen in der Schlacht bei Konya mühelos besiegte.

RUSSISCH-TÜRKISCHER KRIEG

Plewen

DATUM Juli–Dezember 1877

STREITKRÄFTE Türken: 400000; Russen und Verbündete: 100000

ORT nördliches Bulgarien

VERLUSTE Türken: 7000; Russen: 30000

1877 kam es zum zwölften russisch-türkischen Krieg innerhalb von 200 Jahren. Der türkische Feldherr Osman Pascha war unterwegs, um seinen von den Russen bei Nikopol belagerten Truppen zu helfen. Als er jedoch vernahm, dass sie bereits kapituliert hatten (am 17. Juli), marschierte er nach Plewen, das eine kleine türkische Garnison hatte. Osman machte sich an den Bau von Verteidigungsanlagen und Feuerstellungen (er verfügte über hochmoderne Krupp-Geschütze), zudem kartierte er das Gelände. Die Russen des Generals Schuldner sollten Plewen besetzen, erschienen jedoch zu spät. Es begann eine lange Belagerung, an der sich Massen russischer und verbündeter Truppen beteiligten – mehr als 100000 Mann –, die zahlreiche schlecht geführte und daher erfolglose, aber verlustreiche Sturmangriffe vortrugen. Als die Anzahl der Russen weiter stieg und zudem General Todleben, der Held von Sewastopol (siehe S. 261), zu ihnen stieß, wurden sie so übermächtig, dass Osman am 10. Dezember kapitulierte.

KRIEGSHEIMKEHRER
Ein russischer Soldat kehrt aus dem Russisch-Türkischen Krieg zurück.

WACHSAMER KÖNIG
Alexander, König von Rumänien und Befehlshaber der russischen Truppen, beobachtet bei Plewen die Endkämpfe.

BALKANKRIEGE

Edirne (Adrianopel)

DATUM 22. Juli 1913

STREITKRÄFTE Türken: unbekannt; Bulgaren und Serben: unbekannt

ORT Edirne im Dreiländereck Bulgarien-Griechenland-Türkei

VERLUSTE nicht verbürgt

In den Balkankriegen von 1912–1913 eroberten die Verbündeten Serbien, Montenegro, Griechenland, Rumänien und große Teile des verbliebenen europäischen Territoriums der Türkei, darunter auch Thrakien. Doch dann kam es zum Streit um die Beute. Im Ersten Balkankrieg entrissen Bulgarien und Serbien den Türken Edirne. Die beunruhigten Großmächte wollten die Kämpfe beenden, doch im Anschluss an eine Revolution in der Türkei im Januar 1913 brach der Krieg wieder aus, nun war die Türkei mit Serbien und Rumänien gegen Bulgarien verbündet. Die Türken eroberten Edirne zurück und hielten es bis Kriegsende.

PALASTREVOLUTION
Enver Pascha stand 1913 an der Spitze der Revolution, die die Bewegung der Jungtürken an die Macht brachte.

DIE ZEIT DER WELTKRIEGE

1914 BIS HEUTE

KRIEGSWESEN IM WELTMASSSTAB

ALS 1914 DER KRIEG ZWISCHEN DEN europäischen Großmächten ausbrach, wurde damit ein Kampf um die Weltherrschaft eingeleitet, der sich bis zum Ende der 80er-Jahre des vorigen Jahrhunderts hinzog. Gewaltige Ressourcen dienten zur Herstellung von Waffen, die eine schreckliche Zerstörungsgewalt entwickelten. Dieses Vernichtungspotenzial des modernen Kriegswesens hielt die Großmächte nach 1945 davon ab, den Krieg zwischen sich endgültig auszufechten.

Die beiden globalen Konflikte, die das 20. Jh. beherrschten, der Erste und der Zweite Weltkrieg, waren auf vielfältige Weise verbunden. In Europa lassen sich beide als ein gewaltiger Kraftakt Englands, Frankreichs und Russlands begreifen, um sich deutschem Vormachtstreben zu widersetzen, was letztlich nur durch das Eingreifen Amerikas gelang. Der Zweite Weltkrieg jedoch entwickelte auch eine pazifische und asiatische Dimension in dem Krieg, den die Vereinigten Staaten, Großbritannien und China gegen Japan führten. Während der Erste Weltkrieg zumindest zu Beginn ein unmittelbarer bewaffneter Konflikt zwischen Staaten war, wurde die Auseinandersetzung zwischen den Großmächten im Zweiten Weltkrieg durch einen dreiseitigen ideologischen Konflikt zwischen extrem nationalistischen Regimen, liberalen Demokratien und Kommunisten überlagert und kompliziert. Es war das Zeitalter des »totalen Krieges«, in dem der moderne Staat alle ihm zur Verfügung stehenden Ressourcen mobilisierte, um den Sieg zu erringen. Und wenn dabei die gesamte Wirtschaft und Bevölkerung eines Staates in Anspruch genommen wurde, folgte daraus logischerweise, dass Fabriken und Zivilisten legitime Ziele kriegerischer Aktivitäten waren. Im Zweiten Weltkrieg gab es viel mehr zivile Todesopfer als gefallene Soldaten.

STURMWARNUNG
Adolf Hitler 1933 auf dem Reichsparteitag der NSDAP

TECHNOLOGIEN IN DEN WELTKRIEGEN

Die Entwicklung der Militärtechnologie in den Jahren 1914–1945 war vor allem das Ergebnis eines allgemeinen wissenschaftlichen und technischen Fortschritts. Viele der Waffen, die den Charakter der Weltkriege prägten, gab es schon vor 1914, z.B. Schnellfeuergewehre, Maschinengewehre, die Sprenggranaten der Artillerie, Unterseeboote und Wasserminen. Das Aufkommen des Flugzeugs – das wie Kraftfahrzeuge und die Funkübertragung nicht speziell für militärische Zwecke gedacht war – war vermutlich die folgenreichste Neuerung beider Kriege. Wenn auch der Luftmacht das unabhängige,

1910

1914 Ausbruch des Ersten Weltkrieges (S. 268)

1917 Oktoberrevolution in Russland

1922 Gründung der Sowjetunion

1925 Bürgerkrieg in China

1925 Stalin gelangt an die Macht.

1926 Börsenkrach an der Wall Street verursacht weltweite Wirtschaftskrise

1930

1933 Hitler wird Reichskanzler.

1936–1939 Spanischer Bürgerkrieg (S. 294)

1939 Ribbentrop-Molotow-Pakt führt zum Zweiten Weltkrieg.

1940 Hitlerdeutschland bezwingt westliches Kontinentaleuropa.

1941 Japan greift Pearl Harbor an. Kriegseintritt der USA (S. 322)

1941 Deutschland beginnt Russlandfeldzug

1945

1945 Deutschlands Kapitulation beendet den Zweiten Weltkrieg in Europa.

1945 Atombombenabwürfe auf Hiroshima und Nagasaki (S. 329)

1947 Indien und Pakistan werden unabhängig.

1948 kommunistische Machtübernahme in der Tschechoslowakei

1948 Gründung des Staates Israel

1950

1950 China marschiert in Tibet ein.

1950–1953 Koreakrieg (S. 334)

1954 Ende der französischen Kolonialherrschaft in Indochina

1955 Abschluss des Warschauer Vertrages

1956 Sueskrise in Ägypten

1958 China setzt mit dem »Großen Sprung nach vorn« landwirtschaftliche und industrielle Reformen in Kraft.

BRITISCHER RUF ZU DEN FAHNEN.

MOTOR DES PANZERS MK IV, ERSTER WELTKRIEG

DEUTSCHE FALLSCHIRMTRUPPEN AUF KRETA, 1941

über Sieg oder Niederlage entscheidende Potenzial versagt blieb, das ihre glühendsten Befürworter von ihr erwarteten, so hatte sie dennoch nicht nur dramatische Auswirkungen auf das Schlachtgeschehen zu Lande und zur See, sondern auch beim strategischen Bombenkrieg gegen die feindliche Bevölkerung und Industrie.

HEISSE UND KALTE KRIEGE

Die Zeit nach 1945 war von zwei Faktoren geprägt: der Einführung der Nuklearwaffen – deren Zerstörungskraft im August 1946 an den japanischen Städten Hiroshima und Nagasaki demonstriert worden war – und, da die Amerikaner gewillt waren, die weltweite Ausbreitung des Kommunismus zu verhindern, der Konfrontation zwischen den Vereinigten Staaten und der Sowjetunion. In den 50er-Jahren des 20. Jh. verfügten beide Supermächte über Kernwaffen und entwickelten im Rahmen eines beispiellosen Wettrüstens immer wirksamere Sprengköpfe und immer leistungsfähigere Trägersysteme. Die Zerstörungsgewalt der Kernwaffenarsenale beider Seiten war bald so angewachsen, dass die politische Vernunft gebot, einen Weltkrieg unbedingt zu vermeiden. Doch dieser Schwebezustand des Kalten Krieges bot den Supermächten genügend Möglichkeiten, sich an »heißen Kriegen« auf regionaler Ebene zu beteiligen – angefangen mit Korea in den 50er- über Vietnam in den 60er- bis hin zu Afghanistan in den 80er-Jahren des 20. Jh. Im Prinzip machten die neuen Technologien den Krieg unpersönlicher und distanzierter – vom Bombenabwurf auf ein unsichtbares Ziel bis hin zum Knopfdruck, der den Abschuss einer Rakete gegen ein Tausende von Kilometern entferntes Ziel bewirkt –, doch in den Bergen Afghanistans und im Dschungel Vietnams blieben die meisten Kämpfe das herkömmliche Infanteriegefecht Mann gegen Mann.

DIE NEUE WELTORDNUNG

Mit dem Zerfall der Sowjetunion 1991 blieben die Vereinigten Staates als einzige unbestrittene Supermacht übrig. Da ihre Militärmacht auf kein größeres feindliches Gegengewicht stieß, waren die Vereinigten Staaten und deren Verbündete, zu Recht oder Unrecht, seither immer versucht, bei regionalen Kriegen oder bürgerkriegsähnlichen Konflikten einzugreifen, um Massaker zu verhindern, um Aggressoren zu strafen oder um Regimewechsel zu bewirken. Als solche Einsätze behindert wurden, weil die Öffentlichkeit in westlichen Ländern die eigenen Verluste nicht mehr hinnehmen wollte, verlagerte sich die Kriegführung zunehmend auf Flugzeuge mit Präzisionswaffen und ferngelenkte Flugkörper. Hoch entwickelte Rüstungsindustrien haben die Welt mit massenhaft produzierten automatischen Waffen überschwemmt und damit in manchen Gegenden einen Dauerzustand der kriegerischen Auseinandersetzung gefördert.

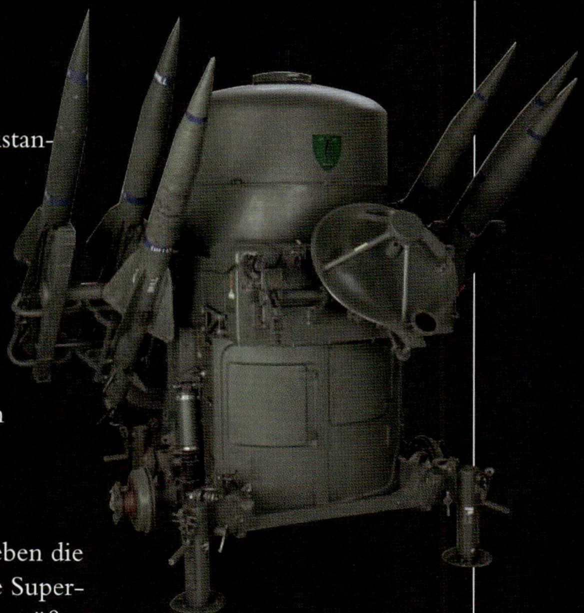

EINSATZBEREIT
Das britische Boden-Luft-Raketen-System mit Abschuss- und Steuergerät aus den 70er-Jahren des 20. Jh. Wenngleich heute veraltet, stellte es zur Zeit des Kalten Krieges den neuesten technischen Entwicklungsstand dar.

1960

- **1962** Kubakrise
- **1964** US-Kongress billigt Vietnamkrieg *(S. 340)*
- **1966–1970** Mao Tse-tung verordnet China die Kulturrevolution.
- **1967–1970** Bürgerkrieg in Nigeria (Biafra) *(S. 339)*
- **1973** Rückzug der US-Truppen aus Vietnam *(S. 340)*
- **1973** Israel besiegt die arabischen Staaten im Jom-Kippur-Krieg.

1975

- **1975–1979** Herrschaft der Roten Khmer unter Pol Pot in Kambodscha
- **1978** in China Beginn einer ökonomischen Liberalisierung
- **1979** islamische Revolution in Iran
- **1979–1989** sowjetische Invasionstruppen in Afghanistan *(S. 350)*
- **1980–1988** Iranisch-Irakischer Krieg
- **1982** Falklandkrieg zwischen Argentinien und Vereinigtem Königreich *(S. 351)*

1985

- **1987** Palästinenser beginnen *Intifada* gegen Israel
- **1989–1990** Zusammenbruch des Kommunismus in Osteuropa
- **1990** Irakische Invasion Kuwaits löst Golfkrieg aus *(S. 351)*.
- **1994** Hutu-Massaker an 500 000 Tutsi in Ruanda
- **1996** Machtübernahme der Taliban in Afghanistan
- **1999** NATO interveniert im Kosovo *(S. 352)*.

2000

- **2001** Muslimische Extremisten zerstören Welthandelszentrum in New York *(S.349)*.
- **2002** USA intervenieren in Afghanistan; Vertreibung der Taliban *(S. 353)*
- **2003** USA-Invasion des Irak; Saddam Hussein abgesetzt
- **2004–2005** Konflikt zwischen Regierung und Rebellen verursacht in Darfur (Sudan) Massenflucht.

ATOMWAFFENVERSUCHE, 1957 IN NEVADA

COCKPIT DES KAMPFHUBSCHRAUBERS APACHE

SCHWERES ERDKAMPFFLUGZEUG AC-130

DER ERSTE WELTKRIEG

Nachdem ein serbischer Extremist den Erzherzog Franz-Ferdinand ermordet hatte, erklärte Österreich-Ungarn am 28. Juli 1914 Serbien den Krieg. Innerhalb einer Woche lagen die Großmächte miteinander im Krieg; da Russland zur Unterstützung Serbiens mobilmachte, mobilisierte Deutschland als Verbündeter Österreich-Ungarns gegen Russland und dessen Verbündeten Frankreich, und Großbritannien trat zur Unterstützung Frankreichs und Belgiens in den Konflikt ein.

MORDOPFER
Erzherzog Franz-Ferdinand, der österreichisch-ungarische Thronfolger, und seine Frau Sophie wurden am 28. Juni 1914 von dem bosnischen Serben Gavrilo Princip erschossen.

KRIEG DER MASSEN

Die Ursachen des Ersten Weltkrieges wurden viel diskutiert, doch wahrscheinlich genügt die Bemerkung, dass ein Krieg sehr wahrscheinlich ist, wenn Staaten zwei verfeindeten Bündnissystemen angehören und sich an einem Wettrüsten beteiligen wie die europäischen Mächte. Der Konflikt hatte von Anfang an ein ungeheures Ausmaß – Deutschland allein machte in der ersten Woche 3,5 Millionen Mann mobil. Die bislang ungekannte Feuerkraft der Artillerie, Maschinen- und Repetiergewehre, verursachte schon vor dem Patt Ende 1914 schreckliche Verluste. Der anschließende jahrelange Stellungskrieg zeigte, welche enorme Vernichtungskraft moderne Industrienationen durch die Massenproduktion von Artilleriegranaten und anderer Munition entfalten konnten. Schon bald breitete sich der Krieg aus; das Osmanische Reich trat an Deutschlands Seite, und Italien schloss sich England und Frankreich an. Doch erst der Kriegseintritt der USA im April 1917, verursacht durch den deutschen U-Boot-Krieg, ließ den Konflikt zu einem wahren »Weltkrieg« werden.

LEGENDE

- deutsche Invasion Frankreichs und Belgiens 1914
- äußerste Grenze des deutschen Vormarsches 1914
- Rücknahme deutscher Truppen
- Frontverlauf von Ende 1914 bis Juli 1916
- Hindenburg-Linie
- Geländegewinne alliierter Truppen 1914–1916

Bedeutende Schlachten
- 1914
- 1915
- 1916

PATT
Der Schlieffenplan, der die Einnahme von Paris ermöglichen sollte, endete rasch in einem Patt, an dem sich wenig ändern sollte.

PROPAGANDA
Auf einem berühmten Poster wirbt der britische Feldmarschall Kitchener um Kriegsfreiwillige für das britische Heer. Neue Werbemethoden, die für Konsumgüter entwickelt worden waren, wurden nun zur Vermarktung des Krieges benutzt.

MG-SCHÜTZEN
Britische Soldaten bei einer Gefechtspause in einem flachen Schützengraben. Ihre Vickers-Maschinengewehre konnten 450 Schuss pro Minute abgeben.

DREADNOUGHT UND ZEPPELIN
Luftschiffe gehörten zur modernsten militärischen Technologie. Zu den Aufgaben der deutschen Zeppeline gehörte die Seeaufklärung.

TECHNOLOGIE

In technischer Hinsicht war der Krieg eine Mischung aus Alt und Neu. Auch wenn die Kavallerie im herrschenden Grabenkrieg keine wirksame Rolle spielte, so waren Pferde noch immer unerlässlich zur Bewegung des Nachschubs und der Artillerie. Abseits der Eisenbahnlinien vollzog sich der Vormarsch der Armeen im Schritttempo der Marschkolonnen. Panzer traten bei den alliierten Streitkräften in nennenswertem Maße erst gegen Ende des Krieges in Erscheinung. Andere neue Waffen des Landkrieges wie etwa Giftgas und Flammenwerfer machten den Krieg zwar grausiger, hatten aber nur begrenzte Wirkung. Das Flugzeug übernahm von der Kavallerie die Rolle der Aufklärung und erlaubte es, das Artilleriefeuer aus der Luft zu leiten. Hunderte von Jagdflugzeugen kämpften über der Westfront um Luftüberlegenheit, und deutsche Luftschiffe warfen über London und Paris Bomben ab.

FRAUEN IM EINSATZ
Um die an der Front befindlichen Männer als Arbeitskräfte zu ersetzen, wurden Frauen auch zu gefährlichen Arbeiten wie der Granatenherstellung dienstverpflichtet.

DEUTSCHER JÄGER
Die Fokker D.VII war ein Jagdeinsitzer mit etwa 200 km/h Höchstgeschwindigkeit.

KRIEGSENDE
Nach einer letzten deutschen Offensive und der alliierten Gegenoffensive endeten die Feindseligkeiten im Herbst 1918.

GRABENKRIEG

Die Generale an der Westfront wurden vielfach kritisiert, weil sie Offensiven befahlen, die bei hohen Verlusten so gut wie nichts bewirkten. Das Zusammenwirken von Stacheldraht, Maschinen- und Repetiergewehren verschaffte der Verteidigung die Oberhand. Der Einsatz von massivem Artilleriefeuer zur Vorbereitung eines Infanterieangriffs erwies sich als weitgehend unwirksam, sobald sich eine Truppe tief eingegraben hatte, obwohl taktische Verbesserungen wie die »Feuerwalze« durchaus hilfreich waren. Das Fernmeldewesen, zumeist mithilfe von oberirdischen Telefonleitungen, war vollkommen unzulänglich für die Führung und Kontrolle so großer Heere. Beide Seiten hatten große Schwierigkeiten, aus erzielten Durchbrüchen Nutzen zu ziehen. Doch es wurden Taktiken entwickelt, die 1918 die Rückkehr zu einer dynamischeren Kriegführung gestatteten.

GASMASKE
Diese deutsche Gasmaske besitzt einen zylindrischen Luftfilter, Sichtfenster und eine Kopfhaube.

DER PREIS DES KRIEGES

Die Belastungsprobe, der die Moral durch den langen, viele Opfer verlangenden Krieg an der Front und zu Hause ausgesetzt war, wurde ein entscheidender Faktor. Die Staaten, die nicht über die Loyalität ihrer Bürger verfügten, brachen unter dem Druck des totalen Krieges auseinander. Das russische Reich kollabierte in den beiden Revolutionen des Jahres 1917 zuerst. Österreich-Ungarn löste sich im Endstadium des Krieges in seine verschiedenen ethnischen Bestandteile auf. In Deutschland, das sich aufgrund der britischen Seeblockade im Herbst 1918 am Rande des Hungertodes befand und im Felde vor einer unausweichlichen Niederlage stand, wurde Kaiser Wilhelm II. zur Abdankung gezwungen und die Monarchie durch eine Republik ersetzt, die inmitten eines politischen Chaos ausgerufen wurde. Zuletzt zerfiel das Osmanische Reich kurz nach Kriegsende. Das Blutvergießen auf den Schlachtfeldern des Ersten Weltkrieges war ohne Beispiel: allein die Zahl der Gefallenen bewegte sich zwischen 8,5 und 10 Millionen.

WAFFENSTILLSTAND
Amerikanische Soldaten und französische Zivilisten feiern am 11. November 1918 den Sieg über Deutschland.

1914

Deutschland hatte seine Strategie für den Fall eines Zweifrontenkrieges gegen Russland und Frankreich von langer Hand geplant. Die Deutschen beabsichtigten, Frankreich in einem Blitzfeldzug zu besiegen und danach die eigenen Truppen nach Osten zu verlegen. Der Schlieffenplan sah eine Schwerpunktbildung und rasche Offensive im Westen gegen Frankreich vor, einen Schwenk durch das neutrale Belgien und Umfassung und Vernichtung des an die Landesgrenzen gedrängten Gegners. Für den Sieg über Frankreich waren sechs Wochen veranschlagt, danach wollte Deutschland seine Truppen an die Ostfront verlegen. Stattdessen bewog die Invasion Belgiens die Briten zum Kriegseintritt, und französische und britische Truppen drängten die Deutschen von der Marne zurück, während an der Ostfront eine kleinere deutsche Armee unverhofft siegte.

WESTFRONT

Deutsche Invasion Belgiens

DATUM 4.–25. August 1914

STREITKRÄFTE Belgier: 117 000; Deutsche: 750 000

VERLUSTE Belgier: 30 000; Deutsche: 2000

ORT Belgien, Nordwesteuropa

Am 4. August überschritten sechs deutsche Brigaden die belgische Grenze und griffen Lüttich an. Die Stadt selbst war schnell eingenommen, doch die umgebenden Festungswerke hielten lange genug aus, um den engen deutschen Zeitplan ins Wanken zu bringen. Nach Beschuss mit schweren Haubitzen, darunter einige gewaltige 42-cm-Belagerungsgeschütze, fielen die Forts am 16. August. Der Hauptstoß der deutschen Invasion erfolgte am Tag darauf, also 48 Stunden später als geplant. Die 2. Armee von Bülows und die 3. Armee marschierten entlang der Maas vor und nahmen Namur, während die 1. Armee unter General Alexander von Kluck am 20. August Brüssel besetzte. Der König und seine Regierung zogen sich indes nach Antwerpen zurück, wo Teile des belgischen Heeres bis Oktober standhielten. Der hartnäckige belgische Widerstand ließ die Deutschen zu einer kalkulierten Politik des Schreckens greifen – Einschüchterung der Bevölkerung durch Terror. Gruppen ziviler Geiseln wurden erschossen, wann immer die Deutschen den Belgiern Sabotage unterstellten. In Dinant wurden über 600 Zivilpersonen zusammengetrieben und auf dem Marktplatz erschossen. Löwen, ein berühmtes belgisches Kulturzentrum, wurde geplündert und nach mittelalterlicher Art niedergebrannt.

MÖRSERGRANATE *Einer 42-cm-Sprenggranate waren die belgischen Festungswerke nicht gewachsen.*

DICKE BERTHA *Die Dicke Bertha, ein vor der Festung Lüttich eingesetzter 42-cm-Mörser von Krupp, wird schussbereit gemacht.*

WESTFRONT

Grenzschlachten

DATUM 7.–25. August 1914

STREITKRÄFTE Franzosen: 1 Million; Deutsche: 725 000

VERLUSTE Franzosen: 200 000; Deutsche: ebenfalls schwer

ORT Ostfrankreich zwischen Ardennen und Lothringen

Die französische Kriegsplanung erforderte eine massierte Offensive über die Ostgrenze hinweg, um die verlorenen Provinzen Elsass und Lothringen zurückzuerobern. Die französischen Generale glaubten, der Angriffsschwung ihrer Truppen gewährleiste die besten Siegesaussichten. Zunächst wichen die Deutschen auch zurück – denn dies gehörte zu ihrem Plan, den Franzosen den Vormarsch zu gestatten, um sie dann umso besser einzukesseln. Dann fügte das Feuer der deutschen Maschinengewehre und Artillerie der französischen Infanterie und Kavallerie schwere Verluste zu. Ein französischer Hauptmann, Charles de Gaulle, schrieb: »Es war ersichtlich, dass kein Mut dieser Welt einem solchen Feuer standgehalten hätte.«

RÜCKZUG *Erschöpfte britische Soldaten haben auf ihrem Rückzug von Mons einen weiteren Tagemarsch vor sich.*

Rohr wesentlich kürzer als bei herkömmlichem Feldgeschütz

BRITISCHE 4,5-ZOLL-FELDHAUBITZE *Diese leichte britische Haubitze trat als bevorzugte Waffe des Grabenkrieges an die Stelle des Feldgeschützes, da sie auf steilerer Flugbahn schwerere Geschosse feuerte.*

WESTFRONT

Mons und Le Cateau

DATUM 23.–26. August 1914

STREITKRÄFTE Briten: 150 000; Deutsche: 320 000

VERLUSTE Briten: 10 000; Deutsche: 8000

ORT westliches Belgien und nordöstliches Frankreich

Entsprechend der schon in der Vorkriegszeit geplanten Zusammenarbeit mit Frankreich wurde das Britische Expeditionskorps (BEF) über den Kanal geschickt, um am rechten Flügel der französischen Linien seinen Platz einzunehmen. Während es nach Belgien marschierte, befand sich das BEF unmittelbar auf der Vormarschroute der 1. Armee von Klucks. Die beiden Heere stießen unmittelbar vor Mons aufeinander, wo die Briten ein kurzes hinhaltendes Gefecht lieferten, das die Wirksamkeit ihres schnellen Gewehrfeuers zeigte. Auf dem Rückzug führte das 2. Korps der britischen Expeditionstruppen unter Smith-Dorrien ein bedeutenderes, ganztägiges Nachhutgefecht bei Le Cateau. Auf Kosten schwerer Verluste gestattete dies den Briten, ihren Rückzug relativ unbehelligt fortzusetzen.

OSTFRONT

Tannenberg

DATUM
26.–31. August 1914

STREITKRÄFTE
Russen: 150 000;
Deutsche: 210 000

VERLUSTE
Russen: 140 000;
Deutsche: 20 000

ORT
Ostpreußen

Die Mobilmachung der russischen Streitkräfte ging weitaus rascher und effizienter vor sich, als ihre Feinde es für möglich gehalten hatten. Die Truppen mussten jedoch geteilt werden, um Deutsche und Österreicher zu bekämpfen. Die 1. und 2. russische Armee fielen in Ostpreußen ein, wo, dem Schlieffenplan gemäß, nur schwache deutsche Defensivkräfte standen. Nachdem die deutsche 8. Armee die 1. russische Armee bei Gumbinnen nicht aufhalten konnte und in Gefahr war, von der 2. russischen umfasst zu werden, regte Prittwitz, der Befehlshaber der 8. Armee, die Aufgabe Ostpreußens an. Er wurde unverzüglich abgelöst und durch Hindenburg ersetzt, mit dem aus Belgien herangeholten Ludendorff als Generalstabschef. Die Deutschen waren über die russischen Truppenbewegungen bestens informiert, teils durch Luftaufklärung, teils durch Abhören des russischen Fernmeldeverkehrs. Mithilfe des ausgezeichneten ostpreußischen Eisenbahnnetzes wurde fast die gesamte 8. Armee südwärts verlegt und der 2. russischen gegenübergestellt, sodass nur eine schwache Abschirmung vor der 1. russischen unter Rennenkampf liegen blieb. General Alexander Samsonow, der Befehlshaber der 2. russischen Armee, rückte vor, um die deutschen Kräfte, die er noch weit nordwärts wähnte, zu umfassen, und lief so schnurstracks in die Falle. In der Hoffnung, im Zentrum der Deutschen den Durchbruch erzwingen zu können, drängte Samsonow sogar noch vorwärts, als er am 27. August auf beiden Flanken angegriffen wurde. Die Folge war die vollständige Umfassung seiner Kräfte, die sich unter deutschem Artilleriebeschuss sehr schnell in heller Auflösung befanden. Keine 10 Prozent konnten sich der deutschen Umfassung entziehen; Samsonow erschoss sich.

PAPASCHA

Wintermütze mit ovaler Kokarde in den Farben der Romanows

KAMPF-MESSER

FELDBLUSE

RUSSISCHE UNIFORM

Die Russen hatten sich bereits 1907 auf Erdbraun als Uniformfarbe festgelegt. Das Messer gehörte zur Bewaffnung der Kanoniere, die es statt des Bajonetts im Nahkampf benutzen sollten.

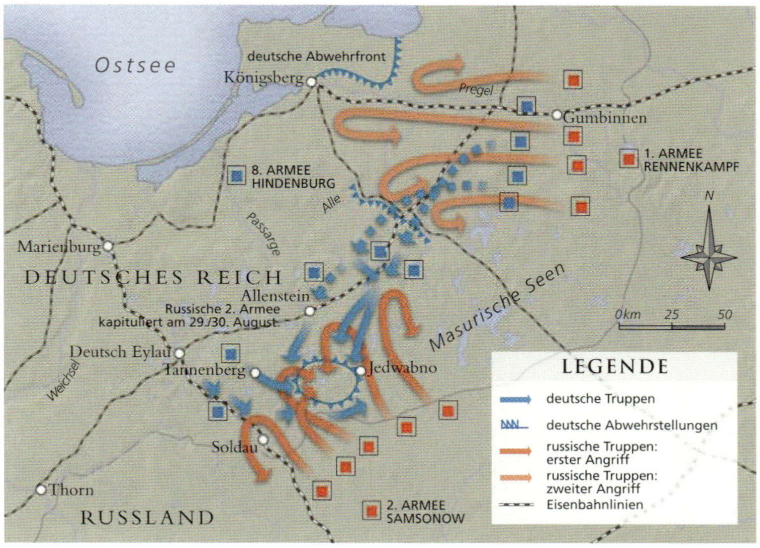

1847–1934

PAUL VON HINDENBURG

Generaloberst Hindenburg wurde 1914 reaktiviert, um den Oberbefehl über die deutsche 8. Armee zu übernehmen. Sein Sieg bei Tannenberg, für den er mit seinem Generalstabschef Erich Ludendorff gemeinsam verantwortlich zeichnete, machte ihn zum Volkshelden. Hindenburg wurde 1916 zum Chef des Generalstabs des Feldheeres ernannt, doch seine graue Eminenz war Ludendorff.

RUSSISCHE GEFANGENE

Man schätzt die Zahl der bei Tannenberg gefangenen Russen auf 95 000–125 000, dazu 300–500 russische Geschütze.

WESTFRONT

Erste Marneschlacht

DATUM
6.–9. September 1914

STREITKRÄFTE
Franzosen: 1 Million; Briten: 125000; Deutsche: 1,275 Millionen

ORT
östlich von Paris, Nordostfrankreich

VERLUSTE
höchstens 100000

Nachdem die deutschen Armeen Belgien durchquert hatten und tief in Frankreich standen, waren die Soldaten erschöpft und ihre Linien überdehnt. Klucks 1. Armee, die westlich von Paris einschwenken sollte, änderte die Marschrichtung, um die Stadt südostwärts zu passieren. Als der Kommandant des Militärbezirks Paris, General Joseph Gallieni, dies von der Luftaufklärung bestätigt bekam, fragte er den französischen Oberkommandierenden, General Joseph Joffre, um Erlaubnis zu einem Angriff auf Klucks exponierte Flanke. Joffre war intensiv damit befasst, südlich der Marne eine Abwehrlinie vorzubereiten. Am 6. September ging die französische 6. Armee zu dem Flankenangriff über; Kluck wurde gezwungen, kehrtzumachen und sich zum Kampf zu stellen. Damit öffnete sich eine Lücke zwischen seiner 1. Armee und den übrigen deutschen Truppen. Der britische Befehlshaber Sir John French ließ sich nur zögerlich dazu bewegen, gemeinsam mit willigeren französischen Kräften in diese Lücke zu stoßen. Der Schlachtverlauf war ausgeglichen, doch der deutsche Generalstabschef Helmut von Moltke hatte den Willen zur Lenkung des Kampfgeschehens verloren. Am 9. September befahl einer seiner Stabsoffiziere den allgemeinen Rückzug.

»Ein Soldat, der nicht weiter voran kann, muss das bereits gehaltene Terrain, koste es, was es wolle, verteidigen. Er muss, statt zurückzuweichen, dort fallen, wo er sich befindet.«

Joseph Joffre am Vorabend der Marneschlacht, 1914

UNTER BESCHUSS
Soldaten des 1. Middlesex-Regiments geraten am 8. September 1914 beim Erreichen der Marne unter Artilleriebeschuss.

ERNTE DES TODES
Ende 1914 waren an der Westfront bereits mehr als eine halbe Million Soldaten gefallen.

WESTFRONT

Erste Schlacht an der Aisne

DATUM
13.–18. September 1914

STREITKRÄFTE
unbekannt

VERLUSTE
unbekannt

ORT
nordöstlich von Paris

Nach dem Rückzug von der Marne grub sich der rechte deutsche Flügel am Nordufer der Aisne ein, wo der Höhenzug des Chemin des Dames eine natürliche Verteidigungsstellung bot. Nachrückende französische und britische Kräfte konnten den Fluss unter Beschuss zwar überqueren, doch alle Versuche, den Höhenzug im Frontalangriff zu nehmen, wurden von deutschen Gegenangriffen zurückgewiesen. Das Terrain zwischen Aisne und Ärmelkanal stand aber weiterhin offen. Während des Herbstes unternahmen die Alliierten genauso wie die Deutschen einige Versuche, sich in diesem Gebiet zu umfassen, und bewegten sich dabei im »Wettlauf zum Meer« immer weiter der Küste entgegen.

WESTFRONT

Erste Flandernschlacht

DATUM
19. Oktober–22. November 1914

STREITKRÄFTE
unbekannt

ORT Flandern (Nordostfrankreich und Belgien)

VERLUSTE
Deutsche: 135000; Briten: 55000; Franzosen 20000

Der Wettlauf zum Meer endete in einem Blutbad vor Ypern, das vom BEF mit französischer Unterstützung gehalten wurde. Die Deutschen trugen eine Reihe von Sturmangriffen vor, die wiederholt die britischen Linien zu durchbrechen drohten, doch schnelles Gewehrfeuer der erfahrenen britischen Soldaten warf die Deutschen, darunter viele Kriegsfreiwillige mit nur achtwöchiger Gefechtsausbildung, immer wieder unter schweren Verlusten zurück. Weil dort allein am 10. November beim Angriff nahe der Ortschaft Langemarck etwa 2000 junge Soldaten, darunter viele Studenten und Gymnasiasten, fielen, entstand in Deutschland der »Mythos von Langemarck«. Auch die Briten erlitten entsetzliche Verluste.

GRABENKRIEG

In der ersten Zeit des Grabenkrieges wurden Handgranaten mit Aufschlagzünder oftmals mit Stoffstreifen, einem kleinen Fallschirm oder Propeller ausgestattet, damit sie kopfüber fielen und so bei Bodenberührung detonierten. Ans Mittelalter erinnernde, oftmals selbst gefertigte Keulen galten als zweckmäßige Waffen.

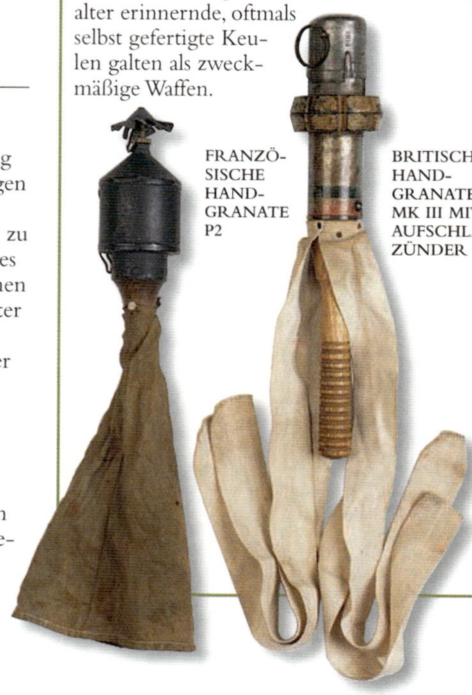

DIE WESTFRONT 1915

1915 BEGANNEN die kämpfenden Mächte, ihre Ressourcen für einen langen Krieg zusammenzustellen. Während man auf eine Umstellung der Industrie zur Massenproduktion von Munition wartete, wurden auf beiden Seiten die Granaten knapp. Großbritannien und Frankreich griffen zur Auffüllung ihrer Fronttruppen auf die Wehrfähigen in den Kolonien zurück. Keine Seite beabsichtigte eine passive Verteidigung oder einen Abnutzungskrieg. Die Alliierten wollten die in deutscher Hand befindlichen Gebiete Frankreichs und Belgiens zurückerobern. Aber das Grabensystem, das sich vom Kanal bis an die schweizerische Grenze hinzog, ließ keinen Raum zu Umfassungsmanövern, während Frontalangriffe auf die gegnerischen Gräben, die hinter Stacheldrahtverhauen lagen und von Maschinengewehren verteidigt wurden, häufig scheiterten.

WESTFRONT

Zweite Flandernschlacht

DATUM
22. April–25. Mai 1915

STREITKRÄFTE
Alliierte: unbekannt; Deutsche: unbekannt

VERLUSTE
Alliierte: 69000; Deutsche: 38000

ORT Flandern (Nordostfrankreich und Belgien)

Die einzige deutsche Großoffensive dieses Jahres, die von der 4. Armee gegen den Frontbogen von Ypern vorgetragen wurde, zielte darauf ab, sich die neue deutsche Waffe, das Chlorgas, zunutze zu machen. Nach schwerem Artilleriefeuer wurde das Gas am Nachmittag des 22. April aus fast 6000 Flaschen freigesetzt und vom Ostwind zu den Linien der Alliierten geweht. Die vollkommen schutzlosen französischen Kolonialtruppen taumelten, dem Erstickungstod nahe, nach hinten. Die deutsche Infanterie ging durch die verlassenen Gräben vor, verfügte jedoch nicht über genügend Reserven, um aus dem Durchbruch wirklichen Nutzen zu ziehen. Der benachbarte Frontabschnitt wurde von Soldaten des Kanadischen Expeditionskorps gehalten. Als sie am 24. April mit Chlorgas angegriffen wurden, hatten sie sich zum Schutz mit Wasser oder Urin getränkte Stofflappen vor den Mund gebunden. Die Schlacht entwickelte sich zu einer Folge von verlustreichen Angriffen und Gegenangriffen. Am Ende zogen die sich Alliierten auf eine näher an Ypern gelegene Verteidigungslinie zurück.

VERSTÄRKUNGEN
Ein auf Schienenbetrieb umgerüsteter Lkw bringt deutsche Soldaten bei Ypern an die Front.

CHEMISCHE KRIEGSFÜHRUNG

Seit April 1915 wurde Giftgas – darunter Chlorgas, Phosgen, Blausäure und Senfgas – auf beiden Seiten rücksichtslos eingesetzt. Obwohl sehr gefürchtet und gehasst – besonders Senfgas, das zu vorübergehender Blindheit, Hautblasen und zerstörtem Lungengewebe führte –, war Kampfgas für weniger als 5 Prozent der Kriegsverluste verantwortlich.

FRÜHE FRANZÖSISCHE GASSCHUTZBRILLE UND SCHUTZMASKE, 1915

GASGRANATEN
Statt sich auf den Wind zu verlassen, war das Verschießen mit Granaten effektiver. Das Flüssiggas in den Granaten verdampfte bei deren Zerlegung nach dem Aufschlag.

WESTFRONT

Artois/Loos

DATUM
25. September–4. November 1915

STREITKRÄFTE
unbekannt

VERLUSTE
Briten: 50000; Deutsche: 25000

ORT Artois, Landschaft etwa 135 km nördlich von Paris

Der französische Oberkommandierende Joffre plante eine Großoffensive gegen den riesigen Frontbogen im Süden Flanderns. Während eine halbe Million Mann in der Champagne am Südrand des Bogens angriffen, sollte seine 10. Armee am Nordrand bei Vimy zuschlagen. Der britische Befehlshaber Sir John French erklärte sich zögernd bereit, die Vimy-Operation durch einen Angriff im angrenzenden Frontabschnitt um Loos zu unterstützen. Die britische Infanterie rückte hinter einer Chlorgaswolke vor, deren Wirkung jedoch teilweise zunichte wurde, als das Gas zu den britischen Linien zurücktrieb. Trotzdem erzielten die Briten und Franzosen am ersten Tage beträchtliche Geländegewinne. Doch wurden die Reserven nicht schnell genug herangeführt, um den Vorteil zu nutzen. Als sie endlich am zweiten Tage eintrafen, wurden Tausende niedergemäht, denn sie marschierten direkt ins Feuer der deutschen Maschinengewehre.

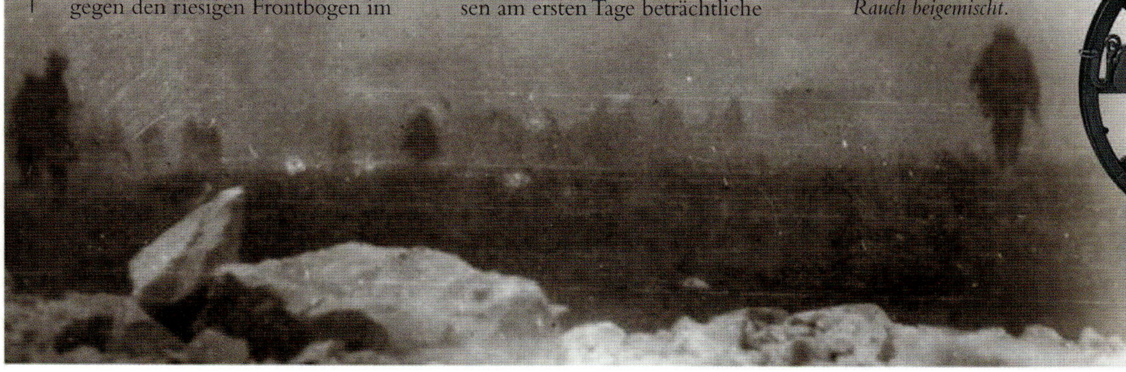

GASANGRIFF
Britische Truppen greifen hinter einer Chlorgaswolke an. Um es sichtbar zu machen, wurde Rauch beigemischt.

DEUTSCHER 7,6-CM-MINENWERFER
Vom deutschen Minenwerfer gab es drei Modelle unterschiedlichen Kalibers; der leichte Minenwerfer hatte ein Kaliber von 7,6 cm.

»In flandrischem Feld krepiert der Mohn ..

John McCrae, In Flanders Fields, 1915

ZEUGE DES KRIEGES

IN DEN GRÄBEN

War die Somme für das britische Heer die Via Dolorosa, dann entsprach Passendale dem Martyrium. Schieres Wunschdenken veranlasste den britischen Oberbefehlshaber Haig zu der Annahme, das deutsche Heer befinde sich endlich vor dem Zusammenbruch, daher befahl er eine Offensive, von der er glaubte, sie würde den Kampfgeist der Deutschen zunichte machen. Mittlerweise war der Idealismus des Jahres 1914 ebenso verloren wie das Leben Hunderttausender von Soldaten beiderseits der Fronten.

»In jede Bodendelle hast du deinen Kopf reingedrückt, so tief es ging. Vielleicht war da ein Granattrichter, vielleicht auch nicht, aber du musstest dich flach auf die Erde legen, wenn diese Feuerwalzen näher kamen, und sie waren furchtbar. Du denkst, du kommst nicht wieder raus. Da ist die Druckwelle, weißt du, du hörst den Stahl sausen, ein fürchterliches Geräusch, wenn er an dir vorbeifliegt. Das fetzt dich entzwei, ein Stück von dieser Granate. Du kannst dir das nicht vorstellen – Nacht um Nacht, jede Nacht.«

Soldat W. G. Bell, 9. Btl. Radfahrerkorps des Heeres, 1917

Die Offensive begann im Juli 1917. Halb verrückt vom Lärm des Bombardements, waren die kaum ausgebildeten, verwirrten Soldaten beider Seiten oftmals kaum mehr als seelenlose Automaten, die ihre Umgebung kaum noch wahrnehmen oder gar effektiv als Kampftruppen handeln konnten. Sobald sie über den Grabenrand geklettert waren und, der eigenen Feuerwalze folgend, Sturm liefen, sah die Infanterie einem vielfältigen Tod ins Auge – durch Granatsplitter, hochgehende Minen, Maschinengewehrfeuer, den kalten Stahl des Bajonetts oder die Lungen zerfressendes Gas. Die ersten Gefechtstage brachten die Kontrolle über einen winzigen Frontbogen ein.

»Abwechselnd Dunkelheit und taghelles Licht. Die Erde zittert und bebt wie ein Wackelpudding ... Und die Männer, die noch vorn an der Front sind, hören nichts anders als das Trommelfeuer, das Stöhnen verwundeter Kameraden, das Schreien gefallener Pferde und das wilde Klopfen der eigenen Herzen, Stunde um Stunde, Nacht für Nacht. Selbst während der kurzen Ruhepausen, die ihnen gewährt werden, werden ihre erschöpften Hirne in der unheimlichen Stille heimgesucht von der Erinnerung an grenzenloses Leiden. Sie können nicht entkommen, sie haben nichts als gespenstische Erinnerungen und Resignation ... Das Schlachtfeld ist wirklich nichts anderes als ein riesiger Friedhof.«

Gerhard Gurtler, deutscher Soldat und früherer Theologiestudent aus Breslau, in einem Brief vier Tage vor seinem Tod, 14. AUGUST 1917

AUS DER DECKUNG
Kanadische Soldaten klettern über den Grabenrand un gehen zum Angriff vor. Di Chancen, die deutschen Linie zu erreichen, waren gering

Auf der Straße nach Menin marschierten die britischen Kolonnen in den Tod. Das Stahlgewitter der Artillerievorbereitung brach dem deutschen Widerstand zwar das Rückgrat, hatte aber das von einem Kanal durchzogene Gelände in einen Sumpf verwandelt. Regenfälle verschlimmerten den Morast, sodass der alliierte Angriff stecken blieb. Die Front ließ sich nur über Laufstege erreichen, und die Truppen, die so auf schmalem Raum nach vorn geschleust wurden, fielen nur allzu leicht deutschen Granaten oder Scharfschützen zum Opfer. Wer von den Planken rutschte, fand ein qualvolles Ende; die Männer ertranken tatsächlich im Schlamm.

WARTEN IM GRABEN

»Es war einer unserer Infanteristen und er saß, auf einen Ellenbogen gestützt, mit offener Feldbluse auf der Erde. Mir wurde speiübel. Seine Eingeweide quollen aus dem Bauch hervor, und er hielt sie selbst und versuchte das fürchterliche Zeugs zurückzustopfen. Als er mich sah, sagte er ›Mach ein Ende, Kamerad. Gib mir eine Kugel. Mach zu. Ich will, dass du's tust. Mach Schluss!‹ Er selbst hatte kein Gewehr. Als ich nichts unternahm, begann er zu fluchen.«

Soldat R. Le Brun von der 4. Kanadischen Division, 1917

Drei blutige Monate später war das ursprüngliche Angriffsziel, das Dorf Passendale, beinahe in alliierter Hand. Am 26. Oktober gab es einen neuen Vorstoß, allen voran die kanadischen Divisionen. In nur einem Tag verloren sie 12 000 Mann für einen Geländegewinn, den sich mit 2,5 cm pro Gefallenen quantifizieren ließ. Haigs großes Hasardspiel hatte die deutschen Linien kaum beschädigt, und fast ein weiteres Jahr musste vergehen, bevor die Leiden ein Ende nahmen. Nur die langen Reihen weißer Kreuze, die im Winde wogenden blutroten Mohnfelder und eine Unmenge von Tagebüchern, Briefen und Gedichten zeugen von denen, die dort ihr Leben ließen.

»Wenn du hören könntest, wie bei jedem Röcheln der Blutschaum aus den zerfressenen Lungen hervorgurgelt, obszön wie Krebs, bitter wie Erbrochenes.«

Wilfred Owen, Dulce et Decorum est, 1918

1916–1917

Die grossen Schlachten von Verdun und an der Somme des Jahres 1916 kosteten Hunderttausende Soldaten das Leben, während ihre Generale vergeblich nach einer taktischen Maßnahme suchten, um den Durchbruch zu erzielen und ihn dann auszubauen. Mitte 1917 waren die Deutschen an der Westfront in der Defensive, die Franzosen verhielten sich vorsichtig, während das britische Heer seine Kräfte verstärkte und seine ehrgeizigen Offensiven fortsetzte. Mittlerweile litt Deutschland unter der Seeblockade der britischen Kriegsmarine, sodass das deutsche Oberkommando im Februar 1917 die folgenschwere Entscheidung traf, den uneingeschränkten U-Boot-Krieg wieder aufzunehmen. Dies führte im April zum Kriegseintritt der Vereinigten Staaten, doch dauerte es noch ein Jahr, ehe sich das Eingreifen der Amerikaner auf dem Schlachtfeld bemerkbar machte.

WESTFRONT

Verdun

ORT
200 km östlich von Paris

DATUM
21. Februar– 18. Dezember 1916

STREITKRÄFTE
Deutsche: anfangs 1 Million; Franzosen: anfangs 200 000

VERLUSTE
Deutsche: 335 000; Franzosen: 350 000

General Erich von Falkenhayn, als Generalstabschef Nachfolger Moltkes, plante einen Angriff auf die befestigte Stadt Verdun. Er gedachte Verdun zur Schlachtbank zu machen, auf der seine Artillerie die französische Infanterie verbluten lassen würde. Nach einem Bombardement, bei dem 1 Million Granaten verschossen wurden, griffen die Deutschen durch zwei Grabenlinien an und nahmen Fort Douaumont, eines der Vorwerke zum Schutz Verduns. Joffre übertrug Pétain das Kommando und befahl ihm, Verdun um jeden Preis zu halten. Alle Truppen und Güter für Verdun mussten eine einzige Straße benutzen (bald *La Voie Sacrée*, »der Leidensweg« genannt). Über dem Schlachtfeld kämpften Jagdfliegerstaffeln um die Luftherrschaft – die von entscheidender Bedeutung war, da die Feuerleitung der Artillerie vom Flugzeug aus erfolgte. Am Boden leistete die Garnison von Fort Vaux Widerstand, bis sie am 7. Juni überrannt wurde. Nach einer letzten äußersten Kraftanstrengung zogen sich die Deutschen in die Defensive zurück. Die Franzosen holten sich Fort Douaumont im Oktober zurück, und im Dezember verlief die Front dann wieder so wie zu Beginn des Unternehmens.

DOUAUMONT
Ein Bunkereingang von Fort Douaumont, einem der am stärksten bewehrten Vorwerke bei Verdun.

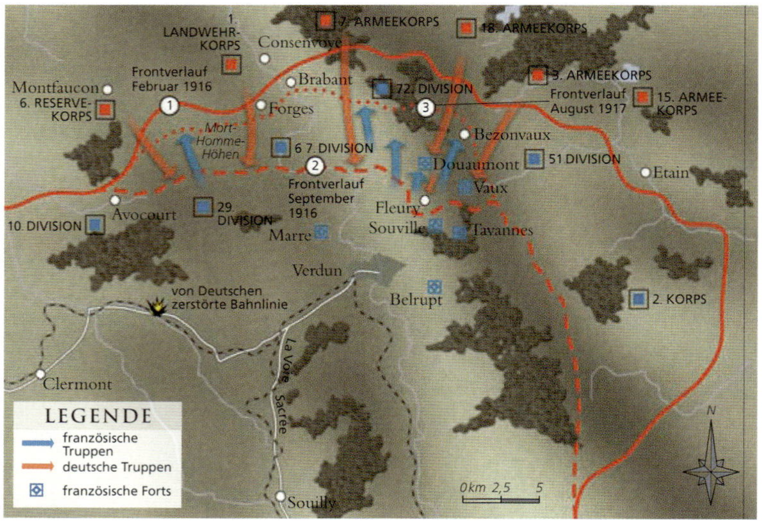

BLUTBAD VOR VERDUN
Etwa eine halbe Million Mann fielen 1916 vor Verdun. Den Deutschen gelang es nicht, den Franzosen wesentlich schwerere Verluste beizubringen, als sie selbst hinnehmen mussten.

1856–1951

GENERAL PÉTAIN

Henri Philippe Pétains Rolle bei Verdun machte ihn zum Volkshelden. Nachdem er im Frühjahr 1917 zum Oberbefehlshaber der französischen Nordarmee ernannt worden war, gelang es ihm, mit einer Mischung von Nachgiebigkeit und Härte Meutereien seiner Soldaten niederzuschlagen. Er war ein vorsichtiger und methodischer Feldherr, dessen Motto war: »Erst erobert die Artillerie eine Stellung, dann nimmt sie die Infanterie in Besitz.« Nach der Niederlage Frankreichs 1940 wurde er Regierungschef des Vichy-Regimes.

DIE ZEIT DER WELTKRIEGE

NORDSEE

Seeschlacht am Skagerrak

ORT Nordsee, etwa 120 km vor der dänischen Westküste

DATUM 31. Mai 1916

STREITKRÄFTE (Briten und Deutsche insgesamt) Schiffe: 274, Seeleute 70 000

VERLUSTE Deutsche: 11 Schiffe, 3039 Gefallene; Briten: 14 Schiffe, 6784 Gefallene

Obwohl es in der Vorkriegszeit viel Aufregung wegen des Wettrüstens auf dem Schlachtschiffsektor gegeben hatte, war die Skagerrakschlacht der einzige bedeutende Zusammenstoß der britischen Grand Fleet und der deutschen Hochseeflotte während des Krieges. Unter dem Kommando von Admiral Sir David Beatty beziehungsweise Admiral Franz von Hipper stießen die Schlachtkreuzergeschwader beider Seiten, gefolgt vom jeweiligen Gros der Flotte, das von Sir John Jellicoe beziehungsweise Vizeadmiral Reinhard Scheer befehligt wurde, in die Nordsee vor. Bei Feindberührung der Schlachtkreuzer lockte Hipper die Briten südwärts der Hochseeflotte entgegen. Nachdem Beatty schwer unter Beschuss genommen worden war, drehte er den Spieß um und lockte die Deutschen nordwärts der kampfkräftigeren Grand Fleet entgegen, die mit höchster Fahrt ins Gefecht dampfte. Die beiden Flotten trugen in kürzester Folge zwei Gefechte aus, doch den Deutschen gelang es, sich in Sicherheit zu bringen.

U-BOOTE
Nach der Skagerrakschlacht ging der uneingeschränkte U-Boot-Krieg weiter.

DIE ROYAL NAVY
HMS Lion, *HMS* Princess Royal *und die* Queen Mary *vor dem Skagerrak, aufgenommen nur kurze Zeit vor der Versenkung der* Queen Mary.

KOSTSPIELIGER FEHLSCHLAG
Französische Soldaten gehen in breiter Front entlang der Aisne vor.

WESTFRONT

Nivelle-Offensive

ORT zwischen Reims und Soissons in Ostfrankreich

DATUM 16. April–9. Mai 1917

STREITKRÄFTE Franzosen: 1,2 Millionen; Deutsche: unbekannt

VERLUSTE Franzosen: 187 000; Deutsche: 167 000

Im Dezember 1916 wurde Joffre als Oberkommandierender der Franzosen von General Robert Nivelle abgelöst. Der behauptete, er könne »den Krieg binnen 48 Stunden gewinnen«, indem er seine Truppen zu einem einzigen Großangriff zusammenfasste und sich einer neuen Taktik bediente. Nach einem Trommelfeuer auf die feindlichen Stellungen sollte seine Infanterie auf breiter Front hinter einer Feuerwalze mit Panzerunterstützung angreifen. Wegen schlechten Wetters wurde die Offensive mehrfach verschoben. Als der Angriff am 16. April schließlich begann, waren die Deutschen vollständig vorbereitet. Die französischen Panzer wurden von der Artillerie ausgeschaltet, und die Feuerwalze war der Infanterie zu weit voraus, die daher im Feuer der Maschinengewehre und Geschütze liegen blieb.

GEWEHRE DES ERSTEN WELTKRIEGS

Als die europäischen Armeen in den Ersten Weltkrieg zogen, waren sie mit Repetiergewehren bewaffnet, die über Magazine für mehrere Patronen verfügten. Generell gab es während des Krieges kaum Anreize für grundlegende Neuerungen, stattdessen konzentrierten sich die Bemühungen auf die Massenproduktion. Infanteriegewehre schossen gemeinhin auf 900 m noch präzise, und ein geübter Infanterist vermochte pro Minute 15 Schuss abzugeben. Das französische Lebel schoss weniger genau als das britische Enfield oder das deutsche Gewehr 98 und wurde daher ab 1916 durch das Berthier-Gewehr ersetzt.

ARTILLERIESPERRFEUER
Britische Feuerstellung mit 8-Inch-Feldhaubitzen. Die Briten verfügten über zu wenige schwere Geschütze, und zu viele ihrer Granaten erwiesen sich als Blindgänger.

WESTFRONT

Somme

ORT zwischen Albert und Péronne in Ostfrankreich

DATUM 1. Juli–18. November 1916

STREITKRÄFTE Alliierte: 750 000 am ersten Tag

VERLUSTE Briten: 420 000; Franzosen: 200 000; Deutsche: 500 000

1915 plante der französische Oberkommandierende, General Joffre, für das folgende Jahr eine große Offensive. Es sollte ein englisch-französisches Gemeinschaftsunternehmen an der Somme, der Nahtstelle zwischen den beiden verbündeten Heeren, werden. Doch die deutsche Offensive bei Verdun im Februar 1916 veränderte die strategische Lage. Nun drängte Joffre die Briten, die Sommeoffensive voranzutreiben, um Verdun zu entlasten; die französische Beteiligung wurde stark reduziert. General Douglas Haig, seit Dezember 1915 der britische Oberkommandierende in Frankreich, plante die Zerstörung der deutschen Verteidigungsstellungen durch vorbereitendes Artilleriefeuer. Die Infanterie würde dann hinter einer Feuerwalze angreifen und die feindlichen Linien beinahe widerstandslos besetzen können. Die taktischen Anweisungen für die Schlacht besagten, »die angreifenden Truppen müssen in gleichmäßigem Tempo in aufeinander folgenden Wellen nach vorn drängen ...« Das Trommelfeuer begann am 24. Juni; auf einer 30 km breiten Front verschossen die Briten mehr als eine Million Granaten, während unter deutschen Stützpunkten zahlreiche Minen zur Explosion gebracht wurden. Aber nichts davon vermochte dem gut gebauten deutschen Grabensystem Ernstliches anzuhaben. Als am Morgen des 1. Juli Zehntausende schwer bepackter britischer Soldaten durch das Niemandsland stapften, wurde das ihnen vorauseilende Artilleriefeuer eingestellt, und die Deutschen kamen aus ihren Bunkern hervor und bemannten die Maschinengewehre. Der Stacheldraht vor den deutschen Gräben war nach wie vor intakt. Die Infanteristen wurden wie Gras niedergemäht, an einem Tage verloren die Briten 57 470 Mann, darunter 21 392 Gefallene und Vermisste. Einer der Stabsoffiziere Haigs, der die Tapferkeit der Männer pries, meinte, dass dem Sturmangriff »der Erfolg nur deswegen versagt blieb, weil ein toter Mann nicht mehr angreifen kann«. Die Franzosen auf dem südlichen Flügel der Offensive waren erfolgreicher. Sie machten in den folgenden Tagen und Monaten Geländegewinne. Die Schlacht erreichte letztlich das gesteckte Ziel insofern, als deutsche Artillerie und Truppen von Verdun abgezogen wurden.

1852–1931

JOSEPH JOFFRE

Joseph Joffre, ein Offizier der Pioniertruppen, wurde 1911 Chef des französischen Generalstabs. Er huldigte dem Prinzip des »Offensivgeistes« und machte sich die katastrophale Strategie des Angriffs »um jeden Preis« zu Eigen, mit der das französische Heer den Krieg begann. Die Misserfolge verlustreicher Offensiven in den Jahren 1915-1916, die an der Somme ihren Höhepunkt erreichten, kosteten ihn jede politische Unterstützung und führten zu seiner Abberufung.

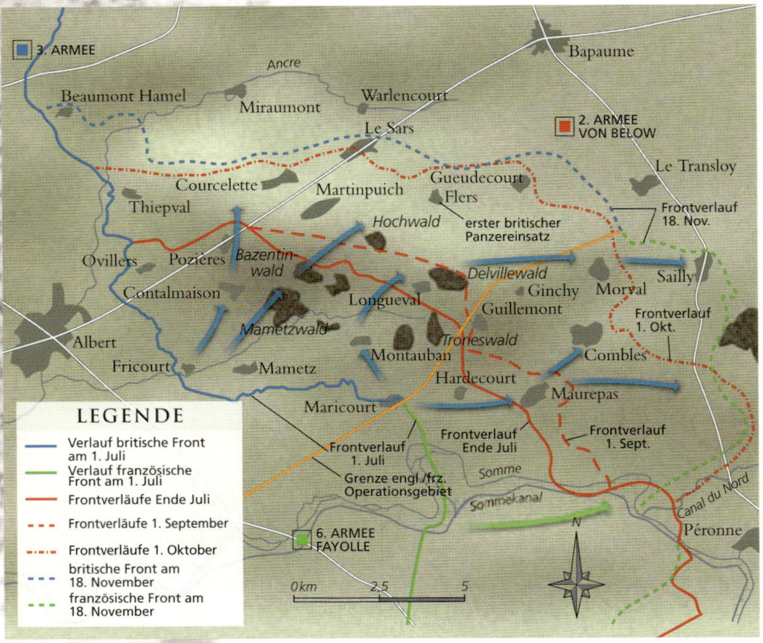

WESTFRONT

Höhenkette von Vimy

DATUM 9. April 1917

STREITKRÄFTE Briten, Kanadier, Deutsche: unbekannt

VERLUSTE Kanadier: 3598 Gefallene; Deutsche: 10000 Gefangene

ORT 12 km nordöstlich von Arras

Als Beitrag zur Nivelle-Offensive (siehe S. 277) führten die Briten im April 1917 einen Angriff vor Arras. Der erste Tag wurde zu einem bemerkenswerten Erfolg, besonders für das kanadische Korps unter General Sir Julian Byng. Angriffsziel der Kanadier war das gewaltige deutsche Verteidigungssystem auf den Vimyhöhen. Ein fünftägiges Bombardement kündigte zwar die bevorstehende Offensive an, doch wurden die Verteidiger überrumpelt, als die Kanadier aus Tunneln hervorbrachen, die sie zuvor gegraben hatten, um näher an die deutschen Stellungen heranzukommen. Über verschneites Gelände vorgehend, hatten sie die Verteidiger fast überwunden, ehe die Deutschen reagierten. Viele wurden in ihren Bunkern gefangen.

LUFTVERTEIDIGUNG
Im Ersten Weltkrieg kamen die Fliegerabwehrwaffen auf. Zunächst handelte es sich lediglich um Maschinengewehre, die auf Speziallafetten montiert waren.

WESTFRONT

Messines

DATUM 7.–14. Juni 1917

STREITKRÄFTE Brit. Empire: 9 Divisionen (plus 3 in Reserve); Deutsche: 5 Divisionen (plus 4 in Reserve)

VERLUSTE Deutsche: 25000; Alliierte: 17000

ORT 15 km südöstlich von Ypern

Die britische 2. Armee unter General Sir Herbert Plumer unternahm mithilfe von zahlreichen Tunneln einen erfolgreichen Angriff auf den deutschen Frontbogen bei den Messineshöhen. Seit Januar 1917 waren mehr als 8000 m Stollen unter die deutschen Stellungen getrieben worden. Deutsche Pioniere gruben als Gegenmaßnahme ihrerseits Tunnel und konnten einen der englischen zerstören, doch 19 andere hatte man bis zum Morgen des 7. Juni mit Sprengstoff gefüllt. Ihre gleichzeitige Explosion um 3.10 Uhr war noch in London deutlich zu hören. Etwa 10000 deutsche Soldaten kamen ums Leben, und so konnte die alliierte Infanterie angreifen und bis zum Nachmittag alle geplanten Schlüsselziele erreichen. Am 14. Juni war der gesamte Frontbogen Messines trotz einiger deutscher Gegenstöße in alliierter Hand.

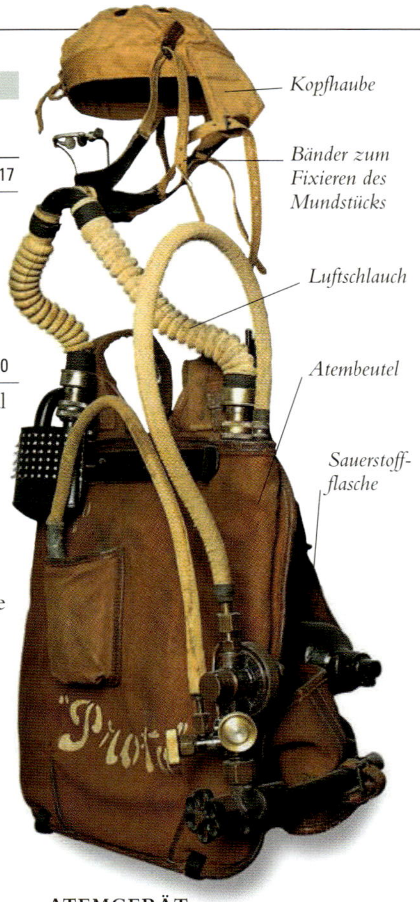

ATEMGERÄT
Die Arbeit unter Tage verlangte besondere Atemschutzausrüstung. Die Beutel dieser britischen Ausführung enthielten Flaschen mit komprimiertem Sauerstoff.

WESTFRONT

Passendale

DATUM 31. Juli–10. November 1917

STREITKRÄFTE Alliierte: unbekannt; Deutsche: unbekannt

VERLUSTE Alliierte: 250000 (darunter 70000 Gefallene); Deutsche: ähnlich

ORT Frontbogen von Ypern, Flandern

Die Dritte Flandernschlacht, auch unter Passendale bekannt, war eine von General Haig geplante britisch-französische Offensive, der lange an einen kriegsentscheidenden Durchbruch in Flandern glaubte. Haig erhielt vom skeptischen britischen Premier David Lloyd George widerstrebend die Genehmigung zu dem Unternehmen, zum Teil aufgrund seiner Argumentation, es könne zur Einnahme der deutschen U-Boot-Stützpunkte in Blankenberghe und Oostende an der flandrischen Küste führen. Der Erfolg von Messines wurde von Haig als Bestätigung seiner Auffassung gedeutet, das deutsche Heer stünde unmittelbar vor dem Zusammenbruch. Nach 15-tägiger Artillerievorbereitung mit gut 4 Millionen Granaten begann im Morgengrauen des 31. Juli die Offensive auf 18 km Breite durch die britische 5. Armee unter General Sir Hubert Gough, flankiert von unterstützenden britischen und französischen Verbänden. Unter dem Befehl des bayrischen Kronprinzen Rupprecht hatten die Deutschen ein tief gestaffeltes Verteidigungssystem angelegt, hinter dessen relativ schwach besetzter Front starke Divisionen für den Gegenstoß standen. Nach geringen Anfangserfolgen brach der alliierte Angriff in tiefem Gelände, das durch Artilleriebeschuss und schwere Regenfälle praktisch unpassierbar geworden war, zusammen. Im September und Anfang Oktober gelangen den Briten, nun unter dem Befehl von General Sir Herbert Plumer, einige begrenzte, aber bleibende Erfolge. Am 4. Oktober hatten sie den Polygonwald und Broodseinde eingenommen. Anstatt das als Sieg zu betrachten und innezuhalten, setzte Haig die Offensive gegen den Höhenzug von Passendale fort, wobei er seine Offiziere wissen ließ: »Der Feind wankt ... ein kräftiger, entscheidender Schlag dürfte zu entscheidenden Resultaten führen.« Das vermochten seine Soldaten nicht zu erkennen. Es waren überwiegend Australier, Neuseeländer und Kanadier, die nun die Offensive fortführten; nach einem Wetterumschwung quälten sie sich durch den Schlamm und standen frischen deutschen Reserven gegenüber, denen es an Senfgas nicht mangelte. Am 6. November schließlich nahmen die Kanadier die Überbleibsel des Dorfes Passendale in Besitz, dann wurde Halt befohlen. Die Verluste der Schlacht waren Gegenstand einer heftigen Kontroverse, die bis heute fortdauert. Gewiss erlitten die alliierten Truppen schwere Verluste und waren vom Kampf unter solchen Bedingungen demoralisiert, aber das galt auch für die Deutschen.

> »Schwerverwundete ... krochen zum Schutz in frische Granattrichter, dann stieg das Wasser um sie herum – zu matt, um sich bewegen zu können, ertranken sie langsam.«
>
> *Edwin Vaughan* vom 8. Warwickshire-Regiment

VERWÜSTETES YPERN
Alliierte Truppen in den Ruinen Yperns, das durch Artilleriebeschuss vollkommen zerstört wurde. Im Hintergrund erkennbar die Ruinen von St. Martin und die Tuchhalle.

ITALIENFRONT

Caporetto

DATUM 27. Oktober–12. November 1917

STREITKRÄFTE Italiener: 41 Divisionen; Österreicher: 29 Divisionen; Deutsche: 7 Divisionen

ORT Isonzo in den italienischen Alpen

VERLUSTE Italiener: 40000; Deutsche und Österreicher: 20000

Italien trat 1915 in den Krieg gegen Österreich-Ungarn ein. Nach Gefechten an der Alpengrenze gelang den Italienern im August 1917 ein Durchbruch. Durch Verluste an der Ostfront geschwächt, erbat Österreich-Ungarn von Deutschland militärische Unterstützung. Von Hutiers 8. Armee bei Riga wurden sieben Divisionen abgezogen und an die italienische Front verlegt, um gemeinsam mit österreichischen Divisionen eine neue Armee unter dem deutschen General Otto von Below zu bilden. Der italienische Befehlshaber, General Luigi Cadorna, wusste darum und richtete seine zahlenmäßig überlegenen Truppen auf Verteidigung ein. Durch Bündelung seiner Kräfte konnte Below jedoch im Angriffsschwerpunkt örtliche Überlegenheit herbeiführen und erzwang einen allgemeinen italienischen Rückzug. Den italienischen Truppen blieb vermutlich nur deshalb die vollständige Niederlage erspart, weil es den österreichisch-deutschen Kräften an Kavallerie oder Kraftfahrzeugen mangelte.

GEBIRGSARTILLERIE
Das Hochgebirge der Alpen war ein schwieriges Gefechtsfeld. Nach Caporetto verlagerte sich das Kriegsgeschehen in die Ebenen.

HUTIER-TAKTIK

Unter dieser vom deutschen General Oskar von Hutier entwickelten Taktik versteht man das Eindringen von kleinen Trupps aus Elitekämpfern an gegnerischen Schwachstellen nach kurzem, orkanartigem Feuerschlag der Artillerie. Schwer bewaffnet, strebten die Stoßtrupps ein Vordringen in größtmögliche Tiefe an, um Gefechtsstände oder Artilleriestellungen auszuschalten, und überließen es der nachrückenden regulären Infanterie, mit dem überrollten Gegner aufzuräumen.

WESTFRONT

Cambrai

DATUM 20. November–7. Dezember 1917

STREITKRÄFTE Briten: 8 Divisionen mit 476 Panzern; Deutsche: 20 Divisionen

ORT südöstlich von Arras, Nordfrankreich

VERLUSTE Briten: 45000; Deutsche: 50000

Cambrai war die erste Schlacht, in der Panzer in großem Maßstab wirksam zum Einsatz kamen. Der Stabschef des britischen Panzerkorps, Oberst John Fuller, durfte einen Angriff entwerfen, der von Panzern geführt wurde, denen die Infanterie folgte. Man verzichtete auf Artillerievorbereitung, um die deutschen Verteidiger nicht zu warnen. Stattdessen eröffneten tausend Geschütze bei Morgengrauen das Feuer, während zugleich die Panzer den deutschen Stellungen entgegenrumpelten. Mit Sechspfündern oder Maschinengewehren bestückt, rollten sie paarweise durch die Stacheldrahtverhaue und öffneten der nachrückenden Infanterie eine Gasse. Obwohl 179 Panzer verloren gingen, erreichten sie doch an vielen Stellen der Front die gesteckten Ziele und stießen stellenweise sogar 8 km tief vor. In England erklangen Kirchenglocken zur Feier eines großen Sieges, doch wurde der Erfolg nicht vertieft.

1861–1928

DOUGLAS HAIG

Sir Douglas Haig, eine der widersprüchlichsten Gestalten der britischen Militärgeschichte, wurde im Dezember 1915 Oberbefehlshaber. Sein unerschütterliches Selbstvertrauen beruhte auf seiner Überzeugung, ein Werkzeug in den Händen göttlicher Mächte zu sein. Sein Beharren auf äußerst verlustreichen Offensiven in den Jahren 1916–1917 zeugte bisweilen von Einfallslosigkeit, doch seine bewegliche Kampfführung machte ihn 1918 zum Architekten des Sieges.

VERWÜSTETES LAND
Australische Soldaten auf einem der Laufstege bei Passendale. Sehr oft rutschten schwer bepackte Soldaten von diesen Stegen ab und ertranken im Schlamm.

DIE OSMANEN IM WELTKRIEG

Das Osmanische Reich geriet 1913 unter die Herrschaft türkisch-nationalistischer Generäle unter Führung von Enver Pascha, der als Verbündeter Deutschlands im Oktober 1914 mit seinem Land in den Krieg eintrat. Die Verteidigung der Dardanellen im Jahr 1915 schmeichelte dem Nationalstolz, doch Feldzüge im Kaukasus, in Mesopotamien und Palästina überforderten die militärischen Ressourcen des Reiches. Wachsender türkischer Nationalismus in diesem multiethnischen Reich schuf Probleme, vor allem mit den Armeniern und Arabern. Der Niederlage 1918 folgte die Auflösung des Reiches.

AUSTRALISCHE ZÄHIGKEIT
Ein australischer Soldat trägt einen verwundeten Kameraden davon. Australische und neuseeländische Truppen erlitten bei Gallipoli hohe Verluste.

DARDANELLEN

Gallipoli

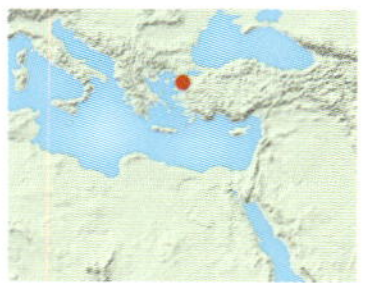

ORT
Meerenge der Dardanellen, Türkei

DATUM 19. Februar 1915–9. Januar 1916

STREITKRÄFTE
Alliierte: 480 000; Türken: unbekannt

VERLUSTE Britannien und Empire: 205 000; Frankreich und Kolonien: 47 000; Türkei: 300 000

Dieser Feldzug begann als alliierte Marineoperation, um den Durchbruch durch die Dardanellen ins Marmarameer zu erzwingen, Konstantinopel einzunehmen und die Türkei als Krieg führende Macht auszuschalten und so den Seeweg zu den Schwarzmeerhäfen im Süden Russlands zu öffnen. Das Unternehmen, das am 19. Februar 1915 begann, war vor allem vom britischen Ersten Lord der Admiralität Winston Churchill betrieben worden. Es erwies sich als vorhersehbarer Fehlschlag. Die britischen und französischen Schlachtschiffe wurden aufgehalten, bis die türkischen Minensperren beseitigt waren, unter der Bedrohung der türkischen Küstenbatterien war das jedoch nicht möglich. Ein letzter Versuch, mit 16 Schlachtschiffen den Durchbruch zu erzwingen, wurde am 18. März abgebrochen, nachdem vier Schiffe versenkt oder gestrandet und zwei weitere schwer beschädigt worden waren. Der Alternativplan, Truppen auf der Halbinsel Gallipoli zu landen und die die Meerenge beherrschenden türkischen Festungen einzunehmen, lag zu dieser Zeit bereits vor. Der britische General Sir Ian Hamilton erhielt das Kommando über eine 75 000 Mann starke Landungstruppe, zu der das Australisch-Neuseeländische Armeekorps (ANZAC), die britische 29. Division und eine französische Kolonialdivision gehörten. Die Landungen am 25. April waren recht erfolgreich. Daraufhin jedoch führten Durcheinander und Zögerlichkeit dazu, dass die Alliierten nach türkischen Gegenstößen in kleine Brückenköpfe eingeschnürt blieben. Unter dem Oberkommando des deutschen Generals Otto Liman von Sanders verteidigten sich die Türken geschickt und entschlossen; Mustafa Kemal Pascha spielte dabei eine herausragende Rolle als vorbildlicher Truppenführer. Unter der Hitze und Ruhr leidend, hielten die alliierten Truppen in ihrem Stützpunkt bis zum Mittsommer aus, während Verstärkung organisiert wurde. Anfang August begann eine neue Offensive. Am 6. und 7. August unternahmen das ANZAC, britische und Gurkhatruppen einen Angriff auf die Sari-Bair-Berge, während weiter nördlich in der Suvlabucht frische britische Truppen landeten. Der Angriff in den Bergen verfehlte nur knapp die Eroberung des Gipfels des Chunk Bair, wurde aber durch einen Gegenstoß unter Kemal zurückgeworfen. Im Herbst stellte sich nur noch die Frage, wie die alliierten Kräfte abgezogen werden konnten.

STERN VON GALLIPOLI
Den türkischen Kriegsteilnehmern bei Gallipoli wurde eine Medaille verliehen. Die Schlacht stärkte den türkischen Stolz.

LANDUNG
ANZAC-Soldaten in der Bucht bei Gaba Tepe, wo sie am 25. April 1915 landeten. Das bergige Gelände konnte kaum überwunden werden.

1881–1938

MUSTAFA KEMAL (ATATÜRK)

Unter dem Ehrennamen Atatürk (»Vater der Türken«) bekannt geworden, war Mustafa Kemal Pascha der Begründer der modernen Türkei. Seine hervorragende Rolle bei Gallipoli machte ihn zum Volkshelden; danach kämpfte er in Palästina und im Kaukasus. Nach der Niederlage des Osmanischen Reiches errichtete er im Mai 1919 eine Revolutionsregierung und gründete 1924 die Türkische Republik.

MESOPOTAMIEN

Belagerung von Kut

ORT zwischen Bagdad und Basra

DATUM 7. Dezember 1915–30. April 1916

STREITKRÄFTE angloindische: 12000 in Kut, 30000 Entsatz; Türken: 30000

VERLUSTE angloindische: alle in Kut getötet oder gefangen; Türken: 10000

Als das Osmanische Reich in den Krieg eintrat, wurde einer Expeditionstruppe der britischen Indienarmee die Invasion des südlichen Mesopotamien (Irak) befohlen, das unter türkischer Herrschaft stand. Nachdem Basra besetzt war, schickte der Befehlshaber Kräfte unter General Sir Charles Townshend im September 1915, um die Stadt Kut al-Amara einzunehmen. Danach erhielt Townshend Befehl, weiter nordwärts vorzustoßen und Bagdad zu besetzen. Seine Truppe hatte sich bis auf 30 km genähert, als sie auf türkischen Widerstand stieß. Da Townshend seine Verbindungslinien für überdehnt hielt, zog er sich nach Kut zurück, wo er im Dezember von den Türken eingeschlossen wurde. Nachdem sie Kut im Sturm nicht hatten nehmen können, legten die Türken ein Grabensystem an, das stark genug war, um Townshends Leute einzuschließen und die Entsatztruppe abzuhalten. Zwischen Januar und April 1916 unternahmen die Briten vier vergebliche Versuche, mit nördlich von Basra entsandten Truppen die türkischen Linien zu durchbrechen. Von Hunger und Krankheit zermürbt, kapitulierten die Eingeschlossenen am 30. April.

PALÄSTINA

Megiddo

ORT Palästina

DATUM 19.–26. September 1918

STREITKRÄFTE Briten und Commonwealth: 69000; Türken und Deutsche: 32000

VERLUSTE Briten und Commonwealth: 853; Türken: unbekannt

Im Frühherbst begann der britische General Allenby nördlich von Jerusalem eine Großoffensive gegen die Türken. Das Überraschungsmoment verhalf seinen Truppen zu einem Durchbruch durch das Grabensystem, das von den deutschen und türkischen Truppen des Generals Liman von Sanders in der Küstenebene Palästinas gehalten wurde.

NAHER OSTEN

Araberaufstand

ORT Arabien, Palästina, Syrien

DATUM 5. Juni 1916–Oktober 1918

STREITKRÄFTE verschieden

VERLUSTE nicht verbürgt

Die zunehmend nationalistische osmanische Regierung in Konstantinopel befremdete viele der arabischen Untertanen des Reiches. Großbritannien ermutigte Scherif Hussein ibn Ali von Mekka im Juni 1916, die Araber zum Aufstand gegen die osmanische Herrschaft aufzurufen. Die Revolte wurde zunächst nur schwach unterstützt, bis Husseins Sohn Feisal mithilfe seines britischen Militärberaters Oberst T. E. Lawrence und eines britischen Kriegsschiffs die Verteidigung des Hafens Yenbo gegen einen türkischen Angriff gelang. Im Juli 1917 eroberte Feisal Akaba, das zum Stützpunkt nordwärts gegen Palästina gerichteter Operationen wurde. Die arabischen Kämpfer unterstützten die britischen Regulären, die von General Sir Edmund Allenby befehligt wurden. Dieser konnte im Herbst 1917 die türkische Linie Beerscheba-Gaza nach Palästina durchbrechen und besetzte im Dezember Jerusalem. Die arabischen Aufständischen verübten Überfälle auf die türkischen Straßen- und Eisenbahnverbindungen und hielten starke türkische Truppen gebunden. 1918 führten sie mit den britischen Truppen gemeinsame Operationen durch, bei denen sie gepanzerte Fahrzeuge und Kamele und Pferde einsetzten. Am 1. Oktober 1918 wurde Damaskus von britischer und arabischer Kavallerie besetzt. Einige isolierte türkische Stützpunkte hielten noch 1919 den arabischen Truppen stand.

1888–1935

LAWRENCE VON ARABIEN

Thomas Edward Lawrence war Archäologe, bevor er im Ersten Weltkrieg als Geheimdienstoffizier diente. Er war dabei behilflich, Feisal ibn Hussein britische Unterstützung zu verschaffen, und kämpfte mit Feisal in dessen Feldzug von der Verteidigung Yenbos im Jahr 1916 bis zum Einzug in Damaskus 1918. Nach dem Krieg gelangte er zu der Ansicht, dass die Friedensregelung für Nahost ein Betrug an den Arabern war. Er schrieb u.a. den berühmten Bericht »Die sieben Säulen der Weisheit«.

WÜSTEN-KRIEGER
Arabische Rebellen versammeln sich während des Aufstands in Palästina.

WÜSTENARTILLERIE
Dieser britische Zehnpfünder, ein hauptsächlich in Indien verwendetes Gebirgsgeschütz, kam im Nahen Osten oft zum Einsatz.

DIE OSTFRONT

Die Kämpfe an der Ostfront führten zu keiner Zeit zu der bewegungslosen Pattsituation wie im Westen. Doch obwohl die Deutschen wiederholt die Russen besiegten, die mit Nachschub-, Organisations- und Führungsproblemen zu kämpfen hatten, ließ sich daraus kein kriegsentscheidender Nutzen ziehen. Die Deutschen besiegten Serbien und Rumänien ohne Mühe, doch die russischen Truppen kämpften tapfer bis zum Frühjahr 1917.

Mittlerweile entwickelte sich Deutschlands Verbündeter Österreich-Ungarn zu einer Belastung, da es unter dem Druck des Krieges in seine einzelnen Bestandteile zu zerfallen drohte. Die politische Auflösung des Zarenreiches untergrub schließlich den Kampfgeist der russischen Soldaten, sodass die Deutschen dem Land im März 1918 in Brest-Litowsk einen drückenden Frieden auferlegen konnten.

OSTFRONT

Gorlice-Tornow

DATUM 2. Mai–22. Juni 1915

STREITKRÄFTE Deutsche: 120 000; Österreich-Ungarn: 120 000; Russen: 240 000

ORT Galizien, im heutigen Polen

VERLUSTE Deutsche, Österreich-Ungarn: 90 000; Russen: schwer

Die Schwäche Österreich-Ungarns veranlasste die Deutschen, im Frühjahr 1915 beträchtliche Kräfte an die galizische Front zu verlegen. Unter dem Befehl von Generalfeldmarschall August von Mackensen eröffnete die 11. Armee eine Großoffensive im Frontabschnitt Gorlice-Tornow. Ein vierstündiges Artilleriefeuer auf 50 km Frontbreite war von verheerender Wirkung für die schlecht ausgerüsteten Russen in ihren flachen Gräben. Sie hielten nicht stand und zogen sich in den ersten beiden Tagen 25 km weit zurück. Der Rückzug ging trotz eintreffender Verstärkung und versuchten Gegenangriffen weiter. Innerhalb von sieben Wochen waren die Russen aus Galizien vertrieben, Lwow (Lemberg) fiel am 22. Juni.

SCHWARZLOSE-MG
Das wassergekühlte Schwarzlose-MG, Kaliber 8 mm, gehörte zur Standardbewaffnung des österreichisch-ungarischen Heeres. Es besaß einen Mündungsfeuerdämpfer.

OSTFRONT

Serbien

DATUM 6. Oktober–23. November 1915

STREITKRÄFTE Deutsche, Österreicher, Bulgaren: 300 000; Serben: 200 000

ORT Serbien

VERLUSTE Serben: 50 000

Serbien konnte 1914 drei Offensiven Österreich-Ungarns abwehren, doch im Herbst 1915 wurde es von den zusammengefassten Kräften der deutschen 11. Armee, Österreich-Ungarns und Bulgariens angegriffen. Die Serben, knapp an Munition und Artillerie und von Typhus geschwächt, zogen sich südwärts zurück. Französische Truppen marschierten im November im Süden des Landes ein, doch zu der Zeit waren die Serben in Kosovo bereits abgeschnitten. Hunderttausende serbischer Soldaten und Zivilisten flohen über das Gebirge an die albanische Küste; viele von ihnen starben unterwegs.

WINTERFELDZUG
Österreichisch-ungarische Truppen auf dem Vormarsch über eine serbische Passstraße.

OSTFRONT

Brussilow-Offensive

DATUM 4. Juni–20. September 1916

STREITKRÄFTE Russen: 573 000; Österreich-Ungarn: 448 000

ORT von den Pripjetsümpfen südwärts bis Czernowitz

VERLUSTE zusammen mehr als 500 000 Gefallene, Verwundete, Gefangene

Im Sommer 1916 trat General Alexej Brussilow, der Oberbefehlshaber der russischen Südwestfront, für eine neue Angriffstaktik ein. Anstatt auf schmaler Front nach ausgedehnter Artillerievorbereitung anzugreifen, die dem Feind den bevorstehenden Angriff ankündigte, sodass ihm Zeit blieb, Reserven zur Abwehr heranzubringen, verlangte er eine koordinierte Offensive auf breiter Front, wobei jede Armee nach nur kurzem Artilleriefeuer anzugreifen habe. Die russische Heeresleitung erlaubte ihm widerstrebend ein entsprechendes Vorgehen am 4. Juni. Brussilows vier Armeen standen österreichisch-ungarischen Truppen gegenüber, die sich in einem tiefen Grabensystem eingerichtet hatten. Bei ihren punktuellen Angriffen entlang einer 550 km breiten Front gelang den Russen eine vollständige Überraschung. Das einleitende Artilleriefeuer war ungewöhnlich akkurat, sodass viele Österreicher noch in ihren tiefen Bunkern hockten, als sie gefangen wurden. Ende Juni waren die Russen 100 km tief in Galizien vorgerückt und erzielten auch weiter nördlich beachtliche Geländegewinne. Die österreichisch-ungarische 7. Armee war praktisch vernichtet. Während des Sommers litten die Russen unter den verlängerten Nachschublinien, zudem war das Überraschungsmoment nicht mehr gegeben. Im August trafen von der Westfront deutsche Verstärkungen ein, das deutsche Oberkommando übernahm auch den Befehl über das österreichisch-ungarische Heer. Die russische Offensive kam zum Halten.

> »Ich erhielt Hunderte von Telegrammen … Alle wollten mich wissen lassen, dass das große Herz des Landes voller Sympathie für die geliebten Soldaten … schlug.«
>
> *General Alexej Brussilow* über die Rückenstärkung für seine Offensive, 1916

DIE ZEIT DER WELTKRIEGE

OSTFRONT

Zweite Brussilow-Offensive

DATUM 1. Juli–3. August 1917

STREITKRÄFTE unbekannt

VERLUSTE Russen: mehrere Hunderttausend Gefallene, Verwundete oder Gefangene

ORT Galizien, heute Polen

Angesichts von Massendemonstrationen in Petrograd dankte Zar Nikolaus II. im März 1917 ab. Die Macht übernahm eine provisorische Regierung, die sich der Fortsetzung des Krieges verpflichtet fühlte. Im Mai wurde Alexander Kerenski zum Kriegsminister bestimmt. Er ernannte General Brussilow zum Befehlshaber, der eine große Sommeroffensive beginnen sollte. Kerenski glaubte, dass das die Kampfmoral der Streitkräfte wieder herstellen würde und sich alle patriotisch Gesinnten hinter die Regierung stellen würden. Er schätzte den Verlust an Disziplin in der Armee jedoch falsch ein, wo sich Soldatenräte über die Offiziere hinwegsetzten, während Soldaten ländlicher Herkunft nach Hause wollten, um sich von den großen Gütern Land anzueignen. Die Offensive, die am 1. Juli mit einem zweitägigen Trommelfeuer kam zunächst gut voran, besonders gegen die Österreicher im Süden, erlahmte aber rasch, als deutsche Reserven eingriffen. Bei der deutschen Gegenoffensive in der zweiten Julihälfte gerieten die russischen Armeen in helle Auflösung.

VOR DEM STURZ
Russische Soldaten knien vor Zar Nikolaus II., der selbst das Kommando übernommen hatte und damit auch für Rückschläge haftbar gemacht wurde.

»... Je schneller wir unsere Truppen in den Kampf werfen, desto früher wird ihre Begeisterung für Politik abkühlen.«

Der russische General Michail Alexeev vor der Offensive, 30. MÄRZ 1917

OSTFRONT

Bolschewistische Revolution

DATUM November 1917–März 1918

STREITKRÄFTE für Rote und Weiße nicht verbürgt

VERLUSTE nicht verbürgt

ORT ganz Russland

Nachdem Zar Nikolaus II. im März 1917 abgedankt hatte, erkannten selbst die extremsten Revolutionäre zunächst die Notwendigkeit an, den Krieg zum Schutz der Revolution vor dem »deutschen Militarismus« fortzusetzen. Im April jedoch kehrte der Bolschewistenführer Wladimir Iljitsch Lenin (mit deutscher Hilfe) aus dem Exil zurück und verpflichtete seine Partei auf einen sofortigen Friedensschluss. Nach dem Scheitern der Zweiten Brussilow-Offensive (siehe oben) besaß Russland kein kampffähiges Heer zur Landesverteidigung mehr. Anfang September nahmen die Deutschen die Hafenstadt Riga ein und rückten entlang der Ostseeküste vor, sodass Petrograd unmittelbar bedroht war. General Lawr Georgijewitsch Kornilow, der Nachfolger Brussilows als Oberbefehlshaber des Heeres, wollte die Verteidigung des Landes fortführen, doch scheiterte sein Versuch, Mitte September in Petrograd die Macht zu übernehmen. Lenins Rote Garden – bewaffnete Arbeiter und Heeres- und Marinesoldaten, die politisch indoktriniert waren – hatten mehr Erfolg. Am 7./8. November brachten sie die Hauptstadt in ihre Gewalt und Lenin kam als Chef einer Revolutionsregierung an die Macht. Im Zusammenhang mit einem allgemeinen Appell an die Soldaten aller Länder, sich gegen ihre kapitalistischen Herren zu erheben und den Krieg zu beenden, erklärte er für Russland den Kriegszustand sofort als beendet. Die bolschewistische Regierung, der Wirklichkeit etwas näher, ersuchte Deutschland um Waffenstillstand, auf den man sich am 16. Dezember verständigte. Es folgten Friedensverhandlungen im deutschen Hauptquartier in Brest-Litowsk. Die Deutschen wollten aus Russlands Schwäche einen möglichst großen Nutzen ziehen. Als die Bolschewiken sie hinzuhalten versuchten, begannen die Deutschen Mitte Februar eine Offensive, die nach Osten führte. Am 3. März unterzeichneten die Bolschewiken einen Friedensvertrag.

FEIND VOR DER TÜR
Dieses russische Plakat von 1917 ruft die Arbeiter von Petrograd auf, sich der Revolution anzuschließen.

REVOLUTION
Bewaffnete Arbeiter ziehen am Maifeiertag 1917 durch Petrograd. Sankt Petersburg als Name der russischen Hauptstadt wurde zu Beginn des Krieges fallen gelassen.

1870–1924

WLADIMIR LENIN

Zu Beginn des Ersten Weltkrieges befand sich der russische Revolutionär Wladimir Lenin im Schweizer Exil, von wo aus er den Krieg als »imperialistisches« Unternehmen brandmarkte. Sein unbeirrbarer Glaube an die Weltrevolution bewog ihn im März 1918 nicht nur zur Annahme des Friedens von Brest-Litowsk, sondern auch zu einem rücksichtslosen Vorgehen gegen seine Feinde im russischen Bürgerkrieg.

1918

Das letzte Kriegsjahr 1918 brachte an der Westfront gewaltige Kämpfe, da die Pattsituation des Grabenkrieges schließlich aufgebrochen wurde. Die riskante Rückkehr der Deutschen zum uneingeschränkten U-Boot-Krieg hatte die Vereinigten Staaten in den Krieg hineingezogen. Die Deutschen hielten einen Sieg aber für möglich, solange die amerikanischen Truppen noch nicht ins Gewicht fielen. Den im März 1918 begonnenen deutschen Großoffensiven blieb jedoch der entscheidende Sieg versagt. Im Juli schlugen die Alliierten zurück. Deutschland musste im November die Waffenstillstandsbedingungen annehmen.

SCHLUSSOFFENSIVEN

Frühjahrsoffensive

DATUM 21. März–3. Juni 1918

STREITKRÄFTE Deutsche: 74 Divisionen; Briten: 30 Divisionen

ORT Westfront von Flandern bis zur Marne

VERLUSTE Alliierte: 500 000; Deutsche: 400 000

Ludendorff plante, »den Briten einen vernichtenden Schlag zu versetzen, ehe die amerikanische Hilfe wirksam werden kann«. Die Kaiserschlacht beziehungsweise Operation Michael begann am 21. März 1918 um 4.40 Uhr damit, dass etwa 6600 Geschütze und dazu 3500 Granatwerfer einen Feuerschlag auf die britischen Stellungen an der Somme führten. Überwältigt von der Intensität des Beschusses, konnten die britischen Soldaten die deutsche Infanterie kaum daran hindern, im dichten Nebel in ihre Stellungen einzudringen und sie von allen Seiten anzugreifen. Obgleich manche britischen Einheiten bis zum letzten Mann kämpften, kapitulierten viele oder setzten sich in Auflösung ab. Die Deutschen machten am ersten Tag 21 000 Gefangene. Am 27. März waren sie 65 km weit durch eine 80 km breite Bresche vorgestoßen, die sie in die alliierte Front geschlagen hatten. Doch die Offensive verlor ihren Schwung. Hungrige deutsche Soldaten hielten inne, um Proviantlager zu plündern, während französische Truppen dazukamen, um den Widerstand der Briten zu verstärken. Am 9. April begann Ludendorff eine weitere Offensive in Flandern. Bei einem Angriff auf einen Frontabschnitt, der von einem portugiesischen Korps und erschöpften britischen Truppen gehalten wurde, drangen die Deutschen am ersten Tage 5 km weit vor. Aber wieder ging der Offensive der Schwung verloren und am 29. April kamen beide Seiten zum Stillstand. Eine weitere Offensive Ende Mai an der Aisne brachte die Deutschen auf 90 km an Paris heran.

Doch all diese Offensiven schwächten und demoralisierten das deutsche Westheer, indem sie nicht zu ersetzende Menschenverluste kosteten, ohne dass irgendein kriegsentscheidendes Ziel erreicht worden wäre.

STÜRMENDE INFANTERIE
Deutsche Truppen beim Angriff während der Frühjahrsoffensive.

STURMABZEICHEN
Die Sturmbataillone drangen als Angriffsspitzen tief in die feindlichen Linien ein.

> »Jede Stellung muss bis zum letzten Mann gehalten werden. Mit dem Rücken zur Wand ... muss ein jeder von uns bis zum Ende kämpfen.«
>
> *General Haig,* Tagesbefehl, 11. April 1918

SCHLUSSOFFENSIVEN

Belleauwald

DATUM 6.–26. Juni 1918

STREITKRÄFTE unbekannt

ORT östlich von Paris zwischen Aisne und Marne

VERLUSTE Amerikaner: 9777; Deutsche: 1600 Gefangene, Anzahl der Gefallenen unbekannt

Im Mai 1918 hatten rund eine halbe Million amerikanische Soldaten Frankreich erreicht. Am 6. Juni erhielt die amerikanische 2. Division den Auftrag, den Belleauwald zurückzuerobern. Die 4. Marineinfanteriebrigade griff über offenes Gelände unter deutschem Maschinengewehrfeuer an und erlitt schwere Verluste. Die Amerikaner nahmen zwar den Wald ein, aber die Deutschen holten ihn zurück, bis sie am 26. Juni endgültig weichen mussten. Dieses Gefecht bewies zwar die Kampfstärke, aber auch die Unerfahrenheit der amerikanischen Truppen.

1860–1948

JOHN PERSHING

John Joseph Pershing, Veteran der Kriege auf den Philippinen und in Mexiko, wurde als Führer der amerikanischen Expeditionstruppen ausgewählt und überzeugte die US-Politiker von der Notwendigkeit eines Millionenheeres. In Europa angekommen, hielt er die amerikanischen Truppen zumeist unter seinem Kommando vereint und führte sie durch eine verlustreiche Lernphase während der Schlussoffensiven. Er hielt den Waffenstillstand für einen Fehler.

GRANATEN AUF PARIS
Mit der Frühjahrsoffensive kamen die Deutschen bis auf 90 km an Paris heran und beschossen es mit den drei Parisgeschützen.

SCHLUSSOFFENSIVEN

Zweite Marneschlacht

DATUM 15. Juli–3. August 1918

STREITKRÄFTE unbekannt

ORT an der Marne östlich von Paris

VERLUSTE Franzosen: 95 000; Briten: 13 000; Amerikaner: 12 000; Deutsche: 168 000

Wie schon vier Jahre zuvor, so wendete sich auch jetzt das Blatt an der Marne. Am 15. Juli eröffneten die Deutschen die letzte einer Reihe von Offensiven, die sie am 21. März begonnen hatten, und griffen auf breiter Front von der Marne bis Reims an. Der alliierte Oberbefehlshaber Foch war aber bereits dabei, etwas weiter westlich seine eigene Offensive vorzubereiten. Die Deutschen kamen zunächst gut voran und vermochten jenseits der Marne Brückenköpfe zu bilden, wurden dann aber aufgehalten, als im Morgengrauen des 18. Juli die alliierte Gegenoffensive begann. Es handelte es sich um ein hauptsächlich französisches Unternehmen, obgleich amerikanische Divisionen eine herausragende Rolle spielten. Mit mehr als 500 Panzern und über 1000 Flugzeugen im Einsatz kämpften sich die Alliierten in den ersten beiden Tagen 10 km voran. Die Deutschen wurden in den folgenden zwei Wochen zu einem allgemeinen Rückzug bis hinter die Aisne gezwungen.

SCHLUSSOFFENSIVEN

Alliierte Schlussoffensiven

ORT
Ostfrankreich

DATUM
8. August–11. November 1918

STREITKRÄFTE
nicht verbürgt

VERLUSTE
nicht verbürgt

Im Morgengrauen des 8. August 1918 griff britische, kanadische und australische Infanterie hinter mehr als 400 Panzern die deutschen Stellungen vor Amiens an. Sie wurde unterstützt von etwa 800 Flugzeugen, die sowohl in die Erdkämpfe eingriffen als auch Munition für die angreifenden Truppen abwarfen. Bis zum Nachmittag war den Alliierten ein größerer Durchbruch gelungen. An diesem, so Ludendorff, »schwarzen Tag des deutschen Heeres« konnten sie etwa 12 km weit vordringen. Obwohl die Amiensoffensive schnell zum Stehen kam, so war sie doch ein Hinweis auf die Zukunft. Die Stärke des deutschen Heeres schwand dahin, während mit dem Eintreffen der Amerikaner die Zahl der Alliierten wuchs. Die britische Seeblockade erlegte der deutschen Bevölkerung ungeheure Härten auf und bewirkte wachsende Versorgungsschwierigkeiten des Heeres. Die deutschen Flugzeuge waren hoffnungslos in der Minderzahl und die wenigen deutschen Panzer waren recht schwerfällig. Die Kampfkraft der amerikanischen Truppen zeigte sich am 12. September, als die 1. Amerikanische Armee den Frontbogen bei St. Mihiel angriff und an einem Tag mehr als 13 000 Gefangene machte. In der letzten Septemberwoche, nachdem den Alliierten der Durchbruch durch die starken Verteidigungsanlagen der Siegfriedstellung gelungen war, erklärte Ludendorff seinen Vorgesetzten, es sei notwendig, um einen Waffenstillstand nachzusuchen. Viele deutsche Soldaten waren demoralisiert und nicht mehr bereit, bis zum letzten Mann zu kämpfen, doch während des wochenlangen politischen und diplomatischen Taktierens hielten die schweren Kämpfe an. Am 11. November um 11 Uhr trat ein Waffenstillstand in Kraft.

US-INFANTERIE
Der Kriegseintritt der Vereinigten Staaten veränderte die Lage nachhaltig zugunsten der Alliierten.

1865–1937

ERICH LUDENDORFF

Siege bei Lüttich und Tannenberg machten den bis dahin unbekannten Stabsoffizier Ludendorff zu einem deutschen Nationalhelden. Seit 1916 der führende Kopf der deutschen Kriegsanstrengungen, schuf er eine zentral gesteuerte Kriegswirtschaft und verfolgte rücksichtslos das Ziel eines totalen Sieges. Nach dem Kriege wurde er zu einer führenden Gestalt während der Anfänge der nationalsozialistischen Bewegung.

KANALÜBERQUERUNG
Nachdem sie Ende September 1918 den St.-Quentin-Kanal, einen Teil der Siegfriedstellung, überwunden haben, lauschen britische Soldaten ihrem Kommandeur.

PANZER MARK IV

PANZER WURDEN ERSTMALS VON DEN BRITEN AM 15. SEPTEMBER 1916 BEI DEN KÄMPFEN AN DER SOMME EINGESETZT. DIE ERSTEN MODELLE WAREN LANGSAM UND UNZUVERLÄSSIG, DOCH LIESSEN SIE BEREITS DAS ÜBERWÄLTIGENDE POTENZIAL SOLCHER KAMPFWAGEN ERKENNEN.

1915 begannen die Briten mit der Konstruktion eines neuen Fahrzeugs, wobei sie sich beim Fahrgestell am amerikanischen Holt-Raupenschlepper orientierten. Der Mark IV, 1917 in Dienst gestellt, verfügte über eine stärkere Panzerung als der im Jahr zuvor fertig gestellte Vorgänger Mark I. Wie alle frühen Modelle war auch der Mark IV ein schwerer Kampfwagen, bei dem Beweglichkeit zugunsten der Panzerung geopfert wurde. Die Panzer waren dazu gedacht, die Infanterie durch das Niemandsland zu führen und ihr einen Weg durch Stacheldraht und das Grabensystem zu bahnen.

STÄRKEN UND SCHWÄCHEN

Obgleich sie Maschinengewehrfeuer standhielten, war den schweren Panzern mit Artillerie beizukommen. Wurden sie in schlammigem, von Granattrichtern durchsetztem Gelände eingesetzt, sanken sie regelmäßig hilflos ein oder gaben den Geist auf. In der Panzerschlacht von Cambrai im Jahr 1917 bewiesen etwa 324 schwere britische Tanks, die zu einem massierten Angriff auf festem Untergrund anfuhren, was solche Fahrzeuge bei richtigem Einsatz bewirken konnten. Leichtere, schnellere Panzer wie etwa der britische Whippet und der französische Renault FT-17 – der den rundum drehbaren Geschützturm einführte – stellten ihren Wert in den späteren Stadien des Krieges bei offenerer Kampfführung unter Beweis.

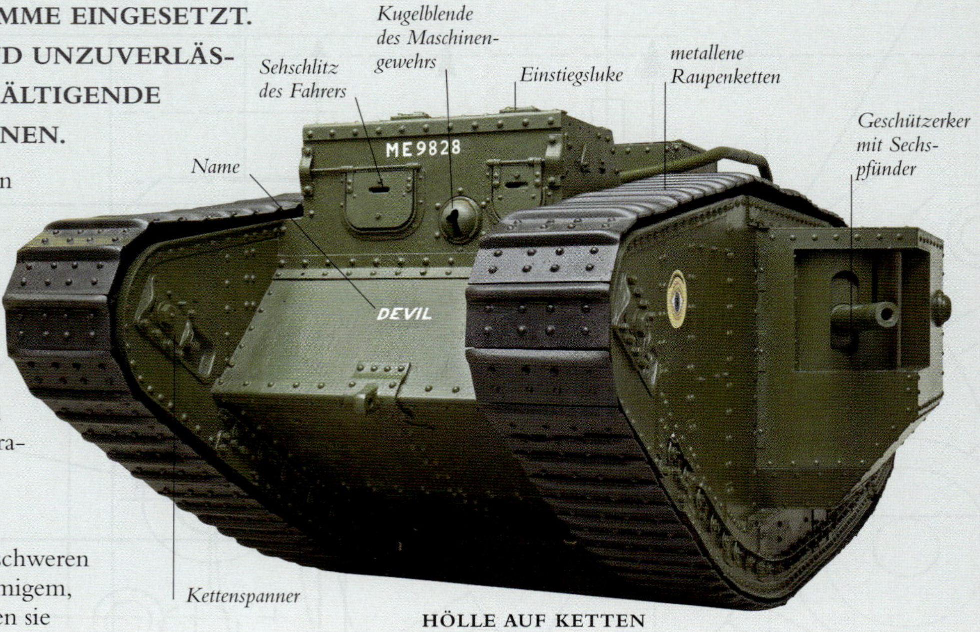

HÖLLE AUF KETTEN
Vom Mark IV wurden über 1000 Stück gebaut, mehr als von jedem anderen Typ jener Tage. Im Laufe des Ersten Weltkrieges machte der Panzer die gesamte Entwicklung von den ersten Konzepten bis zur erfolgreichen Konstruktion durch.

DATEN	
Ursprungsland Großbritannien	**Geschwindigkeit** bis 6,4 km/h
Indienststellung 1917	**Motorleistung** 105 PS
Besatzung 8	**Gewicht** 28 t

LIEGEN GEBLIEBEN
Die frühen Panzer kamen mit dem Schlamm, den tiefen Gräben und den gewaltigen Granattrichtern auf den Schlachtfeldern der Westfront häufig nicht zurecht.

INNEN IM MARK IV *Die Panzerbesatzung tat ihren Dienst in einem heißen, verqualmten Innern bei äußerst dürftiger Sicht und ohne Kontakt mit der Außenwelt, es sei denn, die Infanterie gab Klopfzeichen.*

FAHRERSITZ *Ein Offizier und der Fahrer saßen nebeneinander vorn. Der Fahrer musste den Panzer vor einer Richtungsänderung anhalten – ein leicht zu treffendes Ziel.*

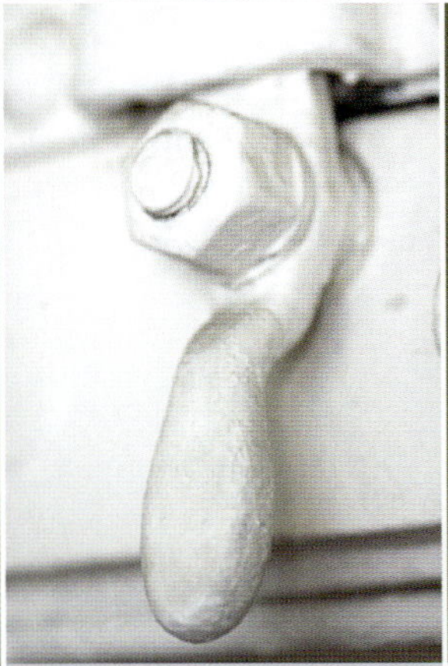

VORREIBER *Der Hebel verriegelte die Notausstiegsluke – oben auf dem Panzer – von innen.*

KANONE *Je zwei Mann bedienten die beiden Sechspfünderkanonen.*

KETTENGLIEDER *Der Panzer bewegte sich mit zwei über Rollen geführten Gleisketten aus verbundenen Metallplatten.*

STAHLPLATTEN *Die Ausführungen Mark III und Mark IV besaßen eine stärkere Panzerung, um den panzerbrechenden Geschossen der Deutschen zu widerstehen. Trotzdem ließen die außen einschlagenden Geschosse im Inneren gefährliche Metallsplitter fliegen.*

GRANATEN *Die Munition war neben dem Geschütz untergebracht.*

SEHSCHLITZE *Die feindlichen Truppen lernten schnell, ihr Feuer auf die Sehschlitze des Panzers zu konzentrieren.*

MOTOR *Der Mark IV besaß einen 105 PS starken Daimler-Sechszylindermotor. Die Maschine war frei zugänglich, sodass die Besatzung sie schmieren konnte. Nachteilig waren jedoch der Lärm und der Qualm sowie die Notwendigkeit, stets den sich bewegenden Maschinenteilen auszuweichen.*

DIE ZWISCHENKRIEGSZEIT

1918 WURDE DER FROMME Wunsch laut, der Weltkrieg möge sich als Krieg zur Beendigung aller Kriege erweisen. Es wurde der Völkerbund ins Leben gerufen, um den Frieden zu wahren und für Abrüstung zu werben. Dieser Impuls blieb während des folgenden Jahrzehnts erhalten: Im August 1928 unterzeichneten 15 Staaten, darunter Großbritannien, Deutschland, Frankreich, die Vereinigten Staaten und Japan, den Briand-Kellogg-Pakt, in dem der Krieg als Mittel internationaler Politik verurteilt wurde. Doch knapp fünf Jahre später gab es in Deutschland eine nationalsozialistische Regierung, die sich der Wiederbewaffnung und einem aggressiven Expansionismus verschrieben hatte.

SOWJETISCHE PLASTIK
Wera Muchinas Plastik »Arbeiter und Kolchosbäuerin« wurde für den sowjetischen Pavillon auf der Pariser Weltausstellung von 1937 geschaffen.

NACH DEM ERSTEN WELTKRIEG

Deutschland schüttelte niemals das Gefühl einer bitteren Niederlage ab, noch akzeptierte es die finanziellen Opfer, die ihm mit den Bestimmungen des Friedensvertrages aufgezwungen wurden. Als es 1923 mit den Reparationszahlungen in Rückstand geriet, besetzten französische und belgische Truppen das Ruhrgebiet; Deutschland, ohnehin schon schwer verschuldet, geriet in eine Hyperinflation. Mittlerweile hatte die Einsetzung der ersten kommunistischen Regierung in der Sowjetunion zu einer ideologischen Spaltung geführt, die das Machtverhältnis der Staaten untereinander komplizierte. Wenngleich die öffentliche Meinung großenteils nicht mehr für die Verherrlichung des Krieges war, so waren doch manche ehemaligen Frontsoldaten dem Militarismus und Nationalismus zugewandt.

VERRÜCKTES GELD
1923, auf dem Höhepunkt der Inflation in Deutschland, war für die abgebildete 1000-Milliarden-Mark-Banknote nicht eine Tasse Kaffee zu haben.

GEGEN DEN KRIEG
Erich Maria Remarques 1929 erschienener Roman »Im Westen nichts Neues« war nur eines der Bücher, die den Weltkrieg als »sinnloses Gemetzel« darstellten.

BÜRGERKRIEGE UND KOLONIALKRIEGE

Bei den bewaffneten Konflikten zwischen 1918 und 1923 handelte es sich im Wesentlichen um die Klärung der Streitfragen, die der Weltkrieg hinterlassen hatte. In Russland brachte ein komplexer, äußerst verheerender Bürgerkrieg im größten Teil des ehemaligen Zarenreichs die Bolschewiken an die Macht, während ein kurzer, heftiger Krieg mit Polen Russlands Westgrenze festlegte. Die türkischen Nationalisten widersetzten sich der Teilung Anatoliens, die dem Osmanischen Reich im Friedensvertrag auferlegt worden war, und führten gegen Griechenland erfolgreich Krieg, um den Staat der Türkei zu begründen. Die Kolonialmächte nutzten einen Teil der im Weltkrieg entwickelten Luftmacht für »imperiale Polizeiaktionen« – die Italiener gegen libysche Rebellen, die Franzosen und Spanier gegen Abd el-Krim in Marokko und die Briten im Irak gegen Kurden und Schiiten.

ITALIENISCHE INVASION
Italienische Soldaten und Einheimische während der Invasion Äthiopiens 1935. Die europäischen Demokratien reagierten nicht.

ABGLEITEN IN DEN KRIEG

DER FÜHRER
Adolf Hitler trägt das ihm im Weltkrieg verliehene Eiserne Kreuz an der Parteiuniform. Die Brutalität, die er im Krieg erlebt hatte, prägte seine Ansicht, dass nur der Stärkste zu bestehen vermochte.

Die 30er-Jahre waren eine Zeit sich ausbreitender Kriege, die sich zum Zweiten Weltkrieg steigerten. Der Zusammenbruch der deutschen Demokratie unter den Auswirkungen der Wirtschaftskrise ermöglichte 1933 die Machtergreifung Adolf Hitlers und der NSDAP. Hitler sah es als seine Aufgabe an, die Ergebnisse des Weltkriegs rückgängig zu machen. Durch den Anschluss Österreichs und des Sudetenlandes vergrößerte er die Macht des Reiches beträchtlich. In Japan brachten Militaristen die Regierung unter ihren Einfluss und verfolgten eine expansionistische Asienpolitik, sie unterwarfen die Mandschurei 1931 und begannen 1937 einen regelrechten Angriffskrieg gegen China. Italiens Eroberung Äthiopiens – immerhin ein Mitglied des Völkerbundes – rief 1935 eine so zaghafte Reaktion hervor, dass damit die »kollektive Sicherheit« erledigt war.

DAVIDSTERN
Hitler gab den Juden die Schuld an der Niederlage Deutschlands im Ersten Weltkrieg. Seit 1939 mussten sie in den deutschen Ostgebieten und später auch in Deutschland und den besetzten Ländern Europas diesen gelben Stern tragen.

1883–1945

BENITO MUSSOLINI

Der italienische Diktator Mussolini gelangte 1922 an die Macht, als er mit seinen paramilitärisch organisierten Schwarzhemden den Marsch auf Rom unternahm. Die Ablehnung seiner Invasion in Äthiopien 1935 durch den Völkerbund führte ihn in eine Allianz mit Hitlerdeutschland. Italienische Truppen nahmen am Spanischen Bürgerkrieg teil, doch Mussolini trat erst 1940 in den Zweiten Weltkrieg ein. Nach der alliierten Invasion Italiens 1943 von der Macht vertrieben, führte er ein Marionettenregime in Norditalien und wurde 1945 von Partisanen umgebracht.

JAPAN IM KRIEG
Japanische Soldaten feiern 1937 in Nanking die erfolgreiche Invasion Chinas. Der Ausbruch des chinesisch-japanischen Konflikts wird gelegentlich als eigentlicher Beginn des Zweiten Weltkrieges aufgefasst.

JAGDFLUGZEUG
Die deutsche Bf 109 von Messerschmitt gehörte zu den Hochleistungseindeckern, die in den 30er-Jahren in Dienst gestellt wurden.

LUFTKRIEG

Das Kriegswesen der 30er-Jahre unterschied sich von den Gegebenheiten des Ersten Weltkrieges hauptsächlich durch die wachsende Bedeutung der Luftwaffe. Die Verluste bei der Bombardierung der Stadt Nanking durch die Japaner und die Zerstörung des baskischen Guernica durch die deutsche Legion Condor deuteten darauf hin, dass ein Krieg mit der sofortigen Verwüstung der Städte aus der Luft beginnen könnte. Als die Wiederaufrüstung begann, stand das Kampfflugzeug im Mittelpunkt. Doch nur die Deutschen entwickelten eine Taktik, Kampfflugzeuge in Verbindung mit Panzer- und anderen Bodentruppen einzusetzen.

ZURÜCK ZUM KRIEG
Im November 1939, als Europa sich erneut in einen Krieg gestürzt hatte, stapeln britische Munitionsarbeiter Granaten.

RUSSLAND UND CHINA IM KRIEG

Das gesamte Gebiet der grossen eurasischen Landmasse war in der ersten Hälfte des 20. Jahrhunderts Schauplatz von politischen Umwälzungen und Kriegen. Auf dem Territorium des ehemaligen russischen Zarenreiches wurde die Sowjetunion gegründet, nachdem die Feinde der Revolution in einem groß angelegten Krieg besiegt und neue Grenzen gezogen waren. In China versuchte die Regierung der Kuomintang (»Nationale Volkspartei«) verzweifelt, ihre Autorität im ganzen Land durchzusetzen, stieß aber auf den Widerstand der Militärmachthaber und Kommunisten. Die Schwäche Chinas ausnutzend, kam es 1931 bis 1933 zu einer Reihe von militärischen Übergriffen Japans auf Nordchina; die Mandschurei wurde besetzt und China gezwungen, alle seine Truppen aus den Gebieten nördlich von Peking zurückzuziehen.

RUSSISCHER BÜRGERKRIEG

Russischer Bürgerkrieg

ORT Russland

DATUM Mai 1918–November 1920

STREITKRÄFTE Bolschewiken: 800 000 (Oktober 1920); Weiße: ca. 300 000 (Ende 1918); ausländische Truppen: 180 000 (Ende 1918)

VERLUSTE insgesamt 10 Millionen

In der Jahresmitte 1918 wurde die bolschewistische Regierung Russlands von mancherlei Kräften bedroht: ehemaligen tschechischen Kriegsgefangenen, die die Transsibirische Eisenbahn kontrollierten; Truppen aus Großbritannien, Frankreich, den USA und Japan, die Gebiete um die wichtigsten Häfen besetzt hielten; nationalistischen Gruppen in der Ukraine und anderen ethnisch fremden Gebieten; dazu die Armeen der »Weißen« unter zarentreuen Offizieren – vor allem General Anton Denikin und Admiral Alexander Koltschak –, die die Revolution niederschlagen wollten. Leo Trotzki, einer der führenden Bolschewiki, schuf aus dem Nichts die Rote Armee. Wie die Weißgardisten, so wurde auch sie von ehemaligen Offizieren des Zaren befehligt; deren tüchtigster war Michail Tuchatschewski. Von einem Panzerzug aus, der ihn zu den verschiedenen Fronten führte, kontrollierte Trotzki das Geschehen. Die Kavallerie bekam besondere Bedeutung in einem Krieg der Kommandounternehmen durch relativ kleine Einheiten in einem weiten Land. Beide Seiten terrorisierten die Landbevölkerung, um ihr Rekruten und Getreide abzupressen, und begingen dabei schreckliche Gräueltaten. Die Weißgardisten wurden schlecht geführt, litten unter innerer Zwietracht und konnten in der Bevölkerung keine Unterstützung finden, sodass sie Ende 1920 besiegt waren.

ROTE KAVALLERIE
Eine Abteilung der bolschewistischen 1. Reiterarmee auf dem Vormarsch durch Russland. Unter der Führung von Semjon Budjonny spielte die Rote Kavallerie eine bedeutende Rolle.

POLNISCH-SOWJETISCHER KRIEG

Schlacht an der Weichsel

ORT außerhalb Warschaus

DATUM 7. Mai–12. Oktober 1920

STREITKRÄFTE Russen: 200 000; Polen: 200 000

VERLUSTE Russen: etwa 80 000 Gefallene oder Verwundete, 60 000 Gefangene; Polen: 50 000 Gefallene oder Verwundete

Im Mai 1920 marschierten polnische Truppen unter Józef Piłsudski im Einvernehmen mit dem ukrainischen Nationalistenführer Simon Petljura in die Ukraine ein und eroberten Kiew. Piłsudski verfolgte dabei das Ziel, die Grenzen Polens so weit wie nur möglich nach Osten auszuweiten. Die russische Rote Armee unternahm einen machtvollen Gegenschlag und eroberte Kiew am 12. Juni zurück. In der Hoffnung, Polen für die Revolution zu gewinnen, setzten die Bolschewiken die Offensive fort. Am 13. August hatte die Westliche Heeresgruppe der Roten Armee Warschau von Norden und Süden her umklammert, während die Heeresgruppe Südwest vor Lemberg kämpfte. Am 16. August begann Piłsudski überraschend einen Gegenangriff in die Lücke zwischen den beiden Armeen. Ein gleichzeitig geführter Schlag gegen die Nordflanke von Tuchatschewskis Truppen drohte dessen Armee in die Zange zu nehmen. Die Russen wichen zurück und schlossen einen Waffenstillstand.

POLNISCHER ADLER
Das polnische Staatsemblem wurde 1918 wieder belebt, doch musste der weiße Adler 1952–1990 auf seine Krone verzichten.

1867–1935

MARSCHALL JÓZEF PIŁSUDSKI

Vor dem Ersten Weltkrieg wirkte Piłsudski als Agitator für Polens Unabhängigkeit von russischer Herrschaft. Während des Krieges führte er die Polnische Legion, die an der Seite Österreich-Ungarns gegen Russland kämpfte. Als Staatschef Polens seit 1918 brach er den Krieg mit den Bolschewisten vom Zaun, der Polen die Kontrolle über die westliche Ukraine und Weißrussland eintrug.

CHINESISCHE »BANDITENBEKÄMPFUNG«

Langer Marsch

DATUM 16. Oktober 1934–20. Oktober 1935

STREITKRÄFTE 80000 beim kommunistischen Ausbruch von Jiangxi

ORT 10000 km von Ruijin bis Wuqizhen

VERLUSTE unbekannt, 9000 kamen in Wuqizhen an

Bis 1927 unterstützte die Kommunistische Partei Chinas die Kuomintang unter Tschiang Kai-schek bei der Vereinigung Chinas unter einer nationalistischen Regierung. Dann jedoch wandten sich die Kuomintang gegen die Kommunisten, es kam in Shanghai und Nanking zu Massakern, deren Überlebende vertrieben wurden. Zu Beginn der 30er-Jahre unternahm Tschiang eine Reihe von Feldzügen, um die verbliebenen Stützpunkte seiner Gegner auszuschalten. Die kommunistisch kontrollierte Provinz Kiangsi wurde dabei von Regierungstruppen eingeschlossen und durch eine Blockade von der Außenwelt abgeschnitten. Die kommunistische Führung, zu der auch Mao Tse-tung gehörte, beschloss einen Ausbruch nach Südwesten. Obwohl die Ausrüstung dürftig war, durchbrachen die Kommunisten die Einkreisung und marschierten auf der Suche nach einer sicheren Basis zunächst westwärts, dann nach Norden.

VOLKSKRIEGFÜHRER

Auf dem Langen Marsch entwickelte sich Mao Tse-tung zum Führer der Kommunisten. Er drängte auf einen Revolutionskrieg.

JAPAN MARSCHIERT IN CHINA EIN

Japanische Invasion Chinas

DATUM Juli 1937–Januar 1938

STREITKRÄFTE Chinesen: 2,150 Millionen; Japaner und Mandschuren: 450000

ORT China

VERLUSTE in Shanghai insgesamt ca. 200000; Chinesen bei Plünderung Nankings: ca. 250000

Am 7. Juli 1937 kam es nach einem Zusammenstoß japanischer und chinesischer Soldaten auf der Marco-Polo-Brücke in Peking zu einem regelrechten Krieg, in dem die Kuomintang und die Kommunisten als Verbündete gegen die Japaner kämpften. Die schwersten Kämpfe fanden in Shanghai statt, wo die Japaner seit dem 13. August mit Luft- und Seeunterstützung Truppen anlandeten. Am 12. September standen die Japaner in der Stadt, doch die Chinesen leisteten Straße um Straße heftigsten Widerstand. Anfang November traten die chinesischen Truppen kämpfend den Rückzug an. Nun marschierten die Japaner gegen Nanking vor, wo es die chinesischen Soldaten, obgleich zahlenmäßig überlegen, versäumten, entschlossenen Widerstand zu leisten. Die japanische Luftwaffe belegte die Stadt mit einem schweren Bombardement; anschließend begingen die Japaner sechs Wochen lang Gewalttaten.

MASSENBESTEIGUNG

Ein japanisches Infanterieregiment besteigt im November 1937 einen Abschnitt der Großen Mauer in der Nähe Pekings.

NOMONHANZWISCHENFALL

Nomonhan

DATUM 28. Mai–16. September 1939

STREITKRÄFTE Sowjets und Mongolen: 65000; Japaner: 28000

ORT Grenze zwischen Mandschurei und Äußerer Mongolei

VERLUSTE Sowjets: 24000; Japaner: 18000

Japan brachte Truppen aus der Mandschurei in ein Gebiet jenseits des Flusses Chalkin-Gol, das auch von den Sowjets beansprucht wurde. Der Sowjetgeneral Georgi Schukow sollte mit einer gut ausgerüsteten, zahlenmäßig überlegenen Truppe die Eindringlinge zurückdrängen. Am 20. August eröffnete er bei der Stadt Nomonhan mit gepanzerten Einheiten und motorisierter Infanterie den Angriff. Reste der japanischen Truppen zogen sich in die Mandschurei zurück, danach wurde ein Waffenstillstand vereinbart.

SOWJETPANZER

Die Rote Armee bei Gefechtsvorbereitungen. Da in Westeuropa der Zweite Weltkrieg ausgebrochen war, nahm die Welt Nomonhan kaum zur Kenntnis.

SPANISCHER BÜRGERKRIEG

Im Juli 1936 versuchten Heeresoffiziere, die linke Volksfrontregierung Spaniens zu stürzen, doch Arbeitermilizen verhinderten den Staatsstreich. Der daraufhin beginnende Bürgerkrieg dauerte drei Jahre lang und kostete mindestens 600 000 Todesopfer. Ungefähr 40 000 Freiwillige kämpften in den Internationalen Brigaden als »Loyalisten« auf der Seite der Regierung, die auch Waffen und Flugzeuge von der Sowjetunion erhielt. Über 60 000 Soldaten aus dem faschistischen Italien und die deutsche Legion Condor kämpften für die Aufständischen beziehungsweise Nationalisten General Francos.

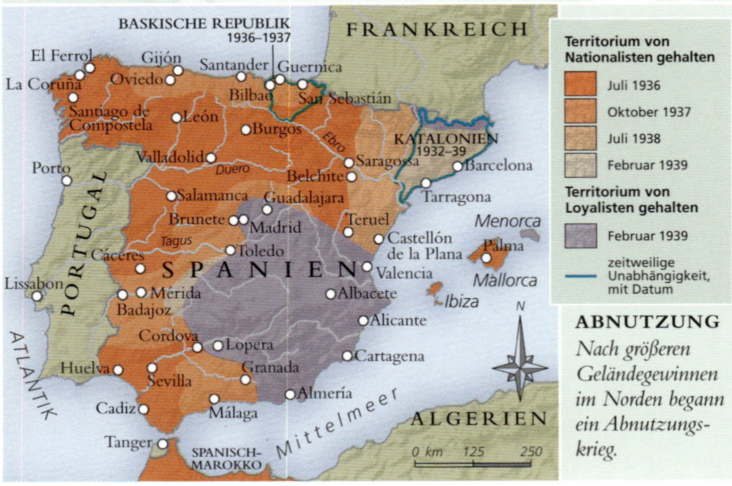

ABNUTZUNG
Nach größeren Geländegewinnen im Norden begann ein Abnutzungskrieg.

SPANISCHER BÜRGERKRIEG

Anmarsch aus Afrika

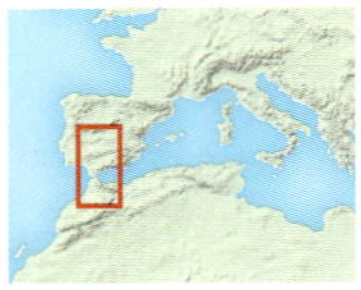

ORT Spanisch-Marokko, Badajoz, Toledo

DATUM August–September 1936

STREITKRÄFTE Afrikaarmee: 34 000

VERLUSTE nicht verbürgt

Die am 18. Juli 1936 ausgebrochene Rebellion des Heeres sah zunächst nach einem Fehlschlag aus. Die erfahrensten Soldaten des Heeres waren die Fremdenlegionäre und die Marokkaner in Spanisch-Marokko. Da die Kriegsmarine loyal zur Regierung stand, konnten die Truppen nicht nach Spanien übersetzen. Der Chef der afrikanischen Streitkräfte, General Franco, wandte sich um Hilfe an das faschistische Italien und das nationalsozialistische Deutschland. Als Ende Juli deutsche Ju-52-Transportmaschinen eintrafen, konnte Franco über diese erste Luftbrücke der Geschichte 15 000 Mann nach Sevilla verlegen. Während italienische Savoia-Marchetti-Bomber das Unternehmen sicherten, wurden weitere Soldaten per Schiff über die Meerenge geschafft. Die Afrikaarmee marschierte nordwärts nach Badajoz und westwärts nach Toledo und brachte Tausende von Milizionären und Volksfrontsympathisanten um.

MESSERSCHMITT BF 109
Die ersten Kampfeinsätze der Jäger Bf 109 wurden von der Legion Condor im Spanischen Bürgerkrieg geflogen.

SPANISCHER BÜRGERKRIEG

Verteidigung von Madrid

ORT Madrid, Spanien

DATUM 6.–23. November 1936

STREITKRÄFTE Nationalisten: ca. 50 000; Loyalisten: unbekannt

VERLUSTE nicht verbürgt

Im Oktober 1936 wurde Madrid im Süden von der Afrikaarmee und von den Truppen des Generals Emilio Mola im Norden bedroht. Dem ersten Eintreffen sowjetischer Hilfsgüter folgte am 8. November eine erste Abteilung der Internationalen Brigaden. Zu dieser Zeit standen die Truppen der Nationalisten bereits in den Vororten; zurückgeblieben war General José Miaja als Stadtkommandant. Madrid geriet unter Bombenangriffe und Artilleriebeschuss, doch bemerkenswerterweise hielten die Verteidigungsanlagen stand. Die 11. Internationale Brigade Milizen sowie loyale Heereseinheiten und eine geringe Anzahl sowjetischer Panzer und Flugzeuge brachten die Afrikaarmee zum Stehen.

IMPROVISIERTE VERTEIDIGUNG
Spanische Loyalisten wehren hinter einer Barrikade aus Reissäcken das Vordringen der Nationalisten nach Madrid ab.

SPANISCHER BÜRGERKRIEG

Guadalajara

ORT Guadalajara, 65 km nordöstlich von Madrid

DATUM 8.–16. März 1937

STREITKRÄFTE Loyalisten: 20 000; Italiener und Nationalisten: 45 000

VERLUSTE Loyalisten: 7000; Italiener und Nationalisten: 5000

Im Februar 1937 hielten die verzweifelt kämpfenden Internationalen Brigaden Francos Nationalisten im Jaramatal östlich von Madrid gebunden. In der Absicht, sich mit Francos Truppen zusammenzuschließen, beschloss der italienische General Mario Roatta, in Richtung Guadalajara anzugreifen. Der Angriff, an dessen Spitze mehr als 100 leichte Panzer mit Artillerieunterstützung die dünn besetzten republikanischen Linien durchbrachen, kam anfangs gut voran, doch Schnee- und Graupelschauer behinderten die Italiener, die darauf nicht eingerichtet waren. Franco verhielt sich passiv und ließ damit zu, dass die Loyalisten Truppen von der Jaramafront heranführten. Zu diesen gehörte das Garibaldi-Bataillon, das größtenteils aus antifaschistischen Italienern bestand, die sich nun als Kämpfer in einem italienischen Bürgerkrieg auf spanischem Boden wiederfanden. Am 12. März eröffneten die Loyalisten einen schweren Gegenangriff und trieben die Italiener in Unordnung zurück.

KRIEGSPROPAGANDA
Ein loyalistisches Plakat ruft im Interesse des Sieges zu Geschlossenheit auf.

> »Eine Schlacht ist im Gange …, um etwas zu vernichten, das … schließlich die Völker aller demokratischen Länder erdrücken würde.«
>
> *Bill Paynter*, britischer Angehöriger der Internationalen Brigaden, MAI 1937

SPANISCHER BÜRGERKRIEG

Guernica

ORT
Baskenland, Nordspanien

DATUM
26. April 1937

STREITKRÄFTE
Deutsche: 43 Flugzeuge; Basken: keine

VERLUSTE
Deutsche: keine; Basken: ca. 300 Zivilisten

Das Baskengebiet in Nordspanien unterstützte die Republik, weil sie ihm regionale Selbstverwaltung angeboten hatte. Im Frühjahr 1937 eröffnete General Mola einen Feldzug gegen das Baskenland, das er ohne »unverzügliche Unterwerfung« dem Erdboden gleichzumachen drohte. Die Basken fochten tapfer, doch Ende April wurden sie auf Guernica zurückgedrängt, eine Ortschaft mit hohem symbolischem Wert als Wiege der baskischen Kultur. Zur Unterstützung der nationalistischen Offensive flog die deutsche Legion Condor unter Wolfram von Richthofen Luftangriffe – offiziell gegen militärische Ziele, doch ausdrücklich ohne Rücksicht auf die Zivilbevölkerung. Am Nachmittag des 26. April griff die Legion Condor Guernica an. Ob es nun ein Schlag gegen die Kampfmoral der Basken sein sollte oder aber der Versuch, eine Brücke zu zerstören, um den Rückzug der baskischen Truppen zu blockieren – die Wirkung jedenfalls war verheerend. Zuerst flogen Heinkel He 51 an, gefolgt von Junkers-Transportflugzeugen, die für Bombenabwürfe umgerüstet waren. Angriffswelle um Angriffswelle warf Brandbomben und 250-kg-Sprengbomben ab, sodass zwei Drittel der Gebäude Guernicas zerstört wurden. Pater Alberto Onaindaia, ein Wortführer der Basken, berichtete: »Die Flugzeuge gingen sehr tief hinunter, das Maschinengewehrfeuer zerfetzte Bäume und riss Straßen auf, in deren Rinnsteinen dicht gedrängt alte Männer, Frauen und Kinder lagen.« Hunderte von Zivilisten kamen ums Leben. Berichte ausländischer Journalisten sorgten dafür, dass Guernica zum Synonym für die skrupellose Bombardierung der Zivilbevölkerung wurde.

SPANISCHE VERDIENSTMEDAILLE

PICASSOS GUERNICA
Picassos Gemälde für die Pariser Weltausstellung von 1937 trug dazu bei, dass Guernica zum Symbol wurde.

SPANISCHER BÜRGERKRIEG

Teruel

ORT
Aragonien in Ostspanien

DATUM 15. Dezember 1937–20. Februar 1938

STREITKRÄFTE unbekannt

VERLUSTE Loyalisten: 60 000 Tote, Verwundete oder Gefangene; Nationalisten: 50 000 Tote, Verwundete oder Gefangene

Im Winter 1937 hatten die Nationalisten das Baskenland überrannt und bereiteten nun die entscheidende Offensive gegen Madrid vor. Um diesen Angriff zu verhindern, eröffnete General Vicente Rojo eine Offensive gegen die von den Nationalisten gehaltene Stadt Teruel. Der Angriff erfolgte überraschend, sodass die Garnison in Teruel eingeschlossen war. Franco reagierte auf die von den Loyalisten erhoffte Weise und verlegte Truppen an die aragonische Front. Die Kämpfe fanden im offenen, schutzlosen Bergland in einem der kältesten Winter seit langem statt. Auf beiden Seiten erfroren viele Soldaten. Am 8. Januar fiel Teruel nach erbittertem Häuserkampf in die Hand der Loyalisten, denen jedoch die Einschließung drohte, da die Hauptstreitmacht der Nationalisten heranrückte. Unter wechselseitigen Schuldzuweisungen rivalisierender Flügel führten die Loyalisten ein Rückzugsgefecht unter Bombardierungen und Artilleriebeschuss.

SPANISCHER BÜRGERKRIEG

Ebro

ORT
südliches Katalonien, Spanien

DATUM 24. Juli–16. November 1938

STREITKRÄFTE Loyalisten: 80 000 zu Beginn der eigentlichen Offensive

VERLUSTE Loyalisten: 70 000 Gefallene oder Verwundete; Nationalisten: 36 500 Gefallene oder Verwundete

Im Sommer 1938, als die Loyalisten vor der Niederlage standen, eröffneten sie über den Ebro hinweg eine Großoffensive in der Hoffnung, dass die westlichen Demokratien ihnen zu Hilfe kommen würden. Unter General Juan Modesto überquerten Vorausabteilungen den Fluss per Boot in der Nacht vom 23. auf den 24. Juli, die übrigen Kräfte benutzten bei Tage eine Pontonbrücke. Bis zum 1. August waren sie 40 km weit vorgedrungen, doch die Nationalisten hielten bei Gandesa eine starke Stellung. Beide Seiten erlitten bei den frontalen Sturmangriffen schwere Verluste. Die Artillerie der Nationalisten und Luftschläge der deutschen Sturzkampfbomber dezimierten die Volksarmee; am 1. April 1939 verkündete Franco das siegreiche Ende des Konflikts.

SIEGREICHE NATIONALISTEN
Spanische nationalistische Truppen paradieren im Januar 1939 in italienischen Tanketten in Barcelona. Die Verteidiger waren nach Frankreich geflohen.

HITLERS KRIEG

Der Zweite Weltkrieg besteht aus zwei mehr oder weniger unabhängigen bewaffneten Konflikten, zum einen in Europa und Nordafrika und zum anderen in Asien und im Pazifik. Beide Ereignisse dürften mehr als 50 Millionen Todesopfer gefordert haben. Der europäische Krieg war eine von Hitler verursachte Auseinandersetzung, von ihm selbst geplant und zum großen Teil auch ausgeführt.

ERSTE ERFOLGE

Der Krieg in Europa begann am 1. September 1939, als Deutschland durch den Einmarsch in Polen die Kriegserklärung Großbritanniens und Frankreichs provozierte. Ein mit der Sowjetunion zuvor geschlossener Pakt erlaubte Hitler, nach der Niederlage Polens die deutschen Truppen an der Westfront zu massieren. Deutschland war den Alliierten an Anzahl der Panzer nicht überlegen, aber es hatte die Blitzkriegstaktik entwickelt, um im Verbund von Luft- und Panzerwaffe bei beweglicher Kampfführung schnelle Siege zu erringen. Mit Blitzfeldzügen zwischen 1939 und 1941 konnte Hitler die deutsche Herrschaft ausdehnen, allein Großbritannien blieb unbesiegt. Als Deutschland im Juni 1941 in die Sowjetunion einmarschierte, gewann der Krieg eine bislang ungekannte Dimension. Im Dezember erklärte Hitler nach dem japanischen Angriff auf Pearl Harbor den Vereinigten Staaten den Krieg, die Großbritannien bereits unterstützten.

LEGENDE

- Großdeutsches Reich 1942
- von Finnland besetztes Gebiet
- von Deutschland besetzte Gebiete
- Italien und italienisch besetzte Gebiete
- Satelliten der Achsenmächte
- alliierte Territorien
- neutrale Staaten

DAS GROSSDEUTSCHE REICH
Bis 1941 hatten Hitlers Armeen große Teile Europas erobert. Der deutsche Einmarsch in die Sowjetunion im selben Jahr führte letztlich zu Hitlers Niederlage.

SS-KRAGENSPIEGEL
Die SS (Abkürzung für »Schutzstaffel«) war eine 1925 entstandene paramilitärische Organisation in der NSDAP. Zur Allgemeinen SS kam ab 1939/40 die Waffen-SS, die als Fronttruppe eingesetzt wurde, aber auch die Wachmannschaften der Konzentrationslager stellte.

1889–1945

ADOLF HITLER

Adolf Hitler, ein gebürtiger Österreicher, kämpfte im Ersten Weltkrieg im deutschen Heer und wurde wegen Tapferkeit ausgezeichnet. Nach der deutschen Niederlage 1918 kam er mit nationalistischen Gruppen in Verbindung, 1923 führte er als wichtigster Mann der NSDAP in München einen fehlgeschlagenen Putsch an. In der Folge wurden die Nationalsozialisten zur größten deutschen politischen Partei. Nachdem Hitler mit Unterstützung der Konservativen Reichskanzler geworden war, errichtete er eine Diktatur. Obgleich er zu Beginn des Krieges die Blitzkriegstaktik unterstützte, hatte sein persönliches Eingreifen in die deutschen Kriegsanstrengungen katastrophale Folgen. Er überlebte ein Attentat im Jahr 1944, doch beging er im Jahr darauf inmitten der Trümmer Berlins Selbstmord.

DAS BLATT WENDET SICH

Nach Dezember 1941 stützten sich Deutschlands Hoffnungen darauf, die Sowjetarmeen zu vernichten und Großbritannien durch den U-Boot-Krieg zur Kapitulation zu zwingen, sodass die Amerikaner der »Festung Europa« allein gegenübergestanden hätten. Doch seit Ende 1942 wendete sich mit der Niederlage bei Stalingrad das Blatt an der Ostfront, und 1943 war die U-Boot-Gefahr eingedämmt. Die in Nordafrika siegreichen alliierten Truppen landeten 1943 in Südeuropa und zwangen Deutschlands Verbündeten Italien zur Aufgabe. Hitler hatte nur noch seine Wunderwaffen, die den Umschwung bewirken sollten, doch obwohl Deutschland die ersten einsatzfähigen Düsenflugzeuge, Flugkörper und ballistischen Raketen entwickelte, kamen sie zu spät, um Einfluss auf den Kriegsausgang zu haben.

DEUTSCHES DÜSENFLUGZEUG
Der erste frontreife Düsenjäger der Welt, die Me 262 von Messerschmitt, wurde seit Juli 1944 zur Luftverteidigung Deutschlands eingesetzt.

DEUTSCHER SOLDAT
Trotz technischer Fortschritte kämpften die Soldaten wie dieser deutsche Infanterist mit Karabinern, Maschinengewehren und anderen Waffen, die sich von denen des Ersten Weltkriegs kaum unterschieden.

AM WESTWALL
Hochrangige Mitglieder der Partei-, Staats- und Wehrmachtsführung bei einer Besichtigung des Westwalls (auch als Siegfriedlinie bezeichnet), der zur Verteidigung der deutschen Westgrenze angelegt wurde. Unter den Anwesenden befinden sich Hitler selbst (rechts) und der SS-Chef Heinrich Himmler (Mitte, mit Brille).

ALLIIERTER SIEG

Allmählich brachten die Vereinigten Staaten und die Sowjetunion ihr Menschen- und Industriepotenzial zum Einsatz – eine bemerkenswerte Leistung der Sowjets, deren Industrieregionen größtenteils von Deutschland besetzt waren. Die Alliierten produzierten Waffen, die nicht den technischen Höchststand erreichten wie die entsprechenden deutschen, dafür aber robust und in teils großen Mengen verfügbar waren. Die deutsche Luftwaffe wurde durch eine strategische Bomberoffensive der Amerikaner und Briten verschlissen, die deutsche Städte in Schutt und Asche legte. Zur Zeit der Invasion im Juni 1944 konnte sie keine wirksame Luftunterstützung mehr geben, während die alliierten Luftstreitkräfte eine beachtliche Erdkampffähigkeit entwickelt hatten. Keine der Kriegsparteien brach unter den Kriegsanstrengungen zusammen. Das Bündnis unter der Führung von US-Präsident Franklin D. Roosevelt, Premierminister Winston Churchill und Josef Stalin bestand auf »bedingungsloser Kapitulation«. Der Krieg endete 1945 mit der Besetzung Deutschlands durch die Westalliierten und die Sowjetunion.

1879–1953

JOSEF STALIN

Stalin war einer der Führer der bolschewistischen Revolution von 1917. Während der 20er-Jahre verbreiterte er seine Machtbasis innerhalb der kommunistischen Partei und wurde zum diktatorischen Führer. In den 30er-Jahren beseitigte er systematisch potenzielle Rivalen, dazu einen Teil des Offizierkorps der Roten Armee. Nach der deutschen Invasion brachte er die Bevölkerung mit Appellen an den russischen Patriotismus hinter sich. Seine Kriegführung war entschlossen, jedoch ohne Rücksicht auf das Leben der Soldaten.

ROTER SIEG
Sowjetische Soldaten beim Sturm auf den Reichstag im Zentrum Berlins im Mai 1945. Zu dieser Zeit hatten Bombenangriffe und Straßenkämpfe die Stadt vielfach in ein Trümmerfeld verwandelt.

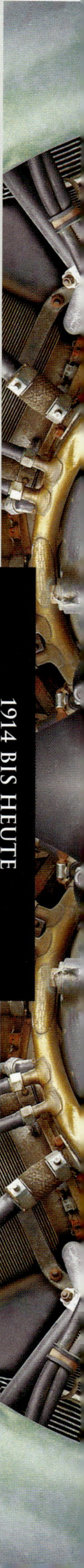

BLITZKRIEG

Die Ausgangssituation der Kriegsparteien zu Beginn des Zweiten Weltkrieges war extrem unterschiedlich. Großbritannien und Frankreich hatten den Krieg nicht gewollt und zeigten wenig Begeisterung für Offensivmaßnahmen. In den 30er-Jahren hatte Frankreich einen großen Teil seines Militärhaushalts auf die Maginotlinie verwandt, eine Kette von Befestigungswerken an der Grenze zu Deutschland, die einem statischen, verteidigenden Krieg dienen sollten. Das nationalsozialistische Deutschland dagegen war erfüllt vom Geist rücksichtsloser Aggression. Die Blitzkriegstaktik beruhte auf Geschwindigkeit und Entschlossenheit, um den Feind an seinen schwächsten Stellen zu treffen und Durchbrüche mit größtmöglicher Beweglichkeit zu nutzen. Panzern und der Luftwaffe fiel dabei die Schlüsselrolle zu, um in einem solchen Blitzkrieg den deutschen Sieg herbeizuführen.

POLENFELDZUG

Polnische Niederlage

DATUM 1. September–5. Oktober 1939

STREITKRÄFTE Deutsche: 1,25 Millionen; Polen: 800000

VERLUSTE Deutsche: 14000 Tote, etwa 30000 Verwundete; Polen: 66000 Gefallene, 200000 Verwundete

ORT Polen

Im Morgengrauen des 1. September 1939 griffen deutsche Truppen Polen ohne Kriegserklärung an. Polen war von drei Seiten angreifbar, im Norden aus Ostpreußen, im Süden aus der Slowakei und entlang seiner langen Westgrenze. Mangelhaft ausgerüstet und dünn gestreut, wurden die polnischen Truppen von den deutschen Panzerspitzen mit Unterstützung der Luftwaffe zerschlagen. Die polnische Luftwaffe wurde rasch vernichtet, die meisten Maschinen noch am Boden zerstört. Am 3. September erklärten England und Frankreich als Reaktion auf den Einmarsch den Krieg, blieben aber passiv. Die polnischen Truppen zogen sich ins Landesinnere an die Weichsel zurück und sammelten sich um Warschau. Am 15. September war die polnische Hauptstadt eingeschlossen, zwei Tage später besetzte die Sowjetarmee vereinbarungsgemäß Ostpolen. Am 27. September kapitulierte Warschau nach zehntägigen Bombenangriffen, doch hielten einzelne Widerstandsnester noch bis zum 5. Oktober aus. Zehntausende Polen flohen, um den Krieg als Soldaten der Exilarmee fortzusetzen.

POLNISCHE KAVALLERIE

Zum polnischen Heer gehörten 1939 vierzig Kavallerieregimenter; keines hatte Einfluss auf den Verlauf der Kämpfe. Deutsche Truppen waren nach wie vor auf das Pferd als Zugmittel angewiesen.

1888–1954

HEINZ GUDERIAN

Heinz Guderian, 1918 Generalstabsoffizier, wurde zum Theoretiker des Panzerkrieges. Mitte der 30er-Jahre konnte er die Wehrmacht zur Aufstellung erster Panzerdivisionen bewegen. Seine Theorie des Blitzkrieges setzte er als Oberbefehlshaber einer Panzerarmee bei der Invasion Polens und beim Frankreichfeldzug um. Im Dezember 1941, als der Russlandfeldzug ins Stocken geriet, wurde er abgesetzt, doch 1943 reaktiviert und 1944 zum Generalstabschef des Heeres berufen.

FINNISCH-SOWJETISCHER KRIEG

Winterkrieg

DATUM 30. November 1939–12. März 1940

STREITKRÄFTE Finnen: 175000; Sowjets: 1 Million

VERLUSTE Finnen: 25000 Gefallene; Sowjets: 127000 Gefallene

ORT an der finnisch-sowjetischen Grenze

Im November 1939 verlangte Stalin von Finnland die Abtretung eines Teils der Karelischen Landenge an die Sowjetunion. Als die Finnen sich weigerten, eröffneten die Sowjets eine überstürzte Offensive. Doch unter der Führung des Feldmarschalls Carl Gustaf von Mannerheim hielt das finnische Heer nördlich von Leningrad die befestigte Mannerheim-Linie und fügte den Angreifern schwere Verluste zu. Die sowjetischen Kolonnen wurden von den mit Skiern ausgerüsteten finnischen Truppen durchbrochen, die sich unbehindert bewegen konnten. Im Februar führten die Sowjets einen sorgfältig vorbereiteten Angriff auf die Mannerheim-Linie. Die Finnen gaben im Monat darauf nach, und die Sowjets nahmen sich, was sie verlangt hatten.

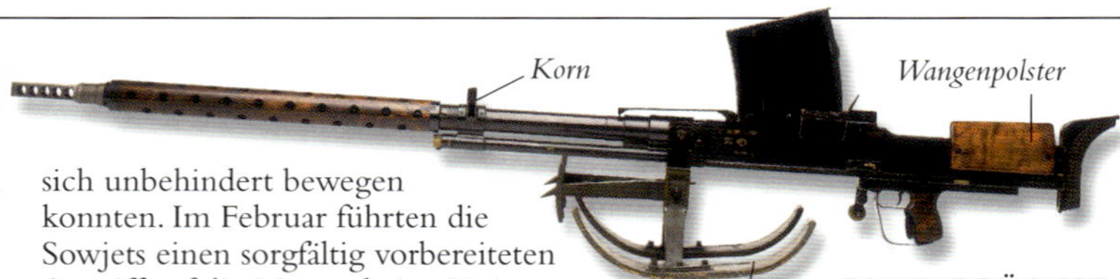

PANZERBÜCHSE

Die finnische Panzerbüchse Lahti L-39, Kaliber 20 mm, wog ungeladen 48 kg.

SKIKOMMANDOS

Die finnischen Truppen – auf Skiern und mit weißen Tarnanzügen – umringten die sowjetischen Einheiten, die oft keine Winterausrüstung hatten. Tausende Soldaten erfroren.

NORWEGENFELDZUG

Norwegenfeldzug

DATUM 8. April–9. Juni 1940

STREITKRÄFTE Deutsche: 10000; Alliierte: 24000 (davon 12000 Norweger)

VERLUSTE Deutsche: 5500; Alliierte: 7300 (davon 1800 Norweger)

ORT Norwegen

Skandinavien war für Deutschland eine wichtige Eisenerzquelle. Großbritannien und Frankreich planten daher eine Invasion Norwegens. Am 8. April stießen britische Schiffe beim Verminen norwegischer Gewässer auf deutsche Konvois, die Truppen zu den norwegischen Häfen brachten. Tags darauf besetzte Deutschland Dänemark und deutsche Fallschirmjäger nahmen Oslo ein. Alliierte Landungen begannen am 14. April, doch gelang es nicht, das besetzte Trondheim zu nehmen. Bei Narvik fügte die Royal Navy der Kriegsmarine schwere Verluste zu, doch dauerte es noch bis zum 27. Mai, bis die Deutschen vertrieben waren. Infolge der militärischen Katastrophe in Frankreich wurden die Alliierten aus Norwegen abgezogen.

DIE ZEIT DER WELTKRIEGE

FRANKREICHFELDZUG

Frankreichfeldzug

DATUM
10. Mai–25. Juni 1940

STREITKRÄFTE Deutsche: 3,3 Millionen, 2600 Panzer; Alliierte: 2,8 Millionen, 3600 Panzer

ORT
Frankreich, Niederlande und Belgien

VERLUSTE Deutsche: 111 000; Franzosen: 290 000; Briten: 68 000

Am 10. Mai 1940 begannen die Deutschen die seit langem erwartete Offensive im Westen. Mit verwegenen Einsätzen von Luftwaffe und Fallschirmjägern waren die neutralen Niederlande nach vier Tagen besiegt und Belgien in Bedrängnis gebracht. Teile des französischen Heeres und des Britischen Expeditionskorps wurden nach Belgien verlegt, um sich dem vermeintlichen Hauptstoß der Deutschen entgegenzustellen. Schließlich hatten Hitler und seine Generale aber Erich von Mansteins Plan »Sichelschnitt« befolgt: ein energischer Panzervorstoß weiter südlich durch die als unpassierbar geltenden Ardennen. So brachen drei deutsche Panzerkolonnen und motorisierte Infanterie aus den Ardennen hervor und überquerten die Maas am 13. Mai. Mit Unterstützung der Sturzkampfbomber gelang ihnen ein glatter Durchbruch durch die französischen Linien, dann eilten sie nordwärts zur Kanalküste, sodass die alliierten Kräfte in Belgien abgeschnitten zu werden drohten. Nachdem sie Gegenangriffe der 4. Gepanzerten Division de Gaulles bei Laon und britische Panzer bei Arras abgewehrt hatten, standen die Deutschen am 22. Mai am Ärmelkanal. Da fast alle anderen Kanalhäfen bereits verloren waren, zogen sich die alliierten Armeen nach Dünkirchen zurück. Eine verzweifelte improvisierte Rettungsaktion wurde von den alliierten Seestreitkräften organisiert, zahlreiche zivile Schiffe und Boote kamen hinzu, sodass die Truppen unter ständigen Luftangriffen evakuiert werden konnten. Als Dünkirchen am 4. Juni fiel, waren etwa 338 000 Soldaten herausgebracht worden, zwei Drittel davon Briten. Während die verbliebenen französischen Truppen heftigen Widerstand gegen die Italiener leisteten, die Mussolini am 10. Juni in den Krieg führte, verloren sie ihre Kampfmoral, wenn sie auf Deutsche trafen. Am 14. Juni fiel Paris kampflos, am 21. Juni wurde die Kapitulation der Franzosen unterzeichnet. Zwei Drittel Frankreichs kamen unter deutsche Besatzung, der Rest des Landes wurde von Vichy aus durch das Kabinett der Kollaborateure unter Marschall Philippe Pétain regiert.

VICHY-ABZEICHEN
Von der Vichyregierung Pétains wurden viele traditionelle Symbole gegen neue wie das abgebildete mit der Doppelaxt vertauscht.

DEUTSCHER STURZKAMPFBOMBER
Das zweisitzige Erdkampfflugzeug Ju 87 (»Stuka«) diente als »Luftartillerie« zur Unterstützung der Panzer und Infanterie.

SIEGESPARADE
Nachdem die Stadt am 14. Juni 1940 kampflos eingenommen wurde, marschieren die siegreichen deutschen Truppen durch das Zentrum von Paris. Die französische Hauptstadt blieb bis zum 25. Juni 1944, mehr als vier Jahre lang, unter deutscher Besatzung.

SCHIFFCHEN

FELDBLUSE DER PANZERSOLDATEN

KOPPEL MIT REICHSADLER UND SS-RUNEN

SS-PANZERUNIFORM
Zum deutschen Heer, das 1940 Frankreich schlug, gehörten zehn Panzerdivisionen. Einheiten der Waffen-SS kämpften im Rahmen der 1. Panzerdivision bei Dünkirchen. Im späteren Verlauf des Krieges galten die Panzerdivisionen der Waffen-SS als Eliteverbände. Erst Panzerdivisionen wurden dem Potenzial des Kampfwagens gerecht, das Heerführer wie Guderian und Rommel zu beweglicher Kriegführung zu nutzen wussten.

WIDERSTAND PER BRIEFMARKE
Solche gefälschten Briefmarken wurden von der französischen Résistance benutzt. An der veränderten Augenpartie erkannte der Empfänger, dass dem Inhalt zu trauen war.

HITLERS KRIEG

Luftschlacht um England und der »Blitz«

ORT
Süd- und Mittelengland

DATUM Luftschlacht: Juli–Oktober 1940; Blitz: September 1940–Mai 1941

STREITKRÄFTE Luftwaffe: 1464 Jäger, 1380 Bomber; RAF: 900 Jäger

VERLUSTE Luftschlacht: Luftwaffe: 1887 Flugzeuge, RAF: 1023 Flugzeuge; Blitz: 43000 britische Zivilisten

SUPERMARINE SPITFIRE
Die Spitfire, ein Ganzmetallflugzeug, war der einzige Jäger der Royal Air Force, der es mit der Me 109 aufnehmen und sie auch schlagen konnte. Diese Spitfire Mark V flog ein kanadischer Pilot.

Nachdem Frankreich besiegt war, hoffte Hitler auf ein Friedensgesuch der Engländer, doch unter Winston Churchills Führung waren die Briten zu anhaltendem Widerstand entschlossen. Daraufhin ordnete Hitler Vorbereitungen zu einer Invasion der Insel an und gab der Luftwaffe Anordnung, der britischen Luftwaffe mit allen zu Gebote stehenden Mitteln Herr zu werden. Das britische Fighter Command, das Oberkommando der Jagdflieger, war auf eine deutsche Luftoffensive gut vorbereitet. Eine Kette von Radarstationen war installiert und konnte Warnungen vor dem anfliegenden Feind an die Leitzentralen geben, wo sich die Entwicklung der Luftschlacht überwachen ließ. Die Piloten auf den Fliegerhorsten waren jederzeit startbereit. Nach ersten Zusammenstößen über dem Kanal im Juli 1940 begannen die Operationen der Luftwaffe Mitte August dann in vollem Umfang. Wann immer das Wetter es zuließ, starteten Bomberflotten mit Jagdschutz bei Tage von französischen Flugplätzen. In Luftkämpfen über Südengland kümmerten sich die Spitfires der Royal Air Force um den deutschen Geleitschutz, während Hurricane-Jäger die Bomber angriffen. Hugh Dowding, Chef des Fighter Command, hatte ein klares Ziel, nämlich seine Jägerstaffeln einsatzfähig zu halten. Die britische Flugzeugindustrie konnte zwar Materialverluste wettmachen, doch ausgebildete Piloten waren rar; die Jagdstaffeln der RAF bestanden aus Männern vieler Nationen, darunter Briten, Kanadier, Neuseeländer, Australier, Südafrikaner, Tschechen, Polen und weitere Europäer. Am gefährlichsten für die Briten waren deutsche Angriffe auf die Flugplätze der Jäger, doch erfolgten diese selten mit genügendem Nachdruck. Im Allgemeinen hatten die Deutschen bei den Luftkämpfen die Oberhand, doch fehlten ihnen klare Ziele. Am 7. September wandte sich der Schwerpunkt von der Bombardierung der Flugplätze ab zu Großangriffen auf London. Ende Oktober war jeder Gedanke an eine Invasion vergessen. Die Operationen der Luftwaffe konzentrierten sich nun auf nächtliche Bombenangriffe. Die Deutschen brachten zwar einige Verwüstung über London und andere englische Städte, doch versäumten sie es, einen wirklichen schweren Bomber zu entwickeln, sodass die Auswirkungen begrenzt blieben. Der von den Engländern »Blitz« genannte Bombenkrieg konnte den britischen Widerstandswillen nicht erschüttern. Ende Mai 1941 hatten die Angriffe ihren Höhepunkt hinter sich, denn nun wurden die Maschinen zum Angriff auf Russland abgezogen.

> »Lasst uns deshalb unsere Pflicht tun und uns so verhalten, dass die Menschen, wenn das britische Empire und das Commonwealth tausend Jahre überdauern sollten, noch immer sagen werden ›Das war ihre größte Stunde.‹«
>
> *Winston Churchill*, 18. JUNI 1940

LONDON BRENNT
Die St.-Pauls-Kathedrale erhebt sich über Qualm und Flammen nach einem Luftangriff im Dezember 1940. Der »Blitz« forderte gut 40000 Todesopfer, 50000 Zivilisten wurden verletzt.

1874–1965

WINSTON CHURCHILL

Der britische Premier Winston Churchill war Soldat, bevor er in die Politik ging, und kämpfte 1898 bei Omdurman gegen den Mahdi. Seine Rolle als Erster Lord der Admiralität während des Ersten Weltkrieges, als der er das Gallipoliunternehmen durchgesetzt hatte, trug ihm den Ruf eines impulsiven Abenteurers ohne Urteilsvermögen ein. Während der 30er-Jahre führte er als konservativer Parlamentarier die Opposition gegen die Appeasementpolitik an und drängte auf rasche Wiederaufrüstung. 1939 wurde er erneut Erster Lord der Admiralität und zu Beginn des deutschen Frankreichfeldzugs als Premierminister Chef einer Koalitionsregierung, obwohl ihm eine großer Teil der Schuld am Norwegendebakel von 1940 (siehe S. 298) angelastet worden war. Seine Reden halfen mit, den Willen zum Widerstand in der britischen Bevölkerung auch in der schwierigsten Zeit aufrechtzuerhalten. Im Juli 1945, wenige Wochen nach dem Sieg, wurde er abgewählt.

KRIEG IM MITTELMEERRAUM

Durch den Kriegseintritt Italiens im Juni 1940 wurde der Mittelmeerraum zum Kriegsschauplatz. Italienische Niederlagen – in Nordafrika durch die Briten und durch die Griechen in Albanien – zogen auch deutsche Truppen in die Region. Am Ende musste Deutschland seine Beteiligung am Wüstenkrieg in Nordafrika teuer bezahlen, doch als die Alliierten in Italien landeten, erwies es sich, entgegen Churchills Hoffnungen, keineswegs als der »weiche Unterleib Europas«. Als Italien 1943 vor den Alliierten kapitulierte, setzten die Deutschen den heftigen Widerstand auf der Apenninhalbinsel fort.

SCHLACHT UM KRETA

Kreta

DATUM 20. Mai–1. Juni 1941

STREITKRÄFTE Alliierte: 42500; Achse: 22000, 600 Transportmaschinen Ju 52, 80 Lastensegler

ORT Kreta im östlichen Mittelmeer

VERLUSTE Alliierte: 2000 Gefallene, 12000 Gefangene; Achse: 4000 Gefallene

Im April überrannten deutsche Truppen Jugoslawien und Griechenland. Die alliierten Truppen wurden nach Kreta verlegt. Der deutsche Fallschirmjägergeneral Kurt Student plante ein Luftlandeunternehmen zur Einnahme der Insel, doch die Alliierten hatten aus den entschlüsselten Enigma-Kodes (siehe S. 305) alle Einzelheiten erfahren. Als die deutsche 7. Fliegerdivision am 20. Mai landete, erlitt sie mehr als 50 Prozent Verluste. Die Alliierten waren jedoch schlecht ausgerüstet und ohne Luftunterstützung. Die Deutschen konnten einen Flugplatz bei Maleme einnehmen, Gebirgsjäger wurden gelandet. Die Royal Navy holte die Hälfte der Truppen über den Hafen Sphakia heraus.

VOR DEM SPRUNG
Deutsche Fallschirmjäger beim Flug nach Kreta. Bei diesem Einsatz waren die Verluste so hoch, dass Hitler für den Rest des Krieges weitere große Luftlandeoperationen untersagte.

KRIEG IN NORDAFRIKA

Gazala

DATUM 26. Mai–21. Juni 1942

STREITKRÄFTE Achse: 110000, 560 Panzer; Alliierte: 125000, 850 Panzer

ORT Libysche Wüste, Libyen

VERLUSTE Achse: 60000; Alliierte: 88000

Erwin Rommels Afrikakorps und dessen italienische Verbündete kämpften um die Vorherrschaft in Nordafrika. Im Frühjahr 1942 hielten die Briten eine Verteidigungslinie, die von Gazala bei Tobruk nach Süden verlief. Rommel wollte seine Panzer um das südliche Ende der Linie herumführen und entlang der Küste vorstoßen. Das Manöver ließ sich schlecht an, da frisch eingetroffene Grant-Panzer Rommels Kampfwagen hohe Verluste beibrachten. Die deutschen Panzer saßen östlich der britischen Linien fest – hinter ihnen englische Minenfelder, vor ihnen englische Panzer. Doch massives Feuer der im Erdkampf eingesetzten deutschen 8,8-cm-Geschütze verhinderte den Vorstoß der britischen Panzer. Geschickt entzog sich Rommel dem Würgegriff, drehte den Spieß um und trieb die Briten nach Ägypten zurück. Die Deutschen drangen zum strategisch wichtigen Hafen von Tobruk vor, nahmen ihn innerhalb eines Tages und machten 33000 Gefangene.

KRIEG IN NORDAFRIKA

El Alamein

DATUM 23. Oktober–4. November 1942

STREITKRÄFTE Achse: 104000, 489 Panzer; Alliierte: 195000, 1029 Panzer

ORT 100 km westlich von Alexandria in Ägypten

VERLUSTE Achse: 25000, dazu 30000 Gefangene; Alliierte: 14000

Bis Juli 1942 hatte Rommels Afrikakorps die britische 8. Armee weit nach Ägypten gedrängt und bedrohte den Marinestützpunkt in Alexandria und den Sueskanal. Der deutsche Vormarsch wurde aufgehalten durch eine Verteidigungslinie der Briten von El Alamein südwärts bis zur unpassierbaren Kattarasenke. Obgleich er diese Linie zu halten vermochte, wurde General Claude Auchinleck als Befehlshaber der 8. Armee abgelöst und durch General Bernard Montgomery ersetzt. Der neue Heerführer machte sich daran, seine Kräfte für eine Großoffensive aufzubauen. Zusammengestellt aus Briten, Australiern, Neuseeländern, Indern, Südafrikanern und Verbänden des Freien Frankreich, stand die 8. Armee einer beeindruckenden Feindstellung gegenüber: ausgedehnte Minenfelder, gesichert von Infanterie und Panzerabwehrgeschützen, dazu im rückwärtigen Raum aufgestellte Panzerreserven. Die deutschen Truppen hatten jedoch ernste Versorgungsschwierigkeiten und Rommel selbst war krank. Montgomery plante einen Frontalangriff. Ausgedehntes Artilleriefeuer sollte der Infanterie einen Weg durch die Minenfelder bahnen, damit diese Schneisen für die folgenden Panzer vorbereiten konnte. Montgomery beabsichtigte den einen vernichtenden Schlag zu führen, ganz anders als Rommel mit seiner punktuellen beweglichen Kriegführung. Montgomery legte die Nacht des 23. Oktober als Angriffsbeginn fest. Um 21.40 Uhr eröffneten etwa 600 Geschütze, es folgte eine Feuerwalze, hinter der die Infanterie mit aufgepflanztem Bajonett durch die Minenfelder vorrückte. Pioniere räumten Panzerminen und rollten Trassierband aus, um den nachrückenden Panzern den Weg zu weisen. Es wurde ein blutiges, unübersichtliches und unentschiedenes Gefecht. Als die Offensive zusammenbrach, gab Montgomery sich größte Mühe, die Kommandeure seiner Panzerverbände dazu zu bewegen, durch die

GEORGSKREUZ
Das Georgskreuz ist die höchste britische Auszeichnung für Tapferkeit ohne Feindberührung.

1891–1944

ERWIN ROMMEL

Im Mai 1940, während des Frankreichfeldzuges, kommandierte Rommel zum ersten Male Panzer. Er tat dies mit solchem Talent, dass er im folgenden Jahr zur Führung des Afrikakorps auserwählt wurde. Seine Siege in der Wüste machten ihn zur Legende – Churchill lobte ihn als »kühnen und geschickten Gegner«. Als Befehlshaber in der Normandie zur Zeit der Invasion wurde er schwer verwundet. Im Zusammenhang mit dem Attentat auf Hitler am 20. Juli 1944 wurde er im Oktober 1944 zum Selbstmord gezwungen.

KAPITULATION IN DER WÜSTE
Packende Bilder wie dieses, das eine sich ergebende Panzerbesatzung zeigt, kamen dadurch zustande, dass Szenen der Schlacht von El Alamein kurz nach dem Geschehen für die Fotografen nachgestellt wurden – ein wirksamer Beitrag zur alliierten Propaganda.

AMPHIBISCHE LANDUNG
Die Landung auf Sizilien bewies das Können der Alliierten für solche Operationen von See her.

KÄMPFE IN ITALIEN

Invasion Siziliens

DATUM 10. Juli–17. August 1943

STREITKRÄFTE Alliierte: 180 000; Achse: 260 000

VERLUSTE Alliierte: 16 000; Achse: 160 000 (einschließlich Gefangene)

ORT Insel Sizilien

Nach der Kapitulation der restlichen Truppen der Achsenmächte im Mai 1943 in Nordafrika richteten die Alliierten ihr Augenmerk auf eine Landung in Sizilien, von wo aus sie die Invasion des italienischen Festlands beginnen wollten. Für das Unternehmen wurden etwa 3000 Schiffe zusammengezogen. General George Pattons amerikanische 7. Armee sollte den Westen der Insel nehmen, Montgomerys 8. Armee den Osten. Das Wetter am Tage der Invasion war schlecht. Die Landungen aus der Luft gingen vielfach schief; viele Soldaten ertranken. Die Verteidigung der Insel war von Generalfeldmarschall Albert Kesselring gut organisiert, ihm gelang es, mit 100 000 Soldaten der Achse von Messina aus aufs Festland überzusetzen. Die beiden alliierten Oberbefehlshaber waren durch ihren Wettstreit, als Erster in Messina einzumarschieren, abgelenkt. Patton gewann.

KRIEG IN ITALIEN

Monte Cassino

DATUM 17. Januar–18. Mai 1944

STREITKRÄFTE Alliierte: 670 000; Achse: 360 000

VERLUSTE Alliierte: 105 000; Achse: 80 000

ORT 120 km südlich von Rom

Der Invasion des italienischen Festlands im September 1943 folgten schwere Kämpfe beim Vormarsch nordwärts, da sich die Deutschen (Italien hatte kapituliert) überall heftig zur Wehr setzten. Die stärkste deutsche Verteidigungsstellung war die befestigte Gustavlinie, die an ihrem westlichen Ende am Rande eines Höhenzuges verlief, auf dem sich das historische Kloster Monte Cassino befand. Obwohl die Alliierten im Januar 1944 bei Anzio hinter der Gustavlinie gelandet waren, konnte die Verteidigungslinie gehalten werden. Am 15. Februar 1944 wurde das Kloster bei einem Angriff alliierter Bomber völlig zerstört. Aber erst Mitte Mai gelang polnischen Truppen unter General Anders mit schweren Verlusten die Einnahme des Bergmassivs.

KLOSTERRUINEN
Die Ruinen des Klosters Monte Cassino im Mai 1945, nachdem der Krieg weitergezogen war. Die Entscheidung, das Kloster zu bombardieren, ist bis heute umstritten.

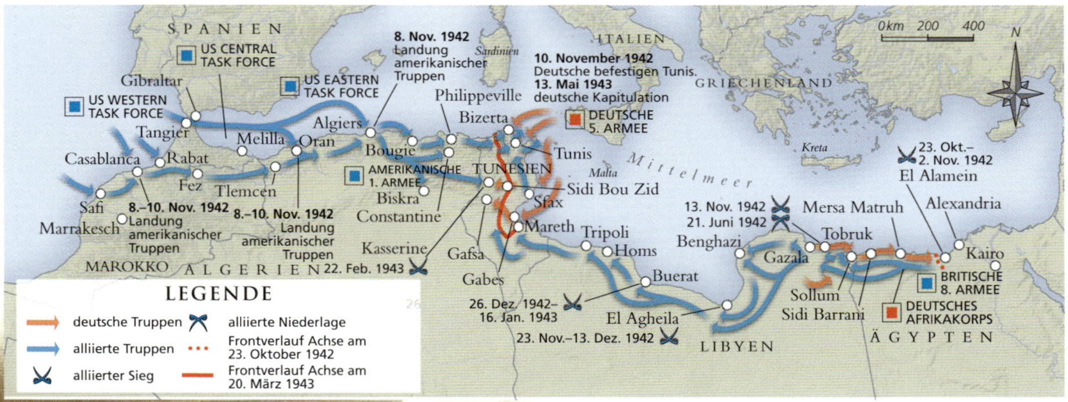

ungeräumten Minenfelder vorzustoßen. Die deutschen Panzer begannen eine verlustreiche Gegenoffensive, die von der britischen Artillerie und Luftwaffe abgewehrt wurde. In der Nacht vom 1. auf den 2. November traten Montgomerys Truppen zu einer erneuten Offensive an, wobei es neuseeländischen Einheiten gelang, den Panzern eine Schneise zu bahnen. Es kam zu einer Reihe blutiger Gefechte. Durch die britische Panzerüberlegenheit und hohe eigene Verluste sah sich Rommel aber gezwungen, am 4. November den vollständigen Rückzug zu befehlen. Die deutschen Truppen konnten zwar größtenteils entkommen, doch in Verbindung mit den sich anschließenden alliierten Landungen in Französisch-Nordafrika besiegelte El Alamein letztlich das Schicksal des deutschen nordafrikanischen Abenteuers.

1887–1976

BERNARD LAW MONTGOMERY

Montgomery wurde im August 1942 der Oberbefehl über die 8. Armee übertragen. Er verstand es, die Moral der Truppe wieder aufzurichten, und sein Beharren auf Verstärkung vor Beginn einer Offensive zahlte sich aus. Als Oberkommandierender der alliierten Landstreitkräfte bei der Invasion in der Normandie bewies er denselben Sinn für einen methodischen Einsatz seiner Kräfte. Sein Verhältnis zu den amerikanischen Generalen, Eisenhower eingeschlossen, war ausgesprochen kühl, und seine Annahme, der Krieg könnte mit einer Ruhroffensive rasch gewonnen werden, führte im Herbst 1944 zu dem katastrophalen Luftlandeunternehmen bei Arnheim.

DER SEEKRIEG

Die Beherrschung der Meere war für die alliierten Kriegsanstrengungen von entscheidender Bedeutung. Andernfalls wäre die Versorgungslinie Großbritanniens über den Atlantik durchtrennt worden und kriegswichtige Operationen – von der Evakuierung bei Dünkirchen bis hin zur Invasion in der Normandie – hätten nicht stattfinden können. Trotz einiger spektakulärer Aktionen deutscher Überwasserschiffe wurde die alliierte Dominanz zur See durch Minen und Unterseeboote viel wirksamer gefährdet. Wie im Ersten Weltkrieg wurden die alliierten Kriegsanstrengungen eingeschränkt: Wo der Aktionsradius der von Land aus operierenden Maschinen der Luftwaffe ausreichte, stellten sie die hartnäckigste Bedrohung der Royal Navy dar, die trotz einiger Erfolge ihrer Bordflugzeuge nicht imstande war, ihrer Flotte eine wirksame Luftabwehr zu bieten.

SEEKRIEG

Rio de la Plata

DATUM 13. Dezember 1939

STREITKRÄFTE Deutschland: Panzerschiff *Admiral Graf Spee*; Royal Navy: 1 Schwerer Kreuzer, 2 Leichte Kreuzer

ORT Mündung des Rio de la Plata zwischen Argentinien und Uruguay

VERLUSTE Deutschland: Selbstversenkung der *Admiral Graf Spee*; Royal Navy: 1 Schiff kampfunfähig, 2 schwer beschädigt

In den ersten Kriegsmonaten führte das deutsche Panzerschiff *Admiral Graf Spee* unter seinem Kommandanten Kapitän z.S. Hans Langsdorff im Südatlantik Kaperkrieg gegen die alliierte Handelsschifffahrt. Ein Kreuzerverband der Royal Navy unter Kommodore Henry Harwood machte den Kaperer ausfindig. Die Bewaffnung des Schweren Kreuzers *Exeter* und der beiden Leichten Kreuzer *Ajax* und *Achilles* konnte mit den 28-cm-Rohren der *Admiral Graf Spee* nicht mithalten. Nach 80-minütigem Gefecht war die *Exeter* ein brennendes Wrack, *Ajax* und *Achilles* waren schwer beschädigt. Aber auch die *Admiral Graf Spee* war getroffen, sodass Langsdorff im neutralen Uruguay eine Reparaturmöglichkeit suchte. Vier Tage später sprengte er das Schiff an der Hafenausfahrt in der irrigen Annahme, er werde von überlegenen britischen Einheiten erwartet.

SELBSTVERSENKUNG
Die Admiral Graf Spee *wurde von ihrer Besatzung am 17. Dezember 1939 vor dem Hafen von Montevideo versenkt. Ihr Kommandant, Kapitän zur See Langsdorff, erschoss sich drei Tage später.*

SEEKRIEG

Versenkung der *Bismarck*

DATUM 18.–28. Mai 1941

STREITKRÄFTE Deutsche: 1 Schwerer Kreuzer, 1 Schlachtschiff; Briten: 2 Flugzeugträger, 55 weitere Schiffe

ORT Nordsee und Nordatlantik

VERLUSTE Deutsche: 2100 Gefallene der *Bismarck*; Briten: 1500 Gefallene

Im Mai 1941 verließ das deutsche Schlachtschiff *Bismarck*, seinerzeit das kampfstärkste Kriegsschiff der Welt, in Begleitung des Schweren Kreuzers *Prinz Eugen* Gotenhafen mit dem Kampfauftrag, die alliierte Handelsschifffahrt zu stören. Die Schiffe wurden von einem britischen Aufklärungsflugzeug gesichtet und konnten bis zur Dänemarkstraße zwischen Island und Grönland verfolgt werden. Dort wurden sie von dem Schlachtschiff *Prince of Wales* und dem Kreuzer *Hood* gestellt. Die 38-cm-Geschütze der *Bismarck* erwiesen sich als präzise. Eine Granate durchschlug das Deck der *Hood* und krepierte in der Munitionskammer – es gab nur drei Überlebende. Die *Prince of Wales* wurde schwer beschädigt. Die *Bismarck* trennte sich von der *Prinz Eugen*, um einen Hafen im besetzten Frankreich anzulaufen. Die Royal Navy mobilisierte alle verfügbaren Schiffe für die Jagd auf die *Bismarck*, die von Swordfish-Doppeldeckern angegriffen wurde. Beim zweiten Angriff, der am 26. Mai von der *Ark Royal* ausging, wurde die Ruderanlage der *Bismarck* getroffen. So geriet sie unter das Feuer der Schlachtschiffe und wurde durch Torpedos versenkt.

ÜBERLEBENDE DER *BISMARCK*
Einige der 110 Überlebenden der sinkenden Bismarck *werden vom Kreuzer* Dorsetshire *an Bord genommen.*

SEEKRIEG

Tarent

DATUM 11. November 1940

STREITKRÄFTE Briten: 21 Flugzeuge; Italiener: 6 Schlachtschiffe, 9 Kreuzer, 8 Zerstörer

ORT Süditalien

VERLUSTE Briten: 2 Flugzeuge; Italiener: 2 Schlachtschiffe, 1 Kreuzer

Der britische Luftangriff auf Tarent war die erste reine Luft-See-Schlacht der Geschichte. Vom Träger *Illustrious* starteten 21 Doppeldecker Fairey Swordfish zu einem nächtlichen Angriff auf die im Hafen liegende italienische Flotte. Die zwölf Maschinen der ersten Welle erreichten Tarent etwa um 23 Uhr, eine zweite Welle griff eine Stunde später von Nordwesten an. Die aus geringer Höhe abgeworfenen Torpedos trafen drei italienische Schlachtschiffe, ein Kreuzer wurde durch Bomben beschädigt. Dieser Luftangriff wurde von den Japanern vor Pearl Harbor sorgfältig studiert.

SEEKRIEG

Schlacht im Atlantik

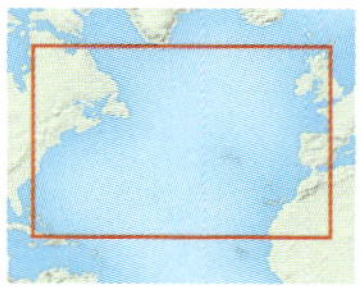

DATUM Höhepunkt August 1940–Mai 1943

STREITKRÄFTE August 1940: 27 deutsche U-Boote; 1943: mehr als 400 U-Boote

VERLUSTE Alliierte: 3500 Handelsschiffe, 175 Kriegsschiffe; Deutschland: 783 U-Boote

ORT Nordatlantik

Die Schlacht im Atlantik war der groß angelegte Versuch Deutschlands, die Kriegsanstrengungen Großbritanniens durch eine Seeblockade zu lähmen. Ernst wurde es im Sommer 1940 nach der Niederlage Frankreichs. Die von Admiral Karl Dönitz befehligten U-Boote konnten nun von Stützpunkten an der französischen Atlantikküste aus operieren. Die Briten reagierten mit dem Geleitzugsystem, zu Gruppen zusammengefasste Handelsschiffe, die von Kampfschiffen eskortiert wurden. Den Begleitschiffen, die mit Sonargeräten U-Boote aufspüren und mit Wasserbomben versenken konnten, gelang eine Begrenzung der Tonnageverluste. Nachdem die USA im Dezember 1941 in den Krieg eingetreten waren, stiegen die alliierten Verluste sprunghaft an. Im Operationsgebiet unmittelbar vor der amerikanischen Küste versenkten die U-Boote in einem Monat mehr als 150 000 Tonnen Schiffsraum. Die Boote konnten mittlerweile auf See aufgetankt werden und hatten so ein fast unbegrenztes Einsatzgebiet. Auch ihre Anzahl stieg an, seit Dönitz von Hitler Unterstützung erhielt. Den Höhepunkt erreichten die Boote im März 1943, als 260 000 Tonnen alliierter Schiffsraum versenkt wurden. Dann kam der Umschwung. Im April und Mai waren die Verluste an U-Booten so schwer, dass sie aus dem Atlantik abgezogen wurden. Verantwortlich waren Seeaufklärung durch alliierte Langstreckenbomber, der Einsatz von Geleitträgern und ein verbessertes Radarsystem. Entscheidend war aber die Entschlüsselung des Funkverkehrs. Danach gefährdeten die U-Boote die alliierten Kriegsanstrengungen nicht mehr.

DIE ENIGMA
Da die Kommunikation im Zweiten Weltkrieg hauptsächlich durch Funkverkehr erfolgte, waren Kodes von äußerster Wichtigkeit. Mithilfe erbeuteter deutscher Enigma-Verschlüsselungsmaschinen konnten die Alliierten genügend Funkmeldungen entschlüsseln, um dem U-Boot-Krieg im Atlantik eine Wende zu geben.

DEUTSCHE U-BOOT-TAKTIK

Etwa ab September 1940 begannen die deutschen U-Boote der größtmöglichen Wirkung wegen rudelweise gegen die Geleitzüge zu operieren. Die Boote verteilten sich im Mittelatlantik quer zu den Hauptschifffahrtsrouten. Wenn eines einen Konvoi sichtete, hielt es Fühlung und setzte eine Funkmeldung an die Einsatzleitung ab. Diese dirigierte die anderen Boote per Funk. Sobald alle aufgeschlossen hatten, folgten sie dem Konvoi bei Tag und griffen nachts an. Oft durchbrachen sie dabei die Sicherungseskorte. Wurden sie entdeckt, tauchten sie ab und stahlen sich davon.

QUALVOLLE ENGE
Die meisten Atlantikboote hatten etwa 50 Mann Besatzung, die oft wochenlang ununterbrochen auf See war.

U-BOOT-ANGRIFF
Ein britisches Handelsschiff wird 1941 von einem deutschen Torpedo getroffen. Die Seeleute der Handelsmarine gehörten zu denen, die um ihren Arbeitsplatz am wenigsten zu beneiden waren. Sie konnten sich gegen ihre Angreifer nicht einmal wehren.

»Wasserbombenalarm! Sie fallen jetzt genau längsseits. Ein Dröhnen und Krachen in der Zentrale, dass einem die Trommelfelle platzen könnten.«

Heinz Schaeffer, U-977 – 66 Tage unter Wasser

ÜBERFALL AUF DIE SOWJETUNION

Der Konflikt, den Hitler im Juni 1941 mit dem Überfall auf die Sowjetunion auslöste, war ein von Deutschland aus rassistischen Gründen geführter Krieg gegen die von der NS-Ideologie als minderwertig eingestuften slawischen Völker und zugleich ein Kampf auf Leben und Tod der beiden mächtigsten europäischen Diktaturen. Hitler befahl der deutschen Wehrmacht einen »Vernichtungskrieg« gegen Kommunisten und Juden. Die sowjetische Reaktion war unbarmherzig in ihrer Entschlossenheit und dem rücksichtslosen Opfern der eigenen Soldaten. Hitler hatte einen kurzen Krieg – den letzten Blitzkrieg – geplant, doch die Sowjets weigerten sich, wenngleich anscheinend geschlagen, die Waffen zu strecken. Sie organisierten die Kriegsproduktion besser und fanden Heerführer, die mit Geschick Gegenoffensiven zu führen verstanden und eine Reihe von Siegen errangen.

RUSSLANDFELDZUG

Unternehmen Barbarossa

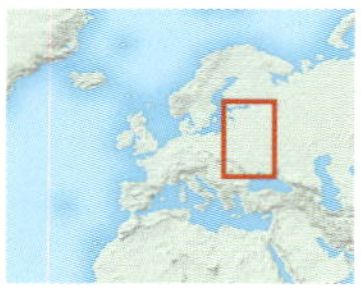

DATUM 22. Juni–September 1941

STREITKRÄFTE Achse: 4 Millionen, 3600 Panzer; Sowjets: 2,3 Millionen, 10000 Panzer

ORT westliche Sowjetunion (heute Ukraine, Weißrussland und Russland)

VERLUSTE Achse: 400000; Sowjets: 1 Million (dazu 3 Millionen Gefangene)

Der deutsche Russlandfeldzug (»Unternehmen Barbarossa«) zählt zu den größten militärischen Operationen der Geschichte. Nur ein Drittel von Hitlers Streitmacht waren Panzer- oder motorisierte Verbände; zum Einmarsch waren 3600 Panzer bereitgestellt, aber auch 700000 Pferde. Die Invasionstruppen waren in drei Stoßkeile unterteilt: Heeresgruppe Nord mit Angriffsrichtung Leningrad; Heeresgruppe Mitte, die auf Smolensk und Moskau zielte, und Heeresgruppe Süd, die auf die Ukraine mit Kiew vorstieß. Stalin hatte vom Geheimdienst Hinweise auf den bevorstehenden Einmarsch bekommen, aber ignoriert. Die sowjetischen Streitkräfte waren schlecht aufgestellt und an der langen Grenze verstreut. Der deutsche Angriff begann am Morgen des 22. Juni mit massiertem Artilleriefeuer und Luftangriffen auf Flugplätze. Die deutschen Panzergruppen und motorisierte Infanterie umfassten die sowjetischen Kräfte in ihren vorgeschobenen Stellungen und schlossen Hunderttausende in Kesseln ein. Solche Zangenbewegungen setzten sich fort, als die Deutschen in die Tiefe des sowjetischen Territoriums vordrangen; im Kessel von Smolensk wurden Mitte Juli 300000 Gefangene gemacht, und im September bei Kiew waren es mehr als 600000. Trotz dieser militärischen Katastrophen leistete die Sowjetunion weiterhin heftigsten Widerstand. Hitler war von einem schnellen Sieg ausgegangen, doch das erwies sich als Irrtum.

HITLERS VERBÜNDETE
Rumänische Truppen kämpfen an der Ostfront. Etwa 300000 Rumänen nahmen am Unternehmen Barbarossa teil, dazu 250000 Italiener und andere Verbündete Deutschlands.

RUSSLANDFELDZUG

Moskau

DATUM 2. Oktober 1941–7. Januar 1942

STREITKRÄFTE Achse: etwa 1,5 Millionen; Sowjets: etwa 1,5 Millionen

ORT weitere Umgebung Moskaus

VERLUSTE Achse: 250000; Sowjets: 700000

Anfang Oktober 1941 begannen die Deutschen einen verspäteten Vorstoß auf Moskau. Eine Zeit lang hatte es den Anschein, als ob die Hauptstadt aufgegeben würde, doch die sowjetische Führung fing sich wieder und verstärkte den Widerstand. Die deutsche Offensive quälte sich voran, ein großer Teil des Oktober ging damit verloren, die sowjetischen Truppen im Kessel Wjasma-Brjansk zu überwältigen. Als der Herbstregen die unbefestigten Straßen in grundlosen Schlamm verwandelte, versank das deutsche Heer buchstäblich. Mitte November, als der Winter einsetzte, gewann der deutsche Vormarsch wieder an Schwung, doch General Georgij Schukow hatte inzwischen vor Moskau eine Verteidigungslinie organisiert. Deutsche Abteilungen drangen am 30. November bis in die Vororte Moskaus vor, doch die Truppen waren in schlechter Verfassung. Mittlerweile bereitete Schukow eine Gegenoffensive vor. Sowjetische Reserven, die nördlich und südlich von Moskau angriffen, schlugen die erschöpften Deutschen. Anfang Januar waren die Deutschen wieder halb bis Smolensk zurückgedrängt.

WINTERKRIEG
Allein im Dezember 1941 trugen etwa 133000 deutsche Soldaten Erfrierungen davon. Sie hatten keine Winterausrüstung erhalten, weil man glaubte, die Russen würden im Oktober besiegt sein.

RUSSLANDFELDZUG

Belagerung Leningrads

DATUM 8. September 1941–27. Januar 1944

STREITKRÄFTE Achse: unbekannt; Sowjets: 200 000 und 3 Millionen Zivilisten

ORT Leningrad (heute St. Petersburg)

VERLUSTE Achse: unbekannt; Sowjets: etwa 800 000 Tote

Leningrad war das Hauptziel der Heeresgruppe Nord. Während die Deutschen von Süden heranmarschierten, war die Stadt zugleich von den Finnen bedroht, die die Karelische Landenge besetzt hatten. Die Leningrader arbeiteten fieberhaft am Bau von Panzersperren, und Schukow wurde im August in die Stadt entsandt, um den Widerstand zu organisieren. Trotzdem wäre Leningrad wahrscheinlich gefallen, hätte Hitler es nicht vorgezogen, die Stadt einem langsamen Tode durch Aushungern auszusetzen. Mitte September war die Stadt eingeschlossen, lag unter unablässigem Artilleriebeschuss und Luftangriffen und hatte nur unzureichende Vorräte an Lebensmitteln und Heizmaterial. Ende November gefror der Ladogasee im Osten Leningrads. Über den vereisten See, durch Wälder und gefrorene Sümpfe wurde eine Behelfsstraße angelegt, um wenigstens ein Minimum an Gütern in die Stadt zu schaffen. Trotzdem verhungerten und erfroren Hunderttausende in diesem ersten Winter. Die Lage besserte sich 1942, weil im Sommer auf dem See Boote verkehren konnten, und im Januar 1943 gelang es sowjetischen Truppen einen Korridor zu öffnen und auf Straße und Schiene das Notwendigste heranzuführen. Die deutschen Truppen blieben am Südrand der Stadt noch ein weiteres Jahr in ihren Stellungen, ehe sie westwärts vertrieben wurden.

BELAGERTE STADT
Sowjetische Panzer auf einer Leningrader Straße. Fußgänger wurden auf die vor Granaten sichere Straßenseite gewiesen.

PANZERBRECHER
Dieses sowjetische 76-mm-Geschütz hatte eine Reichweite von 13 000 m.

RUSSLANDFELDZUG

Kursk

DATUM 5.–15. Juli 1943

STREITKRÄFTE Achse: 900 000, 2700 Panzer; Sowjets: 1,3 Millionen, 3500 Panzer

ORT bei Kursk in der Ukraine

VERLUSTE Achse: 210 000; Sowjets: 178 000

Im Sommer 1943 hatten sowjetische Vorstöße im Gefolge der Schlacht um Stalingrad (siehe S. 308) und deutsche Gegenstöße zu einem sowjetischen Frontvorsprung in deutsch besetztem Gebiet bei Kursk geführt. Die Deutschen zogen zwei Drittel ihrer gesamten Panzerkräfte und Flugzeuge an der Ostfront zu einem Zangenangriff zusammen, der alle im Kursker Bogen befindlichen sowjetischen Truppen vernichten sollte. Die sowjetische Führung war durch einen Spionagering über die Offensive vollständig informiert. Schukow richtete ein gestaffeltes Abwehrsystem ein, zu dem Minenfelder, Panzergräben und Panzerabwehrgeschütze gehörten, unterstützt durch massierte Panzerverbände. Von deutschen Gefangenen hatten die Sowjets die Zeitplanung erfahren, sodass sie früh am 5. Juli mit einem Feuerschlag auf die sich aufstellenden deutschen Truppen begannen. Zugleich führte die sowjetische Luftwaffe einen Präventivschlag gegen die Flugplätze der Luftwaffe, der sich zu einer Luftschlacht ausweitete. Beim Vorrücken in das sowjetische Verteidigungssystem gerieten die von Norden angreifenden deutschen Verbände im Feuer der sowjetischen Panzerabwehrgeschütze und Schlachtflieger ins Stocken. Nach einer Woche war die Offensive auf diesem Flügel zu Ende. Im Süden hatte Hermann Hoths 4. Panzerarmee mehr Erfolg, sie kämpfte sich 30 Kilometer tief durch das sowjetische Verteidigungssystem bis Procherowka vor. Die sowjetische Reserve der 5. Garde-Panzerarmee wurde in aller Eile nach vorn geworfen. Am 12. Juli kam es zum Zusammenprall der beiden Armeen. Etwa 800 sowjetische Panzer T-34 stürmten vorwärts und suchten den Kampf mit den schwereren deutschen Panzern, die versuchten, die Sowjetpanzer schon aus größerer Entfernung abzuschießen. Am Ende des Tages hatten die Sowjets rund 300 Panzer verloren, die Deutschen weniger als 100, doch die Sowjets konnten sich den Verlust leisten. Hitler brach die Offensive ab.

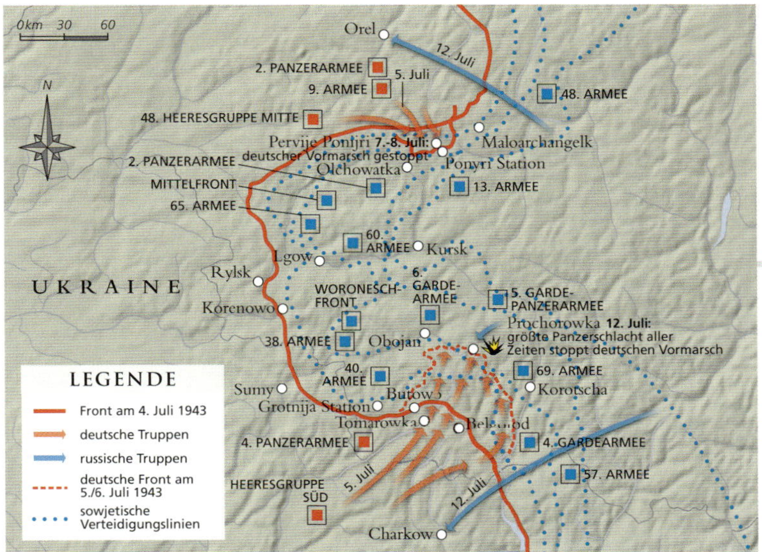

GEWINNER
Bei Kursk unter Beschuss geratene sowjetische Panzer T-34. Als zuverlässiger, einfach zu produzierender mittlerer Kampfpanzer leistete der T-34 einen wichtigen Beitrag zum Gewinn des Krieges.

SOWJETMEDAILLE
Der Orden des Roten Sterns wurde 1930 als Auszeichnung für Heldenmut bei der Verteidigung der Heimat gestiftet. Er zeigt einen Soldaten mit aufgepflanztem Bajonett.

RUSSLANDFELDZUG

Stalingrad

DATUM September 1942–2. Februar 1943

STREITKRÄFTE Achse: 500000 (davon 290000 in der Stadt); Sowjets: mehr als 1 Million

ORT Stalingrad (heute Wolgograd) an der Wolga

VERLUSTE Achse: 500000; Sowjets: 750000

Ende Juni 1942 begann die deutsche Heeresgruppe Süd eine Offensive in den Kaukasus, um die lebenswichtigen Ölfelder um Baku zu erobern und so die sowjetische Kriegsmaschinerie zu lähmen. Auf Hitlers Beharren hin richtete sich die Offensive auch gegen Stalingrad, ein wichtiges Industriezentrum an der Wolga. Während die Heeresgruppe A in den Kaukasus vorstieß, marschierte die Heeresgruppe B, zu der neben Friedrich Paulus' 6. Armee auch Hermann Hoths 4. Panzerarmee gehörte, auf Stalingrad. Die Verteidigung der Stadt oblag u.a. der 62. Armee unter General Wassili Tschuikow. Seit dem 13. September griffen die Deutschen an der Peripherie Stalingrads mit äußerster Heftigkeit an und drängten die Sowjets auf einem unregelmäßigen Streifen am westlichen Wolgaufer zusammen. Die sowjetischen Truppen krallten sich fest und kämpften um jedes Gebäude. Nachschub und Verstärkung wurde unter deutschem Artilleriebeschuss jede Nacht über die Wolga geschafft. Halb zerstörte Wohnblocks und Fabrikgebäude wurden wie Festungen verteidigt. Hitler erklärte öffentlich, die Deutschen würden die Stadt niemals aufgeben; Stalin befahl, Stalingrad um jeden Preis zu halten. Ein zweiter Sturm im Oktober brachte die Deutschen bis auf 200 m an die Wolga heran, im November standen sie am Flussufer. Doch noch immer kämpften Widerstandsnester der Sowjets, hatten die feindlichen Armeen sich, wie Tschuikow sich ausdrückte, »wechselseitig im tödlichen Griff«. Inzwischen betrachtete Schukow die massiven Anstrengungen der Deutschen zur Einnahme Stalingrads als Gelegenheit zu deren Umfassung und Einschließung. Am 19. November begann er die Operation *Uranus*, einen vom Norden und Süden Stalingrads her geführten Großangriff, der die Truppen an den deutschen Flanken überrannte. Die sowjetische Zange schloss sich am 23. November, und damit die Falle im Rücken der 6. Armee. Anstatt den in Stalingrad eingeschlossenen deutschen Truppen einen Ausbruch zu genehmigen, beschloss Hitler, sie aus der Luft zu versorgen – ein Vorhaben, das die Möglichkeiten der Luftwaffe weit überstieg. Da sie nicht mehr als 10 Prozent des benötigten Nachschubs erhielten, begannen die Deutschen in Stalingrad allmählich zu verhungern. Nachdem ein Entsatzversuch der 4. Panzerarmee abgewehrt war, kämpften

ZIEL-ERFASSUNG
Ein deutscher Soldat in Stalingrad visiert sein Ziel an. Scharfschützen auf beiden Seiten nahmen vor allem Offiziere aufs Korn.

ZERSTÖRTE STADT
Sowjetische Soldaten arbeiten sich in den Trümmern Stalingrads vor, um als Verstärkung zu »Pawlows Haus« zu gelangen, das vom Sergeanten J. Pawlow und wenigen Männern gehalten wurde.

SCHARFSCHÜTZENGEWEHR
Sowjetische Scharfschützen benutzten ein gewöhnliches Mosin-Nagant-Gewehr, Kaliber 7,62 mm, mit Zielfernrohr.

sich Schukows Truppen den Dezember hindurch voran und zogen mit dem Einsetzen des Frostes die Schlinge um die Stadt immer enger. Keinerlei Hilfe kam von der Heeresgruppe A, die sich unter sowjetischem Druck aus dem Kaukasus herauslösen und etwa 250 km weit westwärts zurückziehen musste. Gequält von Erfrierungen und Unterernährung, wurden die Deutschen im Januar 1943 ins Stadtzentrum Stalingrads zurückgedrängt, doch sie kämpften weiter, obwohl die Munition schon äußerst knapp war. Am 30. Januar wurde das deutsche Hauptquartier in Stalingrad von den Sowjets überrannt. Der letzte deutsche Widerstand erlosch am 2. Februar.

»Wir haben 15 Tage um ein einzelnes Haus gekämpft … Schon am dritten Tag lagen 54 deutsche Gefallene verstreut in den Kellern, auf den Treppenabsätzen und Treppenstufen.«

Ein Offizier der 24. Panzerdivision, Oktober 1942

DER BOMBENKRIEG

Der britische und amerikanische Bombenkrieg in Europa beabsichtigte den alliierten Generalstabschefs zufolge die »Vernichtung und Beeinträchtigung des deutschen Militär-, Industrie- und Wirtschaftspotenzials und Untergrabung der Moral des deutschen Volkes«. Bei Tagangriffen von 1942 bis 1945 fielen 26000 Soldaten der 8. Luftflotte der USAAF; die nächtlichen Bombenangriffe der Royal Air Force kosteten 56000 Soldaten – also die Hälfte der Beteiligten – das Leben. Doch die Deutschen waren gezwungen, für den Luftschutz massive Ressourcen bereitzustellen, darunter ein Drittel der Artillerie und die Elite der Luftwaffe. Den deutschen Streitkräften wurden entscheidende Nachschubgüter entzogen, vor allem Treibstoff. Und Hunderttausende von deutschen Zivilisten kamen in den Ruinen ihrer Städte zu Tode.

BOMBENKRIEG

Hamburg

ORT Hamburg

DATUM 24. Juli–3. August 1943

STREITKRÄFTE Briten: 791 Bomber; Amerikaner: 127 Bomber

VERLUSTE Deutsche: 50000 Zivilisten getötet; Alliierte: 108 Bomber

Die Bombenangriffe der britischen Royal Air Force (RAF) fanden bei Nacht statt. Zu Präzisionsabwürfen nicht fähig, flogen sie mit ganzen Bomberflotten Großangriffe und warfen Bombenteppiche auf die Städte. Im Gegensatz dazu flog die amerikanische Luftwaffe USAAF Präzisionsangriffe auf Militär- und Industrieanlagen. Die Angriffe auf die Hafenstadt Hamburg waren ein Gemeinschaftsunternehmen: Die RAF warf die Bomben nachts, die amerikanischen B-17-Bomber am Tag. Gegen die nächtlichen Bombenangriffe hatten die Deutschen ein Abwehrsystem entwickelt: Funkmessanlagen am Boden spürten die Bomber auf und führten Nachtjäger ans Ziel. Das Feuer der Flak wurde ebenfalls mithilfe von Radar gelenkt. Über Hamburg hatte die RAF ein neues Gegenmittel zur Hand: Die Bomber warfen gebündelte Streifen Aluminiumfolie, so genannte Düppel, ab, die zu Boden flatterten und das Funkmessverfahren störten, sodass Nachtjäger und Flak blind waren. In der Nacht vom 27. auf den 28. Juli warfen 735 britische Bomber in einer Stunde 2326 Tonnen Spreng- und Brandbomben ab. Dieser Großangriff erzeugte einen Feuersturm, der durch die Stadt tobte und etwa 46000 Opfer forderte.

TAGANGRIFFE
Bomber Boeing B-17 Flying Fortress (»Fliegende Festung«) der USAAF beim Bombenabwurf über Deutschland. Aufgabe der Amerikaner war das Bekämpfen von Punktzielen.

> »Trotz allem, was in Hamburg passierte, erwies sich das Bombardieren als vergleichsweise humane Methode. Vor allem bewahrte es die Jugend dieses Landes und unserer Verbündeten davor, vom gegnerischen Militär niedergemäht zu werden …«

ZEUGE DES KRIEGES

LUFTMARSCHALL SIR ARTHUR HARRIS

Harris, von 1942 bis Kriegsende Chef des Bomberkommandos der RAF, war ein unerschütterlicher Befürworter des Bombenkrieges gegen feindliche Städte. Er glaubte, dass seine Bomber den Krieg sofort hätten gewinnen können, wenn man ihnen die Mittel für Bombenangriffe in der notwendigen Größenordnung zur Verfügung gestellt hätte.

BOMBENKRIEG

Talsperren

ORT Sauerland und Rothaargebirge

DATUM 16.–17. Mai 1943

STREITKRÄFTE 19 Lancaster-Bomber mit 133 Mann Besatzung

VERLUSTE Briten: 53 Gefallene, 3 Gefangene; Deutsche: 1200 Ertrunkene

Der britische Wissenschaftler Dr. Barnes Wallis hatte ein Verfahren entwickelt, um die Staudämme zu zerstören, deren Kraftwerke einen Teil der Energieversorgung des Ruhrgebiets deckten. Er konstruierte eine Rollbombe, die durch einen Rückwärtsdrall beim Abwurf über die Wasseroberfläche und damit über Torpedonetze sprang und dann gegen den Staudamm stieß. Sodann sank sie in die Tiefe und detonierte unter Wasser an der Betonwand des Damms. Die RAF stellte für den Sondereinsatz eine Spezialtruppe auf, die 617. Staffel. Die von Oberstleutnant Guy Gibson geführte Kampfgruppe griff bei Nacht an, zerstörte die Möhne- und Edertalsperre und beschädigte die Sorpetalsperre.

DAMMBRUCH
Die Möhnetalsperre weist nach dem Angriff der Lancaster-Bomber eine breit klaffende Lücke auf. Ein offizieller deutscher Bericht sprach von einem Bild der Verwüstung.

BOMBENKRIEG

Schweinfurt

ORT Unterfranken und Oberpfalz in Bayern

DATUM 17. August 1943

STREITKRÄFTE Amerikaner: 376 Bomber; Deutsche: 250 Jäger

VERLUSTE Amerikaner: 167 Bomber und 482 Mann; Deutsche: 27 Maschinen

Die für die Angriffe auf die deutsche Kriegswirtschaft zuständige USAAF beschloss einen Luftangriff auf die Kugellagerfabrik in Schweinfurt und das Flugzeugwerk bei Regensburg. Die beiden Vorhaben wurden verbunden, da man hoffte, auf diese Weise die deutsche Luftverteidigung zu überfordern. Die für Regensburg bestimmten Maschinen, die mit Zusatztanks ausgerüstet waren, sollten nach dem Angriff nach Nordafrika weiterfliegen; die auf Schweinfurt angesetzten Bomber mussten zu ihren Basen in Ostengland zurückkehren. Sobald die Flotten der B-17 ins Reichsgebiet einflogen, schwärmten Me 109 und Fw 190 zum Angriff aus. Die Bomber erlitten schon beim Anfliegen des Zielgebiets erhebliche Verluste. Viele Maschinen kamen weit vom Kurs ab und bombardierten sogar die offene Landschaft. Die Kugellagerfabrik in Schweinfurt, hinter einem Rauchschleier verborgen, blieb praktisch unbeschädigt. Als sich die noch flugtüchtigen Maschinen zur Landung in Nordafrika oder Ostengland durchschlugen, war von der ursprünglichen Streitmacht bereits knapp die Hälfte verloren.

VERDUNKELUNG
Das Verdunkeln sollte englischen Bombern die Orientierung erschweren.

BOMBENKRIEG

Berlin und Big Week

ORT
Deutschland

DATUM
18. November 1943–25. März 1944

STREITKRÄFTE
Berlin: 900 RAF-Bomber; Big Week: 1000 USAAF-Bomber

VERLUSTE
nicht verbürgt

Im Winter 1943/44 flog die RAF 16 nächtliche Großangriffe auf Berlin, dazu Ablenkungsangriffe auf andere Städte. Man glaubte, die Zerstörung der Hauptstadt würde die deutsche Kapitulation erzwingen. General Carl Spaatz weigerte sich, die Bomber der USAAF zum Angriff auf Berlin zur Verfügung zu stellen, und bereitete stattdessen Angriffe auf spezielle Sektoren der deutschen Kriegswirtschaft vor, die mit den bei Tage geflogenen Großangriffen der »Big Week« ihren Höhepunkt erreichten. Die Zielgenauigkeit der britischen Bombenangriffe war größer geworden, seit man de Havilland Mosquitos als »Pfadfinder« einsetzte, die Amerikaner verfügten aber nun über Begleitjäger; die Mustangs sorgten dafür, dass die Bomber ans Ziel gelangten, und schossen viele deutsche Tagjäger ab.

MUSTANG-JÄGER
Die North American P-51 von Mustang war ein Langstreckenhochleistungsjäger, der den alliierten Bombern erstmals wirksam Geleitschutz zu geben vermochte.

> »Wir können Berlin von einem Ende zum anderen in Trümmer legen, wenn die USAAF mitmacht. Uns wird das zwischen 400 und 500 Maschinen kosten. Die Deutschen kostet es den Krieg.«
>
> *Sir Arthur Harris* in einem Brief an Churchill, November 1943

BOMBENKRIEG

Ploesti

ORT
Ploesti in Rumänien

DATUM
April–August 1944

STREITKRÄFTE
mehr als 1000 USAAF-Bomber

VERLUSTE
insgesamt 305 Bomber und 3000 Mann

Im Sommer 1944 unternahmen die alliierten Luftstreitkräfte den Versuch, die deutsche Ölversorgung zu unterbinden. Wichtigstes Ziel waren die Ölfelder von Ploesti. In gut fünf Monaten flogen die Bomber B-24 Liberator der amerikanischen 15. Luftflotte von Italien aus 24 Angriffe. Die Ölfelder waren stark gesichert und die Bomberverluste hoch, doch ein großer Teil der Felder stand den Sommer hindurch in Flammen, und Mitte August wurde die Ölproduktion eingestellt.

BOMBENKRIEG

Dresden

ORT
Dresden in Sachsen

DATUM
13.–14. Februar 1945

STREITKRÄFTE RAF: 796 Lancaster-Bomber und 9 Mosquitos; USAAF: 311 B-17

VERLUSTE 30 000–60 000 Zivilisten, 9 Lancaster-Bomber

Zu Beginn des Jahres 1945 hatten fehlende Jagdflugzeuge und die Treibstoffverknappung dazu geführt, dass Deutschland kaum noch zur Luftverteidigung in der Lage war. Auch viel Artillerie wurde von der Flugabwehr abgezogen und zur Verteidigung der Grenzen eingesetzt. Ende Januar beschlossen die Alliierten, Verkehrszentren in Ostdeutschland anzugreifen, wohin sich die deutsche Wehrmacht vor den sowjetischen Truppen zurückzog. Dresden gehörte zu den Städten, wo, wie ein britischer Aktenvermerk besagte, »ein schwerer Luftschlag … auch die [deutschen] Truppenbewegungen von Westen her behindert«. Im Februar 1945 war Dresden durch Zustrom von Flüchtlingen, deutschen Soldaten, alliierten Kriegsgefangenen und ausländischen Zwangsarbeitern auf mehr als 1 Million angewachsen. Die Stadt war zuvor erst zweimal Ziel relativ kleiner Angriffe der USAAF gewesen, doch in der Nacht vom 13. auf den 14. Februar griff die RAF in zwei Wellen an; 244 Maschinen warfen gegen 22.15 Uhr ihre Bomben aus geringer Höhe ab, gegen 1.30 Uhr folgte dann das Gros von 529 Maschinen. Die zugleich abgeworfenen Brand- und Sprengbomben entfesselten wie in Hamburg einen ungeheuren Feuersturm, der einen großen Teil der Stadt vernichtete und auf seinem Weg jedermann verbrannte oder erstickte. Die USAAF ließ am 14. Februar noch einen Tagesangriff folgen, doch sie bombardierte nur noch eine Trümmerlandschaft.

NORDEN-BOMBENZIELGERÄT
Das technisch fortschrittliche Gerät der USAAF erlaubte einem erfahrenen Bombenschützen den genauen Zielwurf, solange die Sicht gut und das feindliche Flakfeuer nicht allzu heftig war.

ZERTRÜMMERTE STADT
Der Beschluss, Dresden zu bombardieren, wurde weithin kritisiert, da es sich nicht um ein militärisches Ziel handelte und der Krieg ohnehin so gut wie gewonnen war.

BOEING B-17 FLYING FORTRESS

DIE BOEING B-17, EIN SCHLANKER, VIERMOTORIGER BOMBER, WAR DAS FLUGZEUG, DAS DIE USAAF IM ZWEITEN WELTKRIEG BEI BOMBENANGRIFFEN IN EUROPA HAUPTSÄCHLICH EINSETZTE.

Die B-17 war eine komplexe Kampfmaschine, zu deren Einsatz zehn Mann erforderlich waren: Pilot, Kopilot, Navigator, Funker, Bombenschütze, Flugtechniker und vier Bordschützen. Das mit bis zu 13 schweren MGs bewaffnete Flugzeug (daher die Bezeichnung »Fliegende Festung«) konnte in großer Höhe fliegen und hatte eine Höchstgeschwindigkeit von knapp 500 km/h. Aufgrund dieser Merkmale erwartete man, dass die Maschine zu Tageinsätzen ohne Jagdschutz imstande sei. Die B-17 flogen in dichter Formation, die so berechnet war, dass sie sich mit ihren Bordwaffen gegenseitig zwar Feuerschutz gegen feindliche Jäger geben konnten, sich dabei aber nicht gegenseitig beschossen. In der Praxis erlitten die Bomber dennoch schwere Verluste durch deutsche Jäger, sooft sie ihre Einsätze ohne Begleitschutz flogen. Auch die Flak forderte ihren Tribut. Das Norden-Bombenzielgerät, mit dem die B-17 ausgestattet waren, wirkte im eigentlichen Zielanflug als Autopilot und ermöglichte bei guter Sicht mit ziemlicher Wahrscheinlichkeit einen zielgenauen Abwurf, doch konnte dabei feindlichem Feuer nicht mehr ausgewichen werden. Ein Flug mit der B-17 in großer Höhe war keine angenehme Erfahrung. Das Flugzeug besaß keinen Druckausgleich, zudem war es darin eisig kalt. Der Turm im Heck war nur auf allen vieren zu erreichen, doch der unbequemste Platz war der des Bordschützen in dem halbkugelförmigen MG-Turm unter dem Rumpf, der darin mit fast bis an die Brust gezogenen Knien hocken musste. Trotzdem war die B-17 bei ihren Besatzungen beliebt, denn sie schätzten sie als robuste, verlässliche Maschine, die eine Menge einstecken konnte und trotzdem sicher nach Hause fand.

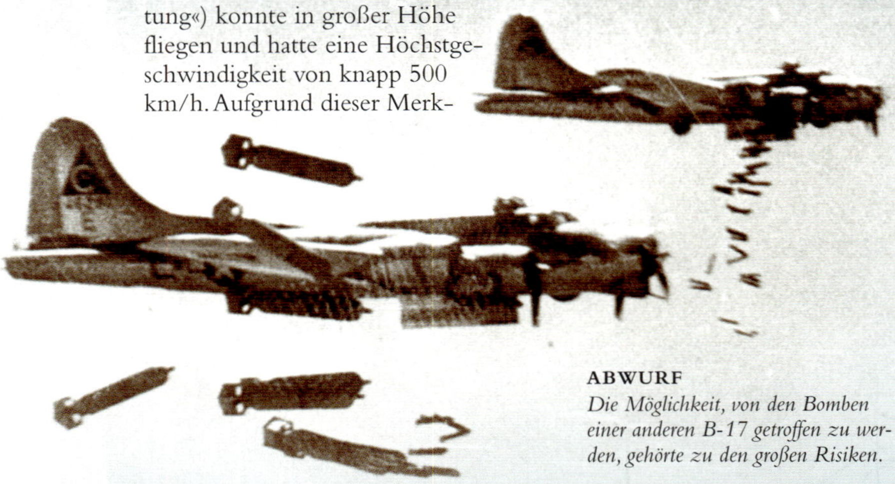

ABWURF
Die Möglichkeit, von den Bomben einer anderen B-17 getroffen zu werden, gehörte zu den großen Risiken.

LUFTSCHRAUBE *Die Propeller wurden von vier neunzylindrigen Sternmotoren mit je 1200 PS angetrieben. Der Propellerkreis hatte 3,5 m Durchmesser.*

TURBOLADER *Aufgrund der Aufladung waren die Motoren in Höhen zwischen 6000 und 9000 m noch zu voller Leistungsabgabe fähig.*

BOMBEN *Die B-17 konnte eine Bombenlast von 2725 kg über eine Distanz von etwa 3200 km transportieren. Jede Bombe war an beiden Enden mit je zwei gelben Streifen markiert, der Hinweis auf die TNT-Ladung.*

DATEN	
Ursprungsland USA	**Spannweite** 31,6 m
Höchstgeschwindigkeit 486 km/h	**Länge** 22,7 m
Indienststellung 1941	**Gewicht** 16,391 Tonnen

COCKPIT *Pilot und Kopilot hatten von ihrer Kanzel aus eine ausgezeichnete Sicht nach vorn und zur Seite. Die beiden Piloten zugänglichen wichtigsten Fluginstrumente waren zwischen den beiden Steuersäulen untergebracht.*

RESERVESAUERSTOFF *Etwa 18 Flaschen Sauerstoff zum Fliegen in großen Höhen waren als Reserve an Bord. Jede Flasche versorgte einen Mann in 9000 m Höhe fünf Stunden lang.*

LEITWERKSDRÄHTE *Vom Cockpit aus laufen Drahtseile zu Seiten-, Höhen- und Querruder für die Steuerbewegung.*

SEITLICHE MGS *Zwei von Hand zu bedienende MGs auf Lafette sicherten die Seiten der Maschine.*

HECK-MGS *Das Zwillings-MG in der Heckkanzel wurde kniend bedient. Der Heckschütze hatte eine ausgezeichnete Sicht auf die hinter der eigenen Maschine fliegende Formation.*

MUNITION *Zur Vorbereitung eines Kampfeinsatzes wurden zehn Holzkisten mit Munition Kaliber .50 für die Maschinengewehre durch die hintere Tür eingeladen. Die MGs hatten eine Kadenz von etwa 600 Schuss pro Minute; die maximale Kampfentfernung war gut 1000 m.*

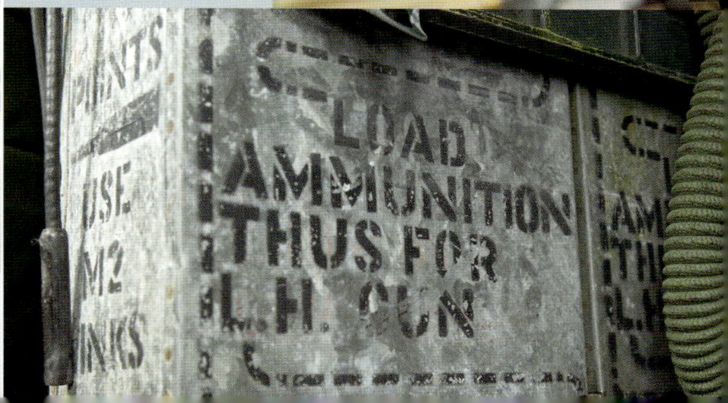

UNTERNEHMEN OVERLORD

Invasion in der Normandie

DATUM 6. Juni 1944

STREITKRÄFTE Invasionsheer: 154000 Mann, 6500 Schiffe, 13000 Flugzeuge; Deutsche: unbekannt

VERLUSTE Alliierte: 4500 Gefallene (davon 2500 Amerikaner); Deutsche: unbekannt

ORT Küste der Normandie, Nordfrankreich

Operation Overlord, die Invasion Nordeuropas, war von den Alliierten für Mai 1944 geplant. Als Landungspunkte waren fünf Strandabschnitte in der Normandie ausgesucht, wohingegen man die Deutschen mit einem raffinierten Täuschungsmanöver glauben machte, der geplante Schlag werde weiter ostwärts am Pas de Calais geführt. Eisenhower war zum Oberbefehlshaber der alliierten Streitkräfte ernannt worden, während Montgomery alle Landtruppen unterstellt waren. Da Montgomery darauf bestanden hatte, die Anzahl der zum Einsatz vorgesehenen Soldaten und Landungsfahrzeuge zu erhöhen, wurde das Unternehmen auf den 5. Juni festgelegt. Zum geplanten Zeitpunkt war alles vorbereitet, nur das Wetter spielte nicht mit, sodass Eisenhower den Beginn für den 6. Juni befahl. Die ungeheure Armada der Landungsfahrzeuge brach mitten in der Nacht zur Kanalüberquerung auf, während vor ihnen amerikanische und britische Luftlandetruppen im Hinterland der vorgesehenen Strände mit gemischtem Erfolg per Fallschirm oder Lastensegler abgesetzt wurden. Die deutschen Abwehrstellungen an der Küste der Normandie waren nur teilweise besetzt, zudem zumeist von Trup-

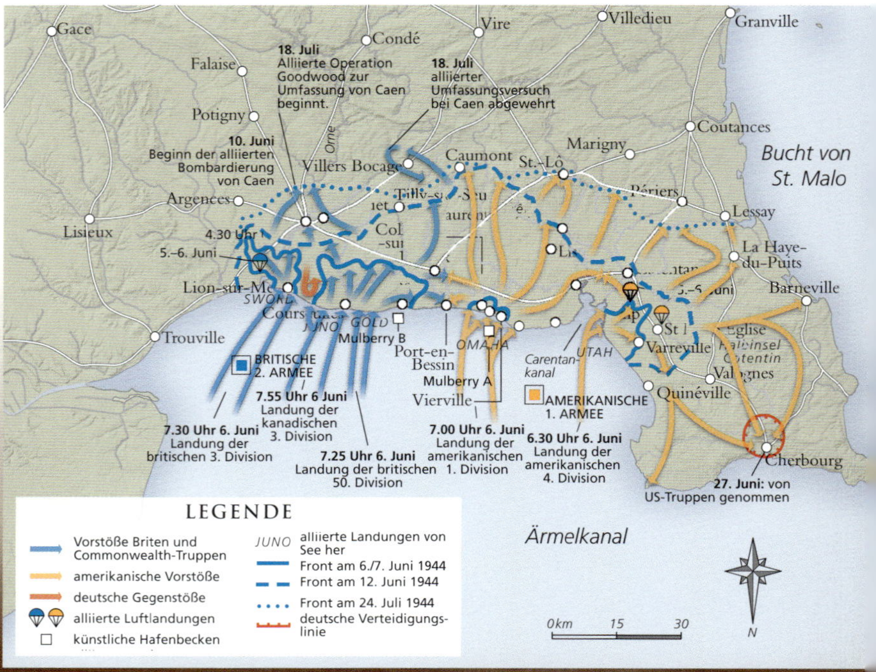

> »Der Strand war übersät mit zertrümmertem Gerät, einem lodernden Panzer, Deckenbündeln und Sturmgepäck, mit Leichen und Leichenteilen. ...«
>
> *Britischer Kanonier Charles Wilson*, Gold Beach, 6. Juni 1944

pen ohne besondere Kampfstärke. Die Verteidiger wurden von der Feuereröffnung der alliierten Kriegsschiffe auf die Küstenbefestigungen vollkommen überrascht. Das schlechte Wetter hatte zu einer höher als normal auflaufenden Flut geführt, die bei der Landung unerwartete Schwierigkeiten verursachte – viele schwer bepackte Soldaten versanken beim Verlassen der Landungsboote hilflos im zu tiefen Wasser. Trotzdem verlief die Landung mehr oder weniger planmäßig. Bei der amerikanischen Landung am Omaha Beach war dies nicht der Fall. Der größte Teil der Panzer und Geschütze ging unter, ohne den Strand erreicht zu haben. Feuer aus Betonbunkern auf den Klippen nagelte die nur leicht bewaffneten Infanteristen fest. Am Ende des Tages hatten die Amerikaner sich über den Strandstreifen hinweg vorgekämpft, doch nur unter schweren Verlusten.

OPERATION OVERLORD
Die alliierte Invasion in Frankreich von See her war das größte Landungsunternehmen der Geschichte. Acht Divisionen wurden mithilfe von 6500 Schiffen und Unterstützung von 12 000 Flugzeugen an Land gesetzt.

1890–1969

DWIGHT DAVID EISENHOWER

Eisenhower wurde 1942 über die Köpfe Hunderter dienstälterer Offiziere hinweg zum Oberbefehlshaber der amerikanischen Truppen in Europa ernannt. Seine erfolgreiche Führung bei den alliierten Invasionen in Nordafrika 1942–1943, auf Sizilien und dem italienischen Festland rechtfertigte es, auch bei der Invasion in der Normandie auf ihn als Oberkommandierenden zurückzugreifen. Eisenhower bewies ein ausgeprägtes diplomatisches Geschick, obwohl seine Entscheidung, auf breiter Front in Deutschland einzumarschieren, von Montgomery heftig kritisiert wurde. Nach dem Kriege war er der erste Oberbefehlshaber der NATO und von 1953 bis 1961 Präsident der Vereinigten Staaten.

DEUTSCHLANDS NIEDERLAGE IM WESTEN

Das Scheitern eines Anschlags auf Hitler nur kurze Zeit nach den Landungen in der Normandie sorgte dafür, dass der Krieg bis zum bitteren Ende geführt werden musste. Sobald die Alliierten aus der Normandie ausgebrochen waren, befreiten sie rasch den größten Teil Frankreichs und Belgiens, sodass auf einen Sieg noch vor Weihnachten gehofft werden konnte. Aber der deutsche Widerstand verstärkte sich erneut. Antwerpen war nur mit erheblicher Verzögerung als Nachschubhafen für die Alliierten zu benutzen, und Montgomerys Durchbruchsversuch bei Arnheim scheiterte. Hitlers Gegenoffensive in den Ardennen versetzte den Alliierten einen Schock, doch dem Kräfteverhältnis zufolge hatten die Deutschen keine Chance, im Jahr 1945 der Niederlage zu entgehen. Zumindest an der Westfront war das Kriegsende in Sicht.

ALLIIERTE INVASION FRANKREICHS

Normandie

DATUM 6. Juni–25. Juli 1944

STREITKRÄFTE Alliierte: 2 Millionen; Deutsche: 1 Million

VERLUSTE Alliierte: 40000 Gefallene, 170000 Verwundete; Deutsche: 240000 Gefallene oder Verwundete

ORT Normandie in Nordfrankreich

Den Landungen folgte eine verbissene Schlacht, um aus den normannischen Brückenköpfen auszubrechen. Die Briten und Kanadier saßen kurz vor Caen fest, während die Amerikaner sich auf der Halbinsel Cotentin nach Cherbourg kämpften. In den beiden schwimmenden Häfen wurde aus England ein nicht abreißender Strom von Soldaten und Kriegsmaterial abgefertigt. Im Gegensatz dazu hatten die Deutschen große Mühe, Truppen und Panzer auf einem zerbombten Straßen- und Schienennetz und unter ständigen alliierten Luftangriffen nach vorn zu bringen. Nach einem in der letzten Juniwoche fehlgeschlagenen Versuch, Caen westlich zu umfassen, warf Montgomery am 18. Juli in der Operation Goodwood drei gepanzerte Divisionen nach vorn, während Caen von schweren Bombern dem Erdboden gleichgemacht wurde. Goodwood war verlustreich und konnte den Durchbruch nicht erzwingen, aber es band deutsche Kräfte und half so den Amerikanern, in der letzten Juliwoche in Richtung Avranches durchzubrechen.

VOLLE DECKUNG
Die Kämpfe in der Normandie waren hart und verlustreich, kleine Geländegewinne mussten teuer bezahlt werden. Das Gelände begünstigte die Verteidiger.

ALLIIERTE INVASION FRANKREICHS

Falaise

DATUM 25. Juli–20. August 1944

STREITKRÄFTE Deutsche: 250000; Alliierte: unbekannt

VERLUSTE Deutsche: 100000 Gefallene oder Verwundete; Alliierte: 40000 Gefallene oder Verwundete

ORT südliche Normandie

Am 25. Juli eröffnete die amerikanische 12. Heeresgruppe westlich von St. Lô eine Offensive, die sich zu dem lange ersehnten Ausbruch aus der Normandie entwickelte. Pattons 3. Armee marschierte in offenes Gelände vor und schwenkte ostwärts, um sich mit den von Caen anrückenden Briten und Kanadiern zu vereinen und die deutschen Truppen südlich von Falaise in einem Kessel einzuschließen. Statt den Rückzug zu genehmigen, befahl Hitler eine Gegenoffensive. Das führte lediglich weitere Panzer tiefer in den Kessel. Die deutschen Panzer und Radfahrzeuge wurden durch alliierte Kampfflugzeuge zerschlagen.

UNTERNEHMEN MARKET GARDEN

Arnheim

DATUM 17.–26. September 1944

STREITKRÄFTE Alliierte: 30000 Luftlandetruppen

VERLUSTE Briten: 6800; Amerikaner: 4000; Polen: 400; Deutsche: 3300

ORT bei Arnheim am Niederrhein

Montgomery war davon überzeugt, dass ein konzentrierter Vorstoß zur Ruhr den Krieg beenden würde. Da ihm Eisenhower, der sich auf ein Vorgehen auf breiter Front festgelegt hatte, nicht alle gewünschten Ressourcen zugestand, ersann er die Operation Market Garden. Luftlandetruppen sollten in den besetzten Niederlanden eine Reihe von Brücken in ihre Hand bringen, um dem britischen 30. Armeekorps den Weg zu einem raschen Vorstoß nach Norddeutschland zu öffnen. Am 17. September wurden drei Luftlandedivisionen mit Fallschirm und Lastensegler abgesetzt. Die amerikanische 101. nahm die Kanalübergänge bei Eindhoven, doch die amerikanische 82. konnte die Brücke bei Nimwegen erst am nächsten Tag nehmen. Die britische 1. Luftlandedivision, außerhalb Arnheims abgesetzt, konnte die wichtige letzte Rheinbrücke nicht nehmen. Rund 2700 Fallschirmjäger wurden in der Nacht vom 25. auf den 26. September über den Rhein zurückgenommen. Es hatte sich gezeigt, dass die Deutschen noch nicht am Ende waren.

30-Schuss-Magazin

BREN
Die Munitionszufuhr beim leichten britischen Maschinengewehr Bren erfolgte durch das charakteristische Kurvenmagazin statt durch einen Patronengurt. Daher musste häufig nachgeladen werden.

LUFTLANDESOLDATEN
Soldaten der britischen 1. Luftlandedivision arbeiten sich mit ihren Sten-Maschinenpistolen durch Osterbeek, einen Vorort von Arnheim, vor.

ARDENNENOFFENSIVE

Ardennen

ORT Ardennen im südlichen Belgien

DATUM 16. Dezember 1944–15. Januar 1945

STREITKRÄFTE Amerikaner: 80000; Deutsche: 200000

VERLUSTE Alliierte: 80000 (Gefangene eingeschlossen); Deutsche: 70000–100000 (Gefangene eingeschlossen)

Im Winter 1944 setzte Hitler mit einer Gegenoffensive alles auf eine Karte. Sie war als Wiederholung des großen deutschen Erfolges von 1940 angelegt mit unerwarteten Panzervorstößen aus den Ardennen, die Breschen in die alliierte Front schlagen sollten. Die am 16. Dezember eröffnete Offensive kam überraschend. Schlechtes Wetter verhinderte den Einsatz der alliierten Luftmacht, aber Truppen der amerikanischen 1. Armee kämpften tapfer, um den deutschen Vorstoß zu verlangsamen. Die SS-Panzerarmee verlor bald ihren Schwung, doch südlich schwenkte die 5. Panzerarmee um Bastogne in Richtung Maas. Am 22. Dezember klarte es auf und alliierte Kampfflugzeuge griffen die deutschen Truppen an, denen bereits der Treibstoff ausging. Pattons 3. Armee erreichte Bastogne am 26. Dezember, wo schwere Kämpfe noch bis ins neue Jahr erfolgten. Die fehlgeschlagene Offensive kam beide Seiten teuer zu stehen.

DEUTSCHE KRIEGSGEFANGENE
Amerikanische Soldaten bewachen im Dezember 1944 bei Malmedy in Belgien einen Trupp deutscher Kriegsgefangener.

ALLIIERTER VORMARSCH IN DEUTSCHLAND

Rheinüberquerung

ORT Westdeutschland

DATUM 8. Februar–28. März 1945

STREITKRÄFTE Alliierte: 1,25 Millionen; Deutsche: 150000

VERLUSTE Deutsche: 60000, dazu 250000 Gefangene; Alliierte: 22000

Im Frühjahr 1945 mussten sich die Alliierten zum Rhein durchkämpfen, um dann über den Strom und ins Innere Deutschlands vorzustoßen. Im Norden arbeiteten sich britische, kanadische und amerikanische Truppen unter Montgomery in schweren Kämpfen voran. Die Deutschen öffneten die Rurtalsperre Schwammenauel und machten so am südlichen Ende dieses Abschnitts für zwei Wochen jedes Vorwärtskommen unmöglich. Weiter südlich wollten die Truppen unter amerikanischem Befehl beweisen, dass sie es besser konnten. Patton schickte Panzerspitzen seiner 3. Armee vor, um die Eifel zu durchbrechen. Am 7. März standen sie am Rhein. Am selben Tag fanden Einheiten der 9. Panzerdivision bei Remagen eine intakte Rheinbrücke, die sie in Besitz nahmen. Der dort gebildete Brückenkopf wurde nur widerstrebend genutzt, denn Montgomery bereitete methodisch eine große Rheinüberquerung weiter nördlich bei Wesel vor. Patton setzte am 22. März ohne Luft- oder Artillerieunterstützung in einem kühnen amphibischen Unternehmen über den Rhein. Montgomerys großer Schlag wurde tags darauf geführt. Bis Ende März konnte auf dem östlichen Ufer eine Reihe von Brückenköpfen gebildet werden, Deutschland war nicht mehr zu verteidigen.

> »Tausende weißer Fallschirme sanken durch … Flakfeuer zu Boden, … abgeschossene Dakotas gingen in Flammen auf …«
>
> *US-Pilot Pierre Clostermann,* Luftlandeeinsatz am Rhein, 24. März 1945

RHEINÜBERGANG
Ein amerikanischer Panzer überquert den Rhein auf einer Pontonbrücke. Die 320 m lange Behelfsbrücke wurde in 5 Stunden und 55 Minuten aufgeschlagen.

1885–1945

GEORGE S. PATTON

General Patton verkörperte den aggressiven Geist des beweglichen Panzerkriegs. Er wurde 1943 auf Sizilien seines Kommandos als Befehlshaber der amerikanischen 7. Armee enthoben, weil er einen unter Schock stehenden Soldaten geohrfeigt hatte. Beim Ausbruch aus der Normandie befehligte er die amerikanische 3. Armee. Ständig mit Montgomery im Streit, ging er in den letzten Phasen des Krieges seine eigenen Wege und fand sich tief im Innern der Tschechoslowakei wieder. Er kam 1945 bei einem Verkehrsunfall ums Leben.

DEUTSCHLANDS NIEDERLAGE IM OSTEN

In den letzten Phasen des Krieges gewannen die sowjetischen Streitkräfte, gut versorgt durch die wachsende Kriegswirtschaft und die Materiallieferungen aus den USA, immer mehr an Kampfkraft. Die Deutschen hatten seit Juni 1944 ihre Ressourcen zwischen Ost- und Westfront aufzuteilen, außerdem in Italien zu kämpfen und ihre Städte gegen Luftangriffe zu verteidigen. Trotz gegenseitigen Argwohns gab es zwischen den Westalliierten und der Sowjetunion keine Verstimmungen, die sich die Deutschen hätten zunutze machen können. Als sich sowjetische und amerikanische Truppen, die jahrelang auf unterschiedlichen Seiten gestanden hatten, mitten in Deutschland an der Elbe trafen, taten sie dies als Freunde. Auch aus Furcht vor sowjetischer Rache kämpften die Deutschen bis zum Ende für Hitler.

OSTFRONT

Operation Bagration

DATUM 23. Juni–28. Juli 1944

STREITKRÄFTE Sowjets: 1,7 Millionen, 2700 Panzer; Deutsche: 800000, 450 Panzer

ORT Weißrussland

VERLUSTE Sowjets: 178000; Deutsche: 350000

Bis zum Sommer 1944 hatten Deutschland und seine Verbündeten in drei Jahren Krieg an der Ostfront etwa 5 Millionen Mann verloren. Die Rote Armee bereitete sich nun vor, die deutschen Truppen von sowjetischem Boden zu vertreiben. Drei Heeresgruppen, von den Russen Fronten genannt, sollten nördlich und südlich der Pripjetsümpfe angreifen, um die deutsche Heeresgruppe Mitte in die Zange zu nehmen. Anschließend sollte Weißrussland von deutschen Truppen gesäubert und der Vormarsch nach Polen angetreten werden. Die Offensive begann auf einer 1000 km breiten Front und folgte gleichzeitig sechs Hauptstoßrichtungen; die ausgedünnten deutschen Verbände, die sich ihr in den Weg stellten, wurden vernichtet. Die mit äußerster Geschwindigkeit und Aggressivität vordringenden Sowjetarmeen schnitten immer wieder deutsche Truppen ab. Im Rücken der Wehrmacht griffen rund 250000 sowjetische Partisanen versprengte Deutsche auf und unterbrachen Nachschublinien. Den ganzen Juli hindurch konnte der Druck aufrechterhalten werden, dann stand die 1. Weißrussische Front Ende des Monats an der Weichsel. Deutschland hatte eine katastrophale Niederlage erlitten.

STALINORGELN
Der von den Deutschen als Stalinorgel bezeichnete Mehrfachraketenwerfer hatte je nach Ausführung eine Reichweite bis zu 8000 m.

OSTFRONT

Warschauer Aufstand

DATUM 1. August–2. Oktober 1944

STREITKRÄFTE Polnische Heimatarmee: etwa 50000, Deutsche Garnison: 10000

ORT Warschau

VERLUSTE Polnische Heimatarmee: 50000; Zivilisten: 220000

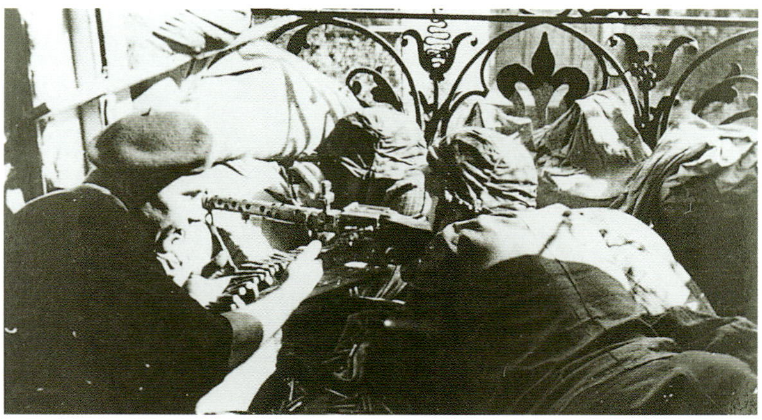

Am 1. August 1944, als die sowjetische 1. Weißrussische Front bereits auf Warschau vorrückte, begann die Polnische Heimatarmee einen bewaffneten Aufstand gegen die deutsche Besatzungsmacht. Unter der Führung des Generals Tadeusz Bor-Komorowski hatten die Aufständischen bald mehr als die halbe Stadt in ihre Gewalt gebracht. Aus nach wie vor unklaren Gründen stoppte die Rote Armee ihren Vormarsch am 2. August. Zweifellos mussten sich die Truppen nach überstürztem Vormarsch neu gruppieren, wahr ist aber auch, dass Stalin seine eigene, kommunistisch dominierte Regierung in Polen zu installieren gedachte. Diese Gefechtspause erlaubte den Deutschen, den Aufstand niederzuschlagen. Am 2. Oktober kapitulierten die Polen.

POLNISCHES KREUZ
Das Kreuz wurde Soldaten im Polnisch-Sowjetischen Krieg verliehen.

WIDERSTANDSKÄMPFER
Angehörige der Polnischen Heimatarmee verteidigen eine provisorische Stellung. Die Widerstandskämpfer waren zwar nur leicht bewaffnet, aber von großem Kampfgeist beseelt.

OSTFRONT

Budapest

DATUM 26. Dezember 1944–14. Februar 1945

STREITKRÄFTE unbekannt

ORT Budapest

VERLUSTE Sowjets: 80000 Gefallene, 240000 Verwundete; Deutsche und Ungarn: 40000 Gefallene, 62000 Verwundete

Zwischen August und Oktober 1944 fegten die Sowjettruppen durch Rumänien und Bulgarien. Ein von Belgrad nordwärts geführter Stoß erzwang Ende November einen Übergang der Donau und an Weihnachten begann die Belagerung Budapests. Hitler befahl, die Stadt um jeden Preis zu halten, und verlegte von Polen aus Panzerdivisionen nach Süden. In der Stadt befindliche Truppen versuchten am 11. Februar einen Ausbruch, der jedoch scheiterte. Nach erbitterten Kämpfen fiel Budapest am 14. Februar in sowjetische Hand.

OSTFRONT

Berlin

ORT
Berlin

DATUM
16. April–2. Mai 1945

STREITKRÄFTE
Sowjets: 2 Millionen; Deutsche: 750 000

VERLUSTE Sowjets: 305 000 Gefallene oder Verwundete; Deutsche: unbekannt

Ende März 1945 ließ Eisenhower Stalin wissen, dass er keinen Wettlauf nach Berlin beabsichtige. Den Sowjets solle die Ehre – und die Verluste – zukommen, die deutsche Hauptstadt zu nehmen. So schrieb Stalin seinen eigenen Wettlauf nach Berlin zwischen der 1. Ukrainischen Front unter Marschall Iwan Konjew und der 1. Weißrussischen Front unter Schukow aus. Dessen Offensive begann am 16. April bei den Seelower Höhen mit einem Fiasko, da die Truppen zunächst unter deutschem Feuer liegen blieben. Konjew gelang ein glatterer Vormarsch; am 21. April hatten beide Fronten die Berliner Vorstädte erreicht. Nachdem die Rivalität überhand genommen hatte und Schukows Truppen die von Konjew bekämpften, bestimmte Stalin, dass Schukow das Stadtzentrum nehmen sollte. Die verbliebenen deutschen Truppen kämpften hartnäckig und schossen viele sowjetische Panzer mit der Panzerfaust ab. Granaten regneten auf das Stadtzentrum, wo sich Hitler im Bunker unter der Reichskanzlei auf das Ende vorbereitete. Am 30. April drangen Soldaten einer Schützendivision der 8. Gardearmee in das Reichstagsgebäude ein und kämpften sich in die Höhe, um auf dem Dach die rote Fahne zu hissen. Hitler beging am selben Tag Selbstmord. Am 2. Mai kapitulierte der deutsche Kampfkommandant nach vergeblichen Übergabeverhandlungen.

1896–1974

GEORGI SCHUKOW

Marschall Schukow, von einfacher Herkunft, stieg nach der russischen Revolution zum Offizier auf. Er wurde in den 30er-Jahren als Panzerspezialist bekannt und war 1939 für den Sieg über die Japaner bei Nomonhan verantwortlich. Im Januar 1941 wurde er zum Generalstabschef ernannt, im August 1942 zum stellvertretenden Kommissar für Verteidigung. Von der Verteidigung Moskaus über Stalingrad und Kursk bis hin zur Schlacht um Berlin war Schukow an jedem Großunternehmen beteiligt. Er sorgte dafür, dass militärischer Sachverstand bei Stalins Entscheidungen zum Tragen kam.

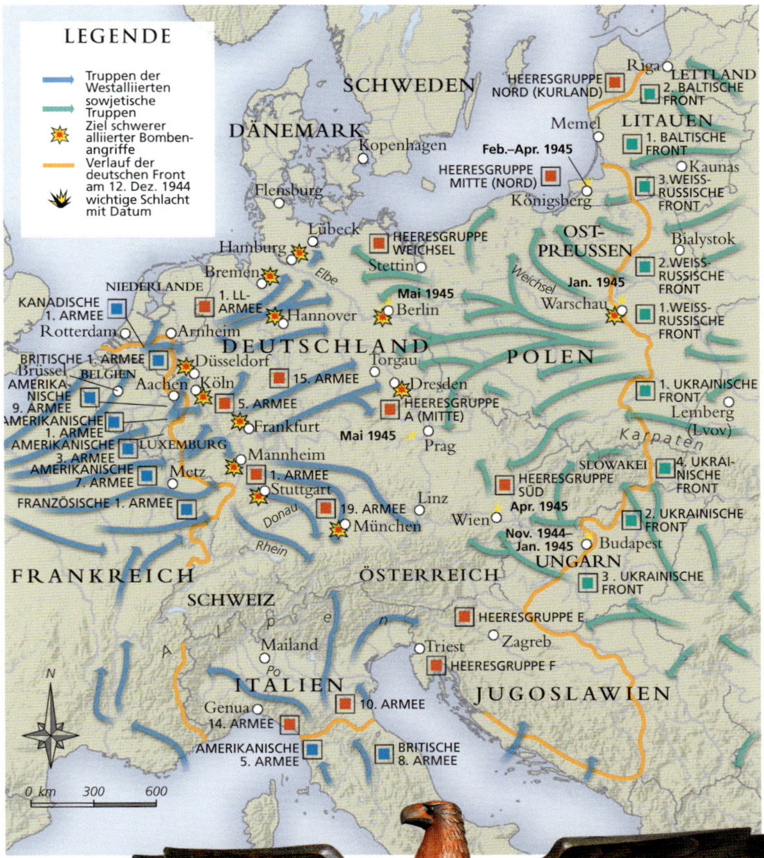

DURCHLÖCHERTER ADLER *Der Adler mit dem Hakenkreuz wurde bei den Straßenkämpfen in Berlin durchlöchert.*

FLAGGE ZEIGEN *Jewgenij Chaldejs berühmtes Foto – ein Rotarmist setzt auf dem Reichstagsgebäude die rote Fahne – wurde von einem Flugzeug aus aufgenommen. Das Ereignis fand in der Nacht des 30. April statt und wurde später für den Fotografen nachgestellt.*

DER KRIEG IM PAZIFIK

DIE URSACHEN DES KRIEGES IM PAZIFIK lagen in der expansionistischen Asienpolitik Japans begründet. Der amerikanische Widerstand gegen die japanische Invasion Chinas und die Stationierung japanischer Truppen in Französisch-Indochina führte 1941 zu einem von Amerika betriebenen Verbot von Ölverkäufen an Japan. Dieses Embargo stellte die Japaner vor die Wahl zwischen dem Verzicht auf imperiale Ambitionen und einem Krieg, den zu gewinnen sie kaum hoffen durften.

GEWAGTES SPIEL

Japan verfolgte als Kriegsziel die Eroberung Chinas und die Überwindung der Herrschaft der europäischen Kolonialmächte in Südostasien, um eine »Großasiatische Wohlstandssphäre« unter japanischer Führung zu schaffen. Die Europäer, entweder noch im Krieg mit Deutschland oder bereits besiegt, waren zur Verteidigung ihrer Kolonien außerordentlich schlecht ausgerüstet. Es mit den Vereinigten Staaten aufzunehmen wurde jedoch von vielen politischen und militärischen Führern Japans für unrealistisch gehalten. Doch der Oberbefehlshaber des Heeres, General Tojo Hideki, seit Oktober 1941 japanischer Ministerpräsident, behauptete, dass schnelle Anfangserfolge Japan zu einer Machtposition verhelfen würden, mit der zu leben die Amerikaner lernen müssten: »Zunächst wird Amerika empört sein, doch dann wird es Verständnis aufbringen.«

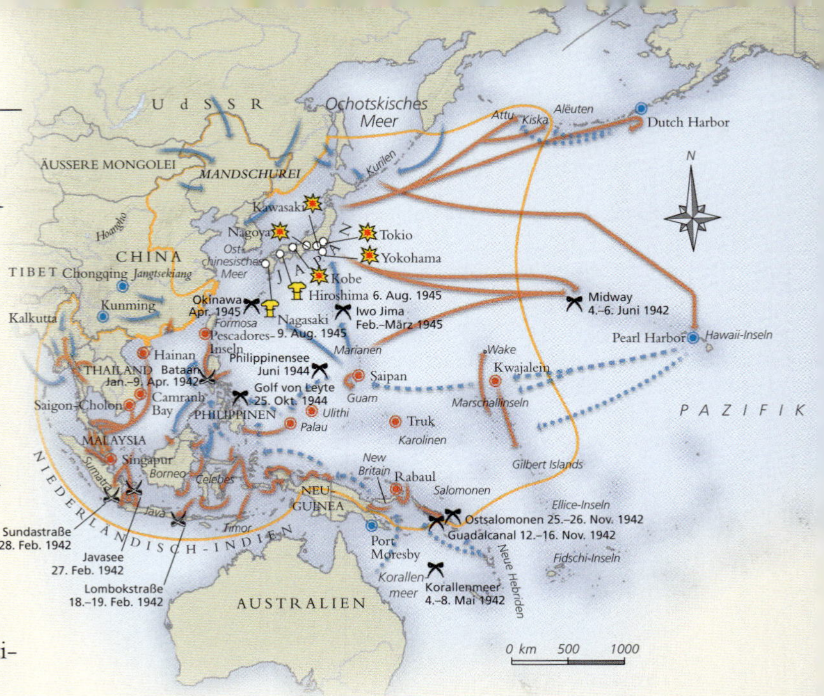

KRIEGSSCHAUPLATZ PAZIFIK
Auf dem Höhepunkt des Krieges hatte die japanische Front eine Ausdehnung von mehr als 35 000 km.

KRIEGSFLAGGE
Die japanische Kriegsmarine, größtenteils nach dem Muster der britischen Royal Navy geschaffen, führte das Sonnenbanner als Kriegsflagge.

SCHLACHTSCHIFF *YAMASHIRO*
Japanische Admirale bauten auf die Kampfkraft von Schlachtschiffen, die in einem Seekrieg, der von Flugzeugträgern ausgetragen wurde, jedoch beinahe bedeutungslos waren.

WACHSENDER KONFLIKT

Den Japanern gelangen die frühen Erfolge, die sie brauchten, in den Jahren 1941–1942 dank der Überlegenheit ihrer Marineflieger und ihrer Infanterie, die im Dschungelkampf besonderes Können bewies. Doch nach dem Schock von Pearl Harbor gab es keine Möglichkeit mehr, dass sich die Vereinigten Staaten mit dem kaiserlichen Japan arrangieren würden, obwohl Präsident Franklin D. Roosevelt den Sieg über Deutschland als absolute Priorität bezeichnete. Die schlechte Behandlung oder Misshandlung von Kriegsgefangenen durch Japan war ein Faktor, der in diesem auf beiden Seiten von rassistischer Verachtung geprägten Krieg zu wachsender Erbitterung führte. Trotz seiner Bedeutung für den Ursprung des Krieges wurde China nicht zum entscheidenden Kriegsschauplatz, wenngleich Millionen Chinesen bei den Kämpfen mit der japanischen Besatzungsmacht ums Leben kamen. Stattdessen wurde der Krieg in erster Linie im Pazifik entschieden, in Duellen zwischen Flugzeugträgern und Kämpfen von Insel zu Insel.

SELBSTMORDBOMBER
USS Bunker Hill wurde im Mai 1945 von einem japanischen Kamikazeflieger getroffen. Das Schiff verlor dabei mehr als 600 Mann.

MÄCHTIGE VERBÜNDETE
Das Plakat preist das Bündnis Großbritanniens, der Vereinigten Staaten, Chinas und der UdSSR. Die Sowjets traten erst eine Woche vor Ende in den Krieg gegen Japan ein.

ATOMBOMBER
Die Enola Gay, eine B-29, nach dem Abwurf der Atombombe auf Hiroshima auf dem Rückflug zum Stützpunkt auf Tinian Island.

NUKLEARE KRIEGFÜHRUNG

Ende der 30er-Jahre brachten Wissenschaftler ihren Regierungen das ungeheure Vernichtungspotenzial der Kernspaltung zu Bewusstsein. Während die Entwicklungsprogramme in Deutschland und Japan nur wenig erfolgreich waren, investierten die USA 2 Milliarden Dollar in das streng geheime Manhattanprojekt, an dem am Ende landesweit mehr als 120000 Menschen mitarbeiteten. Der Abwurf auf die japanischen Städte Hiroshima und Nagasaki im August 1945 war der Beginn eines neuen, gefährlichen Zeitalters.

SIEG ÜBER JAPAN

Die überwältigenden amerikanischen Erfolge bei der Kriegsgüterproduktion ließen den Japanern langfristig keine Chance. 1944 erzeugte die amerikanische Industrie nahezu 100000 Flugzeuge und mehr als 16 Millionen Tonnen Schiffsraum, also mehr als genug, um den Bedarf auf dem europäischen und pazifischen Kriegsschauplatz zugleich zu decken. 1944 waren amerikanische Flugzeuge und deren Piloten so überlegen, dass die Japaner ihrem Gegner nur noch durch die Anwendung der selbstmörderischen Kamikazetaktik Schaden zufügen konnten. Der Rückgriff auf die Samuraitugend des Selbstopfers bei hoffnungsloser Unterlegenheit war das Eingeständnis des Scheiterns. Doch selbst angesichts der Vernichtung widersetzten sich viele japanische Militärführer im August 1945 der Kapitulation.

KAPITULATION
Der japanische General Umezo Yoshijiro unterzeichnet am 2. September 1945 an Bord des Schlachtschiffs Missouri die Kapitulationsurkunde.

JAPANS ERFOLGE

1941 PLANTE JAPAN EINE INVASION des südostasiatischen Festlandes und einiger Pazifikinseln und gleichzeitig den Angriff auf die amerikanische Pazifikflotte in ihrem Stützpunkt auf Hawaii. Dieser Angriff würde, so die japanischen Überlegungen, die Amerikaner lähmen und Japan Zeit geben, sich zu konsolidieren und von den Aleuten vor der Küste Alaskas bis nach Burma einen Verteidigungsgürtel anzulegen. Das war ein riskanter Plan, der anfangs aber bemerkenswert erfolgreich war. Da die Alliierten den japanischen Geheimkode entschlüsselt hatten, wussten sie zwar um die generellen Absichten ihres Gegners, doch mit der Geschwindigkeit und Stoßkraft des japanischen Angriffs hatten sie nicht gerechnet. Japan, so erklärte Admiral Nagumo Chuichi, habe »einen schlafenden Riesen geweckt und mit furchtbarer Entschlossenheit erfüllt«.

JAPANISCHE OFFENSIVE

Pearl Harbor

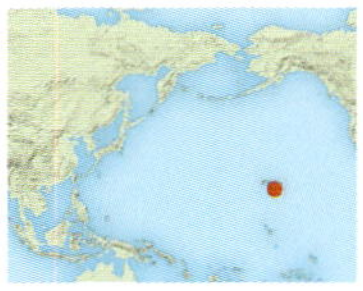

DATUM 7. Dezember 1941

STREITKRÄFTE Japaner: 353 Flugzeuge; Amerikaner: 90 Kampfschiffe, 300 Flugzeuge

VERLUSTE Japaner: 130 Piloten, 29 Flugzeuge, 5 U-Boote; Amerikaner: 2403 Soldaten und Zivilisten, 18 Schiffe, 186 Flugzeuge

ORT Pearl Harbor auf Oahu, Hawaii-Inseln

Am 26. November stach eine Flotte von 31 Kampfschiffen unter dem Kommando von Admiral Nagumo Chuichi, darunter sechs Flugzeugträger, von Japan aus in See. Dem amerikanischen Nachrichtendienst entging die Flotte, da diese strikte Funkstille wahrte. Im Morgengrauen des 7. Dezember stieg von den 400 km nördlich von Hawaii marschierenden Trägern die erste Welle japanischer Kampfflugzeuge auf. Trotz des drohenden Krieges mit Japan gab es auf dem Stützpunkt die gewöhnliche sonntägliche Routine. Niemand war auf die im Tiefflug hereinbrechenden Nakajima-Torpedobomber und die aus der Höhe herabstoßenden Aichi-Sturzkampfbomber vorbereitet. Diesen Maschinen folgten normale Bomber, um bereits brennende Schiffe zu bombardieren, während Zero-Jäger die auf den Flugfeldern abgestellten amerikanischen Flugzeuge beschossen. Ungeachtet der verheerenden Schäden war der Angriff teilweise ein Misserfolg, da die Flugzeugträger der US-Flotte in See waren und unbeschädigt blieben.

JÄGER MITSUBISHI A6M ZERO

TODBRINGENDE JÄGER
Japanische Zero-Jäger eskortierten die Bomber nach Pearl Harbor. Die bis zu 560 km/h schnellen und wendigen Jäger waren damals jedem amerikanischen Flugzeug überlegen.

»Ich wurde gebeten, ins Wasser zu gehen und Seeleute herauszuholen, die von den Schiffen geschleudert worden waren. Manche waren bewusstlos, manche tot ... «

John Garcia, amerikanischer Soldat, Pearl Harbor, 1941

BRENNENDE KAMPFSCHIFFE
Eine Rettungsbarkasse sucht in Pearl Harbor das Wasser nach überlebenden Besatzungsmitgliedern der US-Kriegsschiffe ab.

JAPANISCHE OFFENSIVE

Hongkong

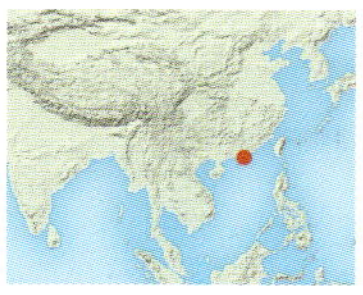

DATUM 8.–25 Dezember 1941

STREITKRÄFTE Japaner: 40000; Briten und Commonwealth: 15000

VERLUSTE Japaner: 3000; Briten und Commonwealth: 15000 Gefallene oder Gefangene

ORT Hongkong im südlichen China

Bei der Überprüfung seines militärischen Engagements kam Großbritannien 1940 zu dem Schluss, dass die Kolonie Hongkong nicht zu verteidigen war, da japanische Truppen das chinesische Festland nördlich und südlich der Stadt hielten. Die Besitzung war jedoch zu prestigeträchtig; also wurde die dortige Garnison im Oktober 1941 sogar um zwei kanadische Bataillone verstärkt. Am 8. Dezember überschritten japanische Truppen von China her die Grenze. Sie drängten die Briten auf die Insel Hongkong zurück. Die ersten Versuche der Japaner überzusetzen wurden abgewehrt, doch in der Nacht vom 18. zum 19. Dezember konnten sie einen Brückenkopf bilden. Bei ihrem Vorstoß trennten sie die Verteidiger. Kurz darauf kapitulierten sie.

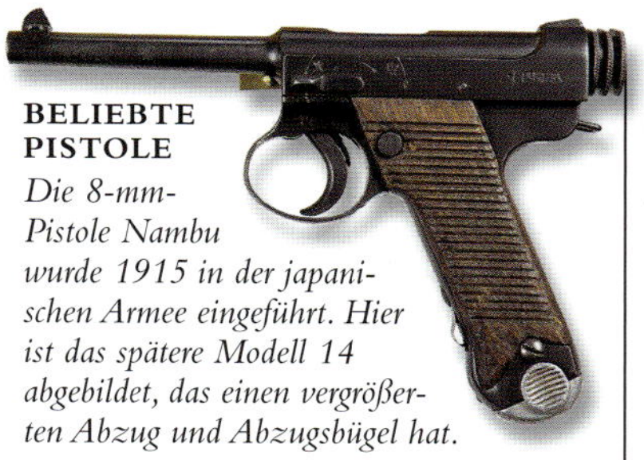

BELIEBTE PISTOLE
Die 8-mm-Pistole Nambu wurde 1915 in der japanischen Armee eingeführt. Hier ist das spätere Modell 14 abgebildet, das einen vergrößerten Abzug und Abzugsbügel hat.

BESITZERGREIFUNG
Nach der Kapitulation der britischen Garnison zogen berittene japanische Truppen in Hongkong ein. Sie hielten die Stadt bis Kriegsende besetzt.

BRITISCHE KAPITULATION
Britische Soldaten werden von Bewachern aus Singapur hinausgeführt. Viele Männer starben an schlechter Behandlung.

JAPANISCHE OFFENSIVE

Singapur

DATUM 8. Dezember 1941–15. Februar 1942

STREITKRÄFTE Japaner: 55000; Briten und Commonwealth: 140000

VERLUSTE Japaner: 35000; Briten und Commonwealth: 9000 Gefallene, 130000 Gefangene

ORT Malaysia und Singapur, Südostasien

Am 8. Dezember 1941 landeten japanische Truppen in Thailand und auf der Malaiischen Halbinsel. Zwei Tage später gingen die britischen Kriegsschiffe *Prince of Wales* und *Repulse* von Singapur aus in See, um die Landungen zu stören. Beide wurden von japanischen Flugzeugen angegriffen und sanken; mehr als 800 Seeleute kamen ums Leben. Die japanischen Truppen waren nun auf beiden Seiten der Halbinsel auf dem Vormarsch. Obwohl die britischen und Commonwealth-truppen zahlenmäßig stärker waren, machten die japanische Luftherrschaft und rasche Bewegungen den Eindruck einer überwältigenden Streitmacht. Der britische Befehlshaber General Arthur Percival bereitete einen letzten Verteidigungsversuch für Singapur vor und sprengte den Verbindungsdamm. Am 9. Februar gelang den Japanern jedoch die Landung auf der Insel. In der Annahme, weit überlegenen Kräften gegenüberzustehen, kapitulierte Percival am 15. Februar.

JAPANISCHE OFFENSIVE

Philippinen

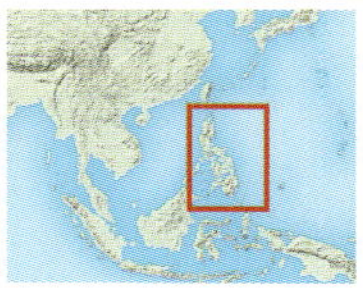

DATUM 8. Dezember 1941–6. Mai 1942

STREITKRÄFTE Japaner: 55000; Amerikaner und Filipinos: 130000

VERLUSTE Japaner: 12000; Amerikaner und Filipinos: 100000 Gefangene

ORT Archipel der Philippinen

Die Philippinen wurden von amerikanischen und einheimischen Truppen unter General Douglas MacArthur verteidigt. Ihm standen rund 200 Flugzeuge zur Verfügung, denen eine Schlüsselrolle bei der Verteidigung zugedacht war. Die meisten wurden aber bei einem Angriff der von Formosa (heute Taiwan) anfliegenden japanischen Bomber und Jäger am Boden zerstört. Angesichts der japanischen Luftherrschaft zogen sich die amerikanischen Seestreitkräfte zurück, und auch die verbliebenen B-17-Bomber wurden abgezogen. Japanische Verbände unter General Homma Masaharu begannen eine Reihe von Landeunternehmen, die die Amerikaner nicht verhindern konnten. MacArthur zog seine Truppen um die Hauptstadt Manila zusammen und trat Ende Dezember einen geordneten Rückzug auf eine Verteidigungslinie auf der Halbinsel Bataan an. Etwa 83000 Amerikaner und Filipinos bezogen Stellungen beiderseits des Berges Natib, dessen Hänge als unpassierbar galten. Doch die Japaner sickerten in den Dschungel an den Flanken der Verteidiger ein und erzwangen Ende Januar den weiteren Rückzug in eine Auffangstellung. Gemeinsam mit 25000 zivilen Flüchtlingen waren MacArthurs Soldaten nun bei knapper Verpflegung auf engem Raum zusammengedrängt und mussten unter Bomben und Granatfeuer hinter ihren Linien amphibische Landeversuche der Japaner abwehren. Der amerikanische Präsident F. D. Roosevelt machte deutlich, dass mit Entsatz nicht zu rechnen sei. Am 12. März wurde MacArthur herausgezogen. Gequält von Hunger und tropischen Krankheiten, kapitulierten die Truppen auf Bataan am 8. April.

AUSZEICHNUNG
Dies ist die siebte der acht Klassen des Ordens der Aufgehenden Sonne, der japanischen Soldaten wie Zivilisten verliehen wurde.

1880–1964

GENERAL MACARTHUR

Die Niederlage auf den Philippinen war ein Tiefpunkt in der glänzenden Karriere von General Douglas MacArthur. Als Alliierter Oberbefehlshaber Südwestpazifik entwickelte er die Taktik des »Inselspringens«, also des Vorrückens von Insel zu Insel unter Umgehung der befestigten japanischen Stützpunkte. Dies brachte ihn im Oktober 1944 auf die Philippinen zurück. Nach dem Sieg war er Oberkommandierender der Besatzungstruppen in Japan.

FLUSSÜBERQUERUNG
Japanische Soldaten nach der amerikanischen Niederlage auf den Philippinen bei der Überquerung eines Flusses. Das Nebeneinander von Pferden und Panzern – hier des mittleren Typs 89 – war für das japanische Heer charakteristisch.

BOMBENSCHADEN
Ein japanischer Kreuzer der Mogami-Klasse mit schwerer Schlagseite nach Treffern von amerikanischen Sturzkampfbombern. Die Schlacht bei Midway verlief zugunsten der Amerikaner.

JAPANISCHE OFFENSIVE

Midway

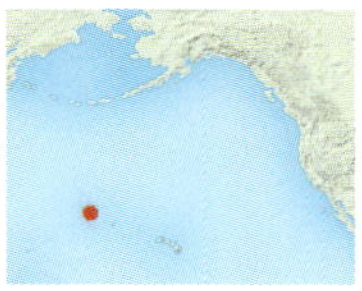

ORT bei den Midway-Inseln im Pazifik

DATUM 4. Juni 1942

STREITKRÄFTE Japaner: 20 Schiffe, 275 Flugzeuge; Amerikaner: 26 Schiffe, 321 Flugzeuge

VERLUSTE Japaner: 2500 Mann, 5 Schiffe; Amerikaner: 307 Mann, 2 Schiffe

Im Frühjahr 1942 versuchte Admiral Yamamoto, den japanischen Verteidigungsgürtel auszuweiten. Er plante einen koordinierten Angriff auf die Aleuten im Nordpazifik und auf die amerikanische Marinebasis auf dem Midway-Atoll, zu dem er vier Flugzeugträger und 16 weitere Kriegsschiffe schickte. Der amerikanische Nachrichtendienst, der erfolgreich die japanischen Kodes entschlüsselte, versorgte den Oberbefehlshaber der Pazifikflotte, Admiral Chester Nimitz, mit den Einzelheiten des japanischen Plans. Nimitz entschloss sich, den Angriff auf die Aleuten zu ignorieren und seine Einheiten auf Midway zu konzentrieren. Er hatte drei Träger – die *Enterprise*, die *Hornet* und die *Yorktown* – zur Verfügung und schickte zwei Kampfgruppen nach Midway. Der Morgen des 4. Juni begann mit einem Luftangriff der japanischen Marineflieger auf die Flugfelder auf Midway. Die Japaner bereiteten gerade einen zweiten Angriff vor, als sie von Marinefliegern angegriffen wurden. Die Davastator-Torpedobomber der *Hornet* fanden die japanischen Träger, doch alle 15 wurden von deren Zeros abgeschossen. Unter einer von der *Yorktown* gestarteten Welle von Torpedobombern richteten sie ebenfalls Verwüstungen an, obwohl amerikanische Wildcat-Jäger die Zeros störten. Da sich die Japaner auf die niedrig fliegenden Torpedobomber konzentrierten, entgingen ihnen die Douglas-Dauntless-Sturzkampfbomber von der *Yorktown* und der *Enterprise*, die die japanischen Trägerschiffe angriffen.Drei der Flugzeugträger waren nur noch brennende Wracks. Der vierte führte einen Gegenschlag gegen die *Yorktown*, ehe auch er von Sturzkampfbombern der *Enterprise* ausgeschaltet wurde. Es war ein überwältigender amerikanischer Luftsieg.

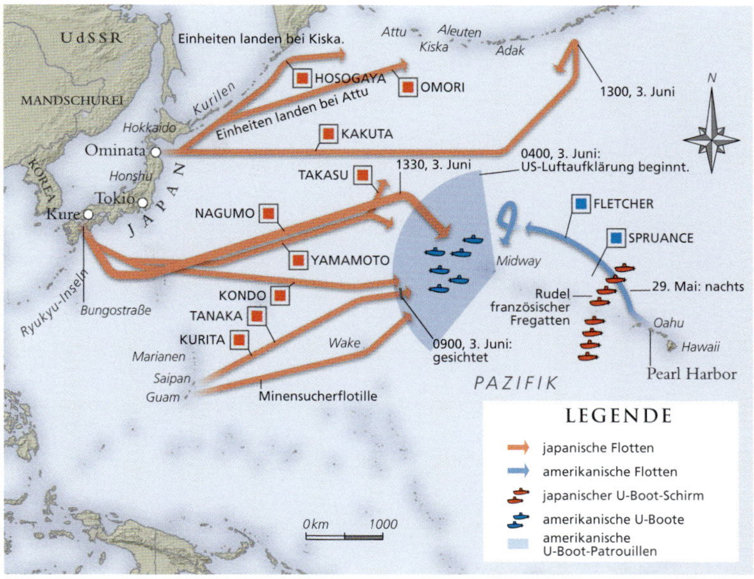

»Ich sah dieses Glitzern in der Sonne, das aussah wie ein wunderschöner, silberner Wasserfall, als diese Sturzkampfbomber niederstießen.«

US-Pilot Jimmy Thatch nach der Schlacht bei Midway, 1942

DER GEGENSCHLAG

Anstatt sich, wie ursprünglich geplant, in die Defensive zu begeben, setzte die japanische Kriegsmarine 1942 ihre Pazifikoffensive fort. Diese Politik führte zu den schweren Verlusten bei Midway, womit der Wendepunkt des pazifischen Krieges erreicht war. Von nun an rückten die Amerikaner von Insel zu Insel gegen Japan vor, gelangten in groß angelegten Trägerschiffschlachten zur See zu einer überwältigenden Überlegenheit und nutzten die Erfahrung ihrer Marineinfanterie in amphibischer Kriegführung. Das »Inselspingen« brachte Japan schließlich in Reichweite der amerikanischen Bomber, die die Städte des Landes verwüsteten. Der verspätete Eintritt der Sowjetunion in den Krieg gegen Japan, der mit den Atombombenabwürfen zeitlich zusammenfiel, bewog Japan im August 1945 zur Kapitulation, ohne dass eine verlustreiche Invasion der Hauptinseln erforderlich gewesen wäre.

KRIEG IM PAZIFIK

Korallenmeer

DATUM 4.–8. Mai 1942

STREITKRÄFTE Amerika: 2 Träger, 21 weitere Kampfschiffe; Japan: 3 Träger, 13 andere Kampfschiffe

ORT südlich der Salomonen im Pazifik

VERLUSTE Amerika: 1 Träger, 74 Flugzeuge; Japan: 1 Träger, 80 Flugzeuge

Im April informierte der Nachrichtendienst Admiral Nimitz, die Japaner beabsichtigten, die Salomoninsel Tulagi und Port Moresby auf Neuguinea zu nehmen. Eine Kampfgruppe unter Admiral Frank Fletcher, zu der auch die Träger *Yorktown* und *Lexington* gehörten, sollte die Landungen vereiteln. Zur Unterstützung hatten die Japaner ihrerseits eine Kampfgruppe unter Admiral Takagi Takeo gebildet, mit den Trägern *Zuikaku* und *Shokaku* und dem leichten Träger *Shoho*. Scharmützel zwischen Marinefliegern und Kampfschiffen begannen am 4. Mai. Am 7. Mai versenkten amerikanische Flugzeuge die *Shoho*, was die Japaner bewog, die Landung bei Port Moresby zu streichen. Am 8. Mai kam es zu einem Gefecht auf große Distanz zwischen den Flugzeugträgern. Die Dauntless-Sturzkampfbomber landeten drei Treffer auf der *Shokaku*, während die *Lexington* von zwei Lufttorpedos getroffen wurde und eine Bombe auf dem Flugdeck der *Yorktown* detonierte. Die *Yorktwon* blieb gefechtsklar, doch die *Lexington* war nicht zu retten. Es war das erste Mal, dass eine Seeschlacht außerhalb der Sichtweite der Kampfschiffe ausgetragen wurde.

FLUGZEUGTRÄGER
Eine amerikanische Trägerkampfgruppe unter der Führung der USS Essex *in der Philippinensee im Jahre 1944.*

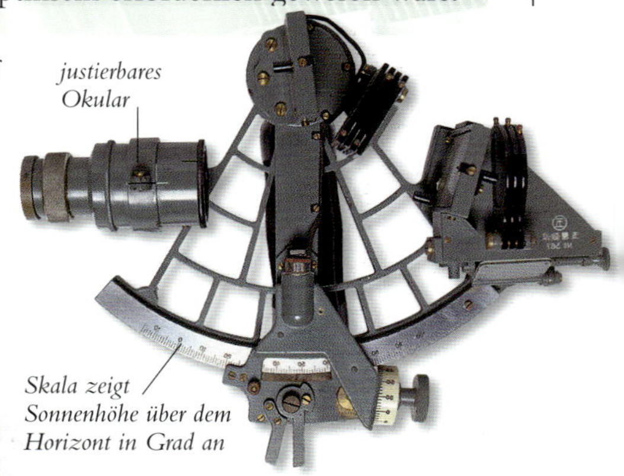

SEXTANT
Dieser Sextant wurde von japanischen Marineoffizieren im Pazifik zur Positionsbestimmung verwendet. Er arbeitete nach demselben Prinzip wie die Navigationsgeräte zur Zeit der Segelschiffe.

FROMME WÜNSCHE
Jeder japanische Soldat zog mit einem »Wunschzettel« in Form einer kleinen Landesflagge in den Kampf. Freunde und Verwandte beschrieben das Fähnchen mit Gebeten und Segenswünschen.

KRIEG IM PAZIFIK

Guadalcanal

DATUM 7. August 1942–7. Februar 1943

STREITKRÄFTE Amerika: von 19000 auf 50000 ansteigend; Japan: von 3000 auf 25000 ansteigend

ORT Salomonen, Inselgruppe im Pazifik

VERLUSTE Amerika: 6100; Japan: 25000

Nach dem Sieg bei den Midway-Inseln (siehe S. 325) brannten die amerikanischen Befehlshaber im Pazifik darauf, zur Offensive überzugehen. Sie fassten die Insel Guadalcanal ins Auge, als entdeckt wurde, dass die Japaner dort ein Flugfeld anlegten – das später den Namen Henderson Field erhielt. Am 7. August ging die amerikanische Marineinfanterie nach Bombenangriffen und Schiffsartilleriebeschuss an Land und besetzte das nur schwach verteidigte Flugfeld. Doch auf dem Wasser verlief die Schlacht für die Amerikaner zunächst schlecht. In der Nacht vom 8. auf den 9. August versenkte eine japanische Kampfgruppe vor der Insel Savo vier Kreuzer und erzwang damit den Rückzug der amerikanischen Kampfschiffe, was die Marineinfanteristen vom Nachschub wie von der Unterstützung von See oder aus der Luft abschnitt. Doch die Japaner versäumten es, die Gelegenheit zu nutzen und Truppen in ausreichender Zahl zu landen, ehe die amerikanische Marine mit frischen Kräften zurückkehrte. Eine lange Schlacht zu Lande und zur See war die Folge. Japanische Kriegsschiffe setzten jede Nacht Verstärkungen ab und beschossen Henderson Field – die amerikanischen Soldaten sprachen vom »Tokio-Express«. Die amerikanische Marineinfanterie, die im schwierigen Dschungelgelände um das Flugfeld einen Verteidigungsgürtel gezogen hatte, kämpfte erbittert gegen die japanische Infanterie. Entscheidend war nun, dass die Amerikaner in einer Reihe von Seegefechten schließlich die Oberhand gewannen. Ab Mitte November konnten sie daher die Truppen auf Guadalcanal verstärken und versorgen. Anfang Februar 1943 gelang Japan die Evakuierung von etwa 13000 Mann.

LEDERNACKEN
Amerikanische Marineinfanterie beschießt japanische Stellungen auf Guadalcanal.

KRIEG IM PAZIFIK

Burma

DATUM Januar 1942–August 1945

STREITKRÄFTE Briten und Commonwealth: 30 000; Japaner: 30 000

ORT Burma

VERLUSTE Briten: 13 000 (bei der Invasion); Japaner: 4000

Der japanische Einmarsch ins britische Burma erfolgte im Januar 1942 hauptsächlich, um die Nachschublinien der nationalchinesischen Kräfte in Kunming zu unterbrechen. Trotz einer Intervention chinesischer Truppen, die der amerikanische General Stilwell aufgestellt hatte, konnten die britischen, indischen und afrikanischen Verbände General Slims nicht verhindern, dass die Japaner das Land besetzten. Später indes bewiesen Brigadegeneral Orde Wingate und General Frank Merrill mit ihren Spezialeinheiten, den »Chindits« beziehungsweise »Marauders«, dass Briten und Amerikaner im Dschungel zu kämpfen verstanden. Im Januar 1944 nahmen die Japaner den Vormarsch wieder auf und überschritten die indische Grenze, sie wurden jedoch bei Imphal und Kohima zurückgeschlagen.

WINGATES CHINDITS
Der britische General Wingate stellte die Chindits-Brigade als eine weit hinter den japanischen Linien operierende Spezialtruppe auf.

Im folgenden Dezember eröffnete Slim eine Großoffensive. Als seine 14. Armee südwärts vorrückte, versuchten die Japaner, Mandalay um jeden Preis zu halten, doch im März 1945 wurden sie besiegt. Im Mai fiel die burmesische Hauptstadt Rangun im Zuge eines Landeunternehmens aus der Luft und von See.

KRIEG IM PAZIFIK

Philippinensee

DATUM 15.–20. Juni 1944

STREITKRÄFTE USA: 20 000 Marineinfanterie, 15 Träger; Japan: 32 000 Mann, 9 Träger

ORT Inselgruppe Marianen im Pazifik

VERLUSTE USA: 16 500 Mann, 129 Kampfflugzeuge; Japan: 31 000 Gefallene

Um die japanischen Hauptinseln in Reichweite ihrer Bomber zu bringen, unternahmen die Amerikaner im Juni 1944 eine Landung auf den Marianen. Zur Unterstützung dieses Unternehmens setzte die Kriegsmarine eine beeindruckende Flotte von 15 Flugzeugträgern und zwölf Schlachtschiffen unter Admiral Raymond Spruance in Marsch. Nach viertägigem Bombardement gingen die Marineinfanteristen am 15. Juni bei Saipan an Land. Etwa 20 000 landeten am ersten Tag, blieben aber in Strandnähe stecken, da die Japaner aus stark gesicherten Verteidigungsstellungen heftige Gegenangriffe führten. Auch zur See war der japanische Kampfgeist ungebrochen. Die japanische Kriegsmarine lief in die Philippinensee, um alliierte Seestreitkräfte durch Angriffe ihrer see- und landgestützten Flugzeuge zu vernichten. Spruance befand sich in einem Seegebiet westlich von Tinian, als seine Flotte am Morgen des 19. Juni in einen Luftangriff geriet. Den vom Radar aufgespürten Wellen japanischer Trägerflugzeuge flogen Hunderte Jäger der US-Kriegsmarine entgegen. Die meisten der japanischen Flugzeuge, die die Luftkämpfe überstanden hatten, wurden entweder von der Flak der amerikanischen Schiffe abgeschossen oder beim Landeversuch auf den insularen Flugfeldern zerstört. Die Japaner verloren an einem einzigen Tag rund 300 Flugzeuge, zwei japanische Flugzeugträger wurden versenkt. Zudem schickte Admiral Marc Mitscher, der Befehlshaber der Kampfgruppe, am folgenden Nachmittag mehr als 200 Kampfflugzeuge, um die weit entfernte japanische Flotte anzugreifen. Bei geringen eigenen Verlusten versenkten sie einen schweren Träger und beschädigten weitere Schiffe, doch auf dem Rückflug ging vielen Maschinen der Treibstoff aus, sodass sie ins Meer stürzten. Mitscher befahl der Flotte das »Aufblenden«, damit die Piloten den Weg zurück finden konnten. 80 Maschinen gingen verloren, die meisten Besatzungen konnten aber gerettet werden. Die inzwischen auf Saipan tobende Schlacht zog sich bis Juli hin und endete mit dem Massenselbstmord japanischer Soldaten und Zivilisten.

VOUGHT F4U CORSAIR
Mit der 1944 in Dienst genommenen Corsair erhielten die amerikanischen Marineflieger eine Maschine, die den japanischen Zeros überlegen war.

> »Der Himmel war nichts als eine Masse schwarzer und weißer Sprengwölkchen, und mittendrin schon getroffene Maschinen, die brennend ins Wasser stürzen.«
>
> *Oberleutnant Don Lewis*, Marinepilot, in einem Bericht zu einem Angriff, 20. Juni 1944

KREUZER GESTELLT
Ein japanischer Kreuzer wird in der Bucht von Manila von amerikanischen Trägerflugzeugen bombardiert. Trotz seiner Ausweichmanöver wurde das Schiff versenkt.

KRIEG IM PAZIFIK

Golf von Leyte

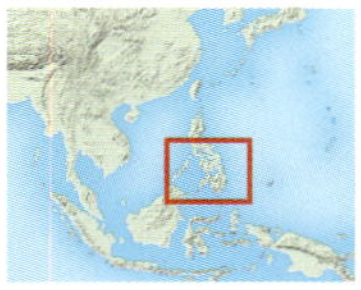

ORT in philippinischen Gewässern

DATUM 23.–26. Oktober 1944

STREITKRÄFTE Alliierte: 35 Träger, 177 weitere Kampfschiffe; Japaner: 4 Träger, 62 weitere Kampfschiffe

VERLUSTE Alliierte: 3 Träger, 4 andere Schiffe; Japaner: 4 Träger, 21 andere Schiffe

Die Entscheidung der USA zur Invasion der Philippinen ist zum großen Teil auf General MacArthur zurückzuführen, der 1942 versprach zurückzukommen (siehe S. 323). Mit Leyte suchte er eine der kleineren Inseln für die erste Landung aus. Obwohl ihr nach der Niederlage im Philippinenmeer Marineflugzeuge fehlten, beschloss die japanische Marine, die Invasion zu unterbinden. Sie entwickelte einen Plan, der vorsah, dass eine Kampfgruppe die amerikanischen Flugzeugträger fortlocken sollte, damit japanische Schlachtschiffe und Kreuzer die restlichen Einheiten bekämpfen könnten. Von Flugplätzen auf den Philippinen startende Maschinen sollten Luftsicherung bieten. Zwei Kreuzer des Geschwaders Mitte des Admirals Kurita, die von Brunei nordwärts liefen, wurden am 23. Oktober von einem amerikanischen U-Boot versenkt, danach wurde das gewaltige Schlachtschiff *Musashi* von Bombern der US-Marine in der Sibuyasee vernichtet. Die japanischen Köderschiffe lockten zwar einen großen Teil der 3. Flotte Admiral Halseys fort, doch am 25. Oktober zerschlug Admiral Thomas Kinkaids 7. Flotte eine Kampfgruppe in der Surigaostraße. Die restlichen Schlachtschiffe und Kreuzer der japanischen Kampfgruppe Mitte entkamen und griffen die Begleitträger und Zerstörer, die die Landeoperation deckten, an. Die Alliierten verloren zwei Träger und drei Zerstörer, aber zwei von Kuritas Kreuzern wurden ebenfalls versenkt, sodass er abzog, um seine verbliebenen Schlachtschiffe zu retten.

AUF DEM STRAND
Einige der etwa 130 000 auf der Insel Leyte abgesetzten Soldaten gehen am Strand in Stellung. Die Eroberung der Insel nahm zwei Monate in Anspruch.

KRIEG IM PAZIFIK

Iwo Jima

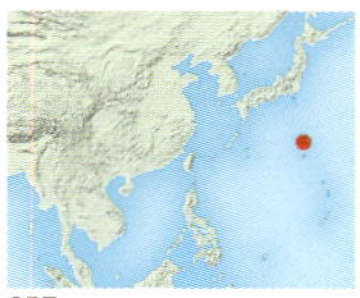

ORT eine Insel 1000 km südöstlich von Tokio

DATUM 19. Februar–24. März 1945

STREITKRÄFTE Amerikaner: 70 000; Japaner: 22 000

VERLUSTE Amerikaner: 28 700; Japaner: 20 000 Gefallene, 1000 Gefangene

Die kleine Vulkaninsel Iwo Jima war von den Vereinigten Staaten als einer der Trittsteine auf dem Wege zur Invasion Japans und als potenzielle Begleitjägerbasis ausersehen. Japan hatte diese Absichten erraten und die Verteidigungseinrichtungen auf der Insel im Winter 1944/45 verstärkt. General Tadamichi Kuribayashi verwandelte Iwo Jima in eine Festung mit Unterständen, Bunkern, Stollen, Gräben und befestigten Höhlen, alles von Artillerie gesichert. Tadamichi lehnte selbstmörderische Attacken ab und wies seine Männer an, aus der Deckung heraus zu kämpfen und so lange Widerstand zu leisten wie möglich. Das US-Militär wollte Giftgasgranaten von den Kriegsschiffen verschießen, um die Japaner zu vertreiben, doch Präsident Roosevelt verweigerte die Erlaubnis kategorisch. Es gab zwar eine lange und schwere konventionelle Bombardierung der Insel vor der Landung, doch zeigte sie keine große Wirkung. Die erste Welle Marineinfanteristen näherte sich am 19. Februar; das führende Landungsfahrzeug belegte den Strand mit Raketen- und Artilleriebeschuss, während Kampfflugzeuge und Schlachtschiffe ihr Feuer auf die japanischen Stellungen konzentrierten. Doch versanken die amphibischen Fahrzeuge rasch im nassen vulkanischen Sand. Die Infanteristen steckten am Strand fest und wurden beschossen. Die Marineinfanteristen, die inmitten ihrer brennenden Fahrzeugwracks in flachen Mulden Deckung suchten, verloren am ersten Tage fast 2500 Mann – doch 30 000 kamen an Land. Am 23. Februar hatten sie sich auf den Gipfel des Suribachi gekämpft. Erst Ende März war der letzte Widerstand in den Stollen und Höhlen endgültig gebrochen. Von den lediglich 1000 Japanern, die die Waffen streckten, waren die meisten zu schwer verwundet, um sich noch umzubringen.

RUHMREICHE FLAGGE
Amerikanische Marineinfanteristen pflanzen auf Iwo Jima auf dem Suribachi das Sternenbanner auf, um ein starkes Zeichen des amerikanischen Triumphs zu setzen.

KRIEG IM PAZIFIK

Okinawa

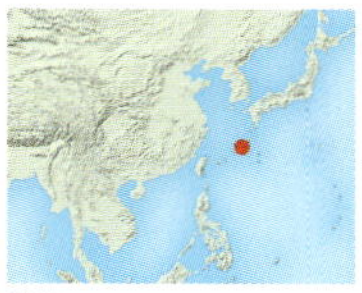

ORT Okinawa und Ryukyuinseln

DATUM 1. April–2. Juli 1945

STREITKRÄFTE Japaner: 130000; Amerikaner: 250000; alliierte Flotte: 1300 Kriegsschiffe

VERLUSTE Amerikaner: 38400 (Landtruppen); Japaner: 120000 Gefallene

Nach Iwo Jima war die Eroberung der zerklüfteten Insel Okinawa auf dem Wege zu einer Invasion Japans der logische nächste Schritt. Der Kommandant der Insel, General Mitsuru Ushijima, legte im gebirgigen Gelände im Süden der Insel ähnliche Befestigungen wie die auf Iwo Jima an. Er beabsichtigte, die Insel so lange wie möglich zu halten, während auf Formosa und im südlichen Japan stationierte japanische Flugzeuge die alliierte Flotte bombardierten. Die Landungen der amerikanischen 10. Armee aus Heer und Marineinfanterie unter General Simon Bolivar Buckner am 1. April erfolgten ohne Widerstand. Die amerikanischen Soldaten besetzten rasch das Zentrum der Insel und hatten in relativ kurzer Zeit den Widerstand im Norden überwunden. Doch im Süden brachten die Truppen General Mitsurus das Vordringen der Amerikaner nahezu zum Stillstand. Unterdessen hatten die Japaner am 6. April mit massiven Luftangriffen auf die vor Okinawa liegende alliierte Flotte begonnen. Angriffe mit bis zu 700 Flugzeugen pro Tag überforderten die Fliegerabwehr. Manche japanische Piloten flogen einen Kamikazeangriff und ließen ihre Maschinen auf amerikanische Kriegsschiffe stürzen. Die Amerikaner erlitten schwere Verluste, vor allem bei Zerstörern. Doch auch rund 1900 japanische Piloten kamen ums Leben. An Land führten die amerikanischen Soldaten brutale Kämpfe um Bunker, Höhlen und Stollen. Beim Einsatz von Flammenwerfern oder Handgranaten brachten sie oft alle Insassen der Bunker um. General Buckner war einer der vielen, die in diesem bis zum Juli dauernden Blutbad ihr Leben ließen. General Mitsuru und andere japanische Offiziere begingen rituellen Selbstmord, bevor der letzte Widerstand erlosch.

AUSSCHAU
Vor der Küste Okinawas halten Seeleute des Schlachtschiffs West Virginia *Ausschau nach japanischen Kampfflugzeugen.*

KAMIKAZEPILOTEN

Die ersten japanischen »Spezial-Angriffseinheiten« wurden im Oktober 1944 während der Schlacht in der Bucht von Leyte gebildet. Elitepiloten stürzten sich auf feindliche Kriegsschiffe. Später wurde die Selbstmordtaktik mit einem gewissen Erfolg eingesetzt, indem man junge, unerfahrene Flieger heranzog – Japan verfügte nicht mehr über genügend Treibstoff, um Flugschüler auszubilden, ehe man sie in den Kampf schickte. Die wenigen noch lebenden erfahrenen Flieger wurden ihnen als Jagdschutz zugewiesen.

TÖDLICHE WOLKE
Über Nagasaki steigt die pilzförmige Wolke hoch. Die Atombomben forderten niedrigsten Schätzungen zufolge in Hiroshima 140 000 und in Nagasaki 80 000 unmittelbare Opfer.

KRIEG IM PAZIFIK

Bomben auf Japan

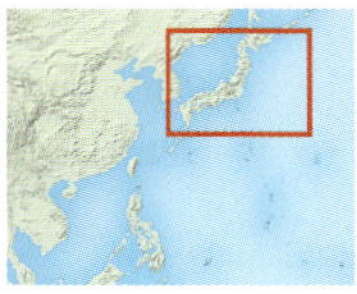

ORT Japan

DATUM Juni 1944–August 1945

STREITKRÄFTE Amerikaner: bis zu 500 Bomber je Angriff

VERLUSTE Amerikaner: höchstens 512 Flugzeugverluste; Japaner: 500000 Tote

Als im Juni 1944 Bomber des neuen Typs B-29 mit der doppelten Reichweite einer B-17 in Dienst gestellt wurden, war Japan von den amerikanischen Luftstützpunkten in China aus zu erreichen. Die Luftangriffe liefen schlecht an, es gab viele Verluste durch technisches Versagen. Ende November 1944 begannen die Einsätze der B-29 von den Marianen aus, doch noch immer waren die Tagangriffe aus großer Höhe relativ wirkungslos. Im März 1945 wandte man unter General Curtis LeMay eine neue Taktik an. Die B-29 flogen nun nachts in geringer Höhe an, beladen mit einem Maximum an Brandbomben. In der Nacht vom 9. auf den 10. März 1945 verursachten 279 angreifende B-29 einen Feuersturm, der ein Viertel Tokios vernichtete, etwa 80000 Menschen starben. Als dann Stadt um Stadt solchen Angriffen ausgesetzt wurde, flüchtete die Bevölkerung aufs Land. Am 6. und am 9. August warfen auf Tinian gestartete B-29 auf Hiroshima und Nagasaki Atombomben ab, die beide Städte zerstörten und unzählige Opfer forderten.

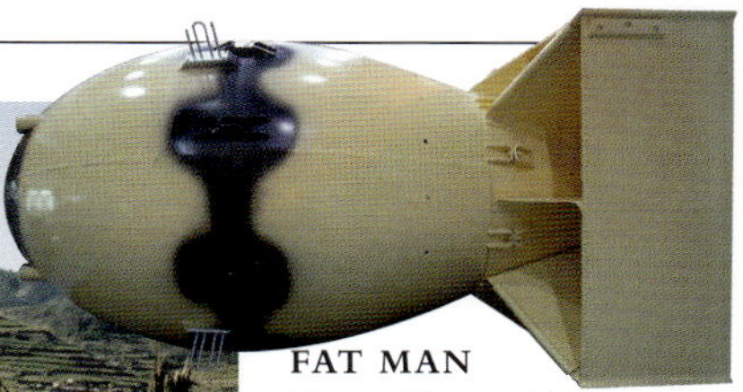

FAT MAN
Der auf Nagasaki abgeworfenen Bombe hatte man den Namen Fat Man gegeben. Die Verwüstungen, die die Bombe in der Stadt anrichtete, wurden ein wenig durch eine Hügelkette gemildert, die Druckwelle und Strahlung abschwächte.

»Wir fordern die Regierung Japans auf, nun die bedingungslose Kapitulation aller japanischen Streitkräfte zu erklären. Andernfalls erfolgt die unverzügliche und völlige Vernichtung.«

Potsdamer Erklärung der Führer der Alliierten, 26. Juli 1945

KONFLIKTE SEIT 1945

SEIT DEM ENDE DES Zweiten Weltkrieges kam es zwar zwischen den Großmächten zu keinem bewaffneten Konflikt größeren Ausmaßes, doch verging nicht ein einziger Tag, an dem nicht irgendwo auf dem Globus kriegerische Handlungen stattgefunden hätten. Hoch entwickelte Waffensysteme von großer Zerstörungskraft wurden geschaffen, von denen eine ganze Kategorie – die Nuklearwaffen – seit 1945 nicht eingesetzt wurde.

DER KALTE KRIEG

Vom Ende der 1940er-Jahre bis zum Ende der 1980er-Jahre bereiteten sich die beiden Supermächte – die Vereinigten Staaten und die Sowjetunion – fortwährend auf einen dritten Weltkrieg vor, der niemals stattfand. Seit Ende der 50er-Jahre betrieben sie ein nukleares Wettrüsten, das innerhalb von zehn Jahren ins Zeitalter des MAD (mutually assured destruction = gegenseitig zugesicherte Zerstörung) führte – eine strategische Pattsituation, die den Atomkrieg durch die Gewissheit verhinderte, dass beide Seiten zerstört werden würden, sobald eine den Erstschlag führte. Zwar verhinderte dies einen Weltkrieg, doch wurden unter amerikanischer Führung eine Reihe von Kriegen gegen die Ausbreitung des Kommunismus geführt. Während die Kriegsparteien in der ersten Hälfte des 20. Jh. alles an Zerstörungskraft aufboten, was ihnen zur Verfügung stand, war der Koreakrieg von 1950–1953 im Gegensatz dazu ein »begrenzter Krieg«: begrenzt im Kampfgebiet, da amerikanische Soldaten zwar chinesische Truppen in Korea bekämpften, doch China selbst nicht angegriffen wurde. Und begrenzt im Waffengebrauch, da Amerika die Atombomben, die es besaß, nicht einsetzte. Viele der im Atomzeitalter ausgefochtenen Kriege – beispielsweise in Vietnam – erwiesen sich trotzdem als äußerst verheerend.

ALLIANZEN DES KALTEN KRIEGES
Als sich die Gegensätze verschärften, suchten die UdSSR und die USA Sicherheit in Bündnisstrukturen. Die Gefahr eines atomaren Konflikts führte zu so genannten Stellvertreterkriegen.

LEGENDE

USA, Verbündete und Satellitenstaaten
- USA und NATO bei Gründung 1949
- später der NATO Beigetretene
- von NATO Beschirmte, 1960
- dem westlichen Bündnis durch Vertrag Verbundene
- wichtige überseeische Stützpunkte USA/NATO

UdSSR und Verbündete
- UdSSR
- Warschauer Pakt 1955
- kommunistische Satellitenstaaten
- China
- wichtige überseeische Stützpunkte der UdSSR
- Brennpunkte des Kalten Krieges
- ständig stationierte US-Flotte

SPUTNIK
Ein sowjetisches Plakat zum eigenen Raumfahrtprogramm, das mit der Entwicklung militärischer Flugkörper eng verknüpft war.

DER KALTE KRIEG
Bis in die 1990er-Jahre waren die Paraden zum Maifeiertag für die Sowjetunion regelmäßig Anlass zur Demonstration ihrer militärischen Stärke.

RAKETENSILO
Eine interkontinentale ballistische Rakete in ihrem bombensicheren Silo. Sie stellten seit den 1960er-Jahren den Kern des nuklearen Arsenals der USA dar.

ATOMWAFFENTESTS
Amerikanische Soldaten erleben einen Atomwaffentest in der Wüste Nevadas aus nächster Nähe mit. Zwischen 1951 und 1962 wurden in Nevada fast 100 solcher Tests vorgenommen.

WAFFENENTWICKLUNG

Die Entwicklung nuklearer Waffensysteme beanspruchte in der Zeit des Kalten Krieges den größten Teil der Militärhaushalte. Vor Beginn des 20. Jh. war es nicht möglich, jemanden zu töten, den man nicht sehen konnte. Als jedoch ballistische Raketen, entwickelt aus der deutschen V2, mit atomaren Sprengköpfen kombiniert wurden, konnte jeder Flecken der Erde von einem Atomschlag getroffen werden. Die Entwicklung konventioneller Waffen war weniger dramatisch. Obgleich Düsenflugzeuge die Propellermaschinen ersetzten und neben der Rohrartillerie auch Raketen eingesetzt wurden, unterschieden sich die Kämpfe zwischen Israel und seinen arabischen Nachbarn in den 60er- und 70er-Jahren nicht grundsätzlich von denen des Zweiten Weltkrieges. Radikale Neuerungen entstanden bei computergestützten »intelligenten« Leitsystemen und elektronischen Abwehrmaßnahmen. In den 80er-Jahren war es nicht der Besitz einer größeren Anzahl von Panzern oder Raketen, sondern die Überlegenheit auf dem elektronischen Schlachtfeld, die zum Sieg führte.

GUERILLAKRIEG

Guerillataktiken erwiesen sich stets als wirksames Gegenmittel bei technologischer Überlegenheit der größeren Mächte. Bis in die 70er-Jahre war der Guerillakrieg hauptsächlich eine Form des revolutionären Kleinkriegs gegen Kolonialismus und Imperialismus. Die Guerilleros vermieden Gefechte, die nicht ihren eigenen Bedingungen entsprachen, um der überlegenen Feuerkraft ihres Feindes kein Ziel zu bieten, während sie ihm durch überfallartige Angriffe einen ständigen Kräfteschwund zufügten. Gegenmaßnahmen bestanden darin, die Guerilleros mit ihren eigenen Waffen zu schlagen, oder durch Anwendungen neuester Technologie – vom Einsatz höchst beweglicher Hubschrauber bis hin zum großflächigen Bombardement von Dschungelgebieten und Bergmassiven durch B-52.

VIETNAMKRIEG
Amerikanische Soldaten dringen im Mai 1967 in ein vietnamesisches Dorf ein. Ein großer Teil des Krieges wurde von amerikanischer Infanterie zu Fuß geführt, die gegenüber den feindlichen Guerilleros kaum technologische Vorteile hatte.

DIE NEUE WELTORDNUNG

Das Ende des Kalten Krieges Ende der 80er-Jahre beseitigte die unmittelbare Gefahr eines nuklearen Holocausts, doch eine »neue Weltordnung« erwies sich als wenig greifbar. Das neue Zeitalter war gekennzeichnet von Interventionskriegen der USA und ihrer Verbündeten, die eine sowjetische Reaktion nicht länger zu fürchten brauchten. Es gab auch Kriege beim Zerfall von Staaten im früheren Sowjetblock und in Jugoslawien. In manchen Teilen der Erde – so im Kongo und in Sudan – herrschte ein permanenter Kriegszustand. Der von den Vereinigten Staaten nach den terroristischen Angriffen vom 11. September 2001 verkündete »Krieg gegen den Terror« schien die Grenze zwischen Krieg und Frieden zu verwischen. Die Welt war gesättigt mit automatischen Waffen, oftmals in Händen von irregulären »Truppen«, die aus Kindern bestanden. Als sich das Gespenst eines großen Krieges zwischen den Supermächten verflüchtigte, wuchs die Gefahr zahlloser kleiner Kriege.

NUKLEARANTRIEB
Die USS Enterprise *war bei ihrer Indienststellung im Jahre 1961 der erste atomar betriebene Flugzeugträger der Welt. Flugzeugträger sind zu einem wichtigen Instrument der Machtentfaltung geworden, können sie in Kriegsgebieten doch rasch ihre Luftmacht zur Geltung bringen.*

DER CHINESISCHE BÜRGERKRIEG

DER CHINESISCHE BÜRGERKRIEG der Jahre 1945–1949 war der Höhepunkt einer langwierigen Auseinandersetzung um die Herrschaft im Lande. Dieser Machtkampf hatte bereits 1911 begonnen, als die kaiserliche Mandschu-Dynastie abgesetzt und China zur Republik erklärt worden war. Als das Land in den 20er-Jahren ins Chaos stürzte, begann der Machtkampf zwischen den beiden politischen Hauptgegnern: der nationalistischen Kuomintang unter Chiang Kai-shek und der chinesischen kommunistischen Partei und ihrer Volksbefreiungsarmee unter Mao Tsetung. Die Notwendigkeit, die japanische Invasion zu bekämpfen, brachte die beiden Seiten nach 1937 in einer Allianz zusammen, die für die Dauer des Zweiten Weltkrieges hielt, doch mit der Niederlage Japans im August 1945 brach der innere Konflikt schnell wieder auf.

CHINESISCHER BÜRGERKRIEG

Beginn

DATUM August 1945–10. Januar 1946

STREITKRÄFTE Kommunisten: 100000; Nationalisten: 110000

ORT Ostchina und Mandschurei

VERLUSTE Kommunisten: etwa 45000; Nationalisten: unbekannt

Japans Niederlage hinterließ in vielen Teilen Chinas ein Machtvakuum, da die Japaner zuvor den größten Teil der Ostküste, die Flusstäler im Landesinnern und die Mandschurei beherrscht hatten. Als nationalchinesische Truppen die Küstenstädte einnahmen, besetzten die Kommunisten die Mandschurei. Diese Waffen hatte die Rote Armee, die vor Kriegsende in die Provinz einmarschiert war, den Japanern abgenommen. Friedensgespräche zwischen beiden Parteien wurden im Oktober 1945 abgebrochen. Die nationalchinesische Armee marschierte in die Provinz ein und zwang die Kommunisten nordwärts. Deren Niederlage wurde lediglich durch Waffenstillstandsverhandlungen unter Führung der USA vermieden.

CHINESISCHER BÜRGERKRIEG

Mandschurei

DATUM 14. April 1946–November 1948

STREITKRÄFTE Kommunisten: etwa 1 Million; Nationalisten: etwa 1 Million

ORT Mandschurei, Nordostchina

VERLUSTE unbekannt

Die Feuereinstellung in der Mandschurei gab beiden Seiten Gelegenheit zur Neuordnung der Kräfte. 5 Millionen nationalchinesische Soldaten bildeten bald eine Linie quer durch Nordchina, die die Mandschurei vom Rest des Landes abtrennte, und griffen kommunistische Stützpunkte im Westen und Süden an. Bis Ende 1946 hatten die Nationalchinesen 165 Städte erobert, und im März 1947 nahmen sie ihnen ihre Hauptstadt Yanan. Doch während die Nationalchinesen die großen Offensiven für sich entschieden, gewannen die Kommunisten kleinere Zusammenstöße. Im Laufe des Jahres 1947 wurden 400000 nationalchinesische Soldaten getötet oder gefangen genommen. Im Dezember 1947 schickten die Kommunisten die 600000 Mann starke 4. Feldarmee zur Offensive in die Mandschurei. Im November 1948 gelang ihr die vollständige Eroberung der Provinz.

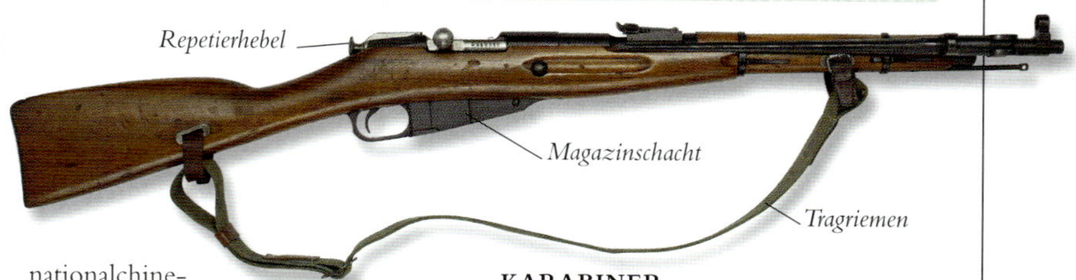

KARABINER
Der von der Sowjetunion produzierte Karabiner Mosin-Nagant Modell 1944 war die Standardwaffe der kommunistischen Truppen.

SHENYANG
Die kommunistische 4. Feldarmee nahm die strategisch wichtige Stadt Shenyang am 1. November 1948 ein.

CHINESISCHER BÜRGERKRIEG

Xuzhou

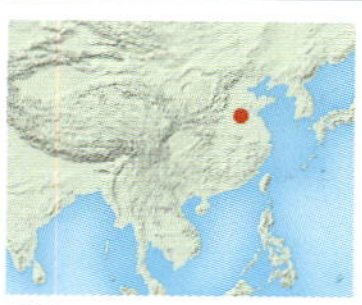

DATUM September 1948–10. Januar 1949

STREITKRÄFTE Kommunisten: 500000; Nationalchinesen: 500000

ORT Provinz Shandong in Ostchina

VERLUSTE Kommunisten: unbekannt; Nationalchinesen: 200000

Die Entscheidungsschlacht im Feldzug um Ostchina – und auch die größte förmliche Schlacht des Bürgerkrieges – fand im Winter 1948/49 statt. Im September war die kommunistische 3. Feldarmee unter Chen Yi aus der Provinz Shaanxi ostwärts in die im Süden Pekings gelegene Provinz Shandong eingedrungen. Die nationalchinesische 7. Armee unter General Du Yuming wurde geschlagen und ihre Soldaten südwärts in Richtung des Flusses Huai He vertrieben. Du Yuming blieb am wichtigen Eisenbahnknotenpunkt Xuzhou stehen und bot dort mehr als 500000 Mann auf. Seine Stellung wurde sofort aufgerissen, indem vier im Zentrum aufgestellte Divisionen zu den Kommunisten überliefen. Im November und Dezember kam es zu zwei schweren Schlachten gegen die exponierten Flügel der Nationalisten; die Kommunisten schnitten die rückwärtigen Verbindungen des Feindes ab, kreisten ihn ein und bombardierten ihn bis zur Kapitulation. Xuzhou wurde am 10. Januar eingenommen. Um den Kommunisten nicht die ungeheuren Mengen Kriegsmaterial in die Hände fallen zu lassen, befahl Tschang Kai-schek seiner Luftwaffe, die während der Schlacht die Luftüberlegenheit besessen hatte, die eigenen Verbände zu bombardieren, wobei viele seiner Soldaten ums Leben kamen.

1893–1976

MAO TSE-TUNG

Mao wurde in Shaoshan, Provinz Hunan, als Sohn eines Bauern geboren. Er erhielt hier seine Ausbildung und nahm 1918 eine Anstellung in der Bibliothek der Staatsuniversität Peking an. Dort entdeckte er den Marxismus für sich und wurde 1923 ins Zentralkomitee der kurz zuvor gegründeten Kommunistischen Partei gewählt. Maos Hauptbeitrag war sein Glaube an die Notwendigkeit politischer Basisarbeit, um unter der bäuerlichen Bevölkerung breite Unterstützung zu gewinnen. Auf diese Weise konnten die Kommunisten einen langwierigen Guerillakrieg führen, ehe sie Ende 1947 eine große reguläre Armee aufstellen konnten.

GEFANGENNAHME
Bei Xuzhou gefangene kommunistische Soldaten und ihre Waffen. In dieser Phase des Krieges waren es allerdings meist Nationalchinesen, die in Gefangenschaft gerieten.

CHINESISCHER BÜRGERKRIEG

Eroberung von Tianjin und Peking

ORT
Nordostchina

DATUM
15. und 22. Januar 1949

STREITKRÄFTE
Kommunisten: etwa 500 000; Nationalisten: unbekannt

VERLUSTE
nicht verbürgt

Der kommunistische Sieg bei Xuzhou beendete die Pattsituation mit den Nationalchinesen. Von nun an brach die Stoßkraft der Kommunisten jeden Widerstand. Sie verfügten mittlerweile über eine enorme Feuerkraft und ihre Truppen waren weitaus beweglicher als die der Nationalisten, die sie nun auch zahlenmäßig übertrafen – doch das wichtigste Moment war ihre absolute Motivation und politische Hingabe. Die nationalchinesischen Truppen wurden zunehmend schwächer, zersplitterter und überdehnter. Die Kommunisten beherrschten inzwischen ganz Nord- und Ostchina mit Ausnahme der isolierten Städte Tianjin und Peking. Lin Piaos 4. Feldarmee eroberte Tianjin am 15. Januar und besetzte Peking eine Woche später kampflos. Hinter LKWs, von denen fortwährend revolutionäre Parolen dröhnten, marschierten die kommunistischen Truppen in die Stadt ein. Hier und andernorts begrüßte die Bevölkerung, der jahrelangen japanischen Besetzung und des Bürgerkriegs müde, die Kommunisten als die einzige Kraft, die die Kämpfe beenden und das Land einen konnte. Nach der Einnahme Pekings konnten die Kommunisten ihre Angriffe südwärts gegen Shanghai und die nationalchinesische Hauptstadt Nanking richten.

MASSENAUFMÄRSCHE
Bei Paraden und Massenaufmärschen wurden Transparente mit Bildnissen Mao Tse-tungs und Politparolen mitgeführt.

»Ein Willkommen der Volksarmee zu ihrem Eintreffen in Peking! Glückwünsche der Bevölkerung Pekings zu ihrer Befreiung!«

Kommunistische Parolen, verbreitet beim Einmarsch in Peking, 22. Januar 1949

CHINESISCHER BÜRGERKRIEG

Jangtsezwischenfall

ORT Ostchina, etwa 220 km vor Mündung des Jangtsekiang

DATUM
20. April 1949

STREITKRÄFTE
Briten: unbekannt; Chinesen: unbekannt

VERLUSTE
Briten: 117 Gefallene oder Verwundete

Einer der seltsamsten Zwischenfälle des Bürgerkriegs ereignete sich am Jangtse. Am 20. April 1949 beschoss kommunistische Artillerie die Fregatte HMS *Amethyst*, die von Shanghai aus flussaufwärts mit Versorgungsgütern für die britische Kolonie in Nanking unterwegs war; 17 Soldaten fielen, 30 weitere wurden verwundet. Drei britische Marinefahrzeuge versuchten vergebens, das Schiff zu bergen, und hatten ihrerseits weitere 70 Mann Verluste. HMS *Amethyst* blieb mehr als 14 Wochen liegen, die Besatzung musste bei dem heißen Sommerwetter äußerste Strapazen über sich ergehen lassen, bis Korvettenkapitän J. S. Kerans in der Nacht vom 30. auf den 31. Juli das Schiff losbrach und die 224 km bis zum offenen Meer mit mehr als 22 Knoten flussabwärts lief, um dem Geschützfeuer der fünf am Flussufer angelegten Befestigungslinien zu entgehen. Es ist nicht klar, weshalb die Kommunisten das Schiff beschossen und blockierten. Der Zwischenfall wies die internationale Gemeinschaft darauf hin, dass die Kommunisten die Souveränität über das ganze Land beanspruchten, einschließlich dessen, was bislang als internationale Wasserstraße gegolten hatte.

CHINESISCHER BÜRGERKRIEG

Eroberung des Südens

ORT
Südchina

DATUM
April 1949–April 1950

STREITKRÄFTE
Kommunisten: unbekannt; Nationalchinesen: unbekannt

VERLUSTE
nicht verbürgt

Nach ihren Erfolgen im Norden und Osten bewegten sich die kommunistischen Truppen im April nach Süden. Nanking, die nationalchinesische Hauptstadt, fiel kampflos am 24. April, Shanghai im Mai. Die Nationalchinesen beriefen am 16. Juli eine Oberste Ratsversammlung ein. Man beschloss, sich unter Mitnahme der staatlichen Goldreserven und Kunstsammlung auf die Insel Formosa zurückzuziehen. Während sich die kommunistische Armee auf den Einmarsch in Guangzhou, die letzte große Stadt der Nationalchinesen, vorbereitete, verkündete Mao Tse-tung am 1. Oktober 1949 in Peking die Gründung der Volksrepublik China. Angesichts drohender Niederlage und Gefangennahme floh Tschang Kai-schek am 10. Dezember nach Formosa und überließ den Siegern ganz China mit Ausnahme dieser großen und einiger kleiner Inseln.

SIEGERPOSE
Propagandaplakate von 1949 zeigen begeisterte Massen, die Mao Tse-tung bejubeln, den neuen Führer der Volksrepublik China.

SHANGHAI
Die nationalchinesischen Truppen, die hier am 12. November 1948 die Bund genannte Uferpromenade Shanghais entlangmarschieren, verhängten das Kriegsrecht über die Stadt, als sie sich auf die Verteidigung gegen kommunistische Angriffe vorbereiteten. Als diese dann erfolgten, nahmen die Kommunisten im Mai des nächsten Jahres die Stadt ohne große Mühe.

DER KOREAKRIEG

NACH 1945 WAR KOREA GETEILT in den Norden, dem die Sowjetunion Hilfe leistete, und den von den Amerikanern unterstützten Süden. Als Nordkorea im Sommer 1950 in den Süden einmarschierte, führte dies zu einer von den USA angeführten Intervention der Vereinten Nationen, an der sich 15 Staaten beteiligten, während chinesische Truppen eingriffen, als die UN-Streitkräfte nach Nordkorea eindrangen. Als der Krieg 1953 endete, waren unzählige Soldaten gefallen.

DER KOREAKRIEG
Nordkoreas Invasion im Juni 1950 wurde als Testfall für die Glaubwürdigkeit der USA gewertet. Die Fronten in diesem Krieg stabilisierten sich nach dreijährigen erbitterten Kämpfen etwa dort, wo sie zu Beginn verlaufen waren.

KOREAKRIEG

Incheon

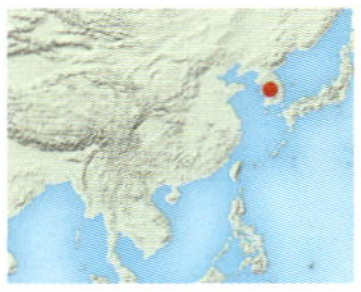

ORT Städte Incheon und Seoul in Südkorea

DATUM 15.–27. September 1950

STREITKRÄFTE Nordkorea: 20000; UN/Südkorea: 40000

VERLUSTE Nordkorea: 14000; UN/Südkorea: 671 Gefallene, 2758 Verwundete

MacArthur plante eine amphibische Landung 320 km nördlich des Verteidigungsringes von Pusan, um Seoul einzunehmen und die Verbindungen des Feindes abzuschneiden. Dieses Unternehmen, mit dem das 10. Armeekorps unter General Edward Almond betraut wurde, war riskant, denn der Zugang nach Incheon führte durch schwierige Gewässer. Nach Luftangriffen und Beschuss mit Schiffsartillerie begann der Sturm der Marineinfanterie am 15. September; bis Mitternacht waren die Hafenbefestigungen und ein Teil der Stadt in amerikanischer Hand. Die Landung forderte kaum Verluste, anders war es bei der folgenden Einnahme Seouls, wo die nordkoreanischen Truppen bis zum letzten Mann kämpften. Am 26. September trafen die von Pusan nordwärts drängenden UN- und südkoreanischen Truppen mit dem 10. Korps zusammen. Die nordkoreanischen Soldaten wurden gefangen, zogen sich in die Berge zurück oder flüchteten.

INVASIONSFLUT
Nach der amerikanischen Landung strömen UN-Truppen nach Incheon hinein.

KOREAKRIEG

Pusan

ORT Südosten der Halbinsel Korea

DATUM 1. August–15. September 1950

STREITKRÄFTE (Ende August) Nordkorea: 98000; UN/ Südkorea: 180000

VERLUSTE Amerikaner: 3600 Gefallene

Am 25. Juni 1950 drangen nordkoreanische Truppen in Südkorea ein und nahmen die Hauptstadt Seoul ein. Die USA erwirkten eine Resolution des Sicherheitsrates – was möglich war, weil die Sowjetunion ihn boykottierte –, die sie zu einer Intervention ermächtigte. Zum Oberbefehlshaber der UN-Streitkräfte in Korea wurde General Douglas MacArthur ernannt. Die ersten US-Truppen wurden am 1. Juli eiligst nach Südkorea geworfen, doch von den Nordkoreanern, in deren Reihen Teilnehmer des chinesischen Bürgerkriegs kämpften, in die Flucht geschlagen. Anfang August gelang es amerikanischen und südkoreanischen Truppen unter General Walton Walker, einen Verteidigungsring um den Hafen Pusan zu stabilisieren. Walkers Soldaten waren nicht stark genug, den gesamten Ring zu bemannen, doch die Feindaufklärung erkannte rechtzeitig den Ort geplanter nordkoreanischer Angriffe und erlaubte es ihm, Männer an den kritischen Punkten zu konzentrieren. Der nordkoreanische Machthaber Kim Il-Sung befahl General Kim Chaik, Pusan bis zum 1. September um jeden Preis zu nehmen, doch die UN-Kräfte wurden unablässig verstärkt. Unterdessen wurden die langen nordkoreanischen Nachschublinien aus der Luft und durch Schiffsartillerie zerschlagen. Anfang September konnte MacArthur Pusan als gesichert ansehen und seinerseits zum Angriff übergehen.

NORDKOREANISCHER SOLDAT
Ein Soldat der nordkoreanischen Volksarmee beim Hantieren mit von der Sowjetunion gelieferter Munition. Die Nordkoreaner kämpften mit sowjetischem Weltkriegsmaterial, darunter auch Panzer T34.

GRANATWERFERTRUPP
US-Soldaten beschießen nordkoreanische Stellungen mit einem schweren Granatwerfer.

KOREAKRIEG

Einmarsch in Nordkorea

ORT Nordkorea

DATUM 9. Oktober–24. Dezember 1950

STREITKRÄFTE China/Nordkorea: 300 000–400 000; UN: 250 000

VERLUSTE Chinesen: 40 000 Gefallene; Amerikaner: 11 700 (darunter 718 Gefallene)

Im Oktober 1950 waren die Nordkoreaner aus Südkorea vertrieben. Anstatt in der Defensive zu verharren, erbat MacArthur die Genehmigung, in den Norden vorzudringen. Trotz der Sorge, eine chinesische Intervention zu provozieren, gab Präsident Harry Truman dem Gesuch statt, bestimmte aber, dass die Truppen nicht an den Yalu, den Grenzfluss zu China, vorstoßen dürften. Die amerikanische 8. Armee zog die Westküste hinauf, nahm am 12. Oktober die nordkoreanische Hauptstadt Pjöngjang ein und setzte den Marsch nach Norden fast ungestört fort, während das 10. Armeekorps an die Ostküste Koreas verlegt wurde und bei Wonsan landete. Die Verlegung war eine umständliche Operation, sodass das Korps erst am 26. Oktober bereit war. Zu dieser Zeit gab es erste Berichte über Zusammenstöße mit chinesischen Soldaten, die nach Nordkorea eingesickert waren. Nach einigem Zögern entschloss sich MacArthur, die chinesische Drohung nicht ernst zu nehmen, und befahl am 24. November den Vorstoß an den Yalu, was, wie er glaubte, der Krieg beenden würde. Schon zwei Tage nach Beginn dieses Vormarsches geriet die 8. Armee in einen Angriff chinesischer Infanterie, die sich zu Hunderttausenden in den Bergen verborgen gehalten hatte. Am 28. November erhielt die 8. Armee den Rückzugsbefehl, doch die Chinesen hatten hinter ihr die Straße abgeriegelt. Die UN-Truppen mussten sich südwärts durchkämpfen, Hinterhalte und Straßensperren überwinden und schwere Verluste an Männern und Material hinnehmen. Im Osten war die amerikanische Marineinfanterie durch die Berge bis an den Stausee Chosin vorgedrungen. Als sie von chinesischen und nordkoreanischen Kräften angegriffen wurden, erkämpften sie sich den Rückzug über eine schmale Straße an die Küste nach Hungnam, wobei sie unter der Kälte genauso litten wie unter der Feindeinwirkung. Die UN-Truppen hatten einen schweren Rückschlag hinnehmen müssen. Das 10. Korps musste über See nach Pusan abgezogen werden, während die 8. Armee nach Südkorea zurückwich.

LUFTKÄMPFE
Die F-86 Sabre war zur Zeit des Koreakrieges Amerikas modernster Düsenjäger. Die Luftkämpfe, die sich die Sabres mit den sowjetischen MiGs über dem Yalu lieferten, waren die ersten zwischen Düsenmaschinen.

SOWJETISCHE MIG-15
Die Sowjetunion stellte MiG-15-Düsenjäger samt Piloten zur Verfügung, um die Chinesen in Nordkorea zu unterstützen.

EISIGE KÄLTE
Ein erschöpfter amerikanischer MG-Trupp nach einem Kampf gegen kommunistische Truppen. Der Winter war streng, die Soldaten litten unter Erfrierungen und Unterkühlung.

KOREAKRIEG

38. Breitengrad

ORT Korea, nördlich und südlich von Seoul

DATUM 25. Januar–21. April 1951

STREITKRÄFTE (Frühjahr 1951) Chinesen: 542 000; Nordkoreaner: 197 000; UN: 270 000

VERLUSTE nicht verbürgt

Im Januar 1951 trieb eine neue kommunistische Offensive die UN-Truppen über Seoul hinaus nach Süden zurück. Die Amerikaner erwogen einen Truppenabzug oder den Einsatz von Atombomben. Doch konnte General Matthew Ridgway, nach dem Tode Walton Walkers der neue Kommandeur, den weiteren Rückzug anhalten. Er bildete eine Linie der UN-Kräfte von Küste zu Küste und begann einen Vormarsch nordwärts, indem er den Feind aus der Luft und mit Artillerie angriff und auf die Infanterie verzichtete. Die Chinesen reagierten darauf mit verlustreichen Massenangriffen. Nach drei Monaten gelang es Ridgway, die Front wieder auf den 38. Breitengrad, die Grenze zwischen Nord und Süd, vorzuschieben. Im April wurde er zum Oberkommandierenden der UN-Interventionstruppen ernannt, nachdem MacArthur abberufen worden war. Im Sommer 1951 geriet der Krieg in eine Pattsituation.

KRIEGERDENKMAL
Viele Jahre lang war Korea der »vergessene Krieg«. Das Denkmal in Washington (D.C.) wurde erst 1995 errichtet.

NACHTGEFECHT
Eine amerikanische 155-mm-Feldhaubitze im nächtlichen Einsatz. Sie wurde von Ridgway eingesetzt, um die chinesische Infanterie zu stoppen.

ATOM-U-BOOT

DIE *NAUTILUS* WAR DAS ERSTE UNTERSEEBOOT DER WELT MIT ATOMANTRIEB. SEINE INDIENSTSTELLUNG IN DER FRÜHEN PHASE DES KALTEN KRIEGES KENNZEICHNETE EINE NEUE ETAPPE DER SEEKRIEGSFÜHRUNG.

DATEN		
Ursprungsland USA	**Stapellauf** 1954	**Besatzung** 116
Tonnage 4092 Tonnen	**Länge** 67 m	**Geschw.** 23 Knoten
Maximale Tauchtiefe 213 m	**Bewaffnung** 6 x 533-mm-Torpedorohre	

Die *Nautilus*, erdacht von einer Arbeitsgruppe der amerikanischen Kriegsmarine unter Admiral Hyman Rickover, wurde 1954 in Dienst gestellt. Der Nuklearantrieb ermöglichte eine lange Einsatzzeit unter Wasser, ohne bunkern oder auftauchen zu müssen. Im Januar 1955 bewies die *Nautilus* ihre Vorzüge, indem sie bei einem Unterwassermarsch in 90 Stunden über 2200 km zurücklegte. Nach mehreren vergeblichen Versuchen gelang es ihr 1958 als erstem U-Boot, unter dem Eis den Nordpol zu erreichen. Dennoch war die *Nautilus* in technologischer Hinsicht eine Übergangslösung. Sie war getaucht nicht übermäßig schnell und verfügte lediglich über herkömmliche Torpedos. Sieht man vom Atomreaktor ab, so brachte sie als hauptsächliche Neuerungen lediglich den Verzicht auf das Deckgeschütz und eine Koje für jedes Besatzungsmitglied statt der Schichtnutzung in bisherigen U-Booten. 1959 war sie bereits überholt, weil es nun U-Boote gab, die durch eine verbesserte Rumpfkonstruktion und neue Materialien unter Wasser viel schneller waren und viel tiefer tauchen konnten. War die *Nautilus* noch für dafür vorgesehen, Überwasserschiffe anzugreifen, wurden ihre Nachfolger vor allem als Teil der strategischen Nuklearstreitkräfte Amerikas gebaut. Mit Polaris-Raketen bestückt, war es die Aufgabe dieser U-Boote, eine Abschussrampe für nukleare Flugkörper zu bieten. Die *Nautilus* wurde 1980 außer Dienst gestellt.

STAPELLAUF
Mit Flaggen und Wimpeln geschmückt, rauscht die Nautilus *im Januar 1954 beim Stapellauf in Groton, Connecticut, ins Wasser der Thames.*

TORPEDO *Torpedos waren die Hauptwaffe der Nautilus. Hier ein Reservetorpedo, der geladen werden konnte, nachdem ein Rohr abgefeuert worden war.*

AUSSENHAUT *Der Rumpf der* Nautilus *war oben abgeflacht, sodass die Besatzung darauf sicheren Stand hatte.*

ABWEHR *Diese elektronischen Geräte sollten eine Ortung des U-Bootes vereiteln.*

WASSERSTÄNDE *Diese Instrumente zeigten die Wassermengen in den Ballasttanks an.*

TIEFENRUDERBEDIENUNG *Auf der Backbordseite befinden sich die wesentlichen Steuerungseinrichtungen für Seiten- und Tiefenruder. Sie werden von drei Mann bedient, die in Bugrichtung blicken.*

WASSERDICHT *Druckfeste Schotten wie dieses werden im Notfall, etwa bei Feuer oder Wassereinbruch, geschlossen.*

ZENTRALE *Das Sehrohr befindet sich im Nervenzentrum des Schiffes.*

ALARM *Diese verschiedenfarbig gekennzeichneten Alarmschalter wurden vor dem Abtauchen des U-Boots oder bei Gefahr einer Kollision mit einem anderen Unterwasserobjekt betätigt.*

KRIEGE DES POSTKOLONIALISMUS

Nach dem Zweiten Weltkrieg führten die wirtschaftliche Schwäche vieler Länder und das Drängen der Weltgemeinschaft auf Selbstbestimmung der Kolonien zu einer allmählichen Auflösung der europäischen Kolonialreiche. Die meisten Kolonien erlangten die volle Unabhängigkeit durch Ausweitung der Selbstverwaltung und auf dem Verhandlungswege, nur Portugal und Frankreich versuchten, ihre Kolonialreiche zu erhalten. Die Folge waren kostspielige Befreiungskriege, etwa in Indochina, Algerien und Angola. Als Angola durch Portugal und der Kongo durch Belgien übereilt in die Unabhängigkeit entlassen wurden, waren beide darauf so schlecht vorbereitet, dass langwierige Bürgerkriege die Folge waren. Willkürlich und unüberlegt gezogene Kolonialgrenzen verursachten nach Eintritt in die Unabhängigkeit ebenfalls zahlreiche Probleme, z.B. in Nigeria und auf dem indischen Subkontinent.

VIETNAMESISCHE UNABHÄNGIGKEIT

Dien Bien Phu

ORT 160 km westlich von Hanoi

DATUM 13. März–7. Mai 1954

STREITKRÄFTE Franzosen: 16000; Vietminh: 80000

VERLUSTE Franzosen: 8500 Gefallene, 10000 Gefangene; Vietminh: 23000

Der Kampf um Vietnams Unabhängigkeit von der französischen Herrschaft, der schon 1946 begann, erreichte seinen Höhepunkt mit der Belagerung von Dien Bien Phu. Um die erstarrten Fronten in Bewegung zu bringen, beschloss der französische Oberbefehlshaber Henri Navarre, die Partisanen des Vietminh in eine Schlacht zu locken. Dabei unterschätzte er die Tüchtigkeit und das Kräftepotenzial von General Giap, der die Vietminh befehligte. Französische Fallschirmjäger besetzten Dien Bien Phu, ein strategisch wichtiges Dorf, doch wurden sie dort von den Vietminh belagert, die auf den umliegenden Hügeln schwere Artillerie in Stellung brachten, um die Franzosen daran zu hindern, Versorgungsgüter einzufliegen. Nach acht Wochen schwersten Beschusses kapitulierte die französische Garnison; nur 3300 Mann überlebten die Belagerung und anschließende Gefangenschaft. Die Niederlage mündete innerhalb von zwei Monaten in einen Waffenstillstand, der die französische Kolonialherrschaft beendete und dem Ansehen Frankreichs schweren Schaden zufügte.

GEB. 1912

GENERAL VO NGUYEN GIAP

Giap schloss sich 1933 der kommunistischen Partei an, floh aber nach China, als die französische Kolonialverwaltung die Partei 1939 verbot. Dort wurde er einer der Berater Ho Tschi-Minhs, dem er bei der Organisierung des Vietminhwiderstands gegen die japanische Besatzung half. 1946 übernahm Giap das Kommando über die Vietminh und führte sie zum Sieg über die Franzosen und ab 1965 über die Amerikaner. Mit der Guerillataktik gelang es ihm, zwei technologisch überlegene Armeen zu schlagen.

SIEGESFEIERN
50 Jahre danach paradieren vietnamesische Soldaten zur Feier des Sieges über die Franzosen bei Dien Bien Phu im Unabhängigkeitskampf.

KONGOKRISE

Kongokrise

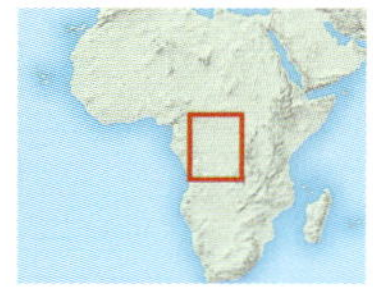

ORT hauptsächlich in Katanga, der Südprovinz des Kongo

DATUM 30. Juni 1960–25. November 1965

STREITKRÄFTE Kongolesen und Söldner: unbekannt; UN-Friedenstruppen: 19828

VERLUSTE Kongolesen: unbekannt; UN-Friedenstruppen: 250

Die rasche Entscheidung der belgischen Regierung, dem Kongo die Unabhängigkeit zu gewähren, zog eine Reihe von Krisen nach sich. Die Provinz Katanga erklärte sich für unabhängig und holte Söldner zu Hilfe, sodass die UN Truppen entsenden mussten. Sie hatten das Land im Januar 1963 wieder unter Kontrolle, doch schon 1964 rissen sich der Norden und der Osten gewaltsam los. Der Friede kam 1965 mit einem Staatsstreich des Generals Mobutu, dessen korrupte Herrschaft bis 1997 andauerte.

SÖLDNERTRUPPE
Das abtrünnige Katanga engagierte diese belgischen Söldner.

ALGERISCHE UNABHÄNGIGKEIT

Algier

ORT algerische Hauptstadt Algier

DATUM 30. September 1956–September 1957

STREITKRÄFTE Französische Truppen: 40000; FLN: 36000

VERLUSTE Französische Truppen: 83000; FLN: 153000; Zivilisten: 80000 (alles Mindestangaben für die Jahre 1954–1962)

Die Weigerung der französischen Regierung, den Algeriern die Unabhängigkeit zu gewähren, veranlasste nationalistische Kräfte, 1954 die Partisanentruppe FLN (Front de libération nationale) zu gründen. Zunächst waren deren 800 Kämpfer den französischen Kräften völlig unterlegen und beschränkten sich auf einzelne terroristische Anschläge in ländlichen Gebieten. Die heftigen Reaktionen der Franzosen stärkten letztlich die FLN und führten zur Unterstützung durch die algerischen Araber und Berber. 1956 verlegte die FLN ihre Aktivitäten nach Algier. Am 30. September verübte sie drei Bombenanschläge, einen davon auf das Büro der Air France. Danach startete die FLN eine Kampagne mit mehr als 8000 Bombenanschlägen und Schießereien im Monat; im Dezember fiel der Bürgermeister von Algier einem Mordanschlag zum Opfer. 1957 kam es zu einem Generalstreik. Als die Gewalttätigkeiten eskalierten, wurde General Massu, der Kommandeur der französischen 10. Fallschirmjägerdivision, Anfang 1957 mit polizeilichen Vollmachten ausgestattet. Diese nutzte er rücksichtslos; wer verdächtig war, wurde gefoltert, andere wurden entführt und umgebracht. Im September hatte Massu die FLN zerschlagen. Trotz des Erfolges sah sich Frankreich durch Putschversuche des Heeres und internationalen Druck gezwungen, Algerien 1962 in die Unabhängigkeit zu entlassen.

»KLAGT MASSU AN!«
Massu, der Folterungen und Entführungen befahl, wurde von Freiheitskämpfern als Kriegsverbrecher bezeichnet.

> »Frankreich ohne Algerien wäre nicht mehr Frankreich.«
>
> *Pierre Mendès-France*, französischer Ministerpräsident, 1954

KRIEG IN BIAFRA

Krieg in Biafra

ORT Südostnigeria

DATUM 30. Mai 1967–15. Januar 1970

STREITKRÄFTE Nigerianer: 250 000; Biafrer: 150 000

VERLUSTE Nigerianer: 100 000; Biafrer: 100 000; Zivilisten: 1 Million

Seit der 1960 erlangten Unabhängigkeit hatten die Ibo aus dem südöstlichen Nigeria die Zentralregierung und das Militär dominiert, sie fühlten sich jedoch bedroht, als Vorschläge zur Stärkung der Regierung 1966 zu Massakern an den Ibo führten. Nachdem Bemühungen um eine Beilegung des Konflikts gescheitert waren, erklärte Oberst Odumegwo Ojukwu, Gouverneur des Südostgebiets, dessen Unabhängigkeit als Republik Biafra. Franzosen und Rhodesier unterstützten sie, die Sowjetunion die Nigerianer. Angst vor einem Genozid veranlasste die Biafrer, den Kampf fortzusetzen, bis zu ihrer bedingungslosen Kapitulation 1970.

KATASTROPHE
Viele Opfer des Biafrakrieges waren Zivilisten, die dem Krieg nicht entkommen konnten und an Krankheit und Hunger starben.

ANGOLANISCHE UNABHÄNGIGKEIT

Angola

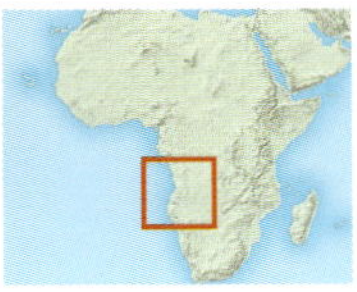

ORT westliches Zentralafrika

DATUM 10. November 1975–17. Februar 1976

STREITKRÄFTE MPLA: 40 000; UNITA: 30 000; FNLA: 20 000; Kubaner: 20 000

VERLUSTE unbekannt

Ein militärischer Staatsstreich in Portugal im April 1974 verhalf fünf Kolonien zur Unabhängigkeit. Seit 1961 hatten in Angola drei Unabhängigkeitsbewegungen die Portugiesen bekämpft: die linke MPLA (Volksbewegung zur Befreiung Angolas), die FNLA (Nationale Front zur Befreiung Angolas) und die UNITA (Nationale Union für die völlige Unabhängigkeit Angolas). Als 1975 die staatliche Unabhängigkeit erreicht war, bemächtigte sich die MPLA der Herrschaft mit Unterstützung kubanischer Truppen, die über sowjetische Panzer verfügten, und griff die beiden anderen Befreiungsbewegungen an. MPLA-Truppen hatten die FNLA rasch besiegt und kontrollierten im Februar 1976 den größten Teil des Landes; die MPLA wurde dann international als legitime Regierung weithin anerkannt. Die kubanische Beteiligung am Krieg bewog jedoch die USA und Südafrika, ihre Unterstützung der UNITA zu verstärken. Daraus entwickelte sich ein bewaffneter Konflikt, bis Jonas Savimbi, der Führer der UNITA, ermordet wurde und es 2002 zu einer Feuereinstellung auf Widerruf kam, die bis heute anhält.

INDISCH-PAKISTANISCHER KRIEG

Indisch-pakistanischer Krieg

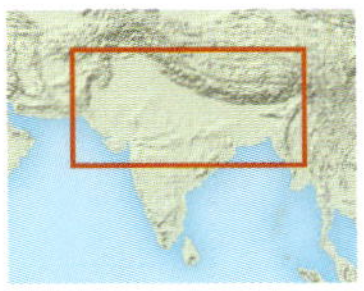

ORT West- und Ostpakistan, Indien, Kaschmir

DATUM 3.–16. Dezember 1971

STREITKRÄFTE Bangladescher: 100 000; Pakistaner: 80 000 (in Bengalen)

VERLUSTE Inder: 7000; Pakistaner: unbekannt, 93 000 Gefangene

Als Britisch-Indien 1947 geteilt wurde, entstanden die Teilstaaten West- und Ostpakistan mit muslimisch dominierten Bevölkerungen, zwischen denen 1760 km hinduistisches Indien lag. Die Beziehungen zwischen Indien und Pakistan schlugen 1947–1948 und noch einmal 1965 in offene Feindseligkeiten um. Der dritte Krieg brach nach einer politischen Krise in der pakistanischen Ostprovinz Bengalen aus. Obgleich ebenfalls Muslime, verband die Bengalen mit den Pakistanern im Westen nicht das Mindeste. Ihre politische und wirtschaftliche Unzufriedenheit erreichte den Höhepunkt, als Scheich Mujibur Rachmans Awamiliga, der um die Autonomie Bengalens bemüht war, einen überwältigenden Wahlsieg errang. Das pakistanische Militär setzte sich über das Ergebnis hinweg und sperrte Rachman ein. Dessen Partei rief daraufhin den Generalstreik aus und erklärte am 26. März 1971 Bengalen unter dem Namen Bangladesch für unabhängig. Im Verlauf der Feindseligkeiten brachten sich mehr als 6 Millionen Bengalen in Indien in Sicherheit. Als Indien Verteidigungsmaßnahmen traf, führten die Pakistaner am 3. Dezember einen präventiven Luftschlag gegen die indische Luftwaffe. Die Inder antworteten mit dem Einmarsch in Bengalen. Beim Versuch, den Grenzverlauf zu eigenen Gunsten zu verschieben, kam es entlang der Westgrenze mehrfach zu Panzergefechten. Der pakistanische Widerstand brach bald zusammen. Damit war Bangladesch unabhängig.

FRONTKÄMPFER
Pakistanische Soldaten richten in Ostpakistan eine Bazooka (Panzerabwehrhandwaffe) auf die indischen Linien.

PANZERKRIEG
Eine der größten Schlachten des kurzen indisch-pakistanischen Krieges war ein massierter Panzereinsatz am 6. Dezember 1971 im südlichen Kaschmir.

DER VIETNAMKRIEG

In den 1960er-Jahren hatten sich die Vereinigten Staaten entschlossen, die südvietnamesische Regierung gegen kommunistisch geführte Partisanen und deren Verbündete in den regulären Truppen Nordvietnams zu verteidigen. 1969 waren mehr als eine halbe Million amerikanische Militärs nach Vietnam entsandt. Der Krieg erwies sich als zu verlustreich, um von der amerikanischen Öffentlichkeit akzeptiert zu werden. Nachdem die Amerikaner Anfang 1973 den Rückzug angetreten hatten, folgte zwei Jahre später der Sieg Nordvietnams. Der Krieg koste 58336 Amerikaner und mehr als eine Million Vietnamesen das Leben.

DER VIETNAMKRIEG
Obwohl am Ende des Zweiten Weltkriegs die Unabhängigkeit Vietnams proklamiert worden war, wurde drei Jahrzehnte heftig gekämpft, bevor die Franzosen und ihre Nachfolger, die Amerikaner, aus Vietnam vertrieben waren. Der Krieg griff auch auf die Nachbarländer Kambodscha und Laos über, in denen ebenfalls erfolgreiche kommunistische Revolutionen stattgefunden hatten.

VIETNAMKRIEG

Cedar Falls

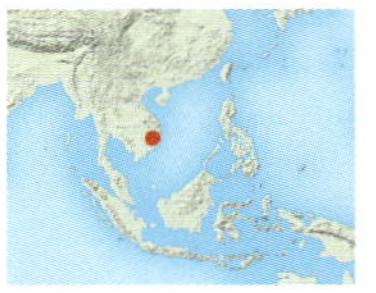

ORT 60 km nordwestlich von Saigon

DATUM 8.–26. Januar 1967

STREITKRÄFTE US und Vietcong: nicht verbürgt

VERLUSTE USA: 409; Südvietnam: 19; Vietcong: 750 Gefallene, 280 Gefangene

Die Operation Cedar Falls sollte die Vietcong aus ihrer Operationsbasis im »Eisernen Dreieck« außerhalb Saigons vertreiben. Dazu wurde ein Sperrriegel als »Amboss« angelegt, während Angriffe von Kampfhubschraubern und am Boden der »Hammer« sein sollten, der den Feind treffen sollte. Das Unternehmen begann am 8. Januar, als eine Flotte von 60 Helikoptern die Truppen zur Einnahme des Dorfes Ben Suc heranflog. Danach suchten amerikanische Soldaten das Gebiet ab und zerstörten die Tunnelsysteme der Partisanen. Doch stellten sich wenige Feinde zum Kampf, die meisten entkamen. Das Unternehmen endete mit der Zerstörung des Dorfes Ben Suc und der Vertreibung seiner Bewohner.

SPÄHTRUPP
Diese amerikanischen Marineinfanteristen haben sich bei ihrer Aufklärungspatrouille getarnt.

VIETNAMKRIEG

Operation Rolling Thunder

ORT Nordvietnam

DATUM 2. März 1965–31. Oktober 1968

STREITKRÄFTE Amerikaner: 306380 Feindflüge, 643000 Tonnen abgeworfener Bomben

VERLUSTE Amerikaner: 938 Kampfflugzeuge, 1084 Mann Besatzung; Nordvietnam: 118 Kampfflugzeuge, 52000 Gefallene

Nach anfänglichen »Vergeltungsangriffen« gingen die USA im März 1965 zu einem systematischen Luftkrieg gegen Nordvietnam über. Die Operation »Rolling Thunder« zog sich über mehr als drei Jahre hin. Die amerikanische Marine und die Marineinfanterie starteten Angriffe von Flugzeugträgern im Golf von Tongking und von Stützpunkten in Südvietnam. Die Luftwaffe operierte von ihren Basen in Thailand, während die B-52 des strategischen Bomberkommandos auf Okinawa und Guam starteten. Ihre Flieger stießen auf eine äußerst wirksame Luftverteidigung. Nordvietnam besaß von der Sowjetunion gelieferte Flugabwehrraketen SA-2, Flugabwehrgeschütze und dazu Jagdflugzeuge. Die Gebiete entlang der chinesischen Grenze und um große Städte waren für die Amerikaner tabu, und die MiG-Jäger operierten von sicheren Stützpunkten innerhalb dieser Schutzzonen aus. Die mit Raketen bewaffneten Jäger F-4 Phantom, die die Bomberflotten eskortierten, hatten zunächst keine Bordkanonen und wurden von Männern geflogen, die nur zu Abfangeinsätzen ausgebildet waren. Die Bombenflugzeuge hatten Schwierigkeiten, Punktziele zu treffen, da sie mit herkömmlichen, freifallenden Bomben oder Bullpup-Raketen bewaffnet waren, die mit einem Steuerknüppel ins Ziel gelenkt werden mussten. Das politische Ziel der Luftoffensive bestand darin, Nordvietnam von der Unterstützung des Krieges im Süden abzubringen. Am Scheitern dieses Vorhabens gab es wenig Zweifel.

B-52 STRATOFORTRESS
Die Boeing B-52 war als strategischer Atombomber konzipiert, wurde aber in Vietnam als konventioneller Bomber eingesetzt.

FLAK-BESCHUSS
Nordvietnamesische Flugabwehrkanonen waren gegen niedrig anfliegende Maschinen äußerst wirksam.

VIETNAMKRIEG

Tet-Offensive

ORT Südvietnam

DATUM 31. Januar–2. März 1968

STREITKRÄFTE Vietcong/Nordvietnamesen: 84 000; Amerikaner: 500 000; Südvietnamesen: 350 000

VERLUSTE Vietcong/Nordvietnamesen: 45 000; Amerikaner: 9000; Südvietnamesen: 11 000

Anfang 1968 eröffnete General Vo Nguyen Giap, der Verteidigungsminister Nordvietnams, eine Offensive, die den Endsieg bringen sollte. Gleichzeitige Angriffe auf Städte jeder Größe in ganz Südvietnam durch Vietcong und die Nordvietnamesische Armee (NVA) sollten zu einer allgemeinen Volkserhebung führen und die Lage der Amerikaner in Südvietnam militärisch und politisch untergraben. Als Auftakt zur Hauptoffensive belagerte die NVA ab 21. Januar den amerikanischen Stützpunkt bei Khe Sanh in der Nähe der entmilitarisierten Zone zwischen Nord- und Südvietnam.

Die Hauptoffensive begann am 31. Januar und fiel bewusst mit dem buddhistischen Neujahrsfest (Tet) zusammen, an dem zahlreiche südvietnamesische Soldaten beurlaubt waren. Kommunistische Truppen besetzten Schlüsselstellungen in mehr als 100 Städten, auch in der Hauptstadt Saigon und in der alten Kaiserstadt Huê. In Saigon schoss sich ein Zug Vietcong den Weg in den amerikanischen Botschaftskomplex frei, doch wurden die Männer getötet, bevor sie ins Gebäude selbst eindringen konnten. Innerhalb weniger Tage waren die meisten städtischen Gebiete von amerikanischen und südvietnamesischen Truppen zurückerobert. In Saigon gab es bis Anfang März noch vereinzelte Gefechte, doch die schwersten und längsten Kämpfe fanden in Huê statt. Die kaiserliche Zitadelle wurde von der NVA am 31. Januar eingenommen und bei einem südvietnamesischen Gegenangriff auch gehalten. Als die amerikanische Marineinfanterie mit Schiffsartillerie im Februar mit der Rückeroberung der Stadt begann, kam es zu schweren Häuserkämpfen. Nach Einnahme Huês am 2. März war die Hälfte aller Gebäude beschädigt oder zerstört, und die Amerikaner hatten 1500 Mann verloren. Die Belagerung von Khe Sanh dauerte bis zum 8. April und endete mit einer weiteren Niederlage der NVA. Insgesamt gesehen war die Tet-Offensive für die kommunistischen Truppen ein Desaster. Die Vietcong hatten ihre Verstecke verlassen und und wurden niedergemacht. Es gab keine Volkserhebung zu ihrer Unterstützung, und die südvietnamesischen Truppen wankten nicht. Doch in politischer Hinsicht versetzte die Offensive der US-Intervention den Todesstoß, da sie die amerikanische Öffentlichkeit davon überzeugte, dass der Krieg nicht zu gewinnen sei. Am 31. März verkündete Präsident Johnson, er werde Friedensverhandlungen mit Nordvietnam aufnehmen.

LUFTKAVALLERIE
Soldaten der 1. Kavalleriedivision springen zu einem Spähtruppunternehmen aus einem Bell UH-1.

PANZERABWEHR
Der Vietcong setzte bei der Tet-Offensive Panzerabwehrhandwaffen sowjetischen Typs ein; die Amerikaner verzichteten im Vietnamkrieg bereits auf ihre Bazookas.

PURPLE HEART
Das amerikanische Verwundetenabzeichen »Purple Heart« erhielten etwa 200 000 Teilnehmer am Vietnamkrieg.

VIETNAMKRIEG

Osteroffensive

ORT Südvietnam

DATUM 30. März–11. Juli 1972

STREITKRÄFTE Nordvietnamesen: 200 000; Südvietnamesen: 500 000

VERLUSTE Nordvietnamesen: 100 000; Südvietnamesen: 50 000

1972 hatten die Bodentruppen der USA die Kampfhandlungen eingestellt und zogen sich aus Vietnam zurück. Das südvietnamesische Heer übernahm das Kämpfen, dabei immer noch unterstützt von der Luftwaffe und Marine. Die nordvietnamesische Armee (NVA) wandte sich von der Guerillataktik ab und begann am 30. März eine umfassende Invasion Südvietnams unter Einsatz sowjetischer T-54-Panzer und mittlerer Artillerie. Die Offensive erfolgte in drei Hauptstoßrichtungen: von Norden her auf Quang Tri und Huê, durch das zentrale Hochland auf Kontum und von Süden her auf An Loc. Präsident Nixons Antwort war die Wiederaufnahme der Bombardierung Nordvietnams. Im Rahmen der Operation Linebacker setzten die Amerikaner intelligente Bomben ein, um das Nachschubsystem der NVA zu zerstören. Amerikanische Bomber, darunter auch B-52, fügten den in den Süden einfallenden Invasionstruppen schwere Verluste zu. Zunächst kam die NVA gut voran. An Loc und Kontum wurden belagert, und am 1. Mai fiel Quang Tri. Südvietnamesische Soldaten und Zivilisten flohen, doch konnte vor Huê eine Auffanglinie gebildet werden.

Ende Mai wendete sich das Blatt. Am 11. Juli wurde die Belagerung von An Loc beendet. Die Invasion scheiterte, doch blieben nordvietnamesische Truppen in Südvietnam zurück, auch nachdem die USA im Januar 1973 eine Friedensübereinkunft getroffen hatten. Diese Truppen brachten Saigon 1975 in nordvietnamesische Hand.

KOREANISCHE UNTERSTÜTZUNG
Ein südkoreanischer Soldat erhält von einer Vietnamesin einen Wink. In Vietnam fielen etwa 4400 Koreaner im Kampf an der Seite der Amerikaner.

KAMPFHUBSCHRAUBER AH-64 APACHE

DER KAMPFHUBSCHRAUBER AH-64 APACHE, ZUR PANZERBEKÄMPFUNG KONZIPIERT, BEDIENT SICH VIELER RAFFINIERTER OFFENSIV- UND DEFENSIVTECHNOLOGIEN, DIE HEUTE DAS GEFECHTSFELD BEHERRSCHEN.

Der erste amerikanische Kampfhubschrauber, der AH-1 Cobra, wurde während des Vietnamkriegs eingeführt, um Hubschraubern Feuerschutz zu geben, die Truppen in Feindesland absetzten. Als der AH-64 Apache 1984 in Dienst gestellt wurde, bestand die neue Rolle der Kampfhubschrauber in der Panzerbekämpfung. Der von McDonnell Douglas (jetzt Boeing) entwickelte AH-64 wurde bei der Operation Desert Storm (siehe S. 351) erfolgreich eingesetzt und war seither an der amerikanischen Invasion in Afghanistan 2001 ebenso beteiligt wie an der angloamerikanischen Invasion im Irak 2003. Bei der hier abgebildeten Version handelt es sich um den AH-64D Longbow.

ANGRIFF UND VERTEIDIGUNG

Der AH-64 hat zwei Turbinen und zwei Mann Besatzung. Der Waffenoffizier, zugleich der Kopilot, sitzt unterhalb des Piloten vorn in der Maschine. Zur Bewaffnung gehören eine Maschinenkanone und 70-mm-Raketen und vor allem die bis zu 16 Hellfire-Panzerabwehrraketen. Beim Einsatz des Zielerfassungs- und Feuerleitsystems braucht die Besatzung bloß das Ziel auszuwählen und eine Rakete abzufeuern, diese steuert das Ziel selbsttätig an. Das bedeutet, dass der Helikopter nach dem Abschuss sofort ausweichen kann. Man hatte zuerst befürchtet, dass der langsame Hubschrauber im Gefecht zu verwundbar sei, doch der AH-64D macht sich zahlreiche Defensivsysteme zunutze – so wird die Infrarotstrahlung unterbunden, sodass der Helikopter von Raketen, die auf Abwärme reagieren, nicht ausgemacht werden kann; ein Abwehrsystem, das vor anfliegenden Raketen warnt, lässt zudem Gegenmaßnahmen zu. Da der Apache zur Orientierung ein Wärmebildverfahren benutzt, kann er bei jedem Wetter und nachts im extremen Tiefflug operieren.

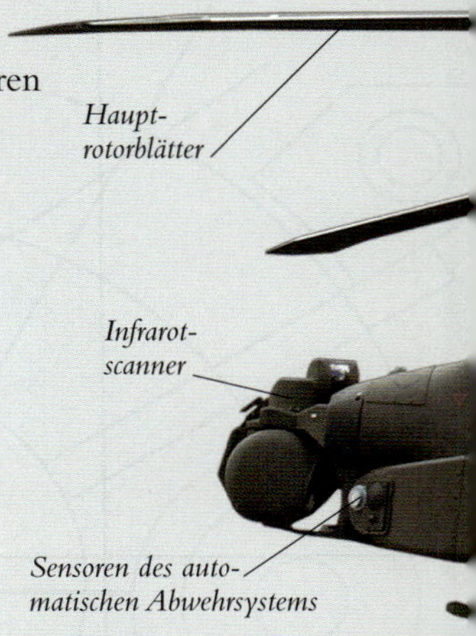

STUMMELFLÜGEL *Unter den Flächen des Helikopters sind Raketen und Flugkörper aufgehängt.*

MASCHINENKANONE UND PATRONENZUFÜHRUNG *Die 30-mm-Maschinenkanone kann 625 Schuss pro Minute feuern.*

HIDAS *Dieser Longbow verfügt über das Integrated Defensive Aids System (System integrierter Verteidigungshilfen), um Bedrohungen automatisch wahrzunehmen.*

DRAHTSCHNEIDER *An strategischen Stellen am Rumpf finden sich Schneidevorrichtungen, um z.B. Überland- oder Telefonleitungen zu durchtrennen, die einen Absturz verursachen könnten.*

RAKETENWERFER, VORDER- UND RÜCKSEITE *Der hier gezeigte Longbow hat zwei Raketenwerfer.*

HAUPTROTORANTRIEB *Die beweglichen Hauptrotorblätter sind mit Verbundstahlbändern an der Achse befestigt. Sie lassen sich zum Transport der Maschine leicht einklappen oder abnehmen.*

LEUCHTKÖRPERBEHÄLTER *In diesem Kasten am Heck des Helikopters befinden sich die Leuchtkörper, die vom Abwehrsystem der Maschine abgefeuert werden können.*

FLUGKÖRPER *Der Apache kann bis zu 16 lasergesteuerte Luft-Boden-Raketen des Typs Hellfire mit sich führen.*

HECKROTOR *Die Doppelblätter des Heckrotors sind zur Lärmreduzierung im Winkel von 55 Grad gekreuzt.*

AH-64D LONGBOW
Dieses Exemplar wurde vom amerikanischen Militär für das britische Heer gebaut.

DATEN			
Ursprungsland	USA	**Baujahr**	2004
Rumpflänge	15,5 m	**Hauptrotorkreis**	14,6 m
Höhe über alles	4,95 m	**Marschgeschwindigkeit**	140 Knoten

COCKPIT *Alle Bordsysteme werden auf zwei Bildschirmen angezeigt, die sich sowohl vor dem Piloten- als auch dem Kopilotenpiatz befinden. Steuern lassen sich die Systeme mit den am Rand der Bildschirme angebrachten Knöpfen.*

BEDIENUNGSFELD DES PILOTEN *Der Kopilot ist für die Bordwaffen des Helikopters zuständig, aber der Pilot kann diese Befehle überlagern und selbst schießen.*

SICHERHEITSGURT *Die beeindruckende Menge an Sicherheitseinrichtungen, mit denen Sitz und Zelle des Apache versehen sind, sorgt dafür, dass die Besatzung beim Aufschlag mit einer Sinkrate von 12,8 m/s eine 95-prozentige Überlebenschance hat.*

KANZELDACHABWURF *Das Panzerglasdach der beiden Pilotenkanzeln kann notfalls abgesprengt werden.*

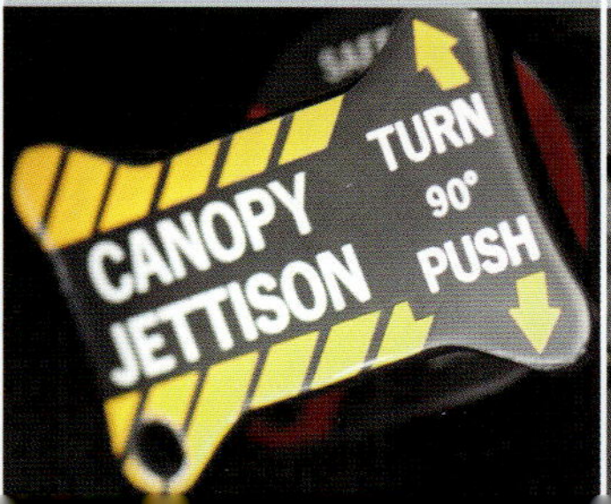

MONOKULAR DES PILOTEN *Dieses Okular gehört zum Wärmebildsystem.*

DIE KRIEGE ISRAELS

Der Beschluss, auf dem Territorium des früheren britischen Mandatsgebietes Palästina 1948 den unabhängigen Staat Israel entstehen zu lassen, führte zu fünf größeren Regionalkriegen und der lang anhaltenden Intifada (»Aufstand«) der um ihre Heimat kämpfenden Palästinenser. Die ständigen Konflikte zwischen Juden und Arabern destabilisieren die Region seit mehr als einem halben Jahrhundert und lassen wenig Anzeichen einer Mäßigung in der nahen Zukunft erkennen.

KRIEGERISCHES ISRAEL
Viermal seit Erlangen der Unabhängigkeit ist Israel in das Nachbargebiet eingefallen und hat es besetzt, im Augenblick hält es nur noch das Westjordanland, den Gazastreifen und die Golanhöhen besetzt.

ISRAELS UNABHÄNGIGKEIT

Palästinakrieg

ORT ehemaliges britisches Mandatsgebiet Palästina

DATUM 15. Mai 1948–20. Juli 1949

STREITKRÄFTE Araber: etwa 27 500; Israelis: etwa 25 000

VERLUSTE Araber: 8000–15 000; Israelis: 4000; Palästinenser als Flüchtlinge: 700 000

Am 14. Mai 1948, dem Tag, an dem die letzten britischen Truppen Palästina verließen, erklärte Israel seine Unabhängigkeit. Am nächsten Tage schon erfolgte der Angriff ägyptischer, (trans-)jordanischer, syrischer, libanesischer und irakischer Truppen. Wenngleich zahlenmäßig unterlegen, so verfügten die israelischen Truppen doch über eine bessere Ausbildung und Bewaffnung. Die ersten arabischen Angriffe hatten im Juni stattgefunden; danach schlug die Situation um, sodass die Israelis schließlich das ganze britische Mandatsgebiet besetzt hatten, ausgenommen das Westjordanland und der Gazastreifen. Im Juli 1949 endete die Auseinandersetzung mit einem Waffenstillstand.

SINAIFELDZUG

Sinaifeldzug

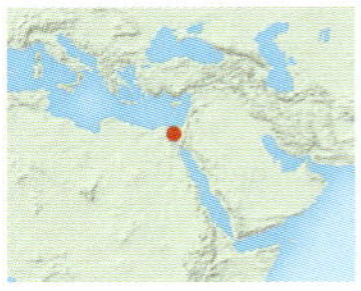

ORT Sinaihalbinsel zwischen Israel und Ägypten

DATUM 29. Oktober–7. November 1956

STREITKRÄFTE Israelis gegen Ägypter; britische und französische Truppen; UN-Friedenstruppen

VERLUSTE nicht verbürgt

Die Spannungen zwischen Ägypten und Israel eskalierten seit 1955, nachdem vom Gazastreifen eine Reihe von terroristischen Übergriffen gegen Israel ausgegangen war. Der neue ägyptische Staatspräsident Gamal Abdel Nasser sperrte den Golf von Akaba und riegelte Elat ab, Israels einzigen Hafen am Roten Meer. Im Juli 1956 verstaatlichte er dann die Sueskanalgesellschaft. Einen arabischen Angriff befürchtend, schlug Israel zuerst zu und drang auf die Sinaihalbinsel vor. Da jedoch verlangten die Briten und Franzosen, mit denen Israel sein Vorgehen zunächst abgestimmt hatte, die Einstellung der Feindseligkeiten. Als beide Seiten dies verweigerten, griffen britische und französische Flugzeuge ägyptische Stützpunkte an; am 31. Oktober sprangen Fallschirmtruppen über Port Said ab, um den Sueskanal zu nehmen. Druck von Seiten der UN und der USA erzwang am 7. November einen Waffenstillstand und den Rückzug der anglofranzösischen Kräfte. Die israelischen Truppen zogen im März 1957 ab.

PORT SAID
Ein kleiner Junge steht verwirrt in den Ruinen von Port Said, eine britische Panzerbesatzung schaut ihm zu.

SECHSTAGEKRIEG

Sechstagekrieg

ORT Westjordanland, Golanhöhen, Sinaihalbinsel

DATUM 5.–10. Juni 1967

STREITKRÄFTE Israelis: 264 000; Ägypter, Jordanier, Iraker, Syrer: 410 000

VERLUSTE nicht verbürgt

Sobald sich im Mai 1967 auf ägyptischen Druck hin die UN-Friedenstruppen zurückgezogen hatten, die nach dem Sinaifeldzug dort stationiert wurden, erfolgte rasch eine erneute ägyptische Seeblockade Elats und die Massierung von ägyptischen, jordanischen, irakischen und syrischen Truppen entlang der israelischen Grenzen. Wieder ergriff Israel die Initiative. Seine Luftwaffe flog eine Reihe von verheerenden Angriffen gegen die ägyptische Luftwaffe und zerstörte vier Fünftel ihrer Maschinen am Boden. Gegen Jordanien und Syrien wurde ähnlich vorgegangen. Daraufhin marschierten die Israelis über die Sinaihalbinsel und standen am 8. Juni am Sueskanal. Zudem drangen israelische Panzer und Fallschirmjäger ins jordanische Ostjerusalem ein und besetzten das ganze Westufer des Jordan. Israel revanchierte sich auch für 20-jährigen syrischen Artilleriebeschuss von den Golanhöhen aus, indem es diese besetzte und noch etwa 50 km tief auf syrisches Gebiet vordrang. Bei Feuereinstellung am 10. Juni hatte Israel sein Territorium verdoppelt, die Länge seiner Grenzen reduziert und seine Städte der Reichweite feindlicher Geschütze entzogen.

NAHKAMPF
Ein israelischer Soldat in einem Graben bereitet während des Sechstagekrieges einen Handgranatenwurf gegen die syrischen Linien auf den umkämpften Golanhöhen vor.

PHANTOM
Zur Zeit des Jom-Kippur-Krieges besaß die israelische Luftwaffe Phantom-, MiG- und Mirage-Jagdbomber.

SA-6

Während des Jom-Kippur-Krieges stellten die ägyptischen Boden-Luft-Raketen eine beträchtliche Bedrohung der israelischen Kampfflugzeuge dar. Von der Sowjetunion gelieferte SA-6-Abschussrampen schossen in den ersten Kriegstagen mehr als 100 israelische Flugzeuge ab – vor allem, weil die Israelis nicht wussten, dass ihr Radar sie vom Feind erfassbar machte. Sobald die Radarwarngeräte umprogrammiert waren, verringerte sich die Gefahr.

Der eigentliche Gefechtskopf wiegt 56 kg.

Die Rakete hat ein Feststofftriebwerk.

DATEN

Herkunftsland Sowjetunion	**Baujahr** 1973
Max. Steighöhe 12 000 m	**Gewicht** 600 kg
Höchstgeschwindigkeit Mach 2,8	

JOM-KIPPUR-KRIEG

Jom-Kippur-Krieg

DATUM 6.–24. Oktober 1973

STREITKRÄFTE Israelis: unbekannt; Araber: unbekannt

VERLUSTE Israelis: 2688 Gefallene, 314 Gefangene; Araber: 19000 Gefallene, 8783 Gefangene

ORT Sinaihalbinsel, Golanhöhen

Trotz seines militärischen Erfolges im Sechstagekrieg hatte Israel davon keinen politischen Nutzen, da keines der arabischen Länder zu einem Frieden gegen Rückgabe seines Territoriums bereit war. Vor allem Ägypten fühlte sich durch die militärische Überlegenheit Israels und den Verlust der Sinaihalbinsel gedemütigt und begann drei Jahre anhaltende Feindseligkeiten, den so genannten Abnutzungskrieg, in Form von Beschießungen und anderen Übergriffen über den Sueskanal hinweg, die erst im August 1970 endeten. Unter dem neuen politischen Führer Anwar as-Sadat plante Ägypten im Bündnis mit Syrien für den 6. Oktober 1973, den Tag des Versöhnungsfests oder »Jom Kippur«, einen Angriff. Die Israelis wurden vollkommen überrascht, als ägyptische Truppen den Sueskanal überquerten und mit Unterstützung von Boden-Luft-Raketen und mobilen Panzerabwehrraketen auf die Sinaihalbinsel vorstießen. Die israelische Ministerpräsidentin Meir suchte bei den Amerikanern um Hilfe nach, diese reagierten verhalten, bis die Sowjets damit begannen, den Ägyptern und Syrern Kriegsmaterial zu liefern. Präsident Nixon schickte Israel daraufhin umgehend Waffen. Trotz ihres anfänglichen Erfolges kamen die Ägypter am 9. Oktober zum Stillstand, als sie die Reichweite ihres Schutzschirms verließen. Am 16. Oktober drehten die Israelis den Spieß um. Ein Hubschrauberangriff schaltete die ägyptische Luftverteidigung aus, sodass General Ariel Sharon zwischen zwei Armeen durchbrechen, den Kanal überqueren und auf dessen Westufer die 3. Armee einschließen konnte.

ISRAELISCHER GEGENANGRIFF
Am 16. Oktober rücken israelische Panzer vor, um die ägyptische Armee im Sinai anzugreifen.

Im Norden griffen die Syrer die Golanhöhen an, doch trotz ihrer zahlenmäßigen Schwäche konnten die israelischen Verteidiger fast 900 Panzer unschädlich machen und bis auf 40 km an die Hauptstadt Damaskus heranrücken. Ein von den UN durchgesetzter Waffenstillstand beendete den Konflikt am 24. Oktober.

INVASION LIBANONS

Libanonfeldzug

DATUM 6. Juni 1982–10. Juni 1985

STREITKRÄFTE Israelis und christliche Phalangisten gegen PLO, Syrer und muslimische Libanesen

VERLUSTE Israelis: 675; Araber (Truppen und Zivilisten): 17825

ORT Südlibanon

Nachdem Israel 1948 gegründet worden war, flohen mehr als 110000 Palästinenser nach Libanon. Die Palästinensische Befreiungs-Organisation (PLO) verlegte ihr Hauptquartier 1970 nach Libanon und repräsentierte in den 80er-Jahren eine militante Gemeinschaft von mehr als 300000 Flüchtlingen. Die Anwesenheit der Palästinenser destabilisierte Libanon, sodass dort 1975 ein Bürgerkrieg ausbrach. In die Machtkämpfe zwischen christlicher und muslimischer Gemeinschaft griff 1976 eine syrische Streitmacht zugunsten der Muslime ein. Die PLO hatte Libanon seit 1968 als Operationsbasis benutzt, um Raketenangriffe auf das nördliche Israel zu unternehmen; Israel marschierte daher 1982 ein, auch um dem wachsenden syrischen Einfluss auf Libanon entgegenzuwirken. Israelische Panzer stießen auf die Hauptstadt vor und belagerten Stützpunkte in Westbeirut. Obwohl Ende August viele Palästinenser in befreundete Länder evakuiert worden waren, griffen mit den Israelis verbündete christliche Milizen am 18. September die beiden palästinensischen Flüchtlingslager Sabra und Schatila in Westbeirut an und töteten 800 Menschen. Internationale Empörung über dieses Massaker und massive Proteste in Israel selbst führten Ende des Monats zu einem israelischen Rückzug aus Westbeirut. Nach längerem diplomatischem Tauziehen zog Israel 1985 den größten Teil seiner Truppen aus Libanon ab, 2000 zog es sich ganz zurück.

JASSIR ARAFAT
Arafat war von 1969 bis zu seinem Tode 2004 Vorsitzender der PLO. Nach der israelischen Intervention 1983 musste er Libanon verlassen.

NACH EINER EXPLOSION
Während der Belagerung 1982 wurde Westbeirut von Land und See her beschossen und aus der Luft bombardiert.

MODERNE HANDWAFFEN

DIE TRUPPENEINFÜHRUNG des deutschen Sturmgewehrs 44 wies in ein neues Zeitalter, in dem das am Ende des Zweiten Weltkrieges immer noch allgemein gebräuchliche Repetiergewehr von einer automatischen oder halbautomatischen Handwaffe verdrängt wurde. Waffen wie Boden-Luft-Raketen und Panzerabwehrhandwaffen versetzten die Infanterie in die Lage, es mit Hubschrauber oder Panzer aufzunehmen. In Massenproduktion hergestellte Handfeuerwaffen finden sich als Bewaffnung von Partisanen und Terroristen ebenso wie bei stehenden Heeren.

KLEINKRIEGSWAFFE
Kämpfer der angolanischen UNITA, Gegner der Regierung des Landes, beim Exerzieren mit ihren Kalaschnikow-Sturmgewehren. Man schätzt, dass mehr als 40 Millionen AK-47 produziert wurden.

STURMGEWEHR KALASCHNIKOW AK-47

hölzerner Kolben (ein anderes Modell hat eine einklappbare Schulterstütze)

gekrümmtes 30-Schuss-Kurvenmagazin

Korn

einklappbares Zweibein

STURMGEWEHRE

Die leichten, handlichen Sturmgewehre lassen sich zur Abgabe von Einzelschüssen oder Feuerstößen umschalten. Weithin gebräuchliche Sturmgewehre sind das noch aus Sowjetzeiten herrührende AK-47, das amerikanische M16 und das belgische FAL.

STURMGEWEHR FABRIQUE NATIONALE FAL PARA

einklappbare Schulterstütze

Hohlladungsgranate

IRAKISCHE PANZERFAUST
Das Al-Nasiriyah-Raketenabschussgerät ist die irakische Version der sowjetischen RPG-7. Diese Waffe ist billig zu produzieren, einfach zu handhaben und kann ein Panzerfahrzeug außer Gefecht setzen.

MASCHINENPISTOLE HECKLER & KOCH MP5

Stift zur Griffstückfixierung

Sicherungshebel/ Feuerwahlschalter

MASCHINENPISTOLEN

Maschinenpistolen unterscheiden sich von Sturmgewehren nur dadurch, dass sie Pistolenmunition verschießen. Modelle wie die britische Sten und die amerikanische M3 wurden im Zweiten Weltkrieg benutzt. In den 50er-Jahren wurde die Sten durch die Sterling ersetzt, doch die US-Armee hat Maschinenpistolen weitgehend abgeschafft. Modelle wie die deutsche MP5 sind weiterhin bei Sondereinheiten üblich.

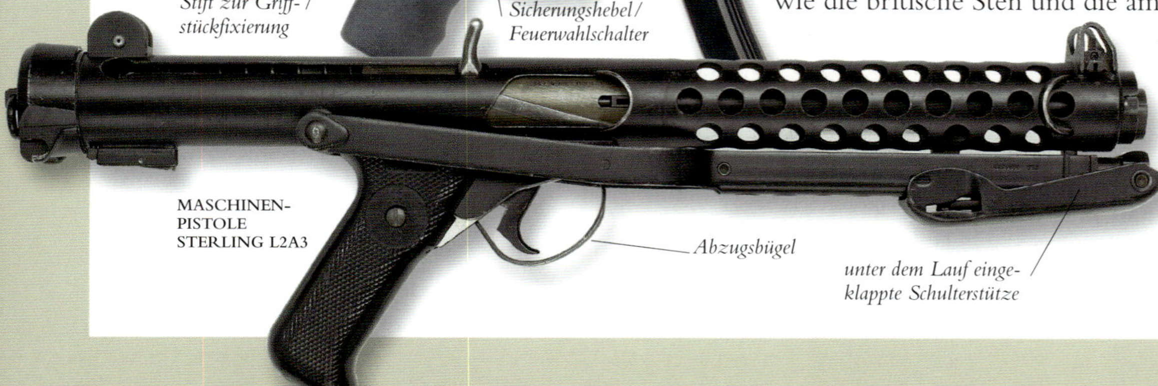

MASCHINENPISTOLE STERLING L2A3

Abzugsbügel

unter dem Lauf eingeklappte Schulterstütze

SOWJETISCHE GRANATE
Diese RPG-7-Granate wurde für sowjetische Luftlandetruppen produziert. Die Hohlladungsgranate kann selbst starke Panzerung durchschlagen.

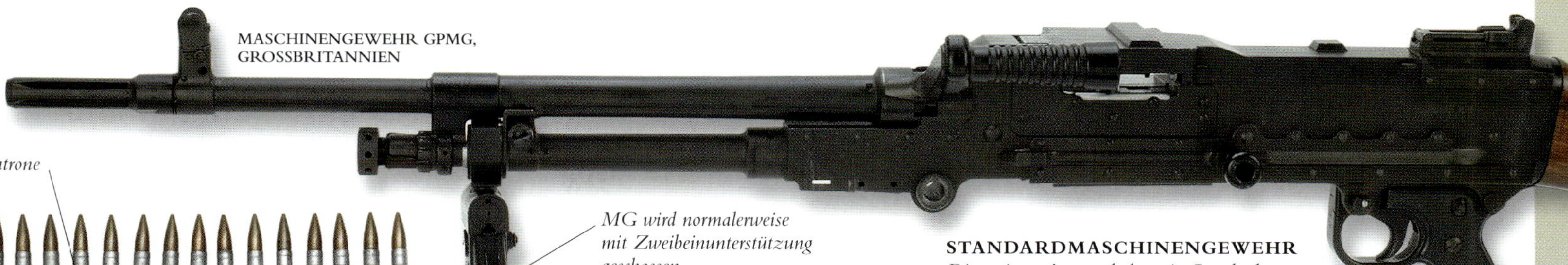

MASCHINENGEWEHR GPMG, GROSSBRITANNIEN

Griffstück

MG wird normalerweise mit Zweibeinunterstützung geschossen.

STANDARDMASCHINENGEWEHR
Die meisten Armeen haben ein Standardmaschinengewehr, ausgestattet mit Zweibein oder Dreibein oder lafettiert auf Fahrzeugen bzw. in Hubschraubern.

Patrone

MUNITION, GEGURTET

MASCHINENGEWEHR M60

US-STANDARD-MASCHINENGEWEHR
Das M60 war während des Vietnamkrieges das Standardmaschinengewehr der Infanteriegruppe. Obwohl über 30 Jahre lang in Gebrauch, war das M60 zu keiner Zeit eine beliebte Waffe.

SCHWERE MASCHINENGEWEHRE

Trotz der hohen Feuergeschwindigkeit der Sturmgewehre braucht man beim Heer immer noch die schwereren Maschinengewehre mit Gurtzuführung, die durch größeres Kaliber, größere Schussweite und höhere Feuerrate gekennzeichnet sind. Die Munitionszuführung mit Patronengurten bedingt die Bedienung durch zwei Schützen. Die Gewehre können auf Lafetten montiert werden oder mit Zweibein versehen sein.

GEWEHRGRANATE
Dieses amerikanische M16-Sturmgewehr ist zusätzlich mit einem Granatwerfer M203 ausgestattet. Es können verschiedene Granaten verschossen werden, allerdings ist die Schussweite nicht sehr groß.

Tragegriff

Plastikkolben

Abschussrohr

STURMGEWEHR M16 A1

Strahlauslass

RAKETENABSCHUSSGERÄT AL-NASIRIYAH

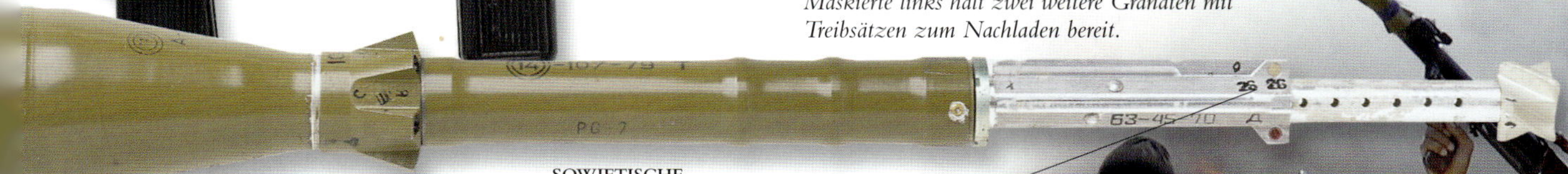

SOWJETISCHE HOHLLADUNGSGRANATE

einklappbare Stabilisatorflossen

MASKIERTE KÄMPFER
Irakische Aufrührer mit drohend geschwungenen RPGs vor einem brennenden US-Fahrzeug. Der Maskierte links hält zwei weitere Granaten mit Treibsätzen zum Nachladen bereit.

PANZERABWEHRHANDWAFFEN

Gewehrgranaten werden auf die Mündung eines Gewehrs gesetzt oder aus einem unter dem Gewehrlauf angebrachten röhrenförmigen Granatwerfer abgefeuert. Weit verbreitet ist die in der Sowjetunion entwickelte Panzerabwehrwaffe RPG-7. Durch das Hohlladungsprinzip des Geschosses werden auch Panzerungen durchschlagen und im Inneren des Kampfwagens oft Brände ausgelöst und Splitterschäden verursacht.

GUERILLAS UND TERRORISTEN

Auseinandersetzungen wie der chinesische Bürgerkrieg, der Vietnamkrieg oder auch Castros Sieg auf Kuba führten den Guerillakrieg als eine revolutionäre Handlung speziell kommunistischer oder antikolonialistischer Gruppierungen ein, obwohl die von den USA unterstützten Contras in Nicaragua und die Mudschaheddin in Afghanistan in den 80er-Jahren zeigten, dass diese Strategie jedem beliebigen Zweck dienen konnte. Der Terrorismus – z.B. als Attentat oder Sabotage – war zunächst eine Begleiterscheinung des Guerillakampfes, entwickelte sich aber seit den 1960er-Jahren zu einer eigenständigen Form der Kriegführung. Terroristische Gruppierungen reichten von solchen, die lokale und begrenzte Ziele durchsetzen wollen, bis hin zu denen, deren marxistische oder islamistische Ideologien den Untergang des internationalen Kapitalismus fordern.

CASTRO UND KUBA

Castro und Kuba

DATUM 25. November 1956–1. Januar 1959

STREITKRÄFTE Guerilleros: 300; kubanische Truppen (Mai 1958): 30 000

VERLUSTE nicht verbürgt

ORT Kuba

Fidel Castro wurde inhaftiert, weil er sich 1953 an einer Erhebung gegen den Diktator Fulgencio Batista beteiligt hatte. Als er nach zwei Jahren freikam, begab er sich nach Mexiko, wo er eine Gruppe bewaffneter Anhänger um sich scharte. Am 2. Dezember 1956 landete er mit 81 Mann auf Kuba, doch diese wurden von kubanischen Truppen zerschlagen. Mit ein paar Überlebenden, darunter auch der Arzt der Einheit, Ernesto »Che« Guevara, nahm Castro in den Bergen der Sierra Maestra Zuflucht. Verstärkt durch Batista-Gegner unternahmen sie eine Reihe überfallartiger Anschläge auf militärische Außenposten. Im Sommer 1958 begann Batista eine große Militäroperation, um die Guerilleros zu vertreiben, doch seine schlecht geführten Truppen wurden wiederholt besiegt. Zu dieser Zeit hatte Batista die Unterstützung der Vereinigten Staaten bereits verloren.

Castros Leute besetzten nun nach und nach die Städte, ohne dabei auf ernst zu nehmenden Widerstand zu stoßen. Batista floh am 1. Januar 1959 und Castro übernahm die Macht.

REBELLEN
Fidel Castro im Juni 1957 im Kreise seiner Guerillerogruppe, darunter auch »Che« Guevara (zweiter von links).

> »Wie strahlend würde die Zukunft vor uns stehen, könnten noch zwei … oder mehr Vietnams überall auf der Welt gedeihen mit ihrem Teil an Toten und ihren schrecklichen Tragödien, ihrem alltäglichen Heroismus und ihren wiederholten Schlägen gegen den Imperialismus.«

ZEUGE DES KRIEGES

ERNESTO »CHE« GUEVARA

In seiner Rede vor der Trikontinentalkonferenz im Januar 1966 entwarf der Rebellenführer Guevara die Vision von Guerillakriegen überall auf der Welt, die die Reaktionsmöglichkeiten der »amerikanischen Imperialisten« überfordern würden.

INVASION IN DER SCHWEINEBUCHT

Schweinebucht

DATUM 17.–19. April 1961

STREITKRÄFTE Exilkubaner: 1300; Castro-Truppen: unbekannt

VERLUSTE Exilkubaner: 120 Gefallene, 1180 Gefangene; Castro-Truppen: 3000

ORT Playa Girón an der Südküste Kubas

Die Vereinigten Staaten entschieden rasch, dass Castro gestürzt werden müsse. Die CIA stellte eine Brigade Exilkubaner auf und brachte ihnen bei, B-26-Bomber zu fliegen. Die Vorbereitungen waren schon weit gediehen, als John F. Kennedy amerikanischer Präsident wurde, der eine direkte Beteiligung vermeiden wollte. Die Invasionstruppe ging in der Schweinebucht ohne Luftunterstützung an Land. Amerikanische Luft- und Seestreitkräfte griffen nicht ein, als die Exilkubaner, aus der Luft niedergehalten, von Castros zahlenmäßig überlegenen Truppen überwältigt wurden.

IN FREMDER ERDE
Das von Exilkubanern in Miami, Florida, errichtete Mahnmal erinnert an die Landsleute, die in der Schweinebucht umkamen.

BOLIVIEN

Bolivien

DATUM 3. November 1966–9. Oktober 1967

STREITKRÄFTE Guevaras Guerilleros: 50; bolivianische Kommandotruppen: 600

VERLUSTE alle Guerilleros getötet, gefangen oder verjagt

ORT Bolivien

Im November 1966 ging Ernesto »Che« Guevara inkognito nach Bolivien und legte dort mit Gefolgsleuten einen Guerillerostützpunkt an. Die Gruppe fand unter der örtlichen Bevölkerung keinen Rückhalt. Im März 1967 wurde das Lager von Regierungstruppen ausgehoben; danach waren die Guerilleros ständig in Bewegung. Sie besiegten bolivianische Truppen in kleineren Treffen, waren jedoch knapp an Proviant und Nachschub. Sobald ab Ende Juli von den USA ausgebildete bolivianische Kommandotruppen zum Einsatz kamen, erlitten Guevaras Leute schwere Verluste. Am 8. Oktober wurden die überlebenden Kämpfer von Kommandoeinheiten eingeschlossen. Nach einem Feuergefecht waren die meisten Guerilleros tot oder gefangen genommen. Guevara wurde erschossen.

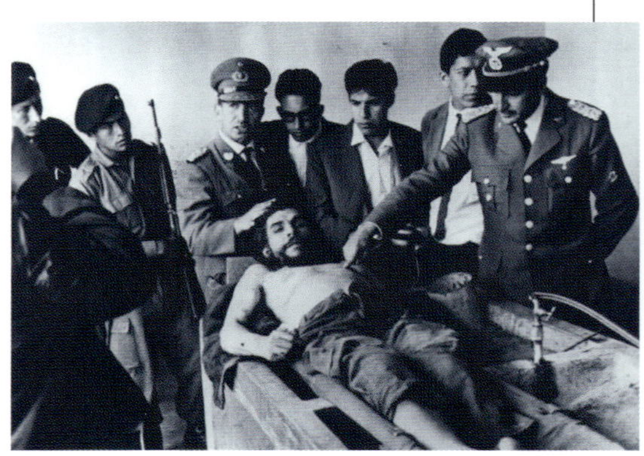

GEFALLENER HELD
Bolivianisches Militär zeigt der Weltpresse am 9. Oktober 1967 voller Stolz die Leiche des erschossenen Guevara.

SCHWARZER SEPTEMBER

Schwarzer September

DATUM 6.–12. September 1970

STREITKRÄFTE Terroristen: unbekannt; Geiseln: 313

ORT jordanische Wüste

VERLUSTE Terroristen: 1 Toter

Am 6. September 1979 brachte die Volksfront zur Befreiung Palästinas (PLFP) drei nach New York fliegende Linienflugzeuge in ihre Gewalt. Zwei Flugzeuge landeten auf dem unter palästinensischer Kontrolle stehenden Flugplatz Dawson's Field in Jordanien. Die dritte Maschine wurde nach Kairo geflogen und dort gesprengt. Am folgenden Tage kam ein weiteres entführtes Flugzeug nach Dawson's Field. Die PFLP, die die Passagiere als Geiseln hielt, verlangte die Freilassung gefangen gesetzter Terroristen. Die Situation verschärfte sich durch das Verhalten der jordanischen Regierung, die eine militärische Lösung befürwortete. Am 12. September wurden alle Flugzeuge gesprengt. Die Geiseln kamen im Austausch gegen Gefangene frei.

BRAND IN DER WÜSTE
Eine Qualmwolke steigt über der ersten auf Dawson's Field von palästinensischen Terroristen gesprengten Verkehrsmaschine auf.

KOMMANDOUNTERNEHMEN ENTEBBE

Flughafen Entebbe

DATUM 27. Juni–4. Juli 1976

STREITKRÄFTE Terroristen: 6–10; Israelis: mehr als 100

ORT Entebbe in Uganda

VERLUSTE Terroristen: alle getötet; Ugander: 45 Gefallene; Israelis: 1 Toter; Geiseln: 3 Tote

Am 27. Juni 1976 wurde eine Linienmaschine auf dem Flug von Israel nach Frankreich von Angehörigen der Volksfront zur Befreiung Palästinas (PFLP) und Mitgliedern der deutschen Baader-Meinhof-Bande entführt und nach Entebbe in Uganda umgeleitet, da der ugandische Diktator Idi Amin Dada die Sache der PFLP unterstützte. Nichtjüdische Passagiere ließ man frei, doch alle Israelis blieben als Geiseln im Abfertigungsgebäude, da die Entführer einsitzende Terroristen freipressen wollten. Die israelische Regierung startete eine gewagte Befreiungsaktion. Eine Stunde vor Mitternacht am 3. Juli landeten vier Herkules-Transportmaschinen der israelischen Luftwaffe auf dem Flughafen von Entebbe und entluden ein Einsatzkommando und Fahrzeuge. Dem Kommando gelang die Überrumpelung, alle Terroristen starben und etliche ugandische Soldaten. Der Einsatz dauerte zwei Stunden.

WILLKOMMEN DAHEIM
Israelis begrüßen die befreiten Geiseln und deren Retter nach dem Kommandounternehmen in Entebbe auf dem Flughafen Lod.

11. SEPTEMBER 2001

11. September 2001

DATUM 11. September 2001

STREITKRÄFTE Terroristen: 19

ORT Städte New York und Washington

VERLUSTE Terroristen: 19 Tote; Zivilisten und sonstige Opfer: 2973

Am Morgen des 11. September 2001 wurden vier Linienflugzeuge – zwei nach dem Abflug in Boston, die beiden anderen aus Newark und Washington – von bewaffneten islamistischen Terroristen, die mit Messern bewaffnet waren, entführt. In allen Fällen übernahmen die Terroristen die Führung der Maschinen. Die Flugzeuge sollten als fliegende Brandbomben in Bauwerke geflogen werden, die als Symbole für die finanzielle, militärische und politische Macht Amerikas galten. Um 8.46 Uhr raste eines der Flugzeuge, eine Boeing 747, in den Nordturm des World Trade Centers in New York, eine Viertelstunde später wurde der südliche Turm von einer anderen Boeing 747 getroffen. Das nächste Ziel war das Pentagon, um 9.40 Uhr stürzte eine Boeing 757 auf das militärische Nervenzentrum der USA. Der letzte Anschlag scheiterte, weil mutige Passagiere die Terroristen überwältigten. Dabei geriet das Flugzeug außer Kontrolle und stürzte außerhalb von Pittsburgh, Pennsylvania, ab. Um 10.30 Uhr waren beide Türme des World Trade Centers eingestürzt. Präsident George W. Bush reagierte auf die Anschläge, indem er den »Krieg gegen den Terrorismus« ausrief. Osama bin Ladens Terrornetzwerk Al Qaida war als Hauptanstifter der Terrorakte ausgemacht worden.

ZWEITER TREFFER
Das zweite Flugzeug raste in den Südturm des World Trade Centers.

»Die Bilder von Flugzeugen, die in Gebäude hineinfliegen, lodernden Feuer, einstürzenden gigantischen Bauten haben uns mit Ungläubigkeit erfüllt … und einer stillen, nicht nachlassenden Wut.«

Präsident George W. Bush, 11. September 2001

GEB. 1957

OSAMA BIN LADEN

Osama bin Laden, Sohn eines saudischen Milliardärs, wurde in den 80er-Jahren bekannt als Organisator der von Amerika unterstützten islamischen Partisanen, die gegen die sowjetischen Truppen in Afghanistan kämpften. Später richtete er ein Finanznetzwerk ein, um weltweit operierende Terroristen mit Geldmitteln auszustatten, zugleich schuf er Ausbildungslager in Sudan und im damals von den Taliban beherrschten Afghanistan. Man nimmt an, dass sein Al-Qaida-Netzwerk beteiligt war an den Bombenanschlägen auf die US-Botschaften in Kenia und Tansania 1998, Angriffen auf US-Truppen in Saudi-Arabien und Jemen sowie dem Anschlag am 11. September.

KRIEGE SEIT 1980

Die letzten Jahre des Kalten Krieges sahen Konflikte in Afghanistan, Nicaragua und andernorts, die zu den Spannungen zwischen den Vereinigten Staaten und der Sowjetunion beitrugen. Die Lage änderte sich 1985, als Michail Gorbatschow die Führung der Sowjetunion übernahm und damit begann, ihre monolithische Struktur aufzulockern. Mit der Schwächung der Sowjetunion ließ auch ihre Kontrolle über Osteuropa nach, und mit ihrem völligen Zusammenbruch im Jahre 1991 endete der Kalte Krieg. An dessen Stelle erwachten in Tschetschenien und Jugoslawien längst vergessen geglaubte ethnische Differenzen zu neuem Leben, während die Bedrohung, die vom irakischen Diktator Saddam Hussein ausging, zu drei größeren Kriegen im Mittleren Osten führte. Seit 2001 ist der fundamentalistisch-islamistische Terrorismus der größte Destabilisierungsfaktor in der Welt.

SOWJETS IN AFGHANISTAN

Sowjets in Afghanistan

ORT Afghanistan

DATUM 25. Dezember 1979–Februar 1989

STREITKRÄFTE Sowjets: 175000; Mudschaheddin: unbekannt

VERLUSTE Sowjets: 97000; Afghanen: 180000; Zivilbevölkerung: 1,5 Millionen Tote, 6 Millionen Flüchtlinge

Der Afghanistankonflikt, der fast die ganzen 80er-Jahre anhielt, hatte seinen Ursprung im Juli 1973, als die Monarchie gestürzt und Afghanistan unter Mohammed Daud zur Republik wurde. Islamische Führer, die mit Dauds modernisierender Regierung nicht einverstanden waren, flohen ins benachbarte Pakistan, wo sie 1975 die Mudschaheddin (»Kämpfer im Heiligen Krieg«) ins Leben riefen, um Dauds Regime zu stürzen. Als Daud im April 1978 einem Attentat des Revolutionsrats zum Opfer fiel und sein Regime durch eine kommunistische Regierung ersetzt wurde, begannen die USA vom Juli an die Mudschaheddin zu unterstützen. Alarmiert über die Instabilität an seiner Südgrenze, entsandte die Sowjetunion im Dezember 1979 Truppen in einer Stärke von 85000 Mann zur Unterstützung der afghanischen Regierung. Die afghanischen Streitkräfte lösten sich schnell auf, da die Soldaten desertierten. Nun standen die Sowjettruppen allein gegen die Mudschaheddin, die mit dem gebirgigen Gelände vertraut waren. Infolgedessen konnten die Sowjets lediglich die wichtigsten Städte halten, während ihre Versuche, das übrige Gebiet durch Bombenangriffe und Belagerungstaktiken zu unterwerfen, Millionen Flüchtlinge nach Pakistan und benachbarte Länder vertrieb. 1985 war der Partisanenkrieg in allen Provinzen entflammt, sodass die neue sowjetische Regierung unter Michael Gorbatschow das Land verließ. Im Mai 1988 begann ein stufenweiser Rückzug der sowjetischen Truppen. In drei Jahren übernahmen die Mudschaheddin die Kontrolle und gründeten eine islamische Republik, doch Kämpfe rivalisierender Gruppen brachten 1996 das Talibanregime an die Macht.

ABSCHUSS
Die von Amerika gelieferten Flugabwehrraketen »Stinger« erwiesen sich als geeignetes Mittel gegen sowjetische Kampfhubschrauber und Transportflugzeuge.

IRAN-CONTRAS-AFFÄRE

Contras in Nicaragua

ORT Nicaragua

DATUM Januar 1984–25. Februar 1990

STREITKRÄFTE Contras: 15000; Nicaraguaner: unbekannt

VERLUSTE nicht verbürgt

AUF PATROUILLE
Ein Trupp nicaraguanischer Contrarebellen geht Patrouille in einem Bachbett.

Der nicaraguanische Diktator Somoza war 1979 von der Sandinistischen Befreiungsfront gestürzt worden. Alarmiert bewaffneten die USA unter Ronald Reagan die oppositionelle Nationaldemokratische Front, die Contras. Obgleich die Sandinisten mit Daniel Ortega im November 1984 die Präsidentschaftswahlen gewannen, unterstützten die USA die Contras weiterhin. Ein Geheimplan der USA – Waffenverkäufe an Iran und Weiterleitung der Erlöse an die Contras – löste, als er 1986 bekannt wurde, einen Skandal aus, doch die Amerikaner erhielten ihre Unterstützungsmaßnahmen aufrecht, bis die Sandinisten 1990 die Wahlen verloren.

IRANISCH-IRAKISCHER KRIEG

Erster Golfkrieg

ORT iranisch-irakische Grenze

DATUM 22. September 1980–8. August 1988

STREITKRÄFTE Iraker: unbekannt; Iraner: unbekannt

VERLUSTE Iraker: unbekannt; Iraner: 1,5 Millionen (davon 100000 iranische und kurdische Tote durch Giftgaseinsatz)

Im Juli 1979 kam Saddam Hussein als Präsident Iraks an die Macht. Kurden, Schiiten und andere opponierten gegen sein sunnitisches Regime, während das Nachbarland Iran nach dem Sturz der Monarchie noch immer in Aufruhr war. Der Irak fürchtete, dass die Revolution sich über die Grenze ausbreiten könnte. Saddam nahm daher die Gelegenheit wahr, sein Land zu einen, indem er den Iran angriff. Den Vorwand lieferte ein Streit über den Grenzverlauf am Schatt al-Arab. Saddam griff im September 1980 an, doch die Iraner wehrten sich heftig, sodass der Krieg bei furchtbaren Verlusten auf beiden Seiten in einem Patt endete.

NACHBARKRIEG
Irakische Soldaten 1981 während des Ersten Golfkrieges bei Khorramschahr im Südwesten Irans.

DIE ZEIT DER WELTKRIEGE

FALKLANDKRIEG

Falklandkrieg

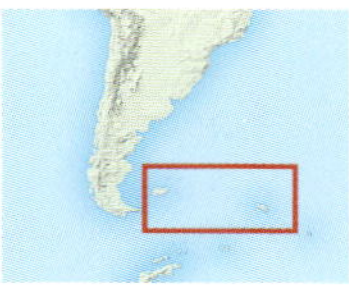

ORT Falklandinseln, Südatlantik

DATUM 19. März–14. Juni 1982

STREITKRÄFTE Briten: 28 000; Argentinier: unbekannt

VERLUSTE Briten: 982 Gefallene oder Verwundete; Argentinier: 13 113 Gefallene, Verwundete oder Gefangene

Die britische Kolonie Falklandinseln im Südatlantik wurde von Argentinien seit langem beansprucht. 1982 nutzte Argentinien die Bereitschaft der Briten, über die Zukunft der Inseln zu verhandeln, zu einer Invasion. Am 19. März 1982 landete eine Gruppe argentinischer Zivilisten auf Südgeorgien, einer benachbarten britischen Insel, und reklamierte sie für Argentinien. Als Großbritannien sie vertreiben wollte, landeten argentinische Truppen auf den Falklandinseln. Daraufhin sandte Großbritannien eine Kampfgruppe zu den Inseln, die am 25. April Südgeorgien zurückeroberte und dann argentinische Stellungen auf den Falklands angriff. Bei der Auseinandersetzung zur See hatte Argentinien die Oberhand; seine Exocet-Raketen führten zum Verlust von sechs britischen Schiffen. Am 21. Mai landeten britische Soldaten auf Ostfalkland. Mit der Einnahme der Hauptstadt waren die Inseln wieder in britischer Gewalt.

SEA HARRIER
Der überlegenen Wendigkeit und Feuerkraft der britischen Sea Harrier hatten die Kampfflugzeuge Argentiniens nichts Gleichwertiges entgegenzusetzen; 26 argentinische Maschinen wurden im Falklandkrieg abgeschossen.

LANDUNG
Da Großbritannien in der Region militärisch nur mit geringen Kräften präsent war, musste die Kampfgruppe 13 000 km weit über den Atlantik auf die Falklands geschafft werden.

GOLFKRIEG

Zweiter Golfkrieg

ORT Kuwait und Irak

DATUM 2. August 1990–3. März 1991

STREITKRÄFTE internationale Koalition: 680 000; Iraker: unbekannt

VERLUSTE Koalitionäre: 1378; Iraker: 22 000; Zivilisten: 2300

Als der Erste Golfkrieg zu Ende ging, war der Irak verarmt. Einer der größten Gläubiger war das Nachbarland Kuwait, dessen hohe Ölproduktion die Exportpreise des irakischen Öls drückte, was es für den Irak schwer machte, seine Schulden abzutragen. Im August 1990 marschierte Saddam Hussein in Kuwait ein und besetzte das Land, das der Irak seit langem als 19. Provinz reklamierte, mühelos. Damit befand sich ein Fünftel der Ölreserven der Welt in seiner Hand, und die internationale Gemeinschaft sorgte sich über seine nächsten Schritte. Die Vereinten Nationen verhängten Sanktionen über den Irak, um den Rückzug aus Kuwait zu erzwingen, während die USA eine Koalition von 29 Staaten zusammenbrachten, um dem Irak entgegenzutreten. Nach Luftangriffen griff die Koalition am 24. Februar 1991 am Boden an. Nach viertägigem Kampf war Kuwait befreit; formell endeten die Kämpfe am 3. März. Hightechwaffen – vor allem »intelligente« Marschflugkörper und amerikanische Tarnkappenbomber F-117A, die vom Radar nicht erfassbar waren – halfen der Koalition, einen raschen Sieg zu erringen, während Iraks meist aus Wehrpflichtigen bestehenden Streitkräfte für die Koalitionstruppen keine Gegner waren. Der Irak setzte in diesem Krieg die Umweltzerstörung bewusst als Mittel ein, als er drei Viertel der kuwaitischen Ölquellen in Brand setzte.

RAUCHWOLKEN
Amerikanische Soldaten vor in der Ferne brennenden Ölfeldern.

GEB. 1934

NORMAN SCHWARZKOPF

General Norman Schwarzkopf diente zweimal in Vietnam, wurde 1988 Oberbefehlshaber des US Central Command, das u.a. für den Nahen Osten zuständig ist, und erhielt seinen vierten Generalsstern. 1990 trug er daher die Verantwortung für Vorbereitung und Durchführung der Operation »Desert Storm«, des Feldzugs zur Befreiung Kuwaits. Unter seinem Befehl eroberten die Koalitionstruppen 1991 bei nur minimalen eigenen Verlusten Kuwait in kürzester Zeit zurück.

KRIEG IN TSCHETSCHENIEN

Tschetschenien

DATUM 11. Dezember 1994–29. August 1996; 23. September 1999–

STREITKRÄFTE Tschetschenen und Russen: unbekannt

ORT Tschetschenien, Südwestrussland

VERLUSTE Tschetschenen: 200000 Tote, 400000 Flüchtlinge; Russen: 10000 Gefallene

Als die Sowjetunion 1991 auseinander brach, traten in der neuen Russischen Föderation lange unterdrückte nationalistische Spannungen zutage. Im November 1991 erklärte sich die Teilrepublik Tschetschenien am Nordrand des Kaukasus für unabhängig, aber die Russen nahmen dies nicht hin und verhängten den Ausnahmezustand. Als in der Hauptstadt Grosny Kämpfe zwischen Befürwortern und Gegnern tschetschenischer Unabhängigkeit ausbrachen, marschierten im Dezember1994 russische Truppen in Tschetschenien ein. Nach beträchtlichen Verlusten und dem Tod des tschetschenischen Führers einigten sich beide Seiten im August 1996 auf eine Beendigung des Konflikts; Russland zog seine Truppen ab, doch der künftige Status Tschetscheniens blieb offen. 1999 kam es in einigen russischen Städten zu Bombenanschlägen. Im September marschierten russische Truppen erneut in Tschetschenien ein; der Konflikt dauerte unter hohen Verlusten auch 2006 noch an.

RUSSISCHE FEUERKRAFT
Ein russischer Mehrfachraketenwerfer »Grad« feuert auf Rebellenstellungen am Stadtrand von Grosny, der Hauptstadt Tschetscheniens.

KRIEG IM FRÜHEREN JUGOSLAWIEN

Jugoslawien

DATUM 2. März 1992–21. November 1995

STREITKRÄFTE Jugoslawen: unbekannt; Friedenstruppen unter NATO-Führung: 60000

ORT Bosnien

VERLUSTE Bosnier: 100000 Tote, 1,3 Millionen Flüchtlinge; Serben und Kroaten: 50000

1980, nach dem Tode des kommunistischen Regierungschefs Josip Broz Tito, begannen sich Jugoslawiens Teilrepubliken voneinander zu lösen. Spannungen brachen auf, als Slobodan Milosevic, der für ein Großserbien eintrat, das alle Serben in Jugoslawien vereinen sollte, 1987 in die serbische Führung gewählt wurde. Im Juni 1991 erklärten sich Slowenien und Kroatien aus Furcht vor serbischer Vormachtstellung in Jugoslawien für unabhängig, rasch gefolgt von Mazedonien. Die serbisch dominierte jugoslawische Armee führte gegen Slowenien und Kroatien Krieg, doch im Januar 1992 kehrte wieder Friede ein. Das multiethnische Bosnien befürchtete seine Aufteilung zwischen Kroatien und Serbien und erklärte im März seine Unabhängigkeit. Erneuter Krieg war die Folge, in dem sich die bosnischen Muslime – die größte Gruppierung – sowohl gegen kroatische als auch serbische Truppen verteidigen mussten. 1993 kontrollierten die Serben 70 Prozent des Landes, töteten oder vertrieben alle Nichtserben. Die Vereinten Nationen verhängten Sanktionen über Serbien und richteten für die Muslime sechs Schutzzonen ein. Diese waren jedoch nur dürftig verteidigt, sodass die Serben sie 1995 überrollten und in Srebrenica 8000 Muslime töteten. Nach dem Eingreifen der NATO, die serbische Stellungen bombardierte, wurde 1995 zwischen Serbien, Kroatien und Bosnien ein Abkommen getroffen, das in Bosnien zwei Staaten entstehen ließ: eine serbische Republik und eine muslimisch-kroatische Föderation.

»Krieg führende Parteien verfolgen Zivilisten, um Teile der Bevölkerung zu vertreiben oder auszurotten oder um die Kapitulation des Militärs zu beschleunigen.«

UN-Generalsekretär Kofi Annan über den Ursprung »ethnischer Säuberungen«, 1999

MASCHINENGEWEHR
Das leichte russische Maschinengewehr RPK wurde auch im Bosnienkonflikt benutzt.

KRIEGSVERBRECHEN
Bosnische Muslime begraben die 8000 Muslime, die in Srebrenica am 11. Juli 1995 durch ein Massaker ums Leben kamen.

KRIEG IM FRÜHEREN JUGOSLAWIEN

Kosovo

DATUM 1. März 1998–10. Juni 1999

STREITKRÄFTE Serben und Kroaten: unbekannt; NATO-Truppen: unbekannt

ORT Provinz Kosovo, Südserbien

VERLUSTE 940000 Flüchtlinge

Im März 1989 hob der Serbenführer Slobodan Milosevic die Autonomie der größtenteils von Albanern bewohnten Provinz Kosovo auf und unterdrückte jeden Widerstand. Die Albaner bildeten die »Befreiungsarmee für Kosovo« (UÇK), die im Januar 1998 erstmals auf serbische Einheiten traf. Im März sandte Serbien Tausende von Soldaten in die Provinz, um die Kämpfer zu vertreiben, sie griffen Dörfer an und töteten die Bewohner. Friedensgespräche in Paris regten vollständige Autonomie mit der Möglichkeit der Unabhängigkeit nach drei oder fünf Jahren an. Als Serbien sich weigerte, intervenierte die NATO und bombardierte Serbien elf Wochen lang. Die Serben reagierten mit »ethnischen Säuberungen« und zwangen 640000 Kosovaren zur Flucht. Im Juni 1999 kapitulierte Milosevic schließlich; die serbischen Verbände verließen die Provinz. Die Zukunft der Provinz ist noch ungewiss.

IN DIE BERGE
Während des Kosovokrieges flohen Tausende Kosovo-Albaner ins sichere Hochland von Albanien und Mazedonien.

»KRIEG GEGEN DEN TERROR«

Afghanistan

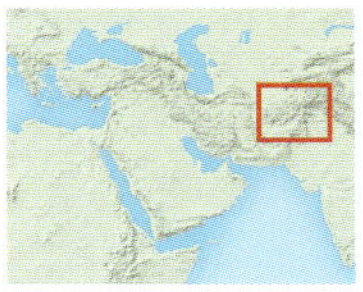

ORT Afghanistan

DATUM 7. Oktober–6. Dezember 2001

STREITKRÄFTE Afghanen: unbekannt; Koalitionstruppen: unbekannt

VERLUSTE Koalitionstruppen: 219; afghanische Truppen: unbekannt; afghanische Zivilisten: 1300

Nach den terroristischen Anschlägen auf New York und Washington am 11. September 2001 beschuldigte die amerikanische Regierung die Talibanregierung Afghanistans, al-Qaida-Leuten und deren Führer Osama bin Laden Unterschlupf zu gewähren. Als die Taliban ablehnten, bin Laden an die USA auszuliefern, marschierten amerikanische und britische Truppen in Afghanistan ein. Andere Länder stellten Truppen und Ausrüstung zur Verfügung, Pakistan, Usbekistan und Tadschikistan die Benutzung von Militärflughäfen, von denen aus amerikanische Maschinen zu Bombenangriffen starten konnten, während Kommandotruppen mit der afghanischen Nordallianz zusammenarbeiteten. Im Norden brachen die Taliban rasch zusammen. Die Hauptstadt Kabul fiel am 18. November und Kandahar, die Machtbasis der Taliban, am 6. Dezember. Trotz dieses Erfolges konnten weder bin Laden noch die Führer der Taliban gefasst werden. Der Widerstand in den Gebirgen und entlang der Grenze hielt 2006 nach wie vor an.

SCHUSSBEREIT
Paschtunenkrieger, Gegner der Taliban am 16. Dezember 2001, auf Patrouille im Stadtgebiet

SPION AM HIMMEL
Gegen die Taliban setzte das Militär unbemannte Predator-Drohnen zu Überwachungs- und Aufklärungszwecken ein.

»Sollten irgendwelche Regierungen diese Banditen und Mörder unschuldiger Menschen unterstützen, machen sie sich selbst zu Banditen und Mördern. Und sie werden diesen einsamen Weg auf eigenes Risiko beschreiten.«

US-Präsident George W. Bush in seiner Rede an die Nation, 7. Oktober 2001

»KRIEG GEGEN DEN TERROR«

Irakkrieg

ORT Irak

DATUM 20. März–14. April 2003

STREITKRÄFTE Koalitionstruppen: 345 000; Iraker: 350 000

VERLUSTE Koalitionstruppen: 13 543 Gefallene oder Verwundete; Iraker: etwa 21 000 Gefallene oder Verwundete

Als Teil des von den USA geführten »Krieges gegen den Terror«, der unmittelbar nach den al-Qaida-Anschlägen vom 11. September 2001 ausgerufen wurde, beschuldigte Präsident Bush Saddam Hussein, chemische, biologische und nukleare Massenvernichtungswaffen zu entwickeln. Im November 2002 trafen Waffeninspekteure der UN im Irak ein, ein Mandat der UN drohte der irakischen Regierung ernste Konsequenzen an, falls sie die Zusammenarbeit verweigerte. Hans Blix, Chef der Inspekteure, berichtete der UN am 7. März 2003, dass der Irak die Nachforschungen hinnehme, er jedoch mehr Zeit brauche, um die Inspektion abzuschließen. Die USA und Großbritannien akzeptierten das nicht und begannen am 20. März mit Bombenangriffen und der Bodenoffensive zur Invasion des Irak. Die Hauptstadt Bagdad wurde am 9. April eingenommen und Tikrit, Husseins Heimatort und zugleich letztes bedeutendes Angriffsziel, fiel am 14. April. Eine von den USA geführte Übergangsverwaltung übernahm die Macht, im Januar 2005 konnten freie Wahlen zu einem neuen Parlament und einer demokratisch legitimierten Regierung abgehalten werden. Hussein wurde am 13. Dezember 2003 gefangen genommen und wegen Kriegsverbrechen angeklagt. Bei weiteren Inspektionen zeigte sich, dass es in Irak keine Massenvernichtungswaffen mehr gab. Der Hauptgrund der Invasion war der Sturz des irakischen Diktators. Die Invasion rief internationale Proteste vor allem gegen die USA und Großbritannien hervor. Im Irak selbst regte sich heftiger Widerstand gegen die Besatzung – was mehr Amerikaner und Briten das Leben kostete als die Invasion selbst.

UMSTURZ
Im ganzen Irak wurden Standbilder des Diktators Saddam Hussein von ihren Sockeln gestürzt.

ANGST UND ENTSETZEN
Lasergesteuerte Raketen und andere Hightechwaffen setzten Bagdad und weitere irakische Städte im Zuge der alliierten Invasion im März 2003 in Brand.

REGISTER

Kursive Seitenzahlen weisen auf eine Abbildung hin, *kursive* Begriffe auf Schiffsnamen.

DANKSAGUNG

Dorling Kindersley dankt:
Peter Smithurst, Philip Abbott und Rod Joyce vom Royal Armouries Museum, Leeds; Eleanor Holmes vom Imperial War Museum; Natalie Finnigan vom Imperial War Museum Duxford; Les Smith, Mark Sheriff und Matthew Buck vom Firepower Royal Artillery Museum; Major Tim David vom Verteidigungsministerium (MOD); Staff Sargent Carl Bird von der RAF (Royal Air Force) Dishforth.

Bildnachweis

Abkürzungen: o=oben, u=unten, m=Mitte, l=links, r=rechts, go=ganz oben

akg-images: 13oml, 15ml, 15um, 17mr, 19gor, 19omr, 21mr, 30m, 37ul, 38ul, 39gom, 41gom, 48ur, 48uml, 55ur, 57m, 66gor, 67mr, 79u, 80ul, 86u, 86go, 87gol, 87gor, 88ul, 92u, 94gor, 96u, 108ul, 108ur, 109ml, 110m, 110ul, 114ul, 118ur, 119gor, 119mr, 119ul, 134, 143ul, 143ur, 144ul, 144om, 150ul, 151ml, 158ul, 163u, 165u, 184ul, 186ur, 186omr, 191ur, 198ur, 202u, 258gor, 258u, 258umr, 263m, 285ul, 290om, 292gor, 297mru, 305u, 311u, 321ur, 326m. **Alamy Images:** 19gol, 39u, 49om, 68u, 72go, 111mr, 121ul, 147ur, 170go, 182ur, 199omr, 201gor, 219ur, 222u, 227ml, 243gor. **Archivi Alinari:** 25gor. **Altitude:** 158ur. **Ancient Art & Architecture Collection:** 34oml, 51ul, 51oml, 62gor, 64gor, 64m, 67u, 72ul, 73gor, 81go, 92ml, 92m, 94u, 95m, 95go, 103r, 132ul. **Associated press:** 333u. **Artothek:** 152o. **Aviation Picture Library:** 335mr. **Bibliothèque Nationale De France, Paris:** 85. **Bildarchiv Preußischer Kulturbesitz, Berlin:** 77gor. **www.bridgeman.co.uk:** 11um, 33gol, 35gor, 36mr, 47om, 57gor, 60gol, 60um, 60ur, 64u, 69ur, 72ur, 78u, 79gol, 80go, 82gor, 91gor, 91ml, 95u, 97u, 98go, 100m, 101ur, 107mro, 120ur, 133ur, 136ur, 137gor, 138m, 143gol, 150ur, 151ur, 153u, 155mro, 155mur, 158mru, 158ml, 159gor, 159u, 160ul, 160ur, 160go, 161gor, 161mlo, 163gom, 173mu, 173mru, 174ml, 179ul, 187gor, 196ur, 197ul, 199umr, 201u, 208ml, 222gom, 234ml, 237ul, 262gor; /MARCEL ANDRE Baschet © ADAGP, Paris and DACS, London, 2005 235m. **British Library, London:** 75gor. **© The British Museum:** 28gor, 37gom. **Corbis:** 4u, 6um, 7gol, 7um, 10ul, 11ur, 16ul, 16ur, 18ur, 19ur, 23oml, 25u, 27gom, 27m, 32mr, 34/35, 39umr, 40gom, 41ul, 42ul, 45u, 47ur, 48gor, 48omr, 50ul, 52r, 53uml, 54ul, 55gor, 56ml, 56ur, 60ul, 63gor, 66, 71mr, 73u, 74ur, 75ur, 76m, 76u, 77u, 79gor, 87mr, 89u, 89go, 90gol, 90ul, 97go, 99u, 100u, 100go, 102m, 113gor, 115gol, 116ul, 122ur, 123u, 127ul, 127ur, 129u, 134ul, 137mo, 140ul, 141gom, 141u, 142ur, 148ul, 154mu, 158mro, 163gor, 167u, 168u, 171ur, 172u, 175mro, 178gor, 178ur, 178gomr, 179mol, 185ul, 187ur, 190ml, 190u, 191ml, 193gom, 193u, 198go, 204u, 210oml, 211gor, 215u, 216umr, 217ur, 217umr, 217go, 218ur, 218go, 220omr, 221gor, 222mr, 224u, 225u, 224umr, 225gol, 225omr, 225uml, 226gor, 226ml, 227ul, 227ur, 230gor, 230ul, 231gor, 231ul, 232gor, 233u, 235go, 238oml, 240ul, 242gor, 242ur, 248gor, 248umr, 249ur, 250gom, 251ul, 251umr, 254ur, 255ul, 257gol, 259ur, 261omr, 267ul, 267ur, 268gol, 269ur, 271mr, 272oml, 273oml, 274gor, 275u, 276oml, 278ur, 279gom, 279ur, 282u, 283gor, 285ur, 286mr, 287gor, 288u, 290gor, 290ul, 290ur, 291gol, 291gor, 291um, 293gor, 293ul, 297gol, 297gor, 297ur, 298mro, 302ul, 302go, 303gol, 303ur, 312gotl, 314gor, 314u, 316go, 317mr, 319ml, 320gor, 320m, 321gol, 321ul, 321u, 321mul, 322gor, 324, 327ur, 328m, 328ur, 329gor, 329mu, 329ul, 330ml, 330ul, 330u, 331gol, 331mr, 331gol, 332ul, 333gol, 334mr, 334ul, 335gor, 335ml, 335ur, 335uml, 336ml, 337go, 338ml, 338u, 339mr, 339ol, 339u, 340mr, 341gor, 341u, 342gol, 344gor, 344ur, 344or, 345ml, 345ul, 345mur, 347ub, 348gol, 348ul, 348ur, 349gol, 349gor, 349ul, 349ur, 350ul, 350ur, 351ur, 352ml, 352go, 353m, 353, 353u. **Defence Picture Library:** 7ur, 351ul. **DK Images:** Dave King (c) Dorling Kindersley, Courtesy of Warwick Castle, Warwick 211ur; / 61gor, 62mr; //Courtesy the Wallace Collection London 139mr; /Alistair Duncan 78gol, 82u, 87u; /American Museum of Natural History 170gor, 170mr; /Andy Crawford 90mr, 197m; /Andy Crawford/Imperial War Museum 319mr; /Ashmolean museum 69ul; /British Museum 8, 10ur, 14gor, 14mr, 14um, 14ur, 14rum, 17gom, 18oml, 19ul, 20ul, 25rum, 42ur, 52ul, 54ml, 55gom, 55ul, 67ur, 90ur, 114ur; /Capitoline Museums, Rome 50gor; /Collection of Jean-Pierre Verney 271mol, 272ur, 273om, 273omr, 277um, 277u, 284gol; /Collection of the University Museum of Newcastle 11ul; /Conacultinah-mex 164ul; /Confederate Memorial Hall 224ml, 230mr; /Courtesy Michael Butler Collection 296ml; /Courtesy od the National Museum, Delhi 128ur; /Courtesy of 95th Rifles and Re-enactments, Living History Unit 146ul; /Courtesy of Churchill College Archive, Cambridge University 94gol; /Courtesy of David Edge 205om, 205got, 208mr; /Courtesy of H. Keith Melks Collection 299ur; /Courtesy of the Board of the Trustees of the Royal Armouries 109gor; /Courtesy of the Board of Trustees of the Armouries 104gor, 104mlu, 104mor, 105gor, 105umr, 105mr, 115um, 142ul, 152mr, 176mor, 184ur, 186m, 188om, 188go, 189um, 189u, 196gor, 200m, 208u, 210um, 210omr, 210u, 211ul, 211ur, 213m, 214m, 241gor, 244umr, 245ur, 253m, 259mr, 346ul, 346om, 346gom, 346, 347gol; /Courtesy of the Ministry of Defence Pattern Room Nottingham 347m; /Courtesy of the Ministry of Defence Pattern Room, Nottingham 298mu, 347u; /Courtesy of the National Army Museum, London 202go; /Courtesy of the National Museum, New Delhi 136ul; /Courtesy of the Order of the Black Prince 107ul, 119ur; /Courtesy of the Pitt Rivers Museum Oxford 104m, 105gor; /Courtesy of the Pitt Rivers Museum, University of Oxford 138gor, 138um, 139gol, 139ur; /Courtesy of the Powell-Cotton Museum, Kent 140mr; /Courtesy of The Royal Green Jackets Museum, Winchester 209m, 244ul; /Courtesy of the University Museum of Newcastle 34ml; /Courtesy of the University of Newcastle 35lom; /Courtesy of the Wallace Collection London 122mr; /Courtesy of Warwick Castle 154gom; /Courtesy of Warwick Castle, Warwick 188m; /Courtesy of the Wallace Collection London 138mr, 138ul, 139gor; /Courtesy the Wallace Collection, London 138u; /Courtesy Warwick Castle, Warwick 145umr, 146um; /Courtesy of Robin Wigginton, Arbour Antiques Ltd, Stratford upon Avon 189gor, 189mr; /Coutesy of Robin Wigington, Arbour Antiques Ltd, Stratford upon Avon 146mul; /Danish National Museum 63mr, 70gol, 70gor, 70gomr; /Dave King 144ur; /Dave King, Confederate Memorial Hall, New Orleans 183ul; /Dave King, courtesy of Gettysburg National Military Park 198ul; /Dave King /Confederate Memorial Hall, New Orleans 228gor; /Dave Kingle 219ul; /English Heritage 42omr; /Ermine Street Guard 38ur, 43m, 43ul, 43uml, 43ul, 43lom, 43lom, 43lum; /Firepower 156, 180, 191mr, 238ul, 238ur, 238umr, 238ul, 270mu, 273ur, 307gor; /Gary Ombler 182ul, 182ur, 206ul, 206ur, 206mul, 207um, 207ur, 207uml, 207mur, 207go, 300gol; /Geoff Dann 61ur, 63u, 115mr, 215m; /Geoff Dann / Dorling Kindersley / Scottish United Services Museum, Edinburgh Castle (c) National Museums of Scotland 161mur; /Geoff Dunn, courtesy of the Royal Green Jackets 240ur; /Geoff Dunn/National Museums of Scotland 260umr; /Gettysburg National Military Park 230om, 231gom; /Imperial War Museum 299mlo; /Imperial War Museum 163m, 288gor, 289gol, 289gor, 289um, 289ur, 289omr, 289uml, 289umr, 302um, 305ml; /Imperial War Museum, London 311mr; /IWM 266ul, 270gol, 273omr, 273rom, 278gor, 291om, 311gom, 311ur, 323gol; /Joe Cornish 23gor, 118ul; /John Heseltine 47ul; /John Spaull, courtesy of Civil War Museum, Bardstown, Kentucky 182ml; /Judith Miller /Cooper Owen 43um; /Judith Miller/Wallis and Wallis 196ml, 235ul; /Kate Clow 78m; /Kim Sayer 81u; /Lynton Garceiner, Courtesy of the Natural History Museum 216go; /Max Alexander 46ul, 75ul, 88mr; /Museum of London 32gor, 32ml, 32um, 32oml, 32omr, 32u, 32um, 33m, 33uml, 70omr, 71gol; /Museum of Mankind 219go; /National Maritime Museum 69gor, 69or, 99gor; /Nick Sayer 88gor; /Nigel Hicks 20gol; /Paul Kenwood 115ml; /Peter Chadwick/Museum of Artillery 246gor; /Pitt Rivers Museum Oxford 101m, 102go; /Rob Reichenfeld 112ur; /Robin Wigginton, Arbour Antiques Ltd, Stratford upon Avon 138gol; /Royal Armouries 173gor, 173om, 178gom; /Scottish United Services Museum, Edinburgh © National Museums of Scotland 323mr; /Scottish United Services Museum, Edinburgh Castle, © National Museums of Scotland 1m; /Simon James 47gor; /The Wallace Collection 112m; /The Wallace Collection, London 188umr, 189uml; /Tony Souter 123gomr; /Trustees of the National Museums of Scotland 153mlo, 237ur; /US Army Military Institute 223omr; /US Military Institute 226ur; /Wallace Collection 58, 106m, 119mu, 119mur, 121ur, 130, 131, 143mro, 143mol, 143gomr, 145ur, 146um, 147m, 150gor, 150mul, 151mol, 160mor, 212omr, 263gol, 269umr; /Wallis & Wallis 210mr; /Warwick Castle 81m, 112um; 23mo, 123ml, 126mul; Andrew Chernack 341mr; Andy Crawford/Imperial War Museum 318ul; Museum of Artillery, The Rotunda, Woolwich, London 190mr; Collection of Jean-Pierre Verney 271oml, 272ur; Conacultinah-mex 165gor, 166mu; Courtesy of Robin Wigginton, Arbour Antiques Ltd, Stratford upon Avon 109mr; Courtesy of the Board of Trustees of the Armouries 332gor, 346om, 347gom, 347go, 352mr; Courtesy of the Bradbury Science Museum, Los Alamos 329umr; Courtesy of the Old Flying Machine Company 327mr; Courtesy RAF Wittering, Cambridgeshire 351go; Gary Ombler 342mr, 342ul, 342um, 342mol, 342omr, 342uml, 342umr, 343ul, 343um, 343ur, 343omr, 343umr, 343go; Geoff Dan 60gor; Imperial War Museum 309gol, 326gor; Joe Cornish 211gol; Martin Plomer 326ml; Museum of London 70m; Royal Artillery Museum, Woolwich 99gol; Scottish United Services Museum, Edinburgh Castle. Copyright National Museums of Scotland 155uml; US Army Military History Institute 225um. **The Art Archive:** 0, 2, 6gom, 6gor, 6ur, 7gom, 7gor, 10um, 11gor, 12m, 12u, 13gor, 13ul, 13ur, 15gor, 16lom, 17ul, 18gor, 21u, 24um, 26ul, 26gom, 27ul, 28ul, 29, 30gor, 31ul, 34m, 35mr, 36ml, 40b, 41ul, 43omr, 45lom, 46 Hauptbild, 49u, 52m, 53ur, 62mr, 62um, 65u, 65go, 67gol,70ur, 71u, 73ml, 74ul, 80u, 93u, 93go, 98ur, 101ul, 102u, 103ml, 105mor, 107ur, 109ur, 110gor, 110ur, 112gor, 113u, 114m, 118m, 121gol, 126ur, 126, 127mu, 128gol, 128ul, 129gol, 129gor, 132r, 133gor, 133ul, 140ur, 142ml, 143mlu, 144mro, 145mul, 145go, 146mro, 147ul, 147go, 148ml, 148u, 149ul, 149go, 153gor, 153mur, 154ul, 154go, 155ur, 156gor, 161u, 162mro, 165gomr, 166gom, 166ul, 166ur, 167gor, 167goml, 168go, 170ur, 175mol, 182um, 183gor, 183ur, 184gor, 185m, 191gor, 192om, 194gom, 194ul, 195gor, 195u, 196um, 196omr, 197gol, 197mr, 199gor, 200mo, 201gol, 204gor, 205oml, 205u, 208gor, 212m, 212u, 213u, 213go, 214ul, 215gor, 216uml, 219m, 220gor, 220, 221gol, 221ul, 221ur, 223u, 225gor, 230um, 231ur, 234ul, 235ur, 236uml, 238gor, 240gor, 241gol, 241ur, 241umr, 243gol, 243u, 244gor, 245gor, 245oml, 246ur, 247gol, 247mr, 247u, 248u, 249gor, 249m, 250gor, 250u, 251gor, 251ur, 252gor, 252m, 252ul, 253gor, 253u, 254ul, 255gor, 255ml, 255mr, 255om, 256gor, 256ul, 257gor, 257ul, 257um, 259gol, 259ul, 260gom, 260u, 261oml, 262um, 262ur, 263gor, 263ur, 266ur, 268u, 269gol, 269gor, 270gor, 270um, 271u, 272gor, 273ul, 276ul, 277gom, 277gor, 278gol, 279ul, 281gor, 282gor, 283gol, 284gor, 285m, 286gom, 287u, 292ul, 292ur, 294ur, 300, 302mro, 317gor, 317ur, 322u, 333mr; /© Succession Picasso/DACS, 2005 295mo. **Mary Evans Picture Library:** 21gor, 23ul, 111go, 114gor, 130ml, 131gor, 152ur, 171gol, 199ul, 209ul, 209go, 214go, 236go, 263mu. **Werner Forman Archive:** 6ul, 33r, 54om, 55oml, 98um, 104mo, 140m, 172ml, 173gol, 175u. **GreatBuildings.com:** Ronald Soong 22u. **Getty Images:** 22gor, 116gol, 228u, 229u, 236ur, 237gor, 244um, 245ul, 280, 295u, 296u, 338mr, 338mo, 340uml, 346go, 350go, 351mr, 353umr. **John Hamill:** 177u. **Robert Harding Picture Library:** 175ul. **© Michael Holford:** 96. **Robert Hunt Library:** 277ml, 279gor, 294gor, 294ul, 298, 304um, 304, 306mlo, 306u, 307gol, 308gol, 311ul, 317u, 318um, 319u, 323gor, 323ml, 323ul, 323ur, 326ur, 327gor. **The Kobal Collection:** 290ml. **Korean War Academy:** 177ml. **Lonely Planet Images:** 176u. **The Military and Historical Image Bank:** 185ur, 193mr, 195oml, 217ul, 234mr, 261gom, 282oml, 286m, 295gom. **© National Maritime Museum, London:** 149ur, 200ul, 206gor. **National Portrait Gallery, London:** 187ur. **The National Trust:** 70gol. **Peter Newark's Military Pictures:** 170ul, 190gor, 194ur, 218ul, 223umr, 228ml. **National Museums & Art Galleries On Merseyside:**a-tional Maritime Museum 69m. **Novosti (London):** 7ul, 92gor, 120ul, 121gor, 126ml, 162u, 163um, 261ul, 262gol, 285gor, 293ur, 307u, 308u. **Ann & Bury Peerless:** 136u, 137ml, 137mr. **Photolibrary Wales**: 111u. **popperfoto.com:** 302ul, 305gor, 340um. **Rex Features:** 266gor, 324ur, 332umr, 345gol, 352u. **Royalty Free Images:** Corbis 192ul. **Science & Society Picture Library:** 31m. **Stadt Pohlheim:** 50ul. **Texas Historical Commission:** 216u. **Thomas Mallon McCorgray:** 57um. **Tokugawa Reimeikai:** 174r. **Topfoto.co.uk:** 34ml. **TRH Pictures:** 209ml, 283um, 286ul, 287gom, 298oml, 299gom, 301gor, 310ml, 318m, 332m. **Ullstein Bild:** 276ur.

Umschlagabbildungen:
Vorderseite Bibliothéque Nationale De France, Paris
Buchrücken (Detail) Bibliothéque Nationale De France, Paris